van Bühren/Commer/Hartwig/Naumann/Prang

AnwaltFormulare Versicherungsrecht

AnwaltFormulare

Versicherungsrecht

Muster - Erläuterungen - Checklisten

---

2. Auflage 2025

Von

RA und FA für Versicherungsrecht
Dr. Hubert W. van Bühren, Köln

RAin und FAin für Versicherungsrecht
Vicki Irene Commer, München

RAin und FAin für Versicherungsrecht
Kerstin Hartwig, Leipzig

RA **André Naumann**, Bornheim

RA und FA für Versicherungsrecht
Dr. Tobias Prang, Hamburg

Herausgegeben von
Dr. Hubert W. van Bühren,
André Naumann und
Kerstin Hartwig

DeutscherAnwaltVerlag

Zitiervorschlag:
van Bühren/Naumann/Hartwig, AnwaltFormulare Versicherungsrecht, § 1 Rn 1

Benutzer-Hinweis für Muster
Für den Download der Mustertexte gehen Sie auf
https://www.anwaltverlag.de/af-versicherungsrecht
Dort erhalten Sie Zugriff auf das zip-Archiv: av_1654_musterdownload.zip

Hinweis
Die Ausführungen in diesem Werk wurden mit Sorgfalt und nach bestem Wissen erstellt. Sie stellen jedoch lediglich Arbeitshilfen und Anregungen für die Lösung typischer Fallgestaltungen dar. Die Eigenverantwortung für die Formulierung von Verträgen, Verfügungen und Schriftsätzen trägt der Benutzer. Herausgeber, Autoren und Verlag übernehmen keinerlei Haftung für die Richtigkeit und Vollständigkeit der in diesem Buch enthaltenen Ausführungen.

Anregungen und Kritik zu diesem Werk senden Sie bitte an
kontakt@anwaltverlag.de
Autoren und Verlag freuen sich auf Ihre Rückmeldung.

Satz: Cicero Computer GmbH, Bonn
Druck: Hans Soldan Druck GmbH, Essen
Umschlaggestaltung: gentura, Holger Neumann, Bochum
ISBN 978-3-8240-1654-9

Bibliografische Information der Deutschen Nationalbibliothek
Die Deutsche Nationalbibliothek verzeichnet diese Publikation in der Deutschen Nationalbibliografie; detaillierte bibliografische Daten sind im Internet über http://dnb.d-nb.de abrufbar.

Vorwort zur 2. Auflage

Die „AnwaltFormulare Versicherungsrecht" sind 2015 mit einem eigenen, neuen Konzept gestartet. Die Resonanz war durchweg positiv und wir bedanken uns dafür. In der neuen Auflage hat Dr. Tobias Prang das Kapitel zur Lebensversicherung von Dr. Knut Höra und Thomas Leithoff übernommen. Kerstin Hartwig ist jetzt auch Mitherausgeberin des Werks. Die 2. Auflage wurde aktualisiert und die seit dem Erscheinen der 1. Auflage im März 2015 ergangene Rechtsprechung zu den jeweiligen Versicherungszweigen von den Autorinnen und Autoren berücksichtigt und eingearbeitet. Die einzelnen Kapitel wurden punktuell sinnvoll ergänzt.

Wir danken all denen, die an der Verwirklichung des Buchs mitgewirkt haben, insbesondere Frau Taubenheim vom Deutschen Anwaltverlag.

Bornheim/Köln/Leipzig, Oktober 2024

André Naumann *Dr. Hubert W. van Bühren* *Kerstin Hartwig*

Vorwort zur 1. Auflage

Die „AnwaltFormulare Versicherungsrecht" sind nach einem neuen Konzept entstanden. Ziel war es, eine umfassende Mandatsbetreuung einer versicherungsrechtlichen Streitigkeit wirtschaftlich effizient selbst dann erledigen zu können, wenn man mit solchen Mandaten nicht oder nur wenig vertraut ist, egal ob man für den Versicherungsnehmer oder den Versicherer tätig ist. Deshalb wurden neben Klageschriftsätzen auch Klageerwiderungen aufgeführt, um mögliche Schwierigkeiten auf der Beweisebene und Argumentationswege der Gegenseite plastischer darzustellen. Neben den allgemeinen versicherungsrechtlichen Fragen wird auf die wichtigsten Versicherungssparten speziell eingegangen.

Dank der Hilfestellung des Verlags konnten kompetente Mitstreiter für die einzelnen Themen gewonnen werden. All denen, die an der Verwirklichung des Buchs mitgewirkt haben, insbesondere Frau Marzinkowski und Frau Dr. Nelskamp vom Deutschen Anwaltverlag, sei hierfür herzlich gedankt.

Bornheim/Köln, März 2015

André Naumann *Dr. Hubert W. van Bühren*

Inhaltsübersicht

Autorenverzeichnis

Dr. Hubert W. van Bühren
Rechtsanwalt, Fachanwalt für Versicherungsrecht, Köln

Vicki Irene Commer
Rechtsanwältin, Fachanwältin für Versicherungsrecht, München

Kerstin Hartwig
Rechtsanwältin, Fachanwältin für Versicherungsrecht, Leipzig

André Naumann
Rechtsanwalt, Bornheim (Rhld.)

Dr. Tobias Prang
Rechtsanwalt, Fachanwalt für Versicherungsrecht, Hamburg

Musterverzeichnis

Literatur

Anders/Gehle, Zivilprozessordnung, 82. Auflage 2024

Bach/Moser, Private Krankenversicherung, MB/KK- und MB/KT-Kommentar, 6. Auflage 2023

Beckmann/Matusche-Beckmann, Versicherungsrechts-Handbuch, 3. Auflage 2015

Brand/Baroch Castellví, Versicherungsaufsichtsgesetz, 2. Auflage 2024

Bruck/Möller, Versicherungsvertragsgesetz, Bd. 1 (§§ 1–18), 10. Auflage 2020, Bd. 2 (§§ 19–73 VVG), 10. Auflage 2022, Bd. 3 (§§ 74–99), 9. Auflage 2010, Bd. 9 (§§ 178–191, AUB 2008), 9. Auflage 2011, Bd. 11 (§§ 209–216), 9. Auflage 2013

Erdmann/Diehl/Schradin, BeckOK VAG, 26. Edition, Stand: 1.9.2024

Grimm/Kloth, Unfallversicherung, 6. Auflage 2021

Grüneberg, Bürgerliches Gesetzbuch, 83. Auflage 2024

Halm/Engelbrecht/Krahe, Handbuch des Fachanwalts Versicherungsrecht, 6. Auflage 2018

Höra/Schubach, Münchener Anwaltshandbuch Versicherungsrecht, 5. Auflage 2022

Kaulbach/Bähr/Pohlmann, Versicherungsaufsichtsgesetz, 6. Auflage 2019

Kloth, Private Unfallversicherung, 2. Auflage 2014

Langheid/Rixecker, Versicherungsvertragsgesetz: VVG, 7. Auflage 2022

Langheid/Wandt, Münchner Kommentar zum Versicherungsvertragsgesetz, Bd. 1: §§ 1–99 VVG (Teil 1, Allgemeiner Teil), VVG-InfoV, 3. Auflage 2022; Bd. 2: §§ 100–216 VVG, 3. Auflage 2023, zitiert: MüKo-VVG/*Bearbeiter*

Looschelders/Pohlmann, Versicherungsvertragsgesetz, 4. Auflage 2023

Marlow/Spuhl, Das neue VVG kompakt, 4. Auflage 2010

Naumann (Hrsg.), Festschrift für Heidrich, 2014, zitiert: *Verfasser*, in: FS für Heidrich

Naumann/Brinkmann, Die private Unfallversicherung in der Beraterpraxis, 2. Auflage 2012

Prölss/Martin, Versicherungsvertragsgesetz, 32. Auflage 2024

Pschyrembel, Klinisches Wörterbuch, 269. Auflage 2023

Rüffer/Halbach/Schimikowski, Versicherungsvertragsgesetz, 4. Auflage 2019

Sattler (Hrsg.), AnwaltFormulare Mandanteninformationen, 3. Auflage 2023

Schwintowski/Brömmelmeyer/Ebers, Praxiskommentar zum Versicherungsvertragsgesetz, 4. Auflage 2021

Stiefel/Maier, Kraftfahrtversicherung: AKB, 19. Auflage 2017

van Bühren (Hrsg.), Handbuch Versicherungsrecht, 8. Auflage 2024

van Bühren/Richter, Reiseversicherung, 4. Auflage 2021

Veith/Gräfe/Lange/Rogler, Der Versicherungsprozess, 5. Auflage 2023

Wussow/Pürckhauer, AUB: Allgemeine Unfallversicherungs-Bedingungen, 6. Auflage 1990

Zöller, ZPO – Zivilprozessordnung, 35. Auflage 2024

Teil 1: Allgemeiner Teil

§ 1 Einführung

André Naumann

Inhalt

A. Der Versicherungsnehmer als Mandant

I. Mandatsvorbereitung

Das versicherungsrechtliche Mandat betrifft regelmäßig eine streitige Auseinanderset- 1
zung zwischen Versicherungsnehmer (VN) und Versicherer (VR) zu einem Schaden- oder Leistungsfall bzw. zu einem Vertrag. Neben den spartenspezifischen Fragen, die in den folgenden Kapiteln getrennt voneinander besprochen werden, sind allgemeine Fragestellungen rund um den Leistungs- oder Schadenfall und den Vertrag zu berücksichtigen. So ist neben der konkret aufgetretenen, mandatsbegründenden Fragestellung auch immer zu beachten, dass weitere Ansprüche aus anderen Verträgen bestehen können.

Für einen reibungslosen Ablauf des Mandats bedarf es zunächst einiger Daten des Mandanten.

▼ 2

Muster 1.1: Mandantendaten

Persönliche Daten:

Name, Vorname

Straße, Hausnummer

Postleitzahl, Ort

Geburtsdatum

Erreichbarkeit (normale):

Telefon Festnetz

Mobil

Telefon dienstlich

E-Mail-Adresse

Sonstige

Besondere, abweichende Erreichbarkeit (wegen des Schadenfalls):

Abweichende Kontaktperson?	
Telefon Festnetz	
Mobil	
Telefon dienstlich	
E-Mail-Adresse	
Sonstige	

Bankverbindung

Kreditinstitut	
Konto / IBAN	
BLZ / BIC	

Rechtsschutzversicherung

Rechtsschutz vorhanden?

Ja/Nein	
Versicherer	
Anschrift	
Versicherungsnummer	
Hotline	

▲

3 Neben den allgemeinen Daten ist der Schaden- bzw. Leistungsfall frühzeitig richtig einzuordnen und mögliche Überschneidungen mit anderen Ansprüchen bzw. Anspruchsgegnern sind zu klären. Dies ist insbesondere bei einem denkbaren Interessenkonflikt bedeutsam, so z.B. bei mehreren geschädigten Personen in einem verunfallten Auto. Da kann möglicherweise nur ein Mandat übernommen werden. Dafür ist ein rascher Überblick über den gesamten Sachverhalt wichtig.

4 *Checkliste Mandatsbeginn*

- Schadentag: (…)
- Was ist passiert? (…)
- Welcher Schaden ist entstanden? (…)
- Welchen Anspruch möchte der VN verfolgen? (…)
- Welche Leistungen kommen in Betracht? (…)
- Welche Versicherungen bestehen? (…)
- Bei welchem Versicherer? (…)
- Ist das Risiko mehrfach abgedeckt? (…)
- Ist der Mandant aktivlegitimiert? (…)
- Gibt es einen Schädiger? (…)
- Gibt es weitere Beteiligte, wenn ja wen und wie? (…)
- Vollmacht des Berechtigten für den speziellen Fall (…)

II. Erstkontakt zum Versicherer

1. Allgemeines

Das erste Auftreten gegenüber dem VR ist vielfach richtungsweisend. Der erste Eindruck kann Türen öffnen oder schließen. Man kommuniziert rechtlich mit einer juristischen, faktisch aber mit einer natürlichen Person. Landet man als Anwalt in der falschen „Schublade", kann sich dies negativ auf das gesamte Mandat auswirken. 5

Hinweis

Anstreben sollte man eine Kommunikation auf „Augenhöhe". Zeigen Sie dem Sachbearbeiter des VR, dass es um konkrete Streitpunkte und Lösungen geht, nicht dagegen um den grundsätzlichen Streit über sämtliche Einzelfragen. Oft hilft auch ein Telefonat um die Problempunkte genau einzugrenzen.

Sinnvollerweise sollte vor dem Erstkontakt mit dem VR die Informationslage des Mandanten genau geklärt werden. Welche Unterlagen hat er erhalten; was hat er dem VR gemeldet? Die nachfolgende Checkliste bietet eine Basis für den erforderlichen ersten Überblick. Entsprechend der Angaben des Mandanten kann erst das weitere Vorgehen abgestimmt werden. 6

Berücksichtigung finden sollten von Anfang an mögliche weitere Schritte im Mandat. So bietet es sich an, frühzeitig den VN um digitale Übermittlung seiner Unterlagen zu bitten. Damit kann im Hinblick auf die digitale Akte und das beA viel Arbeit erspart werden.[1]

Abzugrenzen ist auch die Vertretung in der Sache selber von dem gelegentlichen Auftrag, als Anwalt „nur" die Korrespondenz mit dem VR zu führen. In der Praxis sind das Fälle von Mandanten, die körperlich oder psychisch nach einem Schadenereignis außerstande sind, die eigene Angelegenheit (zeitweise) selber zu regeln. Auch beruflich stark eingespannte Personen geben die Arbeit gelegentlich an den Anwalt ab. 7

Wichtig ist dies für die Gebührenfrage. Die Kosten einer reinen Korrespondenz als Dienstleistung trägt der VN selber, der VR muss hingegen bei Leistungsverzug die Anwaltskosten übernehmen (vgl. auch § 2 Rdn 92). Der VN ist über die anfallenden Gebühren zu informieren; eine bestehende Rechtsschutzversicherung ist dabei zu berücksichtigen (zur Anfrage beim Rechtsschutzversicherer vgl. § 3 Rdn 61 ff.).

Checkliste Informationsstand 8

Wurde der Schaden dem Versicherer gemeldet?

☐ nein	☐ ja, wann?	
Wie und wohin, z.B. per Mail an?		

Kontaktdaten des Versicherers:

Adresse	

1 Muster zu Dokumenten und Dateiformaten Sattler/*Sattler/Brammen*, § 1 Rn 36.

Mail
Telefon/Fax
Versicherungsnummer
Schadennummer (falls schon vergeben)
Bedingungswerk (bei Abschluss Vertrag)
Liegt vor? ☐ nein ☐ ja
Bedingungswerk (am Schadentag)
Liegt vor? ☐ nein ☐ ja
Versicherungsschein (mit Versicherungssummen)
Liegt vor? ☐ nein ☐ ja
Nachtrag zum Versicherungsschein zum Schadentag
Liegt vor? ☐ nein ☐ ja
Ist das Risiko mehrfach abgedeckt?
Bei welchem Versicherer?
Gibt es einen Schädiger?
Gibt es weitere Beteiligte, wenn ja wen und wie?
Liegt Korrespondenz VN mit VR vor?
Gibt es Gutachten?
Liegt vor? ☐ nein ☐ ja
Hat der VN Beschwerden eingereicht, wenn ja bei wem?

9 Fehlen Angaben oder Unterlagen beim Mandanten, dann können zunächst die Vertragsunterlagen beim VR angefordert werden. Der VR ist nach § 3 VVG zur Auskunft verpflichtet.

10 ▼

Muster 1.2: Anforderung Vertragsunterlagen beim Versicherer

Versicherung
Anschrift
Vertrag-Nr.:
Schadentag
(Anrede)

ausweislich der in Kopie/Abschrift beiliegenden Vollmacht vertrete ich Ihren Versicherungsnehmer, (*Herr/Frau/Firma*).

Bitte stellen Sie mir folgende Unterlagen zur Verfügung:
☐ Versicherungsschein
☐ Nachtrag zum Versicherungsschein
☐ Versicherungsbedingungen (bei Vertragsabschluss)
☐ Versicherungsbedingungen (aktuelle)

Mit freundlichen Grüßen

Rechtsanwalt

▲

2. Erstmalige Meldung des Schadens- oder Leistungsfalls

Wurde ein Schaden- oder Leistungsfall dem VR noch nicht gemeldet oder wurde er bei mehreren in Frage kommenden Risikoträgern einzelnen VR noch nicht gemeldet, dann sollte dies sofort nachgeholt werden. Ob eine umfassende Informationsangabe möglich ist oder zunächst nur eine kurze Erstmeldung per Telefon oder Mail erfolgen soll, hängt vom Einzelfall und den vertraglichen Vereinbarungen ab. Läuft man Gefahr eine Schadenminderungspflicht zu verletzen, bieten sich kurze telefonische Meldungen an. Hilfreich sind in der Regel die Internetportale der VR. Hier gibt es regelmäßig Hinweise, ob für die Versicherungssparte eine telefonische Sofortmeldung oder lieber eine schriftliche Meldung innerhalb der ersten Tage sinnvoll ist. 11

Hinweis

Für eine Erstmeldung per Mail oder Telefon reichen vielfach folgende Angaben:

- Vertragsnummer
- Schadentag
- kurzer Sachverhalt
- kurz umrissener Schaden
- aktuelle Erreichbarkeit des VN (Mobil, etc.)
- Erreichbarkeit des Anwalts

Diese Angaben sind regelmäßig nicht ausreichend für eine komplette Schaden- oder Leistungsfallbearbeitung; sie reichen üblicherweise dem VR aber aus, den Fall entsprechend des eigenen Regulierungsmusters zu lenken und fortzuführen.

▼ 12

Muster 1.3: Allgemeine Erstschadenmeldung

Versicherung

Anschrift

Vertrag-Nr.:

Schadentag

(Anrede)

ausweislich der in Kopie/Abschrift beiliegenden Vollmacht vertrete ich Ihren Versicherungsnehmer, (*Herr/Frau/Firma*).

Am (*Datum*) hat sich Folgendes ereignet: (*kurzer Schadenhergang*)

Dabei ist (*entstandener Schaden*) entstanden.

Bitte informieren Sie mich über das weitere Vorgehen und welche Unterlagen Sie benötigen.

Mit freundlichen Grüßen

Rechtsanwalt

▲

Die Erstschadenmeldung kann auch mit der Anforderung der Vertragsunterlagen (Muster 1.2) kombiniert werden.

3. Erstkontakt zum Versicherer bei gemeldetem Schadenfall

13 Bei bereits erfolgter Schadenmeldung sollten mit dem ersten Brief an den VR die fehlenden, aber notwendigen Unterlagen für die Fallbearbeitung angefordert werden, um dann die genaue und spartenspezifische Anspruchslage zu prüfen. Dafür ist es empfehlenswert, wenn eine Kopie der Vollmacht (für genau diesen Schadenfall) unaufgefordert mitgeschickt wird (vgl. § 3 Rdn 4).

Hier befindet man sich an dem Punkt, dass der VR nicht, nicht in dem Umfang oder nicht so schnell leistet, wie der VN es wünscht. An Informationen können z.B. Gutachten, Rechnungen oder Preislisten fehlen. Auch kann, wenn der Vermittler Makler ist und eine Maklervollmacht erteilt wurde, dem VN möglicherweise auch nicht der vollständige Schriftverkehr vorliegen. Deshalb ist es sinnvoll mitzuteilen, was bereits vorliegt.[2]

14 ▼

Muster 1.4: Erstbrief an VR

Versicherung

Anschrift

Schaden-Nr.:

Schadentag

(*Anrede*)

ausweislich der in Kopie/Abschrift beiliegenden Vollmacht vertrete ich Ihren Versicherungsnehmer, (*Herr/Frau/Firma*), anlässlich des o.g. Schadenfalls.

Bisher liegen hier folgende Unterlagen vor:

Soweit bekannt, besitzen Sie noch weitere Dokumente. Bitte schicken Sie mir noch (*z.B. Gutachten vom 1.2.2014*) zu. Sollten Ihnen darüber hinaus Informationen zum Schadenfall vorliegen, so bitte ich Sie mir diese ebenfalls zur Verfügung zu stellen.

Nach Durchsicht der Unterlagen komme ich unaufgefordert auf den Schadenfall zurück.

Mit freundlichen Grüßen

Rechtsanwalt

▲

Das Anschreiben kann auch mit der Anforderung der Vertragsunterlagen (Muster 1.2) kombiniert werden.

2 Hinsichtlich der Informationspflichten des VR sind § 7 VVG und die VVG-InfoV zu beachten.

III. Beschwerden, Mediation

1. Beschwerden

Dem VN sind die kostengünstigen Möglichkeiten einer Beschwerde z.B. beim VR selber, bei der Bundesanstalt für Finanzdienstleistungsaufsicht (BaFin) oder beim Ombudsmann e.V. (Ombudsfrau für Versicherungen).[3] Vielfach wurden solche Beschwerden bereits vor der Mandatierung des Anwalts eingelegt. Die Stellungnahmen sind für die weitere Interessenverfolgung wichtig und informativ. Die Beschwerdeantworten zeigen zumindest, woran der VR mit seiner Anspruchsstellung scheitert. 15

Im anwaltlichen Mandat sind Beschwerden regelmäßig wenig sinnvoll. Der an Beschwerden anknüpfende Prozess bei Beschwerdestelle und VR ist langwierig. Lediglich der Versicherungsombudsmann kann als Schlichtungsstelle den VR bis zu einer Entscheidungsgrenze von 10.000 EUR zu einer Zahlung anweisen.[4] Darüber hinaus kann er Empfehlungen aussprechen.

2. Mediation

Einige VN wünschen sich eine Mediation. Eine Mediation ist geeignet, wenn neben dem Kernproblem weitere Konflikte bestehen, die ausgeräumt werden sollen. Es geht also um eine langfristige Konfliktlösung zwischen Parteien, die auf einen gemeinsamen weiteren Umgang angewiesen sind oder diesen unbedingt erhalten wollen. 16

Das Versicherungsrecht ist für diesen Ansatz grundsätzlich nicht geeignet. In Schaden- und Leistungsfällen geht es schlicht um die Leistung. Von einer Mediation kann nur abgeraten werden.[5]

B. Der Versicherer als Mandant

Die VR bedienen sich fast überwiegend in gerichtlichen Klageverfahren eines Anwalts. Nach der Einführung von § 215 VVG klagen VN meist an ihrem Wohnort, anders als vor der VVG-Reform. Viele VR betrauen regelmäßig spezialisierte Kanzleien, die dann überregional tätig werden. 17

Andere VR beauftragen gerade auch bei amtsgerichtlichen Klageverfahren vermehrt ortsansässige Anwälte. In diesen Mandaten steht zwar die fachkompetente Unterstützung des VR zur Seite, die Klageerwiderung schreiben und vor Gericht überzeugen muss man aber alleine.

Als Rechtsbeistand des VR muss im Blick behalten werden, ob ein Anerkenntnis oder ein Vergleich für den VR sinnvoller und wirtschaftlicher ist, als ein gegen den VR ergangenes Urteil. Auch sind die Erfolgsaussichten einer Berufung oder Revision zu prüfen.

3 Zu Beschwerden vgl. *Naumann/Brinkmann*, § 12 Rn 1 f.
4 Verfahrensordnung und weitere Informationen unter www.versicherungsombudsmann.de.
5 Falls es unumgänglich sein sollte, vgl. Mustertext bei Sattler/*Sattler/Brammen*, § 1 Rn 25.

Hinweis

Es bietet sich manchmal an, mit dem zuständigen Sachbearbeiter bei schwierigen Sach- oder Rechtsfragen für den Termin der mündlichen Verhandlung eine telefonische Erreichbarkeit zu vereinbaren.

18 *Checkliste: Versicherer als Mandat*

Allgemeines

Kontaktdaten des Versicherers:

Adresse

E-Mail

Telefon/Fax

Versicherungsnummer

Schadennummer

Bedingungswerk (bei Abschluss Vertrag)

Bedingungswerk (am Schadentag)

Versicherungsschein (mit Versicherungssummen)

Nachtrag zum Versicherungsschein zum Schadentag

Außergerichtliche Fallbearbeitung

Liegt komplette Schadenakte vor?

Was wurde gezahlt?

Was wurde abgelehnt?

Streitig war?

Gab es Vergleichsangebote, wenn ja welche?

Gerichtliches Klageverfahren

Gericht

Aktenzeichen Gericht

Klageeingang bei VR

Frist zur Anzeige Verteidigungsbereitschaft

Frist für die Klageerwiderung

Anordnung persönliches Erscheinen (Vorstand VR)?

Gibt es Vorgaben durch den VR, wenn ja welche?

Hinweise des VR auf vergleichbare Rechtsprechung?

Widerklage möglich und gewollt?

Fall der Streitverkündung?

Prozessstand?

§ 2 Grundzüge des Versicherungsrechts

Dr. Hubert W. van Bühren

Inhalt

A. Einleitung

1 Jährlich werden rund **50 Millionen Versicherungsfälle** reguliert, in der Regel ohne anwaltliche Beteiligung. Die Zahl der gerichtlichen Verfahren, an denen Versicherer beteiligt sind, wird statistisch nicht erfasst. Versicherer sprechen von einer Prozessquote von 1 % bis 3 %. Daraus ergibt sich, dass die gerichtlichen Verfahren, an denen Versicherer beteiligt sind, pro Jahr etwa 1 Million Verfahren ausmachen dürften. Soweit in der Anwaltschaft eine Spezialisierung erfolgt ist, geschah dies in der Regel nur in den Kanzleien, die *für* Versicherer tätig waren, während Kanzleien, die sich darauf spezialisiert haben, Versicherungsnehmer zu vertreten, nicht in Erscheinung getreten sind.

2 Statistisch betrachtet entfallen auf jeden Bundesbürger **sechs Versicherungsverträge**, deren Inhalt und Auslegung oft Gegenstand von Auseinandersetzungen zwischen Versicherern und Versicherungsnehmern ist. Hier bietet sich ein großes Betätigungsfeld für die Anwaltschaft. Den Rechtsanwältinnen und Rechtsanwälten muss es auch gelingen, sich auf dem Beratungsmarkt zu etablieren, der von den hauptberuflichen und nebenberuflichen Versicherungsvermittlern beherrscht wird. Nahezu 80 % aller Versicherungsverträge werden vom Außendienst der Versicherer akquiriert.

3 Rechtsanwälte sind gemäß § 3 Abs. 1 BRAO für den rechtsuchenden Bürger „unabhängige Berater und Vertreter in allen Rechtsangelegenheiten". Diesem Anspruch können sie nur gerecht werden, wenn sie auch die Mandanten in versicherungsrechtlichen Angelegenheiten beraten und ihnen vermitteln, welche Versicherungsverträge **sinnvoll** sind und auf welche Versicherungsverträge **verzichtet** werden kann.

I. Rechtsgrundlagen

4 Das Privat-Versicherungsrecht ist, im Gegensatz zu den gesetzlichen Versicherungen, ein Spezialgebiet des Zivilrechts. Gegenstand des Privat-Versicherungsrechts sind somit die Rechte und Pflichten der Versicherer einerseits und der Versicherungsnehmer sowie mitversicherter Personen andererseits. Grundlage des Privat-Versicherungsrechts ist daher zunächst das Bürgerliche Gesetzbuch (**BGB**), das in vielen Bereichen durch das Versicherungsvertragsgesetz (**VVG**) abgeändert wird.

5 Das VVG befasst sich ausschließlich mit der Binnenversicherung, es gilt somit nicht für die See- und Rückversicherung (§ 209 VVG).

Die Rückversicherung ist die Versicherung der (Erst-)Versicherer. Art und Umfang der Rückversicherung ergeben sich jeweils aus privatrechtlichen Verträgen zwischen Rückversicherern und Erstversicherern.

6 Auch das Versicherungsaufsichtsgesetz (**VAG**) und das Pflichtversicherungsgesetz (**PflVG**) sind in der anwaltlichen Praxis bei der Bearbeitung versicherungsrechtlicher Mandate von Bedeutung. Wesentliche Erkenntnisgrundlage im Privat-Versicherungsrecht sind jedoch die Allgemeinen Versicherungsbedingungen des Versicherers (**AVB**),

die jeweils Sonderregelungen oder Klarstellungen gegenüber dem VVG und dem BGB enthalten.

1. Versicherungsaufsichtsgesetz (VAG)

7 Das Versicherungsaufsichtsgesetz von 1901 ist in seiner über 100-jährigen Geschichte vielfach geändert und den gesellschaftlichen und politischen Entwicklungen angepasst worden. Die vom Gesetzgeber gewählte Form der Versicherungsaufsicht ist das System der **materiellen Staatsaufsicht**, dem alle inländischen Versicherungsunternehmen unterliegen. In Deutschland sind über 700 Versicherungsgesellschaften unter Bundesaufsicht tätig.

8 Durch das Dritte Durchführungsgesetz/EWG zum VAG ist es zum 1.7.1994 zu wesentlichen Veränderungen gekommen. Versicherungsunternehmen mit Sitz in der europäischen Gemeinschaft erhalten in ihrem jeweiligen Herkunftsland einen „**europäischen Pass**“, mit dem sie in sämtlichen Mitgliedsstaaten tätig werden dürfen. Hierbei unterliegen sie nur der Rechts- und Finanzaufsicht des jeweiligen Herkunftsstaates.

Die inländischen Versicherungsunternehmen bleiben damit weiterhin der **Rechts- und Finanzaufsicht** des (früheren) Bundesaufsichtsamtes für das Versicherungswesen unterstellt, und zwar für ihre gesamte Tätigkeit in den Mitgliedsstaaten der europäischen Gemeinschaft.

9 Seit dem 1.5.2002 ist das Bundesaufsichtsamt für das Versicherungswesen mit dem Bundesaufsichtsamt für das Kreditwesen und den Wertpapierhandel zu einer neuen Behörde verschmolzen worden: **Bundesanstalt für Finanzdienstleistungsaufsicht (BaFin)**.

Die bis 1994 bestehende **Genehmigungspflicht** für Tarife und Versicherungsbedingungen ist **entfallen**, so dass nunmehr die Versicherer Tarife und Bedingungen frei bestimmen können. Die einzigen Inhaltskontrollen bleiben dann die Bestimmungen des VVG und des BGB (§§ 305 ff.) zu den Allgemeinen Geschäftsbedingungen. Die Versicherer sind nunmehr in allen Mitgliedsstaaten der europäischen Gemeinschaft in der Gestaltung ihrer Versicherungsbedingungen – bis auf gewisse Mindeststandards, wie z.B. in der Kraftfahrt-Haftpflichtversicherung – frei.

Die Hauptaufgabe der Bundesanstalt für Finanzdienstleistungsaufsicht besteht darin, die **Kapitalausstattung** der Versicherungsgesellschaft zu überprüfen und Insolvenzen von Versicherern zu verhindern.

10 Neben der **Finanzaufsicht** (§ 81 Abs. 1 VAG) hat die Bundesanstalt auch eine **Missbrauchsaufsicht** (§ 81 Abs. 2 VAG). Im Rahmen dieser Missstandsaufsicht ist die BaFin befugt, eine AVB-Kontrolle auszuüben, soweit die Versicherungsbedingungen Versicherungsnehmer unangemessen benachteiligen und zu einem „Missstand“ i.S.v. § 81 VAG führen.

2. Versicherungsvertragsgesetz (VVG)

Das noch aus dem Kaiserreich (1908) stammende Versicherungsvertragsgesetz ist umfassend reformiert und völlig neu gefasst worden. Berücksichtigt worden ist das Bedürfnis nach einem modernen **Verbraucherschutz**, die umfassende Rechtsprechung des Reichsgerichts und des Bundesgerichtshofs ist in die Fassung des Gesetzes eingeflossen. Dieses VVG 2008 ist am **1.1.2008** in Kraft getreten und gilt ab **1.1.2009** für alle Versicherungsverträge, also auch für sogenannte **Altverträge**, die vor dem 1.1.2008 geschlossen worden sind. 11

Wenn bei **Altverträgen** ein Versicherungsfall bis zum **31.12.2008** eingetreten ist, gilt für diese auch weiterhin das **VVG 1908** in der bis zum 31.12.2007 geltenden Fassung (Art. 1 Abs. 2 EGGVG).

a) Aufbau des VVG

Der Aufbau des neuen VVG weist eine ähnliche Struktur auf wie das VVG 1908: 12

- Vorschriften für alle Versicherungszweige (§§ 1 bis 73 VVG)
- Schadenversicherung (§§ 74 bis 99 VVG)
- Haftpflichtversicherung (§§ 100 bis 112 VVG)
- Pflichtversicherung (§§ 113 bis 124 VVG)
- Rechtsschutzversicherung (§§ 125 bis 129 VVG)
- Transportversicherung (§§ 130 bis 141 VVG)
- Gebäude-Feuerversicherung (§§ 142 bis 149 VVG)
- Lebensversicherung (§§ 150 bis 171 VVG)
- Berufsunfähigkeitsversicherung (§§ 172 bis 177 VVG)
- Unfallversicherung (§§ 178 bis 191 VVG)
- Krankenversicherung (§§ 192 bis 208 VVG)
- Schlussvorschriften (§ 209 bis 215 VVG).

b) Charakter der Vorschriften des VVG

Das VVG enthält zwingende, halbzwingende und dispositive Vorschriften. 13

Von **zwingenden** Vorschriften darf **nicht** abgewichen werden.

> *Beispiel*
>
> § 5 Abs. 4 VVG: „Eine Vereinbarung, durch welche der Versicherungsnehmer darauf verzichtet, den Vertrag wegen Irrtums anzufechten, ist unwirksam“.

Halbzwingende Vorschriften sind solche, von denen nicht zum Nachteil des Versicherungsnehmers abgewichen werden darf.

> *Beispiel*
>
> § 18 VVG: „Von § 3 Abs. 1 bis 4, § 5 Abs. 1 bis 3, den §§ 6 bis 9 und 11 Abs. 2 bis 4, § 14 Abs. 2 S. 1 und § 15 kann nicht zum Nachteil des Versicherungsnehmers abgewichen werden.“

Die meisten Vorschriften des VVG sind **dispositiv** und daher im Rahmen der §§ 305 ff. BGB abdingbar.

c) Pflichtversicherungsgesetz (PflVG)

14 Das Pflichtversicherungsgesetz gilt nur für die Kraftfahrzeug-Haftpflichtversicherung. Nur im Rahmen des Pflichtversicherungsgesetzes gibt es in allen Ländern der europäischen Union – außer in Großbritannien und Irland – einen unmittelbaren **Direktanspruch** gegen den Kraftfahrzeug-Haftpflichtversicherer (§ 115 Abs. 1 Nr. 1 VVG).

d) Bürgerliches Gesetzbuch (BGB)

15 Das BGB enthält nur wenige versicherungsrechtliche Bestimmungen:

- §§ 330 bis 332 (Lebensversicherung)
- §§ 1045, 1046 (Nießbrauch)
- §§ 1127 bis 1130 (Gebäudeversicherung)

16 Alle Versicherungsverträge unterliegen den gesetzlichen Bestimmungen des BGB, soweit das VVG als **lex specialis** nicht eine abweichende Regelung enthält.

> *Beispiel*
>
> Die Rechtsfolgen des Prämienverzuges ergeben sich nicht aus § 323 BGB, sondern aus den §§ 37, 38 VVG.
>
> Im Bereich des Versicherungsrechts sind daher die Vorschriften des BGB heranzuziehen über:
>
> - die Geschäftsfähigkeit (§§ 104 ff. BGB)
> - die Anfechtung von Willenserklärungen (§§ 119 ff. BGB)
> - die Sittenwidrigkeit (§ 138 BGB)
> - das Zustandekommen des Vertrages (§§ 145 ff. BGB)
> - die Einbeziehung Allgemeiner Geschäftsbedingungen (§§ 305 ff. BGB)
> - Verzugszinsen (§ 288 BGB).

e) Handelsgesetzbuch (HGB)

17 Das HGB regelt in den §§ 341 bis 341p Form und Inhalt der Jahresabschlüsse von Versicherungsunternehmen. Aber auch in der täglichen Praxis ist das HGB von großer Bedeutung bei der Vertretung von Kaufleuten gemäß § 1 HGB gegen Versicherungsunternehmen. Soweit ein Kaufmann Leistungsansprüche aus einem Versicherungsvertrag seines Gewerbebetriebes gegenüber einem Versicherer geltend macht, handelt es sich um ein **beiderseitiges Handelsgeschäft**,[1] so dass die Zuständigkeit der **Kammer für Handelssachen** (§ 95 GVG) gegeben ist.

1 OLG Hamm – 20 U 22/98, zfs 2000, 496.

3. Die Allgemeinen Versicherungsbedingungen (AVB)

Die Allgemeinen Versicherungsbedingungen sind die Allgemeinen Geschäftsbedingungen der Versicherer und unterliegen der Inhaltskontrolle der §§ 305 ff. BGB. 18

Die Bearbeitung von versicherungsrechtlichen Mandaten beginnt daher mit den jeweiligen **AVB**. Wenn diese keine Sonderregelungen enthalten, gilt das **VVG**. Findet man auch hier keine Regelung, ist auf das **BGB** zurückzugreifen.

Die AVB werden Bestandteil des Versicherungsvertrages in der **bei Vertragsschluss** vereinbarten und zugrunde gelegten Fassung. Die Einbeziehung neuer Bedingungen muss gesondert und ausdrücklich vereinbart werden. 19

In den meisten Sparten sind die Bedingungen der gesellschaftlichen und wirtschaftlichen Entwicklung **angepasst** und **verändert** worden. Das Jahr des Zustandekommens dieser Bedingungen wird meistens mit der Kurzbezeichnung der AVB genannt, wie z.B. in der Hausratversicherung VHB 1942, VHB 1966, VHB 1974, VHB 1984, VHB 1992, VHB 2008, 2010. In der Rechtsschutzversicherung findet man die ARB 1975, ARB 1994, ARB 2000, ARB 2008, ARB 2010 und ARB 2012.

Versicherungsbedingungen sind nicht gesetzesähnlich, sondern nach dem Verständnis des durchschnittlichen Versicherungsnehmers auszulegen; **Auslegung geht vor Inhaltskontrolle**. Vom **Wortlaut** der Klausel ist auszugehen, die Entstehungsgeschichte hat bei der Auslegung außer Betracht zu bleiben.[2] Diese Auslegung gilt **nicht** für reine **Rechtsbegriffe**, die so zu verstehen sind, wie sie in der Rechtssprache allgemein verstanden werden.[3] Für Allgemeine Versicherungsbedingungen gilt die allgemeine **Unklarheitsregel** gemäß § 305c Abs. 2 BGB ebenso wie das **Abweichungsverbot** (§ 307 Abs. 2 S. 1 BGB) und das **Aushöhlungsverbot** (§ 307 Abs. 2 S. 2 BGB). 20

II. Der Versicherungsvertrag

Aus dem privatrechtlichen Charakter des Versicherungsrechts ergibt sich, dass Versicherungsverträge ausdrücklich oder stillschweigend, **schriftlich** oder **mündlich** geschlossen werden. Ebenso wie im allgemeinen Zivilrecht werden die meisten Versicherungsverträge allein **aus Beweisgründen** schriftlich geschlossen. Grundsätzlich besteht **Vertragsfreiheit** mit der Maßgabe, dass sowohl Versicherer als auch Versicherungsnehmer frei entscheiden können, ob und welchen Inhalts sie Verträge schließen. Eine Ausnahme ergibt sich lediglich aus **§ 5 PflVG**, der den Kfz-Versicherern einen Kontrahierungszwang in bestimmten Grenzen auferlegt. 21

1. Versicherungsschein

Nach § 3 Abs. 1 S. 1 VVG ist der Versicherer **verpflichtet**, dem Versicherungsnehmer einen Versicherungsschein auszuhändigen. § 3 Abs. 3 VVG verpflichtet den Versicherer, 22

2 BGH NVersZ 2000, 189; BGH VersR 2003, 1163.
3 BGH – IV ZR 40/99, NVersZ 2000, 189; BGH – IV ZR 74/02, VersR 2003, 1163.

dem Versicherungsnehmer jederzeit Abschriften über die Erklärungen zu erteilen, „*die er mit Bezug auf den Vertrag abgegeben hat.*" Daraus resultiert, dass der Versicherer im Streitfall verpflichtet ist, **Abschriften** der Antragsunterlagen ebenso zu übersenden, wie ein Exemplar der AVB, die Gegenstand des Versicherungsvertrages sind. Der Versicherungsschein ist eine **Beweisurkunde** über den zustande gekommenen Vertrag.[4]

2. Zustandekommen des Vertrages (§ 151 BGB)

23 Der Versicherungsvertrag kommt mit **Angebot** und **Annahme** zustande. Die Annahme des Antrages kann auch durch Übersendung des Versicherungsscheins erfolgen.

Bei **Divergenz** zwischen Antrag und Police schadet eine Abweichung **zugunsten** des Versicherungsnehmers nicht (§ 5 Abs. 1 VVG). Eine Abweichung zum **Nachteil** des Versicherungsnehmers ist nur wirksam vereinbart, wenn ein auffälliger Hinweis auf diese Abweichung erfolgt (§ 5 Abs. 2 VVG). Der Versicherer muss den Zugang des Versicherungsscheins und des von dem Antrag abweichenden Zusatzes beweisen.

3. Beratungspflichten (§ 6 VVG)

24 § 6 VVG verpflichtet den Versicherer, den Versicherungsnehmer zu beraten, wenn hierfür aufgrund der konkreten Umstände ein **Anlass** besteht.

Nach § 6 Abs. 2 VVG hat der Versicherer den erteilten Rat und die Gründe hierfür zu **dokumentieren** und dem Versicherungsnehmer vor Abschluss des Vertrages in Textform zu übermitteln.

Gemäß § 6 Abs. 3 VVG kann der Versicherungsnehmer auf die Beratung und Dokumentation „*durch gesonderte schriftliche Erklärung* ***verzichten***".

4. Informationspflichten (§ 7 VVG)

25 Nach § 7 Abs. 1 VVG müssen die für den Vertragsschluss erforderlichen Informationen sowie die Vertragsbestimmungen dem Versicherungsnehmer „*rechtzeitig vor Abgabe von dessen Vertragserklärung*" übermittelt werden.

§ 7 Abs. 1 S. 3 VVG sieht vor, dass der Versicherungsnehmer „*durch eine gesonderte schriftliche Erklärung auf eine Information vor Abgabe seiner Vertragserklärung ausdrücklich* ***verzichtet***". Der Verzicht muss schriftlich erfolgen, Textform genügt nicht.

5. Dauer des Versicherungsvertrages

26 Die formelle Vertragsdauer beginnt mit dem wirksamen Abschluss des Versicherungsvertrages (§ 151 BGB), die **materielle** Vertragsdauer in der Regel erst nach Zahlung der Erstprämie, die **technische** Vertragsdauer kann von der **formellen** Dauer abweichen, wenn eine Rückdatierung oder Vordatierung vorgenommen wird.

4 Prölss/Martin/*Rudy*, § 3 VVG Rn 1 m.w.N.

6. Beteiligte

Versicherer und **Versicherungsnehmer** sind die Vertragsparteien, es können aber auch Dritte in Rechte und Pflichten des Vertrages einbezogen werden. 27

Bei der Versicherung für **fremde Rechnung** (§ 43 VVG) handelt es sich um einen Vertrag zugunsten eines Dritten (§ 328 BGB). Der Versicherungsnehmer bleibt Vertragspartner und damit Prämienschuldner. Die in den Schutzbereich des Versicherungsvertrages einbezogenen Dritten sind **Versicherte**, die zwar einen Leistungsanspruch gegen den Versicherer gemäß § 44 Abs. 1 VVG haben; sie können über die Rechte aus dem Vertrag jedoch nur verfügen, wenn sie den Versicherungsschein oder die Zustimmung des Versicherungsnehmers haben (§ 44 Abs. 2 VVG).

Begünstigte sind diejenigen, die durch vertragliche Vereinbarung in den Genuss der Versicherungssumme gelangen sollen, wie beispielsweise in der Lebens- und Unfallversicherung.

III. Die vorläufige Deckung (§§ 49 ff. VVG)

Die vorläufige Deckungszusage ist ein Vertrag eigener Art, der auch mündlich geschlossen werden kann. Die vorläufige Deckungszusage ist gegenüber einem bisherigen oder zukünftigen Versicherungsverhältnis **unabhängig**. 28

Der **Versicherungsnehmer** ist für das Zustandekommen und den Inhalt der vorläufigen Deckungszusage **beweispflichtig**.[5]

Die vorläufige Deckung **endet**, 29

- wenn der beabsichtigte endgültige **Vertrag zustande kommt** (§ 52 Abs. 1 S. 1 VVG),
- wenn der Versicherungsnehmer den **Hauptvertrag** oder einen weiteren Vertrag über die vorläufige Deckung mit einem anderen Versicherer schließt (§ 52 Abs. 2 VVG),
- wenn die zeitliche **Befristung** der vorläufigen Deckungszusage abgelaufen ist.

IV. Die Rückwärtsversicherung (§ 2 VVG)

Grundsätzlich ist die Versicherung bereits eingetretener Schäden **nicht zulässig**, da dies dem Grundgedanken des gesamten Versicherungsrechts widerspricht. Rückwärtsversicherung ist daher nur dann zulässig, wenn eine **subjektive Ungewissheit** über den Eintritt eines möglichen Versicherungsfalles besteht. Wenn der Versicherungsnehmer positive Kenntnis hat, dass ein Schadenfall eingetreten ist, ist eine Versicherung dieses Schadens nicht mehr möglich.[6] 30

5 Prölss/Martin/*Klimke*, vor § 49 VVG Rn 17.
6 OLG Saarbrücken v. 30.4.2003 – 5 U 389/02, VersR 2004, 1306.

V. Die Beendigung des Versicherungsvertrages

31 Für die Leistungspflicht des Versicherers ist es oft von entscheidender Bedeutung, welche Gründe zur Beendigung des Versicherungsvertrages führen, insbesondere, ob der Vertrag **rückwirkend** oder zu einem anderen bestimmten Zeitpunkt beendet wird.

1. Anfechtung

32 Versicherungsverträge können wie alle anderen zivilrechtlichen Verträge wegen **Irrtums** (§ 119 BGB) und wegen **arglistiger Täuschung** (§ 123 BGB) angefochten werden.

Die Anfechtung führt zur **Nichtigkeit** des gesamten Vertrages.[7]

a) Irrtumsanfechtung

33 Die Irrtumsanfechtung gemäß § 119 Abs. 1 BGB muss **unverzüglich** nach Kenntnis des Anfechtungsgrundes erklärt werden (§ 121 BGB).

b) Arglistige Täuschung

34 Versicherer und Versicherungsnehmer können gleichermaßen einen Versicherungsvertrag wegen arglistiger Täuschung (oder Drohung) gemäß § 123 BGB anfechten.

Die **Beweislast** für das Vorliegen von Anfechtungsgründen hat der **Anfechtende**.[8]

Der **Versicherer** kann erbrachte Leistungen gemäß § 812 BGB **zurückfordern**, darf aber die Prämien gemäß § 39 VVG **behalten**.[9]

2. Rücktritt

35 Der Versicherer kann bei nicht rechtzeitiger Zahlung der **Erstprämie** (§ 37 VVG) und bei der Verletzung vorvertraglicher **Anzeigeobliegenheiten** (§ 19 VVG) vom Vertrag zurücktreten.

3. Kündigung

36 Die Kündigung eines Vertrages erfolgt in der Regel zum **Schluss** der laufenden Versicherungsperiode. Eine Kündigung ist auch möglich bei

- Obliegenheitsverletzung (§ 28 VVG),
- Gefahrerhöhung (§§ 24 ff. VVG),
- Prämienerhöhung (§ 40 VVG),
- Prämienverzug (§ 38 VVG),
- Veräußerung der versicherten Sache (§ 96 VVG),
- Schadenfall (§ 92 VVG).

7 BGH v. 28.10.2009 – IV ZR 140/08, VersR 2010, 97.
8 BGH – IV ZR 330/06, VersR 2008, 809.
9 Prölss/Martin/*Reiff*, § 29 VVG Rn 11.

4. Widerruf (§ 8 VVG)

Nach § 8 Abs. 1 S. 1 VVG kann jeder **Versicherungsnehmer**, also nicht nur der Verbraucher, eine Vertragserklärung innerhalb von zwei Wochen widerrufen. Bei Lebensversicherungsverträgen beträgt die Widerrufsfrist 30 Tage (§ 152 Abs. 1 VVG). 37

Die Widerrufsfrist von zwei Wochen beginnt gemäß § 8 Abs. 2 VVG erst nach Erhalt der folgenden Unterlagen in Textform: 38

- **Versicherungsschein, AVB** sowie die Information gemäß § 7 Abs. 1 S. 1 VVG,
- deutlich gestaltete **Belehrung** über das Widerrufsrecht und seine Rechtsfolgen.

5. Aufhebung

Versicherer und Versicherungsnehmer können **jederzeit** einverständlich einen Versicherungsvertrag aufheben. 39

VI. Prämie

Die einzige **Hauptpflicht** des Versicherungsnehmers besteht darin, die vereinbarte Prämie zu zahlen (§ 1 Abs. 2 VVG). 40

1. Prämienschuldner

Der Versicherungsnehmer ist Prämienschuldner, aber auch **Bezugsberechtigte** und Pfandgläubiger können die Prämie zahlen, um den Fortbestand des Versicherungsvertrages zu sichern. § 34 VVG ändert insoweit die §§ 267, 268 BGB ab. 41

2. Prämienzahlung

Die Prämie ist eine Geldschuld und somit eine **qualifizierte Schickschuld** (§ 36 VVG). Einzahlungen beim Schalterbeamten, Abbuchung vom Konto oder Übersendung eines gedeckten Schecks bewirken rechtzeitige Zahlung.[10] Bei einer qualifizierten Schickschuld ist darauf abzustellen, ob der Versicherungsnehmer am Erfüllungsort **alles getan** hat, damit eine rechtzeitige Zahlung erfolgt.[11] 42

a) Erstprämie (§ 37 VVG)

Die Erstprämie wird mit dem Abschluss des Versicherungsvertrages sofort fällig (§ 33 S. 1 VVG). Der Versicherer haftet erst ab Zahlung der Erstprämie. In den meisten Verträgen wird eine „**erweiterte Einlösungsklausel**" vereinbart. Dies bedeutet, dass der Versicherer rückwirkend, also auch vor Zahlung der Erstprämie, materielle Deckung zu gewähren hat, wenn die Prämie unverzüglich nach Anforderung gezahlt wird. 43

10 Prölss/Martin/*Reiff*, § 36 VVG Rn 3.
11 Prölss/Martin/*Reiff*, § 33 VVG Rn 14.

b) Folgeprämie (§ 38 VVG)

44 Wird eine fällige Folgeprämie nicht fristgerecht gezahlt, besteht der Versicherungsschutz zunächst fort. Der Versicherer kann dem Versicherungsnehmer dann eine Zahlungsfrist von **zwei Wochen** setzen mit einer schriftlichen und deutlichen **Belehrung**, dass bei Zahlung innerhalb der gesetzten Frist der Versicherungsschutz fortbesteht.[12]

3. Prämienanpassung

45 Viele Versicherungsverträge erhalten eine Prämienanpassungsklausel, wie zum Beispiel in der Hausratversicherung (§ 16 Nr. 2 VHB 92) und der Krankenversicherung (§ 8a MB-KK). Wenn der Versicherer aufgrund einer solchen Klausel die Prämie erhöht, ohne dass sich der Umfang des Versicherungsschutzes ändert, kann der Versicherungsnehmer den Vertrag innerhalb eines Monats **kündigen** (§ 40 VVG).

VII. Versicherungswert (§ 88 VVG)

46 Der Versicherungswert ist die „Soll-Versicherungssumme", in der Regel identisch mit der möglichen **Höchstentschädigung**.[13]

1. Vollwertprinzip

47 Der Versicherungsnehmer erhält die volle Entschädigungsleistung nur, wenn die Versicherungssumme auch dem **tatsächlichen Wert** der versicherten Gegenstände entspricht. Bei zu hoher Versicherungssumme spricht man von einer Überversicherung (§ 74 VVG), bei zu niedrigerer Versicherungssumme von einer Unterversicherung (§ 75 VVG).

2. Überversicherung (§ 74 VVG)

48 Bei irrtümlicher Überversicherung wird die Prämie **verhältnismäßig gemindert** (§ 74 Abs. 1 S. 2 VVG); wird die Versicherungssumme in betrügerischer Absicht zu hoch angesetzt, ist der Versicherungsvertrag **nichtig**. Der Versicherungsnehmer erhält keinerlei Entschädigung, gleichwohl darf der Versicherer die Prämie für die laufende Versicherungsperiode behalten (§ 74 Abs. 2 VVG).

3. Unterversicherung (§ 75 VVG)

49 Eine Unterversicherung liegt vor, wenn die vereinbarte Versicherungssumme den tatsächlichen Wert der versicherten Gegenstände **unterschreitet**. Die Entschädigungsleistung wird dann entsprechend gemindert (Proportionalitätsregel).

12 BGH – IV ZR 284/04, VersR 2006, 913; OLG Köln – 9 U 226/01, zfs 2002, 135 = r+s 2001, 447.
13 Prölss/Martin/*Armbrüster*, § 88 VVG Rn 1.

Beispiel

Versicherungswert:	12.000 EUR
Versicherungssumme:	8.000 EUR
Schaden:	6.000 EUR

Da die Versicherungssumme nur 2/3 des tatsächlichen Wertes ausmacht, erhält der Versicherungsnehmer auch nur 2/3 des Schadens, also 4.000 EUR.

VIII. Mehrfachversicherung (§ 78 VVG)

Eine Mehrfachversicherung besteht, wenn dieselben Gegenstände mehrfach versichert sind. Wird eine Mehrfachversicherung aus **Bereicherungsabsicht** abgeschlossen, ist jeder Versicherungsvertrag **nichtig**; die Versicherer dürfen die gezahlten Prämien behalten (§ 78 Abs. 3 VVG). Das Verbot der Mehrfachversicherung gilt für die Schadenversicherung, nicht für die Summenversicherung, also **nicht** für die **Lebensversicherung**, die **Unfallversicherung** und die **Krankentagegeldversicherung**. 50

IX. Höheres Leistungsversprechen des Versicherers

In der Schadenversicherung ist nur der tatsächliche Schaden zu ersetzen, der Versicherungsnehmer darf am Schadenfall **nicht verdienen**. Gewohnheitsrechtliche Ausnahmen sind die Vereinbarung der Neuwertversicherung und einer festen Taxe. 51

X. Leistungen des Versicherers

1. Neuwertversicherung

In der **Hausratversicherung** und **Gebäudeversicherung** wird in der Regel der Ersatz des Neuwertes vereinbart, da die Anschaffung von gebrauchten Hausratgegenständen unzumutbar ist und ein Gebäude, das zu ersetzen ist, ohnehin neu gebaut werden muss. In den älteren Hausratversicherungsbedingungen wurde der Neuwertersatz davon abhängig gemacht, dass innerhalb von **zwei Jahren** entsprechende Ersatzgegenstände nachweislich angeschafft werden. Die meisten Gebäudeversicherungsbedingungen sehen vor, dass die Wiedererrichtung des Gebäudes innerhalb von **drei Jahren** erfolgen oder zumindest sichergestellt sein muss. 52

2. Feste Taxe (§ 76 VVG)

Im Versicherungsvertrag kann bereits im Voraus die Entschädigungsleistung fest vereinbart werden. Diese feste Taxe darf jedoch „**nicht erheblich**" den tatsächlichen Wert der versicherten Sache übersteigen. Eine Abweichung von 10 % oder weniger ist unerheblich, eine Abweichung von mehr als 25 % dürfte erheblich sein.[14] 53

14 BGH – IV ZR 138/00, VersR 2001, 749.

3. Wieder aufgefundene Sachen

54 Wenn entwendete Gegenstände später wieder aufgefunden werden, hat der Versicherungsnehmer in der Regel das **Wahlrecht**, ob er die Sachen zurücknimmt oder seine Versicherung in Anspruch nimmt. Mit Vollendung des Diebstahls ist der Versicherungsfall eingetreten, so dass der Versicherer **leistungspflichtig** ist.[15] Eine Ausnahme ergibt sich aus § A.2.5.5.1 AKB 2015 zur Kraftfahrzeugversicherung. Nach dieser Vorschrift ist der Versicherungsnehmer verpflichtet, sein Fahrzeug zurückzunehmen, wenn es binnen Monatsfrist wieder aufgefunden wird.

XI. Gefahrerhöhung

55 Eine Gefahrerhöhung liegt vor, wenn sich die Umstände der Risikobeschreibung nach Stellung des Versicherungsantrages **ungünstig verändern** und hierdurch der Eintritt des Versicherungsfalles wahrscheinlicher wird.[16]

1. Kausalität

56 Leistungsfreiheit nach einer Gefahrerhöhung tritt nur dann ein, wenn die Gefahrerhöhung sich **ursächlich** auf den Eintritt des Versicherungsfalles oder den Umfang der Leistungspflicht ausgewirkt hat (§ 26 Abs. 3 S. 1 VVG). Aus der Formulierung „soweit“ ergibt sich, dass die Kausalität **vermutet** wird, so dass der Versicherungsnehmer in der Regel den **Kausalitätsgegenbeweis** führen muss.

2. Subjektive Gefahrerhöhung (§ 23 Abs. 1 VVG)

57 Wenn der Versicherungsnehmer selbst die Gefahrerhöhung vornimmt, spricht man von einer willkürlichen oder subjektiven Gefahrerhöhung.

> *Beispiel*
>
> Ein versichertes Gebäude steht längere Zeit leer, so dass die Gefahr von Brandstiftung oder Vandalismus vergrößert wird.

58 Rechtsfolgen der Gefahrerhöhung treten nur dann ein, wenn der Versicherungsnehmer **vorsätzlich** oder **grob fahrlässig** gehandelt hat (§ 26 Abs. 1 VVG). Bei grober Fahrlässigkeit ist der Versicherer berechtigt, seine Leistung in einem der Schwere des Verschuldens des Versicherungsnehmers entsprechenden Verhältnis zu kürzen; die **Beweislast** für das Nichtvorliegen einer groben Fahrlässigkeit trägt der **Versicherungsnehmer** (§ 26 Abs. 1 S. 2 VVG).

59 Bei einer vorsätzlich oder grob fahrlässig herbeigeführten Gefahrerhöhung kann der Versicherer **fristlos kündigen** (§ 24 Abs. 1 VVG) und ist bei Vorsatz **vollständig** und bei grober Fahrlässigkeit **partiell leistungsfrei**, wenn die Gefahrerhöhung **kausal** für

15 BGH – IV ZR 163/96, NJW-RR 1997, 1243 = zfs 1997, 387.
16 Prölss/Martin/*Armbrüster*, § 23 VVG Rn 7 m.w.N.; BGH – IV ZR 183/03, r+s 2004, 328 = VersR 2004, 895.

den Eintritt des Versicherungsfalles oder den Umfang der Leistungspflicht war (§ 26 Abs. 3 VVG).

Bei **einfacher Fahrlässigkeit** kann der Versicherer lediglich unter Einhaltung einer Frist von einem Monat kündigen (§ 24 Abs. 1 S. 2 VVG).

3. Objektive Gefahrerhöhung (§ 23 Abs. 3 VVG)

Tritt eine Gefahrerhöhung unabhängig vom Willen des Versicherungsnehmers ein, kann der Versicherer unter Einhaltung einer Frist von einem Monat den Vertrag kündigen (§ 26 Abs. 1 VVG). 60

> *Beispiel*
>
> Der **Versicherungsnehmer** hat eine Doppelhaushälfte versichert, die andere – ihm nicht gehörende – Doppelhaushälfte steht leer und ist von Stadtstreichern „besetzt" worden.

Rechtsfolgen treten nur bei **Vorsatz** oder **grober Fahrlässigkeit** des Versicherungsnehmers ein (§ 26 Abs. 2 VVG). Bei grober Fahrlässigkeit kann die Leistung des Versicherers entsprechend der Schwere des Verschuldens **gekürzt** werden. Weiterhin ist erforderlich, dass die Gefahrerhöhung **kausal** für den eingetretenen Versicherungsfall war. 61

4. Unerkannte Gefahrerhöhung (§ 23 Abs. 2 VVG)

Wenn der Versicherungsnehmer nachträglich eine Gefahrerhöhung erkennt, hat er diese dem Versicherer **unverzüglich anzuzeigen** (§ 23 Abs. 2 VVG). Die Rechtsfolgen dieser nachträglich erkannten Gefahrerhöhung sind dieselben wie bei der objektiven Gefahrerhöhung nach § 23 Abs. 3 VVG. 62

5. Vertragsanpassung (§ 25 VVG)

Anstelle der Kündigung kann der Versicherer eine Vertragsanpassung durch **Prämienerhöhung** oder einen **Risikoausschluss** vereinbaren (§ 25 VVG). 63

XII. Leistungsfreiheit des Versicherers

Versicherer sind nur dann eintrittspflichtig, wenn der Versicherungsnehmer sich **vertragstreu** verhalten und alle Pflichten des Versicherungsvertrages zum Zeitpunkt des Eintritts des Versicherungsfalles erfüllt hat. Der Versicherungsnehmer muss zwar den Versicherungsfall nicht verhindern, in der Regel ist aber die Eintrittspflicht des Versicherers ausgeschlossen bzw. eingeschränkt, wenn der Versicherungsfall **vorsätzlich** oder **grob fahrlässig** herbeigeführt worden ist (§§ 81, 103 VVG). In der **Haftpflichtversicherung** besteht Versicherungsschutz auch bei grober Fahrlässigkeit, lediglich die **vorsätzliche Herbeiführung** des Versicherungsfalles ist vom Versicherungsschutz nicht erfasst (**§ 103 VVG**). 64

1. Vorsatz

65 Im Versicherungsrecht gilt der allgemeine **zivilrechtliche** Vorsatzbegriff; dolus eventualis genügt. Es muss jedoch hinzukommen, dass der Versicherungsnehmer auch rechtswidrig gehandelt hat; insoweit gilt im Versicherungsrecht die **Vorsatztheorie**. Putativ-Notwehr oder gerechtfertigtes Verhalten schließt den Vorsatz aus.[17] Der Vorsatz muss sich auch auf die Schadenfolgen beziehen.[18]

Der Versicherer muss Vorsatz und Rechtswidrigkeit voll beweisen; ihm kommen keine Beweiserleichterungen zugute.[19]

2. Grobe Fahrlässigkeit

66 Grob fahrlässig handelt, wer schon einfachste, ganz nahe liegende Überlegungen nicht anstellt und in ungewöhnlich hohem Maße dasjenige unbeachtet lässt, was im gegebenen Fall jedem hätte einleuchten müssen.[20]

67 Während der Maßstab der einfachen Fahrlässigkeit (§ 276 BGB) ausschließlich objektiv ist, sind bei der groben Fahrlässigkeit auch **subjektive**, in der Individualität des Handelnden begründete Umstände zu berücksichtigen.[21] Es kommt somit auf die persönlichen Fähigkeiten und Geschicklichkeiten, auf die berufliche Stellung, die Lebenserfahrung und den Bildungsgrad des Versicherungsnehmers an.[22] Ein „**Augenblicksversagen**" allein entkräftet noch nicht den Vorwurf der groben Fahrlässigkeit.[23]

> *Beispiel*
>
> Es ist grob fahrlässig,
>
> - ein Kraftfahrzeug im Zustand alkoholbedingter Fahruntüchtigkeit zu führen,[24]
> - ein hofseitiges Fenster im Erdgeschoss während einer längeren Abwesenheit in Kippstellung offen zu lassen,[25]
> - Zweitschlüssel im Handschuhfach,[26]
> - die Wohnung bei einer brennenden Kerze auch nur kurzfristig zu verlassen,[27]
> - wertvolles Reisegepäck – von außen sichtbar – im abgestellten Fahrzeug zurückzulassen.[28]

17 OLG Düsseldorf – 4 U 250/92, VersR 1994, 850.
18 OLG Köln – 9 U 8/96, r+s 1997, 95; OLG Hamm – 20 U 28/96, VersR 1997, 1389.
19 BGH – IV ZR 62/04, VersR 2005, 1387.
20 Grüneberg/*Grüneberg*, § 277 BGB Rn 5 m.w.N.
21 Grüneberg/*Grüneberg*, § 277 BGB Rn 5 m.w.N.
22 Grüneberg/*Grüneberg*, § 277 BGB Rn 5 m.w.N.; BGH v. 29.1.2003 – IV ZR 173/01, VersR 2003, 364.
23 Prölss/Martin/*Armbrüster*, § 81 VVG Rn 40 m.w.N.
24 BGH – IV ZR 173/01, r+s 2003, 144 = VersR 2003, 346.
25 OLG Celle – 8 U 164/91, r+s 1994, 189.
26 OLG Köln – 9 U 195/94, r+s 1995, 42.
27 OLG Hamburg – 5 U 231/92, r+s 1994, 184.
28 OLG München – 18 U 172/89, VersR 1989, 1258.

Wenn der Versicherungsnehmer den Versicherungsfall grob fahrlässig herbeiführt, „ist der Versicherer berechtigt, seine Leistung in einem der Schwere des Verschuldens des Versicherungsnehmers zu kürzen." (§ 81 Abs. 2 VVG) 68

Die Quotelung erfolgt auf einer Skala von 0 bis 100.[29]

Beispiel

- Bei alkoholbedingter absoluter Fahruntüchtigkeit ist der Kaskoversicherer leistungsfrei („Nullquote").[30]
- Bei einem Rotlichtverstoß ist eine Kürzung um 50 % in jedem Fall angemessen.[31]
- Wenn ein Versicherungsnehmer einer erkennbar stark alkoholisierten Person Fahrzeug und Fahrzeugschlüssel überlässt, ist eine Leistungskürzung von 75 % gerechtfertigt.[32]

3. Obliegenheiten

Obliegenheiten sind Verhaltensnormen, aus denen sich ergibt, was der Versicherungsnehmer zu tun oder zu lassen hat, um den Versicherungsschutz zu erhalten.[33] Obliegenheiten stellen somit auf das Verhalten des Versicherungsnehmers ab. Obliegenheiten sind keine unmittelbar erzwingbaren Verbindlichkeiten, sondern bloße Verhaltensnormen (**Voraussetzungen**), die der Versicherungsnehmer zu erfüllen hat, wenn er seinen Leistungsanspruch behalten will.[34] 69

a) Gesetzliche Obliegenheiten

Gesetzliche Obliegenheiten wirken sich nur dann aus, wenn im VVG auch **Sanktionen** vorgesehen sind. 70

Zu den gesetzlichen Obliegenheiten gehören:

- die **Hinweispflicht** des Versicherers (§ 5 Abs. 2 VVG),
- die **Anzeigepflicht** des Versicherungsnehmers (§ 30 VVG),
- die **Auskunftspflicht** des Versicherungsnehmers (§ 31 VVG),
- die **Schadenminderungspflicht** (§ 82 VVG),
- das **Aufgabeverbot** (§ 86 Abs. 2 VVG).

b) Vorvertragliche Obliegenheiten (§ 19 VVG)

Der Versicherungsnehmer hat bei Abschluss des Vertrages alle ihm bekannten Umstände, nach denen der Versicherer in Textform gefragt hat, anzuzeigen. Wenn diese Obliegenheitspflicht verletzt wird, kann der Versicherer je nach Grad des Verschuldens: 71

- den Vertrag **kündigen**,
- vom Vertrag **zurücktreten**,

29 Prölss/Martin/*Armbrüster*, § 81 VVG Rn 62.
30 BGH – IV ZR 225/10, SP 2010, 89.
31 OLG Koblenz – 2 U 1021/09, r+s 2012, 431; LG Münster v. 20.8.2009 – 15 O 141/09, VersR 2009, 1615.
32 LG Bonn v. 31.7.2009 – 10 O 115/09, r+s 2010, 320.
33 Prölss/Martin/*Armbrüster*, § 28 VVG Rn 1 m.w.N.
34 Prölss/Martin/*Armbrüster*, § 28 VVG Rn 1 m.w.N.

- eine **Prämienerhöhung** verlangen,
- einen **Risikoausschluss** vereinbaren,
- den Vertrag wegen arglistiger Täuschung **anfechten**.

c) Vertragliche Obliegenheiten (§ 28 VVG)

72 Die Rechtsfolgen der Verletzung von vertraglichen Obliegenheiten treten nur ein, wenn der Versicherungsnehmer **grob fahrlässig** oder **vorsätzlich** gehandelt hat. Schuldlos oder leicht fahrlässig begangene Obliegenheitsverletzungen sind folgenlos. Vorsätzliche oder grob fahrlässige Obliegenheitsverletzungen wirken sich nur dann aus, wenn sie **ursächlich** für den Eintritt oder den Umfang des Schadens waren. Bei grob fahrlässiger Obliegenheitsverletzung kann der Versicherer die Leistung „in einem der Schwere des Verschuldens des Versicherungsnehmers entsprechenden Verhältnis" **kürzen** (§ 28 Abs. 2 S. 2 VVG).

d) Hinweispflicht

73 Die Verletzung einer nach Eintritt des Versicherungsfalles bestehenden Auskunfts- oder Aufklärungsobliegenheit führt nur dann zur Leistungsfreiheit, wenn der Versicherungsnehmer durch **gesonderte Mitteilung** in Textform auf diese Rechtsfolge hingewiesen worden ist (§ 28 Abs. 4 VVG).

4. Risikoausschlüsse

74 Der Umfang des Versicherungsschutzes ergibt sich aus den Versicherungsbedingungen. Die Grenzen des Versicherungsschutzes werden entweder durch positive Beschreibung (**primäre** Risikobegrenzung) oder durch den Ausschluss bestimmter Gefahren (**sekundäre** Risikobegrenzung) bestimmt.

a) Primäre Risikobegrenzung

75 Die primäre Begrenzung des versicherten Risikos ergibt sich aus der **Beschreibung** des versicherten Risikos.

> *Beispiel*
>
> § 1 Abs. 2 S. 1 AFB 2008:
>
> „Brand ist ein Feuer, das ohne einen bestimmungsgemäßen Herd entstanden ist oder ihn verlassen hat und das sich aus eigener Kraft auszubreiten vermag".

76 Der **Versicherungsnehmer** muss beweisen, dass der eingetretene Schaden durch die **versicherte** Gefahr eingetreten ist.

b) Sekundärer Risikoausschluss

77 Von einem sekundären Risikoausschluss spricht man dann, wenn ein an sich versichertes Risiko durch eine gesonderte Bestimmung ausdrücklich vom Versicherungsschutz ausgenommen wird.

Beispiel

Eine gesonderte Bestimmung ist die Kriegsklausel, die in den meisten AVB die Ersatzpflicht für solche Schäden ausschließt, die auf Kriegsereignisse zurückzuführen sind.

Hier muss der Versicherer beweisen, dass der Versicherungsfall durch das ausgeschlossene Risiko verursacht worden ist. 78

c) Verhüllte Obliegenheiten

Bei einem Risikoausschluss muss der Versicherer lediglich beweisen, dass der Versicherungsfall durch ein **ausgeschlossenes Risiko** eingetreten ist, während bei einer Obliegenheit Verschulden nachgewiesen werden muss. Aus diesem Grund haben Versicherer Obliegenheiten wie Risikoausschlüsse formuliert, man spricht dann von verhüllten Obliegenheiten. 79

Beispiel

In den früheren Versicherungsbedingungen zur Reisegepäckversicherung hieß es, dass Wertgegenstände und Fotoapparate in unbeaufsichtigt abgestellten Kraftfahrzeugen „nicht versichert" sind. Obgleich diese Formulierung „nicht versichert" einen Risikoausschluss aussagt und beabsichtigt, ist von einer verhüllten Obliegenheit auszugehen.[35] Entscheidend für die rechtliche Zuordnung einer Klausel ist ihr materieller Inhalt, nicht ihre äußere Erscheinungsform oder Formulierung.[36]

Es kommt darauf an, ob eine **individualisierende Beschreibung** des Risikos vorliegt oder ein bestimmtes **Verhalten** des Versicherungsnehmers verlangt wird. Wird auf das Verhalten abgestellt, ist von einer Obliegenheit auszugehen.[37] 80

XIII. Repräsentanten

Da Obliegenheiten keine vertraglichen Pflichten, sondern nur **Voraussetzungen** für den Leistungsanspruch des Versicherungsnehmers gegen seinen Versicherer sind, ist **§ 278 BGB nicht** anwendbar.[38] Wenn daher der Versicherungsnehmer selbst keine Obliegenheitsverletzung begeht, sondern ein **Dritter**, gäbe es keine Sanktionen. Ein solches Ergebnis wäre unbillig, weil durch die Verlagerung des versicherten Risikos auf Dritte die Sanktionen bei Obliegenheitsverletzungen unterlaufen werden könnten. Bereits das Reichsgericht[39] hat den Begriff des „Repräsentanten" entwickelt. 81

Definition: 82

Repräsentant ist derjenige, der von dem Versicherungsnehmer mit der tatsächlichen Risikoverwaltung betraut und an die Stelle des Versicherungsnehmers getreten ist.[40]

35 BGH – IV a ZR 4/84, VersR 1985, 854, 855.
36 BGH – IV ZR 186/99, VersR 2000, 969.
37 BGH – IV ZR 186/99, VersR 2000, 969.
38 Prölss/Martin/*Armbrüster*, § 28 VVG Rn 93 m.w.N.
39 Prölss/Martin/*Armbrüster*, § 28 VVG Rn 98.
40 Prölss/Martin/*Armbrüster*, § 28 VVG Rn 98.

Die bloße Überlassung der **Obhut** über die versicherte Sache reicht **nicht** aus; Repräsentant kann nur sein, wer befugt ist, **selbstständig** in einem gewissen, nicht ganz unbedeutenden Umfang für den Versicherungsnehmer zu **handeln** und damit die **Risikoverwaltung** übernommen hat.[41]

Beispiel

- Ein Vater, der nach förmlicher Übertragung des Betriebes auf seine Söhne faktischer Betriebsinhaber (Chef) bleibt, ist Repräsentant,[42]
- ein Ehemann, der seine Gaststätte auf dem Grundstück seiner Ehefrau selbstständig betreibt, ist deren Repräsentant in der Gebäudeversicherung.[43]

XIV. Versicherungsvermittler (§§ 59 bis 73 VVG)

83 70 bis 80 % der Versicherungsverträge werden von dem Außendienst der Versicherer vermittelt. Versicherungsverträge werden nicht **gekauft**, sondern **verkauft**: In der Regel geht die Initiative zum Abschluss eines Versicherungsvertrages von einem Versicherungsvermittler aus.

84 § 59 VVG unterscheidet zwischen dem **Versicherungsvertreter**, dem **Versicherungsmakler** und dem **Versicherungsberater**.

Wenn der Versicherungsvermittler seine Beratungs- und Dokumentationspflichten gemäß §§ 60, 61 VVG schuldhaft verletzt, ist er zum **Schadenersatz** verpflichtet (§ 63 VVG). Diese Schadenersatzpflicht richtet sich beim Versicherungsmakler ausschließlich gegen diesen, während bei der Schadenersatzpflicht des Versicherungsvertreters dieser **gesamtschuldnerisch** neben dem Versicherer haftet.

85 Die Kenntnis des Versicherungsvertreters steht der Kenntnis des Versicherers gleich (§ 70 VVG).

Der Versicherer haftet nach den Grundsätzen der **culpa in contrahendo** (§ 311 Abs. 2 BGB) auf Schadenersatz, wenn der Versicherungsvertreter den Versicherungsnehmer bei Abschluss des Vertrages nicht richtig beraten hat.[44]

Die Schadenersatzpflicht gemäß § 63 VVG beinhaltet, dass der Versicherungsnehmer so zu stellen ist, wie wenn er richtig beraten worden wäre.[45]

XV. Versicherungsmakler

86 Der Versicherungsmakler ist selbstständiger Versicherungskaufmann und wird aufgrund eines Geschäftsbesorgungsvertrages (§§ 652, 675 BGB) mit dem Versicherungsnehmer tätig. Der Versicherungsmakler ist Vertrauensperson des Versicherungsnehmers, hat aber gewohnheitsrechtlich entgegen § 99 HGB nur einen Provisionsanspruch gegen den Versi-

41 BGH – IV ZR 166/02, zfs 2003, 403.
42 OLG Köln – 9 U 108/94, VersR 1996, 94.
43 BGH – IV ZR 166/02, zfs 2003, 403.
44 OLG Karlsruhe – 12 U 222/02, zfs 2004, 121.
45 Prölss/Martin/*Dörner*, § 63 VVG Rn 16 m.w.N.

cherer. Die Haftungsregeln für den Versicherungsvertreter sind auf den Versicherungsmakler nicht anwendbar. Unrichtige Angaben oder Zusagen des Versicherungsmaklers binden daher den Versicherer nicht. Die Auge-und-Ohr-Rechtsprechung ist daher für Makler nicht anwendbar, selbst wenn sie mit Wissen und Wollen des Versicherers tätig sind und von diesem Antragsvordrucke erhalten haben.[46]

XVI. Die Versicherungsleistung

Der Versicherer hat normalerweise den Schadenersatz **in Geld** zu leisten. In der Haft- 87
pflichtversicherung besteht die Leistung des Versicherers darin, berechtigte Ansprüche zu **befriedigen** und unberechtigte Ansprüche **abzuwehren** (§ 100 VVG).

1. Geldleistung

Im Regelfall hat der Versicherer den Schadenersatz in Geld zu leisten. **Obergrenze** ist 88
die vertraglich vereinbarte **Versicherungssumme**, auch wenn der tatsächliche Schaden höher ist. Geldleistungen sind fällig mit der Beendigung der notwendigen Erhebungen des Versicherers (§ 14 Abs. 1 VVG).

2. Freistellung

In der **Haftpflichtversicherung** hat der Versicherungsnehmer keinen Zahlungsanspruch 89
gegen den Versicherer; dieser ist lediglich verpflichtet, den Versicherungsnehmer von berechtigten Ansprüchen freizustellen und unbegründete Ansprüche abzuwehren (§ 100 VVG). Auch in der **Rechtsschutzversicherung** besteht das Leistungsversprechen des Versicherers darin, den Versicherungsnehmer von Kosten freizustellen.

3. Rettungskosten

Nach § 83 VVG muss der Versicherer Aufwendungen, die der Versicherungsnehmer 90
gemäß § 82 VVG zur Abwendung oder Minderung eines Schadens macht, auch dann ersetzen, wenn diese Maßnahmen **erfolglos** waren. Entscheidend ist, ob der Versicherungsnehmer diese „Rettungskosten“ den Umständen nach für geboten halten durfte (§ 83 Abs. 1 S. 1 VVG). Es kommt **nicht** darauf an, ob die Rettungsmaßnahme **objektiv geboten** war. Ein Irrtum über die Tauglichkeit der Rettungsmaßnahme schadet grundsätzlich nicht, es sei denn, dass dieser Irrtum auf grober Fahrlässigkeit beruht (§ 83 Abs. 3 S. 2 VVG).

> *Beispiel*
>
> Ein Autofahrer weicht einem Reh aus, gerät ins Schleudern und prallt gegen einen Baum. Hier hat der Autofahrer versucht, den Zusammenstoß mit dem Reh zu vermei-

46 BGH – IV ZR 15/99, VersR 1999, 1481 = NJW-RR 2000, 316.

den. Die Schäden, die durch den Aufprall gegen den Baum entstanden sind, gehören zu den Rettungskosten, die der Versicherer gemäß §§ 82, 83 VVG zu ersetzen hat.[47]

4. Ermittlungskosten (§ 85 VVG)

91 Der Versicherer hat auch die Kosten zu ersetzen, die durch die Ermittlung und Feststellung des Schadens entstehen. Häufig handelt es sich um die Kosten für die Überprüfung von Geschäftsbüchern und des Warenlagers.

Die Kosten eines vom Versicherungsnehmer beauftragten **Sachverständigen** gehören gemäß § 85 Abs. 2 VVG **nicht** zu den ersatzpflichtigen Kosten der Schadenermittlung.

5. Rechtsanwaltskosten

92 Vertritt ein Rechtsanwalt den Versicherungsnehmer bei der Geltendmachung seiner vertraglichen Ansprüche, so muss der Versicherungsnehmer diese Kosten auch **selbst** tragen. Der Versicherer ist nur dann verpflichtet, Rechtsanwaltskosten zu ersetzen, wenn er sich bei der Beauftragung des Rechtsanwalts bereits in **Verzug** befand. Insoweit handelt es sich um den allgemeinen Verzugsschaden gemäß § 286 BGB. Die Anwaltskosten sind daher nicht zu ersetzen, wenn der Rechtsanwalt erstmalig den Verzug des Versicherers **herbeiführt**.[48]

93 Auch eine **Rechtsschutzversicherung** braucht diese Rechtsanwaltskosten nicht zu ersetzen, da noch kein „Versicherungsfall" vorliegt. Im Vertragsrechtsschutz ist Versicherungsfall ein tatsächlicher oder vermeintlicher **Verstoß** gegen Rechtspflichten (§ 4 ARB 2008). Solange daher ein Versicherer noch nicht gegen Rechtspflichten verstoßen hat, sondern einen Schaden **ordnungsgemäß** prüft, ist demnach auch ein Rechtsschutzversicherer nicht eintrittspflichtig.

XVII. Verjährung

94 Das VVG 2008 enthält keine gesonderten Verjährungsvorschriften, so dass die §§ 194 ff. BGB gelten. Nach **§ 15 VVG** ist die Verjährung bis zu dem Zeitpunkt **gehemmt**, zu dem die Entscheidung des Versicherers dem Anspruchsteller in Textform zugeht.

XVIII. Sachverständigenverfahren (§ 84 VVG)

95 Viele Versicherungsverträge sehen vor, dass bei Meinungsverschiedenheiten über die Höhe des Schadens ein Sachverständigenverfahren durchzuführen ist. In der Regel benennen Versicherung und Versicherungsnehmer je einen Sachverständigen, beide Sachverständige einigen sich dann auf einen **Obmann**.

96 Die Feststellung im Sachverständigenverfahren ist verbindlich, „*wenn sie nicht offenbar von der wirklichen Sachlage erheblich abweicht*" (§ 84 Abs. 1 S. 1 VVG). Eine **offen-**

47 OLG Saarbrücken – 5 U 120/21, VersR 2023, 174.
48 Grüneberg/*Grüneberg*, § 286 BGB Rn 44.

bare Abweichung liegt vor, wenn sich die Fehlerhaftigkeit des Gutachtens dem sachkundigen und unbefangenen Beobachter geradezu aufdrängt.[49] Die **offenbare Unrichtigkeit** des Gutachtens ist dann gegeben, wenn es sich um eine erhebliche Abweichung von der wirklichen Sachlage handelt.

XIX. Forderungsübergang (§ 86 VVG)

Wenn der Versicherer den Schaden reguliert, gehen die Schadenersatzansprüche des Versicherungsnehmers gegen den Schädiger gemäß § 86 VVG auf den Versicherer über. Es handelt sich um einen gesetzlichen Forderungsübergang (**cessio legis**). 97

1. Quotenvorrecht

Nach § 86 Abs. 1 S. 2 VVG darf der Forderungsübergang sich **nicht zum Nachteil** des Versicherungsnehmers auswirken. Bei nur partieller Leistungsfähigkeit des Schädigers greift der Regressanspruch des Versicherers erst dann durch, wenn der Versicherungsnehmer vollständigen Schadenersatz erhalten hat. 98

> *Beispiel*
>
> Der Brandstifter verursacht einen Gebäudeschaden von 500.000 EUR, die Versicherungssumme beläuft sich lediglich auf 300.000 EUR. Der Versicherer darf seinen Regressanspruch erst dann geltend machen, wenn der Versicherungsnehmer seinen restlichen Schaden in Höhe von 200.000 EUR beim Schädiger durchgesetzt hat.

Auch in der **Kraftfahrtversicherung** ist das Quotenvorrecht von besonderer Bedeutung. Das Quotenvorrecht führt dazu, dass der Versicherungsnehmer bis zur Grenze der Mithaftungsquote des Unfallgegners die Selbstbeteiligung, die Abschleppkosten, die Sachverständigenkosten und den merkantilen Minderwert geltend machen kann.[50] 99

Das Quotenvorrecht gilt auch bezüglich des Selbstbehalts in der **Rechtsschutzversicherung**.[51] 100

2. Häusliche Gemeinschaft

§ 86 Abs. 3 VVG verbietet einen Forderungsübergang gegenüber einer Person, mit welcher der Versicherungsnehmer *„bei Eintritt des Schadens in häuslicher Gemeinschaft lebt"*. Eine **nachträgliche** Begründung einer häuslichen Gemeinschaft führt daher **nicht** zu einer Regresssperre. 101

49 Prölss/Martin/*Voit*, § 84 VVG Rn 23 ff. m.w.N.
50 *Van Bühren*, Unfallregulierung, 10. Aufl., § 3 Rn 5 mit Fallbeispielen und Rechtsprechungsübersicht.
51 Van Bühren/*Plothe*, § 5 ARB Rn 171.

XX. Rechtsnachfolge (§§ 95 ff. VVG)

102 Wenn eine versicherte Sache veräußert wird, tritt an Stelle des Veräußerers der **Erwerber** in das Versicherungsverhältnis ein (§ 95 VVG). Bei einer **Zwangsversteigerung** der versicherten Sache sind die §§ 69 ff. VVG entsprechend anwendbar (§ 99 VVG).

> *Beispiel*
>
> Wird ein Kraftfahrzeug veräußert, wird der Vertrag – zunächst – mit dem Erwerber fortgesetzt. Versicherer und Erwerber (nicht der Veräußerer) können den Versicherungsvertrag innerhalb eines Monats kündigen (§ 96 VVG). Bei Veräußerung einer versicherten Sache haften Veräußerer und Erwerber für die Prämien der laufenden Versicherungsperiode gesamtschuldnerisch (§ 96 Abs. 2 VVG).

XXI. Versicherung für fremde Rechnung (§§ 43 VVG)

103 Bei der Versicherung für fremde Rechnung wird das Interesse eines Dritten versichert. Der **Versicherungsnehmer** ist **Vertragspartner** des Versicherers und muss alle Vertragspflichten erfüllen, insbesondere die Prämie zahlen.

104 Die Versicherung für fremde Rechnung ist somit ein Vertrag zugunsten Dritter gemäß **§ 328 BGB** mit der Einschränkung, dass der Dritte zwar Inhaber des Versicherungsanspruchs ist, die **Verfügungsbefugnis** über den Anspruch jedoch beim Versicherungsnehmer liegt (§ 45 Abs. 1 VVG).

105 Der Versicherte kann daher die Ansprüche aus dem Versicherungsvertrag nur mit Zustimmung des Versicherungsnehmers geltend machen. Diese Zustimmung kann auch in einer **Abtretungserklärung** gesehen werden, wenn aus ihr das Einverständnis des Versicherungsnehmers entnommen werden kann, dass der Versicherte über die Forderung verfügen darf. Auch der **Besitz** des Versicherungsscheins kann als Unterfall der Zustimmung des Versicherungsnehmers gesehen werden, da der Versicherte in der Regel nur mit Zustimmung des Versicherungsnehmers den Versicherungsschein erhalten haben kann.

XXII. Der Versicherungsprozess

106 Wenn der Versicherer seine Eintrittspflicht endgültig abgelehnt hat oder sich in Verzug befindet, ist es wenig sinnvoll, den Erlass eines Mahnbescheides zu beantragen, da Versicherer erfahrungsgemäß stets Widerspruch einlegen, selbst dann, wenn die Forderung anerkannt werden soll. Allein sinnvoll ist daher eine – schlüssige – **Deckungsklage**.

1. Klagearten

107 Neben der üblichen Leistungsklage genügt oft eine **Feststellungsklage** mit dem Ziel der Feststellung, dass der Versicherungsvertrag wirksam ist oder dem Antrag, dass der Versicherer für einen bestimmten Schadenfall eintrittspflichtig ist. Diese Feststellungs-

klage wird von der Rechtsprechung auch dann als zulässig angesehen, wenn eine Leistungsklage möglich ist.[52]

2. Gerichtsstand

Gemäß § 215 VVG ist für Klagen aus dem Versicherungsvertrag das Gericht zuständig, in dessen Bezirk der Versicherungsnehmer **zur Zeit der Klageerhebung** seinen Wohnsitz hat. 108

3. Beweisführung

Der Eintritt des Versicherungsfalles gehört zu **anspruchsbegründenden** Tatsachen, für die der **Versicherungsnehmer beweispflichtig** ist.[53] Der häufigste Versicherungsfall in der Sachversicherung – der Diebstahl – geschieht in der Regel unbeobachtet, so dass der Versicherungsnehmer mit den „klassischen" Beweismitteln den Eintritt des Versicherungsfalles und damit seinen Leistungsanspruch nicht führen kann. Zeugen stehen meist ebenso wenig zur Verfügung wie ein geständiger oder überführter Täter. Oft fehlt es auch an **Indizien** für den Eintritt des Versicherungsfalles. 109

> *Beispiel*
>
> Der am Straßenrand abgestellte Pkw wird entwendet.

a) Der Beweis des äußeren Bildes

Der BGH vertritt in ständiger Rechtsprechung die Auffassung, dass dem Versicherungsnehmer in der Diebstahlversicherung eine über den Anscheinsbeweis hinausgehende **Beweiserleichterung** zukommen muss.[54] Diese Beweiserleichterung wird damit begründet, dass aufgrund der **materiellen Risikoverteilung** eine Herabsetzung des Beweismaßes erfolgen müsse, da ansonsten der Versicherungsschutz **wertlos** würde.[55] Der Beweis des äußeren Bildes erfolgt in zwei Stufen: 110

- Der Versicherungsnehmer muss lediglich den Sachverhalt beweisen, der nach der Lebenserfahrung mit **hinreichender Wahrscheinlichkeit** das äußere Bild eines Versicherungsfalles erschließen lässt (1. Stufe).
- Der Versicherer muss dann Tatsachen beweisen, die eine **erhebliche Wahrscheinlichkeit** dafür begründen, dass der Versicherungsfall vorgetäuscht ist (2. Stufe).

Beiden Parteien kommen somit – unterschiedliche – Beweiserleichterungen zugute. Der Versicherungsnehmer muss lediglich ein Minimum an Umständen beweisen, die auf eine Entwendung schließen lassen. Der Versicherer muss nicht den vollen Gegenbeweis führen, er muss nur **Tatsachen beweisen**, die mit erheblicher Wahrscheinlichkeit auf die Vortäuschung des Versicherungsfalles schließen lassen.[56] Das Begriffspaar „hinreichende 111

52 BGH – IV ZR 18/04, VersR 2005, 629 = NJW-RR 2005, 619.
53 Prölss/Martin/*Armbrüster*, § 81 VVG Rn 92.
54 BGH – IV ZR 263/00, r+s 2002, 143.
55 BGH – IV ZR 263/00, r+s 2002, 143.
56 BGH – IV ZR 171/13, zfs 2015, 393 = VersR 2015, 710.

Wahrscheinlichkeit" und „erhebliche Wahrscheinlichkeit" lässt erkennen, dass die Beweisanforderungen an den Versicherer **höher** sind als an den Versicherungsnehmer. Diese Beweiserleichterungen kommen nur einem **redlichen** Versicherungsnehmer zugute, der absolut glaubwürdig ist.[57]

b) Indizienbeweis

112 Der indirekte Beweis (Indizienbeweis) ist geführt, wenn die Haupttatsache durch andere **Hilfstatsachen** (Indizien) bewiesen wird, deren Vorliegen mit hoher Wahrscheinlichkeit auf die **Haupttatsache** schließen lässt.[58]

> *Beispiel*
>
> Eine gewaltsam geöffnete Tür ist ein Indiz dafür, dass ein Einbruchdiebstahl erfolgt ist.

c) Anscheinsbeweis (prima facie-Beweis)

113 Die Regeln des Anscheinsbeweises greifen bei einem **typischen Geschehensablauf**.[59] Es muss ein Sachverhalt feststehen, bei dem nach der Lebenserfahrung auf das Hervorrufen einer bestimmten Folge oder auf die Verursachung durch ein bestimmtes Verhalten geschlossen werden kann.[60]

> *Beispiel*
>
> Wenn ein betrunkener Autofahrer von der Fahrbahn abkommt, entspricht es einem typischen Geschehensablauf, dass dieser Vorgang auf die alkoholbedingte Fahruntüchtigkeit zurückzuführen ist.

d) Beweis der Schadenhöhe

114 Die vorgenannten Beweiserleichterungen gelten nur für den Eintritt des Versicherungsfalles, nicht für die Schadenhöhe. Der Versicherungsnehmer ist nach den **allgemeinen Regeln** beweispflichtig dafür, welche Gegenstände mit welchem Wert abhandengekommen sind.[61] Dem Versicherungsnehmer stehen jedoch die Beweiserleichterungen gemäß **§ 287 ZPO** zur Verfügung. Aber auch im Rahmen der richterlichen Schätzung gemäß § 287 ZPO ist die Glaubwürdigkeit des Versicherungsnehmers zu berücksichtigen.[62]

4. Rückforderungsprozess

115 Im Rückforderungsprozess wegen zu Unrecht erbrachter Leistungen gibt es **keine Beweiserleichterungen**, der Versicherer muss vielmehr seinen Rückforderungsanspruch nach den allgemeinen Regeln der ZPO beweisen.[63]

57 BGH – IV ZR 171/13, zfs 2015, 392 = VersR 2015, 710.
58 Prölss/Martin/*Schneider*, § 161 VVG Rn 17; Langheid/Rixecker/*Rixecker*, § 81 VVG Rn 106.
59 Prölss/Martin/*Armbrüster*, § 81 VVG Rn 71.
60 Zöller/*Greger*, vor § 284 ZPO Rn 29 m.w.N.; Anders/Gehle/*Nobes*, § 287 ZPO Rn 23.
61 BGH – IV ZR 74/90, r+s 1992, 244.
62 BGH – IV a ZR 127/86, VersR 1988, 75.
63 OLG Oldenburg – 3 W 35/05, zfs 2005, 604.

5. Parteivernehmung

§ 448 ZPO gibt dem Gericht die Möglichkeit, die Vernehmung einer Partei oder beider Parteien anzuordnen. Eine solche Parteivernehmung ist jedoch nur in **Ausnahmefällen** zulässig, wenn bereits ein gewisser Beweis erbracht ist und eine **erhebliche Wahrscheinlichkeit** für die Richtigkeit des Sachvortrages der beweisbelasteten Partei besteht.[64] Wo nichts bewiesen ist, verstößt eine Parteivernehmung gegen den Beibringungsgrundsatz und ist daher unzulässig.[65] 116

Bei Streit über die **Schadenhöhe** kann das Gericht die Parteivernehmung durchführen, um eine verlässliche Grundlage für die Schadenschätzung gemäß § 287 ZPO zu finden.[66]

6. Anhörung

Wenn dem Versicherungsnehmer jegliche Beweismittel fehlen, kann der Tatrichter von **§ 141 ZPO** Gebrauch machen, wenn der Sachvortrag **glaubhaft** und widerspruchsfrei ist.[67] 117

B. Musterschreiben

Die Korrespondenz mit Versicherungsgesellschaften beginnt im Regelfall mit dem Ausfüllen von Schadenanzeigen und anderen Vordrucken, in denen der Versicherungsnehmer angehalten wird, vollständige und wahrheitsgemäße Angaben zum Schadenhergang und zur Schadenhöhe zu machen. Die anwaltliche Korrespondenz beginnt im Regelfall erst dann, wenn der Versicherer seine Eintrittspflicht verneint hat oder sich in Verzug befindet. 118

Ein Rechtsanwalt, der die Korrespondenz mit dem Versicherer einschließlich der Schadenanzeige von Anfang an übernimmt, muss seinen Mandanten darauf hinweisen, dass die entstehenden **Anwaltskosten nicht vom Versicherer** getragen werden. Auch eine **Rechtsschutzversicherung** ist **nicht eintrittspflichtig**, da im Versicherungsvertragsrecht ein Versicherungsfall erst dann eintritt, wenn der Versicherer gegen Rechte und Pflichten aus dem Versicherungsvertrag verstoßen hat. Auch die Anwaltskosten, die dadurch entstehen, dass der Rechtsanwalt den Versicherer in Verzug setzt, sind nicht erstattungsfähig, so dass dem Mandanten gegebenenfalls zu empfehlen ist, zunächst selbst den Versicherer in Verzug zu setzen, ehe er einen Rechtsanwalt beauftragt. 119

Die nachfolgenden Musterschreiben basieren daher darauf, dass der Versicherer sich entweder in Verzug befindet oder seine Leistungspflicht zu Unrecht verneint hat. 120

64 OLG Koblenz – 10 U 1646/97, r+s 2000, 276.
65 BGH r+s 1992, 221; *Baumbach/Lauterbach*, § 448 ZPO Rn 1 m.w.N.
66 OLG Saarbrücken NJW-RR 1999, 759.
67 OLG Köln r+s 2000, 277; OLG Hamm NJW-RR 2000, 16.

I. Widerruf (§ 8 VVG)

1. Sachverhalt

121 Anton Müller hat eine Unfallversicherung beantragt. Nach Erhalt der Versicherungspolice am 1.4.2014 hält er diese Versicherung für überflüssig und widerruft den Versicherungsvertrag mit Schreiben vom 15.4.2014. Der Unfallversicherer hält den Widerruf für unwirksam, da er beim Versicherer erst am 22.4.2014 eingegangen ist.

2. Rechtslage

122 Gemäß § 8 Abs. 1 VVG kann ein Versicherungsnehmer seine Vertragserklärung innerhalb von 14 Tagen widerrufen. Nach § 8 Abs. 1 S. 2 VVG genügt zur Fristwahrung die rechtzeitige Absendung.

Nach § 8 Abs. 2 VVG beginnt die Widerrufsfrist erst zu dem Zeitpunkt, in dem der Versicherungsnehmer sämtliche Vertragsunterlagen und eine deutlich gestaltete Belehrung über das Widerrufsrecht erhalten hat.

3. Musterschreiben an Versicherer

123 ▼

Muster 2.1: Widerruf

2.1

Unfallversicherung Anton Müller, Versicherungsschein-Nr.

Sehr geehrte Damen und Herren,

Herr Anton Müller wird von mir gemäß beigefügter Vollmacht anwaltlich vertreten. Entgegen Ihrer vermeintlichen Auffassung hat mein Mandant den Widerruf rechtzeitig erklärt.

1. Für die Fristwahrung genügt gemäß § 8 Abs. 1 S. 2 VVG die rechtzeitige Absendung. Die Ehefrau meines Mandanten kann bestätigen, dass sie das Schreiben mit dem Widerruf am zur Post gebracht hat. Auf den Zugang kommt es somit nicht an.
2. Der Widerruf ist schließlich auch deshalb wirksam, weil Sie lediglich den Versicherungsschein und die dem Vertrag zugrunde liegenden Bedingungen übersandt haben. Es fehlten die weiteren Informationen nach § 7 Abs. 1 und 2 VVG sowie eine deutlich gestaltete Belehrung über das Widerrufsrecht.
3. Ich bitte Sie, innerhalb von zwei Wochen nach Zugang dieses Schreibens zu bestätigen, dass Ihre Gesellschaft keinerlei Rechte aus dem Versicherungsvertrag geltend macht.

Mit freundlichem Gruß

Rechtsanwalt

▲

4. Hinweise

124 Gemäß § 8 Abs. 2 muss der Versicherer den Zugang der Vertragsunterlagen beweisen. Zur Beweispflicht gehört auch der Zeitpunkt des Zugangs. Da Versicherer den Versiche-

rungsschein und die Vertragsunterlagen regelmäßig mit normaler Post übersenden, kann der Versicherer diesen Nachweis meistens nicht führen. Die Widerrufsfrist von 14 Tagen beginnt erst mit Zugang sämtlicher Vertragsunterlagen und der Belehrung über das Widerrufsrecht. Man spricht in diesem Zusammenhang von einem „ewigen" Widerrufsrecht, so dass ein Versicherungsnehmer auch nach Zahlung der Prämien Jahre später noch den Widerruf erklären kann. Die Rechtsfolge ergibt sich aus § 9 VVG: Der Versicherer muss den Prämienanteil erstatten, der auf den Zeitraum nach Zugang des Widerrufs entfällt. Zusätzlich muss der Versicherer die für das erste Jahr des Versicherungsschutzes gezahlten Prämien erstatten.

II. Prämienverzug

1. Rechtslage

Da in Versicherungsverträgen regelmäßig die Leistungszeit nach dem Kalender bestimmt **125**
ist, tritt Prämienverzug auch ohne Mahnung ein (§ 286 Abs. 2 S. 1 BGB). Gleichwohl bleibt der Versicherungsschutz zunächst erhalten, der Versicherer kann dem Versicherungsnehmer nach § 38 Abs. 1 VVG eine Zahlungspflicht bestimmen, die mindestens zwei Wochen betragen muss. Diese qualifizierte Mahnung muss den Prämienrückstand *„auf Heller und Pfennig genau"* nennen und einen deutlichen Hinweis enthalten, dass die nachträgliche Zahlung zur Aufrechterhaltung des Versicherungsschutzes führt.[68]

2. Sachverhalt

Herr Müller unterhält für sein Einfamilienhaus eine Gebäudeversicherung. Die Jahres- **126**
prämie in Höhe von 600 EUR wird jährlich am 1. März fällig. Nach einem Brandschaden in seinem Haus erhält Herr Müller von seinem Gebäudeversicherer die Mitteilung, es bestehe kein Versicherungsschutz, weil er trotz Mahnung die am 1. März des Jahres fällige Prämie nicht gezahlt habe.

3. Musterschreiben an Gebäudeversicherer

▼ **127**

Muster 2.2: Schreiben an Gebäudeversicherer wegen Prämienverzug

Versicherungsnehmer Anton Müller, Versicherungsschein-Nr.

Sehr geehrte Damen und Herren,

Ihr vorgenannter Versicherungsnehmer wird von mir gemäß beigefügter Vollmacht anwaltlich vertreten. Sie haben Ihre Eintrittspflicht für den Brandschaden vom verneint, weil mein Mandant die am 1.3.2014 fällige Prämie nicht gezahlt habe.

Mein Mandant hat zwar vergessen, die am 1.3.2014 fällige Folgeprämie zu zahlen, eine Mahnung Ihrer Gesellschaft ist meinem Mandanten jedoch nie zugegangen. Zwischen-

68 BGH – IV ZR 118/98, NJW-RR 2000, 395 = zfs 2000, 109.

zeitlich ist die fällige Folgeprämie gezahlt worden. Ich muss Sie daher bitten, Ihre Leistungspflicht innerhalb von zwei Wochen nach Zugang dieses Schreibens anzuerkennen.

Mit freundlichem Gruß

Rechtsanwalt

▲

4. Hinweise

128 Der Versicherer ist für den Zugang der Mahnung beweispflichtig. Es besteht kein Anscheinsbeweis, dass ein zur Post gegebenes Schreiben den Empfänger erreicht.[69] „**Einfaches**" Bestreiten des Zugangs ist zulässig.[70]

III. Gefahrerhöhung

1. Rechtslage

129 Eine Gefahrerhöhung liegt vor, wenn sich die Umstände der Risikobeschreibung ungünstig verändern und hierdurch der Eintritt des Versicherungsfalles wahrscheinlicher wird.[71]

2. Sachverhalt

130 Anton Müller ist Eigentümer eines Wochenendhauses in der Eifel, welches vermietet ist. Im Dezember 2013 zieht der Mieter aus, ohne Herrn Müller zu verständigen. Da das Haus nicht mehr beheizt wird, kommt es durch Frosteinwirkung zu einem Bruch der Wasserleitung mit der Folge eines großen Wasserschadens. Der Gebäudeversicherer verneint seine Leistungspflicht mit dem Hinweis, dass es eine Gefahrerhöhung darstelle, wenn ein leer stehendes Haus nicht beheizt wird und auch die Wasserleitungen nicht entleert werden.

3. Musterschreiben an Gebäudeversicherer

131 ▼

Muster 2.3: Schreiben an Gebäudeversicherer wegen Gefahrerhöhung

Versicherungsnehmer Anton Müller, Versicherungsschein-Nr.

Sehr geehrte Damen und Herren,

Ihr oben genannter Versicherungsnehmer wird von mir gemäß beigefügter Vollmacht anwaltlich vertreten. Die gewechselte Korrespondenz liegt mir vor.

1. Sie haben mit Schreiben vom 1.4.2014 Ihre Eintrittspflicht für den Wasserschaden verneint, weil es eine Gefahrerhöhung darstellt, wenn in den Wintermonaten ein Haus nicht beheizt und die Wasserrohre nicht entleert werden.

69 Prölss/Martin/*Reiff*, § 38 VVG Rn 16 m.w.N.
70 Prölss/Martin/*Reiff*, § 38 VVG Rn 17; OLG Hamm VersR 1996, 1408.
71 Prölss/Martin/*Armbrüster*, § 23 VVG Rn 7.

Selbst wenn man von einer Gefahrerhöhung ausgeht, so bleibt Ihre Gesellschaft gleichwohl zur Leistung verpflichtet, da meinen Mandanten kein Verschulden trifft. Der Mieter ist heimlich ausgezogen, ohne meinen Mandanten zu verständigen. Allein der Umstand, dass die Miete für nicht mehr gezahlt wurde, war kein Hinweis darauf, dass das vermietete Haus nicht mehr bewohnt wird. Man könnte allenfalls an leichte Fahrlässigkeit denken, die sich jedoch nicht anspruchsmindernd auswirkt: Gemäß § 26 Abs. 1 S. 2 VVG ist eine Gefahrerhöhung nur dann relevant, wenn der Versicherungsnehmer vorsätzlich oder grob fahrlässig gehandelt hat.

2. Ich muss Sie daher bitten, Ihre Eintrittspflicht binnen zwei Wochen nach Zugang dieses Schreibens zu bestätigen.

Mit freundlichen Grüßen

Rechtsanwalt

▲

4. Hinweise

Leistungsfreiheit des Versicherers nach einer Gefahrerhöhung tritt nur dann ein, wenn **132** sich die Gefahrerhöhung ursächlich auf den Eintritt des Versicherungsfalles oder den Umfang der Leistungspflicht ausgewirkt hat (§ 26 Abs. 3 S. 1 VVG). Kausalität wird vermutet, so dass der Versicherungsnehmer in der Regel den Kausalitätsgegenbeweis führen muss.[72] Außerdem muss **Vorsatz** oder **grobe Fahrlässigkeit** des Versicherungsnehmers vorliegen (§ 26 Abs. 1 VVG).

IV. Arglist

1. Rechtslage

Obliegenheitsverletzungen wirken sich nur dann aus, wenn sie sich kausal auf den **133** Eintritt des Versicherungsfalles oder die Höhe des Schadens ausgewirkt haben. Dieses Kausalitätserfordernis entfällt bei Arglist (§ 28 Abs. 3 S. 2 VVG). Bei Deckungsablehnungen werden die Versicherer sich daher bei vorsätzlich falschen Angaben auf Arglist berufen.

2. Sachverhalt

Anton Müller macht Leistungsansprüche bei seinem Gebäudeversicherer geltend, nach- **134** dem durch Frostbruch Leitungswasser ausgetreten war. Der Gebäudeversicherer lehnt die Deckung ab, weil das versicherte Gebäude leer gestanden habe. Es sei weder beheizt worden, noch seien die Wasserleitungen entleert worden.

Anton Müller bittet den Gebäudeversicherer, seine Entscheidung zu überprüfen, da seine Ehefrau unmittelbar vor dem Frostbruch das Haus überprüft und festgestellt habe, dass die Heizung funktionierte. Diese Behauptung ist unzutreffend.

72 Prölss/Martin/*Armbrüster*, § 26 VVG Rn 7.

3. Musterschreiben an Gebäudeversicherer

135 ▼

Muster 2.4: Schreiben an Gebäudeversicherer wegen Vorwurfs der Arglist

Versicherungsnehmer Anton Müller, Versicherungsschein-Nr.

Sehr geehrte Damen und Herren,

Ihr oben genannter Versicherungsnehmer Anton Müller wird von mir gemäß beigefügter Vollmacht anwaltlich vertreten. Die gewechselte Korrespondenz, insbesondere Ihr Ablehnungsschreiben vom , liegt mir vor.

Es kann dahinstehen, ob mein Mandant arglistig gehandelt hat, als er behauptete, seine Ehefrau habe das leer stehende Gebäude noch kurz vor dem Wasserschaden besichtigt. Als mein Mandant diesen Sachverhalt mitteilte, hatten Sie bereits die Deckung abgelehnt, so dass die Sanktion der Leistungsfreiheit wegen einer arglistigen Obliegenheitsverletzung entfällt. Die vollständige Leistungsfreiheit des Versicherers bei arglistigen Obliegenheitsverletzungen beruht auf dem Schutzbedürfnis des Versicherers, der bei seiner Entscheidung über die Eintrittspflicht in besonderem Maße auf wahrheitsgemäß Angaben seines redlichen Versicherungsnehmers angewiesen ist.

Die Verwirkung des Leistungsanspruchs wegen einer versuchten oder vollendeten arglistigen Täuschung greift nicht bei Angaben des Versicherungsnehmers, die dieser erst nach einer Leistungsablehnung macht.[73] Ich muss Sie daher bitten, den geltend gemachten Schaden innerhalb von zwei Wochen seit Zugang dieses Schreibens zu regulieren.

Mit freundlichem Gruß

Rechtsanwalt

▲

4. Hinweise

136 Arglistige Täuschungen oder Täuschungsversuche spielen in der Sachversicherung eine große Rolle, zumal Versicherungsnehmer dazu neigen, ein eventuelles Fehlverhalten zu beschönigen und den Wert der beschädigten oder entwendeten Sachen besonders hoch anzusetzen. Bei jedem versicherungsrechtlichen Mandat sollte daher der Mandant darauf hingewiesen werden, dass völlige Leistungsfreiheit eintreten kann, wenn vorsätzlich falsche Angaben zum Schadenhergang und zur Schadenhöhe gemacht werden. In den meisten Fällen dürfte ein solches Verhalten auch arglistig sein, da diese falschen Angaben gemacht werden, um die Entscheidung des Versicherers über Grund und Höhe des Anspruchs zu beeinflussen.

C. Musterklagen und -klageerwiderungen

137 Bei der gerichtlichen Geltendmachung von Leistungsansprüchen gegen Versicherer ist es unprofessionell und wenig zielführend, zunächst einen Mahnbescheid zu beantragen.

73 BGH v. 13.3.2013 – IV ZR 110/11, zfs 2013, 330 = VersR 2013, 609.

Versicherer erheben erfahrungsgemäß immer Widerspruch gegen einen Mahnbescheid, selbst wenn sie zahlungswillig sind. Ebenso wenig ist es sinnvoll, eine Vielzahl von Klageanträgen zu stellen, die im Regelfall aufgrund gesetzlicher Regelung überflüssig sind. Dies gilt insbesondere für den Antrag, dass der Beklagte die Kosten des Rechtsstreits zu tragen hat und dass Sicherheitsleistung durch Bankbürgschaft erbracht werden kann.

Sinnvoll ist es allenfalls, den Erlass eines Versäumnisurteils zu beantragen, wenn das 138
schriftliche Vorverfahren angeordnet wird. Auch für ein Anerkenntnisurteil bedarf es keines Antrags mehr (§ 307 ZPO).

I. Grobe Fahrlässigkeit/Repräsentant

1. Rechtslage

Wenn der Versicherungsnehmer den Versicherungsfall grob fahrlässig verursacht hat, ist 139
der Versicherer berechtigt, „*seine Leistung in einem der Schwere des Verschuldens des Versicherungsnehmers entsprechenden Verhältnis zu kürzen*" (§ 81 Abs. 2 VVG). Der Rahmen der zulässigen Kürzung bewegt sich in einem Bereich von 0 % bis 100 %.[74] Wenn ein Versicherungsnehmer das versicherte Risiko ganz auf einen Dritten verlagert, so dass dieser an die Stelle des Versicherungsnehmers getreten ist, dann ist dieser Dritte Repräsentant des Versicherungsnehmers. Das Fehlverhalten des Repräsentanten wird dem Versicherungsnehmer unmittelbar zugerechnet, weil der Versicherungsnehmer sich nicht dadurch besser stellen darf, dass er einen Dritten für sich handeln lässt.[75]

2. Sachverhalt

Anton Müller verursacht mit dem Pkw seiner Ehefrau Sabine Müller durch einen Rot- 140
lichtverstoß einen Verkehrsunfall. Die Vollkaskoversicherung verweigert ihre Leistung mit der Begründung, dass Anton Müller den Unfall grob fahrlässig verursacht habe.

3. Klage

▼ 141

Muster 2.5: Klage Grobe Fahrlässigkeit/Repräsentant

2.5

Klage

der Frau Sabine Müller, Bochumer Str. 6, 51145 Köln,

– Klägerin –

Prozessbevollmächtigte: Rechtsanwalt , Köln,

gegen

die Versicherung AG, vertr.d.d. Vorstand, dieser vertr.d.d. Vorsitzenden (*Name*), (*Adresse*),

– Beklagte –

wegen: Versicherungsleistung (**Schd.-Nr. KF 2814 2563**).

74 BGH v. 22.6.2011 – IV ZR 225/10, SP 2011, 370.
75 Prölss/Martin/*Armbrüster*, § 28 VVG Rn 99 m.w.N.

Streitwert: 18.000 EUR

Anträge:

1. Die Beklagte wird verurteilt, an die Klägerin 18.000 EUR nebst Zinsen in Höhe von 5 Prozentpunkten über dem Basiszinssatz der Europäischen Zentralbank seit dem zu zahlen.
2. Im schriftlichen Vorverfahren ergeht Versäumnisurteil gemäß § 331 Abs. 3 ZPO,
3. Die Beklagte wird verurteilt, die Klägerin von vorgerichtlichen Rechtsanwaltskosten in Höhe von 1.100,51 EUR freizustellen.

Gründe:

1. Gegenstand der Klage sind Leistungsansprüche der Klägerin aus einer bei der Beklagten bestehenden Vollkaskoversicherung mit einer Selbstbeteiligung von 2.000 EUR.
   Beweis: Vorlage des Versicherungsscheines, von dem eine Kopie als **Anlage K 1** zu den Gerichtsakten gereicht wird.
2. Am befuhr der Ehemann der Klägerin mit deren Pkw in Köln die Luxemburger Straße in Richtung Weißhausstraße. Im Kreuzungsbereich stieß er mit einem anderen Pkw zusammen, der bei Rotlicht in den Kreuzungsbereich eingefahren war.
   Beweis: für alles Vorstehende:
   Zeugnis Anton Müller, Bochumer Str. 6, 51145 Köln.
   Der Fahrzeugschaden belief sich nach einem von der Beklagten eingeholten Gutachten auf 20.000 EUR. Unter Berücksichtigung der Selbstbeteiligung von 2.000 EUR verbleibt ein Betrag in Höhe von 18.000 EUR, der mit dieser Klage geltend gemacht wird.
3. Die Beklagte hat ihre Eintrittspflicht mit der Begründung verneint, dass der Ehemann der Klägerin einen Rotlichtverstoß begangen und daher den Unfall grob fahrlässig herbeigeführt habe. Dieser Einwand ist unzutreffend, da der Zeuge Müller bei Grünlicht, allenfalls bei Gelblicht in die Kreuzung eingefahren ist.
   Beweis: wie vor.
4. Nachdem die Klägerin ihre Kaskoansprüche zunächst geltend gemacht hatte, hat sie nach Leistungsablehnung durch die Beklagte ihren nunmehrigen Prozessbevollmächtigten beauftragt. Diese haben die Beklagte unter Fristsetzung bis zum zur Zahlung aufgefordert. Seit diesem Zeitpunkt befindet sich die Beklagte in Verzug.
5. Die außergerichtlichen Kosten der Klägerin errechnen sich wie folgt:
   Gegenstandswert: 18.000 EUR

Geschäftsgebühr §§ 13, 14 RVG, Nr. 2300 VV RVG 1,3		904,80 EUR
Pauschale für Post und Telekommunikation Nr. 7002 VV RVG		20,00 EUR
Zwischensumme netto	924,80 EUR	
19 % Umsatzsteuer Nr. 7008 VV RVG		175,71 EUR
Gesamtbetrag		**1.100,51 EUR**

Gerichtskosten in Höhe von 795 EUR zahlen wir per Verrechnungsscheck.

Rechtsanwalt

▲

4. Klageerwiderung

▼ 142

Muster 2.6: Klageerwiderung Grobe Fahrlässigkeit/Repräsentant

Landgericht

(Adresse)

Az.:

In Sachen

Sabine Müller ./. Versicherung AG

bestellen wir uns zu Prozessbevollmächtigten der Beklagten.

Antrag:

Die Klage wird abgewiesen.

Gründe:

Die geltend gemachten Ansprüche werden dem Grunde nach bestritten. Der Ehemann der Klägerin hat das Unfallereignis vom durch grobe Fahrlässigkeit allein verursacht und verschuldet. Die Klägerin muss sich das Verhalten ihres Ehemannes zurechnen lassen, weil dieser Repräsentant der Klägerin ist.

1. Das Fahrzeug der Klägerin wird von deren Ehemann allein genutzt, zumal die Klägerin über ein eigenes Fahrzeug verfügt. Die Zulassung auf die Klägerin und der Abschluss des Versicherungsvertrages mit der Klägerin erfolgt allein deshalb, weil die Klägerin als Angestellte im öffentlichen Dienst bei der Beklagten einen Rabatt erhält. Tatsächlich hat sie das bei der Beklagten versicherte Fahrzeug nie genutzt. Reparaturkosten und Versicherungsprämien sowie die Kraftfahrzeugversicherung werden ausschließlich von dem Ehemann der Klägerin gezahlt.
   Beweis: Beiziehung und Verwertung zu Beweiszwecken der Ermittlungsakten der Staatsanwaltschaft Köln, Az. .
   Der Ehemann der Klägerin ist somit deren Repräsentant, so dass seine grobe Fahrlässigkeit der Klägerin unmittelbar anzurechnen ist (BGH zfs 2003, 410).
2. Die Angaben in der Klageschrift zum Vertragsverhältnis und zur Selbstbeteiligung sind zutreffend. Entgegen dem insoweit als unrichtig bestrittenen Sachvortrag in der Klageschrift ist jedoch von folgendem Unfallhergang auszugehen:
   Der nachbenannte Zeuge Heinrich Schneider befuhr mit seinem Pkw Golf die Universitätsstraße in Richtung Luxemburger Straße, die er überqueren wollte. Da die Verkehrssignalanlage für ihn Grünlicht zeigte, fuhr er mit mehreren Fahrzeugen in den Kreuzungsbereich hinein. Er befand sich bereits mitten auf der Kreuzung, als der Ehemann der Klägerin mit hoher Geschwindigkeit in den Kreuzungsbereich einfuhr, obgleich die Verkehrssignalanlage für ihn Rotlicht anzeigte.
   Beweis:
   1. Zeugnis Heinrich Schneider, Bachemer Str. 6, 56179 Köln,
   2. Beiziehung und Verwertung zu Beweiszwecken der Ermittlungsakte der Staatsanwaltschaft Köln, .

   Gegenüber der Polizei hat der Ehemann der Klägerin ausgesagt, er sei durch die tiefstehende Mittagssonne geblendet worden, so dass er das Rotlicht nicht gesehen habe.

3. In rechtlicher Hinsicht ist davon auszugehen, dass der Ehemann der Klägerin grob fahrlässig gehandelt hat, so dass gemäß § 81 Abs. 2 VVG die Leistungspflicht der Beklagten völlig entfällt. Das Verhalten des Ehemanns der Klägerin grenzt an dolus eventualis, da er in die ihm bekannte Kreuzung hineingefahren ist, obgleich er nach seiner eigenen Einlassung nicht erkennen konnte, ob die Verkehrssignalanlage Rotlicht oder Grünlicht anzeigte.

Rechtsanwalt

▲

II. Beweis für den Eintritt des Versicherungsfalls

1. Rechtslage

143 Der Eintritt des Versicherungsfalles gehört zu den anspruchsbegründenden Tatsachen, für die der Versicherungsnehmer darlegungs- und beweispflichtig ist.[76] Der häufigste Versicherungsfall in der Sachversicherung – der Diebstahl – geschieht in der Regel unbeobachtet, so dass der Versicherungsnehmer mit den „**klassischen**" Beweismitteln den Eintritt des Versicherungsfalles nicht beweisen kann. Der Versicherungsnehmer muss nach der Rechtsprechung des BGH (r+s 2002, 143) nur das „**äußere Bild**" eines Diebstahls beweisen, aus dem sich mit hinreichender Wahrscheinlichkeit der Diebstahl ergibt. Der Versicherer muss dann Tatsachen beweisen, die eine erhebliche Wahrscheinlichkeit dafür begründen, dass der Versicherungsfall vorgetäuscht ist. Die Beweiserleichterungen kommen daher nur dem redlichen Versicherungsnehmer zugute.

2. Sachverhalt

144 Anton Müller unterhält für seinen Pkw bei einer Versicherung eine Teilkaskoversicherung. Am 1.3.2014 besucht er seinen Freund in Düsseldorf und kehrt abends gegen 20.00 Uhr nach Hause zurück. Er stellt seinen Pkw vor seinem Haus ab. Als Herr Müller am nächsten Tag zu seiner Arbeitsstelle fahren will, stellt er fest, dass sein Fahrzeug nicht mehr in der Parklücke vor seinem Haus steht.

Die Teilkaskoversicherung verweigert ihre Leistung, da der Eintritt des Versicherungsfalles nicht bewiesen sei.

3. Klage

145 ▼

Muster 2.7: Beweis für den Eintritt des Versicherungsfalls

2.7 **Klage**

des Herrn Anton Müller, Hauptstr. 6, 51145 Köln,

– Kläger –

76 Prölss/Martin/*Armbrüster*, § 1 VVG Rn 115 m.w.N.

Prozessbevollmächtigte: Rechtsanwalt …, Köln,

gegen

die … Versicherung AG, vertr.d.d. Vorstand, dieser vertr.d.d. Vorsitzenden … (*Name*), … (*Adresse*),

– Beklagte –

wegen: Versicherungsleistung (**Schd.-Nr.** …)

Streitwert: 20.000 EUR

Anträge:

1. Die Beklagte wird verurteilt, an den Kläger 20.000 EUR nebst Zinsen in Höhe von 5 Prozentpunkten über dem Basiszinssatz der Europäischen Zentralbank seit dem … zu zahlen.
2. Im schriftlichen Vorverfahren ergeht Versäumnisurteil gemäß § 331 Abs. 3 ZPO,
3. Die Beklagte wird verurteilt, den Kläger von vorgerichtlichen Rechtsanwaltskosten in Höhe von 1.171,67 EUR freizustellen.

Gründe:

Gegenstand der Klage ist ein Leistungsanspruch des Klägers aus einer bei der Beklagten bestehenden Teilkaskoversicherung.

1. Das Landgericht … ist gemäß § 215 VVG zuständig.
2. Der Kläger ist Eigentümer und Halter des Pkw Golf mit dem amtl. Kennz. ….
   Für dieses Fahrzeug besteht bei der Beklagten eine Teilkaskoversicherung unter der VS-Nr. … mit einer Selbstbeteiligung von 2.000 EUR.
3. Am 3.4.2014 fuhr der Kläger mit dem vorgenannten Pkw zu einem Freund nach Düsseldorf und kehrte abends gegen 20.00 Uhr nach Hause zurück. Er stellte seinen Pkw vor seinem Haus ab. Bei dem vorgenannten Geschäftsfreund handelt es sich um den nachbenannten Zeugen Peter Titel, der den Kläger noch beim Herausfahren aus einer Parklücke gegen 19.00 Uhr ausgewiesen hat.
   Beweis: Zeugnis Peter Titel, Hauptstr. 12, 41471 Düsseldorf.
   Die Ehefrau des Klägers kann bestätigen, dass dieser gegen 20.00 Uhr zu Hause angekommen ist.
   Beweis: Zeugnis Renate Müller, zu laden über den Kläger.
4. Als der Kläger am nächsten Morgen gegen 7.00 Uhr zu seiner Arbeitsstelle abfahren wollte, stellte er fest, dass sein Fahrzeug nicht mehr in der Parklücke vor seinem Haus stand, in der er das Fahrzeug abgestellt hatte.
   Der Kläger kehrte nach Hause zurück und informierte telefonisch die Polizei und seinen Arbeitgeber.
   Beweis: wie vor.
   Gegen 8.00 Uhr hat er dann bei der zuständigen Polizeistation Strafanzeige wegen des Fahrzeugdiebstahls erstattet.
   Beweis: Beiziehung der Ermittlungsakte der Staatsanwaltschaft Köln, Az. ….
5. Da ein Fahrzeugdiebstahl in der Regel unbeobachtet geschieht, kann mit den „**klassischen**" Beweismitteln der Vollbeweis für den Eintritt des Versicherungsfalles nicht geführt werden. Nach der ständigen Rechtsprechung des BGH kommen dem redlichen Versicherungsnehmer in der Diebstahlversicherung Beweiserleichterungen zugute, die sich aus einer ergänzenden Vertragsauslegung und der materiellen Risikoverteilung im Versicherungsvertrag ergeben (BGH VersR 1992, 1000). Nach dieser

Rechtsprechung genügt es, wenn der Versicherungsnehmer einen Sachverhalt darlegt und beweist, der nach der Lebenserfahrung mit hinreichender Wahrscheinlichkeit das äußere Bild eines Versicherungsfalles erschließen lässt.

6. Der Kläger hat der Beklagten sämtliche Vertragsunterlagen über den Kauf des Fahrzeugs und Belege über die an diesem Fahrzeug durchgeführten Reparaturarbeiten übersandt. Der von der Beklagten beauftragte Sachverständige hat den Wiederbeschaffungswert des entwendeten Fahrzeuges mit 22.000 EUR ermittelt.
   Beweis: Vorlage des Gutachtens durch die Beklagte gemäß § 421 ZPO.
7. Nach Abzug der vereinbarten Selbstbeteiligung von 2.000 EUR verbleibt der mit der Klage geltend gemachte Betrag von 20.000 EUR.
8. Der Kläger hat mit der Schadenanzeige die beiden Fahrzeugschlüssel übersandt, von denen er einen regelmäßig gebraucht hatte, während der andere Schlüssel, der nur gelegentlich von seiner Ehefrau benutzt wurde, an einem Schlüsselbrett hing. Nachdem die Beklagte den Kläger darauf hingewiesen hatte, dass er noch einen dritten Schlüssel beim Kauf des Fahrzeugs erhalten hatte, suchte der Kläger in den Vertragsunterlagen und fand dort tatsächlich den dritten Schlüssel, einen sog. Werkstattschlüssel, den er jedoch nie benutzt hatte. Auch diesen Schlüssel hat der Kläger dann unverzüglich an die Beklagte übersandt.
9. Die Beklagte hat in der vorprozessualen Korrespondenz behauptet, die Überprüfung der beiden Fahrzeugschlüssel habe ergeben, dass von einem dieser Schlüssel Nachschlüssel gefertigt worden seien. Diese Behauptung wird bestritten, ist jedoch für diesen Rechtsstreit irrelevant: Allein die Anfertigung von Nachschlüsseln begründet noch nicht den Vorwurf der Vortäuschung des Versicherungsfalles, insbesondere dann, wenn unbekannt ist, wann und von wem die Schlüsselkopien veranlasst worden sind (BGH zfs 1995, 460, 461).
10. Nachdem die Beklagte ihre Eintrittspflicht verneint hatte, hat der Kläger seine Prozessbevollmächtigten beauftragt. Diese haben die Beklagte unter Fristsetzung zum 10.5.2014 aufgefordert. Die Beklagte befindet sich somit spätestens seit dem 10.5.2014 in Verzug.
11. Die vorgerichtlichen Rechtsanwaltskosten berechnen sich wie folgt:
    Gegenstandswert: 20.000 EUR

Geschäftsgebühr §§ 13, 14 RVG, Nr. 2300 VV RVG 1,3		964,60 EUR
Pauschale für Post und Telekommunikation Nr. 7002 VV RVG		20,00 EUR
Zwischensumme netto	984,60 EUR	
19 % Umsatzsteuer Nr. 7008 VV RVG		187,07 EUR
Gesamtbetrag		**1.171,67 EUR**

Gerichtskosten in Höhe von 864 EUR zahlen wir per Verrechnungsscheck.

Rechtsanwalt

▲

4. Klageerwiderung

▼ 146

Muster 2.8: Klageerwiderung Fahrzeugdiebstahl

Landgericht

(Adresse)

Az.:

In Sachen

Anton Müller ./. Versicherung AG

bestellen wir uns zu Prozessbevollmächtigten der Beklagten.

Antrag:

Die Klage wird abgewiesen.

Gründe:

Die geltend gemachten Ansprüche werden dem Grunde und der Höhe nach bestritten. Die Beklagte ist der sicheren Überzeugung, dass der Kläger den Fahrzeugdiebstahl vorgetäuscht hat, nachdem er vergeblich versucht hatte, dieses Fahrzeug zu veräußern.

1. Der behauptete Fahrzeugdiebstahl wird in rechtlich zulässiger Weise (§ 138 Abs. 4 ZPO) mit Nichtwissen bestritten. Die Angaben des Klägers sind nicht glaubhaft.
2. Es wird bestritten, dass der Zeuge Titel die Abfahrt des Klägers beobachtet hat. Die Ehefrau des Klägers hat auch nicht gesehen, dass dieser sein Fahrzeug vor seinem Haus abgestellt hat.
3. Die von der Rechtsprechung entwickelten Beweiserleichterungen kommen einem Versicherungsnehmer nicht zugute, wenn der Versicherer konkrete Tatsachen nachweist, die eine erhebliche Wahrscheinlichkeit, für die Annahme der Vortäuschung des Versicherungsfalles nahelegen. Hierzu gehören insbesondere schwerwiegende Zweifel an der Glaubwürdigkeit des Versicherungsnehmers und an der Richtigkeit der von ihm aufgestellten Behauptungen (OLG Hamm VersR 2010, 105).

3.1 Allein der Umstand, dass der Kläger falsche Angaben zum Kilometerstand und zur Anfertigung von Schlüsselkopien gemacht hat, spricht mit erheblicher Wahrscheinlichkeit für die Vortäuschung eines Versicherungsfalles (OLG Düsseldorf SP 1999, 3521).

3.2 Der Kläger hat die Frage nach Verkaufsbemühungen für das versicherte Fahrzeug wahrheitswidrig verneint (OLG Karlsruhe NJW-RR 1997, 100).

3.3 Die Redlichkeitsvermutung ist insbesondere dann erschüttert, wenn der Versicherungsnehmer falsche Angaben über Kilometerstand und Vorschäden macht (OLG Hamm, SP 1998, 399). Eine Überprüfung der Angaben des Klägers hat ergeben, dass der Kläger das Fahrzeug mit einem Kilometerstand von 110.000 km erworben hat.

Beweis: Zeugnis des Vorbesitzers Anton Meier, Hirschgraben 25, 51145 Köln.

Demgegenüber hat der Kläger in der Schadenanzeige den Kilometerstand mit 98.000 km angegeben.

Beweis: Vorlage der Schadenanzeige vom , von der eine Kopie als **Anlage B 1** zu den Gerichtsakten gereicht wird.

Rechtsanwalt

▲

D. Anhang

I. Verletzung der Auskunfts- und Aufklärungsobliegenheit nach Eintritt des Versicherungsfalles (§ 28 Abs. 4 VVG)

147

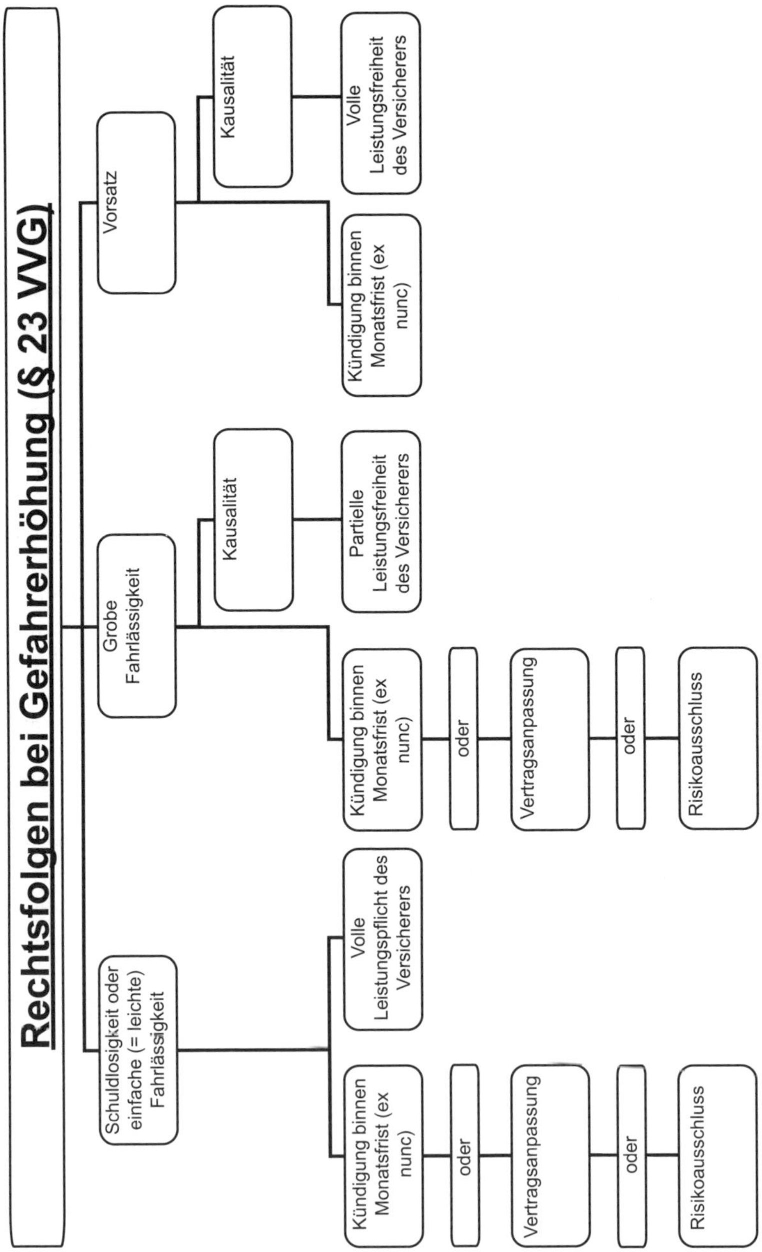

II. Verletzung der vorvertraglichen Anzeigeobliegenheit (§ 19 VVG)

148

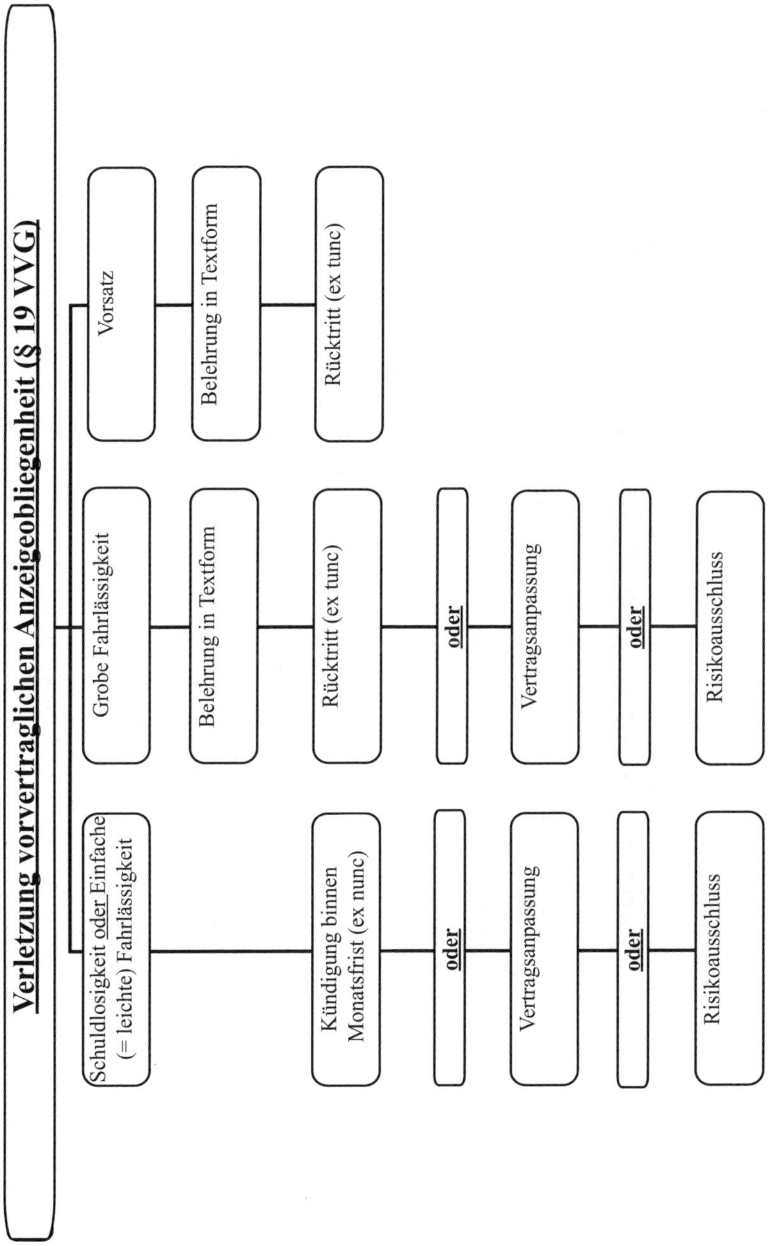

III. Rechtsfolgen bei Gefahrerhöhung (§ 23 VVG)

149

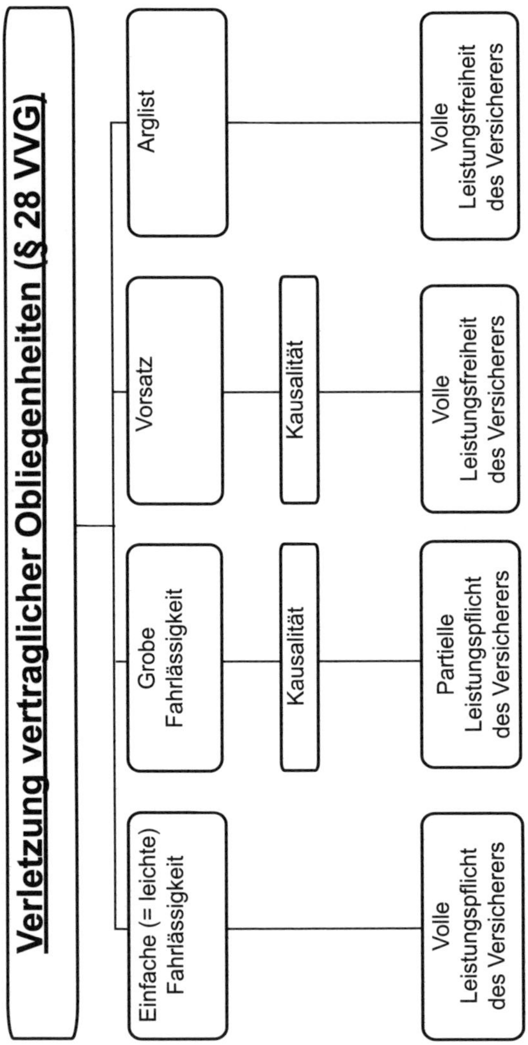

IV. Verletzung vertraglicher Obliegenheiten (§ 28 VVG)

150

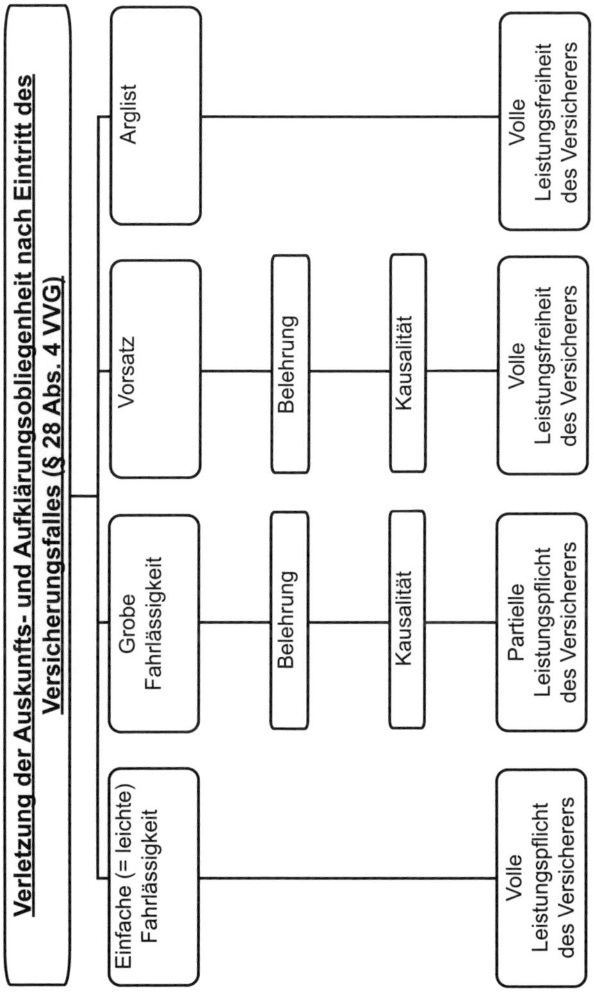

§ 3 Allgemeine Formulare im versicherungsrechtlichen Mandat

André Naumann

Inhalt

A. Allgemeines

Der Fundus kanzleieigener Formulare oder Vordrucke ist Bestandteil einer effizienten Bearbeitung eines jeden Mandats. Die folgenden allgemeinen Formulare sollen ergänzend eine Vielzahl typischer Abläufe im versicherungsrechtlichen Mandat erleichtern bzw. teilweise für den abrundenden Service gegenüber dem Mandanten dienen, falls sich, z.B. aus einem anderen Mandat heraus, ein Kontakt mit einem VR ergibt. 1

Hinweis

In der Praxis wird heute Vieles telefonisch erledigt. Kommt es darauf an, dass die Mitteilungen richtig, rechtzeitig oder vollständig waren, steht der VN in der Beweispflicht. Besteht im Rahmen eines Mandats also der Anlass eine Mitteilung an den VR zu geben, sollte man auf eine Nachweismöglichkeit achten und die Informationen z.B. per Mail übermitteln und eine Lese- oder Eingangsbestätigung anklicken und diese dann dokumentieren.

B. Vollmacht

I. Allgemeines

2 Gegenüber einem VR kann eine übliche Mandatsvollmacht genutzt werden. Wichtig ist es, auf eine **genaue Bezeichnung des Mandats** (Schadennummer, Vertragsnummer) und des Gegners (VR) zu achten. Hier kann eine nachlässige Angabe zu Verzögerungen in der Schadenregulierung und zu Mehraufwand bei der Mandatsbetreuung führen. Hintergrund ist die wachsende Sensibilität in Datenschutzfragen auf Seiten der VR und leider auch wegen „schwarzer Schafe" in der Anwaltschaft, die z.B. für den Kraftfahrthaftpflichtschaden mandatiert sind, aber auch gegenüber der privaten Unfallversicherung auftreten. Um sich vor einer Verletzung von Privatgeheimnissen durch Datenweitergabe an unbefugte Dritte (strafbar nach § 203 StGB) zu schützen und eine Zahlung mit befreiender Wirkung zu gewährleisten, bestehen die VR regelmäßig auf einer **Vollmacht für den konkreten Schadenfall**.

> *Hinweis*
>
> Insbesondere bei älteren Menschen kann bereits ein Betreuer bestellt sein. Erfolgt die Mandatierung durch den Betreuer, dann ist dem VR zur Legitimation neben der Anwaltsvollmacht auch eine Kopie der Betreuungsurkunde vorzulegen.

II. Passgenaue Vollmachten

3 Es reicht vielfach aber bereits eine kurz gehaltene, für den konkreten Anlass formulierte Vollmacht, die der Mandant leichter überblicken kann und die nur die entscheidenden Punkte aufgreift.

4 ▼

Muster 3.1: Einfache Vollmacht

3.1 **Vollmacht**

(*Rechtsanwalt*)

wird hiermit in der Schadensache (Schadennummer)

(*VN*) gegen (*Versicherung*)

wegen (*Schaden-, Leistungsfall*)

uneingeschränkte Vollmacht zur gerichtlichen und außergerichtlichen Vertretung erteilt.

Die Vollmacht umfasst die Ermächtigung zur
- ☐ Bestellung von Unterbevollmächtigten
- ☐ Entgegennahme von Geldern, Wertsachen und sonstigen Sachen.

Die Vollmacht berechtigt zur Abgabe und Entgegennahme von Willenserklärungen,
☐ sowie zum Ausspruch von ordentlichen und außerordentlichen Kündigungen.

Ort, Datum Unterschrift

▲

Wurde zunächst keine Geldempfangsvollmacht erteilt oder wünscht der VR eine separat erteilte oder schlicht aktuelle Vollmacht, reicht eine nur darauf beschränkte Erklärung des Mandanten. Man kann dieses Formular aber auch nutzen, um einem Dritten eine Geldempfangsvollmacht auszustellen (zu Abtretungsverboten siehe Rdn 39). 5

▼

Muster 3.2: (Geld-) Empfangsvollmacht

Vollmacht

(*Rechtsanwalt oder Dritter*)

wird hiermit in der Schadensache (Schadennummer)

(*VN*) gegen (*Versicherung*)

wegen (*Schaden-, Leistungsfall*)

in Ergänzung zur bisher erteilten Vollmacht die Ermächtigung erteilt, Gelder und Wertsachen sowie sonstige Sachen in Empfang zu nehmen.

Ort, Datum Unterschrift

▲

III. Vollmacht vom VR

Vertritt man den VR, kommt oft die Frage nach dem persönlichen Erscheinen eines Vertreters des VR auf; häufig wird sogar der Vorstandsvorsitzende geladen. Letztlich geht es den Richtern darum, dass jemand erscheint, der einen Vergleich abschließen kann. Es ist daher sinnvoll, wenn direkt vom VR eine erweiterte Prozessvollmacht ausgestellt wird, so dass der Anwalt den VR hier vollumfänglich vertreten kann. 6

▼ 7

Muster 3.3: Vollmacht gemäß § 141 Abs. 3 ZPO, § 278 Abs. 3 ZPO

Prozessvollmacht

und gleichzeitig auch Vollmacht gemäß § 141 Abs. 3 ZPO, § 278 Abs. 3 ZPO.

Schadennummer

(*Rechtsanwalt*)

wird hierdurch unbeschränkte Vollmacht erteilt zur Führung des von

(*Kläger*)

gegen

(*Versicherung*)

wegen (*Forderung*)

bei dem (*Gericht*)

Geschäftszeichen

anhängigen Prozesses.

Dies geschieht mit der Befugnis zur Substitution und mit der Ermächtigung zur Vertretung in den aus der Zwangsvollstreckung entstehenden Prozessen. Die Vollmacht umfasst das Recht, Aufrechnungserklärungen abzugeben oder entgegenzunehmen und die Handakten über den Rechtsstreit zwei Jahre nach seiner Beendigung zu vernichten, wenn diese der Mandantin vorher zur Übernahme angeboten worden sind.

Die Verpflichtungen der Unterzeichneten aus diesem Vollmachtverhältnis sind am Wohnort des Bevollmächtigten zu erfüllen.

Ort, Datum Unterschrift

▲

IV. Vollmacht für Mandanten zum Auftreten für Dritten

8 Gerade im Personenschadenbereich kommt es vor, dass die VP zumindest vorübergehend nicht in der Lage ist oder sich nicht in der Lage sieht, einen Schadenfall selber mit dem VR abzuwickeln. Für solche Fälle, aber auch für Fälle in denen im Rahmen von Versorgungsvollmachten und Betreuungsvollmachten das Thema aktuell wird, kann dem Mandanten die folgende Vollmacht angeboten werden.

9 ▼

Muster 3.4: Vollmacht für die Abwicklung von Versicherungsangelegenheiten

3.4

Ich (*Name, Anschrift, Geburtsdatum*)

bevollmächtige

(*Name, Anschrift, Geburtsdatum*)

für mich gegenüber der (*Versicherung*)

aufzutreten und für mich

- ☐ meine vertraglichen Erklärungen abzugeben und entgegenzunehmen.
- ☐ Verträge zu ändern und zu kündigen.
- ☐ die Korrespondenz in Schadenfällen zu führen.
- ☐ Geld in Empfang zu nehmen.

Diese Vollmacht gilt

- ☐ für **alle** meine Verträge bei der (*Versicherung*)
- ☐ für den Vertrag Nr. bei der (*Versicherung*)
- ☐ für den Schaden Nr. bei der (*Versicherung*)

Bis

- ☐ auf Widerruf.
- ☐ zum .

(*Unterschrift*)
Vollmachtgeber

(*Unterschrift*)
Vollmachtnehmer

▲

C. Kontoverbindung

I. Allgemeines

Üblicherweise umfasst die Mandatsvollmacht auch die Empfangsvollmacht für Geld. So 10
kann die Zahlung des VR stets auf das entsprechende Kanzleikonto geleitet werden. Dies gilt aber nicht für jedes Mandat und gelegentlich steht auch der Buchungsaufwand in keiner sinnvollen Relation zum Ertrag aus dem Mandat. Deshalb sollte man auch für den Fall einer Direktzahlung an den VN oder einen Dritten gerüstet sein.

Daneben können sich Fragen rund um die Prämienzahlung des VN ergeben, z.B. Mitteilungen zur geänderten Kontoverbindung oder die Kündigung eines Lastschriftmandats.

II. Leistungen des Versicherers

Leistungen des VR werden häufig direkt auf das Konto überwiesen, von dem die Prämien 11
per Lastschrift eingezogen werden. Ist dies gewünscht, reicht regelmäßig ein kurzes Telefonat mit dem VR. Besteht kein Lastschriftverfahren, soll das Geld auf ein anderes Konto oder gar an einen Dritten gezahlt werden, muss die Bankverbindung erfragt werden und anschließend an den VR übermittelt werden. Dies geht zwar telefonisch, aus Beweisgründen wird aber eine schriftliche Auskunft angeraten.

Eine grundsätzliche Nachfrage sollte aber auf jeden Fall, eventuell auch schon zu Beginn des Mandats, erfolgen. So können z.B. ungewollte Geldflüsse auf Gemeinschaftskonten vermieden werden oder z.B. offene Rechnungsbeträge direkt an den Gläubiger fließen.

Zu beachten bleibt, dass der VR die Zahlung von Versicherungssummen oder Leibrenten 12
an Dritte (z.B. Invaliditätszahlungen in der Unfallversicherung) grundsätzlich bei Überschreitung der Meldegrenzen dem Finanzamt anzeigen muss, § 33 Abs. 3 ErbStG. Dank der steuerrechtlichen Freibeträge ist dies meist ohne Bedeutung, manche Mandanten möchten diese Information an das Finanzamt aber nicht unnötig auslösen.

▼ 13

Muster 3.5: Nachfrage Konto bei VN

___ (*Versicherung*)

___ (*Anschrift*)

Schadenfall vom ___ (*Datum*)

Leistung der ___ (*Versicherung*)

Kontoanfrage

___ (*Anrede*)

die ___ (*Versicherung*) hat eine Zahlung von ___ EUR angekündigt und bittet um die Angabe der Bankverbindung. Eine Kopie des Abrechnungsbriefs schicke ich mit.

Bitte teilen Sie mir mit, wohin der Betrag überwiesen werden soll:

Kontoinhaber

Vorname und Name

Straße und Hausnummer

Postleitzahl und Ort

Bankkonto

Kreditinstitut Name

BIC:

IBAN: DE

Die Bankverbindung werde ich anschließend an die (*Versicherung*) weiterleiten.

Mit freundlichen Grüßen

Rechtsanwalt

▲

14 ▼

Muster 3.6: Kontoverbindung an VR

Per Mail

(*Versicherung*)

(*Anschrift*)

Schaden-Nr.

Schadentag

Auszahlung der Leistung

(*Anrede*)

bitte überweisen Sie die fällige Leistung in Höhe von EUR an:

Kontoinhaber

Vorname und Name

Straße und Hausnummer

Postleitzahl und Ort

Bankkonto

Kreditinstitut Name

BIC

IBAN: DE

Mit freundlichen Grüßen

Rechtsanwalt

▲

Praxistipp 15

Grundsätzlich kann man den VR auch bitten, unterschiedliche Zahlungspositionen an unterschiedliche Personen bzw. Konten zu veranlassen. Dies wird, wenn klar abgrenzbare Positionen vorliegen und eine Leistung mit befreiender Wirkung gewährleistet ist, der VR in einem vertretbaren Umfang mitmachen. Bei dieser Möglichkeit sollte aber der buchhalterische Aufwand berücksichtigt werden.

III. Prämieneinzug des Versicherers

Aus unterschiedlichsten Anlässen kann die Frage der Zahlungsmodalitäten von Versiche- 16
rungsbeiträgen aktuell werden, z.B. Fälle eines Kontowechsels, einer Ersteinrichtung für ein Lastschriftverfahren oder die Kündigung des Lastschriftauftrags.

Besteht bereits ein SEPA-Lastschriftmandat, sollte auch die Mandatsreferenznummer angegeben werden.

▼ 17

Muster 3.7: Information geändertes Lastschriftkonto

Per Mail

(*Versicherung*)

(*Anschrift*)

Vertrag

Neue Kontoverbindung

(*Anrede*)

ausweislich der in Kopie/Abschrift beiliegenden Vollmacht vertrete ich Ihren Versicherungsnehmer, (*Herr/Frau/Firma*).

(*Herr/Frau/Firma*) hat Ihnen ein SEPA-Mandat mit den Identifikationsdaten:

Gläubigeridentifikationsnummer:

Mandatsreferenz:

erteilt. Die Kontoverbindung hat sich geändert. Bitte verwenden Sie für die Abbuchungen der Vertragsprämien zu dem Vertrag/den Verträgen ab sofort folgendes Konto:

Kontoinhaber

IBAN: DE

BIC:

Kreditinstitut Name

Mit freundlichen Grüßen

Rechtsanwalt

▲

18 Liegt noch kein SEPA-Mandat vor, soll jedoch der VR die Prämien zukünftig abbuchen, dann muss ein SEPA-Mandat erteilt werden. Die VR bieten dafür teilweise eigene Vordrucke an, auch über den Internetauftritt der Bundesbank gelangt man zu Mustertexten. Dieses SEPA-Mandat sollte der Kontoinhaber (VN) unterschreiben.

19 ▼

Muster 3.8: SEPA-Mandat für wiederkehrende Lastschriften

Per Mail

(*Versicherung*)

(*Anschrift*)

Vertrag (*eventuell mehrere*)

Neues SEPA-Lastschriftmandat

(*Anrede*)

Ich ermächtige die (*Versicherung*), Prämienzahlungen von meinem Konto mittels Lastschrift einzuziehen. Zugleich weise ich mein Kreditinstitut an, die von der (*Versicherung*) auf mein Konto gezogenen Lastschriften einzulösen.

Hinweis: Ich kann innerhalb von acht Wochen, beginnend mit dem Belastungsdatum, die Erstattung des belasteten Betrages verlangen. Es gelten dabei die mit meinem Kreditinstitut vereinbarten Bedingungen.

Zahlungspflichtiger:

Vorname und Name (Kontoinhaber):

Straße und Hausnummer:

Postleitzahl und Ort:

Bankkonto

Kreditinstitut Name:

BIC:

IBAN: DE

Bitte teilen Sie mir umgehend die **Gläubigeridentifikationsnummer** und die **Mandatsreferenz** mit.

Mit freundlichen Grüßen

Versicherungsnehmer

▲

20 Ein erteiltes SEPA-Mandat kann jederzeit vom Zahlungspflichtigen, ohne Angabe von Gründen, widerrufen werden. Es reicht eine einfache Information an den Mandatsinhaber, also den Zahlungsempfänger. Üblich und zu empfehlen ist, das Mandat schriftlich zu beenden.

Berücksichtigt werden sollte aber, dass mit der Kündigung des SEPA-Mandats nur eine Regelung zum Zahlungsweg erfolgt, dies aber *keinen Einfluss auf die Zahlungspflicht aus einem Vertrag* hat. Will man den Vertrag nicht fortsetzen, dann muss der Vertrag mit einer weiteren, eigenständigen Willenserklärung gekündigt werden.

▼ 21

Muster 3.9: Kündigung eines SEPA-Mandats

Per Mail

(*Versicherung*)

(*Anschrift*)

Vertrag

Widerruf SEPA-Mandat

(*Anrede*)

ausweislich der in Kopie/Abschrift beiliegenden Vollmacht vertrete ich Ihren Versicherungsnehmer, (*Herr/Frau/Firma*), und widerrufe mit sofortiger Wirkung das Ihnen erteilte SEPA-Mandat mit den folgenden Identifikationsdaten:

Gläubigeridentifikationsnummer:

Ihre Mandatsreferenz:

Für das Konto

IBAN: DE

BIC:

Kreditinstitut Name:

Reichen Sie bitte keine weiteren Lastschriften für dieses Konto ein.

Mit freundlichen Grüßen

Rechtsanwalt

▲

D. Anzeige von geänderten Lebensverhältnissen

Nach Vertragsabschluss ergeben sich immer wieder Änderungen der Lebensverhältnisse 22
oder der Gefahrensituation auf Seiten des VN. Soweit diese auf die Erreichbarkeit des VN oder die Beurteilung des versicherten Risikos Einfluss haben, sollten die Änderungen grundsätzlich dem VR angezeigt werden.

Dabei sind die vertraglichen oder gesetzlichen Anzeigeobliegenheiten zu beachten.

I. Adressänderung

Adressänderungen des VN sind dem VR mitzuteilen, § 13 Abs. 1 S. 1 VVG. Die Rege- 23
lung stellt eine verschuldensunabhängige Obliegenheit für den VN dar.[1] Zusätzlich ist diese Obliegenheit (regelmäßig) in den Versicherungsbedingungen benannt. Ist der VN

1 Langheid/Rixecker/*Rixecker*, § 13 VVG Rn 1; Bruck/Möller/*Johannsen/Koch*, § 13 VVG Rn 18.

postalisch oder telekommunikativ nicht erreichbar, kann dies zu einer Zustellungsfiktion führen, § 28 VVG ist in diesen Fällen nicht anwendbar.

§ 13 Abs. 1 S. 1 VVG bezieht sich nur auf die postalische Adresse, eine geänderte E-Mail-Adresse oder Telefonnummer bzw. Erreichbarkeit über die sozialen Medien ist von der Obliegenheit nicht erfasst.[2] Allerdings können auch solche fehlerhaften Angaben zu Verzögerungen gerade in der Schadenbearbeitung führen.

> *Hinweis*
>
> Eine Adressänderung kann Anlass für eine Beratung geben. § 6 VVG verpflichtet die VR sich bei erkennbarem Beratungsbedarf um den VN zu kümmern. So ist z.B. bei einem Umzug von einer Etagenwohnung in ein Reihenhaus für die Hausrat und Gebäudeversicherung eine Beratung angezeigt, nicht zwingend dagegen für die Auslandsreisekrankenversicherung.

24 ▼

Muster 3.10: Adressänderung

Per Mail

(*Versicherung*)

(*Anschrift*)

Vertrags-Nr.: (*eventuell mehrere*)

Versicherungsnehmer:

(*Anrede*)

ausweislich der in Kopie/Abschrift beiliegenden Vollmacht vertrete ich Ihren Versicherungsnehmer, (*Herr/Frau/Firma*), und zeige Ihnen einen Adresswechsel an.

Neue Anschrift, gültig ab (*Datum/sofort*):

(*Herr/Frau/Firma*)

Straße und Hausnummer:

Postleitzahl und Ort:

Telefonische Erreichbarkeit:

Für den Vertrags-Nr. (*eventuell mehrere*) besteht Beratungsbedarf. Bitte wenden Sie sich an (*Herr/Frau/Firma*).

Mit freundlichen Grüßen

Rechtsanwalt

▲

2 Bruck/Möller/*Johannsen/Koch*, § 13 VVG Rn 8.

II. Namensänderung

Auch Namensänderungen sind dem VR anzuzeigen, § 13 Abs. 1 S. 3 VVG. Unterbleibt 25
dies, kann es zu Verzögerungen insbesondere in der Schadenbearbeitung führen. Der Grund für eine Namensänderung, ob Vor- oder Nachname, spielt für die Obliegenheit keine Rolle und ist deshalb nicht zwingend zu benennen. Es ist aber daran zu denken, dass z.B. bei einer Eheschließung auch Sonderkündigungsrechte entstehen können und Vertragsumstellungen auf Familienverträge möglich werden. Daher sollte man abwägen, ob es nicht vorteilhaft ist, den Grund zu benennen und damit ggf. eine Beratungspflicht beim VR auszulösen.

▼

Muster 3.11: Namensänderung

Per Mail

(*Versicherung*)

(*Anschrift*)

Vertrags-Nr.: (*eventuell mehrere*)

Versicherungsnehmer:

(*Anrede*)

ausweislich der in Kopie/Abschrift beiliegenden Vollmacht vertrete ich Ihren Versicherungsnehmer, (*Herr/Frau*), und zeige Ihnen eine Namensänderung an.

(*Herr/Frau*)

Heißt jetzt

(*Herr/Frau*)

Ein Nachweis
☐ (*ohne Angabe*)
☐ (*Kopie der Heiratsurkunde*)
☐ (*Kopie aus dem Stammbuch*)
☐ ( )
liegt bei.

Die Anschrift
☐ hat sich nicht verändert.
☐ hat sich verändert und lautet.

Straße und Hausnummer:

Postleitzahl und Ort:
☐ Für den Vertrags-Nr. (*eventuell mehrere*) besteht Beratungsbedarf. Bitte wenden Sie sich an (*Herr/Frau*).

Mit freundlichen Grüßen

Rechtsanwalt

▲

III. Sonstige Änderung der Kommunikationswege

26 Die Änderung anderer Kommunikationswege ist sinnvollerweise dem VR mitzuteilen. Gerade im Schadenfall kann dies sehr wichtig sein.

▼

Muster 3.12: Änderung der telefonischen Erreichbarkeit/E-Mail-Adresse

Per Mail

(*Versicherung*)

(*Anschrift*)

Vertrags-Nr.: (*eventuell mehrere*)

Versicherungsnehmer:

(*Anrede*)

ausweislich der in Kopie/Abschrift beiliegenden Vollmacht vertrete ich Ihren Versicherungsnehmer, (*Herr/Frau*), und zeige Ihnen eine Änderung

☐ der Telefonnummer an. Die neue Nummer lautet: / (*Angabe mit Vorwahl*)
☐ der E-Mail-Adresse an. Die neue Adresse lautet: @ (*E-Mail-Adresse*)
☐ (*Kommunikationsweg*) an. Bitte verwenden Sie (*Kommunikationsweg*)
☐ ( )

Mit freundlichen Grüßen

Rechtsanwalt

▲

IV. Gefahränderung

27 In §§ 23–25 VVG finden sich die grundlegenden Regelungen zur Gefahrerhöhung und den daraus resultierenden Folgen. Spezielle gesetzliche Regelungen (z.B. § 181 VVG für die Unfallversicherung) und Bestimmungen in den jeweilige Bedingungswerken können die allgemeinen Vorschriften ergänzen oder abändern. Die genauen Pflichten sind vertragsspezifisch zu prüfen.

Gleich ist bei einer Gefahränderung, dass dies dem VR angezeigt werden muss, auch dann, wenn sich das Versicherungsrisiko reduziert. So kommen bei der Gebäudeversicherung z.B. bauliche Änderungen oder bei einer Personenversicherung ein Berufswechsel (körperliche Tätigkeit) als Meldeanlass in Betracht.

> *Hinweis*
>
> Die Beratung zum sinnvollen Versicherungsschutz ist Aufgabe des VR bzw. Vermittlers. Als Anwalt sollte man hier nur auf eine Prüfung des aktuellen Versicherungsschutzes und die Prüfung eines möglichen Änderungsbedarfs hinweisen. Die Meldung des geänderten Gefahrenumstands kann als Service für den Mandanten erfolgen.

▼ 28

Muster 3.13: Anzeige Gefahränderung

Per Mail

(*Versicherung*)

(*Anschrift*)

Vertrags-Nr.: (*eventuell mehrere*)

Versicherungsnehmer:

(*Anrede*)

ausweislich der in Kopie/Abschrift beiliegenden Vollmacht vertrete ich Ihren Versicherungsnehmer, *(Herr/Frau/Firma)*, und zeige Ihnen folgende Gefahränderung zu o.g. Vertrag an:

(*Ausführung der Änderung*)

Bitte wenden Sie sich für eine Beratung an (*Herr/Frau/Firma*)

Mit freundlichen Grüßen

Rechtsanwalt

▲

V. Arbeitslosigkeit

Der Verlust des Arbeitsplatzes hat zunächst einmal keinen direkten Einfluss auf den 29
Bestand eines Vertrags. Die Prämien sind also grundsätzlich weiter zu zahlen, ein pauschales Sonderkündigungsrecht besteht nicht. Allerdings gibt es spezielle Aspekte zu berücksichtigen.

So ist daran zu denken, dass eine für einen bestimmten Beruf bestehende Haftpflichtversicherung bei einem Berufswechsel sinnlos sein kann und der Vertrag wegen *Wegfall des versicherten Interesses* beendet werden kann, soweit nicht eine entsprechende Tätigkeit zeitnah wieder aufgenommen werden soll. Zu denken ist hier z.B. an Rechtsanwälte, Architekten oder Ärzte.

Leicht zu übersehen sind aber auch besondere Bedingungen in anderen Versicherungsverträgen, die für den Fall einer nicht vom VN zu vertretenden Arbeitslosigkeit die Pflicht zur Prämienzahlung (Beitragszahlung) aussetzt. Dies ist meist befristet auf ein Jahr. Damit soll dem VN in einer wirtschaftlichen Notlage die Möglichkeit eröffnet werden, den Vertrag zunächst einmal behalten zu können. Verbunden ist damit die Hoffnung, dass die Arbeitslosigkeit nur kurz sein wird und der Vertrag nach Aufnahme einer neuen Tätigkeit wieder bedient werden kann. Solche Klauseln verbergen sich in den AGB vielfach unter dem Stichwort *Beitragsbefreiung oder Prämienbefreiung* in den ohne weitere Kosten versicherten Zusatzleistungen.

Hinweis

Zu denken ist neben diesen beiden Möglichkeiten auch an ein Aussetzen des Vertrags. Dabei wird der Vertrag für einen bestimmten Zeitraum sozusagen eingefroren. Nach Ablauf dieser Pause lebt der Vertrag dann wieder auf, mit allen gegenseitigen Rechten und Pflichten. Bei Verträgen mit fester Laufzeit endet der Vertrag dann am Tag des vereinbarten Enddatums plus des Zeitraums der Pause.

30 ▼

Muster 3.14: Anzeige Arbeitslosigkeit

3.14 Per Mail

(*Versicherung*)

(*Anschrift*)

Vertrags-Nr.: (*eventuell mehrere*)

Versicherungsnehmer:

(*Anrede*)

(*Herr/Frau*), und zeige Ihnen an, dass ich (*Herr/Frau*) ausweislich der in Kopie/Abschrift beiliegenden Vollmacht vertrete.

(*Herr/Frau*) ist seit dem (*Datum*) arbeitslos, entsprechende Nachweise liegen bei.

☐ Bitte heben Sie den Vertrag wegen Wegfalls der Geschäftsgrundlage zu o.g. Datum auf.

☐ Bitte veranlassen Sie, dass (*Herr/Frau*) entsprechend der vertraglichen Vereinbarungen von der Beitragspflicht befreit wird.

☐ Bitte wenden Sie sich für eine Beratung an (*Herr/Frau*)

Mit freundlichen Grüßen

Rechtsanwalt

▲

VI. Vertragsübernahme

31 Die anwaltliche Beratung kann die Frage aufwerfen, ob ein Versicherungsvertrag nicht besser von einem Dritten übernommen wird. So kann bei Eigentumswechsel die Übernahme der Gebäudeversicherung im Raume stehen oder die Umwandlung einer einst von Eltern für Ihre Kinder als Fremdversicherung abgeschlossenen Personenversicherung zur Eigenversicherung sinnvoll sein. Auch steuerrechtliche Aspekte, Gründe im Betreuungsrecht oder geänderte familienrechtliche Situationen können Anlass für eine Übernahme von Verträgen sein.

32 Ebenso wie bei der Anzeige einer Gefahränderung sollte auch hier der Anwalt aber nicht in die eigentliche Vertragsberatung einsteigen; dies bleibt Aufgabe des VR bzw. Vermittlers.

E. Zahlung an Dritte – Abtretung

33 Das Vertragsverhältnis zwischen VN und VR richtet sich verkürzt gesagt auf den finanziellen Ausgleich eines Schadens bzw. eine Leistung in Geld. In vielen unterschiedlichen Konstellationen ist es erforderlich oder auch schlicht sinnvoll den Geldfluss vom VR nicht über den VN an einen Dritten laufen zu lassen, sondern direkt das Geld an den Dritten zu überweisen.

34 Der VR ist daran interessiert mit leistungsbefreiender Wirkung zu zahlen. Deshalb sind die Fälle einer Zahlung an Dritte in Schadenversicherungen, z.B. im Sachversicherungsbereich, wenn eine Handwerkerrechnung direkt beglichen wird, oder bei der Haftpflichtversicherung der Schadenersatz an den Geschädigten fließt, von den Zahlungsmodalitäten aus gesehen häufig unproblematisch.

35 Bei Zahlungen von Schmerzensgeld in Haftpflichtschäden oder in der Summenversicherung stellt sich bei Zahlungen an Dritte die Lage anders dar. Hier ist für eine Leistung an Dritte eine entsprechende Berechtigung durch den VN erforderlich. Dies kann zunächst im konkreten Einzelfall für eine fällige Leistung erfolgen. Eine entsprechende Aufforderung vom VN an den VR ist dafür erforderlich.

▼ 36

Muster 3.15: Auszahlungsanweisung an Dritte Person

3.15

Per Mail

(*Versicherung*)

(*Anschrift*)

Schadennummer

Auszahlung der Leistung

(*Anrede*)

ausweislich der in Kopie/Abschrift beiliegenden Vollmacht vertrete ich Ihren Versicherungsnehmer, (*Herr/Frau/Firma*).

Bitte zahlen Sie die fällige Leistung auf folgendes Konto:

Kontoinhaber:

IBAN: DE

BIC:

Kreditinstitut Name:

Vielen Dank.

Mit freundlichen Grüßen

Rechtsanwalt

▲

37 Die Auszahlung einer Leistung an eine andere Person als den VN muss der VR unter Umständen an das für Erbschafts- und Schenkungssteuer zuständige Finanzamt melden, § 33 Abs. 3 ErbStG. Dies hängt von der Meldegrenze ab, der VR nimmt keine weitere Prüfung vor.[3]

Hinweis

Neben der Frage ob der VN und der Dritte diese Informationen an das Finanzamt gegeben wissen wollen, sollte der VN genau wegen einem Zahlungswunsch an Dritte befragt werden. Denn es darf auch nicht der Zweck verfolgt werden, dass eine Anrechnung der Beträge auf eine Leistung der Sozialversicherungsträger umgangen wird oder der Betrag einer Insolvenzmasse vorenthalten wird.

38 Bei der **Fremdversicherung auf fremde Rechnung**, also der Absicherung einer dritten Person durch den VN, gibt es z.B. in der Gruppenunfallversicherung die Möglichkeit einen sog. **Direktanspruch** für den Versicherten zu vereinbaren.[4] Dabei wird vereinbart, dass der Versicherte die Leistungen aus dem Vertrag ohne Zustimmung des VN unmittelbar beim VR geltend machen kann. Der VR leistet direkt an den Versicherten. Hier ist die Konstellation so, dass der materiell Berechtigte nicht der VN, sondern der Versicherte selber ist und mit dem Direktanspruch also keine wirtschaftliche Verschiebung erfolgt, da der Versicherte im Innenverhältnis einen Herausgabeanspruch gegen den VN besitzt.

Ein Direktanspruch wird grundsätzlich bei Vertragsabschluss mit vereinbart, kann aber in der Vertragslaufzeit auch nachträglich jederzeit mit Wirkung für die Zukunft vereinbart werden. Das ist auch nach einem Schadenfall möglich und kann auch nur für bestimmte Personen erfolgen.

Hinweis

Mit der Vereinbarung eines Direktanspruchs erhält der Versicherte auch die Aktivlegitimation für eine Klage gegen den VR.

39 Sollen Ansprüche aus Versicherungen abgetreten werden, dann stellt sich zunächst die Frage, ob ein Abtretungsverbot besteht. Mit § 17 VVG gilt ein gesetzliches Abtretungsverbot für Ansprüche aus Versicherungen, die sich auf unpfändbare Sachen beziehen. In Bedingungen sind darüber hinaus teilweise Abtretungsverbote verankert und so ausgestaltet, dass vor Fälligkeit eine Abtretung nur mit Zustimmung des VR möglich ist, z.B. Ziff. 28 S. 1 AHB, Abtretung des Freistellungsanspruchs vor endgültiger Feststellung oder Ziff. 12.3 AUB 2014 für alle Ansprüche. In der Lebensversicherung ist eine Abtretung zwar grundsätzlich möglich, sie muss aber schriftlich vom zuletzt Berechtigten dem VR angezeigt werden, § 13 Abs. 4 ALB 2008.

Soll dann eine Abtretung erfolgen, muss die Abtretung selber schriftlich fixiert und dann das Einverständnis des VR eingeholt werden.

3 Der meldepflichtige Betrag liegt aktuell bei 5.000 EUR.
4 *Naumann/Brinkmann*, § 2 Rn 60 f.

▼ 40

Muster 3.16: Abtretung

Hiermit trete ich, (*Vorname, Name, Straße, Wohnort*),
meine gesamten Ansprüche auf (*z.B. Schadenersatz*) aus dem
Versicherungsfall vom (*Datum*) gegen (*Versicherung, Schädiger*) ab.

(*Ort, Datum*) (*Unterschrift*)

Die Abtretung nehme ich, (*Vorname, Name, Straße, Wohnort*), an.

(*Ort, Datum*) (*Unterschrift*)

▲

▼ 41

Muster 3.17: Anschreiben wegen Abtretung

Per Mail

(*Versicherung*)

(*Anschrift*)

Vertrags-Nr.:

Schaden-Nr.:

Schadentag

(*Anrede*)

ausweislich der in Kopie/Abschrift beiliegenden Vollmacht vertrete ich Ihren Versicherungsnehmer, (*Herr/Frau/Firma*).

Die Ansprüche aus diesem Vertrag wurden von (*Herr/Frau/Firma*) an (*Herr/Frau/Firma*) abgetreten. Bitte genehmigen Sie diese Abtretung und bestätigen Sie mir dies mit einem kurzen Schreiben.

Vielen Dank.

Mit freundlichen Grüßen

Rechtsanwalt

▲

> *Hinweis*
>
> Abtretungen werden zum Teil vorgenommen, um in einem Klageverfahren einen Zeugen zu gewinnen, der ansonsten Partei wäre. Vor diesem Schritt sollten die Auswirkungen auch auf die Zahlungspflicht des Rechtsschutzversicherers geprüft werden.[5]

5 Beckmann/Matusche-Beckmann/*Obarowski*, § 37 Rn 460.

F. Kündigung

42 Möchte der VN einen Versicherungsvertrag nicht weiter fortführen, dann muss man genau prüfen, wie dies am besten geschehen soll und welche Nachteile dadurch entstehen. Gelegentlich ist ein Festhalten am Vertrag auch anzuraten, wenn die Aussicht auf einen neuen Vertrag bei einem anderen VR realistischerweise nicht oder nicht mehr zu vergleichbaren Konditionen abgeschlossen werden kann. Das ist insbesondere im Bereich der Personenversicherung ein ernstes Problem, da mit einmal manifestierten, dauerhaften Erkrankungen diese auch bei Abschluss des Vertrags anzugeben sind und bestimmte Krankheiten einen Neuabschluss verhindern können. Deshalb sollte man den VN über mögliche Konsequenzen aufklären.

43 *Checkliste: Mandatsübersicht-Kündigung*

Vertragstyp (z.B. Multirisk)		
Einzel- oder Gruppenvertrag		
Sonderkündigungsrecht?	☐ ja	☐ nein
Schadenzahlung	☐ ja	☐ nein
– Datum		
– Frist für Kündigung nach Schadenfall		
Frist für Kündigung zum Ablauf		
Versicherungsumfang (wer/was ist versichert?)		
Bedingungswerk (Generation)		
Neuer Vertrag möglich	☐ ja	☐ nein
– Geänderte Gefahrenumstände? Welche?		

44 Zu den allgemeinen Bedingungen finden sich die Regelungen in § 11 VVG, spartenspezifische Besonderheiten müssen aber beachtet werden. Grundsätzlich kann zum Ablauf des Versicherungsjahres mit einer Frist von 1 bis 3 Monaten gekündigt werden, § 11 Abs. 3 VVG.

45 Besonders wichtig sind Sonderkündigungsrechte in den Bedingungen, z.B. das Recht auf Kündigung binnen eines Monats nach einer Schadenzahlung. Auch nach Erhebung einer Klage durch den VN kann teilweise gekündigt werden; die Einzelheiten wann und mit welcher Frist sind sehr unterschiedlich und sollten genau geprüft werden.

46 Zu berücksichtigen bleibt, dass ein Vertrag auch für mehrere Jahre abgeschlossen werden kann. Der VN kann dann aber zum Ablauf des dritten Jahres kündigen, § 3 Abs. 5 VVG.

▼ 47

Muster 3.18: Kündigung zum Ablauf ganzer Vertrag

Per Mail

(*Versicherung*)

(*Anschrift*)

Vertrag-Nr.:

Versicherungsbeginn:

(*Anrede*)

ausweislich der in Kopie/Abschrift beiliegenden Vollmacht vertrete ich Ihren Versicherungsnehmer, (*Herr/Frau/Firma*).

Hiermit kündige ich den o.g. Vertrag zum Ablauf (*Datum*).

Bitte bestätigen Sie kurzfristig die Kündigung. Von neuen Angeboten bitte ich abzusehen.

Mit freundlichen Grüßen

Rechtsanwalt

▲

Besonders wichtig sind Sonderkündigungsrechte in den Bedingungen, z.B. das Recht auf Kündigung binnen eines Monats nach einer Schadenzahlung. Auch nach Erhebung einer Klage durch den VN kann teilweise gekündigt werden; die Einzelheiten wann und mit welcher Frist sind sehr unterschiedlich und sollten genau geprüft werden. 48

▼ 49

Muster 3.19: Kündigung nach Schadenzahlung ganzer Vertrag

Per Mail

(*Versicherung*)

(*Anschrift*)

Vertrag-Nr.:

Schaden-Nr.:

(*Anrede*)

ausweislich der in Kopie/Abschrift beiliegenden Vollmacht vertrete ich Ihren Versicherungsnehmer, (*Herr/Frau/Firma*).

Hiermit kündige ich den o.g. Vertrag zum nächstmöglichen Termin.

Den vertraglichen Vereinbarungen ist zu entnehmen, dass ein Sonderkündigungsrecht nach einer Schadenzahlung besteht. Die Zahlung ging am (*Datum*) auf dem Konto meiner Mandantschaft ein.

Bitte bestätigen Sie kurzfristig die Kündigung. Von neuen Angeboten bitte ich abzusehen.

Mit freundlichen Grüßen

Rechtsanwalt

▲

50 Es braucht nicht zwingend der ganze Vertrag gekündigt zu werden. Das ist sehr wichtig, denn wenn eine Multi-Risk-Police komplett, oder bei einer Personenversicherung für alle Versicherten gekündigt wird, dann kann dies zu ungewollten Lücken im Versicherungsschutz führen.

Bei einer solchen Teilkündigung handelt es sich vielfach allerdings um einen Antrag auf eine Vertragsumstellung, die der VR auch annehmen muss. Es hängt im Ergebnis von den genauen vertraglichen Vereinbarungen ab, ob einzelne Vertragsteile herausgekündigt werden können (dann Teilkündigung) oder nicht (dann Vertragsumstellung). In der Praxis wird dies meist pragmatisch umgesetzt. Wird ein für sich genommen loszulösender Teil des Vertrags beendet, dann halten beide Seiten an den restlichen Vereinbarungen fest, mit angepassten Prämien. Zu beachten ist eine dann auch mögliche Verschiebung des Stichtags für das konkrete Versicherungsjahr.

51 ▼

Muster 3.20: Kündigung eines Vertragsteils – Vertragszweig

Per Mail

(*Versicherung*)

(*Anschrift*)

Vertrag-Nr.:

Kündigung des Bestandteils

(*Anrede*)

ausweislich der in Kopie/Abschrift beiliegenden Vollmacht vertrete ich Ihren Versicherungsnehmer, (*Herr/Frau/Firma*).

Hiermit kündige ich aus o.g. Gesamtvertrag den Vertragsteil (*Versicherungssparte*) zum nächstmöglichen Termin. Für die weiteren Vertragsbestandteile bleibt der Vertrag bestehen.

Bitte bestätigen Sie kurzfristig die Kündigung. Von neuen Angeboten bitte ich abzusehen.

Mit freundlichen Grüßen

Rechtsanwalt

▲

52 ▼

Muster 3.21: Kündigung eines Vertragsteils – eine Person

Per Mail

(*Versicherung*)

(*Anschrift*)

Vertrag-Nr.:

Kündigung für

(*Anrede*)

ausweislich der in Kopie/Abschrift beiliegenden Vollmacht vertrete ich Ihren Versicherungsnehmer, (*Herr/Frau/Firma*).

Hiermit kündige ich aus o.g. Gesamtvertrag den Vertragsteil für (*Versicherte Person*) zum nächstmöglichen Termin. Für die weiteren Versicherten bleibt der Vertrag bestehen.

Bitte bestätigen Sie kurzfristig die Kündigung. Von neuen Angeboten bitte ich abzusehen.

Mit freundlichen Grüßen

Rechtsanwalt

▲

53 Ist absehbar, dass der VR kündigen will oder hat er bereits gekündigt, dann muss der Mandant im Antrag eines neuen Vertrags die Kündigung durch den VR angeben. Diesem Problem kann man vielfach mit einer einvernehmlichen Vertragsaufhebung begegnen, die vor dem Zeitpunkt wirksam wird, zu dem die Kündigung ausgesprochen wurde. Viele VR lassen sich darauf auch noch nach Aussprache einer Kündigung ein, wenn man den Aufhebungszeitpunkt so vereinbart, dass er vor dem Kündigungszeitpunkt liegt. Da eine Kündigung nicht einseitig zurückgenommen werden kann, besteht lediglich die Möglichkeit, ihn im gegenseitigen Einvernehmen wieder aufleben zu lassen, damit er dann einvernehmlich beendet werden kann.[6] VR sind insbesondere dann auch an einem solchen Vorgehen interessiert, wenn weitere Verträge beim VR bestehen bleiben, also aus Sicht des VR „gerettet" werden.

Das Vorgehen sollte sinnvollerweise vorab telefonisch ausgehandelt werden und dann per Schriftsatz ähnlich einer Bestätigung vereinbart werden.

▼ 54

Muster 3.22: Anschreiben wegen Vertragsaufhebung

Per Mail

(*Versicherung*)

(*Anschrift*)

Vertrag-Nr.:

Vertragsaufhebung zum

(*Anrede*)

ausweislich der in Kopie/Abschrift beiliegenden Vollmacht vertrete ich Ihren Versicherungsnehmer, (*Herr/Frau/Firma*).

Wie bereits telefonisch besprochen, bitte ich sie den o.g. Vertrag im gegenseitigen Einvernehmen zum (*Datum*) aufzuheben.

Bitte bestätigen Sie dies kurzfristig und überweisen Sie die bereits vereinnahmten Beiträge für den Zeitraum nach dem (*Datum*) auf das Abbuchungskonto (*Kontoverbindung*). Von neuen Angeboten bitte ich abzusehen.

Mit freundlichen Grüßen

Rechtsanwalt

▲

6 Vgl. hierzu Langheid/Rixecker/*Rixecker*, § 11 VVG Rn 12 ff.

Hinweis

Wenn ein Vertragsende bevorsteht, muss dem VN in jedem Fall eine Beratung durch einen Vertragsvermittler (Agent oder Makler) ans Herz gelegt werden, damit der VN nicht unvorbereitet ohne Versicherungsschutz dasteht.

G. Anforderung behördlicher Akten

55 Zur Feststellung eines Schadenhergangs oder leistungsrelevanter Umstände ist die Einsichtnahme in Ermittlungsakten oft unumgänglich. In Frage kommen dabei sowohl die Akten der Polizei, der Staatsanwaltschaft, aber auch des Ordnungsamts oder anderer staatlicher bzw. kommunaler Stellen.

56 Im Einzelfall muss geprüft werden, ob die komplette Akte erforderlich ist, oder auch nur einzelne Gesichtspunkte erfragt werden müssen. Ist z.B. nur ein Aspekt eines Ausschlusstatbestandes fraglich, dann kann auch gezielt danach gefragt werden. Dies beschleunigt die Sachverhaltsaufklärung.

57 *Beispiel Anforderung der Ermittlungsakte*

Im Rahmen der privaten Unfallversicherung sind Unfälle ausgeschlossen, die sich bei Begehung einer vorsätzlichen Straftat ereignen.

Geht es also um ein Köperverletzungsdelikt, dann reicht die Information, dass gegen die VP nicht ermittelt wird, die VP also nur Opfer war.

58 Solche Informationen erhält man von Polizeidienststellen recht zügig und die langen Wartezeiten für die Einsichtnahme der Ermittlungsakte der Staatsanwaltschaft können sich so umgehen lassen. Ungeeignet ist diese Vorgehensweise aber bei einer erforderlichen umfangreichen Sachverhaltsaufklärung oder schlicht in Fällen, in denen der Hergang nicht durch die betroffenen Personen oder Zeugen ermittelt werden kann.

Hinweis

Regelmäßig wird man nur aus dem Mandat des VN heraus amtliche Ermittlungsakten anfordern. Die VR lassen dies üblicherweise zentral durch einen Anwalt erledigen. Dennoch kann man dem VR anbieten, die Akten für den VR einzusehen und Kopien zur Verfügung zu stellen. Diese Leistung kann dann separat mit dem VR abgerechnet werden.

59 ▼

Muster 3.23: Anforderung Ermittlungsakte

3.23 ___ (*StA, Polizei, Ordnungsamt*)

___ (*Anschrift*)

Aktenzeichen ___

Schadentag ___

Beteiligte Person ___

(*Anrede*)

ausweislich der in Kopie/Abschrift beiliegenden Vollmacht vertrete ich (*Herr/Frau/Firma*).

In vorbezeichneter Schadensache beantrage ich für die

- ☐ beteiligte Person
- ☐ hinter der beteiligten Person stehende Versicherung

Akteneinsicht

Ich bitte Sie, mir die Akte zur Einsichtnahme in meine Kanzlei zu übersenden. Die Erteilung einer Auskunft ist für die Beurteilung

- ☐ der Sach- und Rechtslage
- ☐ der Regulierungsquoten
- ☐ des Regresses

nicht ausreichend.

Sollte die Akte an eine andere Stelle abgegeben worden sein, bitte ich um Auskunft, wo die Akte nun unter welchem Aktenzeichen bearbeitet wird.

Mit freundlichen Grüßen

Rechtsanwalt

▲

Die Anforderung einer Ermittlungsakte für einen VR kann als Einzeltätigkeit liquidiert **60**
werden. Als Gebühr werden pauschal 20–30 EUR zuzüglich Nebenkosten und Umsatzsteuer üblicherweise vom VR akzeptiert.

H. Anfrage Deckungsschutz beim Rechtsschutzversicherer

Die Honorarfrage ist regelmäßig zu Beginn eines Mandats zu klären. Selbst wenn ein **61**
Rechtsschutzversicherer zum gleichen Konzernverbund gehört, wie der Streitgegner in der Schadensache selber, sind beide rechtlich voneinander getrennt agierende Unternehmen. So kann es durchaus vorkommen, dass eine Konzerntochter ein Klageverfahren gegen eine andere Konzerntochter finanziert. Dies ist sogar dann möglich, wenn z.B. in einer sog. Multirisk-Police Haftpflichtversicherung, Wohngebäude- und Rechtschutzversicherung gemeinsam vermarktet werden.

Die Deckungsschutzanfrage wird von vielen Anwälten als Service gegenüber dem eigenen Mandanten erbracht. Möchte man dies dagegen gesondert abrechnen, sollte man sich dafür vom Mandanten einen eigenen Auftrag erteilen lassen.

62 ▼

Muster 3.24: Auftrag zur Deckungsanfrage bei Rechtsschutzversicherer

Hiermit beauftrage ich ___ (*Rechtsschutzanwalt*)

für den Mandatsauftrag ___ (*Hauptmandat, Az. ./. Versicherung*)

bei der

___ (*Rechtsschutzversicherung*)

___ (*Anschrift*)

zur Vertragsnummer ___

den Versicherungsschutz zu prüfen und eine Deckungszusage des Rechtsschutzversicherers einzuholen.

Dieser Auftrag erfolgt gesondert und entgeltlich, unabhängig von der Erteilung einer Kostenschutzzusage.

___ (*Ort, Datum und Unterschrift Mandant*)

▲

Hinweis

Zu beachten ist, dass mit der entgeltlichen Beauftragung besondere Beratungspflichten hinsichtlich der Vor- und Nachteile einer Deckungsschutzanfrage entstehen.[7]

63 ▼

Muster 3.25: Deckungsanfrage Rechtsschutzversicherer

Per Mail ___

___ (*Rechtsschutzversicherung*)

___ (*Anschrift*)

Vertragsnummer: ___

Versicherungsnehmer: ___

Mitversicherte Person: ___

Versicherungsfall ___ wegen ___ (*Stichwort*)

___ (*Anrede*)

□ Ihr Versicherungsnehmer, ___, (*Herr/Frau/Firma*)
□ die mitversicherte Person, ___, (*Herr/Frau/Firma*)
hat mich in vorbezeichneter Angelegenheit damit beauftragt, gegen ___ (*Versicherung*) tätig zu werden. Zu Ihrer Information über den Sachverhalt erhalten Sie Kopien folgender Unterlagen:
□ mein Forderungsschreiben vom ___ an ___.
□ das Ablehnungsschreiben des Versicherers vom ___ an meinen Mandanten.
□ den Entwurf einer Klageschrift.
□ ___

Ausweislich des mir vorliegenden Versicherungsvertrages besteht für diesen Schadensfall Versicherungsschutz. Ich bitte Sie deswegen namens und im Auftrag des Versicherungsnehmers um die Erteilung von Deckungsschutz.

7 Vgl. *Pabst*, AnwBl 2007, 136 ff.

Zugleich bitte ich, entsprechend der beigefügten Kostennote, um einen angemessenen Kostenvorschuss gemäß § 9 RVG.

Mit freundlichen Grüßen

Rechtsanwalt

▲

I. Prozessfinanzierung

I. Allgemeines

Besteht keine Rechtsschutzversicherung für den konkreten Streitfall und sind die finanzi- 64
ellen Möglichkeiten des Mandanten dergestalt, dass es einerseits keinen Anspruch auf Prozesskostenhilfe gibt, andererseits die Kosten eines Rechtsstreits nicht aus eigenen Mitteln geschultert werden können, sollte eine Prozessfinanzierung in Betracht gezogen werden.

Bei einer Prozessfinanzierung wird das Kostenrisiko (Verlustrisiko) einer gerichtlichen 65
Auseinandersetzung vom Prozessfinanzierer übernommen, der alle Kosten und Gebühren vorfinanziert. Als Gegenleistung erhält dieser einen im Vorfeld fest vereinbarten Anteil am Erfolg, d.h. an der durch Urteil oder auch Vergleich erstrittenen Leistung. Daraus wird bereits deutlich, dass sich eine Prozessfinanzierung erst bei höheren Streitwerten rechnet und sie nur bei Klagen auf Geldzahlung sinnvoll ist. Eine Kombination mit Feststellungsanträgen, z.B. auf wiederkehrende Leistungen, ist denkbar und möglich.

Sehr wichtig im Rahmen der Prozessfinanzierung ist die Bonität des Anspruchsgegners, 66
die auch regelmäßig vom Finanzierer geprüft wird. Richtet sich der Anspruch gegen einen VR, ist das Bonitätsrisiko extrem gering. Deutsche VR zahlen, falls Sie einen Prozess rechtskräftig verloren haben. Daher sind Klageverfahren gegen VR aus diesem Aspekt heraus gut für die Prozessfinanzierung geeignet.

Hinweis

Die drei großen Prozessfinanzierer in Deutschland bieten Hilfe ab einem Mindeststreitwert von 100.000 EUR bzw. 200.000 EUR an. Je nach Sachlage kann aber auch bei einem Streitwert leicht unterhalb der Schwelle eine Finanzierung erfolgen, ggf. steigt dann die Erlösbeteiligung. Diese liegt regelmäßig bei 30 %, ab 500.000 EUR bei 20 %.

Kleinere Anbieter kommunizieren teilweise keine Mindeststreitwerte und vereinbaren auch andere Beteiligungsquoten am Erlös, 10 % bis 75 % sind möglich.[8]

8 *Kallenbach*, AnwBl 2010, 352 f.

II. Struktur der Prozessfinanzierung

67 Bei der Prozessfinanzierung gibt es zunächst ganz klar den Anwaltsvertrag zwischen VN (Mandant) und Anwalt. Daneben kommt der Finanzierungsvertrag zwischen Anspruchsinhaber (VN) und Prozessfinanzierer. Zwischen Anwalt und Prozessfinanzierer besteht kein Vertragsverhältnis. Für die Zusammenarbeit ergeben sich aus dem Prozessfinanzierungsvertrag und dem Anwaltsvertrag (Beratungsvertrag) für den Anwalt Informationspflichten gegenüber und ggf. auch Nachfragepflichten beim Finanzierer, z.B. wenn ein Vergleich abgeschlossen werden soll.[9]

68 Die Tätigkeit im Rahmen dieses „Informationsauftrags" wird dem Anwalt durch eine zusätzliche Gebühr entlohnt.

Gebührenschuldner bleibt der VN, der wiederum einen Anspruch gegen den Finanzierer besitzt. Eine Abtretung zur direkten Zahlung der Anwaltsgebühren vom Finanzierer an den Anwalt ist möglich.

69 Der Prozessfinanzierer prüft aus eigenem Interesse die Erfolgsaussichten des Falls. Dabei greift er auf das eigene Know-how oder externe Experten zurück. Diese Kompetenz kann der Anwalt nutzen, denn im gemeinsamen Bestreben um den Prozesserfolg wird der Finanzierer sinnvolle Hilfestellungen (wenn möglich) gerne geben.

70 *Praxistipp – Leistungen des Prozessfinanzierers*

- Übernahme und Vorfinanzierung der Kosten (nach Vertragsabschluss)
- Unterstützung des Anwalts mit Know-how (wenn erforderlich)
- Eigener Bonitätscheck des Anspruchsgegners
- Zusätzliche 1,0 Gebühr für den Anwalt (für die Informationsleistungen)

III. Ablauf der Prozessfinanzierung

71 Der erste Schritt ist natürlich die genaue Betrachtung des Falls. Alle Unterlagen liegen vor, die Analyse ergibt, dass die Erfolgsaussichten sehr gut sind und im Ergebnis nur die Finanzierung nicht gewährleistet ist oder der Mandant das Finanzierungsrisiko nicht tragen möchte. Dann kann man prüfen, ob ein geeigneter Fall für die Prozessfinanzierung vorliegt.

72 *Checkliste: Voraussetzung Prozessfinanzierung*

- mit Finanzierer teilbarer Leistungsanspruch
- mit hoher Wahrscheinlichkeit durchsetzbarer Anspruch
- Bonität des Anspruchsgegners (bei VR anzunehmen)

9 Veith/Gräfe/Lange/Rogler/*Eversberg*, § 3 Rn 69 ff. auch mit Hinweisen zu möglichen Interessenkonflikten.

Sind diese Voraussetzungen erfüllt ist zunächst zu klären, ob der Mandant mit einer 73
Prozessfinanzierung einverstanden ist und diese wünscht.

Dann kann der Kontakt mit einem Prozessfinanzierer aufgenommen werden. Dieser muss für seine Entscheidung alle erforderlichen Unterlagen erhalten. Eine ganz knappe grundsätzliche telefonische Voranfrage beim Prozessfinanzierer bietet sich an, um zu klären ob bei dem betroffenen Streitgegenstand und Streitwert eine Finanzierung grundsätzlich überhaupt möglich ist.

Checkliste: Prozessfinanzierung 74

- VN
  - Straße, Hausnummer
  - Postleitzahl, Ort
  - Telefon
- VP
  - Straße, Hausnummer
  - Postleitzahl, Ort
  - Telefon
- Anspruchsgegner
  - Straße, Hausnummer
  - Postleitzahl, Ort
  - Telefon
  - Aktenzeichen
- Streitwert
- Verfahrensstand
- Weitere Beteiligte?
- Anspruchslage
  - Verjährung
  - Beweismittel
  - Prozessrisiken?
- Einwendungen/Gegenansprüche?
- Gibt es Parallelverfahren?
- Bonität Anspruchsgegner?
- Wurde PKH beantragt?
- Ergebnis?

Beifügen:

- Entwurf Klageschrift mit sämtlichen Anlagen
- bisherige Korrespondenz (sämtliche Stellungnahmen beider Parteien)

75

Muster 3.26: Anfrage bei Prozessfinanzierer

3.26 Per Mail

(*Name, Anschrift Prozessfinanzierer*)

(*Anschrift*)

Anfrage für eine Prozessfinanzierung

(*Anrede*)

ausweislich der in Kopie/Abschrift beiliegenden Vollmacht vertrete ich (*Herr/Frau/Firma*).

Im Leistungs-/Schadenfall vom (*Datum*)

bestehen Ansprüche gegen die (*Versicherung*). Es handelt sich, wie Sie den beigefügten Unterlagen entnehmen können, um einen Rechtsstreit aus dem Bereich der (*Versicherungszweig*).

Bitte prüfen Sie, ob Sie das beabsichtigte Klageverfahren finanzieren können und schicken Sie mir bitte ein Angebot eines Finanzierungsvertrags zur Prüfung zu.

Bei Fragen stehe ich Ihnen gerne zur Verfügung.

Mit freundlichen Grüßen

Rechtsanwalt

Teil 2: Besonderer Teil – Einzelne Versicherungszweige

§ 4 Sachversicherungen

Dr. Hubert W. van Bühren/Kerstin Hartwig

Inhalt

A. Wohngebäudeversicherung

Kerstin Hartwig

I. Allgemeines

1. Rechtsgrundlagen

Die Darstellung, was genau in den einzelnen Normen geregelt ist, würde den Umfang dieses Buches sprengen. Da es zur sachgerechten juristischen Arbeit gehört, die einschlägigen Rechtsquellen zu lesen, wird dies auch vorausgesetzt. Gerade Versicherungsbedingungen geben ihren Inhalt meist durch klaren Wortlaut preis. Es empfiehlt sich daher, beim Studium der nachfolgenden Ausführungen die einschlägigen Passagen parallel zu lesen. Für die anwaltliche Fallbearbeitung ist das ohnehin unabdingbar. Dies gilt insbesondere auch, weil sich Versicherungsbedingungen von Gesellschaft zu Gesellschaft nicht selten in kleinen, bisweilen aber entscheidenden Details unterscheiden können. 1

a) Gesetzliche Regelungen

Gesetzliche Regelungen finden sich zunächst in Teil 1 Allgemeiner Teil VVG (§§ 1–99 VVG). Neben den spartenunabhängigen Normen aus Teil 1 Kapitel 1 Vorschriften für alle Versicherungszweige (§§ 1–73 VVG), gilt für die Wohngebäudeversicherung Teil 1 Kapitel 2 zur Schadensversicherung (§§ 74–99 VVG). Dieses Kapitel unterteilt sich wiederum in Abschnitt 1 Allgemeine Vorschriften (§§ 74–87 VVG), die neben der Sach- auch in der Personenversicherung greifen und den spezielleren Abschnitt 2 Sachversicherung (§§ 88–99 VVG). Teil 2 Einzelne Versicherungszweige VVG enthält in §§ 142–149 VVG Regelungen für die Gebäudefeuerversicherung; diese betreffen jedoch nur grundpfandrechtsrelevante Sachverhalte. 2

b) Vertragliche Regelungen

Damit bestimmt sich der Versicherungsinhalt vor allem nach den jeweiligen **vertraglichen** Regelungen, den **Versicherungsbedingungen**. Hierzu gehören die Allgemeinen Wohngebäude Versicherungsbedingungen (**VGB**). Je nach konkretem Vertrag sind auch zusätzliche Bedingungen als Vertragsgegenstand maßgeblich, z.B. bei älteren Policen – soweit solche Gefahren nicht (wie mittlerweile üblich) in den jeweiligen VGB enthalten sind – auch die Besonderen Bedingungen für die Versicherung weiterer Elementarschäden (BEW). Des Weiteren können spezielle **Klauseln,** besondere **Tarifbedingungen** oder auch **individualvertragliche** Regelungen vereinbart sein. 3

Der Versicherungsmarkt ist stets in Bewegung; die Produkte sind vielfältig. Mithin ist jeweils zu prüfen, welche vertraglichen Bedingungen für den Zeitpunkt des jeweiligen Versicherungsfalles gelten und ggf. welche gesetzlichen Regelungen zu beachten sind. 4

Die nachfolgenden Ausführungen beziehen sich auf die **VGB 2022 – Wert 1914** (Musterbedingungen des GDV Stand November 2023) zur Versicherung zum **Gleitenden** 5

Neuwert Plus. Am Markt sind auch Produkte zum **Wohnflächenmodell** erhältlich, denen die **VGB 2022 Wfl** (Musterbedingungen des GDV Stand November 2023) zugrunde liegen. Beide Varianten unterscheiden sich nur bei der Bemessung von Versicherungsumfang und -prämie: Die VGB 2022 (1914) stellen dafür auf eine Versicherungssumme ab (vgl. Rdn 25), während sich die VGB 2010 (Wfl) insoweit an der konkreten Bauausgestaltung orientieren (vgl. Rdn 27). Die Vertragsgrundlagen können sich bei Abweichungen des tatsächlichen Zustandes auf die Leistung im Versicherungsfall auswirken, wofür die jeweiligen Bedingungen folgerichtig entsprechendes regeln (vgl. Rdn 25 ff.). Im Übrigen sind die Bedingungen nahezu identisch. Zu den VGB 2022 hat der GDV auch Klauseln zu zusätzlich versicherbaren Bausteinen, die **PK**, veröffentlicht.[1]

6 Die VGB unterteilen sich wie alle neueren Bedingungswerke in Teil A und Teil B.

Teil A der VGB 2022 beinhaltet spezifische Regelungen für die Wohngebäudeversicherung, während Teil B der VGB 2022 allgemeine VVG-basierende Normen enthält.

Teil B, konkret benannt als Gemeinsamer Allgemeiner Teil für die Allgemeine Haftpflichtversicherung, die Sachversicherung und die Technischen Versicherungen (ohne Projektgeschäft) Monoline-Variante, ist nach den aktuellen Musterbedingungen des GDV gleichlautend für diverse Versicherungen. Dies trägt zur Übersichtlichkeit bei.

7 Versicherungsbedingungen sind **Allgemeine Geschäftsbedingungen** und damit anhand der §§ 305 ff. BGB inhaltlich überprüfbar. Sie sind nicht gesetzesähnlich, sondern so auszulegen, wie sie ein durchschnittlicher Versicherungsnehmer ohne versicherungsrechtliche Spezialkenntnisse bei verständiger Würdigung, aufmerksamer Durchsicht und Berücksichtigung des erkennbaren Sachzusammenhanges verstehen muss.[2]

2. Gegenstand der Wohngebäudeversicherung

a) Versicherte Gefahren

8 Die Wohngebäudeversicherung ist eine Schadensversicherung. Standardmäßig **versicherte Gefahren** sind gemäß A § 1 Ziff. 1 VGB 2022 (1914):

- Brand, Blitzschlag, Überspannung durch Blitz, Explosion, Implosion, Luftfahrzeuge, Fahrzeuge, Seng-, Rauch- und Rußschäden
- Leitungswasser,
- Naturgefahren (Sturm, Hagel und weitere Elementargefahren).

9 Während A 2 VGB 2022 Ausschlüsse normiert, finden sich die einzelnen Definitionen zu den versicherten Gefahren in A 3, 4 und 5 VGB 2022 (1914). Dort sind jeweils auch noch einmal ausdrücklich nicht versicherte Schäden aufgeführt. Fällt ein tatsächliches Ereignis zugleich unter mehrere Tatbestände (z.B. Blitzschlag und Brand oder Rohrbruch und Nässeschaden) liegt nur ein Versicherungsfall vor. Die Versicherungssumme (vgl. Rdn 22) steht nur einmal zur Verfügung.

1 Die VGB 2022 und einzelne PK sind abrufbar unter *www.gdv.de*.
2 Vgl. BGH v. 12.6.2024 – IV ZR 437/22.

aa) Brand

Ein **Brand** setzt gemäß A 3.1 VGB 2022 (1914) ein Feuer voraus, dessen Ursache für den Versicherungsschutz nicht entscheidend ist. Neben Flammen genügen auch Glut und Funken. Allerdings muss es mit einer Lichterscheinung verlaufen, so dass etwa feuerunabhängige Hitzeschäden nicht hierunter fallen.[3] 10

bb) Blitzschlag/Überspannung durch Blitz

Führt ein **Blitzschlag** zum Brand, besteht sowohl für letzteren nach A 3.1 VGB 2022 (1914) als auch über A 3.2 VGB 2022 (1914) Versicherungsschutz. Sog. kalte Blitzschäden sind als solche gedeckt, z.B. wenn durch die Druckwelle Scheiben zerbrechen oder herumfliegende Gegenstände versicherte Sachen zerstören. Überspannungsschäden wie auch solche durch Überstrom und Kurzschluss setzen aber ausdrücklich auch andere blitzschlagbedingte Schäden auf dem versicherten Grundstück voraus. Anders ist es, wenn die **Überspannung durch Blitz** ausdrücklich zusätzlich versichert ist. 11

cc) Leitungswasser (Bruch- und Nässeschäden)

Unter die Bezeichnung **Leitungswasser** fallen die zusammengefassten Gefahren des A 4 VGB 2022 (1914). Einzelne Konstellationen regeln die Unterpunkte, wie etwa auch **Bruch- und Nässeschäden**.[4] 12

Dabei sind nur die jeweils genannten Rohre und Installationen gegen **Bruchschäden** versichert. Die Regelungen unterscheiden außerdem zwischen Schäden inner- und außerhalb des Gebäudes. Ein versicherter **Rohrbruch** liegt vor, wenn bei einer Schädigung des Rohrmaterials (z.B. durch Risse oder Löcher) darin befindliche Flüssigkeiten austreten.[5] Gedeckt ist nur der Bruch; für die Folgeschäden besteht kein Versicherungsschutz. Auch muss der Versicherer nicht für den Austausch des kompletten Rohrsystems aufkommen, sondern nur für den beschädigten Teilbereich.[6] 13

Schäden durch bestimmungswidrig austretendes **Leitungswasser** sind unter den Voraussetzungen des **Nässeschadens** aus A 4.2 VGB 2022 (1914) versichert. Hier sind auch adäquate Folgeschäden gedeckt. 14

dd) Naturgefahren

Sturm und Hagel stellen neben Blitzschlag (vgl. Rdn 11) oder auch Frost, der zu Bruch- und Nässeschäden (vgl. Rdn 12 ff.) führen kann, die klassischen **Naturgefahren** dar. Sie sind in den üblichen Verträgen regelmäßig gedeckt. Anders ist es bei den **weiteren Elementargefahren** wie z.B. der Überschwemmung, die oft zusätzlich versichert werden müssen. A 5 VGB 2022 nennt die einzelnen Tatbestände und Definitionen. 15

3 Vgl. van Bühren/*Stobbe*, § 5 Rn 51 f.
4 Vgl. Beckmann/Matusche-Beckmann/*Hahn*, § 34 Rn 2.
5 Vgl. Veith/Gräfe/Lange/Rogler/*Hoenicke*, § 4 Rn 105.
6 Vgl. Veith/Gräfe/Lange/Rogler/*Hoenicke*, a.a.O. mit Hinweis u.a. auf OLG Karlsruhe 1.2.1996 – 12 U 224/95, r+s 1996, 279.

(1) Sturm/Hagel

16 **Sturm** ist nach A 5.1.1 Abs. 1 VGB 2022 (1914) bei einer Windstärke von 8 Beaufort gegeben, wird i.Ü. nach A 5.1.1. Abs. 2 VGB 2022 (1914) unter den dort genannten Voraussetzungen, die erfahrungsgemäß für ein Sturmereignis sprechen, aber auch unterstellt. **Hagel** ist in A 5.2 VGB 2022 (1914) definiert.

(2) Weitere Elementargefahren (Überschwemmung etc.)

17 Weite Naturgefahren (Elementargefahren) regelt A 5.4 VGB 2022 (1914).

Eine versicherte **Überschwemmung** aus A 5.4.1 VGB 2022 (1914) setzt eine Überflutung mit erheblichen Mengen Oberflächenwassers voraus. Reiner Grundwasseranstieg ist nicht versichert. Zudem muss die Überschwemmung auf einer der drei in A 5.4.1.1.–5.4.1.3. VGB 2022 (1914) genannten Ursache beruhen. Auch bei **Rückstau** ist der Grund maßgeblich, A 5.4.2 VGB 2022 (1914). Die übrigen weiteren Elementargefahren (**Erdbeben**, **Erdsenkung**, **Erdrutsch**, **Schneedruck**, **Lawinen** und **Vulkanausbruch**) erklären sich am Wortlaut des A 5.4.3.–5.4.8 VGB 2022 (1914).

18 A 5.5 VGB 2022 (1914) zählt **nicht versicherte Elementarschäden** auf, für die ungeachtet einer Mitwirkung der vorstehenden Gefahren keine Deckung besteht. Hier gilt es wiederum, die einschlägigen Bedingungen genau zu prüfen, da sich die Vertragswerke erheblich unterscheiden können.

b) Versicherte Sachen/Versicherungsort

19 **Versicherte Sachen** sind nach A 6 VGB 2022 (1914) die im Versicherungsschein genannten **Gebäude** mit ihren Gebäudebestandteilen und Gebäudezubehör.

20 Jene Norm regelt mithin auch den **Versicherungsort**. Genauere Definitionen zu den versicherten Sachen und auch einzelne Ausschlüsse (z.B. für zusätzlich zu versichernde Photovoltaikanlagen) finden sich in A 7.1–7.6 VGB 2022 (1914). A 7.5 VGB 2010 (1914) regelt u.a. die Versicherung von weiteren Grundstücksbestandteilen, also auch **Nebengebäuden**. Diese Regelung ist nicht selten einschlägig, da bei Vertragsabschluss den Nebengelassen meist nicht allzu viel Gewicht beigemessen wird. Allerdings können durch einen Schadenfall entstehende Kosten durchaus zu Buche schlagen und sei es nur, weil der Versicherungsnehmer das Gebäude abreißen muss. Nicht zu **Wohnzwecken** genutzte Gebäude sind durch dafür angebotene (z.B. betriebliche) Feuer-, Leitungswasser- oder Elementarversicherungen versicherbar.

A 7.6 VGB 2022 nennt nicht versicherte Sachen, wie z.B. **Photovoltaikanlagen**. Dafür gibt es besondere Deckungskonzepte, denen eigene Bedingungen zugrunde liegen: Besondere Bedingungen für die Versicherung von Photovoltaikanlagen (BPV 2016, Stand Mai 2022). Die Versicherer haben auf technische Neuerungen reagiert, vgl. auch: Besondere Bedingungen für die Versicherung von **Solarthermie-, Geothermie** sowie sonstigen **Wärmepumpenanlagen** von Wohngebäuden (BSG 2016, Stand Mai 2022).

c) Versicherungsumfang

aa) Versicherungswert

Der **Versicherungswert** ist gem. § 88 VVG der Betrag, den der Versicherungsnehmer bei Schadenseintritt für die Wiederbeschaffung bzw. Wiederherstellung der versicherten Sache in neuwertigem Zustand unter „neu-für-alt"-Anzug aufwenden muss. Der bedingungsgemäße Versicherungswert kann jedoch ein anderer sein: In A 13 VGB 2022 (1914) sind der Gleitende Neuwert Plus, der Gleitende Zeitwert Plus und der Gemeine Wert und die Tatbestände, in denen die einzelnen Werte greifen, definiert. In alten Bedingungswerken gibt es den gleitenden Neuwert, den Neuwert, den Zeitwert und den gemeinen Wert. Hier sind jeweils die bedingungsgemäßen Definitionen zu prüfen. 21

bb) Versicherungssumme

Die **Versicherungssumme** ist in A 13.3 VGB 2022 (1914) geregelt und stellt den Betrag dar, den die Parteien als Maximalleistung des Versicherers vereinbaren. Sie sollte sich am Versicherungswert orientieren. Die richtige Ermittlung der Versicherungssumme zum Gleitenden Neuwert Plus normiert A 14 VGB 2022 (1914). 22

cc) Unterversicherung

Übersteigt der Versicherungswert die Versicherungssumme, liegt eine den Versicherer zur Leistungskürzung berechtigende **Unterversicherung** i.S.d. § 75 VVG vor. Nicht selten haben die Parteien in älteren Verträgen einen Unterversicherungsverzicht vereinbart. Nunmehr gilt nach A 14.2.1 VGB 2022 (1914) ein **Unterversicherungsverzicht**, wenn die Versicherungssumme nach den zuvor genannten Bestimmungen zutreffend ermittelt und vereinbart wurde. 23

Dies gilt wiederum nicht, wenn nach A 14.2.2 VGB 2022 (1914) wertsteigernde Maßnahmen zu Veränderungen der Versicherungssumme geführt haben.

Gilt kein Unterversicherungsverzicht, kürzt sich bei Unterversicherung (§ 75 VVG) die Versicherungsleistung in dem Verhältnis, in dem das Objekt gegenüber der vereinbarten Versicherungssumme zu gering versichert wurde. Nachdem sich die Versicherungssumme an dem Komplettverlust orientiert, ist zunächst der Wert des Gesamtobjektes (Versicherungswert) zu ermitteln. Anschließend sind sowohl Versicherungssumme als auch der Versicherungswert dem tatsächlichen Schaden gegenüberzustellen und zwar nach folgender Formel:

$$\text{Entschädigung} = \frac{\text{Schaden} \times \text{Versicherungssumme}}{\text{Versicherungswert}}$$

24 *Beispiel*

Die Parteien haben eine Versicherungssumme von 200.000 EUR vereinbart. Im Versicherungsfall entsteht ein Schaden, der Sanierungskosten von 30.000 EUR verursacht. Der tatsächliche Wert des versicherten Objektes beträgt indes aber 320.000 EUR:

- Tatsächlicher Wert, also der Versicherungswert, 320.000 EUR entspricht 100 %
- Versicherungssumme 200.000 EUR entspricht 62,50 % von 320.000 EUR
- Versicherungsleistung: 62,50 % des tatsächlichen Schadens (30.000 EUR)

Der Versicherungsnehmer hat also nur einen Anspruch auf Zahlung von 18.750 EUR. Die restlichen schadensbedingten Kosten bleiben aufgrund der Unterversicherung ungedeckt.

Zu diesem Ergebnis gelangt man auch mit nachstehender Formel:

$$\frac{30.000\ \text{EUR} \times 200.000\ \text{EUR}}{320.000\ \text{EUR}} = 18.750\ \text{EUR}$$

dd) Versicherung zum Gleitenden Neuwert

25 Bei der Wohngebäudeversicherung zum **Gleitenden Neuwert** bemisst sich die Versicherungssumme traditionell am **Versicherungswert 1914** – vgl. Präambel zu VGB 2022 (1914) und A 13.1.1 VGB 2022 (1914) – also an den Kosten, die im Jahr 1914 für den Neubau des versicherten Objektes in Goldmark anfielen. Das hat den Vorteil, dass die Versicherungsverträge im Hinblick auf wirtschaftsbedingte Kostensteigerungen nicht regelmäßig angepasst werden müssen. Dies geschieht vielmehr automatisch durch die Umrechnung anhand eines jährlich aktualisierten Faktors. Für das Jahr 2024 beträgt der Umrechnungsfaktor 25,87. Für vorangegangene oder nachfolgende Jahre ist der dann geltende Faktor zu verwenden. Er ist z.B. im Internet recherchierbar. Der gegenwärtige Neubauwert wird dann anhand des für das betreffende Jahr geltenden Faktors ermittelt:

Wert M 1914 × aktueller Faktor = aktueller Wert in EUR

26 *Beispiel*

Ist etwa eine Versicherungssumme von 10.000 M 1914 vereinbart, entspricht das im Jahr 2024 einer Versicherungssumme von 258.700 EUR:

10.000 M 1914 × 25,87 = 258.700 EUR

Bleiben die Sanierungskosten bei kompletter Zerstörung in diesem Rahmen, genügt die Versicherungssumme. Betragen sie aber 350.000 EUR, so wäre die Versicherungssumme von 10.000 EUR M 1914 zu gering:

350.000 EUR : 25,87 = 13.529,18 M 1914

Es liegt also eine Unterversicherung vor.

ee) Versicherung nach dem Wohnflächenmodell

Bei der Versicherung nach dem **Wohnflächenmodell** – z.B. VGB 2022 (Wfl) – wird keine Versicherungssumme vereinbart, so dass es auch keiner Regelungen zur Unter- und Überversicherung bedarf. Versicherungsumfang und Prämie kalkulieren sich nach A 14 VGB 2022 Wfl anhand des versicherten Gebäudes. Nach A 16 VGB 2022 Wfl sind im Verlauf Anpassungen möglich. A 13.3 VGB 2022 Wfl regelt die Entschädigungsberechnung bei **Abweichungen** des vereinbarten zum tatsächlichen Ausgestaltungszustand im Schadensfall. Ist das Objekt bei Schadenseintritt geringwertiger als im Vertrag zugrunde gelegt, zahlt der Versicherer nur den tatsächlichen Schaden. Hat das Gebäude hingegen im Schadensfall eine höherwertige als die versicherte Ausstattung, wird anhand der bei Vertragsabschluss vereinbarten Werte reguliert. Gleichwohl treffen den Versicherungsnehmer hinsichtlich der Abweichungen Obliegenheiten (vorvertragliche Anzeigepflicht vgl. B 3.1 VGB 2022 und bei Gefahrerhöhung nach A 21 bzw. B 3.2 VGB 2022). Außerdem finden Anpassungen nach A 15, 16 VGB 2022 Wfl statt. Zu einer der Unterversicherung entsprechenden anteiligen **Leistungskürzung** kommt es auch beim Wohnflächenmodell nach A 17.3 VGB 2022 Wfl. 27

Aufgrund der Vielfalt der Sachversicherungsprodukte sind immer der aktuelle Versicherungsschein und die danach geltenden konkreten Bedingungen zu prüfen!

d) Leistung des Versicherers

aa) Entschädigung

A 17 VGB 2022 (1914) regelt die **Entschädigungsberechnung**. Hier ist, da es sich um einen **Anspruch auf Entschädigung** handelt, eine **fiktive Abrechnung** möglich. Dies gilt gem. A 17.4 VGB 2022 (1914) aber nicht für Kosten nach A 11 VGB 2022 (1914). 28

Dabei erhält der Versicherungsnehmer nach der **Wiederherstellungsklausel** aus A 17.6 VGB 2022 (1914) den den **Zeitwertschaden** übersteigenden Teil (**Neuwertanteil**) nur, wenn er die Verwendung der Entschädigung binnen drei Jahren nach Eintritt des Versicherungsfalles zur Wiederherstellung/Wiederbeschaffung der versicherten Sache in gleicher Art und Zweckbestimmung an bisheriger Stelle sicherstellt. Jene Bedingung entspricht inhaltlich dem § 93 VVG. Von einer bereits erfolgten Wiederherstellung in gleicher Art und Zweckbestimmung an bisheriger Stelle ist auch bei **Eigenleistungen** von einer Verwendung der Entschädigung zur Wiederherstellung auszugehen. Die Voraussetzungen einer bedingungsgemäßen **Sicherstellung** sind aber auch erfüllt, wenn bei vorausschauender Betrachtungsweise eine bestimmungsgemäße Verwendung der Entschädigung hinreichend sicher angenommen werden kann, etwa bei verbindlichem Abschluss eines Bau- oder Fertighauskaufvertrages mit einem leistungsfähigen Unternehmer.[7] Die Sicherstellung der Mittel hat aber hohen Anforderungen zu genügen, um Manipulationen auszuschließen.[8] 29

7 Vgl. BGH NJW-RR 2011, 1403 = r+s 2011, 433 = VersR 2011, 1180.
8 Vgl. OLG Brandenburg v. 21.12.2022 – 11 U 244/20.

30 **Mehrwertsteuer** ist nach A 17.9 VGB 2022 (1914) nur geschuldet, wenn und soweit sie dem Versicherungsnehmer auch tatsächlich angefallen ist.

31 Gem. A 19 VGB 2022 (1914) tritt die **Fälligkeit** der Leistungen mit Abschluss der Feststellungen des Versicherers ein. Diese Norm sieht zudem die **Zahlungsmodalitäten** und dabei auch die Möglichkeit von **Abschlagszahlungen** vor. Auch § 14 VVG enthält Regelungen hierzu.

bb) Kostenersatz/Mietausfall/Mietwert

32 A 11 VGB 2022 (1914) regelt die Einzelheiten der Eintrittspflicht des Versicherers für **versicherte Kosten** und **Mehrkosten.** Schon nach dem Wortlaut gilt die Erstattungsfähigkeit nur für Beträge, die **„erforderlich und tatsächlich angefallen"** sind. Sie sind als **Kostenerstattungsanspruch** nicht fiktiv abrechenbar. Gleiches gilt für den **Mietausfall** gem. A 12 VGB 2022 (1914). Der **Mietwert** (A 12.1.2 VGB 2022 – 1914) der vom Versicherungsnehmer selbst bewohnten Wohnung hingegen ist naturgemäß eine fiktive Position. Bei älteren Versicherungsbedingungen ist die Formulierung teilweise nicht so genau, als nur von notwendigen (und nicht tatsächlich angefallenen) Kosten die Rede ist. Zahlreiche Gerichte waren der Auffassung, es sei auch dann nur eine tatsächliche Abrechnung geschuldet.[9] Der BGH hat dies zwischenzeitlich zugunsten der Versicherungsnehmer anders entschieden.[10]

cc) Sachverständigenverfahren

33 Gemäß A 18 VGB 2022 (1914) kann der Versicherungsnehmer die Feststellung der Schadenshöhe durch **Sachverständigenverfahren** verlangen. Ein Anspruch auf sachverständige Feststellung des Versicherungsfalles selbst besteht allerdings nicht. Die Parteien können sich aber einvernehmlich auch für diesen Fall auf ein Sachverständigenverfahren einigen. Der genaue Verfahrensablauf ist in den Bedingungen geregelt. Die Parteien können nach Einleitung des Sachverständigenverfahrens nicht einseitig davon abrücken. Bei prozessualer Inanspruchnahme des Versicherers im gerichtlichen Beweissicherungsverfahren fehlt dem Versicherungsnehmer das Rechtschutzbedürfnis.[11] Im Falle einer Klage auf Entschädigung kann der Versicherer argumentieren, dass der Anspruch vor Abschluss des Sachverständigenverfahrens mangels Feststellung seiner Höhe noch nicht fällig ist, allerdings nur, wenn er nicht zuvor seine Eintrittspflicht abgelehnt hat.[12]

e) Obliegenheiten des Versicherungsnehmers

34 **Gesetzliche** Obliegenheiten finden sich im VVG in Teil 1 Abschnitt 2 und darüber hinaus in §§ 82, 86 Abs. 2 VVG. § 28 VVG verhält sich über die Verletzung **vertraglicher** Obliegenheiten, zu denen sich auch Teil B der VGB äußert. Die nachstehenden Ausführungen enthalten nur Beispiele und erheben keinen Anspruch auf Vollständigkeit.[13]

9 Vgl. zu den Fundstellen Anmerkung *Günther* zu OLG Celle r+s 2009, 193, 196 ff.
10 Vgl. BGH NJW-RR 2013, 1252 = r+s 2013, 385 = VersR 2013, 1039.
11 Vgl. OLG Hamm NJW 1998, 689 = r+s 1998, 102 (zum Beweissicherungsverfahren).
12 Vgl. Rüffer/Halbach/Schimikowski/*Muschner*, § 14 VVG Rn 24.
13 Vgl. weiterführend zu diesem Thema van Bühren/*van Bühren*, § 1 Rn 170 ff.

aa) Obliegenheiten vor dem Versicherungsfall

Vor dem Versicherungsfall zu erfüllende **sicherheitsrelevante Obliegenheiten** des Versicherungsnehmers und die aus einer Pflichtverletzung resultierende **Leistungsfreiheit** des Versicherers normiert u.a. A § 20 VGB 2022 (1914). Diese Obliegenheiten dienen dem **Schutz des versicherten Gebäudes und seiner Teile**, denn der Versicherer haftet zu Recht nicht für Nachlässigkeiten des Versicherungsnehmers. Der Versicherungsnehmer muss u.a. 35

- die versicherten Sachen in einem ordnungsgemäßen Zustand erhalten, Mängel und Schäden beseitigen,
- nicht genutzte Gebäude und ihre Teile genügend häufig kontrollieren und alle wasserführenden Anlagen und Einrichtungen absperren, entleeren und entleert halten,
- heizen und dies genügend häufig kontrollieren oder alle wasserführenden Anlagen und Einrichtungen absperren, entleeren und entleert halten,
- zur Vermeidung von Überschwemmungs- bzw. Rückstauschäden bei rückstaugefährdeten Räumen Rückstausicherungen funktionsbereit und Abflussleitungen auf dem Versicherungsgrundstück freihalten.

A 21 VGB 2022 (1914) normiert (nicht abschließend!) **anzeigepflichtige Gefahrerhöhungen** und verweist zu den Rechtsfolgen auf Teil B. Auch bei **Veräußerung** nach A 23.2 VGB 2022 (1914) bestehen leistungsrelevante Anzeigepflichten. Schließlich sind immer die allgemeinen versicherungsvertraglichen Bestimmungen u.a. des Teil B zu beachten. 36

bb) Obliegenheiten bei und nach dem Versicherungsfall

In Teil B sind **bei und nach dem Versicherungsfall zu erfüllende Obliegenheiten** geregelt, deren Verletzung zur Leistungsfreiheit des Versicherers führen können, so z.B. 37

- Abwendung und Minderung des Schadens und Einhaltung etwaiger diesbezüglicher Weisungen des Versicherers;
- unverzügliche Schadensmeldung
- Beibehaltung des Schadensbildes bis zur Schadensfeststellung bzw. Freigabe durch den Versicherer etc.

Will der Versicherer Leistungsfreiheit wegen Verletzung einer vertraglichen **Auskunfts- oder Aufklärungsobliegenheit** einwenden, muss er dem Versicherungsnehmer eine den Erfordernissen des § 28 Abs. 4 VVG entsprechende **Belehrung** über die Folgen der Obliegenheitspflichtverletzung erteilen. Dies ist bei **spontan zu erfüllenden Obliegenheiten** wie der Schadensmeldung oder Beibehaltung der Schadensstelle nicht erforderlich, da das Belehrungserfordernis sonst dem Zweck der Obliegenheit zuwider liefe.[14] 38

14 Vgl. OLG Saarbrücken r+s 2012, 543 = VersR 2013, 180

f) Veräußerung der versicherten Sache

39 Bei **Veräußerung der versicherten Sachen** ist A 23 VGB 2022 (1914) zu beachten, der inhaltlich ähnliches regelt wie §§ 95 ff. VVG. Es bestehen fristgebundene **Kündigungsrechte**. Die Verletzung der **Anzeigepflichten** kann im Versicherungsfall zur Leistungsfreiheit führen. Wird eine Veräußerung nicht angezeigt, kann das im Schadensfall fatale wirtschaftliche Folgen haben. Diese Regelungen sind insbesondere für den Erwerber wichtig.

g) Verjährung

40 Ansprüche aus dem Versicherungsvertrag unterliegen der regelmäßigen dreijährigen **Verjährung** des § 195 BGB, für deren Beginn § 199 BGB maßgeblich ist. § 199 Abs. 1 Nr. 1 BGB stellt zunächst auf die Anspruchsentstehung ab. Mithin kann die Verjährungsfrist nicht vor **Fälligkeit** (§ 14 VVG) beginnen.

41 Für **Ansprüche des Versicherungsnehmers** ist diese gem. § 15 VVG ab Meldung des Schadens beim Versicherer bis zum Zugang der in Textform zu erteilenden Entscheidung des Versicherers gehemmt. Nicht selten tritt selbst nach vorangegangener Deckungsablehnung aus der Korrespondenz mit dem Versicherer aber auch ein neuer Hemmungstatbestand des § 203 BGB ein. Nach bereits erfolgter Regulierung bisheriger Schäden kann u.U. beim Auftreten abgrenzbarer Folgeschäden die Verjährungsfrist insoweit später beginnen.[15] Hierauf sollte sich der Anwalt aber nicht verlassen.

42 **Ansprüche des Versicherers** etwa auf Rückzahlung unberechtigt geleisteter Beträge verjähren ebenso regelmäßig innerhalb von drei Jahren gem. § 195 BGB, wobei sich der maßgebliche Verjährungsbeginn auch weit hinausschieben kann, z.B. wenn der Versicherer erst zu einem recht späten Zeitpunkt von einem vorgetäuschten Versicherungsfall und einer damit verbundenen ungerechtfertigten Zahlung an den Versicherungsnehmer erfährt.

II. Außergerichtliche Mandate

43 Wünscht ein Versicherungsnehmer schon bei Auswahl bzw. Abschluss einer Versicherung oder bei der Frage, ob er ausreichend versichert ist, anwaltliche Beratung, ist Vorsicht geboten. Zwar kann der Rechtsanwalt den Inhalt des angebotenen oder bestehenden Versicherungsvertrages aus juristischer Sicht erläutern. Sicher ist er auch in der Lage, anhand der Tatsachenangaben Empfehlungen zu geben, ob bei Vertragsabschluss die Einbeziehung bestimmter weiterer angebotener Bausteine sinnvoll ist (etwa, wenn Elementargefahren nicht gedeckt wären). Allerdings hat der Anwalt naturgemäß kaum einen so umfassenden Überblick über die am Markt erhältlichen Produkte, um den Versicherungsnehmer anhand seines konkreten Versicherungsbedarfes angemessen beraten zu können. Hier sind Fachleute aus der Versicherungswirtschaft, ob nun Agenten eines Versicherers oder Makler, die besseren Ansprechpartner. Schon aus Haftungsge-

15 Vgl. OLG Dresden NJW-RR 2010, 1336 = VersR 2010, 1212 – allerdings zu VVG a.F.

sichtspunkten sollte der Rechtsanwalt auf diese verweisen oder aber sein Beratungsfeld durch entsprechende Vereinbarungen (z.B. einen Haftungsausschluss) exakt eingrenzen.

Weil Beratungen zum Vertragsbestand oder -abschluss eher die Ausnahme sind, beziehen sich die nachfolgenden Ausführungen auf Fälle über Fragen der Leistungspflicht des Versicherers bei bestehendem Vertrag. 44

1. Checklisten

a) Sachverhaltsermittlung

Checkliste Sachverhaltsermittlung 45

- Was genau ist wann geschehen?
- Wer hat wann, wie, was entdeckt?
- Gibt es Hinweise auf mögliche Schadensursachen?
- Was ist beschädigt oder zerstört?
- Ist die Schadenshöhe schon bezifferbar?
- Ist das Schadensbild schon verändert? Seit wann und durch wen?
- Liegen Dokumentationen (z.B. durch Lichtbilder) zum Schadensverlauf, der Schadensursache oder den Schäden vor?
- Gibt es ggf. Zeugen (Name, Anschrift, Telefonnummer)?
- Ist der Schaden bereits beim Versicherer gemeldet? Wann und wie? Unter welcher Schadensnummer?
- Hat der Versicherer schon eigene Ermittlungen angestellt?
- Gibt es (etwa bei Brand) polizeiliche Ermittlungen? Bei welcher Dienststelle, zu welchem Aktenzeichen?
- Wie stellt sich der Versicherungsnehmer die Schadensbeseitigung vor? Beabsichtigt der Versicherungsnehmer die Wiederherstellung im bisherigen Zustand oder in davon abweichender Weise? Oder will er ggf. fiktiv abrechnen?
- Sind Vorschusszahlungen des Versicherers geflossen oder nötig?
- Hat der Versicherer zu Obliegenheitspflichten belehrt? Wann und wie?
- Könnten Verjährungsprobleme bestehen? Welche Fristen laufen?

b) Vertragsunterlagen

Checkliste Vertragsunterlagen 46

- Welchen Versicherungsschutz dokumentiert der Versicherungsschein für den Tag des Versicherungsfalles? Hier sind insbesondere mögliche Nachträge zu berücksichtigen.
- Welche Versicherungsbedingungen und ggf. welche Klauseln sind für diesen Zeitpunkt maßgebend?
- Stehen Obliegenheiten des Versicherungsnehmers im Raum?
- Ist/war der Versicherer bei Obliegenheitspflichtverletzungen zur Belehrung verpflichtet?

- Welche Gefahren sind gedeckt?
- Gibt es Ausschlüsse?
- In welchem Umfang besteht Versicherungsschutz (Versicherungssumme)?
- Welche Kosten sind versichert?

c) Hilfsweise und für Regresse: Erstattungspflicht Dritter?

47 *Checkliste Erstattungspflicht Dritter*

- Gibt es einen Schadensverursacher, gegen den Haftpflichtansprüche bestehen könnten?
- Kommt bei nicht bestehendem Versicherungsschutz die Haftung des Vermittlers infolge von Verletzung der Beratungs- und Informationspflichten aus §§ 6, 7 VVG in Betracht?

2. Praxistipps für den Rechtsanwalt

48 Zwar sind die **Versicherer außergerichtlich selbst tätig** und bedienen sich nur in Ausnahmefällen schon vorprozessual anwaltlicher Hilfe. Gleichwohl können nachfolgende Hinweise für Rechtsanwälte beider Parteien gleichermaßen hilfreich sein – entweder, weil der Anwalt des Versicherungsnehmers ihnen folgen könnte oder aber weil der Anwalt des Versicherers hieraus Einwendungen für den späteren Prozess herleiten kann.

49 Lässt sich der Versicherungsnehmer anlässlich des Versicherungsfalles von vornherein anwaltlich beraten, hat er die dafür anfallenden **Gebühren** meist selbst zu tragen. Der Gebäudeversicherer ist nicht erstattungspflichtig, solange er sich noch nicht in **Verzug** befindet. Dies gilt auch bei einer anwaltlichen Zahlungsaufforderung oder -erinnerung, wenn noch keine verzugsbegründenden Umstände i.S.d. § 286 BGB eingetreten sind.

50 Versicherer bestehen regelmäßig auf Übersendung einer **Vollmacht** (hierzu das Muster vgl. § 3 Rdn 4), die man zur Vermeidung von Verzögerungen bereits im ersten Anschreiben mitsenden sollte.

51 Der Anwalt muss seinen Mandanten darauf hinweisen, wenn noch zu erfüllende **Obliegenheiten** im Raum stehen oder bereits begangene Pflichtverletzungen zur Leistungsfreiheit des Versicherers führen können. Er muss das **Belehrungserfordernis** des § 28 Abs. 4 VVG prüfen.

52 Der Versicherungsnehmer muss seinem Versicherer gegenüber insbesondere gem. B 3.3.2.2 a) VGB 2022 (1914) eine **unverzügliche Schadensmeldung** abgeben, um diesem die Gelegenheit zu geben, die nötigen Ermittlungen einzuleiten. Dies kann telefonisch und auch so knapp wie möglich geschehen. Konkrete Angaben zum Schadenshergang sind in diesem Stadium unnötig und ggf. auch nicht sinnvoll (näheres vgl. Rdn 64 ff.).

53 Der Versicherungsnehmer muss das **Schadensbild unverändert** lassen, damit der Versicherer eigene Prüfungen anstellen kann (B 3.3.2.2 d) VGB 2022 (1914)) Dies gilt natürlich nur soweit, als dies tatsächlich machbar ist. Drohen vielmehr größere Schäden, trifft

den Versicherungsnehmer, ungeachtet der Tatsache, dass dies auch in seinem eigenen Interesse liegt, nach B 3.3.2.1 VGB 2022 (1914) die Pflicht zur **Abwendung oder Minderung des Schadens.**

Gegebenenfalls ist der Versicherer darauf hinzuweisen, dass der Versicherungsnehmer zur **Vorfinanzierung der Schadensbeseitigungskosten** nicht in der Lage ist. Dies kann einerseits die Regulierung beschleunigen und erleichtert andererseits auch die Durchsetzung etwaiger durch verzögerte Bearbeitung anfallender weiterer Kosten. 54

Besteht Uneinigkeit über die Eintrittspflicht des Versicherers, sollte sich der für den Versicherungsfall darlegungs- und beweisbelastete Versicherungsnehmer schon außergerichtlich konkret zu dem Ereignis äußern, für das er Leistungen beansprucht. Spätestens im Prozess muss der Versicherungsnehmer ohnehin einen **konkreten Sachverhalt** vortragen und unter Beweis stellen. Der Verweis auf die einschlägigen Versicherungsbedingungen schon in der außergerichtlichen Korrespondenz zeigt dem Versicherer, dass sich der Anwalt des Versicherungsnehmers mit dem Versicherungsumfang auseinandergesetzt hat. Außerdem vermeidet die **Arbeit am Bedingungstext** die Geltendmachung nicht gedeckter Schäden. 55

Es empfiehlt sich als Anwalt des Versicherungsnehmers darauf hinzuwirken, dass der Versicherungsnehmer ihm zugängliche Erkenntnisquellen und Dokumentationsmöglichkeiten (z.B. **gutachterliche Stellungnahmen** oder aber **Kostenvoranschläge**, Fotos etc.) nutzt, um sich über die Schadensursache und/oder die Schadenshöhe zu informieren bzw. beides belegen zu können. Das kann natürlich **Kosten** verursachen. § 85 Abs. 1 VVG sieht die eingeschränkte Erstattungsfähigkeit von Schadensermittlungskosten vor. Der vertraglich abdingbare § 85 Abs. 2 VVG nimmt hiervon aber ausdrücklich Kosten eines Sachverständigen oder eines Beistandes aus. Solche sind im späteren Prozess nur unter den engen Voraussetzungen des § 91 ZPO[16] erstattungsfähig. 56

Der Anwalt sollte an die Möglichkeit des bedingungsgemäßen **Sachverständigenverfahrens** (vgl. Rdn 33) denken. Unter Umständen ist auch die Einleitung eines **Beweissicherungsverfahrens** angebracht, wenn durch Zeitablauf der Verlust der Beweismöglichkeit des Vorfallhergangs oder auch der Schadenshöhe droht. Gerade bei Elementarschäden durch Überflutung kann aber auch ein Beweissicherungsverfahren zu zeitaufwendig sein. Ein **privat beauftragter Sachverständiger** arbeitet meist schneller, weil keine zivilprozessualen Formalien vorangehen müssen. Insbesondere kann er sofort die nötigen Tatsachen dokumentieren, so dass für eine spätere Auseinandersetzung objektive Anhaltspunkte vorhanden sind. Dafür aufzuwendende und ggf. auch nicht erstattungsfähige Kosten sind unter Umständen sinnvoll investiert, wenn der Versicherungsnehmer ohne die selbst beauftragte privatgutachterliche Stellungnahme den Versicherungsfall nicht oder nicht in seinem tatsächlichen Ausmaß nachweisen könnte. 57

Auch wenn Verbraucher immer wieder anderer Meinung sind, ist es selten so, dass die Sachbearbeiter der Versicherungsgesellschaften die Regulierungen unnötig oder gar 58

16 Vgl. MüKo-ZPO/*Schulz*, § 91 ZPO Rn 141 ff.

bewusst verzögern. Gerade nach extremen (leider unvorhersehbaren) Witterungssituationen häufen sich naturgemäß Schäden. Aufgrund zahlreicher Schadensmeldungen ist das Arbeitsaufkommen bei den Versicherungsgesellschaften dann deutlich erhöht. Natürlich möchte jeder Versicherungsnehmer sein Anliegen schnell bearbeitet wissen. Nicht selten hilft es, wenn der Anwalt des Versicherungsnehmers in einem freundlichen **Telefonat** Verständnis auch für den Sachbearbeiter zeigt, aber unter Hinweis auf die individuelle Situation des Mandanten (z.B. weil es Finanzierungsprobleme bei der Schadensbehebung gibt) um eine baldige Bearbeitung der Sache bittet.

59 Bei der Beratung eines Versicherungsnehmers oder auch des Versicherers ist zu prüfen, ob ggf. eine **Unterversicherung** (siehe Rdn 23) vorliegt. Das ist der Fall, wenn die vereinbarte Versicherungssumme geringer ist als die tatsächlich vorhandenen Werte. Der einen Versicherungsnehmer vertretende Rechtsanwalt sollte seinen Mandanten, der keinen **Unterversicherungsverzicht** vereinbart hat, auf dieses Problem hinweisen und dann aus Kostengründen darauf achten, nur den unter Berücksichtigung der Unterversicherung erstattungsfähigen Betrag einzufordern. Auch bei Vertretung des Versicherers hat der Rechtsanwalt auf eine eventuell zur Leistungskürzung berechtigende Unterversicherung zu achten. Dies gilt bei Vereinbarung der VGB 2022 Wfl gleichermaßen, wenn der tatsächliche Zustand von dem abweicht, den die Parteien vertraglich zugrunde gelegt haben (vgl. Rdn 25 ff.).

60 Der Anwalt muss in zeitlicher Hinsicht darauf hinweisen, wenn die **Wiederherstellungsklausel** (vgl. Rdn 29) aus A 17.6 VGB 2022 (1914) greifen könnte.[17] Der anwaltliche Vertreter eines Versicherungsnehmers muss diesen beraten, wie die zweckentsprechende Verwendung sicherzustellen ist. Der Anwalt muss den Versicherungsnehmer auch belehren, dass er bei Vorschusszahlungen des Versicherers bei nicht fristgemäßer Sicherstellung zweckentsprechender Verwendung gem. A 17.6 VGB 2022 (1914) den Neuwertanteil zurückzuzahlen hat. Vertritt der Rechtsanwalt den Versicherer, ist ebenso auf die sich aus dieser Problematik ergebende nur anteilige Zahlungsverpflichtung und daraus bei Abschlagszahlungen möglicherweise bestehende Erstattungsansprüche hinzuweisen.

61 Kommen versicherungsfallbedingt auch **Haftpflichtansprüche** gegen den Schadenverursacher in Betracht, ist darauf zu achten, dass der Versicherungsnehmer eine mögliche Regressforderung des Versicherers i.S.d. § 86 Abs. 1 VVG nicht vereitelt (vgl. § 86 Abs. 2 VVG). B 4.1.1 VGB 2022 (1914) regelt ähnliches zur **Mehrfachversicherung**. Außerdem ist zu prüfen, ob dem Versicherungsnehmer über die Versicherungsleistung hinaus Ansprüche gegen den Schädiger zustehen können.

62 Dann kommt hinsichtlich kongruenter Schäden das **Quotenvorrecht** des § 86 Abs. 1 S. 2 VVG zugunsten des Versicherungsnehmers zur Anwendung (siehe § 2 Rdn 98 ff.). Danach kann der Versicherer den Anspruchsübergang nicht zum Nachteil seines Versicherungsnehmers geltend machen. Wenn der Versicherungsnehmer etwa aufgrund bestehender Unterversicherung oder einer vereinbarten Selbstbeteiligung nicht alle im Grunde

17 Vgl. OLG Düsseldorf – 4 U 158/07 bzw. (Revisionsinstanz) BGH – IX ZR 137/08.

gedeckten Schadenspositionen durch seinen Versicherer ersetzt bekommen hat, behält der Versicherungsnehmer für die kongruenten Schäden seine Ansprüche gegenüber dem Dritten. Kongruent sind solche Positionen, für die sowohl vertraglich der Versicherer als auch schadensersatzrechtlich der Dritte einzustehen hat. Vom Versicherungsschutz ausgenommene Positionen, für die jedoch der Schädiger einzustehen hat, erfasst das Quotenvorrecht nicht.[18] Dies kann eine Rolle spielen, wenn sowohl der Versicherungsnehmer aus eigenem Recht nicht versicherte Ansprüche als auch der Versicherer bereits übergegangene Ansprüche gegen den Schädiger geltend machen und dieser bzw. dessen Haftpflichtversicherer die Angelegenheit durch eine Gesamtabgeltung mit allen Beteiligten regeln will. In diesem Fall ist das Quotenvorrecht des Versicherungsnehmers bei der Verteilung der Leistung des Schädigers zu berücksichtigen.

Bereits außergerichtlich kann der Versicherungsnehmer auch eine Erklärung des Versi- 63
cherers zu **künftigen versicherungsfallbedingten Aufwendungen** (z.B. Mehrwertsteuer bei Reparaturen) erbitten. Gibt der Versicherer ein **Anerkenntnis** ab, ist auf die diesbezügliche **Regelverjährung** zu achten.

3. Muster

a) Schadensmeldung an den Versicherer

Die Verpflichtung des Versicherungsnehmers zur unverzüglichen **Schadensmeldung** 64
dient dazu, dem Versicherer Prüfungen über seine Eintrittspflicht zu ermöglichen. Der Versicherungsnehmer kann jene Mitteilung also zunächst **kurz** fassen. Die Gesellschaften sind regelmäßig telefonisch erreichbar, so dass der Versicherungsnehmer seinen Versicherer auch durch einen **Anruf** informieren kann. Schließlich ist Eile geboten, damit der Versicherer so zeitig wie möglich seine Erhebungen einleiten kann. Das ist auch im Interesse des Versicherungsnehmers, der natürlich den Schaden schnell behoben wissen will. Unter Umständen – etwa bei weitreichenden Gebäudeschäden – sind auch **Sofortmaßnahmen** erforderlich. Die Versicherer können durch das vorhandene Fachwissen die Situation meist besser einschätzen als der im Übrigen auch persönlich betroffene Versicherungsnehmer. Sie verfügen auch über entsprechende Netzwerke, um kurzfristig das Nötige (Notinstandsetzungen etc.) zu veranlassen.

In der Regel stellt der Versicherungsnehmer nur den **Schaden** fest und weiß als **Laie** 65
nichts über die eigentliche **Ursache**. Diese ist aber für die Frage maßgeblich, ob überhaupt ein versichertes Ereignis vorliegt. Wenn der genaue Verlauf nicht sicher ist, empfiehlt es sich, von **Spekulationen** hierüber Abstand zu nehmen und z.B. schlichtweg einen „Wasserschaden" zu melden. Der Versicherer hält fachkundige Mitarbeiter vor und wird meist einen hauseigenen oder externen Sachverständigen entsenden, um die Frage, ob und in welchem Umfang ein versichertes Ereignis vorliegt, zu klären.

Gibt der Versicherungsnehmer aber beispielsweise eine aus seiner Sicht mögliche Scha- 66
densursache an, für die kein Versicherungsschutz bestünde, hat der Versicherer richtiger-

18 Vgl. hierzu mit Beispielrechnungen Beckmann/Matusche-Beckmann/*Hormuth*, § 22 Rn 51 ff.

weise aber keinen Anlass für weitere Prüfungen. So sind z.B. Schäden durch eindringendes Regenwasser gem. A 5.5.2 VGB 2022 (1914) nur dann versichert, wenn das Regenwasser durch eine Öffnung eingetreten ist, die durch eine versicherte Naturgefahr (etwa Sturm) entstanden ist und selbst einen Gebäudeschaden darstellt.

67 Stellt der Versicherungsnehmer z.B. einen Wassereintritt in seinem Haus fest, nachdem zuvor heftiger Wind und Regen geherrscht haben, ist sinngemäß die nachfolgende Schadensmeldung möglich:

▼

4.1 **Muster 4.1: Schadensmeldung**

Per Email:

Versicherung AG

(*Adresse*)

Versicherungsscheinnr. ; Ihr VN: (*Name*); **Ereignis vom**

Sehr geehrte Damen und Herren,

ausweislich in beglaubigter Abschrift beiliegender Vollmachtsurkunde vertreten wir Ihren VN,

Herrn ,

anlässlich eines Schadensfalles vom heutigen Tage. Herr unterhält bei Ihnen zu der o.a. Versicherungsnummer eine Wohngebäudeversicherung.

Nachdem in den letzten beiden Tagen am Wohnort des VN starker Wind und Niederschläge herrschten, entdeckte die Ehefrau unseres Mandanten, Frau , dass an der Decke des Gästezimmers im Obergeschoss Wasser eintritt. Es ist von einem versicherten Ereignis auszugehen.

Bitte nehmen Sie sich der Sache unverzüglich an. Den Versicherungsnehmer erreichen Sie zur unmittelbaren Kontaktaufnahme unter der Mobilfunknummer .

Mit freundlichen Grüßen

Rechtsanwalt

▲

b) Zahlungsaufforderung an den Versicherer – Überschwemmung durch Ausuferung eines Flusses

68 Dringt nach oder im Zusammenhang mit einem landläufig als Hochwasser bezeichneten Naturereignis Wasser in ein versichertes Gebäude, erwartet der Versicherungsnehmer regelmäßig die Eintrittspflicht seines Versicherers. Allerdings sind nicht alle Wasserschäden gedeckt. Im Schadensfall ist also genau zu prüfen, welche Ereignisse versichert sind und ob sich der tatsächliche Verlauf hierunter subsummieren lässt. Während diese Details bei der Schadensmeldung (vgl. oben Rdn 64 ff.) noch keine Rolle spielen, sollten sie jedenfalls bei anschließendem Streit und außergerichtlicher Korrespondenz konkret dargelegt werden. Sinnvollerweise zitiert man dabei auch die einschlägigen Versicherungsbedingungen. Das kann etwa wie folgt aussehen:

69

4.2

Muster 4.2: Zahlungsaufforderung an den Versicherer

Per Email: ___

Versicherung AG

___

Versicherungsscheinnr. ___ **; Ihr VN:** ___ (*Name*); **Ereignis vom** ___

Sehr geehrte Damen und Herren,

ausweislich in beglaubigter Abschrift beiliegender Vollmachtsurkunde vertreten wir Ihren VN,

Herrn ___,

anlässlich des Wohngebäudeschadens vom ___ in dem bei Ihnen versicherten Objekt in der ___ (*Adresse*). Am ___ haben Sie Ihre Deckung zu Unrecht versagt.

Sie sind mit unserer Partei durch den am ___ auf den VN ausgestellten Versicherungsschein zur Wohngebäudeversicherung verbunden. Vertragsgegenständlich sind die VGB 2022 (1914). Nach A 1.3.2 VGB 2022 (1914) besteht Versicherungsschutz auch für weitere Elementargefahren.

Im versicherten Objekt ist eine bedingungsgemäße Überschwemmung nach A 5.4.1.1 VGB 2022 (1914) eingetreten: der nahegelegene Fluss, die Pleiße, ist am Vorfallstag über die Ufer getreten. Infolgedessen wurde das versicherte Grundstück mit erheblichen Mengen Oberflächenwassers überflutet. Das Flusswasser erreichte das Grundstück unseres Mandanten an der Westseite, strömte in den Garten und den angrenzenden Hof, bevor es von dort in das Wohngebäude eindrang. Es waren nicht lediglich Pfützen vorhanden.

Durch das eindringende Wasser waren das Erdgeschoss und der Keller des Wohnhauses betroffen. Das Mauerwerk ist durchweicht. Die Elektroanlagen müssen erneuert werden. Auch hat die im Keller befindliche Heizungsanlage Schaden genommen.

Zur Schadenshöhe übermitteln wir Ihnen das Angebot des Baugeschäfts vom ___ (**Anlage 2**), wonach die schadensbedingten Putzarbeiten Kosten in Höhe von netto ___ EUR bzw. brutto ___ EUR verursachen werden. Die versicherungsfallbedingten Elektroarbeiten erfordern ausweislich des Angebotes der ___-GmbH vom ___ (**Anlage 3**) Kosten in Höhe von netto ___ EUR bzw. ___ EUR. Für den schadenbedingten Austausch der Heizungsanlage sind nach dem Angebot der ___-GmbH vom ___ (**Anlage 4**) netto ___ EUR bzw. brutto ___ EUR erforderlich.

Der derzeit bezifferbare Schaden beläuft sich daher auf:

Putzarbeiten, netto	___ EUR
Elektroarbeiten, netto	___ EUR
Heizungsanlage, netto	___ EUR
Gesamtbetrag, netto	___ **EUR**

Hinzu kommt der Anspruch auf künftige Leistung der nach Ausführung der Arbeiten und entsprechender Rechnungslegung anfallenden Mehrwertsteuer, den wir bereits jetzt im

Sinne eines Feststellungsanspruches mit geltend machen. Die Sache eilt. Ihr VN kann die Beträge zur Schadensbeseitigung nicht vorschießen.

Wir fordern Sie daher auf, bis zum den vorstehenden Betrag auf unser Konto zu zahlen. Binnen gleicher Frist erbitten wir Ihre Erklärung, dass Sie auch für weitere versicherte und versicherungsfallbedingte Kosten, insbesondere die bei Rechnungslegung anfallende Mehrwertsteuer aufkommen werden.

Mit freundlichen Grüßen

Rechtsanwalt

▲

III. Gerichtliche Mandate

1. Praxistipps

70 Die oben aufgeführte Checkliste (vgl. Rdn 45 ff.) ist bei Mandatsübernahme erst ab Klageverfahren ebenso sinnvoll. Der anwaltliche Vertreter des Versicherungsnehmers muss ebenso wie der des Versicherers den Vortrag der anderen Partei in tatsächlicher und rechtlicher Hinsicht auf Vollständigkeit und Richtigkeit prüfen.

71 Nach § 215 Abs. 1 S. 1 VVG ist über die allgemeinen Regelungen gem. §§ 12 ZPO ff. hinaus für Aktivklagen des Versicherungsnehmers auch das **Gericht örtlich zuständig,** in dessen Bezirk er bei Klageerhebung seinen Wohnsitz hat. Für Klagen des Versicherers gegen den Versicherungsnehmer ist jenes Gericht nach § 215 Abs. 1 S. 2 ZPO ausschließlich zuständig.

72 Sinnvoll ist die Angabe der **Schadensnummer** des Versicherers im Passivrubrum, da es die Zuordnung der Klage erleichtert und damit die Vorlage beim zuständigen Sachbearbeiter erleichtert. Der Versicherungsnehmer hat keinen Vorteil, wenn die Klage nach Zustellung im Haus eines großen Versicherers längere Wege unternimmt und der Beklagte dann aus Gründen der Zeitknappheit auf Fristverlängerungsgesuche zurückgreifen muss.

73 Ein kurzer **Einleitungssatz** zu den streitigen Fragen in Klageschrift und Klageerwiderung trägt zur Übersichtlichkeit bei und erleichtert dem Gericht die Bearbeitung.

74 Gelegentlich besteht Uneinigkeit über den **Vertragsinhalt**, z.B. zu den zugrundeliegenden Versicherungsbedingungen, etwa weil der Versicherungsnehmer eine Änderung der Vereinbarungen z.B. zur Versicherungssumme, zu bestimmten Klauseln oder der Anpassung des Bedingungswerkes übersieht. Aber auch bei Versicherungsgesellschaften kann es vorkommen, dass der Vertragsumfang verkannt wird. Daher sollte man ihn – ungeachtet der ohnehin bestehenden Substantiierungslast – ausführlich beschreiben und die maßgeblichen Bedingungen zur Gerichtsakte reichen.

75 Der Versicherungsnehmer muss den **Umfang des Versicherungsschutzes** und damit die Tatsache eines versicherten Ereignisses sowie die Schadenshöhe und deren Deckung

darlegen und ggf. beweisen. Im Gegenzug trifft den Versicherer die **Darlegungs- und Beweislast** für **Ausschlusstatbestände**.

Beiden Parteien ist an einem zügigen Prozessabschluss gelegen: Der Kläger möchte bald 76 die eingeklagte Forderung, während der Beklagte die Akte ebenso abschließen möchte. Gemäß § 278 Abs. 2 S. 1 Hs. 1 ZPO findet eine **Güteverhandlung** statt. Bestehen Aussichten auf eine einvernehmliche Lösung, ergibt dies auch Sinn. Ist das jedoch aufgrund wechselseitig fester Standpunkte undenkbar, stellt die erste Verhandlung oft nur einen reinen Durchlauftermin dar, in dem beide Parteivertreter ihre mangelnde Einigungsbereitschaft kundtun. Nach § 278 Abs. 2 S. 2 Hs. 2 Alt. 2 ZPO ist die Güteverhandlung aber u.a. dann nicht zwingend, wenn sie **erkennbar aussichtslos** ist.

Insbesondere auf Versichererseite beruhen deckungsablehnende vorprozessuale Erhe- 77 bungen auf Stellungnahmen hauseigener oder externer Sachverständiger. Auf deren inhaltliche und sachliche Richtigkeit wird sich der jeweilige Sachbearbeiter verständlicherweise verlassen, schließlich hat er sich gezielt fachmännischer Hilfe bedient. Dies gilt umgekehrt auch, wenn der Versicherungsnehmer eine sachkundige Stellungnahme eingeholt hat.

Dann wird im Prozess eine **Beweisaufnahme unausweichlich**. Aus Gründen der Pro- 78 zessökonomie bietet es sich an, das Gericht hierauf hinzuweisen und im Hinblick auf eine erkennbar aussichtslose Güteverhandlung terminvorbereitende Verfügungen zur Ermöglichung einer sofortigen Beweisaufnahme anzuregen. Gemäß § 273 Abs. 2 ZPO kann das Gericht z.B. schon Zeugen laden. Auch kann es nach § 358a ZPO einen **vorterminlichen Beweisbeschluss** etwa zur Einholung eines Sachverständigengutachtens erlassen. Bestehen Streitigkeiten auf rein tatsächlicher Ebene, nutzen einige Gerichte mittlerweile diese Möglichkeiten. Aber auch der Anwalt sollte im Interesse seiner Partei entsprechendes anregen (vgl. Rdn 97).

Der Prozessbevollmächtige muss auch etwaige Ansprüche gegen Dritte mitberücksichti- 79 gen und seine Partei auf **Regressmöglichkeiten** hinweisen, hinsichtlich derer eine **Streitverkündung** sinnvoll sein kann.

Dies gilt auf Versicherungsnehmerseite z.B. wenn bei mehreren Versicherungen Streit 80 darüber besteht, welcher Versicherer eintrittspflichtig ist. Das kann in Betracht kommen, wenn eine Abgrenzungen zur Hausratversicherung bei anderer Gesellschaft besteht oder bei Wechsel des Versicherers wenn der Eintritt des Versicherungsfalles in zeitlicher Hinsicht nicht ganz klar ist.

Für Versicherer kann dies von erheblicher Bedeutung sein, wenn sich im Prozess heraus- 81 stellt, dass Haftpflichtansprüche des Versicherungsnehmers gegen einen Dritten (Bauausführungsfehler, der später zu einem versicherten Schaden führt) bestehen. Solche Ansprüche gehen im Umfang der Ersatzleistung des Versicherers nach § 86 Abs. 1 VVG legalzediert auf den Versicherer über.

Befand sich der Versicherer bei außergerichtlicher Beauftragung des Rechtsanwaltes 82 schon im **Verzug**, sind in das Klageverfahren auch vorprozessual entstandene, nicht anrechenbare **außergerichtliche Rechtsverfolgungskosten** einzubeziehen. Hat der Versicherungsnehmer diese bereits an den Anwalt gezahlt, kann er insoweit Zahlung an sich verlangen. Ist die Rechnung noch offen, hat er nur einen Anspruch auf Freistellung von dieser Verbindlichkeit. Hat ein Rechtschutzversicherer die Kosten beglichen, ist der Anspruch des Versicherungsnehmers gem. § 86 Abs. 1 S. 1 VVG auf diesen übergegangen. Der Klageantrag muss sich insoweit auf Zahlung an den **Rechtschutzversicherer** richten. Sinnvollerweise gibt man dabei die Schadensnummer mit an.

83 Bei langen Verfahren kann gerade bei nicht unerheblichen Wohngebäudeschäden auch der **Zinsanspruch** relevant werden. Ein solcher entsteht nicht erst mit Verzug, sondern nach A § 14 Ziff. 3 VGB 2010 (1914) ab Schadensmeldung, sofern der Versicherer nicht binnen Monatsfrist leistet. Allerdings ist der geschuldete Zinssatz in den Bedingungen festgeschrieben. Ist der Basiszins sehr niedrig (1. Halbjahr 2014: – 0,63 %!) und liegt der gesetzliche Verzugszins mit 5 %-Punkten über Basiszins dann unter dem vertraglichen Zinssatz, sollte man natürlich jenen und nicht die geringeren Verzugszinsen beanspruchen.

84 Nach § 253 Abs. 3 ZPO soll die Klageschrift Angaben zum **Streitwert** enthalten. Auch im eigenen und im Interesse der Partei gebietet es sich, hierzu etwas zu schreiben. Das vermeidet spätere Überraschung bei anderslautender Festsetzung.

85 Bei der **Kostenfestsetzung** sollte der Anwalt beantragen, auch die Kosten vorprozessual eingeholter und in das Verfahren einbezogene **Privatgutachten** mit berücksichtigen. Solche Kosten können als notwendige i.S.d. § 91 ZPO unter engen Voraussetzungen erstattungsfähig sein (vgl. Rdn 56).

2. Muster

86 Je nachdem, welche Partei der Anwalt vertritt, sind besondere Fallkonstellationen denkbar. Die Argumente des Versicherungsnehmers und die Einwendungen des Versicherers unterscheiden sich häufig sehr.

Die nachstehenden Prozessformulare für Klage und Klageerwiderung bauen daher nicht auf denselben Sachverhalten auf. Deshalb werden die zugrundeliegenden Fallbeispiele eingangs kurz erörtert.

a) Klage

87 Zwar ist der Versicherungsnehmer nur für den Versicherungsfall darlegungs- und beweisbelastet. Sind die Einwendungen des Versicherers jedoch nach außergerichtlicher Korrespondenz klar, empfiehlt es sich, diese schon in der Klageschrift zu umschreiben und argumentativ zu entkräften. Äußert erstmals der beklagte Versicherer seine Einwände in der Klageerwiderung, muss sich der Klägeranwalt in der Replik damit auseinandersetzen. Die umfassende Darstellung des Sach- und Streitstandes spart somit Zeit und Aufwand.

aa) Leitungswasserschaden

Der Versicherungsnehmer hat einen Wasserschaden in seinem Keller erlitten, den er darauf zurückführt, dass der Wasserzulauf der Waschmaschine geplatzt und abgegangen ist. Der Gebäudeversicherer geht nach Entsendung eines Schadenermittlers von einem anderen Hergang aus. Die Schadenhöhe war außergerichtlich unstreitig. 88

▼ 89

Muster 4.3: Klage Leitungswasserschaden

An das

Amtsgericht

 (*Adresse*)

Klage

des Herrn , (*Adresse*)

– Kläger –

Prozessbevollmächtigte: Rechtsanwälte

Gegen

die -Versicherung AG, vertreten durch ihren Vorstand, die Herren , (*Adresse*) (Schadensnummer)

– Beklagte –

wegen: Leistungen aus der Wohngebäudeversicherung

Streitwert: EUR

Namens und Kraft erteilter Vollmacht des Klägers erheben wir Klage gegen die Beklagte. Wir werden beantragen,

die Beklagte zu verurteilen, an den Kläger EUR nebst Zinsen hieraus in Höhe von 5 %-Punkten über dem jeweiligen Basiszins ab dem zuzüglich vorprozessual entstandener, nicht anrechenbarer Rechtsverfolgungskosten in Höhe von EUR nebst Zinsen hieraus in Höhe von 5 %-Punkten über dem jeweiligen Basiszins seit Rechtshängigkeit zu zahlen.

Wir regen die Einleitung eines schriftlichen Vorverfahrens an und stellen für diesen Fall schon jetzt,

den Antrag gem. § 331 Abs. 3 ZPO.

Zur

Klagebegründung

tragen wir wie folgt vor:

Der Kläger begehrt von der Beklagten anlässlich eines Leitungswasserschadens vom Leistungen aus einem Wohngebäudeversicherungsvertrag. Zwischen den Parteien ist der Anspruchsgrund streitig:

I.

Die Parteien sind ausweislich der Police Nr. ,

Anlage K 1,

vom durch eine Wohngebäudeversicherung miteinander verbunden. Dieser liegen die VGB 2022 (1914) und die PK VGB 2022 (1914) zugrunde,

Anlagenkonvolut K 2.

Danach schuldet die Beklagte dem Kläger u.a. gem. A 1.2 VGB 2022 (1914) Versicherungsschutz für Schäden, die durch Leitungswasser entstehen und in A 4 VGB 2022 (1914) näher definiert sind.

II.

1.

Streitgegenständlich ist ein bedingungsgemäßer Nässeschaden nach A 4 VGB 2022 (1914), denn für den Übergang in die Waschmaschine aus den Wasserversorgungsleitungen des Hauses bestimmtes Leitungswasser ist aus einem mit dem Rohrleitungssystem verbundenen Schlauch bestimmungswidrig ausgetreten:

a)

Am , einem Sonntag, gegen 18.00 Uhr entdeckte die Ehefrau des Klägers, Frau , in dem im Keller des Wohnhauses befindlichen Haushaltsraum stehendes Wasser. Der Kläger und seine Frau haben daraufhin den Handwerker angerufen und mit diesem gemeinsam festgestellt, dass der an die Waschmaschine angeschlossene Wasserschlauch am Übergang zum Gerät geplatzt und teilweise abgesprungen war. An jenem Zulauf trat Wasser aus und sorgte damit für Durchfeuchtungen des Bodens.

Beweis:

1. Zeugnis der Frau , *(Adresse VN)*
2. Zeugnis des Herrn , *(Adresse)*
3. Sachverständigengutachten

Die Ehefrau des Klägers hat den Schaden noch am selben Tag im Beisein Herrn fotografiert. Auf den sieben, als

Anlagenkonvolut K 3

beiliegenden Lichtbildern, erkennt man, dass sich die Wasserlache ausgehend von dem Bereich um die Waschmaschine im Raum ausgebreitet hat. Ebenso zeigen die Fotos Nr. 6 und 7 den noch teilweise an dem Gerät befindlichen, defekten Zulaufschlauch.

Beweis:

1. Zeugnis der Frau , b.b.
2. Zeugnis des Herrn , b.b.
3. Sachverständigengutachten

b)

Der Kläger hat den Schaden noch am Vorfallstag der Beklagten über deren 24h-Hotline telefonisch gemeldet. Diese hat jedoch erst anderthalb Wochen später, am 13.3.2014, einen Sachverständigen, Herrn B., entsandt, um Schadenshergang und -höhe prüfen zu lassen. Nach Angaben Herrn B. soll der Schaden dadurch entstanden sein, dass es durch den Lichtschacht des Hauses in den Keller hereingeregnet habe. Die Beklagte hat mit dieser Begründung ihre Eintrittspflicht am abgelehnt.

Die Feststellungen Herrn B. entsprechen nicht den Tatsachen. Vor dem gab es am Wohnort des Klägers mindestens eine Woche keine Niederschläge. Erst am und hat es wieder geregnet. Allerdings drang auch dann kein Regenwasser in den streitgegenständlichen Hauswirtschaftsraum ein. Die dortigen Schäden waren schon zuvor durch den besagten Leitungswasserschaden entstanden.

Beweis:

1. wie vor
2. Internetrecherche vom zum Wohnort des Klägers

2.

Durch das Ereignis ist der Fußboden des Hausraltsraumes durchfeuchtet. Der Bodenbelag ist irreparabel beschädigt und war zur Vermeidung von weiteren Schäden wie Schimmel etc. sofort bis zum Estrich zu entfernen. Anschließend waren professionelle Trocknungsmaßnahmen nötig. Diese versicherungsfallbedingten Maßnahmen hat der Handwerker S. beginnend ab dem ausgeführt und dem Kläger gegenüber mit Rechnungen vom und ,

Anlagenkonvolut K 4,

fakturiert. Zu den einzelnen Arbeiten nehmen wir ausdrücklich auf jene Anlagen Bezug und machen deren Inhalte ergänzend zum Gegenstand unseres Prozessvortrages. Dass Herr S. jene Maßnahmen ausgeführt hat und sie durch den beschriebenen Versicherungsfall erforderlich waren, stellen wir unter

Beweis:

1. Zeugnis der Frau , b.b.
2. Sachverständigengutachten

Durch den Versicherungsfall sind dem nicht vorsteuerabzugsberechtigten Kläger die mit o.a. Rechnungen belegten und schon an Herrn S. beglichenen Kosten für Rückbau und Entsorgung des Bodenbelages und Trocknungsmaßnahmen in Höhe von brutto EUR für den neu verlegten Bodenbelag brutto EUR mithin insgesamt i.H.v. EUR entstanden.

Beweis:

1. Zeugnis des Herrn , b.b.
2. Sachverständigengutachten

3.

Über die verauslagten Beträge von EUR verhält sich die Hauptforderung.

Dem Kläger stehen aufgrund der verzugsbegründenden Leistungsablehnung der Beklagten vom seither Verzugszinsen in gesetzlicher Höhe und zudem nicht anrechenbare Rechtsverfolgungskosten zu (§§ 280, Abs. 1 und 2, 286 Abs. 2 Nr. 2, 288 Abs. 1 BGB).

Der Kläger hat am die Unterzeichnerin mit der Geltendmachung seiner Versicherungsleistungen beauftragt. Diese hat die Ansprüche geprüft und die Beklagte mit Anwaltsschreiben vom unter Fristsetzung auf den aufgefordert, die bereits bezifferbaren Beträge zu erstatten sowie die Eintrittspflicht für die angebotenen weiteren Leistungen anzuerkennen. Hierdurch sind dem Kläger ausweislich der durch den Kläger beglichenen Anwaltsrechnung vom ,

Anlage K 6,

anhand eines Streitwertes von EUR Rechtsanwaltskosten i.H.v. EUR entstanden. Zinsen beanspruchen wir für diese Nebenforderung ab Rechtshängigkeit.

Rechtsanwalt

▲

bb) Wiederherstellungsklausel/Neuwertanteil

90 Der Versicherungsnehmer hat einen Rohrbruchschaden erlitten, der dem Grunde nach unstreitig ist. Die Parteien streiten um die Schadenshöhe und die Anwendbarkeit der Wiederherstellungsklausel, denn der Versicherungsnehmer hat aus Geldmangel die Arbeiten bislang nicht ausführen lassen, würde dies aber tun, sobald die Versicherungsleistungen fließen.

91 ▼

Muster 4.4: Klage Wiederherstellungsklausel/Neuwertanteil

An das

Landgericht

Klage

des Herrn , (*Adresse*)

– Kläger –

Prozessbevollmächtigte: Rechtsanwälte

gegen

die -Versicherung AG, vertreten durch ihren Vorstand, die Herren , (*Adresse*) (Schadensnummer)

– Beklagte –

wegen: Leistungen aus der Wohngebäudeversicherung

Streitwert (einstweilen geschätzt): EUR

Namens und Kraft erteilter Vollmacht des Klägers erheben wir Klage gegen die Beklagte. Wir werden beantragen,

1.

die Beklagte zu verurteilen, an den Kläger EUR nebst Zinsen hieraus für die Zeit vom bis in Höhe von % sowie in Höhe von 5 %-Punkten über dem jeweiligen Basiszins ab dem zuzüglich vorprozessual entstandener, nicht anrechenbarer Rechtsverfolgungskosten in Höhe von EUR nebst

Zinsen hieraus in Höhe von 5 %-Punkten über dem jeweiligen Basiszins seit Rechtshängigkeit zu zahlen.

2.

festzustellen, dass die Beklagte verpflichtet ist, dem Kläger aufgrund des Wohngebäudeversicherungsvertrages zur Police Nr. vom alle versicherten zukünftigen Kosten (wie z.B. Mehrwertsteuer auf gedeckte Rechnungspositionen) zu ersetzen, die diesem aus dem Versicherungsfall vom entstehen werden.

Wir regen die Einleitung eines schriftlichen Vorverfahrens an und stellen für diesen Fall schon jetzt,

den Antrag gem. § 331 Abs. 3 ZPO.

Zur

Klagebegründung

tragen wir wie folgt vor:

Der Kläger begehrt von der Beklagten anlässlich eines dem Grunde nach unstreitigen Wasserschadens vom Leistungen aus einem Wohngebäudeversicherungsvertrag. Uneinigkeit besteht über die Höhe der vorfallsbedingten Schäden und darüber, ob die Beklagte die Zahlung der sog. Neuwertspitze schuldet:

I. Vertragliches

Die Parteien sind ausweislich der Police Nr. ,

Anlage K 1,

vom durch eine Wohngebäudeversicherung miteinander verbunden. Dieser liegen die VGB 2022 (1914) und die PK VGB 2022 (1914) zugrunde,

Anlagenkonvolut K 2.

Danach schuldet die Beklagte dem Kläger u.a. gem. A 1.2 VGB 2022 (1914) Versicherungsschutz für Schäden, die durch Leitungswasser entstehen und in A 4 VGB 2022 (1914) näher definiert sind. Dazu zählen nach A 4.1.2 VGB 2022 (1914) auch Bruchschäden an Rohren innerhalb von Gebäuden.

II. Tatsächliches und Rechtliches

1.

Streitgegenständlich ist ein bedingungsgemäßer Versicherungsfall nach A 4.1. VGB 2022 (1914), denn am Vorfallstag ist ein innerhalb des Gebäudes liegendes, zur Wasserversorgung gehörendes Rohr zu Bruch gegangen. Hierdurch ist der nachstehende Schaden entstanden:

An einem Dienstag gegen 17.00 Uhr öffnete die Ehefrau des Klägers, Frau , die Haustür und bemerkte dabei aus dem Obergeschoss des Einfamilienhauses in herabfließendes Wasser. Der Kläger und seine Frau haben daraufhin den S. angerufen und mit diesem gemeinsam festgestellt, dass das Wasser aus dem Badezimmer der oberen Etage stammt. Dort war offenbar ein zur Sanitärinstallation gehörendes Rohr gebrochen. Hierdurch drang Wasser aus, lief durch die Wände hindurch bis es über die Treppe auch ins Erdgeschoss gelangte.

Beweis:

1. Zeugnis der Frau , (*Adresse VN*)
2. Zeugnis des Herrn , (*Adresse*)
3. Sachverständigengutachten

Die Ehefrau des Klägers hat den Schaden noch am selben Tag im Beisein Herrn fotografiert. Auf den zwölf, als

Anlagenkonvolut K 3

beiliegenden Lichtbildern, erkennt man das Schadensbild. Der Kläger hat zudem die betroffenen Bereiche in den (nicht maßstabsgetreuen) groben Grundrissen des Erd- und Obergeschosses seines Hauses,

Anlagenkonvolut K 4

skizziert. Aus beiden Anlagen ist der Verlauf des Wassers ersichtlich. Daraus ist erkennbar, dass neben dem Mauerwerk des Bades im Obergeschoss, sämtliche Fußböden der oberen Etage und die zum Erdgeschoss führende Treppe betroffen waren.

Beweis:

1. Zeugnis der Frau , b.b.
2. Zeugnis des Herrn , b.b.
3. Sachverständigengutachten

Der Kläger hat den Schaden noch am Vorfallstag der Beklagten über deren 24h-Hotline telefonisch gemeldet. Diese hat am einen Sachverständigen, Herrn , entsandt, um Schadenshergang und -höhe prüfen zu lassen. Herr hat den bedingungsgemäßen Versicherungsfall bestätigt und die Schäden ausweislich seiner Stellungnahme vom ,

Anlage K 5

lediglich mit netto bzw. brutto EUR beziffert. Herr meint, es seien lediglich die in jener Anlage dokumentierten geringfügigen Trocknungsmaßnahmen erforderlich.

Das trifft jedoch nicht zu:

Die betroffenen Gebäudeteile, die linke Wand im oberen Badezimmer, Fußböden des gesamten Obergeschosses, die Treppe zum Erdgeschoss und der Fußboden in der Diele, sind nicht nur zu trocknen. Das Mauerwerk im Badezimmer ist teilweise zu ersetzen, zu verputzen und anschließend zu streichen. Weiterhin sind die Bodenbeläge im Obergeschoss und in der Diele des Erdgeschosses vollumfänglich zu entfernen und neu einzubringen. Die Holztreppe zum Erdgeschoss ist durch den Wasserlauf irreparabel beschädigt und auszutauschen. Der Handwerker hat am eine privatgutachterliche Stellungnahme hierüber gefertigt,

Anlage K 6,

ausweislich derer sich die Kosten wie folgt beziffern:

Trocknungsmaßnahmen pauschal

Mauerarbeiten Bad OG

Fußbodenerneuerung OG und EG
Entsorgungskosten Mauerwerk, Fußböden, Treppe
Lieferung und Einbau neue Treppe
Gesamtbetrag netto
Zuzüglich USt. 19 %
Gesamtsumme

Die Beklagte hat unter Berufung auf die Stellungnahme Herrn bislang lediglich netto EUR geleistet und weitere Zahlungen mit Schreiben vom abgelehnt.

Durch den Versicherungsfall sind dem Kläger jedoch die weitergehenden, durch Herrn kalkulierten Schäden entstanden. Diese sind erforderlich, um den Zustand wiederherzustellen, der vor dem Wasserschaden bestand.

Beweis:
1. Zeugnis des Herrn , b.b.
2. Sachverständigengutachten

Zu jenen Arbeiten hat Herr dem Kläger ein Angebot nach Maßgabe der o.a. Kalkulation (Anlage K 6) unterbreitet. Da der Kläger zur Vorfinanzierung aber nicht in der Lage ist, hat er sich mit Herrn ausweislich der Vertragsurkunde vom 20.12.2012

Anlage K 7,

darauf verständigt, dass die Vereinbarung unter der Bedingung der Finanzierung durch die Beklagte steht.

Beweis:
1. Zeugnis des Herrn , b.b.

Die Beklagte hat vorprozessual nicht nur weitergehende, als die von Herrn errechneten Schäden bestritten. Sie hat auch eingewandt, der Kläger könne gem. A 17.6 VGB 2022 (1914) selbst für den Fall, dass weitere Schäden entstanden seien, insoweit den Zeitwertschaden übersteigenden Anteil derzeit nicht verlangen, weil bislang die Wiederherstellung des Urzustandes nicht erfolgt sei.

2.

Die Beklagte ist im Hinblick auf A 17.6 VGB 2022 (1914) zur Erstattung der Kosten zum Neuwert verpflichtet, weil der Kläger durch den Abschluss des Vertrages über die Schadensbeseitigungsmaßnahmen mit Herrn Wiederherstellung der versicherten Sache sichergestellt hat. Nach jener Norm hat ein Versicherungsnehmer den Anspruch:

„… auf Zahlung des Teils der Entschädigung,

der den Zeitwertschaden übersteigt (Neuwertanteil) nur unter folgenden Voraussetzungen:

A 17.6.1 Der Versicherungsnehmer stellt sicher, dass er die Entschädigung verwenden

wird, um versicherte Sachen in gleicher Art und Zweckbestimmung an der

bisherigen Stelle wiederherzustellen oder wiederzubeschaffen

und

A 17.6.2 die Wiederherstellung oder Wiederbeschaffung ist innerhalb eines Zeitraums

von drei Jahren nach Eintritt des Versicherungsfalls sichergestellt.

Ist die Wiederherstellung an der bisherigen Stelle rechtlich nicht möglich oder wirtschaftlich

nicht zu vertreten, genügt es, das Gebäude an anderer Stelle innerhalb der Bundesrepublik

Deutschland zu errichten.

Der Versicherungsnehmer muss den Neuwertanteil zurückzahlen, wenn er verschuldet hat,

dass die Sache nicht innerhalb einer angemessenen Frist wiederhergestellt oder wiederbeschafft wurde...“

Bedingungsgemäß erwirbt ein Versicherungsnehmer also nicht erst dann den Anspruch auf Erstattung des Neuwertanteils, wenn er die Maßnahmen bereits ausgeführt hat. Es genügt vielmehr die Sicherstellung, dass er die Versicherungsleistung zur Wiederherstellung des vormaligen Zustandes verwenden wird.

Die Voraussetzungen einer bedingungsgemäßen Sicherstellung sind schon dann erfüllt, wenn bei vorausschauender Betrachtungsweise eine bestimmungsgemäße Verwendung der Entschädigung hinreichend sicher angenommen werden kann, etwa bei verbindlichem Abschluss eines Bau- oder Fertighauskaufvertrages mit einem leistungsfähigen Unternehmer (vgl. BGH NJW-RR 2011, 1403). Auch der unter der Bedingung der Eintrittspflicht des Versicherers stehende Werkvertrag genügt (vgl. LG Nürnberg-Fürth r+s 2012, 442). Anderenfalls würde der Versicherungsnehmer nach Leistungsverweigerung des Versicherers seinen über den Zeitwertschaden hinausgehenden Anspruch verlieren, wenn er durch einen längeren Prozess innerhalb der 3-Jahresfrist an der Durchführung der Schadensbeseitigungsmaßnahmen gehindert ist.

3.

Dem Kläger stehen deshalb die mit den Klageanträgen geltend gemachten Ansprüche zu:

a)

Die Beklagte ist neben des Erstattung des bereits geleisteten Betrages i.H.v. netto ______ EUR auch zur Erstattung der weiteren Kosten aus dem o.a. Kalkulation Herrn ______ vom ______ i.H.v. netto ______ EUR verpflichtet.

b)

Für die Zeit ab Schadensmeldung am ______ beansprucht der Kläger die vertraglich vereinbarte Verzinsung von ______ % gem. A 19.3.3 VGB 2022 (1914).

Dem Kläger stehen aufgrund der verzugsbegründenden Leistungsablehnung der Beklagten vom ______ seither Verzugszinsen in gesetzlicher Höhe sowie die Erstattung nicht anrechenbarer vorprozessualer Rechtsverfolgungskosten zu (§§ 280, Abs. 1 und 2, 286 Abs. 2 Nr. 2, 288 Abs. 1 BGB).

Der Kläger hat am ______ die Unterzeichnerin mit der Geltendmachung seiner Versicherungsleistungen beauftragt. Diese hat die Ansprüche geprüft und die Beklagte mit Anwaltsschreiben vom ______ unter Fristsetzung auf den 17.1.2013 aufgefordert, die bereits bezifferbaren Beträge zu erstatten sowie die Eintrittspflicht für die angebotenen weiteren

Leistungen anzuerkennen. Hierdurch sind dem Kläger ausweislich der durch den Kläger beglichenen Anwaltsrechnung vom

Anlage K 8,

anhand eines Gegenstandwertes von 19.325,00 EUR Rechtsanwaltskosten von brutto entstanden. Zinsen beanspruchen wir für die Hauptforderung ab Schadensmeldung bis gem. A 19.3.3 VGB 2022 (1914) in vertraglicher Höhe von % und ab Leistungsverweigerung vom in Höhe des gesetzlichen Verzugszinses, den wir auch für die Nebenforderung ab Rechtshängigkeit geltend machen.

c)

Der Klageantrag zu Ziff. 2 bezieht sich auf die künftigen versicherungsfallbedingten Kosten wie etwa die auf den Angebotspreis (Anlage K 6 und K 7) entfallende Mehrwertsteuer bei späterer Durchführung der Arbeiten. Auch können Preissteigerungen möglich sein, wenn die Durchführung der Tätigkeiten erst nach dem erfolgt. Für diesen Fall haben der Kläger und Herr vereinbart, dass sich die geschuldeten Kosten dann je nach Marktsituation auf bis zu 15 % der Angebotssumme erhöhen können. Der Kläger hat gem. § 256 ZPO ein entsprechendes Feststellunginteresse, weil die Mehrwertsteuerbeträge bei Auftragsausführung durch Herrn anfallen und der Kläger diese Kosten gem. A 17.9 VGB 2022 (1914) erst dann beziffert beanspruchen kann.

d)

Den Streitwert haben wir im Hinblick auf die mit beanspruchten künftigen Positionen an den kalkulierten Brutto-Kosten abzüglich der Zahlung von EUR errechnet. Ein Abschlag für das Feststellungsinteresse ist nicht geboten,[19] da die zukünftigen Kosten exakt beziffert sind und im Mindestbetrag feststehen. Durch Zeitablauf und damit einhergehende Preissteigerungen wäre allenfalls eine Erhöhung zu erwarten.

Rechtsanwalt

▲

b) Klageerwiderung

aa) Leitungswasserschaden – Korrosionsdefekt

Der Wohngebäudeversicherer gewährt Versicherungsschutz nur für die in den Bedingungen genannten Fälle. Gerade bei Schäden innerhalb gebäudetechnischer Anlagen sind häufig Bruch- und Nässeschäden streitig. Viel entscheidet sich auf Tatsachenebene im Rahmen der Beweisaufnahme. Immer wieder beschäftigen Heizungsanlagenschäden die Gerichte. Schäden an der Heizungsanlage selbst sind allenfalls als frostbedingte Bruchschäden über A 4.3.2 VGB 2022 (1914) versichert. Hingegen können Schäden am Gebäude als Nässeschaden i.S.d. A 4.3 VHB 2022 (1914) gedeckt sein. 92

Der Versicherungsnehmer macht Ansprüche aus einem Schaden an seiner in seinem Wohnhaus angesiedelten Heizungsanlage geltend. Er beansprucht den Ersatz von Reparaturkosten.[20] 93

19 Das kann das Gericht durchaus anders beurteilen.
20 Nach OLG Saarbrücken r+s 2013, 606.

94 ▼

Muster 4.5: Klageerwiderung Leitungswasserschaden

An das

Landgericht

In dem Rechtsstreit

(*Name VN*) ./. Versicherungs AG

Az.

werden wir beantragen

die Klage abzuweisen

und tragen zur

Klageerwiderung

wie folgt vor:

Dem Kläger stehen gegen die Beklagte die geltend gemachten Beträge aus der Beschädigung seiner Heizungsanlage nicht zu, da der Schaden nicht auf ein versichertes Ereignis zurückzuführen ist. Ursächlich war vielmehr ein korrosionsbedingtes Versagen insoweit nicht versicherter Anlagenteile:

I. Vertragliches

Zwischen den Parteien besteht die vom Kläger benannte Wohngebäudeversicherung. Vertragsgrundlage sind u.a. die VGB 2022 (1914). Nach A 1.2 VGB 2022 (1914) besteht Versicherungsschutz für Leitungswasserschäden, die in A 4 VGB 2022 (1914) konkretisiert sind. Nach A 4.3. sind:

versichert…innerhalb von Gebäuden

A 4.3.1 frostbedingte und sonstige Bruchschäden an Rohren

A 4.3.1.1 der Wasserversorgung (Zu- oder Ableitungen) und der Gasversorgung oder

den damit verbundenen Schläuchen;

A 4.3.1.2 von Heizungs- oder Klimaanlagen;

A 4.3.1.3 von Wasserlösch- oder Berieselungsanlagen;

A 4.3.1.4 der Regenentwässerung.

Das setzt voraus, dass diese Rohre nach A 4.3.1 kein Bauteil von Heizkesseln, Boilern oder

vergleichbaren Anlagen sind.

A 4.3.2 frostbedingte Bruchschäden an folgenden Installationen

A 4.3.2.1 Badeeinrichtungen, Waschbecken, Spülklosetts, Armaturen (z.B. Wasser und Absperrhähne, Ventile, Geruchsverschlüsse, Wassermesser) sowie deren

Anschlussschläuche;

A 4.3.2.2 Heizkörper, Heizkessel, Boiler oder vergleichbare Teile von Heizungs- oder

Klimaanlagen.

II. Tatsächliches

Die von dem Kläger festgestellte Funktionsstörung an seiner Heizungsanlage fällt nicht unter dem bei der Beklagten bestehenden Versicherungsschutz. Nach der Schadensmeldung hat die Beklagte den externen Gutachter der -GmbH mit der Prüfung beauftragt. Herr hat die streitgegenständliche Heizungsanlage untersucht. Er hat dabei einen korrosionsbedingten Materialbruch in der Brennkammer des Heizkessels festgestellt.

Beweis (unter Verwahrung gegen die Beweislast):

1. Zeugnis des Mitarbeiters der -GmbH, zu laden über die -GmbH, (*Adresse*)
2. Sachverständigengutachten

III. Rechtliches

1.

Ein solcher Schaden ist in der hiesigen Gebäudeversicherung nicht gedeckt. Bedingungsgemäß (A 4.3.1 VGB 2022–1914) sind nur

„...sonstige Bruchschäden an Rohren...“

u.a. auch der Heizungsanlage versichert. Schäden den Teilen der Heizungsanlage selbst, hier des Heizkessels, sind nach A 4.3.2 VGB 2022 (1914) nur als

„...frostbedingte Bruchschäden...“

gedeckt. Dass der Schaden auf Frost zurückzuführen ist, behauptet nicht einmal der Kläger. Dies ist aber auch ausgeschlossen.

Beweis: wie vor

Die Versicherungsbedingungen lassen auch keine andere Auslegung zu. Dabei ist darauf abzustellen, wie der durchschnittliche Versicherungsnehmer ohne versicherungsrechtliche Spezialkenntnisse bei verständiger Würdigung, aufmerksamer Durchsicht und Berücksichtigung des erkennbaren Sinnzusammenhanges die entsprechenden Klauseln versteht (vgl. BGH NJW-RR 2003, 672). Durch die Versicherung von Rohren in der Heizung auch gegen frostbedingte und sonstige Brüche und die Tatsache, dass im Folgenden für die Heizung an sich nur frostbedingte Bruchschäden als versichert aufgeführt sind, wird dem Leser klar, dass gerade nicht alle Heizungsteile gegen Bruchschäden aller Art versichert sind.

Der hier betroffene Heizkessel stellt kein Rohr dar. Er ist vielmehr eine technische Gesamtheit. Nach der Rechtsprechung ändert sich daran auch nichts, weil sich im Heizkessel wiederum Rohre befinden (vgl. OLG Saarbrücken r+s 2013, 606 m.w.N.). Schon die Differenzierung zwischen Rohren und Installationen in A 4.3.1 und 4.3.2 VGB 2022 (1914) macht dies klar. Schließlich offenbart die Versicherung von Installationen ausdrücklich nur gegen Frostschäden dem Versicherungsnehmer, dass der Versicherer bei solchen Anlagen das Risiko von Alterungs- und Verschleißschäden gerade nicht zu tragen bereit ist (vgl. OLG Saarbrücken a.a.O.; OLG Köln r+s 1992, 382).

2.

Die entsprechenden Versicherungsbedingungen halten deshalb auch einer AGB-rechtlichen Inhaltskontrolle stand (vgl. OLG Saarbrücken a.a.O.):

Schon die vorstehenden Ausführungen zeigen, dass die Bestimmung verständlich und auch vom Sinn und Zweck nachvollziehbar ist. Sie ist mithin nicht unklar i.S.d. § 305 Abs. 2 BGB.

Sie ist indes auch nicht überraschend i.S.d. § 305 Abs. 1 BGB. Eine überraschende Klausel liegt nur dann vor, wenn zwischen den Erwartungen eines durchschnittlichen Versicherungsnehmers und dem Inhalt der betreffenden Klausel eine deutliche Diskrepanz besteht, mit der der Versicherungsnehmer nicht zu rechnen braucht. Der Vertrag unterscheidet einerseits zwischen den versicherten Schäden (jegliche Bruchschäden oder nur Schäden) und darüber hinaus zwischen den im jeweiligen Schadensfall versicherten Sachen (Rohre bzw. Installationen). Damit ist das vom Versicherer übernommene klar dokumentiert: Bei Rohren ist ein größerer Bereich gedeckt als bei kompletten Anlagen, die naturgemäß dem Verschleiß unterliegen. Bei ihnen will der Versicherer nur bei witterungsbedingten Ereignissen, also dem Frost, eintreten.

Nach alledem besteht kein Versicherungsschutz; die Klage ist abzuweisen.

Rechtsanwalt

▲

bb) Überschwemmung

95 Witterungsbedingte Wasserschäden sind häufiger Streitpunkt in der Gebäudeversicherung. Oft verkennen die Versicherungsnehmer den Umfang ihres Versicherungsschutzes. Daher sollte der einen Versicherer vertretende Anwalt in der Klageerwiderung ganz exakt auf die bedingungsgemäßen Definitionen eingehen.

96 Die Versicherungsnehmerin beansprucht Versicherungsschutz für einen Wasserschaden ihres Wohnhauses. Das Grundwasser sei in den Keller eingedrungen.

97 ▼

Muster 4.6: Klageerwiderung Überschwemmung

An das

Landgericht

In dem Rechtsstreit

(*Name VN*) ./. Versicherungs AG

Az.

werden wir beantragen

die Klage abzuweisen

und weisen bereits jetzt darauf hin, dass aufgrund vorprozessualer Ermittlungen der Beklagten (unter Beteiligung von Sachverständigen) eine **Güteverhandlung gemäß § 278 Abs. 2 S. 1 Hs. 2 ZPO erkennbar aussichtlos** ist. Sollte das Gericht eine Beweisaufnahme für erforderlich halten, regen wir daher an,

gemäß § 358a ZPO einen vorterminlichen Beweisbeschluss zu erlassen.

Ohne Einholung eines ggf. notwendigen Sachverständigengutachtens zur Schadensursache und -höhe kommt eine vergleichsweise Erledigung nicht in Betracht, so dass ein

Verhandlungstermin vor Beweisaufnahme nur unnötige Zeit und Kosten verursachen würde. Insbesondere die damit einhergehenden Verzögerungen sind sicherlich auch nicht im Interesse er Klägerin. Zur

Klageerwiderung

tragen wir wie folgt vor:

Der Klägerin stehen aus dem streitgegenständlichen Ereignis keine Versicherungsleistungen zu, weil eine bedingungsgemäße Überschwemmung nicht gegeben ist. Im Einzelnen:

I.

Tatsächlich sind die Parteien durch eine Wohngebäudeversicherung unter Vereinbarung einer Selbstbeteiligung von 200 EUR miteinander verbunden. Vertragsgrundlage sind u.a. die VGB 2022 (1914). Nach A 1.3.2 VGB 2022 (1914) besteht auch Versicherungsschutz für weitere Naturgefahren, die in A 5 VGB 2022 (1914) konkretisiert sind. Nach A 5.4.1 VGB 2022 ist eine Überschwemmung

„...die Überflutung von Grund und Boden des Versicherungsgrundstücks

oder von unmittelbar angrenzenden Grund- und Bodenflächen, Straßen, Geh- und Radwegen mit erheblichen Mengen von Oberflächenwasser.

Dies gilt nur, wenn

A 5.4.1.1 eine Ausuferung von oberirdischen (stehenden oder fließenden) Gewässern,

A 5.4.1.2 Witterungsniederschläge

oder

A 5.4.1.3 ein Austritt von Grundwasser an die Erdoberfläche als Folge von A 5.4.1.1

oder A 5.4.1.2

die Überflutung verursacht haben“

Die Klägerin behauptet, ihr stünde für den streitgegenständlichen Sachverhalt Versicherungsschutz zu, weil im Keller Grundwasser in die Wohnung eingedrungen sei und hierdurch die Fußbodenkonstruktionen im Keller beschädigt habe.

II.

1.

Der Wasserschaden ist nicht gedeckt, weil keine bedingungsgemäße Überschwemmung vorgelegen hat:

Eine versicherte Überschwemmung setzt die Überflutung des Grund und Bodens des Versicherungsgrundstückes mit erheblichen Mengen Oberflächenwassers voraus.

Die Klägerin behauptet lediglich, das Grundwasser sei in einer Weise angestiegen, dass es von unten in den Keller hineingedrückt habe. Nachdem bereits der Keller naturgemäß unterhalb der Erdoberfläche liegt, hat es also schon nach dem Klägervortrag zu keiner Zeit **Oberflächenwasser** gegeben. Auf die Frage, ob das Grundstück überhaupt durch **erhebliche** Wassermengen dieser Art **überflutet** war und deshalb eine bedingungsgemäße Überschwemmung vorgelegen hat, kommt es mithin nicht einmal an.

Mit Nichtwissen bestreiten wir, dass das Grundstück der Klägerin überhaupt mit Oberflächenwasser überflutet war. Für die bedingungsgemäße Überflutung mit erheblichen Mengen Oberflächenwassers gibt es ebenso keine Anhaltspunkte. Solche trägt schon die

Klägerin nicht vor. Vielmehr ist der streitgegenständliche Schaden lediglich auf einen schlichten Grundwasseranstieg zurückzuführen, der auch zu keiner Zeit zu einem Austritt des Grundwassers an die Erdoberfläche in Folge der Ausuferung oberirdischer Gewässer oder aber infolge Witterungsniederschläge geführt hat.

Beweis (unter Verwahrung gegen die Beweislast):

1. Sachverständigengutachten
2.

Die Schadenshöhe bestreiten wir einstweilen nicht. Die vorprozessualen Rechtsanwaltskosten sind nur erstattungsfähig, wenn die Klägerin jenen Betrag auch bezahlt hat. Anderenfalls kann sie nur Freistellung von dieser Verbindlichkeit beanspruchen.

Rechtsanwalt

▲

B. Hausratversicherung

Kerstin Hartwig

I. Allgemeines

1. Rechtsgrundlagen

98 Weil die Darstellung, was genau in den einzelnen Normen geregelt ist, den Umfang dieses Buches sprengen würde, wird das parallele Studium der einschlägigen Rechtsquellen vorausgesetzt. Insbesondere unterscheiden sich Versicherungsbedingungen von Gesellschaft zu Gesellschaft nicht selten in kleinen, bisweilen aber entscheidenden Details. Nicht zuletzt geben gerade Versicherungsbedingungen ihren Inhalt meist durch klaren Wortlaut preis.

a) Gesetzliche Regelungen

99 Die wesentlichen **gesetzlichen** Regelungen finden sich zunächst in Teil 1 Allgemeiner Teil VVG (§§ 1–99 VVG). Neben den spartenunabhängigen Normen aus Teil 1 Kapitel 1 Vorschriften für alle Versicherungszweige (§§ 1–73 VVG), gilt für die Hausratversicherung Teil 1 Kapitel 2 zur Schadensversicherung (§§ 74–99 VVG). Dieses Kapitel unterteilt sich wiederum in Abschnitt 1 Allgemeine Vorschriften (§§ 74–87 VVG), die neben der Sach- auch in der Personenversicherung greifen und den spezielleren Abschnitt 2 Sachversicherung (§§ 88–99 VVG). Teil 2 Einzelne Versicherungszweige VVG enthält zur Hausratversicherung nichts.

b) Vertragliche Regelungen

100 Damit bestimmt sich der Versicherungsinhalt vor allem nach den jeweiligen **Versicherungsbedingungen**, die Allgemeine Geschäftsbedingungen darstellen. Hierzu gehören insbesondere die Allgemeinen Hausrat Versicherungsbedingungen (**VHB**).

Je nach Vertragsinhalt sind auch zusätzliche Bedingungen als Vertragsgegenstand maßgeblich. Des Weiteren können spezielle **Klauseln** vereinbart sein. 101

Mithin ist jeweils zu prüfen, welche vertraglichen Bedingungen für den Versicherungsfall gelten und ggf. welche gesetzlichen Regelungen zu beachten sind. 102

Die nachfolgenden Ausführungen beziehen sich auf die **VHB 2022** zu dem **Versicherungssummenmodell** (Musterbedingungen des GDV Stand November 2023). Am Markt sind immer mehr Produkte zum **Quadratmetermodell** erhältlich, denen die **VHB 2022 Quadratmetermodell** (Musterbedingungen des GDV Stand November 2023) zugrunde liegen. Die Bedingungen unterscheiden sich bei der Ermittlung der Versicherungssumme und den damit einhergehenden Regelungen wie Prämienanpassung etc. (vgl. Rdn 124 ff.). Zu den VHB 2022 hat der GDV auch Klauseln zu den Allgemeinen Hausrat Versicherungsbedingungen, die **PK VHB 2022**, die es abermals für das Versicherungssummen und Quadratmetermodell gibt, veröffentlicht.[21] 103

Teil A der VHB 2022 verhält sich über für die Hausratversicherung spezifische Regelungen, während Teil B der VHB 2022 VVG-basierende allgemeine Normen enthält – vgl. hierzu abermals Rdn 6 zur Wohngebäudeversicherung. 104

Versicherungsbedingungen sind als **Allgemeine Geschäftsbedingungen** anhand der §§ 305 ff. BGB inhaltlich überprüfbar. Sie sind nicht gesetzesähnlich, sondern so auszulegen, wie sie ein durchschnittlicher Versicherungsnehmer ohne versicherungsrechtliche Spezialkenntnisse bei verständiger Würdigung, aufmerksamer Durchsicht und Berücksichtigung des erkennbaren Sachzusammenhanges verstehen muss.[22] 105

2. Gegenstand der Hausratversicherung

a) Versicherte Gefahren

Die Hausratversicherung ist eine Schadensversicherung. Standardmäßig **versicherte Gefahren** sind gem. A 1 VHB 2022: 106

- Brand, Blitzschlag, Explosion, Implosion, Luftfahrzeuge,
- Einbruchdiebstahl, Vandalismus nach einem Einbruch sowie Raub oder Versuch einer solchen Tat,
- Leitungswasser,
- Naturgefahren (Sturm, Hagel und bei gesonderter Vereinbarung auch weitere Elementargefahren).

Die einzelnen Definitionen hierzu finden sich in A 3 bis A 6 VHB 2022. Dort sind jeweils auch ausdrücklich nicht versicherte Schäden aufgeführt. Fällt ein tatsächliches Ereignis zugleich unter mehrere Tatbestände (z.B. Blitzschlag und Brand oder Rohrbruch und Nässeschaden), liegt nur ein Versicherungsfall vor. Die Versicherungssumme steht nur einmal zur Verfügung. 107

21 Alle hier genannten Bedingungen und Klauseln sind abrufbar unter *www.gdv.de*.
22 Vgl. BGH v. 12.6.2024 – IV ZR 437/22.

aa) Brand/Blitzschlag/Leitungswasser/Naturgefahren

108 Jene Gefahren aus A 3.1, 3.2, 5.2 und 6 VHB 2022 sind dieselben wie in der Wohngebäudeversicherung, so dass insoweit auf die Ausführungen oben (siehe Rdn 8 ff.) verwiesen wird.

bb) Einbruchdiebstahl u.Ä.

109 Unter die zusammenfassende Bezeichnung Einbruchdiebstahl in A § 3 VHB 2010 fallen Schäden durch Einbruchdiebstahl, Vandalismus nach einem Einbruch und Raub bzw. den Versuch solcher Taten.

(1) Einbruchdiebstahl

110 Wann ein versicherter **Einbruchdiebstahl** vorliegt, ergibt sich aus dem Wortlaut des A 4.1 VHB 2022, der in fünf Unterpunkten bedingungsgemäße ED-Schäden exakt beschreibt. Nur die dort genannten **erschwerten Formen des Diebstahls** sind gedeckt.[23] Die reine Entwendung einer versicherten Sache ist nicht versichert. Die Tat muss durch ein bestimmungswidriges Eindringen in versicherte Räume oder dort befindliche Behältnisse geschehen. Dies ist einerseits gewaltsam oder mittels falschen Schlüssels (A 4.1.2 VHB 2022), durch Einschleichen und sich verborgen halten (A 4.1.3 VHB 2022), andererseits aber auch mit einem zuvor durch Einbruchsdiebstahl oder Raub erlangten richtigen Schlüssel (A 4.1.5 VHB 2022) möglich. Liegt hinsichtlich des richtigen Schlüssels nur ein einfacher Diebstahl vor, besteht nur dann Versicherungsschutz, wenn der Schlüsselbesitzer dies nicht durch Fahrlässigkeit ermöglicht hat (A 4.1.5.2 VHB 2010).

111 Die Gesellschaften bieten regelmäßig für **Fahrräder** auch die Versicherung des nur einfachen Diebstahles an. Dies ist dann jedoch an bestimmte Voraussetzungen geknüpft. So kann dann eine (ggf. auch vom übrigen Versicherungsschutz abweichende) Selbstbeteiligung oder eine Entschädigungsgrenze gelten. Bei Entwendung außerhalb der versicherten Immobilie finden insoweit auch die Regelungen über die Außenversicherung (vgl. Rdn 115, 119) Anwendung.

112 Die versicherten Sachen müssen dem Versicherungsnehmer **abhandenkommen**, woran es etwa bei einer bloßen Zerstörung am Tatort fehlt.[24]

(2) Vandalismus nach einem Einbruch

113 Zerstört der Täter nach einem versicherten Einbruch Hausratgegenstände vorsätzlich, liegt in den Fällen des A 4.3 VHB 2022 ein versicherter **Vandalismusschaden** vor. Beschädigungen, die zum Zwecke des Einbruchsdiebstahles oder durch diesen entstehen, sind bereits über den Einbruchsdiebstahl gedeckt.

23 Vgl. van Bühren/*Stobbe/Höra*, § 3 Rn 81.
24 Vgl. van Bühren/*Stobbe/Höra*, § 3 Rn 81 f.

(3) Raub

A 4.4 VHB 2010 definiert den **Raub**. Danach sind Schäden versichert, die dem Versicherungsnehmer durch Entwendung infolge von Gewalt (A 4.4.1 VHB 2010) oder Androhung solcher (A 4.4.2 VHB 2010) entstehen. Die ausgeübte Gewalt oder die Androhung einer solchen muss sich gegen den Versicherungsnehmer richten. Bedrohtes Opfer hingegen kann auch ein Dritter sein, solange die Gewalttat am versicherten Ort erfolgen soll.[25] Auch ein Diebstahl, gegen den sich der Versicherungsnehmer nicht wehren kann, weil er unmittelbar zuvor (etwa durch Unfall oder sonstiger unverschuldeter Ursache) eine körperliche Beeinträchtigung erlitten hat, ist gedeckt (A 4.4.3 cc) VHB 2010). 114

b) Versicherte Sachen/Versicherungsort

Versicherte Sachen sind nach A 7 VHB 2022 der 115

- gesamte **Hausrat** in der im Versicherungsschein bezeichneten **Wohnung** (Versicherungsort)

sowie **außerhalb** des vereinbarten Versicherungsortes auch

- Hausrat, der infolge eines Versicherungsfalles aus dem Versicherungsort entfernt und in zeitlichem und örtlichen Zusammenhang damit zerstört oder beschädigt wird oder abhandenkommt und
- Hausrat, der im Rahmen der Außenversicherung oder bei gesonderter Vereinbarung versichert ist.

Nach der allgemeinen Definition des Hausrats aus A 8.1 VHB 2022 gehören zum **Hausrat** alle Sachen, die im Haushalt des Versicherungsnehmers zur privaten Nutzung (Ge- und Verbrauch) dienen. A 8.3 VHB 2022 normiert, was ferner zum Hausrat gehört, so z.B. **Tiere** nach A 8.3.8 VHB 2022. A 9 VHB 2010 verhält sich über ausdrücklich nicht versicherte Sachen. 116

Per definitionem nicht zur privaten Nutzung im Haushalt dient etwa **Handelsware**, wozu auch Gegenstände zählen, mit denen der Versicherungsnehmer etwa über das Internet oder auf Flohmärkten handelt oder zu handeln beabsichtigt. Für eine Umwidmung solcher Gegenstände in Hausrat ist der Versicherungsnehmer **darlegungs- und beweispflichtig**.[26] Allerdings sieht A 8.3.7 VHB 2022 die Eindeckung von **Arbeitsgeräten** und auch Handelsware vor, wobei bei letzterer Entschädigungsgrenzen gelten. 117

A 8.2 und 8.3 qualifizieren einzelne Sachen (z.B. **Bargeld** und **Wertsachen)** oder auch bestimmte **Tiere** als versicherten Hausrat. A 9 VHB 2022 verhält sich über ausdrücklich nicht versicherte Sachen. 118

Nach der **Außenversicherung** gem. A 12 VHB 2022 ist im Rahmen meist gesondert vereinbarter **Entschädigungsgrenzen** versicherter Hausrat gedeckt, wenn er sich vorübergehend außerhalb des Versicherungsortes befindet. Welcher Zeitraum als vorübergehend anzusehen ist (in alten Verträgen: drei Monate), regelt der jeweilige Vertrag. 119

25 Vgl. van Bühren/*Stobbe/Höra*, § 3 Rn 95
26 Vgl. BGH v. 13.4.1983 – IVa ZR 163/81; KG (6. Zivilsenat), Hinweisbeschluss v. 29.9.2015 – 6 U 185/13; LG Nürnberg-Fürth r+s 2011, 122.

Als vorübergehend gelten nach A 12.2 VHB 2022 auch längere Zeiträume bei einem unselbstständigen Hausstand während einer Ausbildung oder aber des Wehr- oder Zivildienstes.

c) Versicherungsumfang

aa) Versicherungswert

120 Der **Versicherungswert** ist gem. § 88 VVG der Betrag, den der Versicherungsnehmer bei Schadenseintritt für die Wiederbeschaffung bzw. Wiederherstellung der versicherten Sache in neuwertigen Zustand unter „neu-für-alt"-Abzug aufwenden muss. Demgegenüber sehen die Versicherungsbedingungen in der Hausratversicherung keinen Abzug „neu-für-alt" vor. Der Versicherungswert ist in A 14 VHB 2022 zum einen allgemein und zum anderen für bestimmte Sachen davon abweichend konkret definiert. Nach A 14.1.1 VHB 2022 ist normalerweise der (uneingeschränkte) **Neuwert** geschuldet. Dies ist bei Kunstgegenständen u.U. aber weniger als ihr tatsächlicher Wert, so dass es dabei gem. A 14.1.2 VHB 2022 auf den **Wiederbeschaffungswert** ankommt. Die Neuwertentschädigung greift nach A 14.1.3 VHB 2022 außerdem nicht für Sachen, die im versicherten Haushalt nicht mehr verwendbar waren. Solche sind nach dem erzielbaren Kaufpreis (**Gemeiner Wert**) zu ersetzen. Bei Wertsachen kommt es gem. A 14.1.4 VHB 2022 auf die vertraglich vereinbarten Entschädigungsgrenzen an.

bb) Versicherungssumme

121 Die **Versicherungssumme** (A 14.2 VHB 2022) ist der Betrag, den die Parteien als Maximalleistung des Versicherers vereinbaren. Sie sollte sich am tatsächlichen Wert des gesamten Hausrates orientieren.

cc) Unterversicherung

122 Ist die Versicherungssumme zu gering, kann eine den Versicherer zur Leistungskürzung berechtigende **Unterversicherung** i.S.d. § 75 VVG bzw. A 17 VHB 2022 Versicherungssummenmodel vorliegen (vgl. hierzu Rdn 23 f. zu den Ausführungen mit Beispielen zur Wohngebäudeversicherung).

123 Die neueren Bedingungen und insbesondere jene zum Quadratmetermodel regeln positiv, wann ein **Unterversicherungsverzicht** greift, vgl. A 14.4 VHB 2022 Quadratmetermodell. Liegen diese Voraussetzungen nicht vor, kommt es zur Kürzung. Ein solcher wird also wieder entfallen, etwa wenn eine dafür vereinbarte Bedingung nicht mehr eingehalten wird, der Versicherungsnehmer umzieht oder aber der Versicherer dies fristgebunden erklärt.

dd) Versicherungssummenmodell/Quadratmetermodell

124 Nach dem **Versicherungssummenmodell** ist gem. A 14.2 VHB 2022 Versicherungssummenmodell eine konkrete Versicherungssumme zu vereinbaren. Dies hat die Schwierigkeit, dass der Versicherungsnehmer den Wert seines Hausrates einschätzen muss, um ihn – zur Vermeidung einer Unterversicherung! – richtig abzusichern.

Häufig vereinbaren die Gesellschaften eine Versicherung nach dem **Quadratmetermodell**. Nach den diesbezüglichen VHB 2022 Quadratmetermodel errechnet sich die Versicherungssumme dann ungeachtet des tatsächlichen Wertes des Hausrates nach der Wohnfläche. Allerdings müssen die Parteien auch hier einen Betrag vereinbaren, der gem. A 14.2.2 VHB 2010 Quadratmetermodell zur Ermittlung der Versicherungssumme mit der Quadratmeterzahl multipliziert wird. Akzeptiert der Versicherungsnehmer insoweit einen vom Versicherer vorgeschlagenen Betrag, gewährt der Versicherer im Gegenzug unter den Voraussetzungen des A 14.4 VHB 2022 Quadratmetermodell einen **Unterversicherungsverzicht**. In der Hausratversicherung nach dem Versicherungssummenmodell können die Parteien einen solchen ebenfalls vereinbaren, wobei die Gesellschaften dann bei Vertragsanbahnung zu diesem Zweck meist das Quadratmetermodell anbieten. 125

Beide Vertragsmodelle sehen in A 14.3 VHB 2022 eine Anpassung der Versicherungssumme und der Prämie anhand des Verbraucherpreisindexes für Deutschland (VPI) vor. 126

ee) Versicherung für fremde Rechnung

Da der Hausrat selten nur im Eigentum des Versicherungsnehmers steht, regelt B 4.9 VHB 2022 die Versicherung für fremde Rechnung. Die Verfügungsbefugnis über die Rechte aus dem Versicherungsvertrag bleibt danach beim Versicherungsnehmer. 127

d) Leistung des Versicherers

aa) Entschädigung

A 17 VHB 2022 regelt die **Entschädigungsberechnung** und damit, welche Leistung der Versicherungsnehmer für den betroffenen Hausrat beanspruchen kann. Hier ist, da es sich um einen **Anspruch auf Entschädigung** handelt, eine fiktive Abrechnung möglich. 128

Bei **Zerstörung** oder **Abhandenkommen** schuldet der Versicherer gem. A 17.1.1 VHB 2022 Ersatz des nach A 14.1 VHB 2022 maßgeblichen Versicherungswertes zum Zeitpunkt des Versicherungsfalles. Bei **Beschädigung** (vgl. A 17.1.2 VHB 2022) sind die notwendigen Reparaturkosten zuzüglich einer möglicherweise verbleibenden Wertminderung zu erstatten. Bloße **Schönheitsschäden** verpflichten lediglich zum Ersatz des Minderwertes. 129

Mehrwertsteuer ist nach A 17.2 VHB 2022 nur geschuldet, wenn und soweit sie dem Versicherungsnehmer auch tatsächlich angefallen ist. 130

Nicht selten sind neben einer vereinbarten **Selbstbeteiligung** (über A 11 VHB 2022 hinaus) auch für bestimmte Versicherungsfälle oder einzelne versicherte Sachen **Entschädigungsgrenzen** vereinbart, so z.B. für **Wertsachen** und **Wertschutzschränke** gem. A 18 VHB 2022, bei dem zusätzlich versicherten Fahrraddiebstahl oder aber in der Außenversicherung. 131

132 Gem. A 20.1 VHB 2022 tritt Fälligkeit mit Abschluss der Feststellungen des Versicherers ein. Diese Norm sieht zudem die **Zahlungsmodalitäten** und dabei auch die Möglichkeit von **Abschlagszahlungen** vor. Auch § 14 VVG enthält Regelungen hierzu.

133 Bei **wiederherbeigeschafften Sachen** ist A 24 VHB 2010 zu beachten. Der Versicherungsnehmer kann gleichwohl eine noch nicht vollständig bezahlte Entschädigung beanspruchen, wenn er dem Versicherer im Gegenzug dafür das versicherte Gut binnen zwei Wochen überlässt (A 24.2.1 VHB 2022). Ist die Zahlung bereits vollständig erfolgt, bevor die Sache wieder aufgefunden wird, hat der Versicherungsnehmer gem. A 14.2.2.1 VHB 2022 ein binnen zwei Wochen auszuübendes Wahlrecht. Nach Fristablauf geht das Wahlrecht auf den Versicherer über. War für die zurückerlangte Sache bedingungsgemäß eine Entschädigung zu zahlen, die geringer als der Versicherungswert ist, gilt A 14.2.2.2 VHB 2022.

bb) Kostenersatz

134 A § 8 VHB 2010 zählt die versicherungsfallbedingt notwendigen und tatsächlich angefallenen **versicherten Kosten** auf. Schon nach dem Wortlaut ist bei diesem **Kostenerstattungsanspruch** für eine fiktive Abrechnung kein Raum. Bei älteren Versicherungsbedingungen ist die Formulierung teilweise nicht so genau, wenn nur von notwendigen (und nicht tatsächlich angefallenen) Kosten die Rede ist. Zahlreiche Gerichte waren der Auffassung, es sei auch dann nur eine tatsächliche Abrechnung geschuldet.[27] Der BGH hat dies zwischenzeitlich zugunsten der Versicherungsnehmer anders entschieden.[28]

cc) Sachverständigenverfahren

135 Gem. A 19 VHB 2022 kann der Versicherer die Feststellung der Schadenshöhe durch **Sachverständigenverfahren** verlangen. Ein Anspruch auf sachverständige Feststellung des Versicherungsfalles selbst besteht allerdings nicht. Die Parteien können sich aber einvernehmlich auch für diesen Fall auf ein Sachverständigenverfahren einigen. Der genaue Verfahrensablauf ist geregelt. Ein einseitiges Abrücken hiervon ist nach Einleitung des Sachverständigenverfahrens nicht möglich. Für ein gerichtliches Beweissicherungsverfahren fehlt das Rechtschutzbedürfnis.[29] Im Falle einer Klage auf Entschädigung kann argumentiert werden, dass der Anspruch vor Abschluss des Sachverständigenverfahrens mangels Feststellung seiner Höhe noch nicht fällig ist, allerdings nur, wenn der Versicherer seine Eintrittspflicht nicht abgelehnt hat.[30]

e) Obliegenheiten des Versicherungsnehmers

136 **Gesetzliche** Obliegenheiten finden sich im VVG in Teil 1 Abschnitt 2 und darüber hinaus in §§ 82, 86 Abs. 2 VVG. § 28 VVG verhält sich über die Verletzung **vertraglicher**

27 Vgl. zu den Fundstellen Anmerkung *Günther* zu OLG Celle r+s 2009, 193, 196 ff.
28 Vgl. BGH NJW-RR 2013, 1252 = r+s 2013, 385 = VersR 2013, 1039.
29 Vgl. OLG Hamm NJW 1998, 689 = r+s 1998, 102.
30 Vgl. Rüffer/Halbach/Schimikowski/*Muschner*, § 14 VVG Rn 24.

Obliegenheiten, zu denen sich auch Teil B VHB 2022 äußert. Die nachstehenden Ausführungen enthalten nur Beispiele und erheben keinen Anspruch auf Vollständigkeit.[31]

aa) Obliegenheiten vor dem Versicherungsfall

Vor dem Versicherungsfall zu erfüllende **sicherheitsrelevante Obliegenheiten** des Versicherungsnehmers und die aus einer solchen Pflichtverletzung resultierende Leistungsfreiheit des Versicherers normiert A 21 VHB 2022. Sie dienen dem **Schutz des versicherten Hausrates,** denn der Versicherer haftet zu Recht nicht für Nachlässigkeiten des Versicherungsnehmers. **137**

Der Versicherungsnehmer hat u.a. die versicherte Wohnung zu beheizen und dies genügend häufig kontrollieren oder alle wasserführenden Anlagen und Einrichtungen abzusperren, zu entleeren und entleert zu halten. **138**

A 23.1 VHB 2022 nennt (nicht abschließend!) **anzeigepflichtige Gefahrerhöhungen** und verweist über A 23.2 VHB 2022 zu den Rechtsfolgen auf B 3.2.3 bis B 3.2.5 VHB 2022. Schließlich ist B 3.2 VHB 2022 zu beachten. **139**

bb) Obliegenheiten bei und nach dem Versicherungsfall

In B 3.3.2 VHB 2022 sind **bei und nach dem Versicherungsfall zu erfüllende Obliegenheiten** geregelt, deren Verletzung über B 3.3.3. VHB 2022 zur Leistungsfreiheit des Versicherers führen können, so z.B. **140**

- Abwendung und Minderung des Schadens und Einhaltung etwaiger diesbezüglicher Weisungen des Versicherers;
- unverzügliche Schadensmeldung;
- Beibehaltung des Schadensbildes bis zur Schadensfeststellung bzw. Freigabe durch den Versicherer etc.

Will der Versicherer Leistungsfreiheit wegen Verletzung einer vertraglichen **Auskunfts- oder Aufklärungsobliegen** einwenden, muss er dem Versicherungsnehmer eine den Erfordernissen des § 28 Abs. 4 VVG entsprechende **Belehrung** über die Folgen der Obliegenheitspflichtverletzung erteilen. Dies ist bei spontan zu erfüllenden Obliegenheiten wie der Schadensmeldung oder Beibehaltung der Schadensstelle nicht erforderlich, da das Belehrungserfordernis sonst dem Zweck der Obliegenheit zuwider liefe.[32] Eine solche **Spontanpflicht** besteht nach überwiegender Meinung für das unverzügliche Einreichen einer **Stehlgutliste** bei Versicherer und Polizei (vgl. dazu Rdn 153 ff., Musterformular). **141**

Bei abhandengekommenen und **wiederherbeigeschafften Sachen** besteht gem. A 24.1 VHB 2022 eine Anzeigepflicht des Versicherungsnehmers, wenn der Verbleib einer versicherten Sache ermittelt wird. **142**

31 Vgl. weiterführend zu diesem Thema van Bühren/*van Bühren*, § 1 Rn 170 ff.
32 Vgl. OLG Saarbrücken r+s 2012, 543 = VersR 2013, 180.

f) Wohnungswechsel

143 A 16 VHB 2022 regelt den Versicherungsschutz für den Fall des **Wohnungswechsels.** Das kann insbesondere bei Trennung von Eheleuten oder Lebensgemeinschaften relevant werden. Entscheidend ist, wer Versicherungsnehmer ist und wer die Wohnung wechselt. Für kurze Zeit kann Versicherungsschutz für mehrere Wohnungen bestehen (vgl. hierzu die Abhandlungen in der Musterklageerwiderung, siehe Rdn 166).

g) Verjährung

144 Hier kann vollumfänglich auf das Kapitel zur Wohngebäudeversicherung (siehe Rdn 40 ff.) verwiesen werden.

II. Außergerichtliche Mandate

145 An außergerichtliche versicherungsfallunabhängige Beratungen zum Vertragsinhalt und Versicherungsbedarf mag der Anwalt mit Vorsicht herantreten (vgl. Rdn 43 ff., Ausführungen zur Wohngebäudeversicherung). Die nachstehenden Ausführungen beziehen sich auf Fragen der Eintrittspflicht des Versicherers im Versicherungsfall bei bestehendem Vertrag.

1. Checklisten

a) Sachverhaltsermittlung

146 *Checkliste zur Sachverhaltsermittlung*

- Was genau ist wann geschehen?
- Wer hat wann, wie, was entdeckt?
- Gibt es Hinweise auf mögliche Schadensursachen?
- Was ist beschädigt oder zerstört?
- Ist die Schadenshöhe schon bezifferbar?
- Ist der beschädigte Hausrat noch vorhanden? Bei Entsorgung: Wann und durch wen bzw. mit Zustimmung des Versicherers?
- Liegen Dokumentationen (z.B. durch Lichtbilder) zum Schadensverlauf, der Schadensursache oder den Schäden vor?
- Gibt es ggf. Zeugen (Name, Anschrift, Telefonnummer)?
- Ist der Schaden bereits beim Versicherer gemeldet? Wann und wie? Unter welcher Schadensnummer?
- Hat der Versicherer schon eigene Ermittlungen angestellt?
- Gibt es (etwa bei Brand oder Einbruchdiebstahl) polizeiliche Ermittlungen? Bei welcher Dienststelle zu welchem Aktenzeichen?
- Wie stellt sich der Versicherungsnehmer die Schadensbeseitigung vor? Beabsichtigt der Versicherungsnehmer die Wiederherstellung oder Ersatzbeschaffung im bisherigen Zustand oder in davon abweichender Weise? Oder will er ggf. fiktiv abrechnen?
- Sind Vorschusszahlungen des Versicherers geflossen oder nötig?

- Hat der Versicherer zu Obliegenheitspflichten belehrt? Wann und wie?
- Könnten Verjährungsprobleme bestehen? Welche Fristen laufen?

b) Vertragsunterlagen

Checkliste zu Vertragsunterlagen 147

- Welchen Versicherungsschutz dokumentiert der Versicherungsschein für den Tag des Versicherungsfalles? Hier sind insbesondere mögliche Nachträge zu berücksichtigen.
- Welche Versicherungsbedingungen und ggf. welche Klauseln sind für diesen Zeitpunkt maßgebend?
- Stehen Obliegenheiten des Versicherungsnehmers im Raum?
- Ist/war der Versicherer bei Obliegenheitspflichtverletzungen zur Belehrung verpflichtet?
- Welche Gefahren sind gedeckt?
- Gibt es Ausschlüsse?
- In welchem Umfang besteht Versicherungsschutz (Versicherungssumme)?

c) Hilfsweise und für Regresse: Erstattungspflicht Dritter?

Checkliste zur Erstattungspflicht Dritter 148

- Gibt es einen Schadensverursacher, gegen den Haftpflichtansprüche bestehen könnten?
- Kommt bei nicht bestehendem Versicherungsschutz die Haftung des Vermittlers infolge von Verletzung der Beratungs- und Informationspflichten aus §§ 6, 7 VVG in Betracht?

2. Praxistipps für den Rechtsanwalt

Zur Vermeidung von Wiederholungen kann erneut vollumfänglich auf das Kapitel zur Wohngebäudeversicherung (siehe Rdn 48 ff.) verwiesen werden. 149

Der Versicherungsnehmer ist über die Folgen einer nicht rechtzeitig eingereichten **Stehlgutliste** zu belehren (vgl. dazu Rdn 153 ff., Musterformular). 150

Der Rechtsanwalt hat seine Partei – ob nun Versicherungsnehmer oder Versicherer – ggf. auf die bedingungsgemäßen Regelungen für **wiederherbeigeschaffte Sachen** hinzuweisen. Insbesondere hat der Anwalt dabei die fristgebundenen Gestaltungsmöglichkeiten beider Parteien zu beachten, die sich aus dem klaren Wortlaut der Klausel ergeben (vgl. Rdn 133). 151

3. Muster

a) Schadensmeldung an den Versicherer

Hier sollte im ersten Schritt eine ebenso knappe Formulierung erfolgen wie bei der Wohngebäudeversicherung (vgl. Rdn 64 ff.). 152

b) Stehlgutliste nach Einbruchdiebstahl

153 Gem. B 3.3.2.2 VHB 2022 hat der Versicherungsnehmer unverzüglich bei seinem Versicherer und der Polizei eine Stehlgutliste einzureichen. Zwar dient dies zur Aufklärung, gleichwohl handelt es sich nach überwiegender Auffassung um eine **Spontanpflicht**, für die das Belehrungserfordernis des § 28 Abs. 4 VG nicht gilt.[33]

154 Die Stehlgutliste soll einerseits die Fahndung nach den entwendeten Sachen ermöglichen, muss diese also ganz konkret bezeichnen. Außerdem dient sie der Ermittlung der Eintrittspflicht des Versicherers, muss daher die abhanden gekommenen **Gegenstände** nicht nur exakt **individualisierbar** beschreiben, sondern auch ihren **Wert,** bestenfalls den Anschaffungspreis, enthalten. Schließlich bezweckt die Pflicht, die Stehlgutliste spontan abzugeben, einen Schutz des Versicherers vor unberechtigter Inanspruchnahme. Indem sich der Versicherungsnehmer frühzeitig festlegen muss, bleibt wenig Raum, den Schaden aufzubauschen.[34]

155 Ob die Einreichung noch bedingungsgemäß **unverzüglich** ist, hängt von den Umständen des Einzelfalles ab.[35] Ein gerade auf Reisen befindlicher Versicherungsnehmer kann naturgemäß erst nach seiner Rückkehr den Umfang des Schadens ausmachen. Gleichwohl ist schon ein Zeitraum von 14 Tagen kritisch.

156 Sinnvoll ist das Beifügen von **Belegen**. Naturgemäß liegen nach einigen Jahren nicht mehr alle Rechnungen vor. Der Versicherungsnehmer kann auf andere Nachweise zurückgreifen. Hier kommen etwa Lichtbilder in Betracht, auf denen die Hausratgegenstände zu sehen sind. Es bietet sich zu den Kaufpreisen z.B. auch die Recherche im Internet zu den einzelnen Werten an, deren Ergebnisse man beifügen sollte. Eine Stehlgutliste kann beispielhaft wie folgt aussehen:

157

Gegenstand	**Individuelle Merkmale**	**Anschaffungs-datum**	**Kaufpreis**	**Beleg**
Laptop HP	Pro Book 4530s, weiß		EUR	Kaufquittung
Fernseher Grundig	Flatscreen 80 Zoll Typ XYZ, silber		EUR	Foto Familienfeier, Recherchen Internet
Smartphone Apple	IPhone 5 S, schwarz in roter Schutzhülle		EUR	Kaufquittung

33 Vgl. LG Köln VersR 2006, 540.

34 Vgl. van Bühren/*Stobbe/Höra*, § 3 Rn 208.

35 Vgl. hierzu die Beispiele bei Veith/Gräfe/Lange/Rogler/*Melchers*, § 5 Rn 263f.

c) Zahlungsaufforderung an den Versicherer

Auch hier kann auf die Ausführungen zur Wohngebäudeversicherung (vgl. Rdn 68 ff.) verwiesen werden. Die individuellen Passagen sind natürlich anzupassen. 158

III. Gerichtliche Mandate

1. Checkliste/Praxistipps

Vgl. hierzu das Kapitel zur Wohngebäudeversicherung (siehe Rdn 70 ff.). 159

Im Falle eines **Einbruchsdiebstahls** stehen dem Versicherungsnehmer **Beweiserleichterungen** zur Seite, so dass er lediglich das **äußere Bild** eines Einbruchsdiebstahles darzulegen und zu beweisen hat. Dazu gehört aber ein Mindestmaß an Tatsachen, die nach der Lebenserfahrung mit hinreichender Wahrscheinlichkeit den Schluss auf eine bedingungsgemäß versicherte Entwendung zulassen. Hierzu gehören neben der Unauffindbarkeit der zuvor am Tatort vorhandenen, als gestohlen gemeldeten Sachen auch typische **Einbruchspuren**.[36] Trägt der Versicherungsnehmer hierzu schon nichts vor, ist die Klage unschlüssig. Vgl. hierzu das Muster einer Klageerwiderung (siehe Rdn 167). 160

Hingegen muss der Versicherer – etwa, wenn ein **vorgetäuschter Versicherungsfall** in Rede steht – auch nicht den Vollbeweis dafür bringen, dass der vom Versicherungsnehmer behauptete Vorfall sich nicht ereignet hat. Er muss lediglich das zuvor vom Versicherungsnehmer dazulegende und zu beweisende äußere Bild erschüttern.[37] Gelingt ihm das, muss der Versicherungsnehmer nunmehr den Vollbeweis eines versicherten Einbruchsdiebstahls erbringen. Dies wird aber regelmäßig unmöglich sein. 161

2. Muster

Die nachstehenden Prozessformulare für Klage und Klageerwiderung bauen daher nicht auf denselben Sachverhalten auf. Deshalb werden die zugrundeliegenden Fallbespiele, soweit das zum Verständnis erforderlich ist, eingangs kurz erörtert. 162

a) Klage

aa) Einbruchdiebstahl im Ferienhaus (Außenversicherung)

Sachverhalt: Die Versicherungsnehmerin hat während einer einwöchigen Reise am Urlaubsort einen Einbruchsdiebstahl erlitten, für den der Hausratversicherer keine Leistungen erbracht hat. 163

36 Vgl. BGH v. 17.4.2024 – IV ZR 91/23; BGH NJW-RR 2007, 466 = r+s 2007, 106 = VersR 2007, 241.
37 Vgl. BGH NJW-RR 1996, 981 ff; NJW-RR 1996; KG v. 24.7.2007 – 6 U 82/06.

▼

Muster 4.7: Klageschrift bei Einbruchdiebstahl im Ferienhaus

An das

Amtsgericht

Klage

der Frau , (*Adresse VN*)

– Kläger –

Prozessbevollmächtigte: Rechtsanwälte

gegen

die -Versicherung AG, vertreten durch ihren Vorstand, die Herren (Schadensnummer)

– Beklagte –

wegen: Leistungen aus der Hausratversicherung

Streitwert: EUR

Namens und Kraft erteilter Vollmacht der Klägerin erheben wir Klage gegen die Beklagte. Wir werden beantragen,

die Beklagte zu verurteilen, an die Klägerin EUR nebst Zinsen hieraus für die Zeit vom bis in Höhe von % sowie in Höhe von 5 %-Punkten über dem jeweiligen Basiszins ab dem zu zahlen.

Wir regen die Einleitung eines schriftlichen Vorverfahrens an und stellen für diesen Fall schon jetzt,

den Antrag gem. § 331 Abs. 3 ZPO.

Zur

Klagebegründung

tragen wir wie folgt vor:

Die Klägerin begehrt von der Beklagten Leistungen aus der zwischen den Parteien bestehenden Hausratversicherung anlässlich eines Einbruchsdiebstahls vom in ihrem Ferienbungalow im Feriendorf , für den die Beklagte bislang keinerlei Zahlungen erbracht hat.

I.

Die Parteien sind seit dem ausweislich des Versicherungsscheines vom ,

Anlage B 1,

durch eine Hausratversicherung zur Nr. für die Wohnung der Klägerin in miteinander verbunden. Die Versicherungssumme beträgt EUR. Dem Vertrag liegen die XV-VHB 2022,

Anlagenkonvolut B 2,

zugrunde. Danach besteht Versicherungsschutz sowohl für Hausrat aus dem versicherten Wohnhaus der Klägerin als auch über die sogenannte Außenversicherung u.a. für den auf Reisen durch ein versichertes Ereignis abhandengekommenen oder zerstörten Hausrat.

II.

Die Klägerin und ihr Ehemann haben sich vom … bis … urlaubsbedingt in einem Ferienbungalow im Feriendorf … aufgehalten. Am … haben die Eheleute gegen 18.00 Uhr ihren Bungalow verlassen, um zum Abendessen auszugehen. Herr … hatte zuvor sowohl alle Fenster als auch die Terrassen- und Eingangstüren verschlossen. Als das Paar gegen 22.30 Uhr zurückkehrte, stand die Eingangstür offen. Der Ehemann der Klägerin stellte Hebelspuren fest, die sich sowohl am Türrahmen als auch am Türblatt in Höhe des Türschlosses befanden. Diese waren bei Verlassen des Objektes noch nicht vorhanden.

Beweis: Zeugnis des Herrn …, … *(Adresse VN)*

Die Klägerin und ihre Ehemann überprüften sofort den Bungalow. Er befand sich in einem geradezu durchwühlten Zustand. Vor Verlassen des Feriendomizils hatte Herr … noch am Laptop die Restaurantmöglichkeiten des Ortes im Internet recherchiert und den Rechner anschließend in die obere Schublade der im Wohnzimmer befindlichen Kommode verstaut. Jener Schubladenkasten stand offen, der Laptop war nicht mehr vorhanden. Außerdem fehlte eine Geldbörse, in der sich … EUR befanden, die die Eheleute ebenso wie ein verlustig gegangenes Smartphone der Klägerin in derselben Schublade aufbewahrt hatten. Aus der Geldbörse hatte Herr … unmittelbar zuvor noch … EUR für das Abendessen entnommen, so dass er den Inhalt bestätigen kann. Das Smartphone hat er zur selben Zeit auf Bitte der Klägerin in dieselbe Schublade gelegt.

Beweis: wie vor

Herr … hat den Vorfall telefonisch der Polizei gemeldet. Diese war gegen 23.10 Uhr vor Ort und hat den Schaden aufgenommen. Er ist unter der Tagebuch-Nr. … bei der Polizei in … registriert. Die Polizeibeamten haben die Schäden an der Tür und den Zustand des Bungalows fotografiert und die drei verlustig gegangen Sachen aufgenommen. Auch die Klägerin hat zehn Lichtbilder gefertigt,

Anlagenkonvolut K 1.

Auf den Bildern Nr. 1–6 sieht man den Bungalow mit der Eingangstür und die Schäden an jener. Insbesondere die Nahaufnahmen auf den Fotos Ziff. 5 und 6 zeigen, dass es sich offenkundig um Hebelspuren handelt. Die übrigen Bilder verhakten sich über die durchwühlten Wohnräumlichkeiten. Die Polizeibeamten haben ausweislich des Schlussvermerkes der Ermittlungsakte vom …,

Anlage K 2,

an jenem Abend mehrere ähnliche Einbrüche in besagtem Feriendorf aufgenommen. Dies und die vorhandenen Einbruchspuren an der Eingangstür stellen wir unter

Beweis:

1. Zeugnis des Herrn …, b.b.
2. Zeugnis des Herrn …, zu laden über die …
3. Zeugnis des Herrn …, ebenda.

Die Klägerin hat am Folgetag den Vorfall, den …, bei der Beklagten telefonisch gemeldet. Sie hat ihr zudem am selben Tag per Telefax über die Rezeption des Feriendorfes eine Stehlgutliste über die entwendeten drei Gegenstände übermittelt. Eine Kopie nebst Sendebericht liegt als

Anlage K 3

bei. Die Belege zu den abhandengekommenen Sachen hat die Klägerin nach Urlaubsrückkehr am zusammengestellt und der Beklagten per Telefax übermittelt. Jenes Schreiben nebst Sendebericht liegt als

Anlagenkonvolut K 4

an. Nachdem sich die Beklagte hierauf nicht gemeldet und auch auf Erinnerungen nicht reagiert hat, hat die Klägerin die Beklagte erneut am – diesmal per Einwurfeinschreiben – angeschrieben, ihr die bisherigen Unterlagen noch einmal in Kopie übermittelt und ihr unter Androhung der andernfalls erforderlichen gerichtlichen Inanspruchnahme eine letztmalige Zahlungsfrist bis zum gesetzt,

Anlage K 5.

Der Klägerin sind durch den Einbruch folgende Schäden entstanden:

Gegenstand	**Individuelle Merkmale**	**Anschaffungs-datum**	**Kaufpreis**	**Beleg**
Laptop HP	Pro Book 4530s, weiß		EUR	Kaufquittung
Geldbörse mit EUR	Marke Esprit, rot Inhalt: nur das Geld	nicht bekannt, da nur Ersatzbörse für Reisekasse	EUR	Kontoauszug vom über Abhebung von EUR
Smartphone Apple	IPhone 15 pro, schwarz in roter Schutzhülle		EUR	Kaufquittung
Gesamtbetrag			**EUR**	

Die Beklagte hat sich zu keiner Zeit wieder zu dem Schadensfall bei der Klägerin gemeldet, so dass nunmehr Klage geboten ist.

III.

Für den vorstehenden Sachverhalt besteht für die Klägerin bei der Beklagten Versicherungsschutz, da er einen im Rahmen der Außenversicherung gedeckten Einbruchsdiebstahl darstellt:

1.

Zwar hat sich der vermeintliche Einbruch sich nicht im versicherten Wohnhaus (A 10.1 XY-VHB 2022) der Klägerin ereignet, gleichwohl besteht Deckung über die Außenversicherung aus A 12 XY-VHB 2022. Danach sind:

„Außerhalb des Versicherungsorts besteht für versicherte Sachen weltweit Versicherungsschutz unter folgenden Voraussetzungen:

A 12.1.1 Die Sachen sind Eigentum oder dienen dem Gebrauch des Versicherungsnehmers. Dies gilt auch für Sachen der mit ihm in häuslicher Gemeinschaft lebenden Personen.

A 12.1.2 Die Sachen befinden sich nur vorübergehend außerhalb des Versicherungsorts. Zeiträume von mehr als drei Monaten gelten nicht als vorübergehend versicherte Sachen […]"

Die Klägerin hat sich urlaubsbedingt eine Woche in aufgehalten, so dass für diesen Zeitraum auch Versicherungsschutz über die Hausratversicherung besteht.

2.

Versicherungsschutz besteht für einen bedingungsgemäßen Versicherungsfall. A 1 XY-VHB 2022 führt die versicherten Gefahren auf. Hier liegt ein Versicherungsfall nach A 1.2 XY-VHB 2022 im Sinne eines Einbruchdiebstahles vor, der wiederum in A 4.1 XY-VHB 2022 definiert ist. Nach 4.1.1 XY VHB 2022 liegt ein als Diebstahl anzusehendes unberechtigtes Eindringen in einen Raum eines Gebäudes vor:

„… wenn der Dieb in einen Raum eines Gebäudes einbricht, einsteigt, mit

falschem Schlüssel oder mit Hilfe von anderen Werkzeugen eindringt.

Ein Schlüssel ist falsch, wenn seine Anfertigung für das Schloss nicht von einer dazu berechtigten Person veranlasst oder gebilligt wurde.

Der Gebrauch eines falschen Schlüssels ist nicht schon dann bewiesen, wenn feststeht,

dass versicherte Sachen abhandengekommen sind."

Versicherungsschutz besteht danach für erschwerte Formen des Diebstahles, nicht aber für einfachen Diebstahl. Die bedingungsgemäßen Tatbestandsvoraussetzungen hat der Versicherungsnehmer darzulegen und zu beweisen. Einem Versicherungsnehmer kommen im Falle eines Einbruchsdiebstahles insoweit Beweiserleichterungen zu Gute, als er lediglich das äußere Bild eines Einbruchsdiebstahles darzulegen und zu beweisen hat, also ein Mindestmaß an Tatsachen, die nach der Lebenserfahrung mit hinreichender Wahrscheinlichkeit den Schluss auf eine bedingungsgemäß versicherte Entwendung zulassen. Hierzu gehören neben der Unauffindbarkeit der zuvor am Tatort vorhandenen, als gestohlen gemeldeten Sachen auch typische Einbruchsspuren (vgl. BGH VersR 1995, 956; BGH VersR 2007, 241). Dies ist der Tatsache geschuldet, dass ein völlig spurloses Überwinden eines Schlosses nicht möglich ist.

Die Eheleute haben bei Rückkehr die o.a. Einbruchspuren entdeckt, aufgrund derer von einem gewaltsamen Eindringen der Täter in den Ferienbungalow auszugehen ist. Auch haben die Klägerin und ihr Ehemann den Verlust der zuvor nachweisbar vorhandenen Gegenstände festgestellt. Sollte die Beklagte dies bestreiten, mag das Gericht die als Zeugen benannten Herren vernehmen.

3.

Bei den abhanden gekommenen Gegenständen handelt es sich um versicherte Gegenstände. Nach A 7XY-VHB 2022 ist:

„Versichert […] der gesamte Hausrat […]",

der wiederum in A 8 XY-VHB 2022 definiert ist. Nach A 8.1 XY-VHB 2022 gehören:

„Zum Hausrat […] alle Sachen, die dem Haushalt des Versicherungsnehmers zur privaten Nutzung (Gebrauch bzw. Verbrauch) dienen."

Hierzu gehören sowohl der Laptop als auch das Smartphone. Über A 8.2 XY-VHB 2022 zählen

„Wertsachen und Bargeld […] ebenfalls zum Hausrat […]".

Für Bargeld haben die Parteien sowohl für den Versicherungsort (Wohnhaus) als auch im Rahmen der Außenversicherung eine Entschädigungsgrenze von EUR und für die Außenversicherung generell eine i.H.v. EUR vereinbart, so dass der gesamte Schaden gedeckt ist.

4.

Die Hauptforderung ergibt sich aus der Summe der o.a. Einzelbeträge. Insoweit beanspruchen wir für die Zeit ab Schadensmeldung am Zinsen in vertraglich vereinbarter Höhe von % gem. A 20.2.1 VGB 2022 sowie nach Ablauf der in o.a. Mahnung auf den gesetzten Frist Verzugszinsen in gesetzlicher Höhe nach §§ 280, Abs. 1 und 2, 286 Abs. 2 Nr. 2, 288 Abs. 1 BGB.

Rechtsanwalt

▲

bb) Einwand grober Fahrlässigkeit bei Einbruchdiebstahl

164 Bisweilen wenden die Versicherer ein, der Versicherungsnehmer habe den Versicherungsfall grob fahrlässig herbeigeführt und kürzen deshalb die Leistung entsprechend dem Grad der Schwere des Verschuldens nach B 3.3.3.1 VHB 2022 bzw. § 28 Abs. 2 S. 2 VVG.

165 **Sachverhalt:** Aufgrund eines unstreitigen Einbruchsdiebstahls hat der Versicherer seine Leistung auf 50 % der Schäden beschränkt, weil er dem Versicherungsnehmer vorhält, den Schaden durch grob fahrlässiges Verhalten, nämlich das Offenlassen eines Kippfensters, verursacht zu haben. Der Versicherungsnehmer begehrt nach 50 %-iger Leistungskürzung des Versicherers Zahlung der einbehaltenen weiteren 50 %.

▼

4.8 **Muster 4.8: Klage gegen Einwand grober Fahrlässigkeit bei Einbruchdiebstahl**

An das

Amtsgericht

Klage

des Herrn , (*Adresse VN*)

– Kläger –

Prozessbevollmächtigte: Rechtsanwälte

gegen

die -Versicherung AG, vertreten durch ihren Vorstand, die Herren (Schadensnummer)

– Beklagte –

wegen: Leistungen aus der Hausratversicherung

Streitwert: EUR

Namens und Kraft erteilter Vollmacht der Klägerin erheben wir Klage gegen die Beklagte. Wir werden beantragen,

die Beklagte zu verurteilen, an die Klägerin EUR nebst Zinsen hieraus in Höhe von 5 %-Punkten über dem jeweiligen Basiszins ab dem zu zahlen.

Wir regen die Einleitung eines schriftlichen Vorverfahrens an und stellen für diesen Fall schon jetzt

den Antrag gem. § 331 Abs. 3 ZPO.

Zur

Klagebegründung

tragen wir wie folgt vor:

Die Klägerin begehrt von der Beklagten restliche Leistungen aus der zwischen den Parteien bestehenden Hausratversicherung anlässlich eines Einbruchs, der dem Grunde nach ebenso unstreitig ist wie die Schadenshöhe. Allerdings hat der Versicherer nur 50 % gezahlt und sich im Übrigen auf eine grob fahrlässige Herbeiführung des Versicherungsfalles durch den Kläger berufen.

I.

Die Parteien sind durch eine Hausratversicherung seit dem miteinander verbunden. Dieser liegen u.a. die VHB 2022 und die Klauseln zu den Allgemeinen Hausratversicherungsbedingungen PK VHB 2022 zugrunde.

Beweis:

1. Versicherungsschein Nr. vom – in Kopie als **Anlage K1**
2. VHB 2022 und PK VHB 2022 – in Kopie als **Anlagenkonvolut K 2**

II.

Am hat der Kläger gegen 18.00 Uhr die versicherte Wohnung verlassen, um noch schnell beim Bäcker ein Baguette für das Abendbrot zu kaufen, bevor seine Ehefrau mit den Kindern gegen 18.30 Uhr zuhause eintreffen sollte. Der Bäcker befindet sich nur zwei Häuser weiter in derselben Straße, so dass der Kläger binnen weniger Minuten zurückzukehren beabsichtigte. Er hat die Wohnung ordnungsgemäß verschlossen. Jedoch ließ er ein zum Garten zeigendes Fenster des Badezimmers im Obergeschoss in Kippstellung geöffnet.

Nachdem der Kläger jedoch in der Bäckerei einen alten Schulfreund traf und mit diesem bei einem Kaffee über alte Zeiten sprach, verzögerte sich seine Rückkehr bis 18.45 Uhr. Als Frau zuvor gegen 18.30 Uhr zuhause eintraf, stellte sie fest, dass dort eingebrochen worden war. Die Täter waren durch Aufhebeln der auf der Straßenseite befindlichen Eingangstür in die Wohnung gelangt und haben diverse Hausratgegenstände entwendet. Den Wert des Diebesgutes hat die Beklagte durch einen hausinternen Sachverständigen ermitteln und mit EUR feststellen lassen. Der versicherte Einbruchsdiebstahl und die dadurch eingetretenen Schäden sind dem Grund und der Höhe nach unstreitig.

Allerdings hat die Beklagte nach Meldung des Schadens noch am Vorfallstag vorprozessual nur die Hälfte der Schadenspositionen ersetzt und im Übrigen mit Schreiben vom ihre Eintrittspflicht abgelehnt, weil sie meint, der Kläger habe den Versicherungsfall durch Offenlassen des Kippfensters grob fahrlässig verursacht. Die Schwere seines Verschuldens hat der Versicherer mit 50 % beurteilt und deshalb die Leistung unter Verweis auf eine Obliegenheitspflichtverletzung anteilig gekürzt.

III.

Eine zur Leistungskürzung berechtigende Obliegenheitspflichtverletzung des Klägers ist nicht gegeben. Die Handlung des Klägers stellt weder eine Obliegenheitspflichtverletzung dar, noch war sie grob fahrlässig oder schadensursächlich, so dass die Beklagte zur Regulierung des vollen Hausratschadens und gem. §§ 280 Abs. 1 und 2, 286 Abs. 2 Nr. 2, 288 Abs. 1 BGB seit ihrer diesbezüglichen Zahlungsverweigerung vom insoweit zur Zahlung von gesetzlichen Verzugszinsen verpflichtet ist:

Zwar normiert § 28 Abs. 2 VVG die vollständige oder teilweise Leistungsfreiheit des Versicherers für den Fall, dass die Parteien dies im Versicherungsvertrag bei Obliegenheitspflichtverletzung vereinbart haben. Bei Vorsatz des Versicherungsnehmers gilt dies vollumfänglich. Eine nur grob fahrlässige Obliegenheitspflichtverletzung berechtigt den Versicherer lediglich zur anteiligen Leistungskürzung gemessen am Grad des Verschuldens. Tatsächliche haben die Parteien durch Einbeziehung der Klausel PK 7610 2022 sicherheitsrelevante Obliegenheiten vereinbart, die gerade auch vor Einbruchsdiebstählen schützen sollen. Darin heißt es:

„1. Für die Zeit, in der sich niemand in der Wohnung aufhält, sind alle Schließvorrichtungen und vereinbarten Sicherungen zu betätigen und die vereinbarten Einbruchmeldeanlagen einzuschalten. Dies gilt nicht, wenn die Wohnung nur für sehr kurze Zeit verlassen wird. Dazu gehört z.B. der Gang zum häuslichen Briefkasten oder zur Mülltonne.

2. Alle Schließvorrichtungen, vereinbarten Sicherungen und vereinbarten Einbruchmeldeanlagen sind in gebrauchsfähigem Zustand zu erhalten; Störungen, Mängel und Schäden sind unverzüglich zu beseitigen.

3. Verletzt der Versicherungsnehmer oder sein Repräsentant eine dieser Obliegenheiten, so ist der Versicherer nach Maßgabe der in Teil B 3.3.1.2 und B 3.3.3 AT AH / Sach Monoline Privat beschriebenen Voraussetzungen zur Kündigung berechtigt oder auch ganz oder teilweise leistungsfrei.“

1.

Bereits der Vorwurf der Beklagten, mit dem Offenlassen des Kippfensters habe der Kläger gegen jene Klausel verstoßen, greift nicht. Dabei kann dahin stehen, ob es sich bei dem Kippfenster überhaupt um eine Schließeinrichtung in o.a. Sinne handelt. Immerhin normiert die Klausel gerade, dass sie bei nur kurzzeitigem Verlassen der Wohnung nicht greifen soll. Die im Klammerzusatz genannten Varianten hierzu sind nur Beispiele und unserem Fall vergleichbar.

Bei der Auslegung von Versicherungsbedingungen ist darauf abzustellen, wie der durchschnittliche Versicherungsnehmer ohne versicherungsrechtliche Spezialkenntnisse bei verständiger Würdigung, aufmerksamer Durchsicht und Berücksichtigung des erkennbaren Sinnzusammenhanges die entsprechenden Klauseln versteht (vgl. BGH NJW-RR 2003, 672).

Sinn und Zweck der Klausel ist, den Versicherungsnehmer bei Verlassen seiner Wohnung dazu anzuhalten, die offenkundig nötigen Sicherheitsvorkehrungen zu treffen. Die ausdrückliche Ausnahme nur kurzzeitiger Abwesenheiten ist der Tatsache geschuldet, dass sich hier im Gegensatz zu über längere Zeit unbeaufsichtigten Wohnungen in der Regel kein größeres Gefahrenpotential einstellt. Würde der Versicherungsnehmer seinen Versicherungsschutz riskieren, wenn er jedes noch so fernliegende Risiko gänzlich vermeiden müsste, liefe eine Versicherung hiergegen ins Leere.

Dabei ist auch auf die Rechtsprechung des Bundesgerichtshofes zur der früheren Verschlussklausel in den Hausratversicherungsbedingungen zu verweisen. Nach § 14 Ziff. 1 c VHB 1984 war der Versicherungsnehmer gehalten, alle Türen, Fenster und sonstige Öffnungen geschlossen zu halten, wenn sich niemand in der Wohnung aufhält. Diese Klausel hielt der AGB-Kontrolle nicht stand, weil sie die Anforderungen an den Versicherungsnehmer überspitzt und diesen dadurch unangemessen benachteiligt (BGH NJW 1990, 2388). Nach dem die Versicherungswirtschaft seither jene Formulierungen folgerichtig nicht mehr verwendet, kann man die nunmehrigen Klauseln nicht so auslegen, als sei der damals als unzulässig anerkannte Fall davon erfasst.

2.

Aber auch wenn man eine Obliegenheitspflichtverletzung des Klägers annehmen wollte, war diese (Vorsatz behauptet schon die Beklagte nicht) nicht grob fahrlässig. Schon die Umstände sprechen hiergegen, so dass eine Leistungskürzung gem. § 28 Abs. 2 S. 2 Hs. 2 VVG ausscheidet.

Grob fahrlässig handelt, wer die im Verkehr erforderliche Sorgfalt nach den gesamten Umständen in ungewöhnlich hohem Maß verletzt und unbeachtet lässt, was im gegebenen Fall jedem einleuchten müsse. Im Gegensatz zur einfachen Fahrlässigkeit muss es sich bei einem grob fahrlässigen Verhalten um ein auch in subjektiver Hinsicht unentschuldbares Fehlverhalten handeln, das ein gewöhnliches Maß erheblich übersteigt (vgl. BGH NJW 2007, 2988).

Der Kläger beabsichtige, binnen weniger Minuten zurück zu sein. Ein für einen Einbruch ausreichendes Zeitfenster stand mithin nicht in Frage. Er hat die Wohnung ordnungsgemäß verschlossen. Es war reiner Zufall, dass sich die Rückkehr des Klägers durch das Treffen eines früheren Bekannten verzögerte. Hiermit war ebenso wenig zu rechnen wie mit einem Einbruch während der nur kurzen Abwesenheit.

3.

Schließlich scheitert die Leistungskürzung aber auch an § 28 Abs. 3 S. 1 VVG, denn das zum Garten zeigende offene Kippfenster war auch nicht ursächlich für den Einbruchsdiebstahl. Zum einen ist der bzw. sind die Täter unstreitig durch gewaltsames Öffnen der zur Straße angeordneten Wohnungseingangstür eingedrungen. Sie haben mithin das geöffnete Fenster nicht für ihren Einbruch genutzt. Zum anderen hat das offene Kippfenster den/die Täter auch nicht etwa angelockt. Einerseits ist bereits fraglich, ob sie es in der Kürze der Zeit – der Kläger war gerade 45 Minuten abwesend und die Wohnung bis zur Ankunft seiner Ehefrau nur 30 Minuten unbeobachtet – wahrgenommen haben. Andererseits ließe ein noch offenes Fenster gerade nicht auf die Abwesenheit der Bewohner schließen, sondern vielmehr damit rechnen, dass jemand zuhause ist.

Rechtsanwalt

▲

b) Klageerwiderung

aa) Schaden nach Auszug (Wohnungswechsel)

Sachverhalt: Die Versicherungsnehmerin hatte mit ihrem früheren Lebensgefährten, der nicht gleichzeitig Versicherungsnehmer ist, eine gemeinsame Wohnung. Nach der 166

Trennung haben beide neue Wohnungen bezogen. In der neuen Wohnung des ehemaligen Lebensgefährten soll sich ein versicherter Leitungswasserschaden ereignet haben.

▼

4.9 **Muster 4.9: Klageerwiderung bei Schaden nach Auszug**

An das

Landgericht

In dem Rechtsstreit

(*VN*) ./. Versicherung AG

Az.

werden wir beantragen,

die Klage abzuweisen

und tragen zur

Klageerwiderung

wie folgt vor:

Der Klägerin stehen die geltend gemachten Ansprüche nicht zu, da der wasserschadenbedingt beschädigte Hausrat ihres ehemaligen Lebensgefährten nicht unter den Versicherungsschutz fällt. Im Einzelnen:

I.

Die Klägerin und die Beklagte waren zu Zeitpunkt des streitgegenständlichen Ereignisses durch eine Hausratsversicherung zur Nr. miteinander verbunden, was sich aus dem als Anlage K 1 der Klageschrift vom beiliegenden Versicherungsschein vom ergibt. Vertragsgegenständlich sind die als

Anlagenkonvolut B 1

beigefügten Allgemeinen Hausrat Versicherungsbedingungen (XY-VHB 2022).

II.

Die Klägerin und die Beklagte streiten um die Ersatzpflicht der Beklagten aus einem Vorfall aus dem August, der sich in der von Herrn ab bewohnten Wohnung in ereignet haben soll.

Die Klägerin und Herr haben bis in zusammen gelebt. Nach der Trennung sind beide zum Monatsende aus der zuvor gemeinsam genutzten Wohnung ausgezogen. Sie haben also zum Zeitpunkt des Wasserschadens in weder zusammen gelebt, noch die zuvor gemeinsam genutzte Wohnung in gemeinsam bewohnt. Herr lebte bereits in , während auch die Klägerin schon in wohnte.

Unstreitig hatte die Beklagte nie Kontakt zu Herrn . Auch die Klägerin hat nicht vorgetragen, dass und in welcher Form Herr zu irgendeinem Zeitpunkt gemeinsam mit ihr Versicherungsnehmer der Beklagten geworden sein soll. Herr war auch zu keiner Zeit als Versicherungsnehmer in irgendwelchen Versicherungsscheinen benannt. Vertragspartnerin der Beklagten ist mithin allein die Klägerin.

Die Klägerin meint, für den Herrn nach Beendigung der Lebensgemeinschaft mit der Klägerin in seiner neuen Wohnung entstandenen Wasserschaden bestehe Versicherungsschutz in der von ihr bei der Beklagten zu diesem Zeitpunkt gehaltenen Hausratversicherung.

Das trifft aber nicht zu, denn die bedingungsgemäßen Regelungen für weiter bestehenden Versicherungsschutz bei Auszug gelten nur für Versicherungsnehmer und ein solcher ist Herr nie geworden:

1.

Einen auf die neue Wohnung Herrn in erweiterten Versicherungsschutz kann die Klägerin aus den Versicherungsbedingungen nicht herleiten:

Es ist rechtlich ein wesentlicher Unterschied, ob eine Person ein Versicherungsnehmer oder aber seine Interessen in einem Versicherungsvertrag lediglich mitversichert sind.

Nur der Versicherungsnehmer ist Vertragspartner des Versicherers in dem abgeschlossenen Vertrag. Ein Mitversicherter ist hingegen kein Vertragspartner. Er kann gem. B 4.9.1 XY-VHB 2022 auch keine eigenen Rechte aus dem Vertrag herleiten. Vielmehr kann in entsprechend geregelten Fällen lediglich der Versicherungsnehmer für Umstände, die in der Person des Mitversicherten eintreten, Versicherungsschutz beanspruchen.

Des Weiteren ist erheblich, welcher Versicherungsort Grundlage des Vertrages ist.

Dies bedeutet zum einen, dass Hausratschäden an Besitztümern Herrn solange versichert waren (und durch die Klägerin als Versicherungsnehmerin hätten beansprucht werden können), wie die Lebensgemeinschaft bestand bzw. solange Herr noch in der gemeinsamen Wohnung verblieben ist.

Durch seinen Auszug hat Herr seinen Hausrat an einen nicht versicherten Ort verbracht. Die Voraussetzungen, unter denen sich der Versicherungsschutz auch über die Beendigung der Lebensgemeinschaft und den Auszug Herrn hinaus auch auf seine neue Wohnung erstrecken würde, liegen nicht vor:

a)

Nach A 10.1 XY-VHB 2022 ist Versicherungsort die im Versicherungsschein bezeichnete Wohnung. Dies ist hier die Straße in . Der Schaden soll sich aber in der Straße in , also an einem nach dem Versicherungsschein nicht versicherten Ort ereignet haben.

b)

Der vorherige Auszug der Klägerin und Herrn aus der Wohnung in ändert daran nichts. Zwar geht der Versicherungsschutz für die Klägerin als Versicherungsnehmerin bei einem Wohnungswechsel gemäß A 16.1 XY-VHB 2022 auf die neue Wohnung in über und besteht während des Wohnungswechsels für maximal zwei Monate nach Umzugsbeginn auch noch für die bisherige Wohnung.

Nach dieser Klausel sind im August allenfalls die ehemalige Wohnung in und die neue Wohnung der Klägerin in versichert. Dort hat sich aber kein Schaden ereignet.

c)

Auch der bei Aufgabe einer gemeinsamen Wohnung maßgebliche A 16.6 XY-VHB 2022 hilft der Klägerin nicht weiter, obwohl diese Regelung nach A 16.7 XY-VHB 2022 auch für eheähnliche Lebensgemeinschaften gilt, soweit beide Partner am Versicherungsort gemeldet sind:

aa)

Nach A 16.6.1 XY-VHB 2022 geht der Versicherungsschutz bei Auszug der Versicherungsnehmerin (also hier die Klägerin) auf deren neue Wohnung über und verbleibt zudem übergangsweise auch für die bisherige Wohnung, in der der andere Partner zurückbleibt. Dieser Fall liegt hier nicht vor, da die Klägerin und auch Herr ausgezogen sind und sich der Wasserschaden nicht in der neuen klägerischen Wohnung in und auch nicht in der bisherigen Wohnung in ereignet hat.

bb)

Die Konstellation, dass beide Partner ausziehen, regelt A 16.6.3 XY-VHB 2022. Aber auch jener Tatbestand ist nicht erfüllt:

Nach jener Klausel besteht Versicherungsschutz zunächst für die bisherige Wohnung und die neue Wohnung des ausziehenden Partners und auch für den Fall, dass beide Partner in neue Wohnungen ziehen, übergangsweise für die bisherige Wohnung und die neuen Wohnorte. Allerdings ist vorausgesetzt, es:

„[...] sind beide Ehegatten Versicherungsnehmer [...]".

Dann besteht Versicherungsschutz kurzzeitig für bis zu drei Wohnungen, jedoch nur, wenn die getrennten Ehepartner/bisherigen Lebensgefährten beide Versicherungsnehmer, d.h. Vertragspartner des Versicherers sind.

Dies ist hier aber nicht der Fall, da nur die Klägerin Versicherungsnehmer war; Herr war zu keiner Zeit Versicherungsnehmer.

2.

Die Erwägungen der Klägerin zum Inhalt der vertragsgegenständlichen Klauseln, die man wohl so verstehen soll, dass diese für den streitgegenständlichen Versicherungsvertrag keine Geltung beanspruchen könnten, liegen neben der Sache:

a)

Ein Hausratversicherungsvertrag versichert Hausratschäden am versicherten Ort. Dieser ist im Versicherungsschein zu benennen. In den Versicherungsbedingungen ist geregelt, dass auch über den im Versicherungsschein benannten Versicherungsort unter bestimmten Umständen, die wir unter II. 1. ausgeführt haben, auch für weitere Wohnungen kurzfristig Versicherungsschutz bestehen kann.

Dass hier andere Personen, nämlich (Mit-)Versicherungsnehmer eines Hausratversicherungsvertrages, mit dem Umfang des Versicherungsschutzes gegenüber Herrn bevorteilt sind, benachteiligt die Klägerin nicht. Ihr eigener Hausrat ist aufgrund ihres Versicherungsvertrages versichert. Betroffen ist allenfalls ein Dritter. Bei der Frage der Wirksamkeit von Allgemeinen Geschäftsbedingungen, zu denen auch die XY-VHB 2022 zählen, kommt es jedoch auf die Benachteiligung der Vertragspartei an.

Unabhängig davon, dass die Versicherungsbedingungen zwischen der Klägerin und der Beklagten vereinbart sind und damit schon kein Rechtsverhältnis zu dem Herrn besteht, sind sie auch in keiner Weise bedenklich. Sie sind klar formuliert und beziehen den Versicherungsschutz auf den versicherten Ort. In Ausnahmefällen kommt ein weiterer Versicherungsort hinzu, wenn die entsprechenden Voraussetzungen erfüllt sind. Auch diese sind klar und deutlich und für einen durchschnittlichen Versicherungsnehmer verständlich formuliert. Sie benachteiligen die Klägerin nicht, indem sie einen Vorteil für einen Ehepartner oder Angehörigen, der selbst Versicherungsnehmer ist, vorsehen, für Herrn verneinen.

3.

Schließlich hat die Klägerin den Schadensfall, für den sie Versicherungsleistungen beansprucht, nicht substantiiert dargestellt. Bedingungsgemäß besteht Versicherungsschutz nicht für jeden Wasserschaden, der Hausrat beschädigt oder zerstört. Vielmehr muss sich ganz konkret das versicherte Risiko verwirklich haben. Daher müssen wir einstweilen die Behauptung, am fraglichen Tag habe sich der angegebene Wasserschaden in Wittenberg ereignet, mit Nichtwissen bestreiten. Dies gilt in gleicher Weise für den Vortrag, hierdurch seien die angegebenen Hausratgegenstände beschädigt und zerstört worden, was die beanspruchten Beträge zu Schadensbeseitigung erfordere.

Rechtsanwalt

▲

bb) Blitzschlag/Überspannungsschaden

Bei **Blitzschlag**- und/oder **Überspannungsschäden** streiten die Parteien meist über die zugrunde liegenden Tatsachen: Zum einen über die Frage des Haftungsgrundes, also ob sich eine versicherte Gefahr verwirklicht (gab es einen Blitzschlag?) hat und zum anderen, ob ein dadurch entstandener Schaden vorliegt. Für diesen Fall bietet sich bei Vertretung des Versicherers die nachfolgende Klageerwiderung an. 167

Sachverhalt: Der Versicherungsnehmer beansprucht Versicherungsschutz für einen Schaden an seiner Hi-Fi-Anlage, der durch Blitzschlag/Überspannung eingetreten sein soll.

▼

Muster 4.10: Klageerwiderung bei behauptetem Schaden aus Blitzschlag

An das

Landgericht

In dem Rechtsstreit

(*VN*) ./. Versicherungs AG

Az.

werden wir beantragen,

die Klage abzuweisen

und tragen zur

Klageerwiderung

wie folgt vor:

Dem Kläger stehen aus der Beschädigung seiner Hi-Fi-Anlage gegen die Beklagte keine Ansprüche zu, da der Schaden alterungs- bzw. verschleißbedingt eingetreten und damit nicht versichert ist. Im Einzelnen:

I.

Richtig ist, dass zwischen den Parteien eine Hausratversicherung zur Policen-Nummer für das Objekt in besteht. Dieser liegen u.a. die VHB 2022 zugrunde.

Für den Hausrat der gem. A 10.1 VHB 2022 in dem Versicherungsschein genannten Wohnung besteht Versicherungsschutz, wenn ein Versicherungsfall nach A 1 VHB 2022 eingetreten ist. Bei versicherungsfallbedingter Beschädigung, Zerstörung oder bei Abhandenkommen versicherter Sachen leistet der Versicherer hiernach Entschädigung i.S.d. A 17 VHB 2022.

Zu den versicherten Gefahren zählt auch der durch den Kläger behauptete Blitzschlag, der in A 1.1. bzw. 3.2 VHB 2022 wie folgt definiert ist:

„Blitzschlag ist der unmittelbare Übergang eines Blitzes auf Sachen.

Auch Überspannungs-, Überstrom- oder Kurzschlussschäden an elektrischen Einrichtungen

und Geräten können Blitzschlagschäden sein. Das ist der Fall, wenn über diese Schäden hinaus auf dem Grundstück des Versicherungsorts der Einschlag eines Blitzes zumindest durch Spuren nachweisbar ist. ...“

Für das Vorliegen eines Versicherungsfalles in diesem Sinne ist der Kläger als Versicherungsnehmer darlegungs- und beweispflichtig.

II.

Es liegt kein Versicherungsfall im Sinne der o.a. Bedingungen vor:

Ungeachtet der Tatsache, dass die bedingungsgemäß weitere Voraussetzung für den geltend genmachten Überspannungsschaden, nämlich ein Blitzschlagschaden anderer Art an Sachen auf dem versicherten Grundstück, nicht gegeben ist, sind weder der Schaden an der Hi-Fi-Anlage noch die dadurch verursachten Reparaturkosten auf einen Versicherungsfall zurückzuführen.

1.

Zunächst bestreiten wir mit Nichtwissen, dass es in der Nacht vom zum in starkes Gewitter und Blitzschläge gegeben hat. Dies gilt in gleicher Weise für die Behauptung des Klägers, sein Grundstück sei betroffen gewesen und seine Hi-Fi-Anlage habe durch Blitzschlag einen Überspannungsschaden erlitten, wodurch ihm Kosten in Höhe von brutto EUR entstanden seien.

2.

Postwendend, nachdem der Kläger den Schaden bei der Beklagten gemeldet hat, hat diese am die -GmbH gebeten, den vom Kläger behaupteten Schaden an der Hi-Fi-Anlage zu besichtigen. Die -GmbH hat daraufhin durch ihren Mitarbeiter am im Beisein des Klägers einen Ortstermin durchgeführt und dabei die Anlage zur Überprüfung in die eigene Werkstatt mitgenommen.

Nach Abschluss der Untersuchungen hat die -GmbH der Beklagten eine Stellungnahme übermittelt, nach der ein bedingungsgemäßes Blitzschlagereignis nicht zu dem streitgegenständlichen Schaden geführt haben kann:

An der beschädigten Hi-Fi-Anlage sind keine Überspannungsschäden sichtbar. Die messtechnische Überprüfung hat einen defekten Schaltkreis des Lautstärkereglers ergeben, der wiederum zu einem Kurzschluss geführt und dadurch den Schaden verursacht hat. Eine netzbedingte Überspannung ist auszuschließen, weil der defekte Schaltkreis über keine Verbindung nach außen verfügt. Typische Eintrittswege einer netzbedingten Überspannung erfolgen immer über das Netzteil oder den Kabel- bzw. Antennenanschluss. Beides ist jedoch unbeschädigt. Die Anlage ist also aufgrund altersbedingten Verschleißes und nicht blitzschlagbedingt ausgefallen.

Beweis (unter Verwahrung gegen die Beweislast):

1. Zeugnis des Mitarbeiters der -GmbH, zu laden über die -GmbH,
2. Sachverständigengutachten

Rechtsanwalt

▲

C. Kraftfahrtversicherung

Dr. Hubert W. van Bühren

Der Versicherungsschutz für Kraftfahrzeuge ist in den Allgemeinen Bedingungen für die Kraftfahrtversicherung (**AKB**) geregelt. 168

Seit dem 1.7.1994 müssen Versicherungsbedingungen nicht mehr behördlich genehmigt werden, Versicherer können ihre Bedingungen in den Grenzen der Kraftfahrzeug-Pflichtversicherungsordnung und der Regeln über die Allgemeinen Geschäftsbedingungen (§§ 305 ff. BGB) frei gestalten. Eine Änderung der AKB muss gesondert vereinbart werden. Wenn bei einem Fahrzeugwechsel jeweils ein „Nachtrag" zum Versicherungsschein erteilt wird, liegt eine Fortsetzung des alten Vertrages mit den alten Bedingungen vor.[38] 169

I. AKB 2015

Den nachfolgenden Ausführungen liegen die aktuellen Musterbedingungen des Gesamtverbandes der Deutschen Versicherungswirtschaft e.V. (GDV) in der Fassung vom 12.10.2017 zugrunde (**AKB 2015**). 170

1. Beginn und Inhalt des Versicherungsvertrages

Der Versicherungsschutz beginnt mit Einlösung des Versicherungsscheines durch Zahlung der Prämie (B.1 AKB 2015); diese Einlösungsklausel entspricht § 37 Abs. 2 VVG. 171

38 OLG Hamm – 20 U 101/99, zfs 2000, 155 = VersR 2000, 719; LG Saarbrücken – 13 S 49/11, r+s 2013, 275.

2. Die vorläufige Deckungszusage (B.2 AKB 2015)

172 Grundsätzlich beginnt der Versicherungsschutz erst mit Einlösung des Versicherungsscheines durch Zahlung der Prämie (B.1 AKB 2015); diese Einlösungsklausel entspricht § 37 Abs. 2 VVG. Dem Bedürfnis, bereits frühzeitig Versicherungsschutz zu erlangen, wird durch die vorläufige Deckungszusage Rechnung getragen, die nunmehr auch im VVG 2008 (§§ 49 bis 52 VVG) gesetzlich geregelt ist.

II. Vertragliche Obliegenheiten beim Gebrauch des Fahrzeuges (D AKB 2015)

173 Die Rechtsfolgen der Verletzung der vertraglichen Obliegenheiten treten nur ein, wenn der Versicherungsnehmer **grob fahrlässig** oder **vorsätzlich** gehandelt hat. Schuldlos oder leicht fahrlässig begangene Obliegenheitsverletzungen sind folgenlos.

174 Die Leistungsfreiheit des Versicherers hängt **nicht** (mehr) davon ab, ob der Vertrag gekündigt worden ist oder ob die Obliegenheitsverletzung **vor** oder **nach** Eintritt des Versicherungsfalles begangen worden ist. In den AKB 2015 sind gleichwohl die vertraglichen Obliegenheiten vor oder nach Eintritt des Versicherungsfalles gesondert geregelt:

- D Welche Pflichten haben Sie beim Gebrauch des Fahrzeugs?
- E Welche Pflichten haben Sie im Schadenfall?

175 Die in den aktuellen AKB geregelten Obliegenheiten entsprechen den Bestimmungen in den früheren AKB.

III. Rechtsfolgen von Obliegenheitsverletzungen (E 2 AKB 2015)

176 Die Rechtsfolgen der Verletzung von vertraglichen Obliegenheiten treten nur ein, wenn der Versicherungsnehmer (oder eine versicherte Person) **grob fahrlässig** oder **vorsätzlich** gehandelt hat. Schuldlos oder leicht fahrlässig begangene Obliegenheitsverletzungen sind folgenlos. Die Leistungsfreiheit des Versicherers hängt **nicht** (mehr) davon ab, ob der Vertrag gekündigt worden ist oder ob die Obliegenheitsverletzung **vor** oder **nach** Eintritt des Versicherungsfalles begangen worden ist (entspricht § 28 VVG).

IV. Mehrere Obliegenheitsverletzungen

177 Bei Obliegenheitsverletzungen **vor** und **nach** Eintritt des Versicherungsfalles besteht **doppelte Leistungsfreiheit** bzw. Regressmöglichkeit des Versicherers.[39]

178 *Beispiel:*

Bei Verstoß gegen die **Trunkenheitsklausel** (Obliegenheitsverletzung vor Eintritt des Versicherungsfalles) und nachfolgender **Unfallflucht** (Obliegenheitsverletzung nach Eintritt des Versicherungsfalles) kann der Versicherer in Höhe von maximal 10.000 EUR Regress nehmen.[40]

39 BGH – IV ZR 216/04, VersR 2005, 1720 = DAR 2006, 86 = zfs 2006, 94 = r+s 2006, 100 = NZV 2006, 78.
40 BGH – IV ZR 216/04, VersR 2005, 1720 = DAR 2006, 86 = zfs 2006, 94 = r+s 2006, 100 = NZV 2006, 78.

Mehrere Obliegenheitsverletzungen **vor** Eintritt des Versicherungsfalles sind nur einmal mit maximal 5.000 EUR zu ahnden, ebenso mehrere Obliegenheitsverletzungen **nach** Eintritt des Versicherungsfalles.[41] Der Regress des Versicherers ist somit auf **maximal 10.000 EUR** begrenzt. 179

Bei Unfallflucht liegt eine über 2.500 EUR hinausgehende Leistungsfreiheit bis 5.000 EUR nur dann vor, wenn das **Gesamtverhalten** über die üblichen Pflichtverstöße hinausgeht.[42] 180

Bei Unfallflucht nach **zwei** aufeinander folgenden **Unfällen** kann der Versicherer **zweimal** Regress nehmen.[43] 181

Nach Auffassung des AG Aachen (VersR 2008, 202) findet **keine Verdoppelung** der Regressforderung statt, wenn sich diese gegen den Fahrer und den Halter richtet. 182

V. Grobe Fahrlässigkeit (§ 81 VVG)

In den meisten Deckungsprozessen geht es um den Vorwurf, der Versicherungsnehmer oder sein Fahrer habe den Versicherungsfall grob fahrlässig herbeigeführt. Die Grenzen zwischen einfacher und grober Fahrlässigkeit sind fließend, die Rechtsprechung ist ebenso unübersichtlich wie uneinheitlich. 183

Da im Gegensatz zur einfachen Fahrlässigkeit bei der groben Fahrlässigkeit auch **subjektive Umstände** zu berücksichtigen sind, hängt der Ausgang eines derartigen Deckungsprozesses oft davon ab, wie geschickt oder ungeschickt der Versicherungsnehmer oder der von ihm beauftragte Rechtsanwalt die subjektive Seite vorträgt. 184

Besonders deutlich wird dies beim Rotlichtverstoß: In den meisten Fällen wird vorgetragen, der Versicherungsnehmer sei „durch die tief stehende Mittagssonne geblendet" worden. Durch diese Einlassung wird ein auch in subjektiver Hinsicht unentschuldbares Fehlverhalten zugestanden: Ein Kraftfahrer, der in eine Kreuzung einfährt, ohne das Farbsignal der Verkehrssignalanlage erkennen zu können, handelt auch in subjektiver Hinsicht unentschuldbar.[44] 185

VI. Teilkaskoversicherung (A.2.2.1 AKB 2015)

Die Kaskoversicherung ist eine Sparte der **Sachversicherung**, die unter Abschnitt I (§§ 1 bis 73) und Abschnitt II (§§ 74 bis 99) des VVG fällt. 186

Gegenstand der Teilkaskoversicherung sind folgende Risiken:

- Brand, Explosion
- Entwendung

41 OLG Saarbrücken – 5 U 226703, VersR 2004, 1131; OLG Düsseldorf – 4 U 71/03, zfs 2004, 364 = r+s 2004, 275 = NJW-RR 2004, 1547 = VersR 2004, 1129.

42 OLG Düsseldorf – 4 U 71/03, zfs 2004, 364 = r+s 2004, 275 = VersR 2004, 1179 = NJW-RR 2004, 1547.

43 BGH – IV ZR 146/04, DAR 2006, 89 = zfs 2006, 96 = NZV 2006, 76; OLG Brandenburg – 12 U 2/03, zfs 2004, 518 = VersR 2005, 112 = r+s 2006, 232.

44 OLG Koblenz – 2 U 1021/09, r+s 2012, 431; LG Münster – 15 O 141/09, zfs 09, 641.

- Sturm, Hagel, Blitzschlag, Überschwemmung
- Zusammenstoß mit Haarwild
- Glasbruch
- Kurzschlussschäden an der Verkabelung.

VII. Haarwild (A.2.2.1.4 AKB 2015)

1. Zusammenstoß

187 In der Teilkaskoversicherung sind Schäden versichert, die durch einen **Zusammenstoß** mit Haarwild verursacht worden sind.

188 **Haarwild** (im Gegensatz zum Federwild) i.S.v. § 2 Abs. 1 Nr. 1 Bundesjagdgesetz sind folgende Tiere: Wisent, Elchwild, Rotwild, Damwild, Sikawild, Rehwild, Gamswild, Steinwild, Muffelwild, Schwarzwild, Feldhase, Schneehase, Wildkaninchen, Murmeltier, Wildkatze, Luchs, Fuchs, Steinmarder, Baummarder, Iltis, Hermelin, Mauswiesel, Dachs, Fischotter, Seehund.

189 Es besteht somit **kein** Versicherungsschutz bei Zusammenstoß mit **anderen jagdbaren Tieren** wie Waschbären und Rentieren.[45]

190 Zwischen dem Zusammenstoß mit Haarwild und dem Fahrzeugschaden muss ein **adäquater** Kausalzusammenhang bestehen, für den der Versicherungsnehmer beweispflichtig ist.[46]

191 Der Zusammenstoß mit **auf der Fahrbahn liegendem Haarwild** ist versichert, wenn das Tier unmittelbar vorher von einem Fahrzeug angefahren und getötet worden ist.[47] Nicht versichert ist das Erfassen von Haarwild bei einem **Schleudervorgang** aus anderen Gründen, z.B. Eisglätte.[48]

2. Ausweichmanöver

192 Gemäß § 82 Abs. 1 S. 1 VVG ist der Versicherungsnehmer verpflichtet, „bei" dem Eintritt des Versicherungsfalles „für die Abwendung und Minderung des Schadens" zu sorgen („**Rettungspflicht**").

193 Wenn ein Autofahrer Haarwild ausweicht, um einen Zusammenstoß zu vermeiden, sind die durch das Ausweichmanöver entstandenen Schäden **ersatzpflichtige Aufwendungen** gemäß § 82 VVG.[49] Das Ausweichmanöver muss also dazu dienen, eine – schwerere – Beschädigung des versicherten Fahrzeuges zu vermeiden, **nicht gemeint ist die „Rettung" des Tieres**.

194 Von einem drohenden Zusammenstoß mit einem Hasen, Kaninchen oder Fuchs geht für ein Kraftfahrzeug in der Regel keine oder nur eine geringe Gefährdung aus. Wenn

45 Stiefel/Maier/*Stadler*, AKB A.2 Rn 251; OLG Frankfurt a.M. v. 25.6.2003 – 7 U 190/02, VersR 2005, 1233.
46 BGH – IV ZR 240/90, VersR 1992, 349 = zfs 1992, 85 = DAR 1992, 179.
47 OLG Saarbrücken v. 30.4.2003 – 5 U 389/02, r+s 2003, 357 = NJW-RR 2003, 1338 = VersR 2004, 1306.
48 Stiefel/Maier/*Stadler*, AKB A.2.2 Rn 256 m.w.N.
49 Stiefel/Maier/*Stadler*, AKB A.2 Rn 266.

daher einem **kleineren Tier** ausgewichen wird, um dieses zu retten oder aufgrund einer Schreckreaktion oder eines ungesteuerten Reflexes,[50] handelt es sich **nicht** um vom Versicherungsschutz umfasste **Rettungsmaßnahmen**.[51]

Der Versicherungsnehmer ist **beweispflichtig**, dass er Haarwild ausweichen musste; die für Entwendungsfälle in der Sachversicherung anerkannten Beweiserleichterungen können **nicht** auf Wildschadenfälle übertragen werden.[52] Der Beweis kann **nicht** durch **Parteivernehmung** geführt werden.[53] 195

Es kommt jedoch eine Anhörung gemäß § 141 ZPO in Betracht, wenn der Versicherungsnehmer absolut glaubwürdig ist[54] und weitere **Indizien** für den Sachvortrag des Klägers sprechen.[55] 196

3. Rechtsprechung

- Auch Schäden, die durch ein **Ausweichmanöver** vor Haarwild entstehen, sind ersatzpflichtig im Rahmen der „Rettungspflicht" von § 82 Abs. 1 VVG.[56] 197
- **Nicht** versichert ist das Ausweichmanöver vor einem **Hasen**, da auch ein Zusammenstoß mit einem Hasen keinen Unfall auslösen kann;[57] dies gilt auch für das Ausweichmanöver vor einem **Dachs**,[58] einem **Marder**[59] oder einem **Fuchs**.[60]
- Ebenso nicht versichert ist ein Ausweichmanöver aufgrund einer reinen **Schreckreaktion**.[61] Demgegenüber soll das Ausweichmanöver vor einem **Fuchs** noch zu den versicherten Rettungskosten gehören;[62] jedenfalls dann, wenn der Fuchs sich in einer Sprungphase befindet.[63]
- Nach Ansicht des OLG Nürnberg[64] soll das Ausweichmanöver bei zwei ausgewachsenen Hasen versichert sein; ebenso das Ausweichmanöver eines **Motorradfahrers**, der einem Hasen ausweichen muss.[65] Bei einem derartigen Ausweichmanöver ist jedoch die Vollkaskoversicherung eintrittspflichtig, da es **nicht** grob fahrlässig ist, einem kleineren Tier (Hase, Fuchs) auszuweichen.[66]

50 BGH – IB ZR 250/89, VersR 1994, 1181.
51 BGH – IV ZR 276/02, zfs 2003, 502 = VersR 2003, 1250; OLG Köln VersR 1992, 1508; OLG Köln SP 1997, 170.
52 OLG Düsseldorf – 4 U 99/99, SP 2000, 390 = NVersZ 2000, 579 = VersR 2001, 322.
53 OLG Jena – 4 U 893/00, VersR 2001, 855 = zfs 2001, 319; OLG Naumburg – 9 U 187/02, NJW-RR 2003, 677.
54 OLG Köln – 9 U 187/02, zfs 1999, 341; OLG Hamm – 20 U 195/08, MDR 2009, 1102.
55 OLG Saarbrücken – 5 U 217/01, zfs 2002, 143.
56 OLG Saarbrücken – 5 U 120/21, VersR 2023, 174.
57 OLG Schleswig – 9 U 129/94, r+s 1995, 290 = VersR 1996, 843.
58 OLG Köln – 9 U 112/95, r+s 1997, 52.
59 LG Halle SP 1997, 171; OLG Nürnberg r+s 1997, 359; OLG Naumburg r+s 1997, 359 = SP 1998, 23; OLG Köln SP 1998, 432 (Hasen, Füchse, Marder); OLG Köln r+s 2000, 190 = zfs 2000, 301; OLG Coburg SP 2003, 175.
60 BGH VersR 2003, 1250 = zfs 2003, 502 = NZV 2003, 520 = SP 2003, 385; OLG Koblenz NJW-RR 2004, 118.
61 LG Wiesbaden VersR 1992, 998.
62 OLG Köln VersR 1992, 1508 = zfs 1992, 203.
63 LG Passau DAR 1997, 28; OLG Karlsruhe r+s 1999, 404 = SP 1999, 386; OLG Köln zfs 1999, 339; **a.A.:** LG Hannover zfs 1999, 309.
64 R+s 1993, 206.
65 OLG Hamm zfs 1993, 308, 309; OLG Hamm VersR 2002, 478.
66 OLG Zweibrücken – 1 U 218/98, NVersZ 2000, 34 = VersR 2000, 884 = r+s 2000, 366; OLG Brandenburg – 14 U 56/01, zfs 2003, 191; **a.A.:** OLG Koblenz – 10 U 1442/02, r+s 2004, 11.

- Wenn die Verursachung eines Unfallschadens durch Zusammenstoß mit Haarwild nicht eindeutig festgestellt werden kann, führt das „**non liquet**“ dazu, dass die **Vollkaskoversicherung** eintrittspflichtig ist.[67]

VIII. Vollkaskoversicherung (A.2.3 AKB 2015)

198 Die Vollkaskoversicherung erweitert die Risiken der Teilkaskoversicherung um zwei wesentliche Schadenursachen:

- **Unfall** und
- **mut- oder böswillige Handlungen betriebsfremder Personen**.

199 Versichert sind **sämtliche Schäden**, für die der Diebstahl ursächlich ist, also auch Unfallschäden. Ersatzpflichtig sind allerdings nur die Schäden, die durch die Verwirklichung der Tat entstanden sind und damit in einem **adäquaten** Zusammenhang stehen.[68]

200 **Mutwillige Beschädigungen** nach einem Diebstahl sind nicht Gegenstand der Teilkaskoversicherung, sie sind nur in der **Vollkaskoversicherung** versichert.[69]

IX. Sachverständigenverfahren (A.2.6 AKB 2015)

201 In den früheren AKB und auch in der ursprünglichen Fassung von A.2.6 AKB 2015 war das Sachverständigenverfahren zwingend vorgeschrieben, sodass eine Klageerhebung erst dann möglich war, wenn das Sachverständigenverfahren durchgeführt worden war.

Am 1.10.2016 ist § 309 Nr. 14 BGB in Kraft getreten:

> *„Eine Bestimmung, wonach der andere Vertragsteil seine Ansprüche gegen den Verwender gerichtlich nur geltend machen darf, nachdem er eine gütliche Einigung in einem Verfahren zur außergerichtlichen Streitbeilegung versucht hat, ist unwirksam.“*

Nach Auffassung des LG Düsseldorf[70] und des LG Dortmund[71] ist diese Bestimmung (A.2.6 AKB 2015) nicht anwendbar.

Nunmehr kann das Sachverständigenverfahren nur noch fakultativ durchgeführt werden. Folgerichtig heißt es auch in der aktuellen Fassung von A.2.6.1 AKB 2015:

> *„Bei Meinungsverschiedenheit zur Schadenhöhe einschließlich der Feststellung des Wiederbeschaffungswertes oder über den Umfang der erforderlichen Reparaturarbeiten* ***kann auf ihren Wunsch*** *vor Klageerhebung ein Sachverständigenausschuss entscheiden.“*

Eine derartige Regelung enthalten die meisten Versicherungsbedingungen zur Sachversicherung.

Ein selbstständiges **gerichtliches Beweisverfahren (§§ 485 ff. ZPO)** ist zulässig.[72]

67 OLG Hamm v. 20.2.2008 – 20 U 134/07, r+s 2009, 59.
68 BGH v. 17.5.2006 – IV ZR 212/05, VersR 2006, 968 = r+s 2006.
69 BGH v. 17.5.2006 – IV ZR 212/05, VersR 2006, 968 = r+s 2006.
70 9 O 372/17, NZV 2019, 149.
71 2 O 160/18, r+s 2019, 196.
72 LG München I NJW-RR 1994, 355.

X. Musterschreiben

Bei Übernahme eines Mandats muss der Mandant darauf hingewiesen werden, dass die 202
Kosten eines Rechtsanwalts, der vorgerichtlich gegen den Kaskoversicherer tätig wird, vom Mandanten selbst zu tragen sind, da es sich um **vertragliche** Ansprüche handelt. Der Kaskoversicherer ist nur dann zur Tragung der Kosten verpflichtet, wenn er sich in **Verzug** befindet oder zu Unrecht seine Leistungspflicht **abgelehnt** hat. Auch besteht kein Anspruch gegenüber der Rechtsschutzversicherung, da diese nur dann eintrittspflichtig ist, wenn der Kaskoversicherer gegen seine **Vertragspflichten verstoßen** hat.

Dem Mandanten ist daher zu empfehlen, zunächst die Kaskoversicherung in Verzug zu 203
setzen, da nach Verzugseintritt die Rechtsanwaltskosten als Schadenersatz gemäß § 286 BGB geltend gemacht werden können. Dieser Anspruch besteht auch, wenn der Versicherer zu Unrecht seine Leistungspflicht abgelehnt hat, da dann eine Pflichtverletzung des Versicherers gemäß § 280 BGB vorliegt.

Wegen der Musterschreiben wird zunächst verwiesen auf die Entwürfe in Kapitel 3 204
(siehe § 3 Rdn 4 ff.).

1. Wildunfall

a) Sachverhalt

Der Versicherungsnehmer befährt mit seinem Pkw eine einsame Landstraße. Als unmit- 205
telbar vor ihm ein Reh auf die Fahrbahn läuft, bremst er sein Fahrzeug ab und versucht, dem Reh auszuweichen. Er kann den Zusammenstoß mit dem Reh zwar noch verhindern, prallt jedoch gegen einen Baum. Der Fahrzeugschaden beläuft sich auf 5.000 EUR.

b) Musterschreiben

▼ 206

Muster 4.11: Schreiben an Versicherer bei Schaden nach Ausweichen vor Wild

Sehr geehrte Damen und Herren, 4.11

Ihr Versicherungsnehmer   wird von mir gemäß beigefügter Vollmacht anwaltlich vertreten. Die gewechselte Korrespondenz, insbesondere Ihr Schreiben vom   , liegt mir vor. Sie haben den von meinem Mandanten geltend gemachten Schaden reguliert, allerdings nicht im Rahmen der Teilkaskoversicherung, vielmehr in der Vollkaskoversicherung mit einem Selbstbehalt von 1.000 EUR. Zur Begründung haben Sie ausgeführt, dass nur der Zusammenstoß mit Haarwild versichert sei, so dass die Abrechnung nicht über die Teilkaskoversicherung erfolgen könne.

Diese Ausführungen sind unzutreffend.

Wenn ein Autofahrer Haarwild ausweicht, um einen Zusammenstoß zu vermeiden, sind die durch das Ausweichmanöver entstandenen Schäden gemäß § 82 VVG zu ersetzen (BGH VersR 1991, 459 = zfs 1991, 135). Die unfallbedingten Reparaturkosten sind daher in vollem Umfang gemäß § 82 VVG zu ersetzen. Die Abrechnung über die Vollkaskoversicherung ist unzulässig, da ein Wildschaden oder dessen Vermeidung Gegenstand der Teilkaskoversicherung ist. Aber auch die für die Teilkaskoversicherung vereinbarte

Selbstbeteiligung darf nicht berechnet werden, da diese im Rahmen von § 82 VVG nicht zu berücksichtigen ist.

Ich muss Sie daher auffordern, den Betrag in Höhe von 1.000 EUR bis spätestens auf eines der unten angegebenen Konten zu überweisen. Die beiliegende Vollmacht berechtigt mich auch zur Entgegennahme von Zahlungen.

Mit freundlichem Gruß

Rechtsanwalt

▲

c) Hinweise

207 Der Versicherungsnehmer muss beweisen, dass er tatsächlich einem Tier gemäß § 2 Abs. 1 Nr. 1 Bundesjagdgesetz (BJagdG) ausweichen musste. Ihm kommen keine Beweiserleichterungen zugute. Wenn er allein im Fahrzeug war und ihm auch keine sonstigen Beweismittel zur Verfügung stehen, verbleibt ihm nur die Möglichkeit der Abrechnung über die Vollkaskoversicherung. Es kommt im Einzelfall eine Anhörung gemäß § 141 ZPO in Betracht, wenn der Versicherungsnehmer absolut glaubwürdig ist und weitere Indizien für seinen Sachvortrag sprechen.[73]

2. Trunkenheitsklausel

a) Rechtslage

208 Bei absoluter Fahruntüchtigkeit ist der Versicherer wegen grober Fahrlässigkeit im Regelfall leistungsfrei, bei relativer Fahruntüchtigkeit kommt eine Leistungskürzung gemäß § 81 Abs. 2 VVG in Betracht.

b) Sachverhalt

209 Der Versicherungsnehmer verursacht mit einer Blutalkoholkonzentration von 1,6 Promille einen Verkehrsunfall. Der Kaskoversicherer lehnt eine Entschädigung ab, da von grober Fahrlässigkeit auszugehen sei.

c) Musterschreiben

210 ▼

Muster 4.12: Schreiben an Versicherer nach Trunkenheitsunfall

4.12 Sehr geehrte Damen und Herren,

Ihr Versicherungsnehmer wird von mir gemäß beigefügter Vollmacht anwaltlich vertreten. Die gewechselte Korrespondenz, insbesondere Ihr Schreiben vom liegt mir vor.

Sie haben Ihre Eintrittspflicht mit der Begründung verneint, dass bei absoluter Fahruntüchtigkeit der Versicherer völlig leistungsfrei sei.

73 OLG Saarbrücken – 5 U 217/02, zfs 2002, 143.

In der von Ihnen zitierten Entscheidung des BGH vom 11.1.2012 (IV ZR 251/10, r+s 2012, 166) wird ausgeführt, dass eine Kürzung auf Null nur in Ausnahmefällen in Betracht kommt und die Abwägung der Umstände des Einzelfalles zu berücksichtigen ist. Im Vordergrund steht die Frage, ob die alkoholbedingte Fahruntüchtigkeit die alleinige Schadenursache war und ob der Versicherungsnehmer bei Trinkbeginn wusste oder damit rechnen musste, dass er anschließend sein Fahrzeug benutzen werde.

Diese Voraussetzungen liegen hier nicht vor: Das Unfallereignis beruhte auf einer Vorfahrtsverletzung des Unfallgegners. Mein Mandant hatte sich zu Hause dem Alkohol hingegeben, weil seine Ehefrau ihn verlassen hatte. Am späten Abend erhielt er einen Anruf von seiner Ehefrau, sie habe einen Unfall erlitten, er möge sie an der Unfallstelle abholen.

Vor diesem Hintergrund ist die Kürzung auf *Null* in keinem Fall gerechtfertigt, hier kommt allenfalls eine Quote von 50 % in Betracht. Ich bitte Sie insoweit um Ihre abschließende Stellungnahme bis zum . Nach fruchtlosem Fristablauf werde ich Klage erheben.

Mit freundlichem Gruß

Rechtsanwalt

▲

3. Unfallflucht

a) Rechtslage

Unfallflucht gilt als Verstoß gegen die Aufklärungspflicht des Versicherungsnehmers 211
und nach bisheriger Rechtsprechung auch bei einer eindeutigen Haftungslage.

Aufgrund der VVG-Reform ist auch bei einer vorsätzlichen Verletzung der Aufklärungsobliegenheit der Versicherer leistungsfrei, wenn sich die Unfallflucht nicht kausal auf die Feststellung des Versicherungsfalles und die Höhe des Schadens auswirkt. Das LG Düsseldorf[74] und das LG Saarbrücken[75] haben eine Leistungsfreiheit des Versicherers bejaht, weil der Unfallflüchtige arglistig gehandelt habe, so dass auch kein Kausalitätsgegenbeweis geführt werden könne.

Der BGH[76] hat klargestellt, dass in den Fällen des § 142 StGB nicht stets von einer 212
arglistigen Handlungsweise des Versicherungsnehmers auszugehen sei. Der Kausalitätsgegenbeweis könne geführt werden, wenn der Versicherungsnehmer nachweist, dass die Beachtung der aus § 142 Abs. 2 StGB folgenden Rechtspflichten keine zusätzlichen Aufklärungsmöglichkeiten verschafft hätte. Auch das LG Bonn[77] hat die Möglichkeit des Kausalitätsgegenbeweises bejaht, da der Unfallhergang eindeutig war und auch die sofortige Überprüfung durch die Polizei zu keinen neuen Erkenntnissen geführt hätte.

74 LG Düsseldorf v. 18.6.2010 – 20 S 7/10, SP 2011, 86.
75 LG Saarbrücken v. 1.10.2010 – 13 S 75/10, NJW-RR 2011, 187.
76 BGH v. 5.3.2013 – VI ZR 8/12, DAR 2013, 79, 81.
77 LG Bonn v. 29.10.2013 – 8 S 118/13, SP 2014, 94.

b) Sachverhalt

213 Der Versicherungsnehmer fährt rückwärts gegen ein parkendes Fahrzeug. Er entfernt sich von der Unfallstelle, kann jedoch ermittelt werden, weil Zeugen das Kennzeichen seines Fahrzeuges notiert haben. Sein Haftpflichtversicherer reguliert den Schaden, macht jedoch Regressansprüche in Höhe von 2.200 EUR geltend.

c) Musterschreiben

214 ▼

Muster 4.13: Schreiben an Versicherer bei Regressansprüchen nach Unfallflucht

Sehr geehrte Damen und Herren,

Ihr Versicherungsnehmer wird von mir gemäß beigefügter Vollmacht anwaltlich vertreten. Sie haben Regressansprüche wegen Unfallflucht geltend gemacht, weil mein Mandant bei einem Unfall vom sich von der Unfallstelle entfernt und gegen § 142 StGB verstoßen habe. Selbst wenn mein Mandant insoweit gegen seine Aufklärungsobliegenheit verstoßen hätte, wäre diese nicht kausal für die Feststellung des Schadenhergangs und der Schadenhöhe. Unfallflucht ist nicht in jedem Falle arglistig (BGH – VI ZR 8/12, DAR 2013, 79, 81). Der Kausalitätsgegenbeweis ist somit möglich. Der Unfallhergang war eindeutig, auch eine sofortige Überprüfung der beiden Fahrzeuge hätte nicht zu neuen Erkenntnissen geführt (LG Bonn – 8 S 180/13, SP 2014, 94). Ihre Gesellschaft hat auch bislang nicht dargetan, welche Maßnahmen bei rechtzeitiger Erfüllung der Obliegenheiten getroffen worden wären und welchen Erfolg sie sich davon versprochen hätte.

Mein Mandant wird daher die geltend gemachte Regressforderung nicht ausgleichen, so dass ich Klageerhebung anheimstellen muss.

Mit freundlichem Gruß

Rechtsanwalt

▲

XI. Gerichtliches Verfahren: Musterklagen und -klageerwiderungen

215 Klageschriften sollen sich auf den wesentlichen Prozessstoff beschränken und nicht mit überflüssigen Klageanträgen befrachtet werden. Über Kosten und die vorläufige Vollstreckbarkeit sowie Sicherheitsleistungen wird von Amts wegen entschieden. Lediglich für den Fall des schriftlichen Vorverfahrens erscheint es sinnvoll, den Antrag auf Erlass eines Versäumnisurteils zu stellen, wenn der Beklagte seine Verteidigungsbereitschaft nicht rechtzeitig aktenkundig macht. Ergänzend wird auf die Klageentwürfe zu Kapitel 3 hingewiesen (siehe § 3 Rdn 4 ff.).

1. Unfallbegriff Reifenplatzer

▼ 216

Muster 4.14: Klage nach Unfall durch geplatzten Reifen

4.14

An das Landgericht

Klage

des , (*Adresse*),

– Kläger –

Prozessbevollmächtigter: Rechtsanwalt ,

gegen

die Versicherung AG, vertr.d.d. Vorstand, dieser vertr.d.d. Vorsitzenden , (*Adresse*),

– Beklagte –

wegen: Versicherungsleistung (**Schd.-Nr.**)

Streitwert: 18.000 EUR

Anträge:

1. Die Beklagte wird verurteilt, an den Kläger 18.000 EUR nebst Zinsen in Höhe von 5 Prozentpunkten über dem Basiszinssatz der Europäischen Zentralbank seit Klagezustellung zu zahlen.
2. Im schriftlichen Vorverfahren ergeht Versäumnisurteil gemäß § 331 Abs. 3 ZPO.
3. Die Beklagte wird verurteilt, den Kläger von vorgerichtlichen Rechtsanwaltskosten in Höhe von 1.214,99 EUR freizustellen.

Gründe:

Gegenstand der Klage sind Leistungsansprüche des Klägers aus einer bei der Beklagten bestehenden Vollkaskoversicherung mit einer Selbstbeteiligung in Höhe von 2.000 EUR. Die Beklagte hat ihre Leistungspflicht verneint, weil der Totalschaden am klägerischen Fahrzeug nicht auf ein Unfallereignis zurückzuführen sei, es handele sich vielmehr um einen nicht versicherten Betriebsschaden.

1. Der Kläger ist Versicherungsnehmer eines mit der Beklagten vereinbarten Vollkasko-Versicherungsvertrages, der eine Selbstbeteiligung von 2.000 EUR vorsieht.
   Beweis: Vorlage des Versicherungsscheins vom , von dem eine Kopie als **Anlage K 1** zu den Gerichtsakten gereicht wird.
2. Am befuhr der Kläger mit dem versicherten Pkw die BAB 4 von Köln in Fahrtrichtung Aachen. In Höhe der Autobahnabfahrt Düren platzte der rechte Vorderreifen des versicherten Fahrzeuges. Das Fahrzeug geriet ins Schleudern, prallte gegen eine Leitplanke und überschlug sich mehrfach.
   Beweis für alles Vorstehende:
   Beiziehung und Verwertung zu Beweiszwecken der Ermittlungsakten der Staatsanwaltschaft Aachen, Az. .
3. Der Fahrzeugschaden belief sich nach einem von der Beklagten eingeholten Gutachten auf 20.000 EUR. Unter Berücksichtigung der Selbstbeteiligung von 2.000 EUR verbleibt ein Betrag in Höhe von 18.000 EUR, der mit dieser Klage geltend gemacht wird.

4. Der Reifenplatzer mit entsprechenden weiteren Schäden an den reifennahen Karosserieteilen wurde durch einen größeren Fremdkörper verursacht, der sich in den Reifen eingefahren hatte.
   Beweis: Sachverständigengutachten.
   Die am Reifen vorhandenen Verschleißerscheinungen waren nicht schadenursächlich.
   Beweis: wie vor.
5. Dem Versicherungsvertrag liegen die AKB 2015 zugrunde.
   Gemäß A.2.2.2 AKB 2015 sind Unfälle des versicherten Fahrzeuges versichert. Der Unfall wird wie folgt definiert:
   „Als Unfall gilt ein unmittelbar von außen plötzlich mit mechanischer Gewalt auf das Fahrzeug einwirkendes Ereignis."
   Dieses Ereignis war nicht der Reifenplatzer als solcher, sondern das Einfahren eines größeren Fremdkörpers in den rechten Vorderreifen.
   Der Reifenplatzer und der dadurch eingetretene Totalschaden am klägerischen Fahrzeug war nicht das eigentliche Unfallereignis, vielmehr das Einfahren des größeren Fremdkörpers, der zum Platzen des rechten Vorderreifens geführt hat (LG Karlsruhe, 9 O 95/12, SP 2014, 20).
6. Der Prozessbevollmächtigte des Klägers hat mit der Beklagten vorgerichtlich umfassend korrespondiert, ohne dass die Beklagte zu einem Einlenken bereit war. Klage ist daher geboten. Die außergerichtlichen Kosten des Klägers errechnen sich wie folgt:

Gegenstandswert: 18.000 EUR	
Geschäftsgebühr §§ 13, 14 RVG, Nr. 2300 VV RVG 1,3	1.001,00 EUR
Pauschale für Post und Telekommunikation Nr. 7002 VV RVG	20,00 EUR
Zwischensumme netto	1.021,00 EUR
19 % Umsatzsteuer Nr. 7008 VV RVG	193,991 EUR
Gesamtbetrag	**1.214,99 EUR**

7. Gerichtskosten in Höhe von **1.059,00 EUR** zahle ich per anliegendem Verrechnungsscheck.

Rechtsanwalt

▲

▼ 217

Muster 4.15: Klageerwiderung nach Unfall durch Reifenplatzer

4.15

An das Landgericht

Az.:

In Sachen

(*VN*) ./. Versicherungs-AG

bestellen wir uns zu Prozessbevollmächtigten der Beklagten.

Antrag:

Die Klage wird abgewiesen.

Gründe:

Die geltend gemachten Ansprüche werden dem Grunde und der Höhe nach bestritten. Die Beschädigung des klägerischen Fahrzeuges ist nicht durch einen Unfall eingetreten, es liegt vielmehr ein nicht versicherter Betriebsschaden vor.

1. Die Angaben zum Versicherungsvertrag sind zutreffend.
2. Es ist unstreitig, dass der Totalschaden am klägerischen Fahrzeug auf einen „*Reifenplatzer*" zurückzuführen ist.
3. Die Klage hätte nur dann Erfolg, wenn von einem „*Unfall*" gemäß A.2.2.2.2 AKB 2015 auszugehen wäre. Es müsste „*ein unmittelbar von außen plötzlich mit mechanischer Gewalt auf das Fahrzeug einwirkendes Ereignis*" eingetreten sein. Diese Tatbestandsmerkmale sind nicht verwirklicht. Der Reifen ist zwar „plötzlich" geplatzt, die mechanische Gewalt eines Fremdkörpers hat sich jedoch, soweit ein solcher Fremdkörper tatsächlich ursächlich war, nur allmählich ausgewirkt. Es kommt hinzu, dass der geplatzte Reifen vorgeschädigt war, diese Schäden waren nicht nur schadenbegünstigend, sie waren auch schadenursächlich
   Beweis: Sachverständigengutachten.
4. Es ist nicht unwahrscheinlich, dass das Platzen des Reifens durch einen Betriebsvorgang verursacht worden ist. Bei dem versicherten Fahrzeug handelt es sich um einen Porsche 911 GT 3, also einen Sportwagen, der für hohe Geschwindigkeiten ausgerichtet ist. Das Platzen des rechten Vorderreifens, der vorgeschädigt war, ist somit auf die starke Belastung bei hoher Geschwindigkeit zurückzuführen. Es ist daher von einem nicht versicherten Betriebsschaden auszugehen (OLG Hamm – 20 U 83/13, NJW-RR 2014, 812).
5. Vorsorglich werden die Ansprüche auch der Höhe nach bestritten. Neben der Selbstbeteiligung ist auch der Restwerterlös in Höhe von 1.500 EUR zu berücksichtigen.

Rechtsanwalt

▲

2. Unfallschaden nach Diebstahl

218 ▼

Muster 4.16: Klage bei Unfallschaden nach Diebstahl

4.16

An das Amtsgericht

Klage

der Frau , (*Adresse*),

– **Klägerin** –

Prozessbevollmächtigter: Rechtsanwalt Köln,

gegen

die Versicherungs-AG, vertr.d.d. Vorstand, dieser vertr.d.d. Vorsitzenden ,

– **Beklagte** –

wegen: Versicherungsleistung (**Schd.-Nr.**)

Streitwert: 1.700 EUR

Anträge:

1. Die Beklagte wird verurteilt, an die Klägerin 1.700 EUR nebst Zinsen in Höhe von 5 Prozentpunkten über dem Basiszinssatz der Europäischen Zentralbank seit Klagezustellung zu zahlen.
2. Im schriftlichen Vorverfahren ergeht Versäumnisurteil gemäß § 331 Abs. 3 ZPO.
3. Die Beklagte wird verurteilt, die Klägerin von vorgerichtlichen Rechtsanwaltskosten in Höhe von 280,60 EUR freizustellen.

Gründe:

Gegenstand der Klage sind Leistungsansprüche der Klägerin aus einer bei der Beklagten bestehenden Teilkaskoversicherung. Die Beklagte hat einen Teilkaskoschaden als Vollkaskoschaden abgerechnet unter Berücksichtigung einer Selbstbeteiligung von 2.000 EUR. Es lag jedoch ein Teilkaskoschaden vor, für den eine Selbstbeteiligung von 300 EUR vereinbart worden ist.

1. Die Zuständigkeit des angerufenen Gerichtes ergibt sich aus § 215 VVG.
2. Die Klägerin unterhält bei der Beklagten für ihr Fahrzeug mit dem amtl. Kennz. eine Vollkaskoversicherung mit einer Selbstbeteiligung von 2.000 EUR und eine Teilkaskoversicherung mit einer Selbstbeteiligung von 300 EUR.
   Beweis: Vorlage des Versicherungsscheines vom , von dem eine Kopie als **Anlage K 1** zu den Gerichtsakten gereicht wird.
3. Am wurde das versicherte Fahrzeug durch unbekannte Diebe entwendet und am in einem Waldgelände in der Nähe von sichergestellt. Das Fahrzeug hatte durch einen Unfall einen Totalschaden erlitten.
   Beweis: Beiziehung und Verwertung zu Beweiszwecken der Ermittlungsakten der Staatsanwaltschaft , Az. .
   Dieser Sachverhalt ist unstreitig.
4. Der von der Beklagten beauftragte Sachverständige hat den Fahrzeugschaden mit insgesamt 15.000 EUR beziffert. Die Beklagte hat unter Berücksichtigung einer Selbstbeteiligung von 2.000 EUR an die Klägerin 13.000 EUR gezahlt.

5. Die Klägerin ist der Auffassung, dass von einem Diebstahlschaden auszugehen ist, der unter die Teilkaskoversicherung fällt. Nur ein Abzug in Höhe von 300 EUR ist gerechtfertigt, so dass mit dieser Klage der Differenzbetrag in Höhe von 1.700 EUR geltend gemacht wird.
6. Dem Versicherungsvertrag liegen die AKB 2015 zugrunde. Gemäß A.2.2.2 ist in der Teilkaskoversicherung versichert „*die Entwendung, insbesondere durch Diebstahl und Raub*". Unstreitig war das Fahrzeug der Klägerin vor dem Unfallereignis entwendet worden.
   Der Diebstahl war somit adäquat kausal für den anschließenden Unfall, so dass die Teilkaskoversicherung eintrittspflichtig ist (BGH, IV ZR 212/05, r+s 2006, 325).
7. Der Prozessbevollmächtigte der Klägerin hat die Beklagte in der außergerichtlichen Korrespondenz auf diese Rechtslage hingewiesen. Die Beklagte war jedoch nicht bereit, ihre Abrechnung zu korrigieren. Klage ist daher geboten. Die vorgerichtlichen Kosten des Prozessbevollmächtigten der Klägerin errechnen sich wie folgt:

Gegenstandswert: 1.700 EUR	
Geschäftsgebühr §§ 13, 14 RVG, Nr. 2300 VV RVG 1,3	215,800 EUR
Pauschale für Post und Telekommunikation Nr. 7002 VV RVG	20,00 EUR
Zwischensumme netto	235,80 EUR
19 % Umsatzsteuer Nr. 7008 VV RVG	44,80 EUR
Gesamtbetrag	**280,60 EUR**

8. Gerichtskosten in Höhe von **294,00 EUR** zahle ich per anliegendem Verrechnungsscheck.

Rechtsanwalt

▲

▼ 219

Muster 4.17: Klageerwiderung bei Unfallschaden nach Diebstahl 4.17

An das Amtsgericht

Az.:

In Sachen

(*VN*) ./. Versicherungs-AG

bestellen wir uns zu Prozessbevollmächtigten der Beklagten.

Antrag:

Die Klage wird abgewiesen.

Gründe:

Die geltend gemachten Ansprüche werden dem Grunde und der Höhe nach bestritten.

Das klägerische Fahrzeug war durch einen Unfall beschädigt worden. Ein Unfall gehört nicht zu den versicherten Risiken in der Teilkaskoversicherung, Versicherungsschutz besteht ausschließlich in der Vollkaskoversicherung.

1. Der in der Klageschrift geschilderte Fahrzeugdiebstahl wird in rechtlich zulässiger Weise (§ 138 Abs. 2 ZPO) mit Nichtwissen bestritten. Das klägerische Fahrzeug wies bei der polizeilichen Sicherstellung keinerlei Aufbruchspuren auf, auch das Lenkradschloss war unbeschädigt. Es ist daher davon auszugehen, dass das Fahrzeug mit einem passenden Schlüssel zur Unfallstelle gelangt ist.
2. Die Versicherungsfälle *Entwendung* und *Unfall* sind eigenständig versicherte Gefahren, so dass bei Beschädigung eines Kraftfahrzeuges durch Unfall die Schadenregulierung auch ausschließlich im Rahmen der Vollkaskoversicherung zu erfolgen hat.

Rechtsanwalt

▲

3. Unfallflucht

220 ▼

Muster 4.18: Klage gegen Regressansprüche des Versicherers nach Unfallflucht

4.18

An das Landgericht

Klage

des Herrn , (*Adresse*),

– Kläger –

Prozessbevollmächtigter: Rechtsanwalt Köln,

gegen

die Versicherungs-AG, vertr.d.d. Vorstand, dieser vertr.d.d. Vorsitzenden ,

– Beklagte –

wegen: Feststellung (**Schd.-Nr.**)

Streitwert: 5.000 EUR

Anträge:

1. Es wird festgestellt, dass der Beklagten keine Regressansprüche aus dem Unfallereignis vom 1.1.2014 zustehen.
2. Im schriftlichen Vorverfahren ergeht Versäumnisurteil gemäß § 331 Abs. 3 ZPO.
3. Die Beklagte wird verurteilt, den Kläger von vorgerichtlichen Rechtsanwaltskosten in Höhe von 540,50 EUR freizustellen.

Gründe:

Gegenstand der Klage sind vermeintliche Regressansprüche der Klägerin wegen Unfallflucht anlässlich eines Verkehrsunfalls vom .

1. Am befand sich der Kläger mit einem bei der Beklagten versicherten Fahrzeug auf dem Heimweg. Vor seinem Haus wollte er das Fahrzeug in einer Parklücke abstellen. Bei diesem Vorgang beschädigte er ein parkendes Fahrzeug erheblich.
   Der Kläger beließ sein Fahrzeug in der Parkposition und befestigte an der Windschutzscheibe des beschädigten Fahrzeuges einen Zettel mit seiner Anschrift und dem Eingeständnis, dass er das parkende Fahrzeug beschädigt habe.
   Gegen den Kläger wurde ein Ermittlungsverfahren wegen Unfallflucht gemäß § 142 Abs. 1 StGB eingeleitet und nach § 153a StPO eingestellt.
2. Die Beklagte hat den von dem Kläger verursachten Schaden mit insgesamt 6.000 EUR reguliert und Regressansprüche gegen den Kläger in Höhe von 5.000 EUR geltend gemacht. Sie hat in der vorprozessualen Korrespondenz darauf hingewiesen, dass Unfallflucht einen Verstoß gegen die Aufklärungsobliegenheit gegen E.1.3 AKB 2015 bedeute, so dass sie im Innenverhältnis gemäß § 6 KfzPflVV bis zum Höchstbetrag leistungsfrei sei.
3. In rechtlicher Hinsicht ist davon auszugehen, dass Leistungsfreiheit nicht eingetreten ist, weil der Kläger den Kausalitätsgegenbeweis geführt hat.
   3.1 Gemäß E.6.2 AKB 2015, der inhaltlich § 28 Abs. 3 VVG entspricht, ist auch bei einer vorsätzlichen Obliegenheitsverletzung der Kausalitätsgegenbeweis möglich.
   3.2 Die Beklagte hat sich in der vorprozessualen Korrespondenz darauf berufen, der Kläger habe arglistig gehandelt, so dass das Kausalitätserfordernis gemäß E.6.2 AKB 2015 und § 28 Abs. 3 Satz 2 VVG entfalle. Der Kläger habe den Unfall wegen alkoholbedingter Fahruntüchtigkeit verursacht und habe sich auch deshalb von der Unfallstelle entfernt.
   3.3 Entgegen der vermeintlichen Auffassung der Beklagten ist auch bei Unfallflucht der Kausalitätsgegenbeweis möglich (BGH, IV ZR 97/11, zfs 2013, 91; LG Bonn, 8 S 118/13, zfs 2014, 215). Wie in den beiden vorgenannten Entscheidungen zutreffend ausgeführt wird, setzt eine arglistige Verletzung der Aufklärungsobliegenheit voraus, dass der Versicherungsnehmer einen gegen die Interessen des Versicherers gerichteten Zweck verfolgt und weiß, dass sein Verhalten die Schadenregulierung beeinflussen kann.
   Die ältere Rechtsprechung wird nicht mehr aufrechterhalten, nach der § 142 StGB auch reflexartig das Aufklärungsinteresse des Versicherers schütze, ob der Versicherungsnehmer unter Alkoholeinfluss stand.
   Diese Überlegungen können allein deshalb nicht nachvollzogen werden, da § 142 StGB dann nicht verwirklicht wird, wenn der Unfallverursacher den Geschädigten informiert.
   3.4 Der Unfallhergang war eindeutig und zweifelsfrei. Auch die Einschaltung der Polizei hätte nicht zu weiteren Aufklärungsmöglichkeiten der Beklagten geführt. Insoweit ist die Beklagte im Rahmen ihrer sekundären Beweispflicht darlegungs- und beweispflichtig.

4. Die bei dem Prozessbevollmächtigten des Klägers entstandenen vorgerichtlichen Rechtsanwaltskosten errechnen sich wie folgt:

Gegenstandswert: 5.000 EUR	
Geschäftsgebühr §§ 13, 14 RVG, Nr. 2300 VV RVG 1,3	434,20 EUR
Pauschale für Post und Telekommunikation Nr. 7002 VV RVG	20,00 EUR
Zwischensumme netto	454,20 EUR
19 % Umsatzsteuer Nr. 7008 VV RVG	86,30 EUR
Gesamtbetrag	**540,50 EUR**

5. Gerichtskosten in Höhe von **483,00 EUR** zahle ich per anliegendem Verrechnungsscheck.

Rechtsanwalt

▲

221 ▼

Muster 4.19: Klageerwiderung bei Unfallflucht

4.19 An das Landgericht

Az.:

In Sachen

./. Versicherungs-AG

bestellen wir uns zu Prozessbevollmächtigten der Beklagten.

Antrag:

Die Klage wird abgewiesen.

Gründe:

Die geltend gemachten Ansprüche werden dem Grunde und der Höhe nach bestritten. Die Klage ist unbegründet, weil der Kläger seine Aufklärungsobliegenheit verletzt hat, als er sich unerlaubt von der Unfallstelle entfernte.

1. Unstreitig ist der Tatbestand von § 142 StGB durch den Kläger verwirklicht worden. Eine Verurteilung ist nicht erforderlich, für die Leistungsfreiheit des Versicherers genügt eine Einstellung des Verfahrens gemäß § 153a StPO (LG Köln, 11 S 436/08, SP 2010, 266). Die Beklagte ist gemäß E.6.2 AKB 2015 leistungsfrei, weil der Kläger arglistig gehandelt hat. Der Kläger hat sich von der Unfallstelle entfernt, weil er alkoholbedingt fahruntüchtig war und entsprechende Feststellungen verhindern wollte.
2. Das Verlassen einer Unfallstelle bei eindeutiger Haftungslage stellt ein vertragswidriges Verhalten des Versicherungsnehmers dar. Der Kläger hat arglistig gehandelt, weil ihm bewusst war, dass sein Verhalten die Beklagte bei der Schadenregulierung möglicherweise beeinflussen könnte (LG Düsseldorf, 20 S 7/10, MDR 2010, 1319; LG Saarbrücken, 13 S 75/10, zfs 2010, 630).

Rechtsanwalt

▲

XII. Checkliste: Kaskoversicherung

I. Versicherungsvertrag 222

- Welche AKB sind Vertragsgegenstand?
- Ist die fällige Prämie gezahlt?
- Besteht eine vorläufige Deckungszusage?

II. Schadenfeststellung

- Liegt ein Gutachten des Kaskoversicherers vor?
- Ist eine Selbstbeteiligung vereinbart worden?
- Fällt der Schaden unter die Teilkasko-Versicherung oder die Vollkasko-Versicherung?
- Welche Schadenschilderung hat der Mandant dem Versicherer übersandt? (Kopie der Schadenanzeige)

III. Grobe Fahrlässigkeit

- Lag alkoholbedingte Fahruntüchtigkeit (relativ oder absolut) vor?
- Ist der Unfall auf einen besonderen schwerwiegenden Verkehrsverstoß (Rotlichtverstoß, Übermüdung, riskantes Überholmanöver o.Ä.) zurückzuführen?

IV. Obliegenheiten

- Hatte der Fahrer zum Unfallzeitpunkt eine ordnungsgemäße Fahrerlaubnis?
- Befand sich das Fahrzeug in einem verkehrssicheren Zustand (Reifen, Bremsen)?
- Hat der Mandant alle Fragen des Versicherers wahrheitsgemäß beantwortet?
- Sind (beim Diebstahl) alle Fahrzeugpapiere und Fahrzeugschlüssel dem Versicherer übersandt worden?

V. Fälligkeit

- Sind die Ermittlungen des Versicherers zum Schadenhergang und zur Schadenhöhe abgeschlossen?
- Lagen dem Versicherer bereits die Ermittlungsakten vor?
- Befindet sich der Versicherer in Verzug?

VI. Klageerhebung

- Besteht eine eintrittspflichtige Rechtsschutzversicherung?

XIII. Schaubilder

223

Quotenvorrecht/Differenztheorie

Beispiel 1: Haftungsquote 50 %

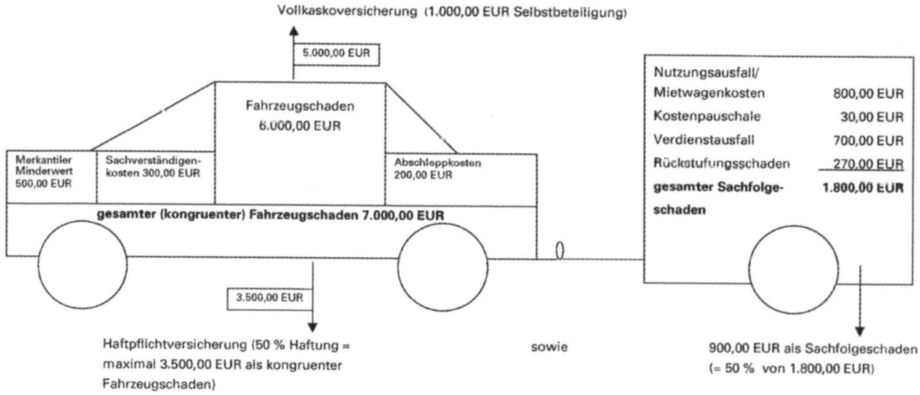

224

Quotenvorrecht/Differenztheorie

Beispiel 2: Haftungsquote 20 % – Abrechnung *nach* Inanspruchnahme der Vollkaskoversicherung

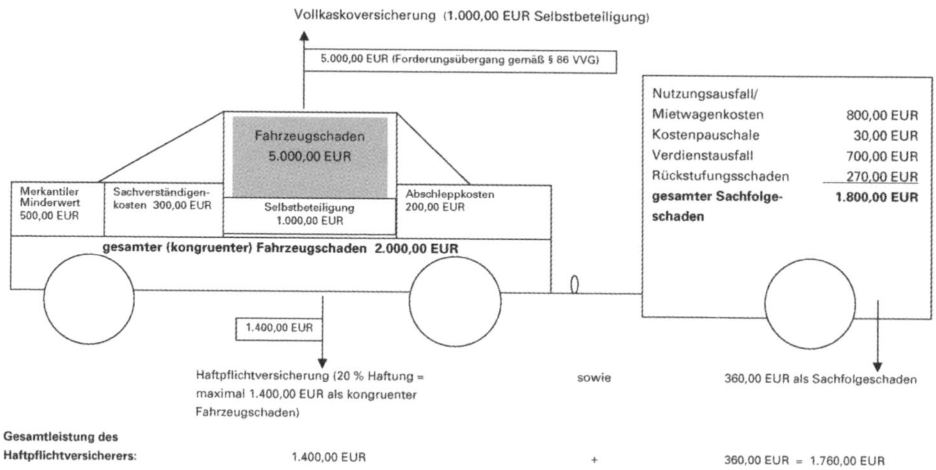

225

Quotenvorrecht/Differenztheorie

Beispiel 3: Haftungsquote 20 %

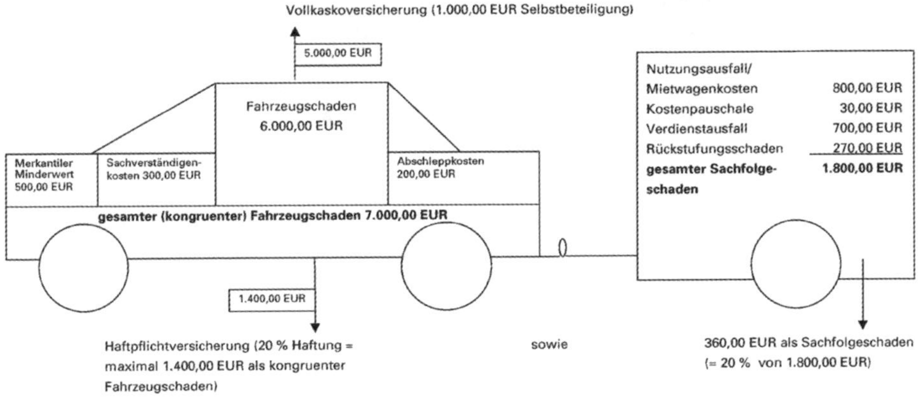

226

Quotenvorrecht/Differenztheorie

Beispiel 4: Haftungsquote 50 % – Abrechnung *nach* Inanspruchnahme der Vollkaskoversicherung

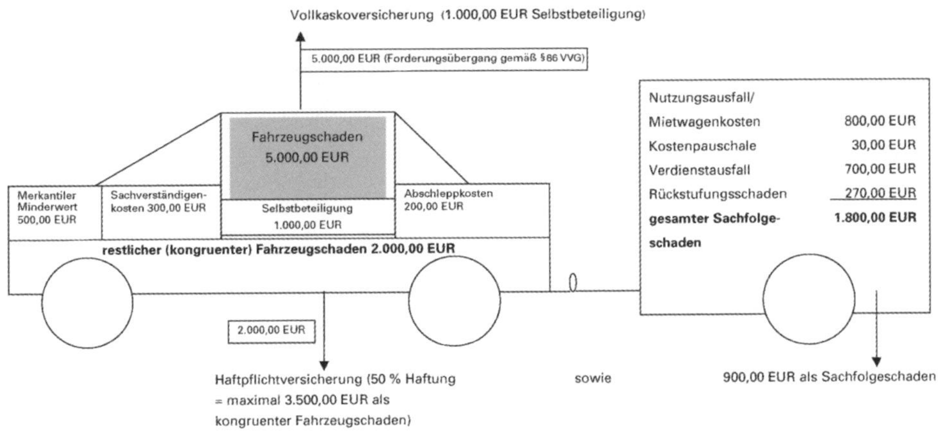

Gesamtleistung des Haftpflichtversicherers: 2.000,00 EUR + 900,00 EUR = 2.900,00 EUR

227

Differenzberechnung

Haftungsquote 50 %

Fahrzeugschaden	6.000 EUR	
Merkantiler Minderwert	500 EUR	
Sachverständigenkosten	300 EUR	
Abschleppkosten	+ 200 EUR	
	7.000 EUR	=> Anspruch gegen den Haftpflichtversicherer (maximal 3.500 EUR)
Leistung des Vollkaskoversicherten	– 5.000 EUR	
(Selbstbeteiligung 1.000 EUR)		
verbleibende Differenz (Restschaden)	**2.000 EUR**	

ERGEBNIS: Der kongruente Fahrzeugschaden wird voll ersetzt

Leistung des Vollkaskoversicherers:	5.000 EUR
Leistung des Haftpflichtversicherers:	+ 2.000 EUR
	7.000 EUR

Haftungsquote 20 %

Fahrzeugschaden	6.000 EUR	
Merkantiler Minderwert	500 EUR	
Sachverständigenkosten	300 EUR	
Abschleppkosten	+ 200 EUR	
	7.000 EUR	=> Anspruch gegen den Haftpflichtversicherer (maximal 1.400 EUR)
Leistung des Vollkaskoversicherten	– 5.000 EUR	
(Selbstbeteiligung 1.000 EUR)		
verbleibende Differenz (Restschaden)	**2.000 EUR**	

ERGEBNIS: Der kongruente Fahrzeugschaden wird nicht voll ersetzt

Leistung des Vollkaskoversicherers:	5.000 EUR
Leistung des Haftpflichtversicherers:	+ 1.400 EUR
	6.400 EUR

§ 5 Haftpflichtversicherungen

Kerstin Hartwig

Inhalt

A. Allgemeine Haftpflichtversicherung

I. Allgemeines

1 Die Haftpflichtversicherung deckt **keine Eigenschäden** des Versicherungsnehmers, sondern durch ein Verhalten oder Unterlassen des Versicherungsnehmers entstandene **Schäden Dritter**, infolge derer der Versicherungsnehmer dem Dritten zu Schadenersatz verpflichtet ist. Die Haftpflichtversicherung dient damit dem Schutz des Versicherungsnehmers vor wirtschaftlichen Nachteilen, die ihm durch Schadenersatzansprüche Dritter drohen.

2 Allerdings haben weder der Dritte noch der Versicherungsnehmer einen Anspruch auf Zahlung des Versicherers an den Dritten. Unmittelbare Rechtsbeziehungen bestehen nach dem **Trennungsprinzip** nur zwischen dem geschädigten Dritten und dem Schädiger einerseits (**Haftpflichtverhältnis**) und zwischen dem Versicherungsnehmer und dem Versicherer (**Deckungsverhältnis**) andererseits.[1] Dies gilt auch in der **Pflichtversicherung** (§§ 113–124 VVG), also in den Fällen, in denen der Versicherungsnehmer durch Rechtsnorm (z.B. als Halter von Kraftfahrzeugen gem. § 1 PflVG oder der Rechtsanwalt nach § 51 Abs. 1 BRAO) zum Abschluss einer Haftpflichtversicherung verpflichtet ist.

1 Vgl. BGH NJW-RR 2001, 1311 = VersR 2001, 1103.

Ein **Direktanspruch** des Geschädigten gegen den Versicherer besteht nur in **Ausnahmefällen** (vgl. Rdn 95).

Die **Privathaftpflichtversicherung** deckt die **Gefahren des täglichen Lebens**, während Berufs- und Betriebshaftpflichtversicherungen unternehmerische Risiken absichern. 3

> *Beispiel*
>
> Der Versicherungsnehmer missachtet beim Fahrradfahren das Vorfahrtsrecht eines Autofahrers. Hierdurch kommt es zu einem Verkehrsunfall, infolge dessen der Dritte sich verletzt. Außerdem entstehen Schäden an seinem Pkw.
>
> Das Radfahren im Straßenverkehr stellt eine Gefahr des täglichen Lebens dar. Es besteht Versicherungsschutz in der Privathaftpflichtversicherung.

Die **Berufshaftpflichtversicherung** deckt **Fehler bei der eigentlichen Berufsausübung** ab. 4

> *Beispiel*
>
> Der Versicherungsnehmer ist Rechtsanwalt und versäumt aufgrund falscher Fristberechnung eine Verjährungsfrist eines ansonsten durchsetzbaren Anspruches seines Mandanten. Hierdurch entsteht dem Mandanten ein Schaden.
>
> Der Versicherungsnehmer hat durch seinen Fehler bei der Anwaltstätigkeit seinem Mandanten einen Schaden zugefügt. Es besteht Versicherungsschutz in der Berufshaftpflichtversicherung.

In der **Betriebshaftpflichtversicherung** sind hingegen Schäden gedeckt, die **nicht durch, sondern im Zusammenhang mit der betrieblichen Tätigkeit** entstehen, also **betriebsbezogen** sind. 5

> *Beispiel*
>
> Der Versicherungsnehmer, ein Heizungsinstallateur, repariert eine Heizungstherme. Als er anschließend das Haus verlässt, stößt er mit seinem Werkzeugkoffer eine antike Vase um.
>
> Der Versicherungsnehmer hat sich anlässlich der Reparaturarbeiten, also seiner betrieblichen Tätigkeit, im Haus befunden. Die Zerstörung der Vase war mithin betriebsbezogen und fällt unter den Versicherungsschutz in der Betriebshaftpflichtversicherung.
>
> Hätte er hingegen im Zuge der Reparatur Schäden an der Heizung verursacht, wären diese nicht gedeckt.

1. Rechtsgrundlagen

Die Darstellung, was genau in den einzelnen Normen geregelt ist, würde den Umfang dieses Buches sprengen. Da es zur sachgerechten juristischen Arbeit gehört, die einschlägigen Rechtsquellen zu lesen, wird dies auch vorausgesetzt. Gerade Versicherungsbedingungen geben ihren Inhalt meist durch klaren Wortlaut preis. Es empfiehlt sich daher, 6 beim Studium der nachfolgenden Ausführungen die einschlägigen Passagen parallel zu lesen. Für die anwaltliche Fallbearbeitung ist das ohnehin unabdingbar. Dies gilt insbesondere auch, weil sich Versicherungsbedingungen von Gesellschaft zu Gesellschaft nicht selten in kleinen, bisweilen aber entscheidenden Details unterscheiden können.

a) Gesetzliche Regelungen

7 **Gesetzliche** Regelungen finden sich zunächst in Teil 1 Allgemeiner Teil VVG. Neben den spartenunabhängigen Normen aus Teil 1 Kapitel 1 Vorschriften für alle Versicherungszweige (§§ 1–73 VVG), gilt für die Haftpflichtversicherung grundsätzlich auch der Abschnitt 1 zu den Allgemeinen Vorschriften des Kapitels 2 zur Schadensversicherung (§§ 74–87 VVG),[2] jedoch nur soweit sich keine spezielleren Normen finden. Dies ist in Teil 2 Einzelne Versicherungszweige VVG mit dem Kapitel 1 Haftpflichtversicherung (dort mit §§ 100–124 VVG) der Fall. Abschnitt 1 jenes Kapitels verhält sich über Allgemeine Vorschriften (§§ 100–112 VVG) und Abschnitt 2 (§§ 113–124 VVG) über solche zur Pflichtversicherung.

b) Vertragliche Regelungen

8 Damit bestimmt sich der Versicherungsinhalt insbesondere auch nach den jeweiligen **vertraglichen** Regelungen, den **Versicherungsbedingungen**. Hierzu gehörten in der Vergangenheit die Allgemeinen Versicherungsbedingungen für die Haftpflichtversicherung (**AHB**) und zusätzlich Besondere Bedingungen und Risikobeschreibungen (**BBR**). Die BBR haben das jeweils versicherte Risiko angepasst und ergänzt.

9 Seit 2013 hat der GDV neue Musterbedingungen für die Haftpflichtversicherung entworfen und seither stetig weiter entwickelt. Sie stellen als Allgemeine Versicherungsbedingungen jeweils für die Privathaftpflichtversicherung (**AVB-PHV**) bzw. für die Betriebs- und Berufshaftpflichtversicherung (**AVB-BHV**) ein grundlegendes Bedingungswerk dar. Damit sind standardisierte allgemeine und besondere Regelungen in einem Gesamtklauselwerk vereint. Gleichwohl sind weiterhin zusätzliche (formularmäßige oder individuelle) Vereinbarungen möglich.

10 Des Weiteren können spezielle **Klauseln**, besondere **Tarifbedingungen** oder auch **individualvertragliche** Regelungen vereinbart sein.

11 Der Versicherungsmarkt ist stets in Bewegung; die **Produkte** sind **vielfältig**. Mithin ist jeweils zu prüfen, welche vertraglichen Bedingungen für den Zeitpunkt des jeweiligen Versicherungsfalles gelten und ggf. welche gesetzlichen Regelungen zu beachten sind.

12 Es gibt sowohl in der Privathaftpflichtversicherung als auch in den Haftpflichtversicherungen zu unternehmerischen Risiken zahlreiche unterschiedliche Produkte. Gerade im betrieblichen und beruflichen Bereich erklärt sich das schon mit der Vielzahl unterschiedlicher Gefahren. Die Bedingungswerke und Tarife können sich ähneln, unterschei-

2 Vgl. Langheid/Rixecker/*Langheid*, § 100 VVG Rn 8.

den sich bisweilen aber auch erheblich. Es ist also jeweils zu prüfen, welche AVB (oder ggf. AHB und BBR) bei Vertragsabschluss vereinbart worden sind und ob es in der Folge Änderungen/Anpassungen gegeben hat.

Die nachfolgenden Ausführungen beziehen sich auf die **AVB** (Musterbedingungen des GDV),[3] die für die Privathaftpflichtversicherung als **AVB-PHV** (Stand Mai 2020) und für die Betriebs- und Berufshaftpflichtversicherung als **AVB-BHV** (Stand März 2024) zur Verfügung stehen, jedoch eben keine allgemeingültigen Muster darstellen. Teilweise sind die vorherigen **AHB** (Stand Februar 2016) mit gleichlautenden Regelungen zusätzlich benannt. 13

Teil A der AVB verhält sich über für die **haftpflichtversicherungsspezifischen** Regelungen, während **Teil B** der AVB **allgemeine VVG-basierende** Normen enthält.[4] 14

Teil A unterteilt sich in drei Abschnitte, die in AVB-PHV und AVB-BHV ähnlich aufgebaut sind. In **A 1** ist das **Privat- bzw. Betriebs- und Berufshaftpflichtrisiko** geregelt. **A 2** verhält sich in den AVB-PHV über Besondere **Umweltrisiken** und in den AVB-BHV das Umweltrisiko. **A 3** ist für **Zusatzbausteine** (Forderungsausfallversicherung in den AVB-PHV bzw. Produkthaftpflichtrisiko in den AVB-BHV) vorgesehen. **Gemeinsame Bestimmungen** zum Abtretungsverbot und der Beitragsregulierung/-angleichung schließen den Teil A ab. 15

Versicherungsbedingungen sind **Allgemeine Geschäftsbedingungen** und damit anhand der §§ 305 ff. BGB inhaltlich überprüfbar. Sie sind nicht gesetzesähnlich, sondern so auszulegen, wie sie ein durchschnittlicher Versicherungsnehmer ohne versicherungsrechtliche Spezialkenntnisse bei verständiger Würdigung, aufmerksamer Durchsicht und Berücksichtigung des erkennbaren Sachzusammenhanges verstehen muss.[5] 16

2. Gegenstand der Haftpflichtversicherung

a) Versichertes Risiko

Gem. A1–3.1 S. 1 AVB (Ziff. 1.1 S. 1 AHB) gewährt der Versicherer: 17

> *„Versicherungsschutz … für den Fall, dass der Versicherungsnehmer wegen eines während der Wirksamkeit der Versicherung eingetretenen Schadenereignisses (Versicherungsfall), das einen Personen-, Sach- oder sich daraus ergebenden Vermögensschaden zur Folge hatte, aufgrund gesetzlicher Haftpflichtbestimmungen privatrechtlichen Inhalts von einem Dritten auf Schadenersatz in Anspruch genommen wird.“*

Es besteht mithin **Versicherungsschutz** bei **Inanspruchnahme des Versicherungsnehmers durch einen Dritten auf Schadensersatz**. 18

3 Jeweils aktuelle Bedingungen abrufbar unter *www.gdv.de*.

4 Vgl. hierzu einen Überblick zu den damaligen Überlegungen: *Graß/Tenschert*, Versicherungswirtschaft 2/2014, 30 ff., wobei seither stetig weitere Anpassungen gab. Deckungsrechtliche Inhalte und die Struktur der AVB haben sich dabei nicht geändert. Vielmehr sind neben der einheitlichen Gestaltung des VVG-basierenden Teil B zur spartenübergreifenden Verwendung in der Allgemeinen Haftpflicht- und Sachversicherung nur sprachliche Anpassungen erfolgt.

5 Vgl. Urt. v. 12.6.2024 – IV ZR 437/22.

19 **Versicherungsfall** ist dabei das Schadenereignis, also der äußere Vorgang, der die Schädigung des Dritten unmittelbar herbeigeführt hat, und dabei konkret jenes, das den Schaden hat eintreten bzw. offenbar werden lassen (**Folgeereignistheorie**). Die Aufgabe der vormaligen **Kausalereignistheorie**[6] ergibt sich aus dem klaren Wortlaut in A-3.1 S. 2 AVB (Ziff. 1.1. S. 2 AHB):

> *„Schadenereignis ist das Ereignis, als dessen Folge die Schädigung des Dritten unmittelbar entstanden ist. Auf den Zeitpunkt der Schadensverursachung, die zum Schadenereignis geführt hat, kommt es nicht an."*

20 Zu dem in der **D&O Versicherung** geltenden **claims-made-Prinzips** (Anspruchserhebungsprinzip) vgl. Rdn 68.

21 Gedeckte **Schadenarten** sind:

- Personen-,
- Sach- und
- sich daraus ergebende Vermögensfolgeschäden.

aa) Personenschäden

22 **Personenschäden** des Dritten (Tod, Körperverletzung und Gesundheitsbeschädigung) sind gedeckt, nicht jedoch die einer reinen Verletzung des Persönlichkeitsrechts (A1–7.9 AVB bzw. Ziff. 7.16 AHB).

bb) Sachschäden

23 Ein versicherter **Sachschaden**, also eine durch Substanzeinwirkung entstandene Veränderung der äußeren Erscheinung und Form der Sache mit der Folge der Aufhebung oder Minderung der Gebrauchsfähigkeit, setzt keine Substanzverletzung jedoch eine fertige Sache voraus. Die Herstellung einer von vornherein fehlerhaften Sache ist kein Sachschaden.[7]

cc) Unmittelbare Vermögensschäden

24 Während **aus Personen- oder Sachschäden resultierende Vermögensfolgeschäden** als Sach- oder Personenschaden gelten und damit versichert sind, sind **unmittelbare Vermögensschäden** nur bei besonderer **Vereinbarung** gedeckt. Dies ist insbesondere in der **Berufshaftpflichtversicherung** (z.B. der Anwälte) der Fall, zumal die damit abgesicherten Schäden gerade Vermögensschäden sind.

dd) Gesetzliche Haftpflichtbestimmungen privatrechtlichen Inhaltes

25 Die Ersatzforderungen müssen auf **gesetzlichen Haftpflichtbestimmungen privatrechtlichen Inhaltes** beruhen (z.B. §§ 823 ff. BGB). Auch aus vertraglichen Beziehungen folgende Ansprüche sind gedeckt, soweit sie auf dem Gesetz beruhen (z.B. aus

6 Näheres hierzu mit weiteren Nachweisen van Bühren/*Hartwig*, § 9 Rn 14.

7 Vgl. BGH NJW-RR 2004, 1675 = r+s 2004, 499 m. Anm. *Schimikowski* = VersR 2005, 110 (aufgrund falscher Betriebsbeschreibung mangelhafter Ofen); BGH VersR 1983, 1169 = MDR 1984, 209 (Mostfall), BGH NJW 1994, 517 = BB 1994, 242 (verunreinigte Rohre).

positiver Vertragsverletzung nach § 280 Abs. 1 BGB). Dies gilt dann aber nur hinsichtlich des **negativen Interesses**. Das **Erfüllungsinteresse**, das den Leistungsgegenstand selbst betrifft, ist nicht gedeckt.[8]

Ist die haftungsbegründende Norm **öffentlich-rechtlicher** Natur, besteht kein Versiche- 26
rungsschutz.[9] Anders ist es, wenn für den Schadensfall daneben jedoch auch eine zivilrechtliche Haftung besteht.[10] Ansprüche nach **§ 110 SGB VII** fallen nach der Rechtsprechung des BGH zu § 640 RVO[11] unter den Versicherungsschutz.

b) Umfang der Versicherung

Naturgemäß deckt keine Versicherung alle denkbaren Schäden ab. Was konkret versi- 27
chert ist, lässt sich den Versicherungsbedingungen entnehmen. A1–6 AVB umschreiben als sogenannte **primäre (positive) Risikobegrenzungen** den Versicherungsumfang. Daneben gibt es **sekundäre (negative) Risikobegrenzungen**, also **Leistungsausschlüsse**.[12] Sie sind in A1–7 AVB (Ziff. 7 AHB) geregelt. Die früheren AHB werden insoweit jeweils durch Besondere Bedingungen und Risikobeschreibungen (BBR) ergänzt. A1–8 und 9 AVB (Ziff. 4 AHB) verhalten sich über **Veränderungen des versicherten Risikos** (Erhöhungen und Erweiterungen) und neu hinzukommende Risiken (**Vorsorgeversicherung**).[13]

Neben dem Versicherungsnehmer können auch andere Personen mit in den Vertrag 28
einbezogen sein, z.B. Partner, Kinder, sowie im Haushalt beschäftigte Personen in der Privathaftpflichtversicherung (vgl. A1–2.1.1–2.1.5 AVB-PHV) und natürlich Arbeitnehmer wie auch verbundene Unternehmen in der Berufs- und Betriebshaftpflichtversicherung (A1–2.1 AVB-BHV). Für die **Mitversicherten** stellt sich die Haftpflichtversicherung als **Versicherung für fremde Rechnung**[14] gem. §§ 43 ff. VVG dar. Die vertraglichen Regelungen gelten für sie nach Maßgabe des A1–2.2 AVB (Ziff. 27.1 AHB). Die **Verfügungsbefugnis** über den Deckungsanspruch verbleibt gem. A1–2.4 S. 1 AVB (Ziff. 27.2 S. 1 AHB) jedoch beim Versicherungsnehmer.

Der Versicherungsnehmer muss darlegen und beweisen, dass das Schadensereignis inner- 29
halb der **positiven Risikobegrenzung** liegt, mithin vom Versicherungsumfang umfasst ist. Hingegen trifft den Versicherer die **Darlegungs- und Beweislast**, wenn er sich auf die **negative Risikobegrenzung**, also darauf beruft, dass ein konkreter Sachverhalt einen **Ausschlusstatbestand** erfüllt.

8 Vgl. BGH NJW 1975, 1278 = MDR 75, 653 (vertragswidrig nicht begonnene Dacharbeiten); OLG Köln r+s 2002, 58 (fehlerhaft verlegte Granitplatten); BGH NJW-RR 2004, 1675 = r+s 2004, 499 m. Anm. *Schimikowski* = VersR 2005, 110 (aufgrund falscher Betriebsbeschreibung mangelhafter Ofen); OLG Frankfurt a.M. r+s 2010, 325 = IBR 2010, 423 (durch fehlerhafte Einbauanleitung beschädigtes Schwimmbecken).

9 Vgl. OLG Nürnberg NJW-RR 2001, 96 = VersR 2000, 965 (behördliche Auflage zur Erdölentsorgung).

10 Vgl. BGH r+s 2014, 40 = VersR 2013, 1544 (Kfz-unfallbedingte Fahrbahnverschmutzung).

11 Vgl. BGH NJW 1969, 1065; dies lässt sich auch aus dem Umkehrschluss aus Ziff. 7.9 AHB herleiten.

12 Ausführlicher van Bühren/*Hartwig*, § 9 Rn 66 ff.

13 Weiterführend van Bühren/*Hartwig*, § 9 Rn 36 ff.

14 Vgl. van Bühren/*van Bühren*, § 9 Rn 16 ff.

c) Leistung und Rechte des Versicherers

30 Nach § 100 VVG bzw. A1–4.1 Abs. 1 AVB (Ziff. 5.1 Abs. 1 AHB) hat der Versicherer seinem Versicherungsnehmer gegenüber im Rahmen eines einheitlichen Deckungsanspruches folgende Leistungen zu erbringen – und zwar

- nach **Prüfung** der Haftpflichtfrage, entweder
- **Freistellung** von berechtigten oder
- **Rechtsschutz**, also Abwehr unberechtigter Schadenersatzansprüche.

Berechtigt sind Ansprüche nach A1–4.1 Abs. 2 S. 1 AVB (Ziff. 5.1. Abs. 2 S. 1. AHB):

> *„...wenn der Versicherungsnehmer aufgrund Gesetz, rechtskräftigen Urteils, Anerkenntnisses oder Vergleich zur Entschädigung verpflichtet und der Versicherer hierdurch gebunden ist.“*

aa) Prüfung der Haftpflichtfrage

31 Die **Prüfung der Haftpflichtfrage**, also ob und in welchem Umfang dem Dritten der behauptete Anspruch gegen den Versicherungsnehmer zusteht, leistet der Versicherer durch eigene Mitarbeiter. Wie der Versicherer im konkreten Fall seine Vertragspflichten (Freistellung oder Abwehr) erfüllt, liegt in seinem pflichtgemäßen Ermessen – er hat insoweit aber kein Erfüllungswahlrecht.[15] Allerdings kann der Versicherer kleine Forderungen des Geschädigten auch ohne abschließende Prüfung und sogar bei entgegenstehender Rechtslage erfüllen, wenn dies wirtschaftlich vernünftiger ist, als die Haftpflichtfrage durch einen langjährigen, kostenintensiven Prozess zu klären.

bb) Freistellung von berechtigten Ansprüchen

32 Stellen sich die Ansprüche als **berechtigt** heraus, wird der Versicherer den versicherungsvertraglichen Anspruch seines Versicherungsnehmers auf **Freistellung** von dieser Verbindlichkeit dadurch erfüllen, dass der Versicherer an den Dritten **zahlt**. Gewährt der Versicherer zunächst seinem Versicherungsnehmer Versicherungsschutz in Form des **Rechtsschutzes** und führt der Geschädigte daraufhin einen **Haftpflichtprozess** gegen den Versicherungsnehmer, hat dieser bei Verurteilung gleichwohl einen Freistellungsanspruch hinsichtlich der zu seinen Lasten titulierten Forderung und der angefallenen Kosten.

cc) Abwehr unberechtigter Ansprüche

33 **Unberechtigte** Ansprüche wehrt der Haftpflichtversicherer ab. Dies geschieht zunächst durch außergerichtliche Korrespondenz, die der Versicherer nach Schadensmeldung in der Regel unmittelbar mit dem anspruchstellenden Dritten führt. Nimmt der Geschädigte anschließend den Versicherungsnehmer gerichtlich in Anspruch, ist der Versicherer auf seine **Kosten** (A1–4.2 Abs. 2 AVB bzw. Ziff. 5.2. Abs. 2 AHB) zur **Prozessführung** verpflichtet.

15 Vgl. Prölss/Martin/*Lücke*, § 100 VVG Rn 2 m.w.N.

Der Versicherungsnehmer bleibt **Partei des Haftpflichtprozesses**, den der Versicherer jedoch steuert, indem er gem. B3–3.5 S. 2 AVB (Ziff. 25.5 S. 2 AHB) den Rechtsanwalt für den Versicherungsnehmer auswählt und beauftragt.[16] 34

dd) Regulierungs- und Prozessvollmacht

Der Versicherer hat gem. A1–4.2 Abs. 1 AVB 2012 (Ziff. 5.2 Abs. 1 AHB) eine umfassende **Regulierungsvollmacht**. Er hat nach A1–4.2. Abs. 2 AVB (Ziff. 5.2 Abs. 2 AHB) auch eine **Prozessvollmacht**.[17] Die entsprechende Erklärung des Versicherers bindet den Versicherungsnehmer sogar über die Versicherungssumme hinaus und auch im Hinblick auf die Selbstbeteiligung.[18] Die Regulierungsvollmacht bindet hingegen **Mitversicherte** (vgl. Rdn 28), die anders als der Versicherungsnehmer vertraglich nicht an den Versicherer gebunden sind, nur dann, wenn sich die Vollmacht des Versicherers aus konkreten Umständen ergibt.[19] Ähnlich ist es bei der Prozessvollmacht.[20] (Zu den diesbezüglichen **Hinweispflichten** des Rechtsanwaltes siehe Rdn 49.) 35

d) Obliegenheiten des Versicherungsnehmers

B3–2 und 3 AVB (Ziff. 24 und 25 AHB) regeln allgemeine Obliegenheiten, bei deren Verletzung die Rechtsfolgen gem. § 28 VVG bzw. B3–4 AVB (Ziff. 26 AHB) drohen. Es handelt sich einerseits **vor dem Versicherungsfall** (B3–2 AVB bzw. Ziff. 24 AHB) um **sicherheitsrelevante Obliegenheiten** und **nach dem Versicherungsfall** (B3–3 AVB bzw. Ziff. 25 AHB 2102) neben der Obliegenheit zur **Schadensabwehr und Schadensminderung** um **Informations-, Aufklärungs- und Mitwirkungspflichten**. 36

e) Verjährung

Ansprüche aus dem Versicherungsvertrag unterliegen der regelmäßigen dreijährigen **Verjährung** des § 195 BGB, für deren Beginn § 199 BGB maßgeblich ist. § 199 Abs. 1 Nr. 1 BGB stellt zunächst auf die Anspruchsentstehung ab. Mithin kann die Verjährungsfrist nicht vor **Fälligkeit** (§ 14 VVG) beginnen. 37

Während sich die Fälligkeit des **Befreiungsanspruches des Versicherungsnehmers** aus § 106 S. 1 VVG ergibt, findet sich für den Anspruch auf Rechtsschutz keine ausdrückliche Regelung. Seine Fälligkeit ist aber etwa aus A1–4.1 AVB (Ziff. 5.1 AHB) bzw. § 104 VVG herleitbar: Der **Rechtsschutzanspruch** wird fällig mit der Anspruchserhebung durch den Dritten, also wenn der Geschädigte gegenüber dem Versicherungsnehmer **ernsthaft Ansprüche geltend macht**.[21] Der Anspruch auf Schadensabwehr wird mithin regelmäßig früher fällig als der Freistellungsanspruch. In der **Pflichtversicherung** (vgl. Rdn 65) gilt auch § 115 Abs. 2 VVG. 38

16 Vgl. OLG Koblenz r+s 2013, 70 = VersR 2012, 1008.
17 Weiterführend vgl. van Bühren/*Hartwig*, § 9 Rn 60 ff.
18 Vgl. zur Verjährungsunterbrechung eines vom Versicherer zulasten des VN wirkenden Anerkenntnisses: BGH NJW 1970, 1119 = MDR 70, 577; BGH NJW 2007, 69 = r+s 2007, 16 = VersR 2006, 1676; OLG Düsseldorf VersR 1979, 151 (Inanspruchnahme des VN durch Geschädigten nach Vergleichsabschluss des Versicherers).
19 Vgl. BGH NJW-RR 1990, 343 = r+s 1990, 83 (Verjährungseinredeverzicht).
20 Vgl. BGH NJW-RR 1999, 1470 = VersR 1999, 1228.
21 Vgl. OLG Dresden NJW-RR 2010, 1336 = VersR 2010, 1212 – allerdings zu VVG a.F.

39 Weil der Anspruch aus der Haftpflichtversicherung aber ein **einheitlicher Deckungsanspruch** ist, ergreift die mit Fälligkeit des Rechtsschutzanspruches laufende Verjährung auch den (ggf. noch nicht fälligen) Befreiungsanspruch.[22]

40 Für **Deckungsansprüche des Versicherungsnehmers** ist dieser gem. § 15 VVG ab Meldung des Schadens beim Versicherer bis zum Zugang der in Textform zu erteilenden Entscheidung des Versicherers über den Deckungsanspruch (nicht zur Haftpflichtfrage!) **gehemmt**.

41 **Ansprüche des Versicherers** etwa auf Rückzahlung unberechtigt geleisteter Beträge verjähren ebenso regelmäßig in drei Jahren gem. § 195 BGB, wobei sich der maßgebliche Verjährungsbeginn auch weit hinausschieben kann, z.B. wenn der Versicherer erst zu einem recht späten Zeitpunkt von einem vorgetäuschten Versicherungsfall und einer damit verbundenen ungerechtfertigten Leistung erfährt. Bei Regressansprüchen des Versicherers aus gesamtschuldnerischer Haftung gilt in Fällen der **Pflichtversicherung** für den Verjährungsbeginn zudem § 116 Abs. 2 VVG.

II. Außergerichtliche Mandate

1. Checklisten

42 Die nachstehenden Checklisten können bei Mandatierung durch den Versicherungsnehmer, den Versicherer oder auch des Geschädigten des Haftpflichtschadens verwendet werden. Zwar muss Letzteren das Haftpflichtversicherungsverhältnis formaljuristisch nicht interessieren (vgl. Rdn 2). Bestehen und Umfang des Haftpflichtversicherungsschutzes sind jedoch durch den einen Geschädigten vertretenden Anwalt spätestens dann zu ermitteln, wenn der Schädiger selbst mittellos ist. Außerdem ist es für den Geschädigten nicht von Nachteil, wenn sich ein rechtlich und insbesondere in der Schadensregulierung versierter Versicherer von Beginn an der Bearbeitung annimmt.

a) Sachverhaltsermittlung

43 *Checkliste*

- Was genau ist wann geschehen?
- Welche Schäden sind eingetreten?
- Wer hat wann was entdeckt?
- Wer ist geschädigt?
- Liegen Dokumentationen (z.B. durch Lichtbilder) zum Schadensverlauf, der Schadensursache oder den Schäden vor?
- Gibt es ggf. Zeugen und wie sind diese erreichbar (Name, Anschrift, Telefonnummer)?
- Ist die Schadenshöhe bezifferbar?
- Ist das Schadensbild bereits verändert? Wenn ja, wann und durch wen?

22 Vgl. BGH NJW-RR 2004, 1261 = r+s 2004, 411 = VersR 2004, 1043; OLG Düsseldorf r+s 1999, 274 = zfs 1999, 163; OLG Nürnberg NJW-RR 2001, 96 = VersR 2000, 965 = NVersZ 2000, 537.

- Ist der Schaden bereits beim Versicherer gemeldet? Wann und wie? Gibt es schon eine Schadensnummer?
- Hat der Versicherer schon eigene Ermittlungen angestellt?
- Gibt es polizeiliche Ermittlungen? Welche Dienststelle ermittelt und unter welchem Aktenzeichen?
- Kommt ein Mitverschulden des Geschädigten bei Schadenseintritt und/oder Schadenshöhe in Betracht? Wenn ja, aus welchem Grund?
- Gibt es Gegenansprüche des Versicherungsnehmers (auch aus anderen Rechtsverhältnissen) gegenüber dem Anspruchssteller?
- Gibt es Hinweise auf die Verantwortlichkeit anderer Beteiligter (Gesamtschuldnerinnenausgleichs- oder sonstige Regressansprüche)?
- Könnten Verjährungsprobleme beim Deckungsanspruch oder bei Regressansprüchen oder beim Haftpflichtschaden bestehen? Welche Fristen laufen? Gibt es Hemmungs- oder gar Unterbrechungstatbestände?

b) Vertragsunterlagen

Checkliste 44

- Welchen Versicherungsschutz dokumentiert der Versicherungsschein für den Tag des Versicherungsfalles? Hier sind insbesondere mögliche Nachträge zu berücksichtigen.
- Welche Versicherungsbedingungen und ggf. welche Klauseln sind für diesen Zeitpunkt maßgebend?
- Besteht ggf. Versicherungsschutz auch für Mitversicherte?
- Welche Risiken sind gedeckt?
- Gibt es Ausschlüsse?
- In welchem Umfang besteht Versicherungsschutz (Selbstbeteiligung etc.)?

c) Hilfsweise: Erstattungspflicht Dritter?

Checkliste 45

- Kommt bei nicht bestehendem Versicherungsschutz die Haftung des Vermittlers infolge von Verletzung der Beratungs- und Informationspflichten aus §§ 63, 60, 61 VVG in Betracht?
- Wer hat wann und wie beraten?
- Gibt es Zeugen (Name, Anschrift, Telefonnummer)?

2. Praxistipps für Rechtanwälte

Zur außergerichtlichen Beratung eines Versicherungsnehmers bei Abschluss oder zur Geeignetheit bestehenden Versicherungsschutzes ist auf die gebotene Vorsicht hinzuweisen (vgl. § 4 Rdn 43). 46

47 **Versicherer** bearbeiten die Angelegenheiten außergerichtlich meist selbst.

Anders ist es bei **Versicherungsnehmern**, denen frühzeitige anwaltliche Hilfe häufig helfen kann. Es gibt mehrere Varianten, in denen der Versicherungsnehmer auf den Anwalt zukommen kann. Zum einen nach Inanspruchnahme durch den Geschädigten, also hinsichtlich des **Haftpflichtanspruches** und zum anderen mit Blick auf den **Deckungsanspruch**, etwa weil der Versicherungsnehmer nicht weiß, wie er mit seinem Versicherer umgehen soll oder weil sein Haftpflichtversicherer für einen gemeldeten Haftpflichtschaden nicht eintreten will. Es kann auch vorkommen, dass **beides** problematisch ist und der Anwalt umfassend beraten und ggf. vertreten soll. Meldet sich cine nur **mitversicherte Person** (vgl. Rdn 28), ist an die Verfügungsbefugnis des Versicherungsnehmers zu denken.

48 Auch wenden sich häufig **Geschädigte** an einen Rechtsanwalt, weil der Haftpflichtversicherer des Schädigers seine Eintrittspflicht aus haftpflichtrechtlichen oder aber aus deckungsrechtlichen Erwägungen ablehnt.

Die nachfolgenden Hinweise können in allen Varianten eine Rolle spielen und auch auf Versichererseite für mögliche Einwände relevant sein.

49 Wendet sich ein Mandant an den Anwalt, weil ein Dritter Schadenersatzansprüche gegen ihn behauptet, muss der Anwalt immer eine bestehende **Haftpflichtversicherung erfragen**. Verfügt der Mandant über eine solche, ist auf die umfassende **Regulierungsvollmacht** des Haftpflichtversicherers (vgl. Rdn 35) hinzuweisen. Streitig ist, ob diese erlischt, wenn der Versicherer sich auf Leistungsfreiheit beruft. Das Problem stellt sich bei noch nicht geklärter Leistungsfreiheit und insbesondere, wenn der Versicherer z.B. wegen einer grob fahrlässigen Obliegenheitsverletzung des Versicherungsnehmers gem. § 28 Abs. 2 S. 1 VVG teilweise leistungsfrei ist.[23]

50 Der Versicherungsnehmer muss seinem Haftpflichtversicherer gegenüber eine **Schadensmeldung** abgeben – siehe hierzu die Ausführungen zu dem entsprechenden Musterformular (siehe Rdn 66 ff.). Er sollte **keine eigene Korrespondenz** zum Schadensfall mit dem Geschädigten führen und jeglichen Schriftverkehr sofort an seinen Versicherer weiterleiten. Zum einen genießt er schon für die nötigen Prüfungen zum Haftpflichtanspruch Versicherungsschutz (vgl. Rdn 30 f.). Zum anderen vermeidet der Versicherungsnehmer etwaige rechtsverbindliche Erklärungen im Haftpflichtverhältnis, für die der Versicherer im Deckungsverhältnis nicht aufkommen muss.

51 Zwar darf nach § 105 VVG ein Anerkenntnis der Haftpflichtforderung durch den Versicherungsnehmer den Versicherungsschutz nicht aus rein formalen Erwägungen ausschließen. Allerdings sind nach A1–4. 1. Abs. 2 S. 2 AVB (Ziff. 5.1 Abs. 2 S. 2 AHB) für den Versicherer **eigenmächtige Anerkenntnisse** (dazu zählt auch die Zahlung!) oder auch **Vergleiche** des Versicherungsnehmers nur verbindlich, wenn sie der tatsächlichen Rechtslage zum Haftpflichtanspruch entsprechen.

23 Vgl. Prölss/Martin/*Lücke*, AHB Abs. 5 Ziff. 5 Rn 18.

Beispiel

Der Versicherungsnehmer verletzt während seiner Arbeitszeit fahrlässig einen seiner Kollegen, der daraufhin eine Sprunggelenksfraktur erleidet. Der Versicherungsnehmer erklärt noch am Unfallort, er werde natürlich für ein Schmerzensgeld aufkommen.

Aufgrund dieses Anerkenntnisses haftet er (ungeachtet möglicher Kondiktionsansprüche gem. §§ 812 ff. BGB) gegenüber dem Geschädigten. Tatsächlich aber würde er kein Schmerzensgeld schulden, weil ein solcher Anspruch bei Arbeitsunfällen unter die Haftungsprivilegierung des § 105 SGB VII fiele.

Anders wäre es, wenn sich der Unfall in der Freizeit ereignet hätte. Der Versicherungsnehmer wäre dann auch ohne das Anerkenntnis eintrittspflichtig.

Nicht selten will ein Versicherer auch eine Haftpflichtforderung eines Dritten befriedigen, weil er sie für berechtigt hält. Bisweilen möchte der Versicherungsnehmer (in Unkenntnis der Sach- und Rechtslage oder weil eine Selbstbeteiligung anfällt) das gerade nicht und widerspricht der Zahlung. Der Anwalt muss seine Partei dann auf die **Widerstandsklausel** des A1–5.8 AVB (Ziff. 6.8 AHB) hinweisen. Etwaigen durch den Widerstand des Versicherungsnehmers entstehenden Mehraufwand hat der Versicherer nicht zu tragen. 52

Verweigert der Versicherer den Ausgleich der geltend gemachten Schadensersatzansprüche, wird er dies begründen. Der Laie wird den Unterschied zwischen einer Ablehnung aus deckungs- oder haftpflichtrechtlichen Erwägungen unter Umständen nicht verstehen. Daher sollte der Rechtsanwalt vorbereitet sein. 53

Der Versicherungsnehmer könnte den Anwalt ansprechen, weil sein Haftpflichtversicherer dem Geschädigten gegenüber die Zahlung verweigert und sich dieser nunmehr an den Versicherungsnehmer wendet. Stellt sich heraus, dass der Versicherer lediglich den **Schadensersatzanspruch verneint** hat, kann der Rechtsanwalt den Versicherungsnehmer mit der Erläuterung beruhigen, dass der Versicherer damit Haftpflichtversicherungsschutz in Form der Abwehr unberechtigter Ansprüche gewährt (vgl. Rdn 33). Der Rechtsanwalt muss den Mandanten aber über die umfassende **Regulierungsbefugnis** (vgl. Rdn 35) des Versicherers aufklären und darauf hinweisen, dass bei Zustellung einer Klage der Haftpflichtversicherer unverzüglich zu informieren ist. Dieser wählt dann auch den Anwalt aus, der den Versicherungsnehmer im Prozess vertreten wird. Gelegentlich berücksichtigen die Versicherer etwaige Wünsche bzw. Empfehlungen des Versicherungsnehmers. Hierzu sind sie indes nicht verpflichtet. 54

Dem Geschädigten kann man hierzu mitteilen, dass die Sache offenbar der gerichtlichen Klärung bedarf und nunmehr formal richtigerweise der Schädiger zu verklagen ist. Der Anspruchsteller muss nicht befürchten, dass er eine ggf. zu seinen Gunsten titulierte Forderung aufgrund etwa der Mitteillosigkeit des Versicherungsnehmers nicht beitreiben kann. Wird der Schädiger verurteilt, gleicht der Haftpflichtversicherer – soweit er versi- 55 cherungsvertraglich zur Deckung verpflichtet ist – dann für seinen Versicherungsnehmer die Forderungen des Geschädigten aus.

56 Erfolgt die Ablehnung des Haftpflichtversicherers aus **deckungsrechtlichen Gründen**, berührt das die Haftpflichtansprüche gegen den Schädiger nicht (vgl. Rdn 2). Für den Versicherungsnehmer ist zu prüfen, ob die Deckungsversagung zu Recht erfolgt ist. Der Geschädigte kann sich schlichtweg weiterhin unmittelbar an den Versicherungsnehmer wenden und diesen ggf. verklagen. Problematisch kann dann jedoch in tatsächlicher Hinsicht sein, dass nunmehr kein Haftpflichtversicherer das wirtschaftliche Risiko der Inanspruchnahme des Versicherungsnehmers trägt. Dies betrifft zunächst hauptsächlich den Versicherungsnehmer, da er sowohl für Kosten als auch bei einer Verurteilung für die Entschädigungsleistung selbst aufkommen muss. Es kann hingegen ebenso für den Geschädigten misslich sein, wenn er seine Ansprüche z.B. aufgrund einer wirtschaftlich schlechten Lage des Versicherungsnehmers nicht durchzusetzen vermag.

57 **Außergerichtliche Rechtsanwaltsgebühren** seines **Versicherungsnehmers**, der zu Deckungsfragen oder im Hinblick auf dem von einem Dritten geltend gemachten Haftpflichtanspruch einen Rechtsanwalt bemüht, muss der Haftpflichtversicherer nicht erstatten, solange er sich mit der Gewährung des Versicherungsschutzes nicht in **Verzug** befindet. Hingegen sind die dem **Geschädigten** aus einem Haftpflichtanspruch entstehenden außergerichtlichen Anwaltskosten Teil des Schadens, für den der Schädiger (Versicherungsnehmer) aufzukommen hat und deshalb bei Berechtigung Freistellung durch seinen Haftpflichtversicherer beanspruchen kann.

58 Ein Hinweis an den Haftpflichtversicherer auf die polizeiliche **Ermittlungsakte** ist nicht nur aus Gründen der **Sachverhaltsaufklärung** sinnvoll, sondern kann einen – wenn auch überschaubaren – **Gebührenvorteil** bringen. Bisweilen nehmen die Haftpflichtversicherer das Angebot der Einsicht in die Ermittlungsakte und Übersendung eines Aktenauszuges gegen Zahlung einer Pauschale (netto zwischen 20 EUR und 30 EUR) zuzüglich Kopierkosten und Umsatzsteuer an.

59 Auf **aufrechenbare Gegenforderungen des Versicherungsnehmers** gegen den Anspruchsteller sollte man den Haftpflichtversicherer hinweisen. Sind beide Forderungen berechtigt, kann der Versicherungsnehmer gegenüber dem Geschädigten die Aufrechnung erklären und hinsichtlich der aufgerechneten eigenen Forderungen von seinem Versicherer Zahlung beanspruchen. Dies bietet sich insbesondere an, wenn der Dritte zum Ausgleich der Forderung des Versicherungsnehmers nicht im Stande ist. Würde der Haftpflichtversicherer Zahlung an den Dritten leisten, erhielte dieser seine Schadensersatzforderung, während der Versicherungsnehmer auf seiner Forderung gegen den Dritten sitzen bliebe.

60 Umgekehrt ist der Haftpflichtversicherer auch einzubeziehen, wenn ein **Geschädigter** z.B. Vertragspartner des Versicherungsnehmers die Zahlung einer Vergütungsrechnung durch **Aufrechnung** mit gegenüber dem Versicherungsnehmer bestehenden Schadenser-

satzansprüchen erledigen will oder aber wegen des Haftpflichtanspruches ein **Zurückbehaltungsrecht** geltend macht (hierzu zwei Musterformulare siehe Rdn 79 ff., 82 f.).

Durch die Aufrechnung erlöschen in beiden vorstehenden Fällen die wechselseitigen Forderungen. Es tritt mithin eine **Erfüllung der Haftpflichtforderung** ein. Wie bei einer Befriedigung der Ansprüche des Geschädigten durch **Zahlung des Versicherungsnehmers** wandelt sich der versicherungsrechtliche **Freistellungsanspruch** des Versicherungsnehmers gegen seinen Versicherer dann in einen **Erstattungsanspruch** um. Der Haftpflichtversicherer muss die Zahlung an den Versicherungsnehmer leisten.[24] 61

Rechnet der VN gegenüber berechtigten Schadensersatzforderungen mit eigenen Ansprüchen auf, erlischt der Haftpflichtanspruch und der Befreiungsanspruch des VN wird zum Zahlungsanspruch gegenüber dem Versicherer. 62

Rechnet ein Dritter gegenüber Ansprüchen des Versicherungsnehmers mit tatsächlich nicht berechtigten Haftpflichtansprüchen auf, muss der Haftpflichtversicherer für die Geltendmachung der eigenen Ansprüche des Versicherungsnehmers Deckung in Form des **Rechtsschutzes** gewähren. In solchen Fällen besteht mithin die Obliegenheit, den Versicherer über den behaupteten Haftpflichtschaden zu informieren. Das ist auch im Interesse des Versicherungsnehmers, denn der Versicherer muss dabei die **Aktivklage** des Versicherungsnehmers gegen den Dritten finanzieren,[25] soweit der Dritte das Bestehen der Ansprüche mit **aufgerechneten Schadensersatzansprüchen** bestreitet. In diesem Prozess wird schließlich die Berechtigung jener vermeintlichen Schadensersatzansprüche, also die Haftpflichtfrage, für die der Versicherer Deckung zu gewähren hat, geklärt.

Verneint der Haftpflichtversicherer seine Eintrittspflicht mit der Begründung, es habe sich ein nicht versichertes Risiko verwirklicht, ist für den Fall, dass dies auf den ersten Blick tatsächlich so scheint, zu prüfen, ob sich der Versicherungsschutz nicht über die Regelungen zur **Veränderung des versicherten Risikos** nach A1–8 AVB oder der **Vorsorgeversicherung** nach A1–9 AVB (Ziff. 3 oder 4 AHB) hierauf erstreckt haben kann (vgl. Rdn 27). 63

Im Zuge der Reformierung des VVG im Jahr 2008 kam immer wieder die **Abtretbarkeit des Freistellungsanspruchs an den Geschädigten** (A1–1 S. 2 AVB bzw. Ziff. 28 S. 2 AHB) zur Sprache. In Fällen mit deckungsrechtlichen Problemen ist dies nicht sinnvoll. Bestreitet der Haftpflichtversicherer lediglich den Haftpflichtanspruch, gewinnt der **Geschädigte** durch die Abtretung zwar den Versicherungsnehmer als Zeugen. Ob dessen den Haftpflichtanspruch bejahende Aussage als Zeuge im Prozess allerdings mehr bringt als seine Angaben als Prozesspartei (die nach § 288 Abs. 1 ZPO als zugestanden gelten), lässt sich nicht allgemeinverbindlich vorhersehen. Für den **Versicherungsnehmer** bringt die Abtretung keine Vorteile. Er kann sich dadurch zwar formal aus dem Streit herausnehmen, allerdings bleiben die versicherungsvertraglichen Obliegenheiten (z.B. Infor- 64

24 Vgl. van Bühren/*Hartwig*, § 9 Rn 55.
25 Vgl. van Bühren/*Hartwig*, § 9 Rn 55; Prölss/Martin/*Lücke*, § 101 VVG Rn 6 f. m.w.N.

mationspflichten), so dass der Versicherungsnehmer sich gleichwohl mit der Sache beschäftigen muss.[26]

65 Bei Eröffnung des **Insolvenzverfahrens** über das Vermögen des Versicherungsnehmers hat der Geschädigte im Falle **freiwilliger Haftpflichtversicherung** nach § 110 InsO ein **Absonderungsrecht,** sofern der Haftpflichtanspruch bereits i.S.d. § 106 VVG festgestellt ist. Stammt die Feststellung aus der Zeit vor dem Insolvenzverfahren, muss der Anspruch zur Tabelle festgestellt werden.[27] Steht der Haftpflichtanspruch hingegen fest, ist eine unmittelbare Inanspruchnahme des Versicherers analog § 1282 BGB möglich, ohne dass es der Pfändung und Überweisung bedarf. Im Rahmen der **Pflichtversicherung** gem. § 113 VVG kommt ein **Direktanspruch** gegen den Haftpflichtversicherer nach § 115 Abs. 1 S. 1 Nr. 2 und 3 VVG in Betracht.

3. Muster

a) Schadensmeldung des Versicherungsnehmers an seinen Haftpflichtversicherer

66 Die Verpflichtung des Versicherungsnehmers zur unverzüglichen Schadensmeldung dient dazu, dem Versicherer **Prüfungen** über seine **Eintrittspflicht** und – falls diese bejaht ist – zur **Haftpflichtfrage** zu ermöglichen. Der Versicherungsnehmer kann jene Mitteilung also erst einmal kurz halten. Die Gesellschaften sind regelmäßig telefonisch erreichbar. Anders als in der Sachversicherung, die Eigenschäden des Versicherungsnehmers deckt, kann bei einem Haftpflichtschaden eine **schriftliche Schadensmeldung** allerdings sinnvoller sein als ein **Anruf**.

67 Spätestens wenn ein möglicher **Geschädigter Ansprüche geltend macht**, muss der Versicherungsnehmer seinen Versicherer informieren. Ist eine **Anspruchserhebung** des Dritten noch **nicht absehbar**, kann der Versicherungsnehmer dem Haftpflichtversicherer auch einfach kurz mitteilen, dass sich ein möglicher Haftpflichtschaden ereignet hat, er aber noch nicht weiß, ob hieraus überhaupt etwas folgt. Dann ist die Schilderung von Details meist zunächst nicht erforderlich. Dies gilt aber nur in der Allgemeinen Haftpflichtversicherung, soweit sich der Versicherungsfall nach dem Schadenereignis bestimmt.

68 Stellt der Versicherungsfall wie z.B. in der **D&O-Versicherung** hingegen auf das **claims-made-Prinzip**, also nicht auf die Pflichtverletzung oder das Schadenereignis sondern auf die **Anspruchserhebung** ab, kann auch vor Inanspruchnahme durch einen Dritten eine sog. **Umstandsmeldung** sinnvoll sein. Macht der Geschädigte nämlich die Ansprüche außerhalb der Versicherungszeit geltend und gibt es dann für den Schadensfall keine Anschlussversicherung, besteht ohne eine solche Mitteilung kein Versicherungsschutz.[28]

26 Vgl. van Bühren/*Hartwig*, § 9 Rn 122 ff. m.w.N.

27 Vgl. OLG Nürnberg VersR 2013, 711 = NJOZ 2013, 673 (zur Zahlungsklage gegen den Versicherer); LG Arnsberg r+s 2011, 156 = VersR 2011, 748 (zur Zahlungsklage gegen den Insolvenzverwalter ohne vorherige Anmeldung zur Tabelle); siehe auch: OLG Celle r+s 2013, 127 = VersR 2013, 750 (Feststellungsklage gegen den Versicherer bei Untätigkeit des Insolvenzverwalters).

28 Näheres vgl. van Bühren/*Lenz*, § 24 Rn 92 ff.

In der Regel nimmt der Versicherungsnehmer nur das **Tatgeschehen** wahr und weiß als **Laie** nicht unbedingt, wie es **rechtlich einzuordnen** ist. Die Schadensmeldung hat auch zu erfolgen, wenn der Versicherungsnehmer meint, die behaupteten Haftpflichtansprüche bestünden nicht. Ist diese Auffassung richtig, wird sich der Haftpflichtversicherer im Rahmen seines **Regulierungsermessens** häufig dafür entscheiden, seinem Versicherungsnehmer Deckung durch **Abwehr unberechtigter Haftpflichtansprüche** zu gewähren – also genau im Sinne des Versicherungsnehmers handeln. 69

Stellt der Geschädigte in einem Schreiben, mit dem er Schadensersatz fordert, den Sachverhalt richtig dar, kann der Versicherungsnehmer darauf verweisen. Gegenteilige Wahrnehmungen muss er natürlich klarstellen. Dies gilt auch für den Fall, dass er eine behauptete Schadenshöhe für unberechtigt hält, etwa weil Anhaltspunkte dafür bestehen, dass der Geschädigte Schäden behauptet, die ihm tatsächlich nicht entstanden sein können. 70

In der Schadensmeldung liegt zugleich die **Geltendmachung** des Versicherungsnehmers an seinen Versicherer auf Gewährung von **Versicherungsschutz**. 71

▼ 72

Muster 5.1: Schadensmeldung des Versicherungsnehmers an seinen Haftpflichtversicherer

Per Telefax:

Versicherungs-AG

Versicherungsscheinnr. ; Ihre VN: ; Ereignis vom

Sehr geehrte Damen und Herren,

ausweislich in beglaubigter Abschrift beiliegender Vollmachtsurkunde vertreten wir Ihre VN,

Frau ,

anlässlich eines Schadensfalles vom . Unsere Mandantin unterhält bei Ihnen zu der o.a. Versicherungsnummer eine Haftpflichtversicherung.

Am ging Frau mit ihrem vierjährigen Sohn auf der Straße in spazieren. Die beiden benutzten den Fußweg. Frau Versicherungsnehmer hielt ihren Sohn an der Hand. Herr kam plötzlich mit seinem Fahrrad um die Kurve gefahren, als der Sohn von Frau sich uneinfangbar von der Hand seiner Mutter losriss und auf die Straße lief. Herr kam zu Fall, ohne dass es zuvor eine Kollision mit dem Kind gegeben hat.

Herr hat vor Ort angekündigt, er werde Schadensersatzansprüche geltend machen. Am hat die Familie das beiliegende Schreiben eines von Herrn beauftragten Rechtsanwalts vom erhalten. Der dort geschilderte Ablauf trifft nicht zu. Frau hatte ihren Sohn bis kurz vor dem Einbiegen des Radfahrers auf die Straße an der Hand gehalten. Dies kann auch ein Anwohner, Herr ((*Adresse*)), mit dem Frau sich gerade unterhalten hatte, bestätigen.

Bitte nehmen Sie sich der Sache unverzüglich an. Den Versicherungsnehmer erreichen Sie zur unmittelbaren Kontaktaufnahme unter der Mobilfunknummer .

Mit freundlichen Grüßen

Rechtsanwalt

▲

b) Schreiben des Geschädigten an den Versicherungsnehmer

73 Für berechtigte Schadensersatzansprüche ist gegenüber dem Geschädigten formal der Versicherungsnehmer eintrittspflichtig (vgl. Rdn 2, 56), da es in der Regel **keinen Direktanspruch gegen den Haftpflichtversicherer** (zu den Ausnahmen vgl. Rdn 2, 64 f., 95) gibt.

Eine **Korrespondenz** unmittelbar mit dem über die Regulierung entscheidenden **Haftpflichtversicherer** ist dennoch sinnvoll, weil sie die Informationswege verkürzt. Liegen die Daten hierzu nicht vor, bietet sich sinngemäß das nachfolgend Schreiben an den Versicherungsnehmer an. Ein Hinweis auf dessen Schadensmeldung an den Versicherer hat den Vorteil, dass der Adressat ggf. hierfür sensibilisiert wird:

74 ▼

Muster 5.2: Schreiben des Geschädigten an den Versicherungsnehmer

An

Frau (*VN*)

Ereignis vom in der Straße in

Sehr geehrte Frau ,

ausweislich beiliegender beglaubigter Vollmachtsurkunde vertreten wir

Herrn

bei der Geltendmachung von Ersatzansprüchen aus dem im Betreff genannten Schadensfall. Herr ist derzeit noch in ärztlicher Behandlung. Die einzelnen Schadenspositionen werden wir in Kürze beziffern. Wir gehen davon aus, dass Sie den Vorfall bereits ihrem Privathaftpflichtversicherer gemeldet haben. Anderenfalls regen wir an, dass Sie dies – schon um Ihren Versicherungsschutz nicht zu gefährden – unverzüglich nachholen. Der Einfachheit halber lassen Sie uns bitte bis zum

die Daten, also Name, Anschrift und Versicherungsscheinnummer, Ihres Haftpflichtversicherers zukommen. Wir würden dann die Korrespondenz unmittelbar mit diesem führen. Hören wir bis dahin nichts von Ihnen, werden wir die dann sicherlich jedenfalls zum Teil bezifferbaren Forderungen Ihnen mitteilen.

Mit freundlichen Grüßen

Rechtsanwalt

▲

c) Antwort des Versicherungsnehmers an den Schädiger

Gibt der Versicherungsnehmer an ihn gerichtete Korrespondenz des Geschädigten an seinen Haftpflichtversicherer weiter, wird der Versicherer den Kontakt zu dem Geschädigten aufnehmen. Man kann aus Gründen der Höflichkeit durch ein Antwortschreiben an den Geschädigten z.B. wie folgt reagieren: 75

▼ 76

Muster 5.3: Antwort des Versicherungsnehmers an den Schädiger

An

Herrn Rechtsanwalt

Ereignis vom in der Straße in ; Ihr Zeichen

Sehr geehrter Herr Kollege ,

unsere Bevollmächtigung anwaltlich versichernd, vertreten wir

Frau ,

die uns Ihr Schreiben vom übermittelt hat. Unsere Mandantin hat ihren Privathaftpflichtversicherer, die -Versicherungs-AG, über das o.a. Ereignis informiert und Ihre Post dorthin weitergeleitet. Die Angelegenheit wird unter der Schadennr. geführt. Bitte haben Sie Verständnis, dass die Familie aus versicherungsvertraglichen Gründen die Bearbeitung des Falles vollumfänglich ihrem Versicherer überlassen wird.

Mit freundlichen kollegialen Grüßen

Rechtsanwalt

▲

d) Zahlungsaufforderung des Geschädigten an den Versicherer

Sind die Daten des Haftpflichtversicherers bekannt, empfiehlt sich als **Anwalt des Geschädigten** – trotz nicht bestehenden Direktanspruchs (vgl. Rdn 2, 95) – die unmittelbare **Kontaktaufnahme** mit dem **Versicherer** zur Geltendmachung der gegen den Versicherungsnehmer bestehenden Haftpflichtansprüche. 77

Versicherer bestehen auf Vorlage einer **Vollmachtsurkunde** (vgl. § 3 Rdn 2 ff.), sodass der Rechtsanwalt diese möglichst im ersten Anschreiben übermitteln, jedenfalls aber unaufgefordert kurzfristig nachsenden sollte. Bei Personenschäden holen die Haftpflichtversicherer stets ärztliche Berichte ein. Es beschleunigt die Sachbearbeitung, wenn der Rechtsanwalt des Geschädigten bereits zu Beginn (Musterformular vgl. Rdn 78) eine **Schweigepflichtentbindungserklärung** (Musterformular vgl. Rdn 85) übermittelt, in der die behandelnden Ärzte mit Anschriften benannt sind.

▼ 78

Muster 5.4: Zahlungsaufforderung des Geschädigten an den Versicherer

Per Telefax:

-Versicherungs-AG

Versicherungsscheinnr. ___; Ihre VN: ___; Mitversicherter: ___; Ereignis vom ___

Sehr geehrte Damen und Herren,

ausweislich in beglaubigter Abschrift beiliegender Vollmachtsurkunde vertreten wir

Herrn ___,

anlässlich eines Schadensfalles vom ___, für den Ihre Versicherte, Frau ___, eintrittspflichtig ist.

Am ___ ging Frau ___ mit dem vierjährigen Sohn ___ auf der ___ Straße in ___ spazieren. Die Mutter benutzte zwar zunächst den Fußweg. Sie hielt Ihren Sohn jedoch nicht an der Hand. Der Kleine sprang immer wieder auf die Fahrbahn, ohne dass Frau ___ ihn dazu anhielt, dies zu unterlassen oder aber ihn an der Hand hielt.

Unser Mandat befuhr mit seinem Fahrrad die ___ Straße entgegen der Laufrichtung von Frau ___. Er befand sich dem Rechtsfahrgebot entsprechend an dem aus seiner Sicht rechten Fahrbahnrand. Für unseren Mandanten unvorhersehbar rannte der Sohn von Frau ___ plötzlich los und in dessen Fahrspur hinein. Herr ___ versuchte zu bremsen und auszuweichen, was in der Kürze der Zeit jedoch nicht gelang. Er kam zu Fall.

Frau ___ ist hierfür schadensersatzpflichtig, da ihr eine Aufsichtspflichtverletzung anzulasten ist. Aufgrund der regelmäßig durch Autos und Radfahrer frequentierten Straße hätte sie ihren Sohn an der Hand führen müssen, um zu verhindern, dass er unkontrolliert in den Straßenraum laufen würde. Weil sie dies unterlassen hat, hat sich der spätere Schadensverlauf verwirklicht.

Unser Mandant hat unfallbedingt eine Sprunggelenksfraktur rechts erlitten. Hinzu kommen Prellungen und Schürfwunden am rechten Bein. Insoweit fügen wir die von Herrn ___ ausgefüllte und unterzeichnete Schweigepflichtentbindungserklärung bei. Bitte holen Sie bei den dort genannten Ärzten Stellungnahmen ein. Die Schweigepflichtentbindung steht unter der Bedingung, dass Sie uns Kopien der eingeholten Arztberichte übermitteln. Anschließend werden wir die personenschadenbedingten Ansprüche (wie Schmerzensgeld, Haushaltsführungsschaden und Aufwendungen) unseres Mandaten beziffern.

Außerdem ist das gerade erst zwei Monate alte Fahrrad beschädigt, wodurch nach dem beiliegenden Kostenvoranschlag der ___ GmbH vom ___ Reparaturkosten in Höhe von netto ___ EUR bzw. brutto ___ EUR erforderlich sind. Insoweit bitten wir bis zum

___

um Zahlung des Netto-Betrages von ___ EUR zuzüglich der Allgemeinen Auslagenpauschale (___ EUR), mithin insgesamt ___ EUR auf unser Kanzleikonto Nr. ___ bei der ___ Bank.

Mit freundlichen Grüßen

___

Rechtsanwalt

▲

e) Deckungsanfrage für Aktivklage des Versicherungsnehmers nach unberechtigter Aufrechnung des Geschädigten

Der Versicherungsnehmer hat Parkettverlegearbeiten im zweiten Obergeschoss des Einfamilienhauses seines Auftraggebers erbracht und ihm seine Vergütung in Höhe von ___ EUR in Rechnung gestellt. Der Auftraggeber behauptet, der Versicherungsnehmer habe dabei einen Schaden an der vom Erd- ins erste Obergeschoss führenden Treppe verursacht. Tatsächlich ist jener Schaden jedoch durch das Handeln eines anderen Handwerkers entstanden und der behauptete Haftpflichtanspruch des Auftraggebers gegen den Versicherungsnehmer besteht nicht. Der Auftraggeber sieht das anders und hat gegenüber der Vergütungsleistung des Versicherungsnehmers die Aufrechnung mit seinen vermeintlichen Schadensersatzansprüchen in Höhe von mindestens ___ EUR erklärt. Der Versicherungsnehmer müsste nun seine Vergütung einklagen. 79

Wenn im Prozess mit dem Einwand des Auftraggebers zur **Aufrechnung** mit den Schadensersatzansprüchen zu rechnen ist, empfiehlt sich im Hinblick auf den grundsätzlich unter den Versicherungsschutz fallenden Schaden (vgl. Rdn 59 ff.) folgendes Schreiben an seinen Betriebshaftpflichtversicherer: 80

▼ 81

Muster 5.5: Deckungsanfrage für Aktivklage des Versicherungsnehmers nach unberechtigter Aufrechnung des Geschädigten

Per Telefax: ___

An die

___ Versicherungs-AG

___

Versicherungsscheinnummer ___; Ihre VN: ___ GmbH

Sehr geehrte Damen und Herren,

ausweislich in beglaubigter Abschrift beiliegender Vollmachtsurkunde vertreten wir Ihre Versicherungsnehmerin,

die ___ Parkettleger GmbH.

Gegenstand unseres Mandats ist zunächst die Geltendmachung von Vergütungsleistungen gegenüber Herrn ___.

Ihre Versicherungsnehmerin hat vom ___ bis ___ im Einfamilienhaus von Herrn ___ Parkettverlegearbeiten im zweiten Obergeschoss erbracht und diese mit Rechnung vom ___ gegenüber Herrn ___ in vereinbarter, im Übrigen ortsüblicher und angemessener Höhe von brutto ___ EUR fakturiert. Mit beiliegendem, an die Versicherungsnehmerin gerichteten Schreiben vom ___ räumt Herr ___ die ordnungsgemäßen Arbeiten der Versicherungsnehmerin und die richtige Abrechnung der Vergütung ein, behauptet aber, Mitarbeiter der Versicherungsnehmerin hätten am ___ im Zusammenhang mit den Werkleistungen eine Schaden an der vom Erd- ins erste Obergeschoss führenden Treppe verursacht. Hierdurch sei ein Schaden entstanden, der Instandsetzungskosten von netto ___ EUR erfordere. Mit diesem Schadensersatzanspruch rechnet Herr ___ gegenüber der Vergütungsleistung der Versicherungsnehmerin auf.

Tatsächlich ist die Versicherungsnehmerin für den Schaden nicht verantwortlich. Ihre Mitarbeiter waren nur bis einschließlich vor Ort. Anschließend war eine Elektroinstallationsfirma im Hause tätig. Mithin hat Herr keine Schadensersatzansprüche gegen die Versicherungsnehmerin. Die Aufrechnung ist unberechtigt. Dies sieht Herr anders, so dass Ihrer Versicherungsnehmerin nur der Klageweg bleibt, um die Vergütungsleistung titulieren zu lassen.

Nachdem in jenem Verfahren mit dem Einwand von Herrn , die Forderung sei durch eine Aufrechnung mit vermeintlichen Schadensersatzansprüchen erloschen, zu rechnen ist, wird in jenem Klageverfahren die Berechtigung des behaupteten Haftpflichtanspruches geklärt. In der Aufrechnung und deren Einwand gegenüber der künftigen Klageforderung liegt eine Inanspruchnahme Ihres Versicherungsnehmers aufgrund gesetzlicher Haftpflichtbestimmungen. Damit fällt die Prozessführung unter den bei Ihnen bestehenden Versicherungsschutz. Für eine Klage des Herrn gegen Ihren Versicherungsnehmer hätten Sie Deckung in Form der Abwehr unberechtigter Schadensersatzverpflichtungen zu gewähren. Muss er allerdings aufgrund einer Aufrechnungserklärung selbst wegen eigener Forderungen aktiv gegen den vermeintlich Geschädigten klagen und wendet jener dann Schadensersatzansprüche ein, ist der Prozessstoff derselbe, so dass Sie Rechtsschutz gewähren müssen (vgl. van Bühren/*Hartwig*, § 9 Rn 55; Prölss/Martin/*Lücke*, VVG, § 101 Rn 6 ff. m.w.N.). Wir bitten daher möglichst kurzfristig, spätestens jedoch bis zum

um Ihre Deckungszusage für die Aktivklage des Versicherungsnehmers. Falls Sie die Forderungen des Herrn für berechtigt halten, stellen wir die Erstattung des zur Aufrechnung gestellten Betrages auf unser Konto anheim.

Sollten Sie noch weitere Informationen benötigen, lassen Sie uns das bitte wissen.

Mit freundlichen Grüßen

Rechtsanwalt

▲

f) Deckungsanfrage für Erstattung an Versicherungsnehmer nach berechtigter Aufrechnung des Geschädigten

82 Ist die Aufrechnung des Auftraggebers in dem oben aufgeführten Beispiel (siehe Rdn 79) hingegen berechtigt, erlischt die Vergütungsforderung des Versicherungsnehmers durch die Aufrechnung mit den hier entgegengesetzten Schadensersatzansprüchen. Vor der Aufrechnung hatte der Versicherungsnehmer gegenüber seinem Versicherer einen Anspruch auf Freistellung von diesen berechtigten Schadensersatzverpflichtungen. Die Aufrechnung hat dann zur Befriedigung des Haftpflichtanspruches geführt. Der Freistellungsanspruch des Versicherungsnehmers wandelt sich dadurch in einen Erstattungsanspruch gegen seinen Betriebshaftpflichtversicherer (vgl. Rdn 59 ff.). Diesen kann man beispielhaft wie folgt geltend machen:

▼ 83

Muster 5.6: Deckungsanfrage für Erstattung an Versicherungsnehmer nach berechtigter Aufrechnung des Geschädigten

5.6

Per Telefax:

An die

Versicherungs-AG

Versicherungsscheinnummer ; Ihre VN: GmbH

Sehr geehrte Damen und Herren,

ausweislich in beglaubigter Abschrift beiliegender Vollmachtsurkunde vertreten wir Ihre Versicherungsnehmerin,

die GmbH.

Gegenstand unseres Mandats ist zunächst die Geltendmachung von Vergütungsleistungen gegenüber Herrn .

Ihre Versicherungsnehmerin hat vom bis im Einfamilienhaus des Herrn Parkettverlegearbeiten im zweiten Obergeschoss erbracht und diese mit Rechnung vom gegenüber Herrn in vereinbarter, im Übrigen ortsüblicher und angemessener Höhe von brutto EUR fakturiert. Mit beiliegendem, an die Versicherungsnehmerin gerichteten Schreiben vom räumt Herr die ordnungsgemäßen Arbeiten der Versicherungsnehmerin und die richtige Abrechnung der Vergütung ein, behauptet aber, Mitarbeiter der Versicherungsnehmerin hätten am im Zusammenhang mit den Werkleistungen eine Schaden an der vom Erd- ins erste Obergeschoss führenden Treppe verursacht. Hierdurch sei ein Schaden entstanden, der nach dem ebenso beigefügten Kostenvoranschlag Instandsetzungskosten von netto EUR erfordere. Mit diesem Schadensersatzanspruch rechnet Herr gegenüber der Vergütungsleistung der Versicherungsnehmerin auf.

Tatsächlich ist die Versicherungsnehmerin für den Schaden verantwortlich. Ihre Mitarbeiter und haben beim Verlassen des Hauses aus Unachtsamkeit die Parkettschneidemaschine fallen lassen. Hierdurch ist der Schaden an der Treppe entstanden. Die Schadenshöhe erscheint plausibel; eine fachmännische Prüfung stellen wir anheim.

Nachdem durch die jedenfalls dem Grunde nach berechtigte Aufrechnung der Anspruch Ihrer Versicherungsnehmerin auf Zahlung der Vergütungsleistung erloschen ist, liegt hierin eine Inanspruchnahme Ihres Versicherungsnehmers aufgrund gesetzlicher Haftpflichtbestimmungen. Die Geltendmachung des Gegenanspruchs fällt unter den bei Ihnen bestehenden Versicherungsschutz. Der ursprüngliche Anspruch Ihrer Versicherungsnehmerin auf Freistellung von den berechtigten Schadensersatzverpflichtungen Herrn gegenüber hat sich durch dessen Aufrechnungserklärung, die zu einer Befriedung geführt hat, in einen Erstattungsanspruch gewandelt. Wir bitten daher möglichst kurzfristig, spätestens jedoch bis zum

um Erstattung der zur Aufrechnung gestellten EUR auf unser Konto . Unsere Geldempfangsbevollmächtigung ergibt sich aus o.a. Vollmacht. Sollten Sie die Gegenforderung des Herrn ganz oder teilweise für unberechtigt halten, bitten wir binnen gleicher Frist für den nicht erstatteten Betrag um Ihre Deckungszusage für die insoweit dann erforderliche gerichtliche Inanspruchnahme des Herrn durch Ihren Versicherungsnehmer. Da in jenem Verfahren dann die Berechtigung der Haftpflichtforderung geklärt wird, hat Ihre Versicherungsnehmerin dann einen Anspruch auf Rechtschutz (vgl. van Bühren/*Hartwig*, § 9 Rn 55; Prölss/Martin/*Lücke*, VVG, § 101 Rn 6 ff. m.w.N).

Sollten Sie noch weitere Informationen benötigen, lassen Sie uns das bitte wissen.

Mit freundlichen Grüßen

Rechtsanwalt

▲

g) Schweigepflichtentbindungserklärung des Geschädigten (Heilberufe)

84 Ärztliche Auskünfte erhalten sowohl der eigene Anwalt als auch der ggf. für einen Schaden eintrittspflichtige Haftpflichtversicherer nur bei Vorlage einer Schweigepflichtentbindungserklärung. Man kann natürlich darauf warten, dass der Versicherer ein vorbereites Formular übersendet. Zur Beschleunigung trägt indes die unmittelbare Übersendung eines eigenen Exemplars bei. Auch aus Gründen der Effizienz eigener Arbeit, sollte der Rechtsanwalt seinen Mandanten bei einem Personenschaden gleich zu Beginn eine Schweigepflichtentbindungserklärung ausfüllen und unterzeichnen lassen. Das nachfolgende Beispiel ist dabei **individuell** abänderbar. So kann man es einerseits enger, andererseits aber auch weiter fassen.

85 ▼

Muster 5.7: Schweigepflichtentbindungserklärung des Geschädigten (Heilberufe)

5.7 Den/die nachfolgenden Ärzte, Zahnärzte und/oder Angehörigen anderer Heilberufe sowie Bediensteten von Krankenhäusern

(*Name, Anschrift…*)

entbinde ich,

Herr , (*Adresse*)

hiermit von seiner/ihrer gesetzlichen und vertraglichen Schweigepflicht über die Behandlungen und weiteren Folgen aus dem Vorfall vom . Dies steht unter der **Bedingung**, dass die Auskünfte nur schriftlich erteilt und den von mir beauftragten Rechtsanwälten

Rechtsanwälte , (*Adresse*)

abschriftlich übersandt werden. Für mit der Übersendung anfallende Auslagen komme ich auf.

Die von der Schweigepflicht entbundenen Personen sind befugt,

der Versicherungs-AG

und den Rechtsanwälten aus o.a. Kanzlei über alle mit dem benannten Vorfall sicher oder möglicherweise zusammenhängende Umstände – einschließlich Vorerkrankungen – Auskunft zu geben.

Rechtsanwalt

▲

III. Gerichtliche Mandate

1. Checklisten und Praxistipps

Hier kann zunächst auf die obigen Ausführungen verwiesen werden (siehe Rdn 46 ff.). 86

Kommt es zwischen dem Geschädigten und dem Versicherungsnehmer zu einem **Haftpflichtprozess**, muss der Versicherungsnehmer seinen Haftpflichtversicherer unverzüglich über die Klage nebst Zustellungsdatum informieren. Der Versicherungsnehmer bleibt formal Partei des Haftpflichtprozesses, den der Versicherer jedoch steuert, indem er gem. B3–3.5 S. 2 AVB bzw. Ziff. 25.5 S. 2 AHB den Rechtsanwalt für den Versicherungsnehmer auswählt und beauftragt.[29] Er stellt den Versicherungsnehmer von den **Kosten** frei. Sind jedoch versicherte und nicht versicherte Ansprüche (z.B. Erfüllungsschäden) streitgegenständlich, fallen dem Versicherer nur die Kosten der gedeckten Haftpflichtforderung zur Last. Zur umfassenden Prozessvollmacht aus A1–4.2. Abs. 2 AVB bzw. Ziff. 5.2 Abs. 2 AHB früher in diesem Kapitel (vgl. Rdn 35). 87

Die **Kosten** eines im Haftpflichtprozess ohne den Willen des Versicherers beauftragten oder gar die Kosten eines weiteren,[30] nur vom Versicherungsnehmer beauftragten Rechtsanwaltes muss der Versicherer nur in Ausnahmefällen tragen – etwa wenn die Wahrnehmung der Interessen des Versicherungsnehmers durch den Versicherer nicht sichergestellt war oder bei einem Interessenkonflikt.[31] Darauf hat der den VN zusätzlich vertretende Anwalt hinzuweisen, um sich nicht selbst in eine Schadensersatzpflicht zu begeben. 88

Der Versicherungsnehmer hat hinsichtlich einer Haftpflichtforderung bereits im **selbstständigen Beweisverfahren** Anspruch auf Rechtsschutz gem. § 100 VVG bzw. A1–4.1 S. 1 AVB (Ziff. 5.1 S. 1 AHB), sofern hierin bereits eine **ernsthafte Geltendmachung des Haftpflichtanspruchs**[32] zu sehen ist. Zweifelhaft ist, ob der Versicherer diesen Rechtschutz auch durch den Einsatz eigener Mitarbeiter gewähren kann.[33] Umgekehrt hat der Versicherungsnehmer wiederum die Führung des Beweissicherungsverfahrens seinem Versicherer zu überlassen. 89

Insbesondere prozessual kann die **Widerstandsklausel** des A 1 Ziff. 5.8 AVB (Ziff. 6.8 AHB) zum Problem werden (vgl. Rdn 52). Hierauf muss der Anwalt, der den Versicherungsnehmer vertritt und der auch bei Beauftragung im Haftpflichtprozess durch den Versicherer aus dem Mandatsverhältnis formal an die Weisungen des Versicherungsnehmers gebunden ist, hinweisen. Allerdings kann der Versicherer den Haftpflichtanspruch u.U. auch ohne Beteiligung des Versicherungsnehmers erledigen, z.B. durch Zahlung an den Dritten und Abschluss einer außergerichtlichen Vereinbarung, wonach mit der Zah- 90

29 Vgl. OLG Koblenz r+s 2013, 70 = VersR 2012, 1008.
30 Vgl. OLG Saarbrücken NJW-Spezial 2012, 171.
31 Vgl. BGH NJW 2011, 377 = r+s 2010, 504 = VersR 2010, 1590 (durch Versicherer behauptete Unfallmanipulation).
32 Vgl. BGH NJW-RR 2004, 1261 = r+s 2004, 411 = VersR 2004, 1043.
33 Vgl. *Knütel*, VersR 2003, 300.

lung sämtliche Ansprüche des Dritten gegen den Versicherungsnehmer abgegolten sind und die Klage zurückgenommen wird.

91 Bei **aufrechenbaren Ansprüchen** des Versicherungsnehmers oder durch die andere Partei zur Aufrechnung gestellten Forderungen ist immer an die Haftpflichtversicherung zu denken, wenn eine der Forderungen einen Haftpflichtschaden betreffen kann (vgl. Rdn 59 ff. sowie die außergerichtlichen Musterformulare siehe Rdn 79 f., 82 f.).

92 Ein rechtskräftiges **Haftpflichturteil** entfaltet in seinen Tatsachengrundlagen **Bindungswirkung**[34] im nachfolgenden **Deckungsprozess** (vgl. hierzu das nachfolgende Muster einer Klageschrift, siehe Rdn 102). Die im Haftpflichturteil getroffenen **tatsächlichen** Feststellungen dürfen im Deckungsprozess nicht infrage gestellt werden, wenn der im Deckungsprozess maßgebliche Umstand sich auch im Haftpflichtprozess bei objektiv zutreffender rechtlicher Würdigung als entscheidungserheblich erweist (**Voraussetzungsidentität**). Die **rechtliche** Einordnung der Feststellungen aus dem Haftpflichtprozess ist außerdem **nicht** bindend.[35] Die Bindungswirkung ist keine Rechtskrafterstreckung, sondern die materiell-rechtliche Auswirkung des Haftpflichtvertrages, die sich aus dem Leistungsversprechen ergibt.[36] Sie entfällt bei **kollusivem Zusammenwirken** des Geschädigten und des Versicherungsnehmers zum Nachteil des insoweit darlegungs- und beweisbelasteten Versicherers.

93 Bei einem **Versäumnisurteil** ist auf die Einflussnahmemöglichkeit des Versicherers abzustellen.[37] Die Bindungswirkung eines **Anerkenntnisurteils** kann im Hinblick auf A1–4.1 Abs. 2 S. 2 AVB (Ziff. 5.1. Abs. 2 S. 2 AHB) nur greifen wenn es der Rechtslage entspricht.[38] Gleiches gilt für einen **Vergleich**.

94 Eine **Nebenintervention** des Versicherers im Haftpflichtprozess kann daher sinnvoll sein: Einerseits, um Tatsachen feststellen zu lassen, die im späteren Deckungsprozess bedeutsam sind – so etwa durch Beitritt auf Seiten des klagenden Geschädigten, um **Deckungssauschlüsse**, wie den Vorsatztatbestand, einzubringen. Bestehen andererseits Anhaltspunkte für einen **vorgetäuschten Haftpflichtschaden**, kann der Haftpflichtversicherer im Haftpflichtprozess im Rahmen der Nebenintervention auf der Seite des Versicherungsnehmers beitreten, um auf den Prozess Einfluss zu nehmen (z.B. zur Vermeidung eines Versäumnisurteils). Er darf sich dabei entgegen § 67 ZPO auch in Widerspruch zum Vortrag der unterstützten Partei setzen.[39]

34 Weiterführend vgl. van Bühren/*Hartwig*, § 9 Rn 103 ff.

35 Vgl. BGH NJW-RR 2001, 1311 = VersR 2001, 1103; OLG Celle r+s 2013, 145 = NJOZ 2013, 1603; BGH NJW 2011, 610 = r+s 2011, 66 = VersR 2011, 203; OLG Karlsruhe = NJW-RR 2010, 1043 = r+s 2010, 372 = VersR 2010, 940; BGH NJW-RR 2004, 676 = r+s 2004, 232 = VersR 2004, 590.

36 Vgl. BGH NJW 1993, 68 = r+s 1992, 406 = VersR 1992, 1504.

37 Vgl. OLG Frankfurt a.M. r+s 2011, 207 = VersR 2011, 522.

38 Vgl. van Bühren/*Hartwig*, § 9 Rn 53 ff.

39 Vgl. OLG Hamm = NJW-RR 1997, 156 = r+s 1997, 55 = VersR 1997, 853; OLG Hamm NJW-RR 1998, 679 = r+s 1998, 65 = VersR 1998, 1274; OLG Oldenburg NZV 2004, 203 = NJOZ 2004, 817.

Der **Geschädigte** hat **keinen Direktanspruch gegen den Haftpflichtversicherer** des Schädigers. Dies ist nur in wenigen **Ausnahmen** anders. Zum einen in der **Pflichtversicherung** in den gesetzlich geregelten Fällen gem. **§ 115 Abs. 1 Nr. 1 – 3 VVG**, also bei Ansprüchen nach dem PflVG (vgl. Rdn 112) und bei Insolvenz (vgl. Rdn 65). Zum anderen kommen Direktansprüche nach **Abtretung** des Freistellungsanspruches (vgl. Rdn 64) sowie im Rahmen der **Zwangsvollstreckung** infrage. Nach Obsiegen im Haftpflichtprozess gegen den Schädiger kann der Geschädigte dessen Freistellungsanspruch pfänden und sich überweisen lassen. Sowohl dann als auch bei Abtretung bleiben dem Versicherer die deckungsrechtlichen Einwendungen. Außerdem kann der Geschädigte ein Interesse für eine unmittelbare **Feststellungsklage** gegen den Haftpflichtversicherer des Schädigers haben, wenn der Geschädigte Gefahr läuft, den Deckungsanspruch als Befriedigungsobjekt zu verlieren. Eine Prüfung der Haftpflichtfrage geschieht dann aber nicht; es werden nur deckungsrechtliche Fragen geklärt.[40] 95

Schließlich bietet sich bei einer Klage die Angabe des vorläufig geschätzten **Streitwertes** an. Einerseits soll das nach § 253 Abs. 5 ZPO in der Klageschrift geschehen. Andererseits begegnet der Anwalt damit einer (gebührenrechtlich unerfreulichen) zu geringen oder aber auch (was im Falle des Unterliegens des Mandanten wichtig ist) auch zu hohen Streitwertfestsetzung durch das Gericht. 96

2. Muster

Je nachdem, welche Partei der Anwalt vertritt, sind besondere Fallkonstellationen denkbar. Die nachstehenden Prozessformulare für Klage und Klageerwiderung bauen aufgrund der sehr unterschiedlichen Argumente der Beteiligten nicht auf denselben Sachverhalten auf. Soweit es zum Verständnis nötig ist, werden die zugrundeliegenden Fallbeispiele eingangs kurz erörtert. 97

a) Klage

aa) Deckungsklage vor festgestelltem Haftpflichtanspruch

Steht nicht fest, ob die geltend gemachten Haftpflichtansprüche berechtigt oder aber unberechtigt sind, kann der Versicherungsnehmer nur Versicherungsschutz an sich beanspruchen. In welcher Form, also ob i.S. einer Freistellung von berechtigten oder durch Abwehr unberechtigter Forderungen, Versicherungsschutz zu gewähren ist, steht erst fest, wenn im Haftpflichtprozess rechtskräftig über die Forderungen des Geschädigten entschieden ist. 98

Vor dem Haftpflichtprozess kann der Haftpflichtversicherer die Frage, wie er Versicherungsschutz gewähren will, im Rahmen seines Regulierungsermessens (vgl. Rdn 35, 49) entscheiden. Lehnt er von vornherein mit Verweis auf jedenfalls nicht gedeckte Schäden die Deckung gegenüber dem Versicherungsnehmer ab, bleibt diesem nur der Anspruch 99

40 BGH VersR 2009, 1485; OLG Hamm NJW-RR 2012, 1056 = VersR 2012, 985; OLG Naumburg r+s 2013, 431 m. Anm. *Schimikowski* = VersR 2014, 54; OLG Celle r+s 2013, 127 = VersR 2013, 750.

auf Deckung, den der Versicherungsnehmer nicht konkretisieren kann. Dazu folgender **Sachverhalt** als Beispiel:

Das Schadensereignis entspricht dem in dem Muster zur Schadensmeldung (vgl. Rdn 72).

Es gab also beim Spaziergang der Versicherungsnehmerin mit ihrem vierjährigen Sohn eine Begegnung mit einem Radfahrer. Neben der benutzten Straße befindet sich ein Kanal. Der Geschädigte macht geltend, er habe unfallbedingt seine teure Uhr verloren. Sie habe sich beim Sturz gelöst und sei in den Kanal gefallen. Man könne sie nicht wieder auffinden. Aber auch wenn das ginge, sei sie durch den Kontakt mit dem Wasser vollumfänglich zerstört. Andere unfallbedingte Schäden bestehen nicht. Der Haftpflichtversicherer lehnt die Gewährung von Versicherungsschutz gegenüber der Versicherungsnehmerin ab, weil er meint, es liege mit dem **Abhandenkommen** der Uhr nur ein nicht versicherter Schaden vor.

100 ▼

Muster 5.8: Deckungsklage vor festgestelltem Haftpflichtanspruch

5.8

An das

Amtsgericht

Klage

der Frau , (*Adresse*)

– Klägerin –

Prozessbevollmächtigte: Rechtsanwälte

gegen

die Versicherungs-AG, vertreten durch ihren Vorstand, die Herren (Schadensnummer)

– Beklagte –

wegen: Leistungen aus der Privathaftpflichtversicherung

Streitwert (einstweilen geschätzt): EUR

Namens und Kraft erteilter Vollmacht der Klägerin erheben wir Klage gegen die Beklagte. Wir werden beantragen,

> **die Beklagte zu verurteilen, der Klägerin wegen des Ereignisses vom in der Straße in , bei dem während eines Spaziergangs der Klägerin mit ihrem Sohn (geb. am) Herr (geb. am) als Radfahrer zu Fall gekommen ist, Versicherungsschutz zu gewähren.**

Wir regen die Einleitung eines schriftlichen Vorverfahrens an und stellen für diesen Fall schon jetzt,

den Antrag gem. § 331 Abs. 3 ZPO.

Zur

Klagebegründung

tragen wir wie folgt vor:

Die Klägerin begehrt von der Beklagten Versicherungsschutz für ein Ereignis vom , für das die Beklagte ihre Eintrittspflicht mit der Begründung verneint, der geltend gemachte Schaden falle nicht unter den Versicherungsschutz.

I.

Die Parteien sind ausweislich der Police Nr. ,

Anlage K 1,

vom durch eine Privathaftpflichtversicherung miteinander verbunden. Dieser liegen die AHB zugrunde,

Anlagenkonvolut K 2.

II.

Am ging die Klägerin mit ihrem vierjährigen Sohn auf der Straße in spazieren. Die beiden benutzten den Fußweg. Frau hielt ihren Sohn an der Hand. Herr kam plötzlich mit seinem Fahrrad um die Kurve gefahren, als sich uneinfangbar von der Hand seiner Mutter losriss und auf die Straße lief. Herr kam zu Fall, ohne dass es zuvor eine Kollision mit gegeben hat. Herr beansprucht mit dem Hinweis auf eine vermeintliche Aufsichtspflichtverletzung Schadensersatz von der Klägerin. Bei dem Sturz habe er sich zwar nicht verletzt, auch sei das Fahrrad unbeschädigt, allerdings habe sich seine wertvolle Uhr vom Handgelenk gelöst und sei in den an die Straße angrenzenden Kanal gefallen. Er habe sie nicht zurückholen können. Selbst für den Fall des Wiederauffindens sei die Uhr aber aufgrund des Wasserkontaktes erheblich beschädigt, wenn nicht gar vollständig zerstört.

Die Beklagte hat der Klägerin mitgeteilt, der vermeintliche Verlust der Uhr sei kein versicherter Schaden.

III.

Für den angegebenen Haftpflichtschaden an der Uhr hat die Beklagte bedingungsgemäß Versicherungsschutz zu gewähren. Ihr Hinweis, der Schaden sei als Abhandenkommen nicht versichert, greift nicht:

Die Beklagte muss nach Ziff. 1.1. AHB Versicherungsschutz für die Inanspruchnahme der Klägerin durch Herrn gewähren. Danach besteht gem. Ziff. 1.1 Versicherungsschutz:

„… für den Fall, dass der Versicherungsnehmer wegen eines Schadensereignisses (Versicherungsfall), das einen Personen-, Sach- oder sich daraus ergebenden Vermögensschaden zur Folge hatte, aufgrund gesetzlicher Haftpflichtbestimmungen privatrechtlichen Inhaltes von einem Dritten in Anspruch genommen wird…“

Der Schaden an der Uhr stellt einen gedeckten Sachschaden dar. Zwar sind Schäden durch Abhandenkommen von Sachen nur bei ausdrücklicher Erweiterung des Versicherungsschutzes hierauf (vgl. Ziff. 2.2 AHB) versichert. Tatsächlich liegt hier aber kein Fall des Abhandenkommens, sondern ein Sachschaden vor.

Nach den Behauptungen des Herrn soll die Uhr vorfallsbedingt in den angrenzenden Kanal gefallen sein. Danach ist einerseits das Wiederauffinden unmöglich. Außerdem kam die Uhr naturgemäß mit Wasser in Berührung. Dies hat nach den Angaben des Geschädigten zu einer vermutlich irreparablen Beschädigung geführt.

Damit ist die Uhr also zunächst nach menschlichem Ermessen nicht wiederauffindbar. In solchen Fällen steht das Abhandenkommen einer Sache einem Sachschaden gleich (vgl. OLG Karlsruhe r+s 1996, 302 = VersR 1996, 1403). Außerdem hat die Uhr durch den Wasserkontakt einen Schaden erlitten. Dies ist aber – sollten die Behauptungen des Geschädigten hierzu stimmen – Folge des Fahrradunfalles. Dabei kann dahinstehen, ob der Wasserkontakt unmittelbar am Arm des Geschädigten oder erst nach Ablösen der Uhr vom Handgelenk zustande kam. Die zufällige Zäsur des Geschehens ändert nichts am Versicherungsschutz. Es liegt damit ein versicherter Sachschaden vor.

Für den Fall, dass ein Haftpflichtschaden besteht, hat die Beklagte die Klägerin von berechtigten Forderungen freizustellen. Wäre hingegen die Verantwortung der Klägerin zu verneinen, hat die Beklagte der Klägerin Rechtsschutz bei der Abwehr unberechtigter Haftpflichtforderungen zu gewähren. Hierüber verhält sich der Klageantrag.

IV.

Den Streitwert haben wir daran bemessen, dass der Geschädigte eine Forderung aus der betroffenen Uhr von EUR beansprucht. Daneben drohen sowohl eigene als auch ggf. dem Geschädigten zu erstattende Rechtsverfolgungskosten, für die die Beklagte bedingungsgemäß einzustehen hat und die wir einstweilen mit ca. EUR schätzen.

Rechtsanwalt

▲

bb) Klage auf Freistellung nach Urteil im Haftpflichtprozess

101 Das Schadensereignis entspricht im Grunde dem vorstehenden (siehe Rdn 99). Der Haftpflichtversicherer hat der Versicherungsnehmerin gegenüber seine Eintrittspflicht mit dem Hinweis auf einen nicht versicherten Schaden abgelehnt. Der Geschädigte hat anschließend die Versicherungsnehmerin im Haftpflichtprozess verklagt. Nach dem Haftpflichturteil steht die Eintrittspflicht der Versicherungsnehmerin dem Geschädigten gegenüber nach Haftungsgrund und -höhe fest. Der Haftpflichtversicherer verneint weiterhin seine Eintrittspflicht.

102 ▼

Muster 5.9: Klage auf Freistellung nach Urteil im Haftpflichtprozess

An das

Amtsgericht

Klage

der Frau , (*Adresse*)

– Klägerin –

Prozessbevollmächtigte: Rechtsanwälte

gegen

die Versicherungs-AG, vertreten durch ihren Vorstand, die Herren (Schadensnummer)

– Beklagte –

wegen: Leistungen aus der Privathaftpflichtversicherung

Streitwert (einstweilen geschätzt): EUR

Namens und Kraft erteilter Vollmacht der Klägerin erheben wir Klage gegen die Beklagte. Wir werden beantragen,

1.
die Beklagte zu verurteilen, die Klägerin von den mit Urteil des AG vom , Az. sowie mit Kostenfestsetzungsbeschluss des AG vom , Az. titulierten Forderungen Herrn gegenüber freizustellen.

2.
die Beklagte zu verurteilen, an die Klägerin EUR nebst Zinsen hieraus in Höhe von 5 %-Punkten über dem jeweiligen Basiszins seit Rechtshängigkeit zu zahlen.

Wir regen die Einleitung eines schriftlichen Vorverfahrens an und stellen für diesen Fall schon jetzt,

den Antrag gem. § 331 Abs. 3 ZPO.

Zur

Klagebegründung

tragen wir wie folgt vor:

Die Klägerin begehrt von der Beklagten Versicherungsschutz für ein Ereignis vom , für das die Beklagte ihre Eintrittspflicht mit der Begründung verneint, der geltend gemachte Schaden falle nicht unter den Versicherungsschutz. Die zugrundeliegende Haftpflichtforderung des Geschädigten ist durch rechtskräftiges Urteil tituliert. Gleiches gilt für seinen in jenem Haftpflichtprozess entstanden Kostenerstattungsanspruch. Die Beklagte bestreitet im Übrigen hilfsweise den Schadensersatzanspruch des Geschädigten dem Grunde und der Höhe nach.

I. Vertragliches

Die Parteien sind ausweislich der Police Nr. ,

Anlage K 1,

vom durch eine Privathaftpflichtversicherung miteinander verbunden. Dieser liegen die AHB zugrunde,

Anlagenkonvolut K 2.

II. Tatsächliches

1.

Am ___ ging die Klägerin mit ihrem vierjährigen Sohn ___ auf der ___ Straße in ___ spazieren. Hierbei kam es zu einem Fahrradunfall Herrn ___, der vorfallsbedingt gegenüber der Klägerin Schadensersatzansprüche aufgrund einer in den angrenzenden Kanal gefallenen Uhr geltend gemacht hat.

Der Geschädigte hat die Klägerin mit Klage vom ___ gerichtlich in Anspruch genommen. Mit dem als

Anlage K 3

beiliegenden, seit dem ___ rechtskräftigen Urteil (Az. ___) hat das AG ___ die Klägerin aufgrund jenes Vorfalles zur Zahlung von ___ EUR nebst Zinsen an Herrn ___ verurteilt. Das Amtsgericht hat die Verantwortung der Klägerin und die behauptete Schadenshöhe bejaht. Mit Kostenfestsetzungsbeschluss vom ___,

Anlage K 4,

hat das Amtsgericht die von der Klägerin an den Geschädigten zu erstattenden Verfahrenskosten auf ___ EUR nebst Zinsen festgesetzt.

Die Beklagte hat am ___ der Klägerin gegenüber die Deckung aus der bestehenden Haftpflichtversicherung mit der Begründung abgelehnt, der Verlust der Uhr stelle keinen versicherten Schaden dar. Die Beklagte wendet insoweit außerdem ein, ein Haftpflichtanspruch des Geschädigten gegenüber der Klägerin bestehe nicht. Daran ändere auch die Titulierung durch das Amtsgericht nichts, denn die Entscheidung sei inhaltlich falsch und wirke auch nur zwischen den damaligen Prozessparteien.

2.

Die Klägerin ist einerseits den titulierten Forderungen des Geschädigten ausgesetzt. Insoweit begehrt sie mit dem Klageantrag zu Ziff. 1) Freistellung.

Ihr sind durch den Haftpflichtprozess aber auch die daraus resultierenden eigenen Rechtsverfolgungskosten entstanden. Diese betragen ausweislich der durch die Klägerin beglichenen Anwaltsrechnung vom ___,

Anlage K 5,

anhand eines Gegenstandwertes von bis ___ EUR nach dem RVG brutto ___ EUR. Zinsen beanspruchen wir hierfür in gesetzlicher Höhe ab Rechtshängigkeit. Hierüber verhält sich der Klageantrag zu Ziff. 2).

III. Rechtliches

Für den angegebenen Haftpflichtschaden an der Uhr hat die Beklagte bedingungsgemäß Versicherungsschutz zu gewähren. Ihr Hinweis, der Schaden sei als Abhandenkommen nicht versichert, greift ebenso wenig wie der Einwand, an das Haftpflichturteil sei sie nicht gebunden:

1.

Die Beklagte muss nach Ziff. 1.1. AHB Versicherungsschutz für die Inanspruchnahme der Klägerin durch Herrn ___ gewähren. Gem. Ziff. 1.1 AHB besteht Versicherungsschutz:

„… für den Fall, dass der Versicherungsnehmer wegen eines Schadensereignisses (Versicherungsfall), das einen Personen-, Sach- oder sich daraus ergebenden Vermögens-

schadens zur Folge hatte, aufgrund gesetzlicher Haftpflichtbestimmungen privatrechtlichen Inhaltes von einem Dritten in Anspruch genommen wird...“

Nach Ziff. 5.1 Abs. 1 AHB umfasst der Versicherungsschutz:

„... die Prüfung der Haftpflichtfrage, die Abwehr unberechtigter Schadensersatzansprüche und die Freistellung des Versicherungsnehmers von berechtigten Schadensersatzansprüchen.“

Die Ansprüche des Herrn sind bedingungsgemäß berechtigt. In Ziff. 5.1 Abs. 1 AHB heißt es hierzu:

„Berechtigt sind Schadensersatzverpflichtungen dann, wenn der Versicherungsnehmer aufgrund Gesetzes, rechtskräftigen Urteils, Anerkenntnisses oder Vergleiches zur Entschädigung verpflichtet ist und der Versicherer hieran gebunden ist...“

Zunächst geht der Einwand der Beklagten, es bestehe kein Haftpflichtanspruch, von dem sie die Klägerin freistellen müsse, fehl. Der Inhalt des Haftpflichturteils bindet auch die Beklagte. Zwar ist nach dem sog. Trennungsprinzip das Haftpflichtverhältnis zwischen der Klägerin und Herrn und dem Deckungsverhältnis zwischen der Klägerin als Versicherungsnehmerin und der Beklagten als ihrem Versicherer zu unterscheiden. Der Haftpflichtprozess klärt, ob und in welcher Höhe der Versicherungsnehmer dem Geschädigten gegenüber schadensersatzpflichtig ist. Das hier verfahrensgegenständliche Deckungsverhältnis betrifft die Frage, ob und inwieweit anlässlich des Haftpflichtschadens wiederum der Versicherer seinem Versicherungsnehmer Versicherungsleistungen zu gewähren hat (vgl. BGH NJW-RR 2001, 1311 = VersR 2001, 1103). Notwendige Ergänzung des Trennungsprinzips ist die Bindungswirkung eines rechtskräftigen Haftpflichturteils für den späteren Deckungsprozess. Das rechtskräftige Haftpflichturteil des AG vom bindet in seinen Tatsachengrundlagen die hiesigen Prozessparteien im nunmehrigen Deckungsprozess – die im Haftpflichturteil getroffenen tatsächlichen Feststellungen dürfen im Deckungsprozess nicht infrage gestellt werden (vgl. BGH NJW-RR 2001, 1311; OLG Celle r+s 2013, 145). Es handelt sich hierbei nicht um eine Rechtskrafterstreckung, sondern um eine materiell-rechtliche Auswirkung des Leistungsversprechens des Versicherers aus dem Haftpflichtvertrag (vgl. BGH NJW 1993, 68).

Mithin kann sich die Beklagte gegenüber der Klägerin nicht darauf berufen, das Amtsgericht habe zu Unrecht den Haftungsgrund und die Schadenshöhe festgestellt.

Vielmehr ist der durch das Amtsgericht im Haftpflichtprozess festgestellte Sachverhalt auch im Deckungsprozess zugrunde zu legen. Danach steht für die Frage des Versicherungsschutzes bindend fest, dass die Klägerin den Sturz des Radfahrers verursacht hat, indem sie ihren Sohn trotz erkennbarer Gefahren nicht an die Hand genommen und ihn selbst bei Einbiegen des Geschädigten trotz entsprechender Möglichkeit nicht wieder eingefangen hat. Auch steht fest, dass die Uhr des Herrn zuvor einen Wert von EUR hatte und durch den Unfall in den Kanal gefallen und hierdurch irreparabel beschädigt wurde.

2.

Der Schaden an der Uhr stellt einen gedeckten Sachschaden dar. Zwar sind Schäden durch Abhandenkommen von Sachen nur bei ausdrücklicher Erweiterung des Versicherungsschutzes hierauf (vgl. Ziff. 2.2 AHB) versichert. Tatsächlich liegt hier aber kein Fall des Abhandenkommens, sondern ein Sachschaden vor.

Nach den im Haftpflichtprozess als nachgewiesen festgestellten Behauptungen des Herrn ist die Uhr vorfallsbedingt in den angrenzenden Kanal gefallen. Danach ist einerseits das Wiederauffinden unmöglich. Außerdem kam die Uhr naturgemäß mit Wasser in Berührung. Dies hat zu einer irreparablen Beschädigung geführt.

Damit ist die Uhr also zunächst nach menschlichem Ermessen nicht wiederauffindbar. In solchen Fällen steht das Abhandenkommen einer Sache einem Sachschaden gleich (vgl. OLG Karlsruhe r+s 1996, 302 = VersR 1996, 1403). Außerdem hat die Uhr als Folge des Fahrradunfalles durch den Wasserkontakt einen Schaden erlitten. Dabei kann dahinstehen, ob der Wasserkontakt unmittelbar am Arm des Geschädigten oder erst nach Ablösen der Uhr vom Handgelenk zustande kam. Die zufällige Zäsur des Geschehens ändert nichts am Versicherungsschutz. Es liegt damit ein versicherter Sachschaden vor.

3.

Die Haftpflichtansprüche sind mit o.a. Urteil des AG Leipzig zugunsten des Geschädigten tituliert. Die Klägerin hat insoweit einen Anspruch auf Freistellung von der Zahlungsverpflichtung durch die Beklagte. Dies gilt auch für den mit dem o.a. Kostenfestsetzungsbeschluss festgestellten Kostenerstattungsanspruch des Herrn gegenüber der Klägerin. Hierüber verhält sich der Klageantrag zu 1).

Nachdem die Klägerin aufgrund der Deckungsablehnung der Beklagten vom die im Haftpflichtprozess angefallenen eigenen Anwaltskosten selbst verauslagt hat, hat sie einen Erstattungsanspruch nach Maßgabe des Klageantrages zu Ziff. 2).

IV. Streitwert

Den Streitwert haben wir einstweilen aus der Addition folgender Beträge bemessen:

Titulierte Haftpflichtforderung	EUR
Titulierter Kostenerstattungsanspruch	EUR
Eigene RA-Kosten	EUR
Gesamtforderung	EUR

Unter Berücksichtigung der zugunsten des Geschädigten gegen die Klägerin auch titulierten Zinsen, gehen wir derzeit von einem Gegenstandswert von EUR aus.

Rechtsanwalt

▲

cc) Zahlungsklage nach an den Geschädigten geleisteter Zahlung

103 Hat die Versicherungsnehmerin vor Titulierung der Haftpflichtansprüche bereits die Beträge an den Geschädigten beglichen, muss sie nachweisen, dass der Haftpflichtanspruch bestand und die Zahlung zu Recht erfolgt ist. Sie trägt die volle Darlegungs- und Beweislast des eigentlichen Anspruchstellers. Die Klage ist hinsichtlich der Schadensersatzforderung so ausführlich zu schreiben, wie es im schlichten Haftpflichtprozess des Geschädigten gegen die Versicherungsnehmerin der Fall gewesen wäre.

104 Unterstellt, der Sohn in den vorstehenden Beispielen war erst zwei Jahre alt und wurde von der Mutter an der befahrenen Straße nicht an die Hand genommen, obwohl er erkennbar regelmäßig auf die Straße gesprungen ist. Als Schäden sind nunmehr Repara-

turkosten für das Fahrrad und Schmerzensgeld entstanden. Die Versicherungsnehmerin hat die Beträge an den Geschädigten gezahlt. Eine Klage wäre beispielhaft wie folgt zu formulieren:

▼ 105

Muster 5.10: Zahlungsklage nach an den Geschädigten geleisteter Zahlung

An das

Amtsgericht

Klage

der Frau , (*Adresse*)

– Klägerin –

Prozessbevollmächtigte: Rechtsanwälte

gegen

die Versicherungs-AG, vertreten durch ihren Vorstand, die Herren (Schadensnummer)

– Beklagte –

wegen: Leistungen aus der Privathaftpflichtversicherung

Streitwert: EUR

Namens und Kraft erteilter Vollmacht der Klägerin erheben wir Klage gegen die Beklagte. Wir werden beantragen,

> **die Beklagte zu verurteilen, an die Klägerin EUR nebst Zinsen hieraus in Höhe von 5 %-Punkten über dem jeweiligen Basiszins seit zu zahlen.**

Wir regen die Einleitung eines schriftlichen Vorverfahrens an und stellen für diesen Fall schon jetzt,

den Antrag gem. § 331 Abs. 3 ZPO.

Zur

Klagebegründung

tragen wir wie folgt vor:

Die Klägerin begehrt von der Beklagten Versicherungsschutz und infolge dessen Erstattung geleisteter Zahlungen für ein Ereignis vom . Die Beklagte hat ihre Eintrittspflicht mit der Begründung verneint, der geltend gemachte Schadensersatzanspruch des Geschädigten bestehe weder dem Grunde noch der Höhe nach.

I. Vertragliches

Die Parteien sind ausweislich der Police Nr. ,

Anlage K 1,

vom durch eine Privathaftpflichtversicherung miteinander verbunden. Dieser liegen die AHB zugrunde,

Anlagenkonvolut K 2.

II. Tatsächliches

1.

Am ___ ging die Klägerin mit ihrem zweijährigen Sohn ___ auf der ___ Straße in ___ spazieren. Obwohl reger Fahrverkehr herrschte, hat die Klägerin das Kind nicht an der Hand gehalten. ___ sprang regelmäßig auf die Fahrbahn und folgte den Bitten der Mutter, doch auf dem Fußweg zu bleiben, nicht. Als Herr ___ mit seinem Fahrrad auf die ___ Straße einbog, lief ___ abermals seiner Mutter davon. Sie versuchte lediglich, das Kind durch Zurufe zurück zu holen, lief ihm aber selbst nicht hinterher, um ihn wieder einzufangen. Hierbei kam es zu einem Fahrradunfall des Herrn ___, der vorfallsbedingt gegenüber der Klägerin Schadensersatzansprüche aufgrund des sturzbedingt beschädigten Fahrrades und Schmerzensgeld geltend gemacht hat.

Beweis: Zeugnis des Herrn ___, ___ *(Adresse)*

Hätte die Klägerin – was sie im Nachhinein einräumen muss – ihren Sohn bei dem Spaziergang an der Hand gehalten, wäre es nicht zu dem Unfall gekommen.

Herr ___ hat sturzbedingt eine Weber C Fraktur links, diverse Schürfwunden und Prellungen erlitten. Er konnte konservativ versorgt werden. Das gebrochene Sprunggelenk wurde mit einem Gipsverband versorgt, der nach vier Wochen für weitere vier Wochen durch eine Aircast-Schiene ersetzt wurde. Der Geschädigte, der von Beruf Kraftfahrer im öffentlichen Personennahverkehr ist, war zehn Wochen arbeitsunfähig erkrankt. Er konnte zudem insgesamt vier Monate seinem Hobby des Radfahrens nicht nachkommen. Verletzungsbedingt musste er eine ab dem ___ geplante Reise in sein Ferienhaus in Südspanien absagen. Für die hierdurch erlittenen immateriellen Schäden hat er ein Schmerzensgeld von ___ EUR beansprucht.

Beweis: wie vor.

Außerdem hat sein Fahrrad, das er erst am ___ zum Preis von ___ EUR erworben hatte, vorfallsbedingt Schäden erlitten, die einen Reparaturaufwand von ___ EUR erfordert haben. Herr ___ hat die Brutto-Reparaturkosten am Rechnungstag an die ___ GmbH bezahlt. Aus durch den Geschädigten u.a. aufgenommenen Lichtbildern und der Reparaturrechnung seines Fahrrades ergeben sich Schadensumfang und -höhe. Nachdem das Rad zum Unfallzeitpunkt gerade erst drei Wochen alt war, ist auch kein Abzug „neu für alt“ angezeigt.

Beweis:
1. wie vor
2. Kaufbeleg der ___ GmbH vom ___ – in Kopie als **Anlage K3**
3. Lichtbilder des beschädigten Fahrrades – in Kopie als **Anlagenkonvolut K 4**
4. Rechnung der ___ GmbH vom ___ – in Kopie als **Anlage K 5**
5. Sachverständigengutachten

Die Beklagte hat der Klägerin gegenüber die Deckung aus der bestehenden Haftpflichtversicherung abgelehnt. Sie wendet insoweit ein, ein Haftpflichtanspruch des Geschädigten gegenüber der Klägerin bestehe nicht. Auch sei die durch Herrn ___ beanspruchte Schadenshöhe nicht belegt.

2.

Nachdem die Beklagte zunächst am sowie erneut am die Freistellung der Klägerin von jenen Zahlungsverpflichtungen abgelehnt hat, hat die Klägerin mit Herrn vereinbart, EUR zur Abgeltung sämtlicher unfallbedingter Schäden zu zahlen. Sie hat anschließend die gegen sie erhobene Forderung in Höhe von EUR am ausgeglichen.

Beweis: Zeugnis des Herrn , b.b.

Zinsen beanspruchen wir in gesetzlicher Höhe ab Zahlung jener Beträge durch die Klägerin am an die jeweiligen Gläubiger.

III. Rechtliches

Für den angegebenen Haftpflichtschaden hat die Beklagte bedingungsgemäß Versicherungsschutz zu gewähren. Ihr Hinweis, die Klägerin habe den Schaden nicht zu verantworten, weil sie keine Aufsichtspflichtverletzung begangen habe, geht fehl. Auch ist die Schadenshöhe unfallbedingt entstanden. Weder die Schmerzensgeldforderung noch die Reparaturkosten waren übersetzt:

1.

Die Beklagte muss nach Ziff. 1.1. AHB Versicherungsschutz für die Inanspruchnahme der Klägerin durch den Herrn gewähren. Danach besteht gem. Ziff. 1.1 Versicherungsschutz:

„... für den Fall, dass der Versicherungsnehmer wegen eines Schadensereignisses (Versicherungsfall), das einen Personen-, Sach- oder sich daraus ergebenden Vermögensschadens zur Folge hatte, aufgrund gesetzlicher Haftpflichtbestimmungen privatrechtlichen Inhaltes von einem Dritten in Anspruch genommen wird...“

Nach Ziff. 5.1 Abs. 1 AHB umfasst der Versicherungsschutz:

„... die Prüfung der Haftpflichtfrage, die Abwehr unberechtigter Schadensersatzansprüche und die Freistellung des Versicherungsnehmers von berechtigten Schadensersatzansprüchen.“

Die Ansprüche des Herrn sind bedingungsgemäß berechtigt. In Ziff. 5.1 Abs. 1 AHB heißt es hierzu:

„Berechtigt sind Schadensersatzverpflichtungen dann, wenn der Versicherungsnehmer aufgrund Gesetzes, rechtskräftigen Urteils, Anerkenntnisses oder Vergleiches zur Entschädigung verpflichtet ist und der Versicherer hieran gebunden ist...“

2.

Die Tatsache, dass die Klägerin über die Forderungen verglichen, die Zahlung geleistet und nicht erst abgewartet hat, bis Herr sie gerichtlich in Anspruch nehmen würde, berührt den Versicherungsschutz nicht.

Das frühere Anerkenntnis- und Befriedigungsverbot, das zum Verlust des Versicherungsschutzes aus rein formalen Gründen geführt hat, gilt seit der VVG-Reform in 2008 nicht mehr. Bei eigenmächtigen Anerkenntnissen, Vergleichen oder Zahlungen durch den Versicherungsnehmer ist nur entscheidend, ob jene rechtsverbindlichen Erklärungen und Handlungen der tatsächlichen Rechtslage entsprechen (vgl. van Bühren/*Hartwig*, Handbuch Versicherungsrecht, § 9 Rn 52 ff.). Dies ist hier der Fall:

Zunächst geht der Einwand der Beklagten, es bestehe kein Haftpflichtanspruch, von dem sie die Klägerin freistellen müsse, fehl.

Der Beklagten ist zuzugeben, dass man sein Kind nicht stets an der Hand führen muss und deshalb nicht in jedem Fall von einer Aufsichtspflichtverletzung der Eltern auszugehen ist, wenn ein Kleinkind einen Schaden verursacht. Hier liegt es aber anders.

Der nur zweijährige war bereits mehrfach auf die befahrene Straße gesprungen. Jegliche Versuche der Mutter, ihn verbal durch Zureden etc. davon abzuhalten, waren gescheitert. Auch versprachen sie schon altersbedingt kaum Erfolg. Um ihrer Aufsichtspflicht zu genügen, hätte die Klägerin ihren Sohn an die Hand nehmen müssen.

Herr ist auch nur durch das für ihn unvermittelte Laufverhalten des Kindes gestürzt, zumal er es nur mit seiner Brems- und Lenkbewegung glücklicherweise schaffte, einen Zusammenstoß mit dem ihm in die Fahrspur laufenden Kind zu vermeiden. Eine andere Reaktion war weder möglich, noch hätte sie Erfolg gehabt.

Beweis: 1. Zeugnis des Herrn , b.b.
2. Sachverständigengutachten

Die Klägerin ist dem Geschädigten mithin aufgrund einer schuldhaften Aufsichtspflichtverletzung zum Schadensersatz verpflichtet.

Die zwischen ihr und Herrn getroffene Vereinbarung mit anschließender Zahlung entspricht der Rechtslage aber nicht nur zum Haftungsgrund, sondern auch bei der Schadenshöhe:

Die Sachschäden sind durch Lichtbilder, die dafür entstandenen Reparaturkosten durch Rechnung belegt. Für den Fall des prozessual erheblichen Bestreitens, mag das Gericht die angebotenen Beweise erheben.

Der Personenschaden ist durch Vernehmung des Herrn als Zeugen nachweisbar. Hierdurch wird sich die Unfallbedingtheit insbesondere der Weber C Fraktur links bestätigen. Das hierfür beanspruchte Schmerzensgeld liegt mit EUR für diese Verletzung und zudem schon angesichts der langen Arbeitsunfähigkeit im unteren Bereich.

3.

Die Beklagte befindet sich aufgrund ihrer Deckungsablehnung vom seither gem. § 286 Abs. 2 Nr. 3 BGB in Verzug und hat Zinsen in gesetzlicher Höhe zu zahlen. Die Zinsen beanspruchen wir ab , weil die Klägerin die Zahlungen an die Dritten erst dann vorgenommen hat.

Rechtsanwalt

▲

b) Klageerwiderung

aa) Leistungsfreiheit wegen Vorsatztat des Versicherungsnehmers

106 Der Versicherungsnehmer hat eine Explosion verursacht, infolge derer das Haus eines Bekannten, in dem er sich aufgehalten hat, in Brand geraten ist. Der Gebäudeeigentümer macht Schadensersatzansprüche gegenüber dem Versicherungsnehmer geltend. Es gibt Hinweise für einen Suizidversuch des Versicherungsnehmers sowie dafür, dass der Versicherungsnehmer dies öffentlichkeitswirksam vollführen und dabei auch den Hauseigentümer wirtschaftlich treffen wollte. Der Versicherungsnehmer hat das zunächst abgestritten, dann aber zumindest die Suizidgedanken eingeräumt. Der Haftpflichtversicherer hat dem Versicherungsnehmer außergerichtlich die Deckung versagt, weil er von einem vorsätzlich herbeigeführten Schadensfall ausgeht. Auf die anschließende Deckungsklage des Versicherungsnehmers ist nachfolgende Klageerwiderung möglich.

Dabei ist darauf hinzuweisen, dass der Einwand, es habe sich keine **Gefahr des täglichen Lebens**[41] verwirklicht, nur ein Hilfsargument darstellt, denn eine Verneinung des Versicherungsschutzes mit dieser Begründung kommt bei privat veranlassten Handlungen selten in Betracht. Für **Suizidversuche** ist eine grundsätzliche Deckung in der Privathaftpflichtversicherung höchstrichterlich anerkannt.[42] Eine Leistungsfreiheit kann gleichwohl unter dem Gesichtspunkt der **Vorsatztat** gem. § 28 Abs. 2 VVG i.V.m. § 102 VVG bzw. A1–7.1 AVB-PHV[43] greifen. 107

▼ 108

Muster 5.11: Klageerwiderung bei Leistungsfreiheit wegen Vorsatztat des Versicherungsnehmers

An das

Landgericht

In dem Rechtsstreit

(*VN*) ./. Versicherungs-AG

Az.

werden wir beantragen

die Klage abzuweisen

und tragen zur

Klageerwiderung

wie folgt vor:

In der Tat sind die Parteien jeweils durch eine Privathaftpflichtversicherung miteinander verbunden. Hieraus hat die Beklagte dem Kläger für den streitgegenständlichen Vorfall jedoch keine Deckung zu gewähren, weil sie für das Schadensereignis aufgrund einer vorsätzlichen Handlung des Klägers bedingungsgemäß leistungsfrei ist.

I. Tatsächliches

Unstreitig hat der Kläger am im Einfamilienhaus des Herrn in der Straße in gegen Uhr im Zusammenhang mit einer dort befindlichen Propangasflasche eine Explosion verursacht. Nicht nachvollziehbar ist jedoch seine Behaup-

41 Vgl. van Bühren/*Hartwig*, § 9 Rn 141.

42 Vgl. BGH NJW 1997, 2881 = r+s 1997, 451 m. Anm. *Schimikowski* = VersR 1997, 1091 (Suizidversuch, Folgen, die unter den Versicherungsschutz fallen); a.A. zum Suizidversuch: OLG Hamburg r+s 1995, 175 = VersR 1995, 1475; OLG Nürnberg NJW-Spezial 2013, 682 (bestrittene Suizidabsicht und mangelnder Vorsatz bezüglich der Schadensfolgen); OLG Saarbrücken v. 20.12.2023 – 5 U 50/23, r+s 2024, 68 m. Anm. *Schimikowski* (Abgrenzung zu betrieblichen/beruflichen Tätigkeiten).

43 Vgl. van Bühren/*Hartwig*, § 9 Rn 80.

tung, dies sei nur fahrlässig geschehen. Vielmehr hat der Kläger sowohl die Explosion als auch die daraus resultierenden Schäden vorsätzlich verursacht:

1.

Dem Kläger obliegt zunächst eine sekundäre Beweislast zu den tatsächlichen Abläufen, der er bislang nur im Ansatz und nicht in prozessual erforderlicher Form nachgekommen ist. Soweit sich der Kläger darauf beruft, er sei wegen der Explosion Angeschuldigter im Strafverfahren, in dem er sich nicht äußern müsse, mag dies strafprozessual so sein. Dies hat allerdings keinen Einfluss auf die zivilprozessuale Wahrheits- und damit vollumfängliche Erklärungspflicht. Natürlich kann der Kläger im Strafverfahren seine Aussage verweigern und es fiele ihm möglicherweise dort zur Last, wenn er im Zivilprozess Angaben macht, auf die er im Strafverfahren bewusst verzichtet. Dies sind aber Dinge, die in seiner Verantwortungs- und Risikosphäre liegen und der Beklagten nicht zum Nachteil gereichen können.

2.

Fest steht, dass der Kläger eine Propangasflasche in das Haus des Herrn ein- und diese mit einer offenen Flamme in Kontakt gebracht hat.

a)

Mit dieser Tat wollte der Kläger sich selbst umbringen und dabei auch das Haus des Herrn nebst darin befindlichen Inhaltes beschädigen:

Für diese Propangasflasche gab es keinerlei Verwendung in der Wohnung des Herrn . Es gab keine technischen Geräte, die hiermit betrieben werden konnten. Auch hat Herr im strafrechtlichen Ermittlungsverfahren angegeben, er habe von der in seiner Wohnung befindlichen Gasflasche nichts gewusst und auch keinerlei Erklärung, was der Kläger damit habe anfangen wollen. Der Kläger habe sich zum Tatzeitpunkt außerdem ohne sein Wissen im Haus aufgehalten. Den Schlüssel habe der Kläger gehabt, weil die beiden befreundet gewesen seien und der Kläger für Herrn einen Ersatzschlüssel verwahrt habe. Der Kläger habe den Schlüssel lediglich während urlaubsbedingter Abwesenheiten von Herrn benutzt, um nach dem Rechten zu sehen. Dies sei meist zweimal im Jahr und dann im August und im Februar vorgekommen, nie jedoch zwischendurch und ohne vorherige Absprache.

Beweis: 1. Beiziehung der Ermittlungsakte der Staatsanwaltschaft , Az.:

2. Zeugnis des Herrn , (*Adresse*)

Die Flasche war selbst ohne Defekt. Sie war vollständig in Ordnung. Auffälligerweise war an ihr auch kein Druckminderer angebracht. Des Weiteren ist bekannt und unstreitig, dass der Kläger seit geraumer Zeit Suizidabsichten hegte und bereits verschiedene diesbezügliche Versuche unternommen hat. Anlass seiner Tat war nach dem Inhalt seines in den amtlichen Ermittlungsakten befindlichen Abschiedsbriefes offenbar die Vermutung des Klägers, Herr habe ihm die Freundin ausgespannt. Insbesondere hat er ausweislich seines Abschiedsbriefes einen spektakulären Abgang angekündigt. Nicht zuletzt der Hinweis in dem Schreiben, Herr werde dabei alles verlieren, spricht dafür.

Beweis: Beiziehung der Ermittlungsakte der Staatsanwaltschaft , Az.:

Nach alledem ist davon auszugehen, dass der Kläger sich durch Auslösen einer Explosion umbringen wollte. Nur so ist es zu erklären, dass am Explosionsort ein Feuerzeug sichergestellt wurde und die Propangasflasche, für die es eben keinerlei Verwendung in der Wohnung des Klägers gab, mindestens 1/2 geöffnet war.

Beweis: 1. Beiziehung der Ermittlungsakte der Staatsanwaltschaft [redacted], Az.: [redacted]

2. Sachverständigengutachten

Angesichts der Tatsache, dass jene Öffnung ein Entweichen von Gas von ca. 500 g/min zulässt, muss der Kläger die Flamme daher unmittelbar im Zusammenhang mit der Öffnung des Ventils entzündet haben. Ggf. hatte er sogar bereits die Flamme entzündet und kam aufgrund der schnellen Explosion nicht dazu, die Flasche weiter zu öffnen.

Beweis: Sachverständigengutachten

Der Vortrag des Klägers, er habe die Propangasflasche lediglich überprüft, wieder verschlossen und anschließend eine Zigarette rauchen wollen, ist hingegen mit den feststehenden Tatsachen nicht vereinbar. Angesichts der Explosion und den o.a. Tatsachen sowie dem Zustand der Propangasflasche ist das schon zeitlich ausgeschlossen. Es wäre dem Kläger nicht möglich gewesen, sich überhaupt von der Propangasflasche weg zu bewegen, eine Zigarette zu nehmen und zu entzünden. Dafür war schlichtweg keine Zeit. Vielmehr hatte sich der Absicht des Klägers entsprechend nach Öffnen der Propangasflasche eine Gaswolke gebildet, die er mit zeitgleichem Zünden des Feuerzeuges zur Explosion gebracht hat.

Beweis: wie vor

Außerdem fanden sich am Tatort keine Hinweise auf eine angezündete Zigarette. Wäre dieser Klägervortrag richtig, hätte der Kläger deutlich schlimmere Verletzungen im Gesichtsbereich erlitten, da sich die Explosion dann unmittelbar vor seinem Mund entladen hätte.

Beweis: wie vor

Dem Kläger war auch klar, dass er mit dem beabsichtigen Verhalten nicht nur sich selbst töten, sondern auch Schäden an dem Gebäude und darin befindlichen Sachen verursachen würde. Dies hat er nicht nur (was als Vorsatzmaßstab auch ausreichen würde) billigend in Kauf genommen, sondern sogar gewollt. Schließlich wollte er mit seiner Tat auch Herrn [redacted] treffen, der ausweislich des Abschiedsbriefes „alles verlieren" sollte.

Weiter spricht die Zurückhaltung des Klägers zu dem Tatgeschehen für sich. Erst nach richterlichem Hinweis vom [redacted] hat der Kläger seine zuvor bestrittenen Suizidgedanken eingeräumt. Zu bestreiten ist daher sein Vortrag, er habe sich in einem kleinen Raum mittels der Propangasflasche nach Einnahme von Schlaftabletten durch Einatmen von Gas zu einem späteren Zeitpunkt umbringen wollen. Dies ist völlig lebensfremd, denn auch mittels Schlaftabletten kann man Suizid begehen, ohne noch Gas einatmen zu müssen. Dies wäre im Übrigen der auch für unbeteiligte Dritte weniger gefährliche Weg. Schlussendlich erklärt sich dann auch nicht, warum der Kläger mit seinem Handeln gerade im Wohnhaus des Herrn [redacted] beschäftigt war.

b)

Aber auch wenn der Kläger tatsächlich einen Suizid durch Einatmen ausströmenden Gases und keine Selbsttötung durch Explosion beabsichtigt hätte, hätte er gleichwohl die über seinen Personenschaden hinausgehenden Sachschäden zumindest billigend in Kauf genommen:

So war von vornherein klar, dass der Kläger nach Verlust des Bewusstseins keinerlei Einfluss mehr auf das ausströmende Gas hätte nehmen können. Auch ist allseits und damit auch dem Kläger bekannt, dass schon geringe Mengen Propangas ausreichen, bei Kontakt mit offener Flamme oder aber auch nur geringem Funkenflug eine Explosion zu verursachen. Der Kläger konnte und musste damit rechnen und hat auch in Kauf genommen, dass mit dem ausströmenden Gas durch entsprechenden Funken- oder Feuerkontakt, ggf. auch verursacht durch andere Hausbewohner, eine Explosion eintreten und die entsprechenden Schäden verursachen könnte. Er wusste dies und hat die entsprechenden Folgen – selbst wenn es ihm hauptsächlich auf seine eigene Tötung angekommen sein sollte – zumindest billigend in Kauf genommen.

II. Rechtliches

Die Beklagte schuldet aus mehreren Gründen keinen Versicherungsschutz:

1.

Aufgrund des vorstehenden Sachverhaltes ist die Beklagte aus dem Versicherungsvertrag gem. § 28 Abs. 2 S. 1 VVG leistungsfrei, weil der Kläger sowohl das Schadensereignis als auch seine Folgen gem. § 102 VVG bzw. A1–7.1 AVB-PHV vorsätzlich verursacht hat.

Wie die beschriebenen Tatsachen zeigen, wusste der Kläger um die Gefährlichkeit seines Handelns. Er hat auch mit den entsprechenden Folgen gerechnet, diese sogar gewollt, jedenfalls aber billigend in Kauf genommen.

2.

Selbst wenn man einen Vorsatz nicht annehmen wollte, bestünde kein Versicherungsschutz aus der Haftpflichtversicherung, da sich keine darin gedeckte Gefahr des täglichen Lebens i.S.d. A1–1 AVB-PHV (*dies stellt hier nur ein Hilfsargument dar – Vorbemerkungen siehe* Rdn 107), mit der üblicherweise zu rechnen ist, realisiert hat. Vielmehr sind aus dem Rahmen fallende Sachverhalte nicht vom Versicherungsschutz erfasst. Zwar gibt es tatsächlich Rechtsprechung, nach der u.U. der Suizidversuch unter den Deckungsbereich der Privathaftpflicht fallen kann. Allerdings ist auch hier auf den jeweiligen Einzelfall abzustellen.

In Situationen, in denen der Versicherungsnehmer lediglich anlässlich seines Selbsttötungsversuches Schäden verursacht, ohne dass er mit weitergehenden Sachschäden rechnen muss, kann man darüber nachdenken. Anders ist es jedoch in unserem Fall, in dem Sach- und sogar Personenschäden Dritter ganz offenbar nahe lagen. Dies gilt insbesondere, wenn zur Umsetzung der Selbsttötungsabsicht Maßnahmen getroffen werden, die eine Drittschädigung geradezu herausfordern.

3.

Im Übrigen sind in der Privathaftpflichtversicherung gem. A1–7.15 AVB-PHV auch ungewöhnliche und gefährliche Betätigungen[44] ausgeschlossen. Darunter fällt das Verhalten des Klägers. Er hat sich über längere Zeit mit der Suizidabsicht getragen und insoweit auch schon diverse Versuche unternommen (z.B. Aufschneiden der Pulsadern, Einnahme von Tabletten etc.). Er hat mehrmals vor dem streitgegenständlichen Ereignis seine Suizidabsicht nach außen kundgetan. Die Intensität seiner diesbezüglichen Handlungen hat in ihrer Gefährlichkeit zugenommen und sich in der außergewöhnlichen Absicht, sich in die Luft zu sprengen, zugespitzt. Ungeachtet der Tatsache, dass dies keine Gefahr des täglichen Lebens mehr darstellt, ist jenes Verhalten ganz sicher ungewöhnlich und auch gefährlich.

Aus der Haftpflichtversicherung ist die Beklagte daher aus mehreren Gründen nicht zur Leistung verpflichtet.

Rechtsanwalt

▲

bb) Unberechtigtes Anerkenntnis durch Versicherungsnehmer

Der Versicherungsnehmer ist Inhaber eines Stahlwerkes. Während der Arbeitszeit verletzt einer seiner Mitarbeiter fahrlässig einen anderen Kollegen, der daraufhin eine Sprunggelenksfraktur erleidet. Der Versicherungsnehmer erklärt dem verletzten Mitarbeiter, er werde natürlich für ein Schmerzensgeld aufkommen. Der Betriebshaftpflichtversicherer lehnt die Zahlung ab, weil er den Haftpflichtanspruch aufgrund der Haftungsprivilegierung der §§ 104 ff. SGB VII verneint. Der Versicherungsnehmer verklagt seinen Betriebshaftpflichtversicherer auf Freistellung von den Ansprüchen des geschädigten Mitarbeiters. 109

Unter Umständen ist der Versicherungsschutz für Arbeitsunfälle in Betriebshaftpflichtversicherungen ausgeschlossen – im hiesigen Beispiel jedoch nicht.

▼ 110

Muster 5.12: Klageerwiderung nach unberechtigtem Anerkenntnis durch Versicherungsnehmer

An das

Landgericht

In dem Rechtsstreit

(*VN*) ./. Versicherungs-AG

Az.

werden wir beantragen

die Klage abzuweisen

44 Auch hier handelt es sich um eine nur hilfsweise Erwägung, denn ein solcher Ausschluss greift selten: vgl. van Bühren/*Hartwig*, § 9 Rn 150. OLG Naumburg v. 2.5.2019 – 4 U 95/18, NJOZ 2020, 619 m. Anm. *Günther*.

und tragen zur

Klageerwiderung

wie folgt vor:

In der Tat sind die Parteien jeweils durch eine Betriebshaftpflichtversicherung miteinander verbunden, der die AVB-BHV zugrunde liegen. Hieraus hat der Kläger aufgrund des unstreitigen Schadensereignisses vom 10.10.2013 jedoch keinen Anspruch auf Freistellung von seinen Verbindlichkeiten gegenüber seinem geschädigten Mitarbeiter:

Gemäß A1–3.1. AVB-BHV besteht gem. A1–1.1 Versicherungsschutz:

„... für den Fall, dass der Versicherungsnehmer wegen eines Schadensereignisses (Versicherungsfall), das einen Personen-, Sach- oder sich daraus ergebenden Vermögensschadens zur Folge hatte, aufgrund gesetzlicher Haftpflichtbestimmungen privatrechtlichen Inhaltes von einem Dritten in Anspruch genommen wird...“

Nach A1–4.1 Abs. 1 AVB-BHV umfasst der Versicherungsschutz:

„... die Prüfung der Haftpflichtfrage, die Abwehr unberechtigter Schadensersatzansprüche und die Freistellung des Versicherungsnehmers von berechtigten Schadensersatzansprüchen.“

Die Ansprüche des Geschädigten sind nicht berechtigt. In A1–4.1 Abs. 1 AVB-BHV heißt es hierzu:

„Berechtigt sind Schadensersatzverpflichtungen dann, wenn der Versicherungsnehmer aufgrund Gesetzes, rechtskräftigen Urteils, Anerkenntnisses oder Vergleiches zur Entschädigung verpflichtet ist und der Versicherer hieran gebunden ist...“

A1–4. 1 Abs. 2 S. 2 AVB stellt jedoch folgendes klar:

„Anerkenntnisse..., die ohne Zustimmung des Versicherers abgegeben worden sind, binden den Versicherer nur, soweit der Anspruch auch ohne Anerkenntnis bestanden hätte.“

Der Geschädigte macht gegenüber dem Kläger Ansprüche geltend, die aufgrund des vom Kläger abgegebenen Anerkenntnisses berechtigt sind. An dieses Anerkenntnis ist die Beklagte jedoch nicht gebunden, da es nicht der Rechtslage entspricht. Der Kläger als Arbeitgeber ist für Schäden, die seine Mitarbeiter untereinander während ihrer Arbeitszeit verursachen, gem. §§ 104 Abs. 1 SGB VII haftungsprivilegiert. Damit haftet er gegenüber dem Geschädigten nicht. Hätte der Kläger die Forderung nicht anerkannt und würde der Geschädigte den Kläger aus rein schadensersatzrechtlichen Erwägungen in Anspruch nehmen, könnte der Kläger bei der Beklagten Versicherungsschutz für die Abwehr unberechtigter Ansprüche beanspruchen. Abwehrschutz muss der Beklagte aufgrund der durch Anerkenntnis geschaffenen Haftungslage und damit Feststellung des Haftpflichtanspruches nicht gewähren.

Rechtsanwalt

▲

B. Kraftfahrthaftpflichtversicherung

I. Allgemeines

Die Kraftfahrthaftpflichtversicherung deckt **keine Eigenschäden** des Versicherungsnehmers, sondern die beim **Gebrauch des versicherten Fahrzeuges oder Anhängers** entstandenen **Schäden Dritter**, infolge derer der Versicherungsnehmer dem Dritten zu Schadensersatz verpflichtet ist. 111

Anders als bei normalen Haftpflichtschäden (vgl. Rdn 2) hat der Dritte nach § 115 Abs. 1 S. 1 Nr. 1 VVG aufgrund der nach § 1 PflVG bestehenden Versicherungspflicht für Kraftfahrzeuge und deren Anhänger einen **Direktanspruch** auch gegen den Kraftfahrthaftpflichtversicherer. 112

1. Rechtsgrundlagen

Die Darstellung, was genau in den einzelnen Normen geregelt ist, würde den Umfang dieses Buches sprengen. Da es zur sachgerechten juristischen Arbeit gehört, die einschlägigen Rechtsquellen zu lesen, wird dies auch vorausgesetzt. Gerade Versicherungsbedingungen geben ihren Inhalt meist durch klaren Wortlaut preis. Auch wenn die Bedingungen in der Kraftfahrthaftpflichtversicherung wegen der bestehenden Versicherungspflicht sehr ähnlich sind, empfiehlt sich, beim Studium der nachfolgenden Ausführungen die einschlägigen Passagen parallel zu lesen. Für die anwaltliche Fallbearbeitung ist das ohnehin unabdingbar. 113

a) Gesetzliche Regelungen

Gesetzliche Regelungen finden sich zunächst im PflVG, zu dem es auch noch eine KfzPflVV gibt. Weiteres findet sich in Teil 1 Allgemeiner Teil VVG. Neben den spartenunabhängigen Normen aus Teil 1 Kapitel 1 Vorschriften für alle Versicherungszweige (§§ 1–73 VVG), gilt für die Kraftfahrthaftpflichtversicherung grundsätzlich auch der Abschnitt 1 zu den Allgemeinen Vorschriften des Kapitels 2 zur Schadensversicherung[45] (§§ 74–87 VVG), jedoch nur soweit sich keine spezielleren Normen finden. Dies ist in Teil 2 Einzelne Versicherungszweige VVG mit dem Kapitel 1 Haftpflichtversicherung (dort mit §§ 100–124 VVG) der Fall. Abschnitt 1 jenes Kapitels verhält sich über Allgemeine Vorschriften (§§ 100–112 VVG) und Abschnitt 2 (§§ 113–124 VVG) über solche zur Pflichtversicherung. 114

b) Vertragliche Regelungen

Der Versicherungsinhalt bestimmt sich im Übrigen insbesondere auch nach den jeweiligen **vertraglichen** Regelungen, den **Versicherungsbedingungen**. 115

45 Vgl. Langheid/Rixecker/*Langheid*, § 100 VVG Rn 8.

Die nachfolgenden Ausführungen beziehen sich auf die **AKB 2015** (Musterbedingungen des GDV Stand 17.4.2024),[46] die aus den Teilen A bis L bestehen und zudem sechs Anhänge umfassen.

116 Teil A der AKB 2015 verhält sich über allgemeine für die Kfz-Versicherung spezifische Regelungen und unterteilt sich wiederum in vier Abschnitte. A 1 betrifft Besonderes zur Kraftfahrthaftpflichtversicherung. A 2 bis A 4 regeln die Kaskoversicherung (vgl. § 4 Rdn 186 ff.), den Autoschutzbrief und die Kraftfahrtunfallversicherung (vgl. § 6 Rdn 536).

117 Während Teil B den Vertragsbeginn und die vorläufige Deckung regelt, bestimmt Teil C VVG-basierendes zur Beitragszahlung. Teil D und E normieren die Pflichten beim Gebrauch des Fahrzeuges und im Schadensfall. Die Rechte und Pflichten Mitversicherter finden sich in Teil F. Teil G äußert sich zur Vertragslaufzeit. Außerbetriebsetzung und Sonderkennzeichen sind in Teil H verfasst. Teil I beschreibt das Schadensfreiheitssystem. Die Teile J und K regeln Fälle der Beitragsänderung. Schließlich enthält Teil L Hinweise zu Meinungsverschiedenheiten und Gerichtsständen.

118 Abschließend finden sich diverse Anhänge, so z.B. Tabellen zum Schadensfreiheitssystem und zu den Typenklassen der Fahrzeuge.

119 Versicherungsbedingungen sind **Allgemeine Geschäftsbedingungen** und damit anhand der §§ 305 ff. BGB inhaltlich überprüfbar. Sie sind nicht gesetzesähnlich sondern so auszulegen, wie sie ein durchschnittlicher Versicherungsnehmer ohne versicherungsrechtliche Spezialkenntnisse bei verständiger Würdigung, aufmerksamer Durchsicht und Berücksichtigung des erkennbaren Sachzusammenhanges verstehen muss.[47]

2. Gegenstand der Kraftfahrthaftpflichtversicherung

a) Versichertes Risiko

120 Versicherungsschutz besteht gem. A.1.1 AKB 2015 bei:

> *„Schadensersatzansprüchen ..., wenn durch den Gebrauch des Fahrzeugs, ... aufgrund von Haftpflichtbestimmungen des Bürgerlichen Gesetzbuchs oder des Straßenverkehrsgesetzes oder aufgrund anderer gesetzlicher Haftpflichtbestimmungen des Privatrechts geltend gemacht werden ...“*

aa) Versicherte Ereignisse

121 Es sind nur Schäden gedeckt, die durch den **Gebrauch des Fahrzeuges** entstanden sind. Dieser Begriff geht über den des **Betriebes** in § 7 Abs. 1 StVG hinaus. Es muss sich eine **fahrertypische Handlung** verwirklicht haben. Das Ein- und Austeigen ist erläuternd als gedecktes Verhalten in A.1.1.1 S. 2 AKB 2015 genannt. Die Einordnung kann unter

46 Die jeweils aktuellen Bedingungen und Klauseln sind abrufbar unter *www.gdv.de*.
47 Vgl. BGH v. 12.6.2024 – IV ZR 437/22.

Umständen schwierig sein.[48] Das Tatbestandsmerkmal des Fahrzeuggebrauchs grenzt nach der sog. **Benzinklausel**[49] die Deckungsbereiche der Kraftfahrthaftpflichtversicherung und der Allgemeinen Haftpflichtversicherung voneinander ab. Einen lückenlosen Deckungsschutz gibt es dennoch nicht.[50]

bb) Versicherte Schäden

Gedeckte **Schadenarten** sind gem. A.1.1.1 AKB 2015: 122

- Verletzung oder Tötung von Personen,
- Beschädigung, Zerstörung oder Abhandenkommen von Sachen und
- von Personen- und Sachschäden unabhängige, reine Vermögensfolgeschäden.

Mit dem Versicherungsschutz auch für Sachschäden durch Abhandenkommen von und für die reinen Vermögensfolgeschäden geht der Deckungsbereich der Kraftfahrthaftpflichtversicherung über jenen der Allgemeinen Haftpflichtversicherung (vgl. Rdn 21) hinaus. 123

cc) Versicherte Haftpflichtansprüche

Auch in der Kraftfahrthaftpflichtversicherung sind gesetzliche privatrechtliche Haftpflichtansprüche gedeckt, wobei der Wortlaut das BGB und das StVG konkretisierend einbezieht. Im Übrigen kann auf die Ausführungen zur Allgemeinen Haftpflichtversicherung verwiesen werden (siehe Rdn 25 f.). 124

b) Umfang der Versicherung

Die **primären (positiven) Risikobeschreibungen** lassen sich aus dem Versicherungsschein und den Versicherungsbedingungen in A.1.1 – A.1.4 AKB 2015 entnehmen. 125

A.1.1 AKB 2008 regelt, was genau versichert ist. A.1.2 AKB 2015 nennt die mitversicherten Personen. Anders als in anderen Sparten oder auch der Allgemeinen Haftpflichtversicherung (vgl. Rdn 28) können die **Mitversicherten** nach § 2 Abs. 3 PflVG ihre Ansprüche auf Versicherungsschutz **selbstständig** geltend machen. A.1.3 AKB 2015 beschreibt die **Höchstzahlungen** des Versicherers pro Schadenereignis, stellt aber auch klar, dass zeitlich **zusammenhängende,** auf derselben Ursache beruhende Schäden als ein Schadenereignis gelten. A.1.4 AKB 2015 normiert, in welchen **Ländern** Versicherungsschutz besteht. 126

Sekundäre (negative) Risikobeschreibungen, also **Ausschlusstatbestände**, finden sich in A.1.5 AKB 2015. 127

48 Vgl. ausführlich: *Terno*, r+s 2011, 361; AG München r+s 2012, 437 (Zurückschieben des Fahrersitzes); BGH NJW-RR 2007, 464 = r+s 2007, 102 = VersR 2007, 388 (Heizlüfter zum Scheibenenteisen); OLG Saarbrücken r+s 1991, 369 = VersR 1991, 1400 (Aufsitzen auf einem Motorrad); OLG Saarbrücken r+s 2012, 591 = zfs 2012, 458 (gefälligkeitshalbere Kfz-Überprüfung); LG Bremen NJW-RR 2012, 1427 = NZV 2013, 44 (Wegrollen eines geparkten Fahrzeuges); zum Rasenmähertraktor: OLG Köln r+s 1993, 250 = VersR 1993, 304 und AG Hamburg NVersZ 1999, 583.

49 Vgl. van Bühren/*Hartwig*, § 9 Rn 156 f.

50 Vgl. OLG Düsseldorf zfs 2008, 697 (Inbetriebnahme eines nicht zugelassenen Oldtimers).

128 Insbesondere besteht bei **vorsätzlicher Herbeiführung des Versicherungsfalles** gem. § 103 VVG (A.1.5.1 AKB 2015), für die der Versicherer allerdings die Darlegungs- und Beweislast trägt, auch **kein Direktanspruch** gegen den Kraftfahrthaftpflichtversicherer.[51]

129 Für ein versichertes Ereignis sind der Versicherungsnehmer bzw. für den insoweit bestehenden Direktanspruch der Geschädigte, für einen Ausschlusstatbestand der Kraftfahrthaftpflichtversicherer **darlegungs- und beweisbelastet**.

c) Leistungen und Rechte des Versicherers

130 Hier kann zunächst auf die Ausführungen zur Allgemeinen Haftpflichtversicherung (vgl. Rdn 30) verwiesen werden.

Der Versicherungsschutz ist zu gewähren in Form der
- Freistellung von begründeten oder aber der
- Abwehr unbegründeter Ansprüche.

131 Die **Prüfung** der Haftpflichtfrage ist in den Bedingungen nicht genannt. Allerdings muss der Kraftfahrthaftpflichtversicherer diese schon deshalb erbringen, weil er nur so die Eintrittspflicht beurteilen kann. Zur Frage der Berechtigung der Ansprüche des Dritten findet sich in den AKB 2015 zwar nichts, allerdings lässt sich gleiches wie zur Allgemeinen Haftpflichtversicherung (vgl. Rdn 30 ff.) aus den gesetzlichen Regelungen (z.B. § 106 VVG) herleiten.

132 Der Kraftfahrthaftpflichtversicherer hat eine umfassende **Regulierungsvollmacht** (vgl. hierzu Rdn 35).

d) Obliegenheiten des Versicherungsnehmers

133 D.1.–D.3 AKB 2015 bestimmen die versicherungsvertraglichen **Obliegenheiten** in der Kraftfahrversicherung beim **Gebrauch des Fahrzeuges,** enthalten also die **vor dem Versicherungsfall** zu erfüllenden Pflichten. D.2 AKB 2015 verhält sich dabei speziell über die Kraftfahrthaftpflichtversicherung. **Nach dem Versicherungsfall** sind E.1–E.2 AKB 2015 zu beachten.[52]

134 Eine auf einer Obliegenheitspflichtverletzung beruhende **Leistungskürzung** ist nach Art und Umfang auf die in der KfzPflVV genannten Fälle beschränkt. Sie trifft nur das Innenverhältnis des Versicherers zum Versicherungsnehmer, also mögliche Regressansprüche. Der gegen den Kraftfahrthaftpflichtversicherer bestehende **Direktanspruch** des Geschädigten bleibt hiervon nach § 115 Abs. 1 VVG unberührt (vgl. Rdn 145). Hiervon abzugrenzen sind die Fälle eines Leistungsausschlusses wie z.B. der **Vorsatztat** (vgl. Rdn 128), der durchaus zur **Leistungsfreiheit** auch gegenüber dem Dritten führt.

51 Vgl. OLG Celle NJOZ 2003, 2793 = zfs 2004, 122; OLG Nürnberg NJW-RR 2005, 466 = NZV 2005, 267 = zfs 2005, 503; OLG Hamm NJW-RR 2006, 397 = NZV 2006, 253 = r+s 2006, 33; OLG Nürnberg r+s 2012, 65 = zfs 2011, 554 (wonach der Leistungsausschluss bei Vorsatztat des Fahrers auch den gegenüber dem Geschädigten haftenden Halter greift); AG Bremen r+s 2014, 165; OLG München v. 11.3.2020 – 10 U 2150/18.

52 Weiterführend vgl. van Bühren/*Klutinius/Therstappen*, § 2 Rn 76 ff.

e) Verjährung

Zur Verjährung der Ansprüche des **Versicherungsnehmers** aus dem Versicherungsvertrag und auch Ansprüchen des **Versicherers** ist auf die Ausführungen zur Allgemeinen Haftpflichtversicherung zu verweisen (vgl. Rdn 37 ff.). Bei Regressansprüchen des Versicherers aus gesamtschuldnerischer Haftung gilt in Kraftfahrthaftpflichtsachen für den Verjährungsbeginn zudem § 116 Abs. 2 VVG. 135

Direktansprüche des **Geschädigten** gegen den Kraftfahrthaftpflichtversicherer unterliegen ebenfalls der regelmäßigen dreijährigen Verjährung des § 195 BGB, für deren Beginn § 199 BGB maßgeblich ist. Da es sich bei der Kraftfahrthaftpflichtversicherung nach § 1 PflVG um eine Pflichtversicherung gem. § 113 Abs. 1 VVG handelt, gilt auch § 115 Abs. 2 VVG. 136

Insbesondere sieht § 115 Abs. 2 S. 3 VVG einen neben den allgemeinen Regelungen stehenden[53] **Hemmungstatbestand** für die Zeit ab Anmeldung der Ansprüche beim Versicherer durch den Geschädigten vor. Die Anforderungen hieran sind gering. Es genügt jede Erklärung, aus der sich auf die Geltendmachung von Schadensersatzforderungen schließen lässt.[54] Dies gilt unbeschadet der (unverbindlichen) Frist des § 119 Abs. 1 VVG.[55] Die Hemmung entfällt mit Zugang der Entscheidung des Versicherers in Textform (§ 126b BGB) bei dem Geschädigten. 137

II. Außergerichtliche Mandate

1. Checklisten

Die nachfolgenden Checklisten sind allgemein gefasst und dienen in erster Linie der Orientierung des den Geschädigten oder aber den Versicherungsnehmer vertretenden Rechtsanwalts. Aber auch der später im Kraftfahrthaftpflichtprozess durch den Versicherer mandatierte Anwalt kann daraus Hinweise entnehmen. 138

a) Sachverhaltsermittlung

Checkliste 139

- Was genau ist wann und wo geschehen?
- Der Mandant mag eine Unfallskizze erstellen.
- Gibt es Lichtbilder zum Unfallhergang (Kollisionsendstellung, Unfallort) und/oder den beschädigten Fahrzeugen?
- Welche Beteiligten (Name, Anschrift, Telefonnummer, Fahrzeugkennzeichen) gibt es?
- Wer ist geschädigt?

53 Vgl. Stiefel/Maier/*Jahnke*, § 115 VVG Rn 303.
54 Vgl. BGH NJW-RR 1987, 916 = r+s 1987, 270 (zu § 3 Nr. 3 S. 3 PflVG a.F.); OLG Frankfurt a.M. NJW-RR 2011, 1178 = NZV 2011, 548.
55 Vgl. Stiefel/Maier/*Jahnke*, § 115 VVG Rn 302.

- Gibt es ggf. Zeugen und wie sind diese erreichbar (Name, Anschrift, Telefonnummer)?
- Ist der Kraftfahrthaftpflichtversicherer der unfallbeteiligten Fahrzeuge bekannt oder muss er noch mit dem Kennzeichen über den Zentralruf der Autoversicherer[56] ermittelt werden?
- Gibt es eine polizeiliche Unfallaufnahme? Welche Dienststelle ermittelt und unter welchem Aktenzeichen?
- Welche Sachschäden sind eingetreten?
- Ist die Schadenshöhe bezifferbar?
- Ist das Schadensbild bereits verändert (Fahrzeugreparatur/Verschrottung/Verkauf)? Wenn ja, wann und durch wen?
- Gibt es Dokumentationen zum Schaden (Fahrzeugschaden: Gutachten, Reparaturkalkulation, Fotos)?
- Welche Personenschäden gibt es?
- Wann, wo und wie oft haben welche Behandlungen stattgefunden?
- Ist der Schaden bereits beim Versicherer gemeldet? Wann und wie? Gibt es schon eine Schadensnummer?
- Gibt es schon eine Entscheidung des Versicherers über seine Eintrittspflicht?
- Hat der Versicherer schon eigene Ermittlungen angestellt?
- Wie sind die Verursachungsbeiträge der Beteiligten bei Schadenseintritt (Quotenvorrecht!) und/oder Schadenshöhe zu bewerten?
- Gibt es Gegenansprüche des Versicherungsnehmers (auch aus anderen Rechtsverhältnissen) gegenüber dem Anspruchssteller?
- Gibt es Hinweise auf die Verantwortlichkeit weiterer Beteiligter (Gesamtschuldnerinnenausgleichs- oder sonstige Regressansprüche)?
- Könnten Verjährungsprobleme beim Deckungsanspruch oder bei Regressansprüchen oder aber beim Haftpflichtschaden bestehen? Welche Fristen laufen? Gibt es Hemmungs- oder gar Unterbrechungstatbestände?

b) Vertragsunterlagen

140 *Checkliste*

- Wer sind die Kraftfahrtversicherer der Beteiligten?
- Besteht Vollkaskoversicherungsschutz?
- Ist im Hinblick auf das Quotenvorrecht eine Inanspruchnahme des Kaskoversicherers sinnvoll?

56 Vgl. *www.zentralruf.de*.

c) Hilfsweise: Erstattungspflicht Dritter?

Checkliste 141

- Kommt bei nicht bestehendem Versicherungsschutz (für den Versicherungsnehmer und Mitversicherte) die Haftung des Vermittlers infolge von Verletzung der Beratungs- und Informationspflichten aus §§ 6, 7 VVG in Betracht?
- Hat der Geschädigte Ansprüche gegen Dritte (z.B. Verkehrsopferhilfe e.V.)?

2. Praxistipps

Außergerichtliche Rechtsanwaltsgebühren seines **Versicherungsnehmers**, der zu Deckungsfragen oder im Hinblick auf den von einem Dritten geltend gemachten Haftpflichtanspruch einen Rechtsanwalt bemüht, muss der Kraftfahrthaftpflichtversicherer nicht erstatten, solange er sich mit der Gewährung des Versicherungsschutzes nicht in **Verzug** befindet. Aufgrund des **Direktanspruches** des Geschädigten wird sich der Kraftfahrthaftpflichtversicherer meist von Beginn an mit der Angelegenheit beschäftigen, weil die Korrespondenz des Geschädigten regelmäßig sofort mit dem Versicherer erfolgt. Einen Verzugstatbestand gegenüber seinem Versicherungsnehmer wird der Kraftfahrthaftpflichtversicherer im Normalfall daher kaum erfüllen. Anders kann es natürlich sein, wenn der Versicherer sofort die Deckung ablehnt. 142

Die dem **Geschädigten** aus der Geltendmachung eines Kfz-unfallbedingten Schadensersatzanspruches entstehenden außergerichtlichen Anwaltskosten sind hingegen Teil seines Schadens, für den der Schädiger und im Hinblick auf den **Direktanspruch** auch dessen Kraftfahrthaftpflichtversicherer aufzukommen haben. 143

Ein Hinweis auf die polizeiliche **Ermittlungsakte** ist nicht nur aus Gründen der Sachverhaltsaufklärung sinnvoll, sondern kann einen – wenn auch überschaubaren – Gebührenvorteil bringen. Bisweilen nehmen die Kraftfahrthaftpflichtversicherer das Angebot der Einsicht in die Ermittlungsakte und Übersendung eines Aktenauszuges gegen Zahlung einer geringen Pauschale (netto zwischen 20 EUR und 30 EUR) zuzüglich Kopierkosten[57] an. 144

Auch bei **deckungsrechtlichen Problemen** wie **Obliegenheitspflichtverletzungen** seines Versicherungsnehmers kann der Kraftfahrthaftpflichtversicherer dem Geschädigten gegenüber eintrittspflichtig bleiben. Er wird sich dann jedoch im Innenverhältnis in den nach E. 6.3 und 4 AKB 2015 vorgesehenen, nach der KfzPflVV einzuhaltenden Grenzen (vgl. Rdn 133 f.) bei seinem Versicherungsnehmer schadlos halten. Bei bloß grob fahrlässiger Pflichtverletzung darf die Leistungsfreiheit gem. § 6 Abs. 1 KfzPflVV nur auf bis 2.500 EUR, bei Vorsatz nach § 6 Abs. 3 KfzPflVV auf 5.000 EUR begrenzt werden. Darauf sollte der Rechtsanwalt bei entsprechenden Anhaltspunkten (z.B. bei Unfallverursachung mit anschließender Fahrerflucht) hinweisen. Hingegen erstreckt sich die **Leistungsfreiheit** auch auf das Verhältnis zu dem **Geschädigten**, wenn ein **nicht versicher-** 145

57 Vgl. Berz/Burmann/*Schneider*, 48. B. Rn 320 ff.

ter Schaden eingetreten ist (z.B. Vorsatztat nach § 103 VVG/A.1.5.1 AKB 2015 vgl. Rdn 128).

146 Bei Vertretung eines **vollkaskoversicherten Geschädigten** kann es bei einer Mithaftung finanziell sinnvoll sein, zunächst aufgrund des **Quotenvorrechtes** den eigenen Fahrzeugvollversicherer in Anspruch zu nehmen (siehe dazu § 4 Rdn 198 ff.).

147 Bei **Unfällen im Inland mit im Ausland zugelassenen Fahrzeugen** ist der **Deutsche Büro Grüne Karte e.V. (DBGK)** zuständig, allerdings nur für jene Länder, die dem System der Internationalen Grüne Karte angeschlossen sind.[58] Der Grüne Karte e.V. wiederum beauftragt einen inländischen Versicherer mit der Schadensregulierung. Der Schadensregulierer tritt dabei nur außergerichtlich (vgl. hierzu Rdn 158 ff. mit entsprechendem Muster) als Dienstleister für den ausländischen Kraftfahrthaftpflichtversicherer auf. Er ist nicht der Anspruchsgegner.[59] Ist eine Klage nötig, ist der Grüne Karte e.V. passivlegitimiert. Natürlich kann der Geschädigte die Klage auch gegen den Fahrer, Halter und den ausländischen Versicherer richten.

148 Für Unfälle eines **inländischen Fahrzeugs im EU-Ausland** haben die Kraftfahrthaftpflichtversicherer einen Schadensregulierungsbeauftragten im jeweiligen Heimatland des Geschädigten. Für die Abwicklung ist der **Verkehrsopferhilfe e.V. (VOH)**[60] zuständig (vgl. hierzu Rdn 161 ff. mit entsprechendem Muster). Die Daten des von dem VOH beauftragten Regulierer sind auch über den Zentralruf der Autoversicherer (GDV Dienstleistungs-GmbH & Co. KG = Auskunftsstelle i.S.d. § 8a PflVG) einholbar.[61] Der Anspruch richtet sich jedoch nach den rechtlichen Gegebenheiten des Staates, in dem sich der Unfall ereignet hat. Dies gilt auch, wenn der Geschädigte etwaige Direktansprüche gegen den ausländischen Kraftfahrthaftpflichtversicherer zulässigerweise vor einem inländischem Gericht[62] einklagt.

149 Der **Verkehrsopferhilfe e.V.** ist nach § 12 PflVG außerdem (teilweise wiederum begrenzt) für die dort enumerativ aufgeführten Fälle zuständig, z.B. bei unbekanntem Schädigerfahrzeug oder nicht bestehender Kraftfahrthaftpflichtversicherung des unfallverursachenden Fahrzeugs. Durch die Öffnung des länderübergreifenden Versicherungsmarktes kam es in der Vergangenheit zu Insolvenzverfahren über das Vermögen ausländischer, aber in Deutschland tätiger Kraftfahrthaftpflichtversicherer. Auch für solche Fälle regelt § 12 Abs. 1 Nr. 4 PflVG die Eintrittspflicht des VOH.

150 Wichtig ist der Hinweis des Rechtsanwaltes an den Geschädigten auf seine **Schadensminderungspflicht** und dem Gebot, die Schadensbeseitigung wirtschaftlich vernünftig zu gestalten und auch notfalls aus eigenen Mitteln **vorzufinanzieren**. Kann der Mandant

58 Vgl. *www.gruene-karte.de.*
59 Vgl. OLG München v. 18.11.2011 – 10 U 1146/11; LG Saarbrücken v. 23.3.2023 – 10 O 15/21.
60 Vgl. *www.verkehrsopferhilfe.de.*
61 Vgl. *www.zentralruf.de.*
62 Vgl. EuGH NJW-RR 2022, 1140; EuGH NJW 2008, 819 = NZV 2008, 133; OLG München NJW-RR 2012, 1178 = NZV 2013, 32 = r+s 2013, 260; OLG Saarbrücken NJOZ 2014, 483 = SVR 2014, 228; LG Lübeck v. 19.6.2024 – 10 O 201/23.

die **Schadensbeseitigungskosten nicht selbst** aufbringen, ist ein deutlicher **Hinweis** hierzu an den Versicherer geboten (vgl. Rdn 157 Muster). Ist er z.B. auf einen Mietwagen angewiesen, sollte man auch das anführen. Auf diese Weise erlangt der Kraftfahrthaftpflichtversicherer die nötige Kenntnis, um auch im eigenen Interesse die Schadensregulierung zu forcieren.

Schon außergerichtlich ist die Erklärung über die Einstandspflicht auch für **künftige** 151 **Forderungen** möglich (vgl. hierzu die Aufforderung an den Versicherer im Muster, siehe Rdn 157). Wichtig ist, dass ein darin enthaltenes einfaches **Anerkenntnis** der **Regelverjährung** unterliegt, wenn es nicht ausdrücklich mit den **Wirkungen** eines zu diesem Zeitpunkt rechtskräftigen **Feststellungsurteiles** ausgesprochen wird.

3. Muster

a) Schadensmeldung des Versicherungsnehmers an seinen eigenen Kraftfahrthaftpflichtversicherer

Der Versicherungsnehmer muss einen Verkehrsunfall mit dem versicherten Pkw seinem 152 Kraftfahrthaftpflichtversicherer **unverzüglich melden**. Dies kann er selbst oder auch über den Rechtsanwalt tun, der ihn z.B. bei der Geltendmachung eigener unfallbedingter Ansprüche gegen den Unfallgegner vertritt (zu den Rechtsanwaltsgebühren vgl. Rdn 142). Die Korrespondenz über den Anwalt ist sinnvoll, um gerade bei strittigen Haftungsfragen den eigenen Kraftfahrthaftpflichtversicherer über die Maßnahmen gegenüber dem Versicherer des anderen Unfallbeteiligten zu informieren.

Aufgrund des **Regulierungsermessens** (vgl. Rdn 132) hat der Versicherungsnehmer 153 keinen Anspruch darauf, an der Entscheidung seines Kraftfahrthaftpflichtversicherers über die Ansprüche des Unfallgegners mitzureden. Allerdings kann er anregen, dass der Versicherer ihn informiert und dessen Schadensbearbeitung argumentativ beeinflussen.

▼ 154

Muster 5.13: Schadensmeldung des Versicherungsnehmers an seinen eigenen Kraftfahrthaftpflichtversicherer 5.13

An die

Versicherungs-AG

Versicherungsnummer: ;

Versicherter Pkw: ; Schaden vom in

Sehr geehrte Damen und Herren,

wir vertreten Ihre Versicherungsnehmerin,

Frau

anlässlich eines Verkehrsunfalles vom bei der Geltendmachung eigener Schäden gegenüber der Unfallverursacherin und ihrem Kraftfahrthaftpflichtversicherer. Unsere Bevollmächtigung versichern wir anwaltlich. Für Ihre Versicherungsnehmerin melden wir folgenden Schaden, für den allerdings die andere Unfallbeteiligte allein verantwortlich ist:

Am Unfalltag befuhr unsere Mandantin mit ihrem VW Golf (amtliches Kennz.:) die Straße in . An der Kreuzung wechselte die vor ihr fahrende

Frau mit ihrem VW Polo (amtliches Kennz.:)

plötzlich von der rechten Fahrspur in die Fahrspur unserer Mandantin. Frau bremste trotz noch Grün zeigender Lichtzeichenanlage und ohne erkennbaren Grund ihren Pkw zum Stillstand ab. Dies kann

Herr , , (*Name, Adresse*)

bestätigen. Herr befand sich mit seinem Kfz auf der benachbarten Fahrspur. Der Unfall ist bei der

Polizeidirektion unter der Vorgangsnummer

registriert. Gegen Erstattung der üblichen Gebühren holen wir gerne für Sie einen Aktenauszug ein. Wir gehen aufgrund des Spurwechsels von einer Alleinhaftung Frau aus und bitten Sie, vorher mit uns Rücksprache zu nehmen, falls Frau unfallbedingt Ansprüche bei Ihnen erhebt und Sie eine von der Haftungsablehnung abweichenden Regulierungsentscheidung zu treffen beabsichtigen.

Mit freundlichen Grüßen

Rechtsanwalt

▲

b) Zahlungsaufforderung des Geschädigten an gegnerischen Kraftfahrthaftpflichtversicherer

155 Der Klassiker ist die außergerichtliche Geltendmachung verkehrsunfallbedingter Schadenspositionen. Die Haftpflichtansprüche ergeben sich aus allgemeinen Regelungen (StVG, BGB) und bedürfen wegen ihrer Offensichtlichkeit keiner Erwähnung. Bei streitigen Unfallkonstellationen kann man die Gebote der StVO mit anführen. Da die Kraftfahrthaftpflichtversicherer jedoch mit geschulten Mitarbeitern arbeiten, ist das bei eindeutiger Haftung (z.B. nach Auffahrunfall oder beim Anstoß an ein geparktes Kfz) nicht nötig. Die Unfallregulierung ist ein Massengeschäft. **Knappe, aber präzise Schreiben** erleichtern die Bearbeitung für den Sachbearbeiter. Daher bietet es sich auch an, die **Schadenspositionen** durch eine **Aufstellung** zu beziffern. Das liest sich leichter als im Fließtext. Es vereinfacht auch die eigene Arbeit, wenn sich die Schadenspositionen über die Zeit erhöhen und regelmäßig nur anteilige Zahlungen fließen.

156 Im nachfolgenden Beispiel hat die Mandantin einen Auffahrunfall und dabei Sach- und Personenschäden erlitten. Eine erste Zahlungsaufforderung mit Geltendmachung auch künftiger Schäden an den Kraftfahrthaftpflichtversicherer kann wie folgt aussehen:

▼ 157

Muster 5.14: Zahlungsaufforderung an gegnerischen Kraftfahrthaftpflichtversicherer 5.14

An die

Versicherungs-AG

Versicherungsnummer:

Versicherter Pkw: ; Schaden vom in

Sehr geehrte Damen und Herren,

ausweislich in beglaubigter Abschrift beiliegender Vollmachtsurkunde vertreten wir

Frau

anlässlich eines Verkehrsunfalles vom , für den Sie in voller Höhe einzustehen haben.

Am Unfalltag befuhr unsere Mandantin mit ihrem VW Polo (amtliches Kennz.:) die Straße in . An der Kreuzung hielt sie aufgrund der schon Gelb zeigenden Lichtzeichenanlage an. Dies beachtete Frau nicht und fuhr mit dem bei Ihnen versicherten VW Golf (amtliches Kennz.:) auf. Der Unfall ist bei der

Polizeidirektion unter der Vorgangsnummer

registriert. Gegen Erstattung der üblichen Gebühren holen wir gerne für Sie einen Aktenauszug ein.

Unserer nicht vorsteuerabzugsberechtigten Mandantin sind einstweilen folgende Sachschäden entstanden:

Abschleppkosten	brutto EUR
allg. Auslagenpauschale	EUR
Gutachterkosten	brutto EUR
Fahrzeugschaden (Wiederbeschaffungswert EUR abzgl. Restwert EUR)	EUR
Gesamtbetrag	EUR

Das Gutachten der GmbH vom nebst dazugehöriger Fotoanlage, Rechnung und Begleitschreiben fügen wir als

Anlage 1

bei. Die Rechnung der GmbH vom liegt als

Anlage 2

an. Wir fordern Sie zunächst auf, die Abschleppkosten (**EUR)** und die Gutachterkosten (**EUR)** bis zum

unmittelbar an die GmbH bzw. die GmbH zu zahlen. Binnen gleicher Frist zahlen Sie bitte die übrigen Schadenspositionen (**EUR)** auf unser Konto . Unsere Geldempfangsbevollmächtigung ergibt sich aus o.a. Vollmacht.

Das beschädigte **Fahrzeug** ist **nicht fahrbereit**. Unsere Mandantin ist auf den Pkw angewiesen, aber **zur Vorfinanzierung der Schadensbeseitigung nicht in der Lage** und deshalb auf Ihre zügige Regulierung angewiesen.

Unsere Mandantin ist vorfallsbedingt auch erkrankt. Ausweislich der als

Anlage 3

beiliegenden Arbeitsunfähigkeitsbescheinigungen des vom und war sie zunächst bis arbeitsunfähig. Hinsichtlich des Personenschadens enthalten Sie anliegend eine Schweigepflichtentbindungserklärung mit der Bitte, die nötigen Arztberichte einzuholen. Die Entbindung von der Schweigepflicht steht unter der Bedingung, dass Sie uns die eingeholten Berichte abschriftlich zur Verfügung stellen. Wir werden dann die personenschadensbedingten Beträge (z.B. Schmerzensgeld, Haushaltsführungsschaden, Aufwendungen etc.) beziffern.

Bereits jetzt bitten wir binnen o.a. um Ihre Erklärung, dass Sie auch für die künftigen unfallbedingten Schäden (z.B. Mehrwertsteuer bei Instandsetzung des Fahrzeugschadens oder bei Ersatzkauf sowie solche anlässlich der unfallbedingten Verletzungen) unserer Mandantin aufkommen werden.

Mit freundlichen Grüßen

Rechtsanwalt

▲

c) Zahlungsaufforderung bei Inlandsunfall mit ausländischem Beteiligten an den Deutsches Büro Grüne Karte e.V.

158 Hier ist noch einmal darauf hinzuweisen, dass der Deutsches Büro Grüne Karte e.V. meist inländische Versicherer mit der Regulierung für den ausländischen Kraftfahrthaftpflichtversicherer beauftragt. Ist dieser noch nicht bekannt, ist ein erstes Anschreiben an den Deutsches Büro Grüne Karte e.V. möglich und sinnvoll, um die Sache in Bewegung zu bringen, zumal die Post von dort meist unmittelbar mit Bearbeitungsbitte an den Regulierer weitergeleitet wird.

159 Sollte es im Ausnahmefall vorkommen, dass ein beauftragtes Schadensregulierungsbüro im weiteren Verlauf nur zögerlich arbeitet, kann es hilfreich sein, den Deutsches Büro Grüne Karte e.V. noch einmal unter Mitteilung hierüber zur Zahlung aufzufordern. Der Deutsches Büro Grüne Karte e.V. hat kein Interesse an der Verzögerung und wird im Zweifel für Beschleunigung sorgen.

160 ▼

Muster 5.15: Zahlungsaufforderung bei Inlandsunfall mit ausländischem Beteiligten an den Deutsches Büro Grüne Karte e.V.

An den

Deutsches Büro Grüne Karte e.V.

Unfallbeteiligter Pkw: ; Italienischer Versicherer: Versicherungs-AG; Schaden vom in

Sehr geehrte Damen und Herren,

ausweislich in beglaubigter Abschrift beiliegender Vollmachtsurkunde vertreten wir

Frau

anlässlich eines Verkehrsunfalles vom in , für den Sie in voller Höhe einzustehen haben.

Am Unfalltag befuhr unsere Mandantin mit ihrem VW Golf (amtliches Kennz.:) die Straße in . In Höhe der Hausnummer hielt sie aufgrund der schon Gelb zeigenden Lichtzeichenanlage an. Dies beachtete Frau nicht und fuhr mit dem bei der Versicherungs-AG versicherten Fiat (amtliches Kennz.:) auf den Golf auf. Der Unfall ist bei der

Polizeidirektion unter der Vorgangsnummer

registriert. Gegen Erstattung der üblichen Gebühren holen wir gerne für Sie einen Aktenauszug ein.

Unserer nicht vorsteuerabzugsberechtigten Mandantin sind einstweilen folgende Sachschäden entstanden:

Abschleppkosten	brutto EUR
allg. Auslagenpauschale	EUR
Gutachterkosten	brutto EUR
<u>Fahrzeugschaden (Wiederbeschaffungswert EUR abzgl. Restwert EUR)</u>	<u>EUR</u>
Gesamtbetrag	**EUR**

Das Gutachten der GmbH vom nebst dazugehöriger Fotoanlage, Rechnung und Begleitschreiben fügen wir als

Anlage 1

bei. Die Rechnung der GmbH liegt als

Anlage 2

an. Wir fordern Sie zunächst auf, die Abschleppkosten **(EUR)** und die Gutachterkosten **(EUR)** bis zum

unmittelbar an die GmbH bzw. die GmbH zu zahlen. Binnen gleicher Frist zahlen Sie bitte die übrigen Schadenspositionen **(EUR)** auf unser Konto . Unsere Geldempfangsbevollmächtigung ergibt sich aus o.a. Vollmacht.

Das beschädigte **Fahrzeug** ist **nicht fahrbereit**. Unsere Mandantin ist auf den Pkw angewiesen, aber **zur Vorfinanzierung der Schadensbeseitigung nicht in der Lage** und deshalb auf Ihre zügige Regulierung angewiesen. Sollten Sie die Sachbearbeitung an einen Schadensregulierer abgeben, bitten wir auf die Dringlichkeit der Angelegenheit hinzuweisen.

Mit freundlichen Grüßen

Rechtsanwalt

▲

d) Zahlungsaufforderung bei Schaden im EU-Ausland an den Verkehrsopferhilfe e.V.

161 Bei einem Auslandsunfall findet das **materielle Recht des jeweiligen Staates** Anwendung. Bisweilen gelten auch kurze Fristen, z.B. für eine Klage. Auch sind nicht alle in Deutschland üblichen oder gar auch andere Schadensersatzforderungen geschuldet. Darauf und auf die Tatsache, ob und inwieweit der Rechtsanwalt die maßgeblichen Bestimmungen kennt, sollte er seinen Mandanten hinweisen. Um die Sache schnell in Bewegung zu bringen, bietet sich das nachfolgende Schreiben an den Verkehrsopferhilfe e.V. oder unmittelbar an den von dem Zentralruf der Autoversicherer benannten inländischen Regulierer an. Beide weisen meist auch sofort auf unberechtigt geltend gemachte Schadenspositionen hin.

162 ▼

Muster 5.16: Zahlungsaufforderung bei Schaden im EU-Ausland an den Verkehrsopferhilfe e.V.

An den

Verkehrsopferhilfe e.V.

Unfallbeteiligter Pkw: ; Spanischer Versicherer: Versicherungs-AG; Schaden vom in

Sehr geehrte Damen und Herren,

ausweislich in beglaubigter Abschrift beiliegender Vollmachtsurkunde vertreten wir

Frau

anlässlich eines Verkehrsunfalles vom in , für den der o.a. spanische Versicherer in voller Höhe einzustehen hat und für dessen Regulierung Sie im Inland zuständig sind.

Am Unfalltag hatte unsere Mandantin ihren Audi (amtliches Kennz.:) auf der Straße in Höhe in geparkt. Dies beachtete Herr beim Einparken nicht und fuhr mit dem bei der Versicherungs-AG versicherten Seat (amtliches Kennz.:) auf den Audi auf. Der Unfall ist bei der

Polizeidirektion unter der Vorgangsnummer

registriert. Unserer nicht vorsteuerabzugsberechtigten Mandantin sind einstweilen folgende Sachschäden entstanden:

Reparaturkosten	brutto EUR
allg. Auslagenpauschale	EUR
Gesamtbetrag	**EUR**

Die Rechnung der GmbH vom **(Anlage 1)** und Fotos des unfallbeschädigten Pkw **(Anlage 2)** liegen bei. Wir fordern Sie auf, die Reparaturkosten **(EUR)** bis zum

unmittelbar an die GmbH zu zahlen. Binnen gleicher Frist zahlen Sie bitte die übrigen **EUR** auf unser Konto . Unsere Geldempfangsbevollmächtigung ergibt sich aus o.a. Vollmacht.

Unsere Mandantin ist **zur Vorfinanzierung der Schadensbeseitigung nicht in der Lage** und deshalb auf Ihre zügige Regulierung angewiesen. Sollten Sie die Sachbearbeitung an einen Schadensregulierer abgeben, bitten wir, auf die Dringlichkeit der Angelegenheit hinzuweisen.

Mit freundlichen Grüßen

Rechtsanwalt

▲

III. Gerichtliche Mandate

1. Praxistipps

Hier kann zunächst auf die Ausführungen zu den außergerichtlichen Mandaten verwiesen **163**
werden (vgl. Rdn 138 ff., 142 ff.).

Der **Geschädigte** aus einem Kfz-Unfall kann den **Kraftfahrthaftpflichtversicherer** des **164**
Unfallverursachers gem. § 115 Abs. 1 VVG i.V.m. § 1 PflVG direkt in Anspruch nehmen. Streitet man lediglich über die Schadenshöhe und sind deckungsrechtliche Probleme auszuschließen, kann die Klage nur gegen den Versicherer ausreichen. Anders ist es etwa bei streitigem Haftungsgrund. Dann sollte man zumindest den nach § 18 Abs. 1 StVG haftenden **Fahrer** des anderen Fahrzeuges mit verklagen, damit er nicht als Zeuge in Betracht kommt. Ist ein Zeuge vorhanden und dieser gleichzeitig Halter des Unfallfahrzeuges sollte man den nach § 7 Abs. 1 StVG haftenden **Halter** auch verklagen, um ihm die **Zeugeneigenschaft** zu nehmen.

Neben dem Zahlungsantrag ist bei möglichen **Zukunftsschäden** – ob nun bei noch nicht **165**
erfolgter Instandsetzung des Sachschadens oder insbesondere bei ggf. verbleibenden Personenschäden – immer an einen **Feststellungsantrag** zu denken.

2. Muster

Die nachstehenden Prozessformulare für Klage und Klageerwiderung bauen nicht auf **166**
denselben Sachverhalten auf. Soweit es nötig erscheint, werden die zugrundeliegenden Fallbeispiele eingangs kurz erörtert.

a) Klage

aa) Klage des Geschädigten gegen den Unfallfahrer und seinen Kraftfahrthaftpflichtversicherer

Wie bereits bei der außergerichtlichen Korrespondenz sind **präzise, aber auch knappe** **167**
Formulierungen angebracht. Dies gilt sowohl für den Haftungsgrund als auch zur Schadenshöhe. Umfangreiche Ausführungen dazu, wann, wer, wie oft außergerichtlich auf die Rechtslage hingewiesen hat und in welcher Form die Ablehnung der anderen Seite erfolgte, sind meist ebenso überflüssig, wie die Übersendung entsprechender Korrespondenz. Anders kann es sein, wenn Art, Inhalt und Umfang der vorprozessualen

Korrespondenz Einfluss auf die Anspruchshöhe haben, z.B. wenn man sich um die Höhe der vorprozessualen Rechtsanwaltsgebühren streitet und der Klägervertreter darlegen muss, warum eine höhere als eine 1,5 Geschäftsgebühr angemessen sein soll. Ähnlich ist es in Fällen, in denen der Geschädigte aus Schadensminderungsgesichtspunkten außergerichtlich mehrfach darauf hingewiesen hat, er könne die Schadensbeseitigung nicht vorfinanzieren.

168 Im nachfolgenden Beispiel streiten die Parteien um die Frage der Verantwortung für einen Verkehrsunfall. Der Kläger behauptet einen Spurwechsel des Beklagtenfahrzeuges, während der Erstbeklagte angibt, der Kläger habe einen klassischen Auffahrunfall verursacht. Der Fahrzeugschaden ist noch nicht beseitigt bzw. der Geschädigte will zunächst fiktiv abrechnen.

169 ▼

Muster 5.17: Klage des Geschädigten gegen den Unfallfahrer und seinen Kraftfahrthaftpflichtversicherer

Landgericht

Klage

des Herrn , (*Name, Adresse*)

– Kläger –

Prozessbevollmächtigte: ,

gegen

Herrn ,

– Beklagter zu Ziff. 1. –

Versicherungs-AG,

– Beklagte zu Ziff. 2. –

wegen: Schadensersatz aus Verkehrsunfall

vorläufiger Streitwert: EUR

Namens und kraft erteilter Prozessvollmacht des Klägers erheben wir Klage gegen die Beklagten. Wir werden beantragen,

> **1.**
> **die Beklagten gesamtschuldnerisch zu verurteilen, an den Kläger EUR nebst Zinsen hieraus in Höhe von 5 Prozentpunkten über dem jeweiligen Basiszins seit dem zu zahlen.**
> **2.**
> **festzustellen, dass die Beklagten gesamtschuldnerisch verpflichtet sind, dem Kläger sämtlich zukünftige Schäden zu ersetzen, die diesem aus dem Unfall vom auf der Straße in in stadtauswärtiger Richtung in Höhe zwischen dem klägerischen BMW (amtliches Kennz.:) und dem VW der Beklagten (amtliches Kennz.:) entstehen werden (z.B. Mehrwertsteuer auf Kosten der Reparatur oder bei Ersatzbeschaffung).**

3.
die Beklagten gesamtschuldnerisch zu verurteilen, an den Rechtsschutzversicherer des Klägers, die Rechtsschutz-Versicherung AG zu deren Schadensnummer ____ vorprozessual entstandene, nicht anrechenbare Rechtsanwaltskosten in Höhe von ____ EUR nebst Zinsen hieraus in Höhe von 5 Prozentpunkten über dem jeweiligem Basiszins seit Rechtshängigkeit zu zahlen.

Zur

Klagebegründung

tragen wir vor:

Die Parteien streiten über verkehrsunfallbedingten Schadensersatzansprüche des Klägers aus einem Vorfall vom ____, für den die Beklagten vollumfänglich eintrittspflichtig sind. Im Einzelnen:

I.

Der Kläger war zum Unfallzeitpunkt Eigentümer des später total beschädigten BMW (amtliches Kennz.: ____), was sich angesichts seines Besitzes am Fahrzeuges schon aus §§ 1006 BGB ergibt. Er ist mithin aktiv legitimiert.

II.

Am ____ befuhr der Kläger mit seinem BMW die ____ Straße in ____ in stadtauswärtiger Richtung. Er befand sich auf der linken der beiden Spuren. Auf Höhe ____ wechselte der Erstbeklagte mit dem bei der Zweitbeklagten kraftfahrthaftpflichtversicherten VW (amtliches Kennz.: ____) von der rechten in die linke Fahrspur und beachtete dabei den BMW des Klägers nicht. Es kam zur Kollision.

Beweis: Zeugnis der Frau ____, ____ *(Name, Adresse)*

Frau ____ hat als Beifahrerin des Klägers den Unfall miterlebt.

Die Zweitbeklagte hat am ____ für die Beklagten die Verantwortung für den Unfall mit der Begründung verneint, der Erstbeklagte habe keinen Spurwechsel vollzogen. Vielmehr habe sich ein klassischer Auffahrunfall ereignet, für den der Kläger eintrittspflichtig sei. Dies ist nicht richtig. Schon die Beschädigungen an beiden Fahrzeugen belegen das Gegenteil. Die aus den als

Anlagenkonvolut K 1

beiliegenden Lichtbildern ersichtlichen Schäden sind durch einen Spurwechsel des Beklagtenfahrzeuges entstanden. Das Klägerfahrzeug ist vorn rechts beschädigt, während das Beklagtenfahrzeug hinten links Schäden aufweist. Auch reichen die Anstoßstellen jeweils bis zur Fahrzeugseite. Sie zeigen zudem einen streifenden Verlauf.

Beweis: Sachverständigengutachten

III.

1.

Mit dem Klageantrag zu 1) beanspruchen wir die dem nicht vorsteuerabzugsberechtigten Kläger unfallbedingt entstanden Sachschäden:

Allgemeine Auslagenpauschale	EUR
Abschleppkosten	brutto EUR
Gutachterkosten	brutto EUR
Wiederbeschaffungswert netto EUR abzüglich Restwert brutto EUR	EUR
Gesamtbetrag	EUR

Beweis:

1. Gutachten der GmbH vom
nebst Fotoanlage und Rechnung – **Anlagenkonvolut K 2**
2. Rechnung der GmbH vom – **Anlage K 3**

Die geltend gemachten Verzugszinsen in gesetzlicher Höhe schulden die Beklagte seit der Zahlungsablehnung der Zweitbeklagten vom .

2.

Schließlich hat der Kläger gem. § 256 ZPO ein Interesse an der Feststellung der Ersatzpflicht der Beklagten für künftige unfallbedingte Schäden, namentlich im Falle der Reparatur des Unfallwagens hinsichtlich der daraus resultierenden Mehrwertsteuer. Hierüber verhält sich der Klageantrag zu Ziff. 2).

3.

Mit dem Klageantrag zu Ziff. 3) begehrt der Kläger Erstattung vorprozessualer, nicht anrechenbarer Rechtsverfolgungskosten unmittelbar an seinen Rechtschutzversicherer, die Versicherung AG, die insoweit durch Zahlung an unsere Kanzlei in Vorlage getreten ist.

Der Beklagte hat am die Unterzeichnerin mit der Geltendmachung seiner Ansprüche mandatiert. Diese hat mit der Zweitbeklagten korrespondiert, wodurch die sich aus der als

Anlage K 4

ergebenden Rechtsanwaltsgebühren nach dem RVG a.F. in Höhe von brutto EUR angefallen sind. Zinsen beanspruchen wir insoweit in gesetzlicher Höhe ab Rechtshängigkeit.

Rechtsanwalt

▲

bb) Regressklage des Kraftfahrthaftpflichtversicherers gegen seinen Versicherungsnehmer wegen Falschangaben zum Unfallhergang

170 Für eine zur Leistungsfreiheit führende **Obliegenheitspflichtverletzung** ist der **Versicherer darlegungs- und beweisbelastet**. Allerdings ist das Ergebnis eines vorangegan-

genen **Haftpflichtprozesses bindend** (die Ausführungen zur **materiell-rechtlichen** Bindungswirkung in der Allgemeinen Haftpflichtversicherung siehe Rdn 92 ff.). In der Kraftfahrthaftpflichtversicherung gibt es zudem eine ausdrückliche Bestimmung über die **Rechtskrafterstreckung** in § 124 VVG, die aber nicht den Fall regelt, in dem nur der Versicherungsnehmer verurteilt wird. Auf diese versicherungsrechtliche Besonderheit sollte man in der Klageschrift hinweisen. Da es hier auf viele Tatsachen und auch auf das vorprozessuale Geschehen ankommt, ist eine ausführliche Darstellung unter Beifügung maßgeblicher Anlagen sinnvoll.

Der Versicherungsnehmer einer Kraftfahrthaftpflichtversicherung hat im Schadensfall **171**
falsche Angaben zum Unfallhergang gemacht. Der Kraftfahrthaftpflichtversicherer hat daraufhin die Ansprüche des Geschädigten abgelehnt. Dieser hat anschließend geklagt. Trotz mehrfacher Hinweise und Belehrungen des Versicherers hat der Versicherungsnehmer auch in dem vom Geschädigten eingeleiteten Verkehrsunfallprozess auf seiner Unfallversion bestanden. Diese hat sich in der Beweisaufnahme als sicher falsch herausgestellt. Der Versicherungsnehmer und der Kraftfahrthaftpflichtversicherer sind rechtskräftig zur Leistung an den Geschädigten verurteilt worden. Der Kraftfahrthaftpflichtversicherer nimmt nun seinen Versicherungsnehmer wegen der Obliegenheitspflichtverletzung in Regress.

▼ **172**

Muster 5.18: Regressklage des Kraftfahrthaftpflichtversicherers gegen seinen Versicherungsnehmer wegen Falschangaben zum Unfallhergang

Amtsgericht ___

___

Klage

der ___ Versicherungs-AG, ___ (*Adresse*)

– Klägerin –

Prozessbevollmächtigte: Rechtsanwälte, ___ (*Adresse*)

gegen

Herrn ___, ___ (*Adresse*)

– Beklagter –

wegen: Regress aus Versicherungsvertrag

Namens uns Kraft erteilter Prozessvollmacht der Klägerin erheben wir Klage gegen den Beklagten. Nach einem Streitwert von ___ EUR zahlen wir Gerichtskosten in Höhe von ___ EUR ein. Wir werden beantragen,

den Beklagten zu verurteilen, an die Klägerin 2.500 EUR nebst Zinsen hieraus in Höhe von fünf Prozentpunkten seit dem ___ zu zahlen.

Wir regen die Anordnung des schriftlichen Vorverfahrens an und stellen für diesen Fall schon jetzt

den Antrag gemäß §§ 331 Abs. 3 ZPO.

Zur

Klagebegründung

tragen wir vor:

Die Klägerin nimmt den Beklagten nach einem Verkehrsunfall vom , infolgedessen sie im Außenverhältnis gegenüber einem geschädigten Dritten Zahlungen zu erbringen hatte, in Regress, weil sie dem Beklagten gegenüber aufgrund seiner vorsätzlichen Obliegenheitspflichtverletzungen (nachweislich unrichtige Sachverhaltsangaben) im Innenverhältnis leistungsfrei ist und ihr durch dessen Falschangaben unnötige Ausgaben entstanden sind. Im Einzelnen:

I.

1.

Die Klägerin und der Beklagte sind über einen Kraftfahrthaftpflichtversicherungsvertrag für das Fahrzeug des Beklagten miteinander verbunden. Am ist der Beklagte mit jenem Pkw in an der Kreuzung in eine Kollision mit dem von Herrn geführten Pkw (amtliches Kennz.:) geraten. Herr hat infolge dessen die Klägerin auf Schadensersatz in Anspruch genommen.

Herr hat seinerzeit angegeben, er habe mit seinem Pkw hinter dem Pkw des Beklagten gestanden, als dieser plötzlich rückwärts gefahren sei. Der Beklagte hat gegenüber der Klägerin jedoch behauptet, er selbst habe mit seinem Pkw gestanden und es sei Herr gewesen, der mit seinem Pkw auf den des Beklagten aufgefahren sei.

Deshalb hat die Beklagte die Eintrittspflicht gegenüber Herrn abgelehnt, der schlussendlich Klage beim AG erhoben hat. Das AG hat zum Unfallhergang Beweis erhoben durch Einholung eines unfallanalytischen Sachverständigengutachtens des Ingenieurbüros vom ,

Anlage K 1.

Es hat zudem den für das Ingenieurbüro tätigen Unfallanalytiker, Herrn , ausweislich des Sitzungsprotokolls des Amtsgerichts am ,

Anlage K 2,

angehört. Der Amtsrichter ist nach der Beweisaufnahme zu der Überzeugung gelangt, dass nicht die Unfallschilderung des Beklagten, sondern die des anderen Beteiligten, Herrn , zutrifft. Die Behauptung des Beklagten, er habe mit seinem Pkw gestanden und Herr habe den Unfall durch Auffahren verursacht, ist widerlegt. Vielmehr ist ein Rückwärtsfahren des Beklagten, das zur Kollision mit dem Pkw des Herrn geführt hat, nachgewiesen, was das Amtsgericht am so ausgeurteilt hat,

Anlage K 3.

Auf Drängen des Beklagten, das Urteil sei falsch, denn er sei nicht rückwärts gefahren, hat die Klägerin seinerzeit gegen das amtsrichterliche Urteil Berufung eingelegt. Das LG hat die Berufung jedoch mit Beschl. v. ,

Anlage K 4,

zurückgewiesen. Zuvor erfolgte ein Hinweis des LG vom , wonach das Amtsgericht frei von Widersprüchlichkeiten und Verstößen gegen Denkgesetze, Naturgesetze oder Erfahrungsgesetze ein Rückwärtsfahren des Beklagten als erwiesen angesehen hat,

Anlage K 5.

2.

Der vorstehende Prozess einschließlich der damit verbundenen Kosten ist nur entstanden, weil der Beklagte schon vorprozessual falsche Angaben zum Unfallhergang gemacht hat. Hierzu verweisen wir zunächst auf die Unfallschilderung des Beklagten vom ,

Anlage K 6,

sowie dessen weiteres Schreiben vom ,

Anlage K 7,

und seine Ausführungen vom ,

Anlage K 8.

Die Klägerin hat nur deshalb die von dem Geschädigten geltend gemachten Ansprüche schon außergerichtlich zurückgewiesen, so dass dieser am Klage eingereicht hat, über die das AG und LG wie oben beschrieben schlussendlich entschieden haben. Im Laufe des Prozesses hat der Sachbearbeiter, Herr , mit dem Beklagten mehrfach telefoniert und ihn insbesondere am darauf hingewiesen, dass es eine Obliegenheitspflichtverletzung wäre, falls sich im Prozess herausstellen würde, dass seine Angaben nicht zutreffen. Der Beklagte hat auch in jenem Telefonat versichert, dass seine Unfallschilderung stimme und nicht die des Herrn . Herr hat den Beklagten ausdrücklich darauf hingewiesen, dass er sich im Falle einer Obliegenheitspflichtverletzung, also wenn er hier nicht die Wahrheit sage, regresspflichtig machen würde. Er müsse dann sämtliche der Versicherungs-AG unnötig entstehenden Kosten tragen, die man dann auch von ihm verlangen werde. Gleichwohl blieb der Beklagte bei seiner Unfallschilderung.

Beweis: Zeugnis des Herrn , zu laden über die Klägerin

Nach Zugang des o.a. Gutachtens (Anlage K 1) hat sich der Beklagte am gegenüber der Klägerin dahingehend geäußert, dass das Gutachten inhaltlich falsch sei. Am hat die Klägerin den Beklagten ausdrücklich unter Hinweis auf etwaige Folgen einer Obliegenheitspflichtverletzung darauf hingewiesen, dass er zur wahrheitsgemäßen Aufklärung verpflichtet ist. Hierauf hat der Beklagte am ,

Anlage K 9,

abermals versichert, das unfallanalytische Gutachten sei falsch, seine Unfallversion vielmehr die richtige. Daraufhin war die Klägerin gehalten, die Ladung des Sachverständigen zu beantragen, der ausweislich o.a. Sitzungsprotokolls vom seine schriftlichen Äußerungen noch einmal bekräftigt hat. Der Beklagte selbst war in jener Sitzung anwesend und hatte Gelegenheit, dem Sachverständigen Fragen zu stellen.

Nach Zugang des erstinstanzlichen Urteils vom des Amtsgerichts (Anlage K 3) hat der Sachbearbeiter der Klägerin noch einmal in dieser Angelegenheit mit dem Beklagten telefoniert. Jenes Gespräch hat am stattgefunden. Der Beklagte hat abermals auf seine mangelnde Verantwortung für die Kollision beharrt und die Auffassung vertreten, das erstinstanzliche Urteil sei falsch und müsse in zweiter Instanz überprüft werden. Der Sachbearbeiter hat dem Beklagten mitgeteilt, vor diesem Hintergrund werde er ein Berufungsverfahren befürworten. Er hat in diesem Zusammenhang auch auf die Rechtsfolgen des § 124 Abs. 2 VVG hingewiesen, also darauf, dass die Einwendung des Beklagten, er sei nicht rückwärts gefahren, im Rahmen eines für den Fall des Unterliegens zu führenden Regressverfahrens bedeutungslos ist. Der Sachbearbeiter hat in den Gesprächen keinen Zweifel daran gelassen, dass er den Prozess nur aufgrund der nachhaltigen Versicherungen des Beklagten, ihn treffe am Unfall keine Schuld, geführt hat und dass für den Fall, dass sich dessen Angaben als falsch herausstellen würden, ein Regressverfahren folgt.

Beweis: Zeugnis des Herrn , b.b.

Nach Zugang der Entscheidung des LG vom (Anlage K 4) über die Zurückweisung der Berufung, hat die Klägerin den Beklagten am ,

Anlage K 10,

auf den zu nehmenden Regress hingewiesen und aufgefordert, insoweit 2.500 EUR bis zum zu erstatten. Der Beklagte hat hierauf keine Zahlungen geleistet.

Die Klägerin hat anlässlich des streitgegenständlichen Unfalles neben den Schadensersatzforderungen an den Geschädigten aufgrund des durch die beharrlich falschen Angaben des Beklagten veranlassten Prozesses folgende Beträge verauslagt:

Festgesetzte Kosten des Geschädigten gem. KFB AG	EUR
Gerichtskosten LG Kostenrechnung	EUR
Eigene Anwaltskosten I. Instanz RA Rechnung	EUR
Eigene Anwaltskosten II. Instanz RA Rechnung	EUR
Gesamtbetrag	EUR

Beweis:

1. Kostenfestsetzungsbeschluss AG vom – Anlage K 11
2. Kostenrechnung RA vom – Anlage K 12
3. Kostenrechnung RA vom – Anlage K 13
4. Kostenrechnung Landesjustizkasse vom – Anlage K 14

Der Klägerin sind also unnötige Kosten entstanden, die weit mehr als den in einem solchen Fall (mindestens) regressierbaren und hier nur insoweit geltend gemachten Betrag von 2.500 EUR ausmachen, so dass es weiterer Ausführungen zur Regressforderung nicht bedarf.

II.

Die Haftung des Beklagten ergibt sich im Innenverhältnis zwischen den Parteien aus §§ 116 Abs. 1 S. 2, 124 Abs. 2 VVG. Aus Gründen der Rechtskrafterstreckung sind die durch AG und LG im Haftpflichtprozess festgestellten Tatsachen im hiesigen Regressverfahren zugrunde zu legen:

Aufgrund des vorangegangenen Verkehrsunfallprozesses steht nach § 124 VVG bindend fest, dass der streitgegenständliche Unfall durch ein Rückwärtsfahren des Beklagten verursacht und verschuldet worden ist. Eine erneute Beweisaufnahme zum Unfallhergang ist weder geboten noch zulässig. Im Außenverhältnis haften der Beklagte und die Klägerin dem Geschädigten gegenüber zwar gesamtschuldnerisch. Im Innenverhältnis ist jedoch der Beklagte allein zahlungsverpflichtet, wenn der Versicherer vertraglich nicht zur Leistung verpflichtet ist (vgl. § 116 Abs. 1 S. 2 VVG).

Diese Verpflichtung im Innenverhältnis besteht hier im Hinblick auf die Obliegenheitspflichtverletzung des Beklagten nicht. Vielmehr ist dieser nach § 28 Abs. 2 S. 1 VVG von der Leistung frei, weil der streitgegenständliche Versicherungsvertrag dies für den Fall einer Obliegenheitspflichtverletzung des Beklagten so vorsieht. So heißt es in § 7 Ziff. V der AKB,

Anlage K 15,

die für den streitgegenständlichen Versicherungsvertrag Anwendung finden:

„(1) Wird in der Kraftfahrzeug-Haftpflichtversicherung eine dieser Obliegenheitspflichten vorsätzlich oder grob fahrlässig verletzt, so ist der Versicherer dem Versicherungsnehmer gegenüber von der Verpflichtung zur Leistung in den in den Absätzen 2 und 3 genannten Grenzen frei...

(2) Die Leistungsfreiheit des Versicherers ist auf einen Betrag von maximal EUR 2.500,00 beschränkt. Bei vorsätzlich begangener Verletzung der Aufklärungs- oder Schadensminderungspflicht... erweitert sich diese Leistungsfreiheit des Versicherers auf einen Betrag von maximal EUR 5.000,00 ...“

Zu den Obliegenheiten im Versicherungsfall sieht § 7 Ziff. I in Abs. (2) AKB unter anderem vor:

„...Der Versicherungsnehmer ist verpflichtet, alles zu tun, was zur Aufklärung des Tatbestandes und zur Minderung des Schadens dienlich sein kann. Er hat hierbei die etwaigen Weisungen des Versicherers zu befolgen...“

Hierzu gehören insbesondere die Angabe richtiger Tatsachen und das Gebot, den Versicherer vollumfänglich und wahrheitsgemäß über den tatsächlichen Sachverhalt aufzuklären. Dies gilt erst recht, wenn jener den Versicherten mehrfach und nachdrücklich darauf hinweist. Hiergegen hat der Beklagte verstoßen, indem er von Beginn an falsche Angaben zum Schadensverlauf gemacht und diese auch trotz kritischer Nachfragen des Sachbearbeiters beharrlich bekräftigt hat. Nur deshalb hat die Klägerin den Prozess aufgenommen und über zwei Instanzen geführt.

Beweis: Zeugnis des Herrn , b.b.

Im Hinblick auf die Unfallschilderung des Beklagten musste sie von einer Anscheinsbeweislage ausgehen, infolgedessen jener Prozess zu gewinnen gewesen wäre. Nachdem jedoch der unfallanalytische Sachverständige klargestellt hat, dass die Schadensbilder an beiden Fahrzeugen nur mit einem Rückwärtsfahren des Beklagtenfahrzeuges plausibel sind, hat sich das Gegenteil herausgestellt. Das Amts- und Landgericht sind auch nicht von einem Zweifelsfall ausgegangen. Sie haben vielmehr ausdrücklich festgestellt, dass die Sachverhaltsschilderung des Beklagten nicht richtig ist. Mithin sind der Beklagten die vorstehenden Kosten allein deshalb entstanden, weil der Beklagte durch vorsätzliche Falschangaben eine Obliegenheitspflichtverletzung begangen hat. Er ist der Klägerin, die deshalb leistungsfrei ist, zur Erstattung verpflichtet.

Rechtsanwalt

▲

b) Klageerwiderung

aa) Klageerwiderung in einer Verkehrsunfallsache

173 ▼

Muster 5.19: Klageerwiderung in einer Verkehrsunfallsache

Amtsgericht

Aktenzeichen:

In dem Rechtsstreit

gegen

1.

2. Versicherungs-AG

werden wir beantragen,

die Klage abzuweisen

und tragen zur

Klageerwiderung

wie folgt vor:

Der Klägerin stehen, sollte sie ihre Aktivlegitimation darlegen und beweisen können, aus dem streitgegenständlichen Unfall vom gegen die Beklagten über die vorprozessual durch die Zweitbeklagte bereits geleisteten Beträge (EUR für den Fahrzeugschaden und EUR an Nutzungsausfall – mithin 1/3 der berechtigten Schadenspositionen) keine weiteren Ersatzansprüche zu, da die Beklagten allenfalls aus der Betriebsgefahr haften. Die Klägerin hat mit ihrem unachtsamen Auspark- und Wendemanöver den Unfall überwiegend, wenn nicht sogar allein verursacht und verschuldet. Ein unfallbedingter Personenschaden ist nicht entstanden, denn die dokumentierten inneren Erkrankungen kann man sich nicht bei einem Verkehrsunfall zuziehen. Im Einzelnen:

I.

Zunächst bestreiten wir die Aktivlegitimation der Klägerin, also ihr Eigentum, ihren Besitz und Eigenbesitz an dem vermeintlich unfallbeteiligten Skoda (amtliches Kennz.:) mit Nichtwissen.

Wir weisen schon jetzt darauf hin, dass die Bezugnahme auf Fahrzeugschein oder -brief weder einen konkreten Sachvortrag hierzu ersetzt, noch zur Nachweisführung geeignet ist (vgl. KG – 12 U 51/07, OLGReport KG 2008, 51 = VRS 2007 Bd. 113, 209).

Angesichts der Tatsache, dass mittlerweile mehr als 70 % der Fahrzeuge finanziert oder geleast sind und daher im Eigentum des Finanzierungs- oder Leasinggebers stehen, mag die Klägerin hierzu vortragen.

II.

Tatsächlich ist es am zu einer Kollision zwischen dem klägerischen Skoda und dem Beklagtenfahrzeug gekommen. Diese hat sich jedoch anders ereignet, als die Klägerin vortragen lässt. Überdies zieht sie rechtlich die falschen Schlüsse:

1.

Am Unfalltag befuhr die Erstbeklagte die bevorrechtigte Straße in nordwestlicher Richtung. Rechts mündet die nachranginge Straße in die Straße. Der Übersichtlichkeit halber übermitteln wir als

Anlage B 1

eine von der Erstbeklagten gefertigte grobe Unfallskizze. Als

Anlage B 2

fügen wir ein Lichtbild der Unfallstelle bei. Die Erstbeklagte war mit maximal 30 km/h unterwegs, als von rechts aus der nachrangigen Straße ein schwarzes Fahrzeug auf die Straße auffuhr und sofort am rechten Straßenrand anhielt. Es handelte sich hierbei um Frau , die – wie sich später herausstellte – beabsichtigte, am rechten Straßenrand der Straße zu parken. Deren, der amtlichen Ermittlungsakte entnommene Aussage vom zum Unfallhergang gegenüber der Polizei fügen wir als

Anlage B 3

bei. Dort heißt es:

„Ich fuhr auf die Straße und wollte dort parken. Die Parkplätze waren alle belegt. Ich sah, ein Fahrzeug wollte gerade ausparken. Es hatte schon den Blinker links gesetzt. Ich blinkte rechts und hielt hinter dem Fahrzeug auf der Straße. Ich sah in den Rückspiegel. Ein Fahrzeug kam angefahren und bremste kurz ab. Das ausparkende Fahrzeug wollte in die Gegenrichtung, setzte nochmal zurück da es nicht in einem Zug herum kam. Da überholte mich das von hinten kommende Fahrzeug. Das ausparkende Fahrzeug war in dem Moment auf der linken Spur kurz vor mir und der Unfall war geschehen.“

Damit war zum Zeitpunkt des Einfahrens von Frau auf die Straße noch nichts von einem Ausparkvorgang der Klägerin zu erkennen – anderenfalls wäre sie nicht davon ausgegangen, dass zunächst alle Parkplätze belegt sind. Wenn sie sich aber bereits auf der Straße befunden hat, als die Klägerin zum Ausparken den linken Fahrtrichtungsanzeiger betätigt hat, war dies für die erst jetzt herannahende Erstbeklagte nicht wahrnehmbar, sondern vielmehr durch das Fahrzeug von Frau verdeckt. Es mag zwar sein, dass Frau und auch ein Fußgänger, der nachbenannte Herr , ein Blinken des Klägerfahrzeuges wahrgenommen haben. Dies sagt aber noch nichts darüber aus, ob sich die Klägerin tatsächlich in derart umfassender Art und Weise über den rückwärtigen Verkehr informiert hat, dass sie annehmen durfte, ein Ausparken und anschließendes Wendemanöver seien gefahrlos möglich. Den gesamten Vortrag der Klägerin zur Rückschau, Umsicht etc. bestreiten wir mit Nichtwissen. Schon der Unfall zeigt, dass die Klägerin die erforderliche Sorgfalt nicht an den Tag gelegt haben kann. Auch ist anhand des o.a. Lichtbildes von der streitgegenständlichen Unfallstelle erkennbar, dass diese gut einsehbar ist, zumal die Straße einen Bogen macht. Die Klägerin ist also ohne zu schauen angefahren und hat anschließend abermals vor bzw. beim Wenden auch nicht auf den übrigen Verkehr geachtet. Den Unfallhergang stellen wir unter

Beweis:

1. Parteivernehmung der Erstbeklagten
2. Zeugnis der Frau , (*Name, Adresse*)
3. Zeugnis des Herrn , (*Name, Adresse*)

Gerade in dem Moment, als die Erstbeklagte das haltende Fahrzeug überholte, muss die Klägerin zu ihrem Wendemanöver in mehreren Zügen auch angesetzt haben, so dass die Parteien mit ihren Fahrzeugen schlussendlich vor dem Pkw der Frau miteinander kollidiert sind.

Beweis:

1. wie vor,
2. Sachverständigengutachten.

Der Unfall ist mithin allein dadurch entstanden, dass die Klägerin die beim Ausparken und Wenden nötige Sorgfalt nicht an den Tag gelegt hat. Dies gilt umso mehr, als sie beides in einem Zug versucht hat. Der Unfall wäre für die Klägerin ohne Weiteres abwendbar gewesen, wenn sie schlichtweg zunächst ausgeparkt und die Fahrt in gleicher Richtung fortgesetzt und sich erst später bei freier Sicht und Straße zu einem Wendemanöver entschlossen hätte. Immerhin war der hinter dem Fahrzeug von Frau vorhandene Verkehr für sie nicht absehbar.

Beweis: wie vor

2.

Die Klägerin hat gegen §§ 10 und 9 Abs. 5 StVO verstoßen. Ihre Verantwortung wiegt umso höher, weil sie beide Verstöße in einem Zug begangen hat. Sowohl das Ausparken wie auch das Wenden sind gefahrgeneigt. Der Verkehrsteilnehmer hat sich dabei so zu verhalten, dass die Gefährdung anderer ausgeschlossen ist, ggf. hat er sich einweisen zu lassen.

Schon anhand des Wortlautes beider Vorschriften wäre für jeden einzelnen Verstoß von einer 100 %igen Haftung der Klägerin für den Unfall auszugehen. In Kombination gilt dies erst recht.

Gleichwohl hat die Erstbeklagte den Schaden entgegenkommend mit 1/3 der berechtigten Positionen reguliert. Hierin liegt möglicherweise eine Zahlung ohne Rechtsgrund, so dass sich die Zweitbeklagte die Rückforderung ausdrücklich vorbehält.

III.

Zur Schadenshöhe gilt Folgendes:

1.

Der Fahrzeugschaden und auch die Auslagenpauschale sind unstreitig. Anders ist es mit der Nutzungsentschädigung, die lediglich für 17 und nicht für 21 Tage angefallen ist. Eine Begutachtungsdauer von 7 Tagen liegt außerhalb des Notwendigen und Üblichen, so dass angesichts der kalkulierten 14-tägigen Wiederbeschaffungsdauer und einem angemessenen Aufschlag für Begutachtung insgesamt allenfalls von 17 Tagen Nutzungsausfall à EUR auszugehen ist. Auf dieser Basis hat die Zweitbeklagte den Nutzungsausfall errechnet und davon 1/3 in Höhe von EUR bezahlt. Ebenso 1/3 hat sie von den Fahrzeugschäden in Höhe von insgesamt EUR ausgeglichen.

2.

Ein Personenschaden ist der Klägerin nicht entstanden. Wir bestreiten mit Nichtwissen, dass die Klägerin vorfallsbedingt in notärztlicher Behandlung war. Dies gilt in gleicher Weise für die Behauptung, sie habe sich eine Schulterprellung zugezogen und unter massiven, über Tage anhaltenden Kopfschmerzen gelitten. Auch die vermeintlichen Bewegungseinschränkungen, Schmerzen in der Schulter etc. sowie die Schlafbeschwerden und sonstige Einschränkungen im Alltag und Freizeit bestreiten wir mit Nichtwissen.

Jedenfalls war die Klägerin nicht unfallabhängig erkrankt. Dies belegt die als Anlage K 4 der Klageschrift vom beiliegende Arbeitsunfähigkeitsbescheinigung der Ärztin für Innere Medizin, Frau Dr. , vom . Die Diagnose der Medizinerin lautet:

„ “

Nach dem ICD 10 (International Code of Diseases) handelt es sich hierbei um gesicherte Diagnosen, also nicht einmal Verdachtsdiagnosen, so dass wohl von einer schon länger bestehenden Behandlung der Klägerin durch Frau Dr. auszugehen ist. Dies ist zum einen eine Gastritis und zum anderen eine Gastroösophagealen Refluxkrankheit. Derartige Erkrankungen im Magen- und Speiseröhrenbereich zieht man sich nicht bei einem Verkehrsunfall zu.

Beweis (unter Verwahrung gegen die Beweislast): Sachverständigengutachten

Rechtsanwalt

bb) Klageerwiderung des Versicherers bei vorgeworfener Unfallflucht

174 Der Kraftfahrthaftpflichtversicherer ist bei Deckungsproblemen aufgrund „bloßer“ Obliegenheitspflichtverletzungen im Innenverhältnis gegenüber dem Versicherungsnehmer leistungsfrei. Da er dem Geschädigten gleichwohl zur Zahlung verpflichtet ist, wird er den Unfall regulieren und sich anschließend bei seinem Versicherungsnehmer schadlos halten (vgl. auch Rdn 170 ff. zur Musterklage Regress des Versicherers). Ein Beispiel für eine Klageerwiderung bei vorgeworfener Unfallflucht ist das Folgende:

175

Muster 5.20: Klageerwiderung des Versicherers bei vorgeworfener Unfallflucht 5.20

Amtsgericht

Aktenzeichen:

In dem Rechtsstreit

Versicherungs-AG

gegen

werden wir beantragen,

die Klage abzuweisen

und tragen zur

Klageerwiderung

wie folgt vor:

Der Klägerin stehen die geltend gemachten Regressansprüche gegen den Beklagten nicht zu, da einerseits neben der Unfallverursachung durch den Beklagten auch seine vermeintliche Obliegenheitspflichtverletzung zu bestreiten ist und eine solche andererseits für die Eintrittspflicht des Versicherers keinen Einfluss gehabt hätte:

I.

Tatsächlich hat sich der Beklagte mit seinem bei der Klägerin kraftfahrthaftpflichtversicherten Pkw BMW (amtliches Kennz.:) am ab 12.30 Uhr in der Straße aufgehalten. Gegen 14.00 Uhr parkte er den BMW aus und trat dem Heimweg an. Er kann sich nicht erinnern, welche Fahrzeuge bei seinem Erscheinen und Ausparken vor oder hinter dem BMW geparkt waren. Jedenfalls hat der Beklagte weder beim Ein- noch beim Ausparken wahrgenommen, dass er hierbei einen vor dem BMW geparkten Mercedes touchiert haben soll.

Beweis: Parteivernehmung des Beklagten

Nach dem Inhalt der auch von der Klägerin insoweit in Bezug genommenen polizeilichen Ermittlungsakte soll ein Herr gegen 13.30 Uhr einen Schaden an seinem seit ca. 8.45 Uhr in der Straße abgestellten Mercedes ( ) entdeckt haben, der bei Beginn der Mittagspause des Herrn gegen 12.00 Uhr noch nicht vorhanden gewesen sein soll. Herr will korrespondierende Schäden an dem BMW festgestellt haben. Er hat diese fotografiert und von seiner nahe gelegenen Wohnung aus die Polizei gerufen. Diese ist erst nach dem Ausparkvorgang des Beklagten erschienen. Sie hat bei einer späteren Besichtigung des BMW ausweislich der Ermittlungsakte zwar eine Kollision des BMW mit dem Mercedes für möglich gehalten. Allerdings ist im Rahmen der Ermittlungen der Staatsanwaltschaft Berlin durch Einholung eines Sachverständigengutachtens des Dipl.-Ing. vom ,

Anlage B 1

belegt, dass – sollte der Beklagte, was wir bestreiten, die Kollision verursacht haben – er dies weder visuell, taktil noch akustisch hat wahrnehmen können. Das lässt sich aus den geringfügigen Schäden an beiden Fahrzeugen herleiten. Wir nehmen ausdrücklich auf jene Anlage Bezug und machen deren Inhalt zum Gegenstand unseres Prozessvortrages. Ihre Richtigkeit stellen wir unter

Beweis:

1. Zeugnis des Dipl.-Ing. , (*Name, Adresse*),
2. Sachverständigengutachten.

Es ergibt auch wenig Sinn, dass der Beklagte wissentlich gegen 12:30 Uhr einen Schaden verursacht, diesen vertuschen, jedenfalls aber nicht aufklären will, gleich wohl sein betroffenes Fahrzeug weitere 1,5 Stunden vor Ort belässt.

II.

Ungeachtet der streitigen Frage, ob der Beklagte mit dem BMW tatsächlich den Mercedes touchiert hat, kann die Klägerin aus diesem Vorfall gegen den Beklagten keine Regressansprüche geltend machen:

Zwar regelt E.6.1 AKB 2015 die Leistungsfreiheit des Versicherers im Falle einer vorsätzlichen Obliegenheitspflichtverletzung. Auch läge eine solche i.S.d. E.1.3 AKB 2015 vor, wenn der Beklagte den behaupteten Unfall wissentlich verursacht und anschließend eine im Grunde strafrechtlich relevante Unfallflucht begangen hätte. Nach E.6.2 AKB 2015 scheidet die Leistungsfreiheit indes aus, wenn sie für die Feststellung der Eintrittspflicht des Versicherers nicht ursächlich war.

Dies ist hier der Fall. Durch die unfallaufnehmenden Polizeibeamten hat der Beklagte gegen 15:00 Uhr des Schadenstages von der vermeintlichen Kollision erfahren und noch am selben Abend die Klägerin vorsorglich per E-Mail hierüber informiert. Dies geschah innerhalb der Frist des § 142 Abs. 2 StPO, in der der Beklagte sogar die Strafbarkeit einer vorsätzlichen Unfallflucht noch hätte abwehren können und in einem so frühen Zeitpunkt, dass sich der vermeintliche Pflichtenverstoß nicht ausgewirkt hat. Hätte der Beklagte – seine Unfallverursachung unterstellt – die Kollision bemerkt, wäre die Schadensmeldung auch nicht eher bei der Klägerin erfolgt.

Zudem haben die Polizeibeamten eine Alkoholkontrolle beim Beklagten durchgeführt und dabei keinen Alkoholeinfluss festgestellt, so dass auch dem Prüfungsinteresse des Versicherers, ob eine alkoholbedingte und zum Leistungsausschluss führende Fahruntauglichkeit vorgelegen hat, genüge getan ist. Die Ermittlungsmöglichkeiten des Versicherers waren mithin zu keiner Zeit beeinflusst (vgl. BGH r+s 2013, 61).

Rechtsanwalt

▲

§ 6 Personenversicherung

Vicki Irene Commer/André Naumann/Dr. Tobias Prang/Dr. Knut Höra/Thomas Leithoff

Inhalt

A. Allgemeines

André Naumann

I. Einleitung

1. Grundsätzliches für den Anwalt

1 Betriff ein Schadenfall die Gesundheit eines Menschen, haben Datenschutz und Schweigepflicht des Arztes erheblichen Einfluss auf die Informationsbeschaffung bzw. den Umgang mit den Gesundheitsdaten. Im Verhältnis zwischen Anwalt und Mandanten ist die Datenweitergabe unproblematisch. Der Anwalt darf im Rahmen des Mandats Gesundheitsdaten des Mandanten auch an Dritte weitergeben.

Ist die VP aber nicht mit dem VN (Mandanten) personenidentisch, dann benötigt auch der Rechtsanwalt eine Einverständniserklärung des Versicherten, um dessen Daten an Dritte weitergeben zu können. Das ist möglich, wenn auch die VP den Anwalt (mit-)mandatiert. Andernfalls sollte sich in diesen Fällen der Anwalt von der VP eine Erlaubnis zur Datenweitergabe einholen.

2 ▼

Muster 6.1: Erlaubnis zur Datenweitergabe für Anwalt

Aktenzeichen: (*Versicherung*)

Schaden/Leistungsfall vom:

Versicherungsnehmer:

Verletzte Person:

Wohnort:

Hiermit entbinde ich die (*Versicherung*) und deren Mitarbeiter, sowie die mich in o.g. Angelegenheit behandelnden Ärzte gegenüber (*Anwalt*) von der Schweigepflicht und gestatte ausdrücklich, (*Anwalt*) umfassend zu informieren und meine Gesundheitsdaten zur Verfügung zu stellen.

(*Anwalt*) wird hiermit berechtigt, im Rahmen dieses Schadens-/Leistungsfalls meine Daten zur Anspruchsverfolgung weiterzuleiten.

(Datum) (Unterschrift Versicherter)

▲

2. Aktivlegitimation

Gerade im Bereich der Personenversicherung sind die Verträge häufig als Fremdversicherung ausgestaltet, §§ 43 ff. VVG. Grundsätzlich ist es in solchen Fällen so, dass zwar materiell berechtigt die VP ist, die Verfügungsberechtigung aber beim VN liegt. Bevor also eine Klage erhoben wird, sollte der Anwalt prüfen, ob der Mandant überhaupt aktivlegitimiert ist. Zu denken ist an eine Abtretung des Anspruchs vom VN auf die VP (vgl. auch § 3 Rdn 39 ff.). 3

3. § 213 VVG

Zu beachten bei der Erhebung von Daten ist zunächst § 213 VVG.[1] Er regelt die **Erhebung von Gesundheitsdaten** des VR bei Dritten. Die Informationsbeschaffung nicht gesundheitsbezogener Daten, wie z.B. die Anforderung einer Ermittlungsakte, ist hiervon nicht betroffen und unterliegt keiner eigenständigen Regelung durch das VVG. 4

Der VR darf personenbezogene Gesundheitsdaten bei Ärzten, Krankenhäusern und sonstigen Krankenanstalten, Pflegeheimen und Pflegepersonen, anderen Personenversicherern und gesetzlichen Krankenversicherungen sowie Berufsgenossenschaften und Behörden einholen, wenn der Betroffene (die VP) eine Einwilligung dazu erteilt hat, § 213 VVG. Die Datenquellen sind enumerativ aufgeführt, so dass eine Erhebung durch den VR z.B. bei einem Heilpraktiker, Physiotherapeuten oder Rechtsanwalt nicht möglich ist. Die Beschränkung gilt aber nur für den VR. Die VP selber kann die Daten und Unterlagen einholen und an den VR weiterreichen. 5

Dem Grundsatz der Datensparsamkeit (§ 3a DSG) folgend, muss eine Datenerhebung erforderlich sein, ist also nur zur Beurteilung des zu versichernden Risikos und zur Prüfung der Leistungspflicht erlaubt.[2] Die Komplexität im Einzelfall kann für die Beurteilung der Leistungspflicht auch bedeuten, dass zur Abklärung, z.B. einer Vorschädigung, medizinische Unterlagen aus einem Vorschaden benötigt werden. Eine Erforderlichkeit kann sich auch aus dem Aspekt ergeben, dass begründete Zweifel an der Echtheit von Unterlagen oder der Richtigkeit von Angaben bestehen. Unzulässig ist aber eine Erhebung „ins Blaue hinein“. 6

Durch die Vorgaben des Bundesverfassungsgerichts[3] hat die VP eine Wahlmöglichkeit, ob einer Erhebung der Gesundheitsdaten allgemein, ggf. schon im Versicherungsantrag zugestimmt wird (§ 213 Abs. 2 S. 1 VVG) oder ob im Einzelfall, also z.B. für jeden behandelnden Arzt gesondert, einer Datenerhebung erfolgen soll (§ 213 Abs. 3 VVG). Entscheidet sich die VP, jeder Datenerhebung nur im Einzelfall zuzustimmen, so kann der VR die dafür fälligen (Mehr-)Kosten verlangen.[4] 7

1 Für Fälle ab 1.1.2009, BVerfG v. 17.7.2013 – 1 BvR 3167/08, VersR 2013, 1425.

2 Prölss/Martin/*Voit*, § 213 VVG Rn 24; MüKo-VVG/*Eberhardt*, § 213 VVG Rn 49; BVerfG v. 17.7.2013 – 1 BvR 3167/08, VersR 2013, 1425.

3 BVerfG v. 23.10.2006 – 1 BvR 2027/02, zfs 2007, 34 ff. = VersR 2006, 1669.

4 BVerfG v. 23.10.2006 – 1 BvR 2027/02, zfs 2007, 34 ff. = VersR 2006, 1669; Bericht zur Beschlussempfehlung des Rechtsausschusses des Bundestags, BT-Drucks 16/5862, 100; Prölss/Martin/*Voit*, § 213 VVG Rn 5.

Die Mehrkosten sind nicht die Kosten für die Anfrage an sich, sondern nur der zusätzliche Aufwand für die weiteren, einzelnen Entbindungserklärungen. Also die Kosten für zusätzliche Schreiben, die für die Entbindungserklärungen anfallen, wie Porto, Zeitaufwand des Sachbearbeiters etc. Manche VR benennen eine konkrete Kostenpauschale.

> *Hinweis*
>
> Der VR darf die Kosten verlangen. Dagegen kann sich der VN nicht grundsätzlich wehren. Das Durchstreichen eines Kostenhinweises durch den VR ist insoweit nicht von Bedeutung.
>
> In der Regulierungspraxis wird von dieser Möglichkeit der Kostenerstattung wohl nur in extremen Ausnahmefällen Gebrauch gemacht.

8 Die VP ist nach dem Wortlaut des § 213 Abs. 2 S. 2 VVG vor einer Erhebung zu unterrichten und auf die Möglichkeit hinzuweisen, dass sie der Erhebung widersprechen kann. Schutzzweck der Norm ist es, unter Wahrung der Vorgaben des Bundesverfassungsgerichts, für personenbezogene Gesundheitsdaten eine das Spannungsverhältnis auflösende Regelung zwischen dem Recht auf informationelle Selbstbestimmung der VP und dem Offenbarungsinteresse des Personenversicherers zu geben.[5] Art, Umfang und Zeitpunkt der Unterrichtung sind strittig.[6] Wichtig ist, dass eine Information erfolgen muss und die VP Ihre Erlaubnis frei widerrufen kann.

4. Obliegenheit zur Abgabe einer Schweigepflichtentbindungserklärung

9 In der Personenversicherung benötigt der VR zwangsläufig Gesundheitsdaten, um über einen Antrag auf Abschluss einer Versicherung zu entscheiden oder im Schaden-/Leistungsfall seine Leistungspflicht zu überprüfen. In zahlreichen Bedingungswerken finden sich daher bei den Obliegenheiten noch die Verpflichtung der VP die behandelnden Ärzte von der Schweigepflicht zu befreien. War diese Verpflichtung nach dem VVG a.F. noch rechtmäßig, um die Angaben des VN bzw. der VP zu überprüfen,[7] so verstößt diese Vorgehensweise nun gegen § 213 VVG und ist daher unwirksam, ab den AUB 2020 ist die Formulierung mit § 213 VVG vereinbar.[8] Das Recht auf informationelle Selbstbestimmung zur Abgabe einer Entbindungserklärung würde sonst faktisch ausgehebelt.

10 Fehlen Informationen, die der VR nicht einholen kann oder darf, dann geht dies im Zweifel zu Lasten des VN. Der VR kann allerdings nicht aus dem Aspekt der Obliegenheitsverletzung, also alleine wegen der Weigerung zur Abgabe einer Schweigepflichtentbindungserklärung, eine Leistungskürzung vornehmen. Vielmehr ist die Problematik im Rahmen der Fälligkeit der Leistung zu lösen, unter Berücksichtigung der Beweislast. Der VR kann und braucht dann nicht zu zahlen. Dem VN ist es hingegen unbenommen, die erforderlichen Nachweise selber zu erbringen.

5 Prölss/Martin/*Voit*, § 213 VVG Rn 3.
6 Bruck/Möller/*Höra*, § 213 VVG Rn 1 ff. mit guter Übersicht; differenziert pragmatischer Ansatz bei *Naumann/Brinkmann*, § 10 Rn 37 ff.
7 BGH v. 30.11.2005 – 5 U 196/04, VersR 2006, 352, 353.
8 Prölss/Martin/*Piontek*, AUB 2020 Ziff. 7 Rn 14 f.

Hinweis

Ist der VN sehr sensibel mit seinen Daten, dann bietet es sich an, die Entbindungserklärung genau und ausführlich zu beschränken. Das wird ein VR akzeptieren können.

Wenig sinnvoll ist es, dem VR teilweise geschwärzte oder zurechtgeschnittene Unterlagen zur Verfügung zu stellen. Dieses Vorgehen wirft stets die Frage auf, ob leistungsrelevante Daten fehlen und somit kann der VR immer auf einer weiteren Aufklärung bestehen.

5. Grundinformationen zu den Gesundheitsdaten

Im Rahmen der Regulierung macht der VR regelmäßig konkrete Vorgaben, welche Unterlagen er gerne einsehen möchte, für welche weitere Prüfung erforderlich ist oder welche Ärzte für eine Befragung von der Schweigepflicht entbunden werden sollen. Dieses Stadium ist im anwaltlichen Mandat meist bereits vorbei. Daher ist es erforderlich, sich einen genauen Überblick darüber zu verschaffen, wer behandelt hat, wer Gesundheitsdaten besitzt und wer Gesundheitsdaten benötigt. Dementsprechend kann anschließend das weitere Vorgehen abgestimmt werden. Auch muss man prüfen, ob Informationen von den Stellen besorgt und dem VR zur Verfügung gestellt werden sollen und können, bei denen der VR selber nicht nachfragen darf, § 213 VVG. 11

Checkliste: Entbindung von der Schweigepflicht 12

- Schadentag: (…)
- Verletze Person: (…)
- Notarzt/Rettung? (…)
- – von Schweigepflicht entbunden □ ja; □ nein
- Wer hat behandelt?
- – Hausarzt? (…)
  von Schweigepflicht entbunden □ ja; □ nein
- – Erstbehandlung? (…)
  von Schweigepflicht entbunden □ ja; □ nein
- – Krankenhaus? (…)
  von Schweigepflicht entbunden □ ja; □ nein
- – Reha-Einrichtung? (…)
  von Schweigepflicht entbunden □ ja; □ nein
- – Physiotherapie? (…)
  von Schweigepflicht entbunden □ ja; □ nein
- – sonstige Behandlungen? (…)
  von Schweigepflicht entbunden □ ja; □ nein
- Krankenkasse? (…)
- – von Schweigepflicht entbunden □ ja; □ nein
- Schädiger/Haftpflichtversicherer? (…)

- Beansprüchte Versicherung? (…)
– von Schweigepflicht entbunden □ ja; □ nein
- Weitere mögliche Versicherungen? (…)
– von Schweigepflicht entbunden □ ja; □ nein
- (…) (*Sonstige*) (…)
– von Schweigepflicht entbunden □ ja; □ nein

13 Es bietet sich an, die Adressen der behandelnden Personen, die Behandlungstermine mit einem Stichwort zur Behandlung, der angefallenen Kosten für die Fahrten zur Behandlung (soweit entstanden und erforderlich) und die Behandlungskosten (soweit erforderlich) gesondert aufzulisten.

14 ▼

Muster 6.2: Adressliste Krankenhäuser, Ärzte und sonstige behandelnde Stellen

6.2

Hausarzt

Name, Vorname
Straße, Hausnummer
Postleitzahl, Ort
Telefon
Fax
E-Mail-Adresse
Sonstige

Erstbehandelnder Arzt

Name, Vorname
Straße, Hausnummer
Postleitzahl, Ort
Telefon
Fax
E-Mail-Adresse
Sonstige

Krankenhaus

Name
Station
Straße, Hausnummer
Postleitzahl, Ort
Telefon
Fax
E-Mail-Adresse
Sonstige

Reha-Klinik

Name

Station

Straße, Hausnummer

Postleitzahl, Ort

Telefon

Fax

E-Mail-Adresse

Sonstige

Weiterbehandelnder Arzt

Name, Vorname

Straße, Hausnummer

Postleitzahl, Ort

Telefon

Fax

E-Mail-Adresse

Sonstige

Radiologe (Röntgen, MRT, CT)

Name, Vorname

Straße, Hausnummer

Postleitzahl, Ort

Telefon

Fax

E-Mail-Adresse

Sonstige

Physiotherapeut

Name, Vorname

Straße, Hausnummer

Postleitzahl, Ort

Telefon

Fax

E-Mail-Adresse

Sonstige

Heilpraktiker

Name, Vorname

Straße, Hausnummer

Postleitzahl, Ort

Telefon

Fax

E-Mail-Adresse

Sonstige

Sonstige behandelnde Stelle

Name

Straße, Hausnummer

Postleitzahl, Ort

Telefon

Fax

E-Mail-Adresse

Sonstige

▲

15 ▼

Muster 6.3: Aufstellung Behandlungen

Behandlung (*laufende Nr.*)

Datum

Behandler

Art der Behandlung

▲

16 ▼

Muster 6.4: Aufstellung Behandlungen

Behandlung (*laufende Nr. aus Muster 6.3*)

Datum

Behandlungsort

☐ Auto/Motorrad/Fahrrad km (Hin- und Rückfahrt)

☐ zusätzliche Parkgebühren EUR

☐ Öffentliche Verkehrsmittel EUR

☐ Taxi EUR

(*ggf. reicht die Aufstellung für jeden Arzt/Behandler einmal*)

▲

▼ 17

Muster 6.5: Liste Behandlungskosten

Rechnung (*laufende Nr.*)

Datum der Rechnung

Aussteller

Kosten für (*Arznei, Behandlung …*)

Geltend gemacht bei (*VR, Schädiger …*)

Rechnungsbetrag (gesamt)

Offene Kosten (*nicht erstattete Höhe*)

▲

II. Entbindung von der Schweigepflicht

Unerlässlich zur Informationsbeschaffung bei behandelnden Ärzten ist die Entbindung 18
des Arztes von seiner Schweigepflicht. Muss der VR der VP die Wahl zwischen genereller und einzelfallbezogener Erklärung bieten,[9] ist die Sachlage im Mandat anders. Hier wird unter anwaltlicher Beratung und im eigenen Interesse eine Entbindungserklärung abgegeben. Es kann unproblematisch eine generelle Erklärung für den konkreten Schaden- bzw. Leistungsfall angefertigt, aber auch jeder Arzt separat von der Schweigepflicht entbunden werden.

Eine generelle Entbindungserklärung kann dann sinnvoll sein, wenn z.B. im Rahmen 19
einer gerichtlichen Beweisaufnahme der gerichtliche Sachverständige bei unterschiedlichen anderen Stellen weitere Informationen, wie z.B. MRT-Bilder, Histologieberichte und Befundberichte anfordern soll. Die Verwendung einer generellen Entbindungserklärung vereinfacht den Ablauf der Informationsbeschaffung.

Wichtig ist, dass gleichzeitig auch die Erlaubnis zum Umgang mit den Daten für den VR erteilt wird, denn sonst können z.B. die Unterlagen nicht an einen Gutachter weitergeleitet werden.

▼ 20

Muster 6.6: Generelle Entbindung von der Schweigepflicht – für Ärzte

Schaden-Nr.:

Unfall vom

Verletzte Person:

Wohnort:

Die (*Versicherung*) benötigt zur Überprüfung ihrer Leistungspflicht Gesundheitsdaten (z.B. Fragen zur Diagnose, dem Behandlungsverlauf oder der Liquidation).

Zu diesem Zweck befreie ich von ihrer Schweigepflicht die Ärzte, Bedienstete von Krankenhäusern, sonstigen Krankenanstalten und Pflegeheimen, die mich wegen dem oben genannten Unfall behandelt haben oder die an der Heilbehandlung beteiligt waren.

9 BVerfG v. 23.10.2006 – 1 BvR 2027/02, zfs 2007, 34 ff. = VersR 2006, 1669.

Die Mitarbeiter der (*Versicherung*) entbinde ich von ihrer Schweigepflicht, sofern die erhobenen Gesundheitsdaten im erforderlichen Umfang zur Leistungsprüfung an beratende Ärzte bzw. medizinische Gutachter übermittelt werden.

Ich behalte mir das Recht vor, einer Erhebung nach den vorstehenden Absätzen zu widersprechen.

(Datum) (Unterschrift Versicherter)

▲

21 ▼

Muster 6.7: Entbindung von der Schweigepflicht – Einzelfall

6.7

Schaden-Nr.:

Unfall vom

Verletzte Person:

Wohnort:

Die (*Versicherung*) benötigt zur Überprüfung ihrer Leistungspflicht Gesundheitsdaten (z.B. Fragen zur Diagnose, dem Behandlungsverlauf oder der Liquidation).

Zu diesem Zweck befreie ich (*Arzt, Bedienstete eines Krankenhauses*) von ihrer/seiner Schweigepflicht.

Die Mitarbeiter der (*Versicherung*) entbinde ich von ihrer Schweigepflicht, sofern die erhobenen Gesundheitsdaten im erforderlichen Umfang zur Leistungsprüfung an beratende Ärzte bzw. medizinische Gutachter übermittelt werden.

Ich behalte mir das Recht vor, einer Erhebung nach den vorstehenden Absätzen zu widersprechen.

(Datum) (Unterschrift Versicherter)

▲

III. Anforderung medizinischer Nachweise

22 Manchmal müssen zur Anspruchsbegründung medizinische Unterlagen vom VN selber angefordert werden. Was genau gebraucht wird, ist in den einzelnen Sparten sehr unterschiedlich, die Anforderung selber ist aber vergleichbar. Es ist eine Schweigepflichtentbindungserklärung beizufügen und ggf. ein erforderlicher Vordruck (Attest) zur Anspruchsbegründung.

Teilweise ist dann auch die Kostenfrage schwieriger zu lösen als die medizinische Frage selber. Deshalb sollte man stets im Blick haben, ob die Kosten vom VR übernommen werden oder der Mandant in Vorlage treten muss.

▼ 23

Muster 6.8: Anforderung medizinischer Unterlagen

(*Arzt*)

(*Anschrift*)

Name der verletzten Person:

Geburtsdatum:

Schadentag:

Behandlung vom

(*Anrede*)

ausweislich der in Kopie/Abschrift beiliegenden Vollmacht vertrete ich Ihren Patienten, (*Herr/Frau*).

Zur Geltendmachung von Ansprüchen gegenüber seiner Versicherung benötigen wir folgende Unterlagen:

□ Erstbefund
□ Arztbrief
□ Entlassungsbrief
□ Röntgen-, MRT-, CT-Befund
□ Röntgen-, MRT-, CT-Bilder (CD)
□ beiliegender Vordruck (*Vorgabe des VR*)
□ (*sonstiges*)

Bitte stellen Sie mir die Unterlagen zur Verfügung, eine Erklärung zur Entbindung von der Schweigepflicht liegt bei.

Wenn gewünscht, erhalten Sie die Originale zurück.

Mit freundlichen Grüßen

Rechtsanwalt

(Anlage: Entbindung Schweigepflicht; ggf. Vordruck)

▲

IV. Gutachtenfreigabe

In manchen Fällen sind medizinische Unterlagen bereits erstellt worden und es ist 24
sinnvoll auf diese Gutachten, Berichte oder Akten zurück zu greifen. Dabei muss das Urheberrecht beachtet werden. Es ist also neben der Entbindung von der Schweigepflicht auch die Freigabe des Urhebers (z.B. Gutachter) und des Auftraggebers (z.B. Versicherer, Berufsgenossenschaft) einzuholen.

1. Nachfrage bei Gutachter

Anschreiben und Erklärung für den Gutachter müssen insoweit angepasst werden, ob 25
eine Kopie der Unterlagen beim VN/VP bereits vorliegt. Viele Gutachter erheben eine sog. Freigabegebühr von 100 bis 150 EUR. Oftmals zahlt der VR diese Kosten auch direkt an den Gutachter.

26 ▼

Muster 6.9: Adressliste Gutachter

Gutachter

Name, Vorname
Fachrichtung
Straße, Hausnummer
Postleitzahl, Ort
Telefon
Fax
E-Mail-Adresse
Sonstige

Weiterer Gutachter

Name
Fachrichtung
Straße, Hausnummer
Postleitzahl, Ort
Telefon
Fax
E-Mail-Adresse
Sonstige

▲

27 ▼

Muster 6.10: Anschreiben für Gutachtenfreigabe an Gutachter

(*Name, Anschrift Gutachter*)

Gutachten für
Gutachten vom
Schadentag
Verletzte Person:

(*Anrede*)

ausweislich der in Kopie/Abschrift beiliegenden Vollmacht vertrete ich (*Herr/Frau/Firma*). In vorbezeichnetem Schadenfall haben Sie für (*Auftraggeber*) ein Gutachten über (*Versicherter*) erstellt. Das Gutachten soll ebenfalls bei der (*Versicherung*) zur Anspruchsverfolgung in einem Schaden-/Leistungsfall der (*Versicherungszweig*) genutzt werden. Dafür bedarf es Ihrer Zustimmung.

Bitte erlauben Sie, das Gutachten gegenüber der (*Versicherung*) zu nutzen. Eine Mustereinwilligung liegt bei.

Vielen Dank für ihre Unterstützung.

Mit freundlichen Grüßen

Rechtsanwalt

(Anlage: Erklärung)

▲

▼ 28

Muster 6.11: Erlaubnis der VP zur Weitergabe und Nutzung eines Gutachtens durch Gutachter

(*Name, Anschrift VP*)

Aktenzeichen:

Unfalltag:

Name der verletzten Person:

Ich bin damit einverstanden, dass die

(*Name und Anschrift der Berufsgenossenschaft oder sonst. Stelle*)

an die (*Versicherung*) auf deren Kosten Kopien oder Abschriften der Gutachten überlässt, die ich zum Unfall vom

über (*Name Versicherter*)

unter dem Az. erstattet habe.

Die (*Versicherung*) berechtige ich zur Nutzung des Gutachtens für die Regulierung dieses konkreten Schaden- bzw. Leistungsfalls.

(Datum) (Unterschrift Gutachter)

▲

2. Nachfrage bei Auftraggeber des Gutachtens

Anschreiben und Erklärung für den Auftraggeber des Gutachtens müssen ebenfalls auf **29** den Umstand angepasst werden, ob eine Kopie der Unterlagen bereits beim VN/VP vorliegt. Hier wird regelmäßig eine anteilige Kostenerstattung an den Gutachterkosten durch den VR verlangt. Den Kostenausgleich regeln beide Seiten meist direkt miteinander.

Mögliche Stellen sind z.B. Berufsgenossenschaften, Sozialversicherungsträger und andere private Versicherer anderer Sparten.

▼ 30

Muster 6.12: Anschreiben für Gutachtenfreigabe an Auftraggeber des Gutachtens

(*Name, Anschrift Gutachter*)

Aktenzeichen:

Gutachten vom

Schadentag

Verletzte Person:

(*Anrede*)

ausweislich der in Kopie/Abschrift beiliegenden Vollmacht vertrete ich (*Herr/Frau/Firma*). In vorbezeichnetem Schadenfall haben Sie bei (*Gutachter*) ein Gutachten über *(Versicherter)* erstellt. Das Gutachten soll ebenfalls bei der (*Versiche-*

rung) zur Anspruchsverfolgung in einem Schaden-/Leistungsfall der ___ (*Versicherungszweig*) genutzt werden. Dafür bedarf es Ihrer Zustimmung.

Bitte erlauben Sie, das Gutachten gegenüber der ___ (*Versicherung*) zu nutzen. Eine Mustereinwilligung liegt bei.

Vielen Dank für ihre Unterstützung.

Mit freundlichen Grüßen

___

Rechtsanwalt

(Anlage: Erklärung)

▲

31 ▼

6.13

Muster 6.13: Erlaubnis der VR zur Weitergabe und Nutzung eines Gutachtens durch Auftraggeber

___ (*Name, Anschrift VP*)

Aktenzeichen: ___

Unfalltag: ___

Name der verletzten Person: ___

Wir sind damit einverstanden, dass ___ (*Name Versicherter*) das von uns zum o.g. Aktenzeichen angeforderte Gutachten an die ___ (*Versicherung*) weiterleitet und dort für die Regulierung dieses konkreten Schaden- bzw. Leistungsfalls nutzt.

Die ___ (*Versicherung*) berechtigen wir zur Nutzung des Gutachtens für die Regulierung dieses konkreten Schaden- bzw. Leistungsfalls.

___	___
(Datum)	(Unterschrift Auftraggeber)

▲

3. Freigabe für komplette Schadenakte

32 Gelegentlich wird erst nach der Regulierung eines Schadens- oder Leistungsfalls klar, dass bei einem anderen VR ebenfalls ein Anspruch aus einem Vertrag besteht. Dies kann z.B. bei einer Versicherung über eine Kreditkarte leicht übersehen werden oder bei Verträgen über Vereine und Arbeitgeber erst spät und eher zufällig bekannt werden. Viele VR reagieren in solchen Fällen kulant und hilfsbereit. Ist die Sachlage grundsätzlich unproblematisch und die Regulierung des ersten VR zur Zufriedenheit des VN erfolgt, kann es sinnvoll sein, die bereits abgeschlossene Akte des ersten VR dem zweiten VR zur Verfügung zu stellen. Dafür bedarf es aber eines ausdrücklichen Auftrags an den ersten VR.

Da eine Schadenakte auch Ausführungen zu den Umständen und zum Umfang der Regulierung enthält, kann dieses Vorgehen nur vom VN ausgehend erfolgen, damit nicht gegen Kartellrecht verstoßen wird.[10]

10 Vgl. hierzu z.B. für die private Unfallversicherung *Naumann/Brinkmann*, § 10 Rn 62 ff.

▼ 33

Muster 6.14: Anschreiben für die Weitergabe einer Schadenakte

(*Name, Anschrift erste Versicherung*)

Aktenzeichen:

Schadentag:

Verletzte Person:

(*Anrede*)

den o.g. Schadenfall haben Sie bereits reguliert. Es hat sich zwischenzeitlich herausgestellt, dass ebenfalls bei der (*Versicherung*) Ansprüche zu diesem Schaden-/Leistungsfall bestehen. Es handelt sich dort um eine (*Versicherungszweig*). Zur Vereinfachung wäre es wünschenswert, wenn Sie die Unterlagen zu diesem Schaden-/Leistungsfall auch der (*Versicherung*) unter deren Aktenzeichen zur Verfügung stellen würden. Eine entsprechende Einverständniserklärung liegt bei.

Vielen Dank für ihre Unterstützung.

Mit freundlichen Grüßen

Rechtsanwalt

(Anlage: Erklärung)

▲

▼ 34

Muster 6.15: Erlaubnis zur Weitergabe und Nutzung einer Schadenakte

(*Name, Anschrift VR*)

Aktenzeichen:

Unfalltag:

Name der verletzten Person:

Ich bin damit einverstanden, dass die (*Name Versicherung eins*) ihre Unterlagen zum o.g. Schaden-/Leistungsfall an die (*Versicherung*) zum dortigen Aktenzeichen weiterleitet.

Dieses Vorgehen wurde von mir veranlasst und ich erkläre ausdrücklich, dass ich diese Zusammenarbeit der Versicherungen wünsche.

(Datum) (Unterschrift Versicherter)

▲

V. Widerruf der Entbindungserklärung

Die Erklärung zur Entbindung von der Schweigepflicht kann jederzeit durch den Erklä- 35
renden widerrufen werden. Wann dies erforderlich und klug ist, muss im Einzelfall geprüft und entschieden werden. Hat man sich zum Widerruf der Erklärung entschieden, dann sollte der Widerruf sofort erfolgen. Er ist formfrei möglich, kann also grundsätzlich

auch telefonisch erfolgen,[11] aus Gründen des Nachweises bietet sich aber eher eine Mail an.

36 Ob man nur eine weitere Anforderung von Unterlagen bei Ärzten unterbinden möchte oder auch die Arbeit mit bereits vorhandenen Unterlagen durch den VR, indem man den Mitarbeitern die Auswertung durch externe medizinische Beratung untersagt, muss ebenfalls genau abgewogen werden.

37 ▼

Muster 6.16: Widerruf Entbindungserklärung

6.16

Vorab per Fax

(*Versicherung*)

(*Anschrift*)

Schaden-Nr./Vertrag-Nr.:

Schadentag

Widerruf Entbindung von der Schweigepflicht

(*Anrede*)

ausweislich der in Kopie/Abschrift beiliegenden Vollmacht vertrete ich Ihren Versicherungsnehmer, (*Herr/Frau/Firma*).

In diesem Schaden-/Leistungsfall wurden
- ☐ generell die behandelnden Ärzte
- ☐ konkret (*Arzt etc.*)

Ihnen gegenüber von der Schweigepflicht befreit.

Diese Erklärung wird mit sofortiger Wirkung widerrufen.
- ☐ Darüber hinaus widerrufe ich die Erklärung, wonach die Mitarbeiter Ihrer Gesellschaft von Ihrer Schweigepflicht insoweit befreit wurden, dass die erhobenen Gesundheitsdaten im erforderlichen Umfang zur Leistungsprüfung an beratende Ärzte bzw. medizinische Gutachter übermittelt werden durften.

Mit freundlichen Grüßen

Rechtsanwalt

▲

VI. Verwertbarkeit von unerlaubt erlangten Daten

38 Widerrechtlich erlangte Daten darf der VR nicht verwenden. Der Betroffene kann die Löschung bzw. Vernichtung der Daten verlangen und gegebenenfalls muss der VR nach einem materiellen Schaden ausgleichen,[12] vgl. § 7 BDSG. Ein materieller Schaden kann z.B. vorliegen, wenn die VP durch den VR zu einer Untersuchung einbestellt war. Eine Schadenersatzpflicht für immaterielle Schäden kann sich aber aus den allgemeinen Haftungsregeln ergeben.

11 Bruck/Möller/*Höra*, § 213 VVG Rn 60.
12 Prölss/Martin/*Voit*, § 213 VVG Rn 47 ff.

Neben § 213 VVG sind auch spezialgesetzliche Regelungen zur Datenerhebung, wie z.B. § 18 GenDG, zu beachten.

VII. Änderung des Bezugsrechts

In den Rahmen von Personenversicherungen sind teilweise widerrufliche Bezugsrechte 39
vereinbart. Das widerrufliche Bezugsrecht stellt den gesetzlichen Regelfall dar. Ein unwiderrufliches Bezugsrecht setzt die ausdrückliche Bestimmung voraus, dass der Bezugsberechtigte sofort und unwiderruflich die Ansprüche aus dem Versicherungsvertrag erwerben soll. Mit dem Bezugsrecht wird vertraglich festgelegt, wem die Leistung zusteht, an wen der VR mit befreiender Wirkung die Leistung auszahlen kann. Das ist bei Lebensversicherungen und bei der Todesfallleistung der privaten Unfallversicherung ein vielgenutztes Instrument.

Bei viele Jahre bestehenden Verträgen kann es sich stets ergeben, dass das ursprüngliche widerrufliche Bezugsrecht geändert werden soll. Eine Änderung muss gegenüber dem VR erklärt werden und diesem auch zugehen,[13] was auch für Gruppenverträge gilt.[14] Die Änderung eines unwiderruflichen Bezugsrechts ist nur mit Zustimmung des unwiderruflich Bezugsberechtigten wirksam.

▼ 40

Muster 6.17: Änderung Bezugsrecht

(*Versicherung*)

(*Anschrift*)

Vertrag-Nr.:

Änderung des Bezugsrechts

(*Anrede*)

ausweislich der in Kopie/Abschrift beiliegenden Vollmacht vertrete ich Ihren Versicherungsnehmer, (*Herr/Frau/Firma*).

In dem Vertrag ist für Leistungen im Todesfall von (*Herr/Frau*) ein Bezugsrecht vereinbart. Dieses Bezugsrecht soll geändert werden.

Bezugsberechtigt soll ab sofort sein:

(*Name, vollständige Anschrift neuer Bezugsberechtigter*)

Bitte bestätigen Sie die Änderung und senden Sie einen entsprechenden Nachtrag zum Versicherungsschein zu.

Vielen Dank.

Mit freundlichen Grüßen

Rechtsanwalt

▲

13 BGH v. 28.9.1988 – IVa ZR 126/87, VersR 1988, 1236.
14 BGH v. 26.6.2013 – IV ZR 243/12, VersR 2013, 1121.

B. Reiserücktritts- und Reiseabbruchversicherung

André Naumann

I. Allgemeines

1. Rechtsgrundlage

a) Gesetzliche Regelungen

41 Die Rechtsgrundlagen für die Reiserücktrittskosten- und Reiseabbruchversicherung bilden neben den gesetzlichen Regelungen des VVG, insbesondere §§ 1–73 VVG (Allgemeiner Teil) und §§ 209–216 VVG (Schlussvorschriften), die Regelungen des BGB, hier insbesondere auch §§ 651a ff. BGB.

b) Vertragliche Regelungen

42 Reiseversicherungen sind keine einheitliche Versicherungssparte. Es handelt sich vielmehr um eine Vielzahl unterschiedlichster Bestandteile, rund um die Risiken einer Reise. Diesem Umstand tragen die Musterbedingungen des GdV[15] Rechnung. So gibt es einen Allgemeinen Teil der Versicherungsbedingungen für die Reisversicherung 2008/2021 (AT-Reise), Besondere Versicherungsbedingungen für die Reisrücktrittkostenversicherung 2008/2021 (VB-Reiserücktritt) und Besondere Versicherungsbedingungen für die Reiseabbruchversicherung 2008/2021 (VB-Reiseabbruch). Auf den AT-Reise greifen auch andere Reiseversicherungen zurück.

Inhaltlich vergleichbar gibt es auch eine kombinierte Fassung, die Allgemeinen Bedingungen für die Reiserücktrittskostenversicherung 2002/2021 (ABRV).

Reiserücktrittskosten- und Reiseabbruchversicherungen werden in unterschiedlichen Formen angeboten. Zum einen gibt es allgemeine, dauerhafte Verträge, in denen jede Reise des VN bis zu bestimmten Höchstsätzen oder Reisetagen versichert ist (Jahresversicherung). Zum anderen gibt es anlassbezogene Verträge, die im Zuge der Reisebuchung abgeschlossen werden und die auch nur Versicherungsschutz für diese Reise bzw. das vereinbarte Arrangement bieten.

Wichtige, führende VR im Reisebereich (ERV und ELVIA) haben eigene, stark verbreitete Bedingungswerke am Markt etabliert, AVB RR ERV und AVB RR ELVIA. Auch hier werden die einzelnen Bausteine getrennt beschrieben. Der Allgemeine Teil wird als AVB-AB, die Reiserücktrittsversicherung wird als AVB-RR und die der Reiseabbruchversicherung als AVB-RA bezeichnet. Die Struktur dieser Bedingungswerke ist anders als die der Musterbedingungen des GdV.

c) Individuelle Sondervereinbarungen

43 Von den im Folgenden besprochenen Versicherungen sind individuelle Absprachen, die insbesondere von Hotels oder Ferienanlagen angeboten werden und gelegentlich auch

15 Die aktuellen Fassungen sind abrufbar unter www.gdv.de.

als Rücktrittsversicherung bezeichnet werden, zu unterscheiden. Darin wird z.B. vereinbart, dass selbst bei kurzfristiger Absage und ohne Benennung oder Nachweis spezieller Gründe die gebuchte Reise nicht zu bezahlen ist. Damit können sogar Absagen wegen schlechtem Wetter vorgenommen werden, ohne dass der Reisepreis zu zahlen ist. Geleistete Anzahlungen werden erstattet. Für diese Absicherung ist ein bestimmter Prozentsatz des Reisepreises zu entrichten.

Diese Arten sind sehr individuell und eine echte Beratung fehlt regelmäßig. Solche Verträge lassen sich nur im konkreten Einzelfall auslegen, sind aber selten strittig.

2. Gegenstand der Reiserücktrittskosten- und Reiseabbruchversicherung

a) Beginn und Ende der Versicherung

Versicherungsschutz beginnt in der Reiserücktrittskostenversicherung mit Abschluss des Vertrags und Zahlung der (Erst-)Prämie. Der Versicherungsschutz endet mit dem Antritt der Reise, Ziff. 4 AT-Reise. Ab Antritt einer Reise befindet man sich im Schutzbereich einer Reiseabbruchversicherung. Der Reiseantritt ist somit das entscheidende Abgrenzungskriterium, welcher Reisevertrag zum Tragen kommt. Reiserücktrittskosten- und Reiseabbruchversicherung korrespondieren miteinander und schließen sich gegenseitig aus. Der Reiseantritt bildet die zeitliche Zäsur. **44**

Der genaue Zeitpunkt des Reiseantritts kann im Einzelfall schwierig zu ermitteln sein. Eine Reise gilt als angetreten, wenn die erste (Teil-)Leistung ganz oder teilweise in Anspruch genommen wurde, was bei einer Pauschalreise mit Flug bedeutet, dass der **Reiseantritt** mit dem **Check-in** am Abfertigungsschalter gleichzusetzen ist.[16] Aus mehreren „Bausteinen" bestehende Reisen sind als eine Gesamtreise zu werten.[17] **45**

Die Reiseabbruchversicherung endet mit dem Abschluss der Reise, Ziff. 4.2.2 AT-Reise. **46**

b) Versichertes Interesse

aa) Reiserücktrittskostenversicherung

Die Reiserücktrittskostenversicherung bietet finanziellen Schutz in Fällen der **Stornierung**, wenn durch ein versichertes Ereignis die planmäßige Durchführung der Reise für die versicherte Person unzumutbar wurde, Ziff. 2.1 VB-Reiserücktritt. **47**

Unter § 1 Nr. 3 AVB-RR findet sich zusätzlich eine Regelung für den **verspäteten Antritt** einer Reise. Diese Reise ist zwar nicht wie geplant möglich, aber ein sinnvoller Teil der Reise bleibt es. Der Versicherungsschutz erstreckt sich auf die Mehrkosten der geänderten Anreise und den finanziellen Ausgleich der nicht genutzten Reiseleistung.

Das versicherte Interesse des VN bzw. der VP besteht darin, von den mit der Buchung einer Reise verbundenen Unwägbarkeiten und finanziellen Risiken befreit zu werden. Die Art und Höhe dieser finanziellen Absicherung richtet sich innerhalb der Reiserücktritts- **48**

16 Höra/Schubach/*Steinbeck*, § 30 Rn 17 ff. m.w.N. und Beispielen zum Reiseantritt.
17 AG München v. 19.8.2002 – 251 C 17010/02, ReiseRecht Aktuell 2003, 91.

kostenversicherung danach, ob die Reise vollständig storniert oder lediglich verspätet angetreten wird.

49 Regelmäßig vereinbaren Reiseveranstalter sog. **Stornostaffeln**. Damit erfolgt eine zulässige **Pauschalierung der Entschädigungshöhe**. Dem Reiseveranstalter erspart das eine aufwändige Berechnung und er braucht seine Kalkulation nicht offenzulegen. Es handelt sich hierbei um die **vertraglich geschuldeten Stornokosten**, die im Rahmen der Reisekostenrücktrittsversicherung vom VR zu ersetzen sind, Ziff. 1.1 VB-Reiserücktritt.

Die Vereinbarung der Geltung von Stornostaffeln erfolgt regelmäßig im Rahmen von AGB und unterliegt daher der AGB-rechtlichen Inhaltskontrolle.[18]

Die Angemessenheit der Stornopauschale kann der Reisende substantiiert bestreiten. Angaben „ins Blaue hinein" genügen hierfür regelmäßig nicht.

50 *Hinweis*

Die vom Reiseveranstalter geltend gemachten Stornokosten sind genau zu prüfen. Ist die konkret verwendete Stornostaffel z.B. aus AGB-rechtlichen Gesichtspunkten heraus unwirksam, so sind vertraglich keine Stornokosten geschuldet. Der VR braucht dann auch die Kosten nicht zu erstatten.

51 Umfasst sind auch die angefallenen **Reisevermittlungsentgelte,** Ziff. 1.2 VB-Reiserücktritt. **Ausgenommen** bleiben jene Entgelte, die erst infolge der Reisestornierung geschuldet werden, wie etwa Bearbeitungsgebühren für eine Reisestornierung, Ziff. 1.2 VB-Reiserücktritt.

52 Deckt die Reiserücktrittskostenversicherung auch die (Mehr-)Kosten ab, die aufgrund eines **verspäteten Reiseantritts** entstehen, § 1 Abs. 3 AVB RR, dann ist der verspätete Reiseantritt ein „Minus" zum vollständigen Reiserücktritt, die Reiseleistung kann also teilweise in Anspruch genommen werden.

Der VR erstattet im Falle eines verspäteten Reiseantritts die **Nachreisekosten**, maximal bis zur Höhe der fiktiven Stornokosten.

bb) Reiseabbruchversicherung

53 Die Reiseabbruchversicherung bietet finanziellen Schutz in Fällen eines vorzeitigen **Reiseabbruchs**, einer **Reiseunterbrechung** und eines **verlängerten Aufenthalts**, wenn durch ein versichertes Ereignis die planmäßige Beendigung der Reise für die versicherte Person unzumutbar wurde.

54 Als **Reiseabbruch** gilt, wenn die Nutzung einer gebuchten Reiseleistung vorzeitig aufgegeben und die Heimreise nicht mit dem gebuchten Beförderungsmittel angetreten wird.[19] Die Rückreise muss nicht zwingend zeitlich früher angetreten werden, möglich ist z.B. wegen einer Behandlung im Krankenhaus auch eine spätere Rückreise als ursprünglich geplant. Einzelne Bausteinelemente einer Reise sind als Gesamtheit zu betrachten.

18 Höra/Schubach/*Steinbeck*, § 30 Rn 29; Looschelders/Pohlmann/*Benzenberg*, R Rn 140.
19 Van Bühren/Richter/*Nies*, VB-Reiseabbruch Ziff. 1 Rn 7.

Im Falle des vorzeitigen Reiseabbruchs werden die **zusätzlichen Kosten der Rückreise** in der ursprünglich gebuchten Art und Qualität erstattet, Ziff. 1.1 VB-Reiseabbruch, also auch nur, wenn eine Rückreise gebucht war. Erfasst sind die zusätzlichen Kosten vom Ort des Abbruchs zum Ausgangspunkt der Reise (Ort des Reiseantritts) bzw. Zielort der Reise. Kosten für die nicht im Reiseumfang enthaltene Rückkehr zum Heimatort des Versicherten sind nicht zu erstatten. 55

Erstattungsfähige Kosten der Rückreise sind u.a. Umbuchungsgebühren, zusätzliche Hotelkosten für notwendige Aufenthalte im Verlauf der Rückreise, Transferkosten, Kosten der Organisation der Rückreise (Telefon usw.) und Kosten der Gepäckbeförderung. **Mittelbar** durch den Reiseabbruch verursachte Kosten werden nicht erstattet, z.B. Kosten einer zusätzlichen Betreuung wegen verspäteter Rückkehr. 56

Beim Reiseabbruch wird der anteilige Reisepreis für **nicht genutzte Reiseleistungen** abzüglich der Rückreisekosten erstattet, Ziff. 1.2 VB-Reiseabbruch. Die Berechnung der nicht genutzten Reiseleistungen erfolgt anteilig nach dem nicht in Anspruch genommen Teil der Reise. Abzustellen ist für die Höhe des anteilig zu erstattenden Reisepreises auf den Pauschalpreis.[20] Die Flugkosten gelten als untrennbar mit der sonstigen Reiseleistung verbunden und sind daher anteilig in die Erstattung einzubeziehen. 57

Ist der VN oder eine mitreisende Risikoperson wegen einer schweren Unfallverletzung oder einer unerwarteten schweren Erkrankung gezwungen den **Aufenthalt zu verlängern**, werden die nachgewiesenen zusätzlichen Kosten für die Unterbringung nach Art und Qualität der gebuchten Unterkunft erstattet, Ziff. 1.3. VB-Reiseabbruch. 58

Es ist erforderlich, dass sich eine der mitreisenden Personen über den gebuchten Rückreisetermin hinaus in einer **stationären Behandlung** befindet.

In einigen Bedingungswerken der VR reicht für die Verlängerung eine **Reiseunfähigkeit** einer der mitreisenden Personen aus.

Einen Sonderfall stellt die Kostenerstattung bei einer **unterbrochenen Rundreise** dar, § 1 Nr. 2d AVB-RA. Hierbei werden die **Nachreisekosten** zu einer Reisegruppe erstattet, wenn der Versicherte der gebuchten Rundreise wegen eines versicherten Ereignisses teilweise nicht folgen konnte. Durch die Nachreise kann die ursprünglich gebuchte Reise planmäßig beendet werden, es liegt also kein Reiseabbruch vor. 59

c) Versicherte Personen und Risikoperson

Versicherte Person ist jede im Reisearrangement gebuchte Person, die im Versicherungsschein oder dem Zahlungsbeleg namentlich genannt wird, Ziff. 1.1 AT-Reise. Es kann sich um den VN handeln, es können aber auch mehrere Personen sein. Die VP kann die Rechte aus dem Versicherungsvertrag unter den Voraussetzungen des § 44 Abs. 2 VVG selbst geltend machen. 60

Von der versicherten Person abzugrenzen sind die sog. **Risikopersonen**, Ziff. 2.2 VB-Reiserücktritt und Ziff. 2.2 VB-Reiseabbruch, Ziff. 1.3 ABRV. Risikopersonen sind in 61

20 BGH v. 28.1.2004 – IV ZR 65/03, NJW 2004, 1600 = VersR 2004, 600.

Bezug auf den Eintritt des versicherten Ereignisses der versicherten Person gleichgestellt. Mit anderen Worten tritt der Versicherungsfall dann ein, wenn die versicherte Person **oder** eine Risikoperson durch den Eintritt eines versicherten Ereignisses **unmittelbar betroffen** ist.

62 Risikopersonen sind zunächst die **Angehörigen der versicherten Person**, Ziff. 2.2, 1. Spiegelstrich VB-Reiserücktritt und Ziff. 2.2, 1. Spiegelstrich VB-Reiseabbruch. Wer genau gemeint ist, kann im konkreten Bedingungswerk unterschiedlich formuliert sein. Ziff. 1.3 ABRV nennen als Risikopersonen neben den Versicherten deren Ehegatten oder Lebenspartner, deren Kinder, Eltern, Geschwister, Großeltern, Enkel, Schwiegereltern und Schwiegerkinder.

Ebenfalls als Risikoperson gelten Personen, **die nicht mitreisende minderjährige oder pflegebedürftige Angehörige betreuen**, Ziff. 2.2, 2. Spiegelstrich VB-Reiserücktritt und Ziff. 2.2, 2. Spiegelstrich VB-Reiseabbruch.

Ebenfalls als Risikopersonen gelten auch **Mitreisende**, die gemeinsam mit der versicherten Person eine Reise gebucht haben, sowie deren Angehörige, Ziff. 2.2, 3. Spiegelstrich VB-Reiserücktritt und Ziff. 2.2, 3. Spiegelstrich VB-Reiseabbruch.

63 Die Regelungen gelten für Reiserücktrittskosten- und Reiseabbruchversicherung.

d) Versichertes Ereignis

aa) Reiserücktrittskostenversicherung

64 Die vertragliche Absicherung besteht nur für den Eintritt bestimmter Ereignisse. Die VB-Reiserücktritt sehen versicherte acht Ereignisse vor. Eins davon muss der versicherten Person oder einer Risikoperson zugestoßen sein und eine kausale Auswirkung auf die vorgesehene Reiseplanung entfalten. Der (rechtzeitige) Reiseantritt muss für die versicherte Person **unzumutbar** geworden sein und damit die Stornierung oder den verspäteten Reiseantritt rechtfertigen. Daraus ergibt sich, dass ein „folgenloser" Eintritt eines versicherten Ereignisses nicht genügt.

65 *Hinweis*

Die Ereignisse sind auch bei möglichen Ausschlussgründen wichtig. War ein versichertes Ereignis voraussehbar, dann greift möglicherweise der Ausschluss (vgl. Rdn 95 ff.).

66 **Tod** – Ziff. 2.1, 1. Spiegelstrich VB-Reiserücktritt:

Als versichertes Ereignis gilt der **Tod** der versicherten Person oder einer Risikoperson. Verstirbt eine versicherte Person, so spricht der erste Anschein dafür, dass für die weiteren mitreisenden Personen von einer Unzumutbarkeit der Teilnahme an der Reise auszugehen ist.[21]

21 Van Bühren/Richter/*Richter*, VB-Reiserücktritt, Ziff. 2 Rn 6.

Für den Versicherungsschutz einer versicherten Person ist es grundsätzlich ohne Belang, wenn die verstorbene Risikoperson einen Suizid begangen hat.[22] Beim Tod einer Risikoperson muss der Versicherte darlegen und beweisen, dass die (rechtzeitige) Durchführung der Reise dadurch für ihn unzumutbar war. Für die Annahme einer Unzumutbarkeit reicht die Teilnahme an der Beerdigung.[23]

Schwere Unfallverletzung – Ziff. 2.1, 2. Spiegelstrich VB-Reiserücktritt: 67

Als versichertes Ereignis gilt ferner eine **schwere Unfallverletzung.** Strittig ist der Begriff des Unfalls i.S.d. VB-Reiserücktritt. Teilweise wird angenommen, er sei identisch mit dem in der Unfallversicherung (Ziff. 1.3 AUB, § 178 VVG).[24] Dem wird mangels Definition in den VB-Reiserücktritt und wegen der fehlenden Verbindung zur Unfallversicherung widersprochen.[25] Mangels konkreter Angaben in den Bedingungen wird man auf das Verständnis des durchschnittlichen Versicherungsnehmers ohne Spezialkenntnisse abstellen müssen. Der Versicherte wird nicht an konkret umrissene Ereignisse denken, sondern vielmehr an die schwere Unfallverletzung. Also eine aus einem Geschehen heraus entstandene Verletzung, die eine Reise unzumutbar macht. Das Geschehen wird man weit fassen müssen. Ein Unfall im Sinne der AUB kommt auf jeden Fall grundsätzlich immer als mögliches Ereignis in Betracht, die Sichtweise ist aber nicht auf das Verständnis der AUB reduziert.

Dabei kommt es nicht auf die Schwere des Unfallereignisses an, sondern auf die Folge, die Gesundheitsschädigung. Diese muss so gravierend sein, dass dem Versicherten nicht oder zumindest nicht rechtzeitig möglich ist, die gebuchte Reise anzutreten. Vermag der Versicherte die Hauptreiseleistung nicht in Anspruch zu nehmen, handelt es sich um eine schwere Unfallverletzung. Es reicht nicht aus, wenn nur eine Nebenleistung unmöglich wird.

Unerwartet schwere Erkrankung – Ziff. 2.1, 3. Spiegelstrich VB-Reiserücktritt: 68

Die VB-Reiserücktrittskosten enthalten als Anlage[26] eine Erläuterung zum Verständnis einer **unerwartet schweren Erkrankung**.

Die Erläuterungen beschreiben drei Fälle:

Fall 1: Jedes erstmalige Auftreten einer Erkrankung nach Abschluss der Versicherung und nach Reisebuchung gilt als unerwartet.

Fall 2: Versichert ist ebenfalls das erneute Auftreten einer Erkrankung, wenn in den letzten … Monaten vor Versicherungsabschluss oder bei bestehendem Versicherungsvertrag vor Buchung der Reise für diese Erkrankung keine Behandlung durchgeführt worden ist.

Fall 3: Sofern in den letzten … Jahr(en) vor Versicherungsabschluss oder bei bestehendem Versicherungsvertrag vor Buchung der Reise für eine bestehende Erkrankung

22 Van Bühren/Richter/*Richter*, VB-Reiserücktritt, Ziff. 2 Rn 5.
23 Höra/Schubach/*Steinbeck*, § 30 Rn 42.
24 Höra/Schubach/*Steinbeck*, § 30 Rn 17 ff. m.w.N. und Beispielen zum Reiseantritt.
25 Van Bühren/Richter/*Richter*, VB-Reiserücktritt Ziff. 2 Rn 9.
26 Abrufbar unter www.gdv.de.

keine Behandlung durchgeführt worden ist, ist ebenfalls die unerwartete Verschlechterung dieser Erkrankung versichert.

Mit diesen Erläuterungen greift der Bedingungsgeber die Rechtspraxis auf und versucht diese dem VN verständlich darzustellen.

Eine **Erkrankung** liegt vor, wenn bei dem Versicherten aus einem Zustand des Wohlbefindens heraus Krankheitssymptome auftreten, die der Nutzung der gebuchten Hauptreiseleistung in diesem gesundheitlichen Befinden entgegenstehen.[27] Schwer ist die Erkrankung, wenn der Antritt der Reise bei **objektiver Betrachtungsweise** nicht zumutbar ist.[28] Der Verdacht auf eine Krankheit reicht nicht aus, umgekehrt darf man annehmen, dass Krankheiten, die keiner ärztlichen Behandlung bedürfen, keine schweren Erkrankungen sind.[29]

Unerwartet ist eine Erkrankung, die für die versicherte Person nicht voraussehbar war. Der BGH hält die Einschränkung des Versicherungsschutzes auf unerwartete Erkrankungen für wirksam, da es für die Frage **des Unerwarteten auf die Person des Versicherungsnehmers ankommt**.[30] Abzustellen ist auf den Zeitpunkt der Abgabe der Vertragserklärung.

69 *Hinweis*

Eine Infektion mit **Covid-19** kann zu einer **unerwartet schweren Erkrankung** führen.

Zu bedenken ist dabei der „**Pandemie-Ausschluss**“ nach Ziff. 5.6 AT-Reise.

Nach dem Ende der Pandemie handelt es sich „nur noch“ um eine Erkrankung, die in der Regel unerwartet auftritt. Ob der Verlauf als schwere Erkrankung einzuordnen ist, bleibt dann eine von dem tatsächlichen Krankheitsbild abhängige Einzelfallentscheidung.

70 Eine **chronische Erkrankung** schließt eine unerwartete Verschlechterung dieser Beschwerden mit der Folge der Reiseunfähigkeit nicht aus, wenn die Krankheit zuvor die Reisefähigkeit nicht beeinträchtigt hat. Zu prüfen ist, ob es sich um eine chronische Erkrankung mit schwankendem Verlauf oder eine Grunderkrankung mit phasenweisen akuten Stadien handelt.[31]

71 *Hinweis*

Das Vorliegen einer **unerwartet schweren Erkrankung** stellt den wohl häufigsten Streitpunkt bei der Reiserücktrittskostenversicherung dar. Gerade im Zusammenhang

27 Van Bühren/Richter/*Richter*, VB-Rücktritt, Ziff. 2 Rn 23 ff.
28 OLG Koblenz v. 22.1.2010 – 10 U 613/09, VersR 2010, 905; LG München v. 30.3.2000 – 12 O 19386/99, VersR 2001, 504.
29 Beispiele vgl. Höra/Schubach/*Steinbeck*, § 30 Rn 47.
30 Grundlegend BGH v. 2.3.1994 – IV ZR 109/93, VersR 1994, 549; BGH v. 21.9.2011 – IV ZR 227/09, VersR 2012, 89.
31 Vertiefend mit Beispielen Höra/Schubach/*Steinbeck*, § 30 Rn 53 ff.

mit Vorschädigungen oder chronischen Erkrankungen wird man aber stets im Einzelfall prüfen müssen, ob die konkrete Reise zumutbar war oder nicht.

Dabei sollte man die Schwere der Grunderkrankung in Relation zu den Anstrengungen und dem Zweck der geplanten Reise setzen. So ist ein Kururlaub anders zu bewerten als ein eine mehrtägige Hochgebirgswanderung.

Impfunverträglichkeit – Ziff. 2.1, 4. Spiegelstrich VB-Reiserücktritt: 72

Als versichertes Ereignis gilt auch eine **Impfunverträglichkeit**, sowohl für die für das Reiseland vorgeschriebenen als auch ärztlich empfohlenen Impfungen.[32] Es bedarf nicht zwingend der Impfung mit Impfreaktion, auch ein eine Impfung ausschließender Zustand im Vorfeld der beabsichtigten Impfung stellt eine Impfunverträglichkeit dar.

Der Reiseantritt ist unzumutbar, wenn er ohne die entsprechende Impfung ein unzumutbares Risiko für die Gesundheit darstellt. Abzustellen ist auf die für die Reise erforderlichen Impfungen.

Schwangerschaft – Ziff. 2.1, 5. Spiegelstrich VB-Reiserücktritt: 73

Eine **Schwangerschaft** kann dazu führen, dass die geplante Reise unzumutbar ist. Dabei reicht eine Schwangerschaft für sich genommen nicht aus, da auch Schwangere grundsätzlich in langen Zeiträumen einer Schwangerschaft reisefähig sind.[33] Hinzukommen müssen Umstände, die zur konkreten Unzumutbarkeit führen, die auch im Schutz des ungeborenen Kindes liegen können, z.B. bei Extremreisen.[34]

Schadens am Eigentum – Ziff. 2.1, 6. Spiegelstrich VB-Reiserücktritt: 74

Als versichertes Ereignis gilt der Eintritt eines **Schadens am Eigentum**, wenn er erheblich ist oder die Anwesenheit der versicherten Person erforderlich macht. In den VB-Reiserücktritt ist nur das Eigentum der versicherten Person erfasst, kein Eigentum einer Risikoperson.

Es können mangels ausdrücklicher Beschränkung in den AVB der VR aber auch Schäden am Eigentum einer Risikoperson als versichertes Ereignis gelten.

Der Schaden am Eigentum muss entstanden sein durch:

- **Feuer**, **Explosion**, **Sturm**, **Hagel**, **Blitzschlag**, **Hochwasser**, **Überschwemmung**, **Lawine**, **Vulkanausbruch**, **Erdbeben**, **Erdrutsch**, **Wasserrohrbruch**.
- die **Straftat eines Dritten**, wie z.B. Sachbeschädigung und sonstige Vermögensdelikte.

Für die **Erheblichkeit** des Schadens sind die wirtschaftlichen Verhältnisse des Geschädigten ausschlaggebend.

32 AG München v. 26.2.1997 – 282 C 29978/96, VersR 1998, 51; AG Köln v. 14.5.1997 – 118 C 23/97, ReiseRecht aktuell 1997, 188.
33 Van Bühren/*Richter*, § 8 Rn 24.
34 Vertiefend van Bühren/Richter/*Richter*, VB-Reiserücktritt Ziff. 2 Rn 67 ff.

Daneben kann sich eine Leistungspflicht des VR auch dadurch begründet ergeben, dass die Anwesenheit der versicherten Person für die **Aufklärung** nötig ist, so z.B. bei einem Einbruchdiebstahl.[35]

75 **Verlust des Arbeitsplatzes** – Ziff. 2.1, 7. Spiegelstrich VB-Reiserücktritt:

Als versichertes Ereignis gilt der **Verlust des Arbeitsplatzes** des Versicherungsnehmers oder einer Risikoperson. Erforderlich ist eine **unerwartete**, ***betriebsbedingte Kündigung***. Eine Urlaubssperre oder die Drohung mit einer Kündigung reichen nicht aus.[36]

Die betriebsbedingte Kündigung muss zudem **unerwartet** sein. Hiervon dürfte z.B. nicht auszugehen sein, wenn ein Unternehmen bereits vor der Buchung der Reise die Schließung eines ganzen Werkes ankündigt hat, da die Ankündigung der Werksschließung die Vornahme betriebsbedingter Kündigungen impliziert. Eine betriebsbedingte Kündigung ist zudem nicht unerwartet (und damit voraussehbar), wenn dem mitreisenden Ehegatten des Versicherungsnehmers der Arbeitsvertrag während seiner Probezeit gekündigt wird.[37] Kennzeichnend für ein Probearbeitsverhältnis ist gerade, dass der Arbeitgeber dieses ohne Angabe von Gründen beenden kann, so dass die Kündigung gerade nicht unerwartet eintritt, sondern mit dieser jederzeit gerechnet werden muss.

76 **Aufnahme eines Arbeitsverhältnisses** – Ziff. 2.1, 8. Spiegelstrich VB-Reiserücktritt:

War die versicherte Person bei der Reisebuchung arbeitslos, dann kommt die **Aufnahme eines Arbeitsverhältnisses** ebenfalls als versichertes Ereignis in Betracht. Nicht darunter fallen Praktika.

77 **Sonstige Ereignisse**:

Die Bedingungen der VR beziehen teilweise weitere versicherte Ereignisse in den Versicherungsschutz ein. Darunter fallen z.B. eine **Schul(nach)prüfung** für die Versetzung in eine andere Klasse, eine **universitäre Prüfung** oder eine **gerichtliche Ladung**.[38]

bb) Reiseabbruchversicherung

78 Die **versicherten Ereignisse** sind in den VB-Reiseabbruch auf die Fälle Tod, schwere Unfallverletzung, unerwartete schwere Erkrankung und den Schaden am Eigentum begrenzt. Die ABRV haben einen gemeinsamen Katalog der Ereignisse und führen alle acht Ereignisse der V-Reiserücktritt auf.

79 Die Bedingungen der VR enthalten für die Reiseabbruchversicherung teilweise, wie die VB-Reiseabbruch, eine gesonderte Aufstellung der versicherten Ereignisse. Andere verweisen vollständig auf die versicherten Ereignisse in der Reiserücktrittskostenversicherung. Das Ergebnis ist in beiden Fällen gleich.

Wichtig ist die Kontrolle, ob die VR ihre Bedingungen ergänzt haben, und z.B. den Bruch von Prothesen und implantierten Gelenken in den Versicherungsschutz eingeschlossen

35 *Führich/Staudinger*, ReiseR-HdB, Rn 818.
36 Beispiele vgl. Höra/Schubach/*Steinbeck*, § 30 Rn 66 f.
37 AG München v. 8.11.2002 – 272 C 22611/02, ReiseRecht Aktuell 2003, 237.
38 Van Bühren/Richter/*Richter*, VB-Reiserücktritt Ziff. 2 Rn 93 ff. mit weiteren Beispielen.

haben.[39] Der Schutzbereich kann auch auf den Reiseabbruch wegen Schwangerschaft oder Verlust des Arbeitsplatzes erweitert sein.

e) Unzumutbarkeit

Für den versicherten **Reiserücktritt** muss dem Versicherten die Durchführung der Reise 80
unzumutbar sein. Die Unzumutbarkeit bemisst sich nach objektiven Kriterien und ist anhand der konkreten Reise zu beurteilen.[40] Eine Reiseunfähigkeit ist nicht gleichbedeutend mit einer Arbeitsunfähigkeit.[41] Bei einer Schwangeren ist neben dem Gesundheitszustand entscheidend, ob es sich um eine anstrengende Radwanderung, eine Reise in die Tropen oder einen Badeurlaub an der Ostsee handelt.[42]

Unzumutbarkeit liegt nicht vor, wenn der Versicherte durch zumutbare therapeutische Maßnahmen und eigenes Verhalten eigenverantwortlich eine Heilung erreichen und die Beschwerden soweit lindern kann, dass die Reise wieder zumutbar wird.[43]

Bei der **Reiseabbruchversicherung** gelten für die Unzumutbarkeit die gleichen Krite- 81
rien, beziehen sich aber auf die mögliche Fortführung der Reise.

f) Kausalität

Das jeweilige versicherte Ereignis muss für den **Rücktritt** von der Reise (Stornierung) 82
kausal sein. Die gebuchte Reise muss gerade wegen des versicherten Ereignisses abgesagt worden sein; die Stornierung aus irgendeinem anderen persönlichen Grund genügt nicht.[44]

Gleiches gilt für den **Reiseabbruch**. Wird die Reise planmäßig beendet, besteht kein 83
Versicherungsschutz, wenn einzelne gebuchte Reiseleistungen aus sonstigem Grund nicht genutzt werden.

g) Selbstbehalt

Die konkrete Leistung kann durch einen Selbstbehalt begrenzt werden, d.h. nur die 84
über diesem Sockelbetrag entstandenen Kosten muss der VR übernehmen. Auf der entgegengensetzten Seite kann eine Höchstversicherungssumme gelten. Darüber hinaus entstandene Kosten werden nicht erstattet.

> *Beispiel* 85
>
> Beträgt die Versicherungshöchstleistung nur 90 % des Reisepreises, dann muss der VR nur 90 % der Kosten tragen, maximal die Versicherungshöchstleistung.

39 Höra/Schubach/*Steinbeck*, § 30 Rn 68 mit weiteren Beispielen.
40 Beispiele m.w.N. bei Höra/Schubach/*Steinbeck*, § 30 Rn 70.
41 AG Berlin-Spandau v. 13.1.1983 – 2 C 629/82, VersR 1984, 178 mit den Beispielen des gebrochenen Fingers einer Sekretärin und des gebrochenen Zehs eines Profifußballers.
42 Beispiele m.w.N. bei Höra/Schubach/*Steinbeck*, § 30 Rn 70 ff.
43 LG Kleve v. 19.2.1998 – 6 S 100/97, r+s 1998, 254.
44 AG Neumünster v. 23.2.2010 – 31 C 750/09, VersR 2011, 666.

3. Ausschlüsse

86 Im Rahmen der Reiseversicherungen sind allgemeine, d.h. für alle Reiseversicherungen geltende Ausschlusstatbestände und besondere Ausschlüsse, also nur für den konkreten Risikobereich geltende Ausschlüsse, zu beachten. Die für alle Reiseversicherungen ausgeschlossenen Ereignisse finden sich in Ziff. 5 AT-Reise.

87 Die VB-Reiserücktritt und die VB-Reiseabbruch verweisen auf die Ausschlusstatbestände der Ziff. 5 AT-Reise. Zusätzlich führen beide Bedingungswerke eigene Ausschlusstatbestände auf. Die ausgeschlossenen Ereignisse sind für beide Versicherungen gleich.

Die Reiserücktrittskostenversicherung enthält zusätzlich in Ziff. 3.5 Ausschluss von Stornierungskosten.

a) Ausschluss Ziff. 5.1 AT-Reise – Krieg, Bürgerkrieg, Kriegswerkzeuge

88 Kein Versicherungsschutz besteht bei **Krieg, Bürgerkrieg und kriegsähnlichen Ereignissen, sowie bei der feindlichen Verwendung von Kriegswerkzeugen**, sog. Kriegsklausel. Eine verbindliche Definition für einen versicherungsrechtlichen Kriegsbegriff gibt es nicht, aber er ist weiter zu fassen als es die Begrifflichkeiten im völkerrechtlichen Sinne zulassen. Im Ergebnis geht es um bewaffnete Konflikte zwischen zwei oder mehr Staaten. Ausgeschlossen sind bereits aus dem Vorhandensein von Kriegswerkzeugen resultierende Gefahren.

VR verwenden teilweise auch eine sog. Überraschungsklausel als Gegenausnahme. Danach besteht Versicherungsschutz auch im Falle von Kriegs- oder Bürgerkriegsereignissen, wenn der Versicherungsnehmer hiervon überraschend betroffen wird. Der Versicherungsschutz endet in diesen Fällen jedoch am Ende des 14. Tages nach Beginn des Krieges. Diese Gegenausnahme greift nicht ein, wenn bei der Einreise die kriegerischen Ereignisse bereits stattfanden oder eine Reisewarnung vorlag.

b) Ausschluss Ziff. 5.2 AT-Reise – Streik und Terror

89 Kein Versicherungsschutz besteht bei **Streik und anderen Arbeitskampfmaßnahmen**, z.B. für einen verspäteten Reiseantritt aufgrund eines Streiks des Bodenpersonals am Flughafen.[45]

90 Ebenfalls besteht bei **Terrorangriffen** kein Versicherungsschutz. Dies schränken die VR zum Teil ein und bieten nur dann keinen Versicherungsschutz, wenn das Auswärtige Amt für das betroffene Land vor Reiseantritt eine Reisewarnung ausgesprochen hat.[46] Bloße Reise- und Sicherheitshinweise reichen nicht dafür nicht aus.

45 Vertiefend van Bühren/Richter/*Richter*, AT-Reise Ziff. 5 Rn 5 f.
46 Aktuelle Liste der Reisewarnungen findet sich unter *www.auswaertiges-amt.de*.

c) Ausschluss Ziff. 5.3 AT-Reise – Beschlagnahme, Eingriffe Hoher Hand

Ausgeschlossen ist der Versicherungsschutz bei **Beschlagnahme und sonstigen Eingriffen von hoher Hand**. Diese Regelung erhielt in der Covid-19-Pandemie eine besondere Bedeutung. Die damals verhängten Einreise- und Kontaktverbote sowie Ausgangssperren sind als Eingriffe von hoher Hand zu werten, die Maßnahmen fallen nicht unter den Ausschlusstatbestand der Pandemie. 91

d) Ausschluss Ziff. 5.4 AT-Reise – Substanzen und elektromagnetische Wellen

Nicht versichert sind Gefahren aus der Verwendung von chemischen, biologischen, biochemischen Substanzen oder elektromagnetischen Waffen mit gemeingefährlicher Wirkung, und zwar ohne Rücksicht auf sonstige mitwirkende Ursachen. 92

e) Ausschluss Ziff. 5.5 AT-Reise – Kernenergie

Ausgeschlossen sind Schäden durch **Kernenergie oder sonstige ionisierender Strahlung**. Damit sind auch sog. „dirty bombs“ angesprochen.[47] 93

f) Ausschluss Ziff. 5.6 AT-Reise – Pandemie

Ausgeschlossen ist der Versicherungsschutz bei **Pandemien**. Unter einer Pandemie versteht man eine sich über Länder und Kontinente ausbreitende Epidemie, die eine große Anzahl von Menschen betrifft, vor allem hoch infektiöse Erkrankungen (z.B. Covid-19, Pest).[48] Wann eine Pandemie vorliegt, ist de facto von einer Verlautbarung der WHO abhängig. Die Pandemie endet, sobald die WHO die pandemische Lage für beendet erklärt. Mit dem Ende der Covid-19-Pandemie gab es noch in zahlreichen Ländern ein Covid-19-Epidemie. Eine solche reicht für das Eingreifen des Ausschlusstatbestands nicht aus. 94

g) Ausschluss Ziff. 3.2 VB-Reiserücktritt, Ziff. 3.2 VB Reiseabbruch – Voraussehbarkeit

Kein Versicherungsschutz besteht für solche Ereignisse, mit deren Eintritt schon im Zeitpunkt der Reisebuchung zu rechnen war, die also voraussehbar waren. Der Eintritt des Ereignisses ist vorhersehbar, wenn dieser für einen Durchschnittsbetrachter wahrscheinlicher gewesen ist als der Nichteintritt, wobei auf das jeweils versicherte Ereignis abzustellen ist. 95

aa) Tod und schwere Unfallverletzung

Tod und schwere Unfallverletzung können regelmäßig nicht vorhergesehen werden. Eine Ausnahme lässt sich z.B. aber annehmen, wenn einem unheilbar Kranken im Endstadium noch eine letzte Reise ermöglicht werden soll, er den Reiseantritt aber bereits nicht mehr erlebt. 96

47 Van Bühren/Richter/*Richter*, AT-Reise Ziff. 5 Rn 12.
48 Vgl. *Pschyrembel*, Klinisches Wörterbuch, 269. Aufl.

bb) Unerwartete schwere Erkrankung

97 Nach der Rechtsprechung kommt es für die Beurteilung, ob eine Krankheit unerwartet eingetreten ist, auf die Kenntnis des Versicherungsnehmers an, ebenso wie für die Beurteilung der Frage der Unvorhersehbarkeit.[49] Im Ergebnis besteht somit kein inhaltlicher Unterschied, d.h. eine unerwartete Erkrankung ist zugleich auch unvorhersehbar, weshalb der Ausschluss nicht eingreifen kann.[50]

cc) Impfunverträglichkeit

98 Impfunverträglichkeit ist voraussehbar, wenn der Versicherungsnehmer weiß, dass er zu einer Risikogruppe zählt (z.B. Allergiker) und sich daraus das Risiko einer Impfunverträglichkeit ergibt. Für den Versicherten besteht insoweit eine Informationsverpflichtung, welche Impfungen für die beabsichtigte Reise erforderlich sind. Das Unterlassen einer ärztlichen Konsultation wegen möglicher Impfungen und Impfunverträglichkeiten kann z.B. bei Fernreisen zur Leistungsfreiheit des Versicherers führen.[51]

dd) Schwangerschaft

99 Der Ausschlusstatbestand der Voraussehbarkeit einer Schwangerschaft kann nur bei solchen Fällen eingreifen, in denen eine Schwangerschaft bereits bei Buchung der Reise bestand und die Reise wegen der anstehenden Strapazen in einem späteren Stadium der Schwangerschaft nicht mehr verantwortbar ist, z.B. bei Reisen in tropische Gebiete.

ee) Verlust des Arbeitsplatzes

100 Der Ausschluss greift nicht bei einer unerwarteten Kündigung, denn diese ist für den Versicherungsnehmer zugleich auch nicht vorhersehbar.

ff) Chronische Erkrankungen

101 Chronische Erkrankungen nicht psychischer Art sind grundsätzlich nicht vom Versicherungsschutz ausgeschlossen. Problematisch ist hier aber die Frage, ob eine Reiseunfähigkeit nicht „unerwartet" ist. So kann durch die Krankheit vielfach kein versichertes Ereignis vorliegen oder der Versicherungsschutz wegen Vorhersehbarkeit ausgeschlossen sein.[52]

h) Ausschluss Ziff. 3.3 VB-Reiserücktritt, Ziff. 3.3 VB-Reiseabbruch – Erkrankungen als psychische Reaktion auf ein Kriegsereignis etc.

102 Als Folge von Stornierungsfällen nach dem 11.9.2001 wurden **Erkrankungen als psychische Reaktion auf ein Kriegsereignis**, innere Unruhen, einen Terrorakt, ein Flugzeugunglück oder auf die Befürchtung von Kriegsereignissen, inneren Unruhen oder Terrorakten vom Versicherungsschutz ausgeschlossen.

49 BGH v. 21.9.2011 – IV ZR 227/09, VersR 2012, 89.
50 Höra/Schubach/*Steinbeck*, § 30 Rn 75.
51 AG Sinzheim v. 15.12.1999 – 4 C 179/99, VersR 2001, 456 zur Impfunverträglichkeit bei Macumar-Behandlung.
52 Vertiefend Höra/Schubach/*Steinbeck*, § 30 Rn 75.

i) Ausschluss Ziff. 3.4 VB-Reiserücktritt, Ziff. 3.4 VB-Reiseabbruch – Schub einer chronischen psychischen Erkrankung

Nicht versichert sind Reiserücktritte wegen eines **Schubs einer chronischen psychischen Erkrankung**. Die Regelung trägt den Schwierigkeiten einer Beweisführung Rechnung. 103

j) Ausschluss Ziff. 3.5 VB-Reiserücktritt – Vermittlungsentgelte

Der Ausschluss betrifft kein Ereignis, sondern die Leistungspflicht für Vermittlerentgelte, die dem Reisevermittler aufgrund der Stornierung der Reise geschuldet werden, z.B. Bearbeitungsgebühren für die Reisestornierung. 104

k) Weitere Ausschlüsse

Die VR begrenzen Ihre Leistungspflicht auch durch andere Ausschlusstatbestände. 105

Kein Versicherungsschutz besteht bei **Ländern mit Reisewarnung**, § 5 Nr. 1a AVB-RR.

Auch **Expeditionen** sind teilweise vom Versicherungsschutz ausgeschlossen, § 5 Nr. 1d AVB-RR; eine besondere Vereinbarung des Einschlusses ist möglich.

l) Herbeiführung des Versicherungsfalles

Das vorsätzliche Herbeiführen des Versicherungsfalles führt zur Leistungsfreiheit des Versicherers, § 81 Abs. 1 VVG. 106

Im Falle grober Fahrlässigkeit ist der Versicherer zur Leistungskürzung berechtigt, von § 81 Abs. 2 VVG. Der Rückfall in eine akute Krankheitsphase durch Alkoholkonsum ist bei einem Alkoholiker zumindest grob fahrlässig und führt zum Verlust des Anspruchs aus der Reiserücktrittskostenversicherung.[53]

4. Obliegenheiten

a) Allgemeines

Die vom Versicherungsnehmer zur Anspruchserhaltung zu beachtenden Obliegenheiten finden sich innerhalb der einschlägigen AVB sowohl in den Allgemeinen Bestimmungen für alle Reiseversicherungszweige als auch in den Besonderen Bestimmungen für die Reiserücktrittskosten- bzw. Reiseabbruchversicherung. 107

Bedient sich der VN bei der Abgabe der Erklärungen anderer Personen, so muss er sich deren Verhalten zurechnen lassen.

b) Reiserücktrittskostenversicherung

aa) Schadensminderung/Unverzügliche Stornierung

Der VN ist zur unverzüglichen Stornierung der Reise verpflichtet, Ziff. 4.1 VB-Reiserücktritt. Damit werden die Kosten minimiert und der Schaden reduziert. Maßstab sollte 108

53 LG Stuttgart v. 8.11.2001, r+s 2002, 296 m.w.N.

ein Verhalten sein, als wäre der VN nicht versichert und müsste den Schaden selbst tragen.[54] Das bedeutet für die Reiserücktrittskostenversicherung, die Reise unverzüglich zu stornieren, sobald er erstmalig Kenntnis von Tatsachen hat, die den Versicherungsfall begründen, also z.B. sofort nach Ausbruch einer Krankheit der versicherten Person. Abzustellen ist nach objektivem Maßstab auf den Zeitpunkt, wann der VN aufgrund der bestehenden Symptome mit einer Durchführung der Reise nicht mehr rechnen kann,[55] hierzu ist ein Arzt zu befragen.[56]

Hinweis

Relevant wird die frühzeitige Stornierung, wenn durch die verspätete Stornierung ein höherer Anteil des Reisepreises als Stornokosten fällig wird. Die Differenz muss der VR nicht tragen.

bb) Schadensanzeige

109 Ein Schadenfall ist dem VR unverzüglich anzuzeigen, Ziff. 6.1.2 AT-Reise. Unverzüglich ist eine Anzeige, wenn sie ohne schuldhaftes Zögern erfolgt, § 121 BGB, was wiederum an den Umständen des Einzelfalles zu bewerten ist.

Die Anzeigeobliegenheit setzt die Kenntnis der den Versicherungsfall begründenden Tatsachen voraus, was fehlt, solange eine einigermaßen sichere ärztliche Diagnose fehlt und der Krankheitswert nicht auf der Hand liegt.[57] Es ist allerdings schnellstmöglich eine ärztliche Diagnose einzuholen.[58]

cc) Mitwirkung

110 Der VN ist verpflichtet, wahrheitsgemäße Auskünfte zu erteilen, Originalbelege einzureichen und, soweit erforderlich, die behandelnden Ärzte von deren Schweigepflicht zu entbinden. So soll eine Nachprüfung zu Ursache und Höhe der Leistungspflicht ermöglicht bzw. vom VN unterstützt werden. Der VN muss den VR unterstützen, den Schadenshergang, die Höhe des Schadens und die Begründetheit des geltend gemachten Schadens zu überprüfen. Die Vorlage von Attesten und der Buchungsunterlagen (Buchungsbestätigung und Stornobestätigung) sowie im Falle der Nachreise wegen verspäteten Reiseantritts sind die Originalbelege für die dabei entstandenen Kosten vorzulegen. Die Mitwirkungsobliegenheit wird hinsichtlich der vorzulegenden Unterlagen in den jeweiligen AVB konkretisiert, Ziff. 6 AT-Reise, Ziff. 4 VB-Reiserücktritt.

Sofern dem Versicherungsnehmer eine Schweigepflichtentbindungserklärung zur Unterzeichnung vorgelegt wird, sind die gesetzlichen Vorgaben aus § 213 VVG zu beachten.

54 Höra/Schubach/*Steinbeck*, § 30 Rn 92.
55 Van Bühren/Richter/*Richter*, VB-Reiserücktritt, Ziff. 4 Rn 11.
56 Beispiele zur Obliegenheit bei Höra/Schubach/*Steinbeck*, § 30 Rn 93 ff.
57 AG Berlin-Spandau v. 13.1.1983 – 2 C 629/82, VersR 1984, 178.
58 LG München I v. 6.11.2002 – 15 S 4322/02, r+s 2003, 159.

Hinweis

Gibt die versicherte Person eine Entbindungserklärung nicht ab, dann stellt dies entgegen den Bedingungsformulierungen keine Obliegenheitsverletzung dar, die einen eigenständigen Sanktionsmechanismus nach sich ziehen würde. Im Rahmen der informationellen Selbstbestimmung kann kein Mensch durch AGB zur Abgabe einer solchen Erklärung verpflichtet werden. Kann der VR mangels Aufklärungsmöglichkeiten den Gesundheitszustand des Versicherten nicht aufklären, entfaltet dies „nur" eine Wirkung bei der Fälligkeit der Leistung. Dem Versicherten steht es frei, selber die erforderlichen Unterlagen zu besorgen und dem VR zur Verfügung zu stellen.[59]

dd) Rechtsfolgen

Es gelten nach Ziff. 6.2 AT-Reise (auf die auch Ziff. 5 VB-Reiserücktritt verweist) die allgemeinen Grundsätze, d.h. der VR wird von seiner Verpflichtung zur Leistung bei Arglist und vorsätzlicher Obliegenheitsverletzung frei. Bei grob fahrlässiger Verletzung der Obliegenheiten darf der VR seine Leistung entsprechend der Schwere des Verschuldens kürzen (quoteln); der Kausalitätsgegenbeweis ist hierbei möglich. Bei einfacher Fahrlässigkeit zahlt der VR komplett. **111**

c) Reiseabbruchversicherung

Für die Reiseabbruchversicherung kann zunächst auf die Ausführungen zur Reiserücktrittskostenversicherung verwiesen werden. **112**

Darüber hinaus hat der Versicherte bei Abbruch der Reise den weiteren, noch nicht genutzten Reiseteil zu stornieren[60] und den für die Rückreise kürzesten Weg, bzw. die kostengünstigste Variante, zu wählen.[61]

5. Unterversicherung

Der VR leistet nur im Rahmen der versicherten Summen. Reichen diese nicht aus, dann greifen die Regelungen zur Unterversicherung, § 75 VVG, d.h. der VR leistet nur im Verhältnis der Versicherungssumme zum tatsächlichen Versicherungswert (vollständiger Reisepreis und anfallende Vermittlungsentgelte). In Ziff. 7 VB-Reiserücktritt und Ziff. 7 VB-Reiseabbruch ist der Fall einer **Unterversicherung** genannt. **113**

Hinweis

Relevant wird die Problematik bei langfristigen Verträgen, bei der die Versicherungssumme alle Reisen eines Jahres umfassen muss oder wenn der Versicherungsschutz z.B. über den Einsatz einer Kreditkarte zustande kommt. Bei Verträgen die z.B. über den Reiseveranstalter für eine konkrete Reise abgeschlossen werden, ist im Falle einer (unwahrscheinlichen) Unterversicherung an ein Beratungsverschulden zu denken.

59 Vgl. *Naumann/Brinkmann*, § 9 Rn 34.

60 Dem VR muss eine Abrechnung des Reiseveranstalters über die verbrauchten bzw. noch nicht verbrauchten Kosten vorgelegt werden, Van Bühren/Richter/*Richter*, VB-Reiseabbruch, Ziff. 4 Rn 4.

61 Van Bühren/Richter/*Richter*, VB-Reiseabbruch, Ziff. 4 Rn 1.

6. Beweislast

114 Es gelten die allgemeinen Grundsätze, wonach der **VN** die anspruchsbegründenden Tatsachen darzulegen und zu beweisen hat, Beweismaßstab § 286 ZPO.

115 Für die **Reiserücktrittskostenversicherung** bedeutet das, der VN muss den Abschluss des Reisevertrags, den Eintritt des versicherten Ereignisses und die Unzumutbarkeit des (rechtzeitigen) Reiseantritts aufgrund dieses Ereignisses darlegen und beweisen. Auch muss der VN die geltend gemachten Stornierungs- oder Nachreisekosten darlegen und beweisen.

116 Für die **Reiseabbruchkostenversicherung** bedeutet das, der VN muss den Eintritt des versicherten Ereignisses nebst Unmöglichkeit der geplanten Beendigung der Reise darlegen und beweisen. Dies gilt zudem für die Art und Höhe der entstandenen Kosten der Rückreise. Der VN kann sich nicht auf Gepflogenheiten im Reiseland berufen, wonach es unüblich sei, Rechnungen oder Quittungen für Taxifahrten oder Hotelübernachtungen auszustellen.

117 Der **VR** trägt die Darlegungs- und Beweislast für die von ihm geltend gemachten Ausschlusstatbestände und das Vorliegen einer objektiven Obliegenheitsverletzung, ebenfalls nach den allgemeinen Regelungen. Auch das Vorliegen einer Unterversicherung hat der VR zu beweisen.

II. Außergerichtliches Mandat

1. Sachstand bei Mandatsbeginn

118 Zu Beginn des Mandats muss sich der Anwalt einen genauen Überblick über die Sachlage machen. Was ist passiert, welche vertraglichen Vereinbarungen liegen vor, in welchem Stadium der Schadenregulierung befindet man sich und was möchte der VN? Je nach Sachstand muss man dann in die weitere Prüfung einsteigen.

119 **Checkliste: Ausgangslage im Mandat**

Wurde Schaden schon gemeldet?	☐ ja	☐ nein
Welches Bedingungswerk ist versichert?	(…)	
Wann sollte die Reise erfolgen?	(…)	
Was genau ist passiert (Hergang)?	(…)	
Zu bewerten als	☐ Rücktritt	☐ Abbruch
Lag eine bedingungsgemäße Reiseunfähigkeit vor?	(…)	
(oder)		
War die planmäßige Beendigung der Reise unzumutbar?	(…)	
War die betroffene Person mitversichert?	(…)	
Welcher Gesundheitsschaden ist eingetreten?	(…)	

Liegt ein ärztliches Attest vor?	☐ ja	☐ nein
Sind Obliegenheiten problematisch?	(...)	
Welche?	(...)	
Welche Kosten sind entstanden?		
Sind die Kosten bereits fällig?	☐ ja	☐ nein
Hat VR den Schaden (grundsätzlich) anerkannt?	☐ ja	☐ nein
Hat VR etwas gezahlt?	☐ ja, (...) EUR	☐ nein
Liegt Schriftwechsel mit VR vor?	☐ ja	☐ nein
Was fehlt?	(...)	
Bestehen mehrere Verträge (z.B. über Kreditkarte)?	☐ ja, bei (...)	☐ nein
(...)(Sonstige)	(...)	

2. Berechnung des Anspruchs

Ob Reiserücktritt oder Reiseabbruch: Für die genaue Bezifferung des Anspruchs gegen den VR sind die Einzelposten zu erfassen. Dafür sind alle Positionen, vom Reisepreis über ersparte Aufwendungen bis hin zu entstandenen Kosten zu berücksichtigen. Nur belegbare Kosten können in Ansatz gebracht werden, ein Trinkgeld für den Taxifahrer dagegen nicht. Es empfiehlt sich aus Gründen der Übersichtlichkeit und Verständlichkeit nicht schlicht die Belege unkommentiert zur Vertrags- bzw. Schadennummer an den VR zu schicken, sondern eine genaue Aufstellung mit allen Einzelpositionen beizufügen. 120

Checkliste: Kosten Reiserücktritt 121

Reisepreis (gesamt)	(...)
Stornokosten am Stornierungstag	(...)
Selbstbehalt	(...)
Anspruch gegen VR	(...)

Checkliste: Kosten Reiseabbruch 122

Reisepreis (gesamt)	(...)
Ersparte Reisekosten	(...)
Zusätzliche Kosten am Urlaubsort	(...)
Zusätzliche Rückreisekosten	(...)
Selbstbehalt	(...)
Anspruch gegen VR	(...)

3. Erstmeldung bei Versicherer

Für die Erstmeldung bzw. Anmeldung beim Versicherer sollten die für den Nachweis des Anspruchs erforderlichen Unterlagen beim VR eingereicht werden. Ein spezielles 123

Formular ist dann nicht mehr zwingend erforderlich, es kann aber im Einzelfall ergänzende Nachfragen des VR geben.

124 ▼

Muster 6.18: Anschreiben Reiserücktrittskostenversicherung

Per Fax

(*Versicherung*)

(*Anschrift*)

Vertrag-Nr.:

Reiserücktrittskostenversicherung

Geplanter Reisebeginn:

Versicherte Person:

(*Anrede*)

ausweislich der in Kopie/Abschrift beiliegenden Vollmacht vertrete ich Ihren Versicherungsnehmer, (*Herr/Frau/Firma*).

Für (*Versicherte Person*) besteht bei Ihnen für seine geplante Reise vom (*Reisebeginn*) bis zum (*Reiseende*) nach (*Reiseziel*) eine Reiserücktrittskostenversicherung. (*Versicherte Person*) konnte die Reise wegen (*Rücktrittsgrund*) nicht antreten.

Bitte erstatten Sie die vertraglich vereinbarten Kosten von EUR auf mein Kanzleikonto. Zur Anspruchsprüfung schicke ich Ihnen folgende Unterlagen mit:

- ☐ Reisevertrag
- ☐ Attest über Reiseunfähigkeit (Nachweis Stornogrund)
- ☐ Rechnung Stornokosten des Veranstalters
- ☐

Sofern Sie weitere Unterlagen benötigen, informieren Sie mich bitte frühzeitig.

Mit freundlichen Grüßen

Rechtsanwalt

▲

125 ▼

Muster 6.19: Anschreiben Reiseabbruchversicherung

Per Fax

(*Versicherung*)

(*Anschrift*)

Vertrag-Nr.:

Reiseabbruchversicherung

Reise nach:

Versicherte Person:

(*Anrede*)

ausweislich der in Kopie/Abschrift beiliegenden Vollmacht vertrete ich Ihren Versicherungsnehmer, (*Herr/Frau/Firma*).

Für (*Versicherte Person*) besteht bei Ihnen für seine Reise ab dem (*Reisebeginn*) nach (*Reiseziel*) eine Reiseabbruchversicherung. (*Versicherte Person*) konnte die Reise wegen (*Ereignis*) nicht komplett durchführen und musste vorzeitig die Rückreise antreten.

Bitte erstatten Sie die vertraglich vereinbarten Kosten von EUR auf mein Kanzleikonto. Zur Anspruchsprüfung schicke ich Ihnen folgende Unterlagen mit:

☐ Reisevertrag
☐ (Nachweis Abbruchgrund – z.B. medizinisches Attest, Sterbeurkunde)
☐ Rechnungen für vorzeitige Rückreise – (Anzahl Belege)
☐

Sofern Sie weitere Unterlagen benötigen, informieren Sie mich bitte frühzeitig.

Mit freundlichen Grüßen

Rechtsanwalt

▲

4. Attest zur Bestätigung einer Reiseunfähigkeit

Der VR benötigt einen Nachweis für den Rücktrittsgrund. Für den häufigen Fall einer **126**
unvorhersehbaren Erkrankung eignet sich das folgende Attest. Damit werden auch mögliche Einwendungen abgefragt, so dass sich eine weitergehende Sachverhaltsaufklärung beim Arzt vielfach erübrigt. Je nach Erkrankung wird der VR aber seine speziellen Berichte zusätzlich anfordern. Kosten für das Attest sind Schadensermittlungskosten, die nach § 85 Abs. 1 S. 1 VVG der VR trägt.

▼ **127**

Muster 6.20: Attest zur Bestätigung einer Reiseunfähigkeit

(*Versicherung*) 6.20

(*Anschrift*)

Gesundheitsbeeinträchtigung vor Reiseantritt

Vertrag-Nr.:

Verletzte Person:

1. Welche Erkrankung bzw. Verletzung liegt vor?
2. Wann trat die Gesundheitsschädigung erstmalig auf?
3. Wie ist sie entstanden bzw. welche Ursache liegt vor?
4. Handelt es sich aktuell um eine Verschlimmerung einer vorbestehenden Gesundheitsschädigung?
   ☐ ja ☐ nein
5. War die Gesundheitsschädigung vorhersehbar, d.h. war absehbar, dass es zu einer Eskalation einer Krankheit zu diesem Zeitpunkt kommen wird.
   ☐ ja ☐ nein
   Wenn ja, warum?

6. War die verletzte Person uneingeschränkt reisetauglich?
   Vor Änderung des Gesundheitszustandes? □ ja □ nein
   Nach Änderung des Gesundheitszustandes? □ ja □ nein
7. Welche Reiseeinschränkungen bestehen?
   Vor Änderung des Gesundheitszustandes? □ keine □
   Nach Änderung des Gesundheitszustandes? □ keine □

(Datum) (Unterschrift des Arztes und Stempel)

▲

III. Gerichtliches Mandat

1. Allgemeines

128 Im gerichtlichen Verfahren sind die außergerichtlich bereits erforderlichen Fragestellungen zum Vertrag, zum Schadenfall und zur Anspruchslage vorab zu prüfen.

Es gilt § 215 VVG auch im Fall der Klage eines (aktivlegitimierten) Versicherten.[62]

129 *Hinweis*

Bei einer Teilablehnung geht es vielfach nur noch um relativ geringe Restbeträge. Hier bietet es sich auf jeden Fall an, einen außergerichtlichen Einigungsversuch der Klageerhebung voranzustellen.

2. Muster Reiserücktrittskostenversicherung

a) Ausgangsfall

130 Buchung einer Reise für zwei Personen in einem Reisebüro bei gleichzeitigem Abschluss einer Reiserücktrittskostenversicherung. Ein Reisender besitzt ein Grundleiden, welches die gebuchte Reise grundsätzlich aber noch zulässt. Nach erfolgter Buchung verschlechtert sich durch ein hinzukommendes Ereignis der Gesundheitszustand so, dass letztlich die Reise für diese Person unmöglich wird. Es entstehen Stornierungskosten.

Da zwischen dem Ereignis selber und der Stornierung mehrere Tage vergehen, wird die Kostenquote für die Stornierung erhöht. Die Parteien streiten darüber, ob und wenn ja in welcher Höhe der VR die Stornokosten übernehmen muss.

b) Einordnung und Hinweise

131 Eine schwere Erkrankung ist die häufigste der möglichen Ursachen für einen Rücktritt von der Reise. Gestritten wird neben den grundsätzlichen Fragen zur Leistungspflicht über die Höhe der Leistung, da eine frühzeitige Stornierung den Schaden mindert. Wann ist bzw. wird die geplante Reise unzumutbar?

62 Langheid/Rixecker/*Rixecker*, § 215 VVG Rn 3 ff.

c) Klageschrift

▼ 132

Muster 6.21: Klage Reiserücktrittskostenversicherung

An das

Amtsgericht

Klage

Des Herrn (*Name, Adresse*)

– Kläger –

Prozessbevollmächtigte: Rechtsanwalt (*Name, Adresse*)

gegen

die Versicherung AG, vertreten durch ihren Vorstand, (*Name, Adresse*)

– Beklagte –

wegen: Leistungen aus der Reiserücktrittskostenversicherung (Schaden-Nr. ; Vertrag-Nr.)

Streitwert: 2.698,65 EUR

Namens und Kraft erteilter Vollmacht der Klägerin erhebe ich Klage gegen die Beklagte und werde beantragen,

> **die Beklagte zu verurteilen, an den Kläger 2.698,65 EUR nebst Zinsen hieraus in Höhe von 5 %-Punkten über dem jeweiligen Basiszins ab dem 6.11.2013 zu zahlen.**

Ich rege die Einleitung eines schriftlichen Vorverfahrens an und stelle für diesen Fall schon jetzt,

den Antrag gem. § 331 Abs. 3 ZPO.

Klagebegründung

I. Sachverhalt

1. Reisebuchung

Der Kläger buchte für seine Ehefrau, Frau , und sich eine 10-tägige Städtereise nach Rom, mit Hin- und Rückflug ab Köln/Bonn, Flughafentransfer, zentral gelegenem Hotel, Stadtrundfahrt und Karten für eine Papstaudienz. Der Kläger hatte dies im örtlichen Reisebüro bei dem Reiseveranstalter als Pauschalangebot zum Preis von 1.999 EUR pro Person, insgesamt 3.998 EUR am 1.3.2013 gebucht. Reisebeginn sollte Dienstag, der 1.10.2013 sein.

> Beweis: Kopie der vollständigen Reiseunterlagen, Anlage K1

2. Stornoregelung

Die Reise- und Geschäftsbedingungen der Firma enthalten auch eine Regelung zur Zahlung von sog. Stornokosten, falls die Reise vor Reisebeginn storniert werden sollte. Die Höhe der Stornokosten ist abhängig vom Zeitpunkt der Stornierung aus einer beiliegenden Tabelle (Stornostaffel). Hiernach war bei einer Stornierung der Reise in einem Zeitraum von 8 bis 14 Tagen vor dem Reisebeginn ein Stornobetrag in Höhe von 75 % des Reisepreises zu zahlen, in dem Zeitraum zwischen 15 und 21 Tagen vor

Reisebeginn beliefen sich die zu zahlenden Stornokosten auf 55 % des Reisepreises und bei einer Stornierung im Zeitraum von 22 Tagen bis 3 Monate vor Reisebeginn auf 30 % des Reisepreises.

Beweis: Stornotafel auf Seite der Anlage K1

3. Reiserücktrittskostenversicherung

Der Kläger schloss für diese Reise bei der Beklagten eine Reisekostenrücktrittsversicherung ab. Die dem Kläger bei Abschluss der Versicherung ausgehändigten und als Kopie vorgelegten Versicherungsbedingungen der Beklagten enthalten u.a. folgende Klauseln:

§ 1 Die Versicherung AG erstattet die vertraglich geschuldeten Stornokosten, sofern die versicherte Person oder eine Risikoperson eine unerwartete schwere Erkrankung erleidet, mit der im Zeitpunkt der Buchung der Reise nicht zu rechnen war und die der versicherten Person die planmäßige Durchführung der Reise unzumutbar macht.

§ 4 Der Versicherungsnehmer ist verpflichtet, nach Eintritt des versicherten Reiserücktrittsgrundes die Reise unverzüglich zu stornieren, um die Stornokosten möglichst gering zu halten.

§ 8 Der von dem Versicherungsnehmer zu tragende Selbstbehalt beträgt je Versicherungsfall 10 % des erstattungsfähigen Schadens.

Beweis: Versicherungsbedingungen Anlage K 2

4. Reisefähigkeit – Gesundheitszustand bei Buchung

Die Ehefrau des Klägers leidet bekanntermaßen seit etwa 5 Jahren an einer schweren Arthrose im linken Knie. Bei den regelmäßigen Kontrolluntersuchungen, zuletzt im Januar 2013, bespricht Sie immer auch die Möglichkeiten einer Reise mit dem behandelnden Orthopäden Dr. . Im Hinblick auf die fehlende Bewegungsmöglichkeit für das Bein im Flugzeug soll eine Flugreise nicht mehr als drei Stunden betragen. Dr. riet von einer Flugreise aber nicht generell ab.

Beweis:
1. Zeugnis der Ehefrau , (Name, Anschrift)
2. Zeugnis des Dr. , (Name, Anschrift)

5. Unerwartete schwere Erkrankung/Stornierung der Reise

Am Donnerstag den 5.9.2013 knickte die Ehefrau des Klägers am späten Nachmittag im Garten mit dem linken Bein um und verspürte einen stechenden Schmerz im linken Knie. Wegen des bevorstehenden Wochenendes versuchte Sie zunächst wie bereits in früheren, ähnlichen Fällen durch eine Schonung und Kühlen des Knies Linderung zu schaffen und hoffte, dass der Gesundheitszustand nach ein paar Tagen wieder wie vorher sei. Da die Schmerzen aber immer schlimmer wurden und das Gelenk auch blockierte, sich also nicht bewegen ließ, ging Frau am Dienstag den 10.9.2013 zu Herrn Dr. in die Akut-Sprechstunde. Dieser veranlasste für Freitag den 13.9.2013 eine MRT-Untersuchung. Die Besprechung des Untersuchungsergebnisses fand am Montag den 16.9.2013 statt und ergab, dass eine so große Knorpelabsprengung vorliege, die irreparabel sei und sofort ein künstliches Kniegelenk erfordere. Die Operation fand am Mittwoch den 18.9.2013 statt.

Beweis:
1. Zeugnis der Frau , (Name, Anschrift)
2. Zeugnis des Herrn Dr. , (Name, Anschrift)

Nach erfolgreicher Operation und der Information über den weiteren Behandlungsverlauf stornierte der Kläger die Reise für seine Frau und sich am 19.9.2013.

Beweis: Sendebericht der Stornierung per Fax Anlage K 3.

6. Stornokosten

Nach der Stornierung wurden dem Kläger von der Firma Stornokosten in Höhe von 2.998,50 EUR in Rechnung gestellt, was einem Anteil von 75 % des eigentlichen Reisepreises entsprich.

Beweis: Kopie Rechnung Anlage K 4.

7. Außergerichtlicher Schriftwechsel mit der Beklagten

Der Kläger hat die sachlich berechtigte und rechnerisch richtige Rechnung der Firma beglichen,

Beweis: Kontoauszug des Klägers vom (Datum), Anlage K 5.

und leitete diese mit dem in Kopie vorgelegten Schreiben vom 25.10.2013

Beweis: Kopie Brief vom 25.10.2013, Anlage K 6.

an die Beklagte weiter, welche die Leistung einer Entschädigungszahlung aus dem Versicherungsvertrag mit dem in Kopie vorgelegten Schreiben vom 5.11.2013 ablehnte, eingegangen beim Kläger am 6.11.2013.

Beweis: Kopie Ablehnung der Beklagten, Anlage K 7.

Die Beklagte berief sich außergerichtlich darauf, dass kein Versicherungsfall vorliege, da es sich bei der für die Stornierung der Reise ursächlichen Knieerkrankung um Folgen der bereits vorbestehenden Arthrose und damit nicht um eine unerwartete und schwere Erkrankung gehandelt habe. Auch sei die Verschlimmerung des Zustandes keine Unfallfolge.

Losgelöst davon meint die Beklagte hilfsweise, im Falle einer Leistungspflicht wäre nur ein Betrag von 1.079,46 EUR zu zahlen, da der Kläger insoweit seine Schadensminderungspflicht verletzt und die Reise nicht bereits am Tage des erstmaligen Auftretens der Beschwerden storniert habe. Im Falle einer unverzüglichen Stornierung wären lediglich Stornokosten in Höhe von 30 % des Reisepreises angefallen. Abzüglich des 10 %-igen Selbstbehalts ergebe sich der Betrag von 1.079,46 EUR.

II. Rechtliche Würdigung

Die Klage ist zulässig und begründet.

Dem Kläger steht gegen die Beklagte ein Anspruch aus dem bei der Beklagten unterhaltenen Versicherungsvertrag zu.

1. Eintritt des Versicherungsfalls

Die mit der Beklagten vereinbarte Reisekostenrücktrittsversicherung bietet nach § 1 der zugrunde liegenden Versicherungsbedingungen Versicherungsschutz für die Stornierung einer gebuchten Reise aufgrund einer unerwartet schweren Erkrankung der versicherten Person. Die Beklagte ist in diesem Fall verpflichtet, die vertraglich geschuldeten Stornokosten abzüglich des vereinbarten Selbstbehaltes zu erstatten.

Die Ehefrau des Klägers, die Zeugin , erlitt am 5.9.2013 eine unerwartete, schwere Erkrankung. Der Eintritt des letztlich dem Reiseantritt entgegenstehenden Beschwerdezustandes war nicht voraussehbar. Auch wenn schon über Jahre eine grundsätzliche, aber beherrschbare Vorschädigung bekannt war, war die Reisefähigkeit, für eine Reise der geplanten Art, zuvor nicht beeinträchtigt.

Beweis:
1. Zeugnis des Herrn Dr. , (Name, Anschrift)
2. Sachverständigengutachten

Die außergerichtliche Argumentation der Beklagten, wonach eine chronische Vorerkrankung bestanden habe und die für die Reisestornierung maßgebliche Beeinträchtigung somit nicht unerwartet eingetreten sei, kann nicht überzeugen, da es darauf ankommt, ob aufgrund der Erkrankung mit einer schubweisen Verschlechterung der Befindlichkeit gerechnet werden konnte. Konkret konnte hier nicht damit gerechnet werden, da die Verschlechterung erst als Folge eines Umknickens eintrat.

Beweis:
1. Zeugnis des Herrn Dr. , (Name, Anschrift)
2. Zeugnis der Frau , (Name, Anschrift)
3. Sachverständigengutachten

Deshalb kann von einer Vorhersehbarkeit der Erkrankung nicht die Rede sein.

Hilfsweise wird vorgetragen, dass auch unter dem Aspekt des schweren Unfalls der Versicherungsschutz eingreifen würde, da es nicht auf die Schwere des Ereignisses selber, sondern auf die Schwere der Folgen ankommt.

Das Umknicken und die daraus resultierende Operation waren kausal für die Stornierung der Reise. Erst durch die Operation wurde ein Reiseantritt für den Kläger und seine Ehefrau auch unzumutbar.

2. Keine (teilweise) Leistungsfreiheit

Vorprozessual erhob die Beklagte den Einwand, dass selbst bei Annahme eines Versicherungsfalles keine Leistungspflicht in der begehrten Höhe bestünde, da die Schadensminderungsobliegenheit verletzt worden sei.

Es ist richtig, dass die Zeugin bereits am Donnerstag, den 5.9.2013, also über 22 Tage vor dem Reisebeginn, das Trauma erlitt. Gleichwohl ging sie subjektiv noch davon aus, dass kurzfristig eine Beschwerdelinderung erreicht werden könne, wenn sie sich möglichst wenig bewegen würde. Dies war in der Vergangenheit bereits so.

Beweis:
1. Zeugnis des Herrn Dr. , (Name, Anschrift)
2. Zeugnis der Frau , (Name, Anschrift)

Erst im Laufe des Wochenendes ergab sich die Notwendigkeit für einen Arztbesuch, der am 10.9.2013, also 21 Tage vor Reisebeginn erfolgte, aber erst durch weitere Untersuchungen mit der Besprechung am 17.9.2013 eine Gewissheit über den Gesundheitsstatus erbrachte. Letztlich konnte erst nach der Operation und der Information über den weiteren Heilverlauf eine Stornierung erfolgen, am 19.9.2013, also 2 Wochen vor Reisebeginn. Erst zu diesem Zeitpunkt stand definitiv fest, dass die Durchführung der Reise unzumutbar und damit eine Stornierung geboten war.

3. Höhe des Anspruchs

Die Klageforderung entspricht den vom Reiseveranstalter geltend gemachten Stornierungskosten in Höhe von 75 % des Reisepreises von 3.998 EUR, also 2.998,50 EUR abzüglich des Selbstbehalts von 10 %. Der Zinsanspruch besteht ab Zugang der Leistungsablehnung durch die Beklagte.

Der Klage ist demnach stattzugeben.

Rechtsanwalt

▲

d) Klageerwiderung

▼ 133

Muster 6.22: Klageerwiderung Reiserücktrittskostenversicherung 6.22

An das

Amtsgericht

In dem Rechtsstreit

Herrn ./. Versicherung AG

Az. – –

werde ich beantragen

die Klage kostenpflichtig abzuweisen.

und trage zur

Klageerwiderung

wie folgt vor:

I. Zum Sachverhalt

Zur Buchung der Reise kann die Beklagte keine Stellung nehmen. Die Ausführungen des Klägers zu den Versicherungsbedingungen und zu der Stornoregelung sind richtig.

Bestritten wird die Reisefähigkeit der Zeugin . Der Klägervortrag, wonach die Zeugin sich wegen der bekannten Arthrose in regelmäßigen Abständen einer Kontrolluntersuchung unterziehen muss, ist ein Beleg dafür, dass die Erkrankung kurz vor der Eskalation stand und es im Ergebnis einer dauerhaften Behandlung gleichkam, denn ein künstliches Gelenk wird wegen der begrenzten zeitlichen Haltbarkeit nur als letzte Möglichkeit und so spät wie möglich eingebracht.

Beweis: Sachverständigengutachten.

Es wird mit Nichtwissen bestritten, dass ein Umknicken am 5.9.2013 eine Gesundheitsschädigung adäquat kausal verursacht hat und die Gesundheitsschädigung unausweichlich eine sofortige Operation erforderte.

Es wird ferner mit Nichtwissen bestritten, dass erst am 19.9.2013 die Reiseunfähigkeit eintrat und feststand.

Darüber hinaus wird mit Nichtwissen bestritten, dass weder vor dem 5.9.2013, am 5.9.2013, noch am 10.9.2013, am 13.9.2013 bzw. am 16.9.2013 eine Reiseunfähigkeit vorlag.

Beweis:
Sachverständigengutachten
– unter Verwahrung gegen die Beweislast –

II. Zur Rechtlichen Würdigung

1. Ereignis und Vorhersehbarkeit

Der Gesundheitszustand der Zeugin wirft die Frage auf, ob überhaupt ein Leistungsfall vorliegt. War der Gesundheitszustand bereits so schlecht, dass eine geringe Ursache ausreichte um eine schwerwiegende Operation erforderlich zu machen, dann ist eine Vorhersehbarkeit anzunehmen, denn wenn nur ein Tropfen ausreicht um das Fass zum Überlaufen zu bringen, war das Fass vorher schon voll.

Bei dem geschilderten Ereignis handelt es sich auch nicht um ein schweres Unfallereignis, so dass bereits eine Kausalität zwischen dem Ereignis und der Gesundheitsschädigung zu verneinen ist.

2. Verspätete Stornierung

Bejaht man denn die Leistungspflicht dem Grunde nach, dann ist bei der Schwere des Krankheitsbildes zumindest eine sofortige Stornierung zu verlangen. Die Reise wurde für die Zeugin nicht erst mit der Operation unzumutbar. Es war direkt eine Streckhemmung des Knies festgestellt worden, die einen Flug in einem eng bestuhlten Flugzeug unzumutbar macht.

Dies geht einher mit der fehlenden unverzüglichen Meldung des Schadens. Ein so massiv geschädigtes Knie bereitet nach jedem empfundenen Trauma zumindest für längere Zeit Probleme, die eine das Bein belastende Reise stark beeinflussen. Bei einer sofortigen Stornierung am 5.9.2013 wären nur 30 % des Reisepreises als Stornokosten fällig geworden, anstelle 75 %.

Hilfsweise wird geltend gemacht, dass der Kläger nicht betroffen war und die Stornierung seines Reiseanteils nicht erforderlich war, insbesondere da sich die Zeugin zum Zeitpunkt der Reise in stationärer Behandlung befand und einer Hilfe des Klägers nicht bedurfte.

Rechtsanwalt

▲

3. Muster Reiseabbruchversicherung

a) Ausgangsfall

134 Der VN befindet sich auf einer Gruppenrundreise auf Kuba. Der Reiseplan sieht einen Flug nach Havanna vor, dann zunächst eine vierzehntägige Rundreise und abschließend Tage in Havanna; von dort erfolgt der Rückflug. Am ersten Tag auf Kuba stürzt er und zieht sich eine Handgelenksfraktur zu. Die kubanischen Ärzte sehen die Verletzung als

nicht so tragisch an und behandeln sie konservativ, d.h. das Handgelenk wird eingegipst. Sie geben dem VN die Erlaubnis, mit dieser Verletzung weiter an der Rundreise teilzunehmen. Der VN erkundigt sich telefonisch bei einem befreundeten Arzt, der ihm mitteilt, dass die Verletzung in Deutschland regelmäßig operativ versorgt wird und bei einer falschen Schienung eine Invalidität droht. Daraufhin entscheidet sich der VN die Reise abzubrechen und fliegt mit dem nächsten Direktflug zum Ausgangsflughafen zurück nach Deutschland. Es wird, da die Reisegruppe bereits weiterreist eine zusätzliche Übernachtung in Havanna erforderlich. Die zusätzlichen Kosten für den umgebuchten Rückflug, die zusätzliche Übernachtung sowie den Reisepreis verlangt er von der Reiseversicherung erstattet.

b) Einordnung und Hinweise

Der Musterfall führt in zahlreichen kleinsten Abweichungen immer wieder zu anderen 135
Ergebnissen. Die Frage der medizinischen Versorgung im Reiseland, kann mit einer Unterbrechung ein späterer Teil der Reise sowie die Rückreise wieder wahrgenommen werden und welchen Anteil an den Gesamtkosten macht der verpasste Reiseanteil aus, ist stets im Einzelfall genau zu betrachten. Auch ist die Frage der Schadenminderung bei einer vorzeitigen Rückreise erheblich. Ist ein Direktflug nötig oder muss der erste Flug genommen werden?

Hier sollten Alternativen aufgezeigt und dann Argumente für und gegen diese Alternativen gesammelt werden.

Wichtig ist auch die Abgrenzung zur Reiserücktrittskostenversicherung. Die Reise wurde mit dem Flug angetreten, so dass es sich um einen Fall der Reiseabbruchversicherung handelt, auch wenn die eigentliche Rundreise auf Kuba noch nicht begonnen hatte.

c) Klageschrift

▼ 136

Muster 6.23: Klage Reiseabbruchversicherung 6.23

An das

Amtsgericht

Klage

des Herrn (*Name, Adresse*)

– Kläger –

Prozessbevollmächtigte: Rechtsanwalt (*Name, Adresse*)

gegen

die Versicherung AG, vertreten durch ihren Vorstand, (*Name, Adresse*)

– Beklagte –

wegen: Leistungen aus der Reiseabbruchversicherung (Schaden-Nr. ; Vertrag-Nr.)

Streitwert: 3.589,10 EUR

Namens und Kraft erteilter Vollmacht der Klägerin erhebe ich Klage gegen die Beklagte und werde beantragen,

die Beklagte zu verurteilen, an den Kläger 3.589,10 EUR nebst Zinsen hieraus in Höhe von 5 %-Punkten über dem jeweiligen Basiszins ab dem 1.3.2014 zu zahlen.

Ich rege die Einleitung eines schriftlichen Vorverfahrens an und stelle für diesen Fall schon jetzt

den Antrag gem. § 331 Abs. 3ZPO.

Klagebegründung

I. Sachverhalt

1. Reisebuchung

Der Kläger buchte im März 2014 für sich eine 16-tägige Rundreise auf Kuba, mit Hin- und Rückflug ab Köln/Bonn, Flughafentransfer, Hotels der vereinbarten Kategorie und Busrundreise, deutschsprachiger Reiseleistung und Halbpension. Der Kläger hatte dies im örtlichen Reisebüro bei dem Reiseveranstalter als Pauschalangebot zum Preis von 2.599 EUR gebucht. Der Reisebeginn war am 1.6.2014.

Beweis: Kopie der vollständigen Reiseunterlagen, Anlage K 1.

2. Reiseabbruchversicherung

Der Kläger unterhält bei der Beklagten unter der Versicherungsnummer eine Reiseabbruchversicherung. Dem Vertrag liegen die Versicherungsbedingungen 2010 zu Grunde. Der Vertrag umfasst einen Deckungsschutz für Reisen bis zum Reisepreis von 10.000 EUR.

Beweis:
Versicherungsschein vom 30.11.2011

– Anlage K 2 –

Kopie Bedingungen,

– Anlage K 3 –

3. Unfallereignis und Rückflug

Nach der Landung in Havanna rutschte der Kläger am 2.6.2014 vormittags im Hotel auf einer feuchten Stelle im Bereich des Ausgangs aus und stürzte zu Boden. Dabei zog er sich eine distale Radiusfraktur am rechten Arm zu.

Beweis:
1. Parteivernehmung des Klägers
2. Zeugnis der Reiseleiterin, Frau , zu laden über die Firma , (*Name, Anschrift*)
3. Arztbrief mit Übersetzung ins Deutsche, Anlage K 4.

Der Arm wurde noch am gleichen Vormittag auf Kuba geschient und „konservativ" behandelt, da eine Operation auf Kuba für diese Verletzung nicht vorgesehen ist.

Beweis: Arztbrief mit Übersetzung ins Deutsche, Anlage K 4.

Auf telefonische Nachfrage bei einem befreundeten Arzt, dem Orthopäden , riet dieser dem Kläger zur raschen Operation der Fraktur und zur schnellstmöglichen Rückkehr nach Deutschland.

Beweis:
1. Zeugnis des Dr. , (*Name, Anschrift*)
2. Sachverständigengutachten.

Eine Gipsschiene bedeutet für eine Rundreise eine erhebliche Einschränkung und Belastung und stellt darüber hinaus auch den medizinischen Erfolg einer konservativen Behandlung in Frage. Die Teilnahme an der Reise war daher nicht mehr zumutbar und die Reise insgesamt für den Kläger wertlos.

Beweis:
Sachverständigengutachten

Deshalb buchte der Kläger noch am 2.6.2014 den nächsten möglichen Direktflug nach Köln/Bonn, für den 4.6.2014. Es gab nur noch Plätze in der Business Class für 1.000 EUR.

Beweis:
Kopie der Reiseunterlagen mit Rechnung und Flugplan,

– Anlage K 5 –

Da die Reisegruppe am 3.6.2014 für die Rundfahrt Havanna verließ, wurde eine zusätzliche Übernachtung erforderlich. Diese kostete im bereits bezogenen Hotel 250 EUR.

Beweis:
Kopie Hotelrechnung,

– Anlage K 6.

Die Beklage hat außergerichtlich die angefallenen Kosten nicht bestritten, bestreitet aber die Notwendigkeit des Reiseabbruchs und hilfsweise die Höhe die Klageforderung.

II. Rechtliche Würdigung

Die Klage ist zulässig und begründet.

Dem Kläger steht gegen die Beklagte ein Anspruch aus dem bei der Beklagten unterhaltenen Versicherungsvertrag zu.

1. Eintritt des Versicherungsfalls

Der Sturz im Hotel in Havanna mit der Folge eines Armbruchs stellt ein versichertes Schadenereignis im Sinne der Bedingungen dar und begründet damit einen Leistungsanspruch dem Grunde nach. Es ist nicht zumutbar, unter den klimatischen Bedingungen auf Kuba im Juni mit einer Gipsschiene eine Rundreise durchzuführen, da insbesondere die vorgesehenen Besichtigungen im Freien bzw. in nicht klimatisierten Räumen erfolgen. Auch erfolgte die medizinische Versorgung nicht entsprechend dem europäischen Standard. Daher war eine rasche Rückreise geboten.

2. Höhe des Anspruchs

Der Unfall ereignete sich direkt nach der Ankunft auf Kuba im Hotel. Da die eigentliche Rundreise noch nicht begonnen hatte, war die gesamte Reise für den Kläger wertlos. Eine anteilige Kürzung für den in Anspruch genommenen Hinflug erscheint daher nicht angezeigt, da dieser für sich genommen wertlos blieb. Trotzdem wird eine anteilige Kürzung von 10 % des gesamten Reisepreises nach den Vorgaben des BGH (NJW 2004, 1600) bei der Klageforderung berücksichtigt.

Der Klage ist demnach stattzugeben.

Rechtsanwalt

▲

d) Klageerwiderung

137 ▼

Muster 6.24: Klageerwiderung Reiseabbruchversicherung

An das

Amtsgericht

In dem Rechtsstreit

Herrn ./. Versicherung AG

Az. – –

werde ich beantragen

die Klage kostenpflichtig abzuweisen.

und trage zur

Klageerwiderung

wie folgt vor:

I. Zum Sachverhalt

Zur Buchung der Reise kann die Beklagte keine Stellung nehmen. Die Ausführungen des Klägers zum Vertragsverhältnis sind richtig.

Der Kläger meldete der Beklagten am 14.7.2014 den Schadenfall und legte die in der Klageschrift genannten Rechnungen und medizinischen Unterlagen vor.

Es wird mit Nichtwissen bestritten, dass eine Operation der Fraktur auf Kuba nach dem medizinischen Standard in Europa nicht möglich ist.

Ferner wird bestritten, dass die Rundreise mit geschientem Arm für den Kläger unzumutbar war. Laut der als K1 vorgelegten Unterlagen erfolgte die Busreise in einem klimatisierten Bus.

Zur Schadenhöhe kann hilfsweise vorgetragen werden, dass eine Flugverbindung Havanna – Köln/Bonn mit Umstieg in London bereits am 2.6.2014 abends oder über Frankfurt am 3.6.2014 morgens hätte erfolgen können. Beide Flugverbindungen waren in der Economy Class nicht ausgebucht. Der Flugpreis betrug jeweils 499 EUR. Der Flug wäre über London um 5 Stunden, über Frankfurt um 3 Stunden länger gewesen.

Beweis: Flugplan und Reservierungsanfragen, Anlage B 1.

II. Zur Rechtlichen Würdigung

Die Klage ist unbegründet.

Der Reiseabbruch war nicht erforderlich, der Kläger hätte an der Reise weiter teilnehmen können. Eine konservative Behandlung der Fraktur ist auch in Europa nicht ungewöhnlich und kann hier wie dort bei fehlendem Erfolg später operativ nachversorgt werden.

Beweis: Sachverständigengutachten

Hilfsweise ist zu bedenken, dass die Reise bei einer vor Ort vorgenommenen Operation nicht hätte abgebrochen werden müssen. Mit einer Unterbrechung der Reise und späteren Fortsetzung zumindest für die Schlusstage in Havanna hätte auch der Rückflug planmäßig erfolgen können.

Die Buchung des Rückflugs erfolgte ohne Beachtung der Schadenminderungspflicht des Klägers. Er nahm eine eigenständige (neue) Buchung vor und keine Umbuchung. Diese hätte zumindest einen Anteil der Kosten berücksichtigt. Auch wäre bei einer der oben genannten Flüge ein geringerer Schaden entstanden, sogar die zusätzlichen Hotelkosten wären entfallen.

Beweis: Flugplan und Reservierungsanfragen, Anlage B 1.

Rechtsanwalt

▲

C. Lebens- und Rentenversicherung

Dr. Tobias Prang/Dr. Knut Höra/Thomas Leithoff

I. Einleitung

Ziel der folgenden Ausführungen ist, dem beratenden Anwalt einen kurzen Überblick **138**
über die vielfältigen Rechtsfragen der Lebensversicherung zu geben. Dabei ist allerdings zu berücksichtigen, dass die dem konkreten, zu prüfenden Vertragsverhältnis zugrunde liegenden Allgemeinen Versicherungsbedingungen der Lebensversicherung (ALB)[63] nur noch selten vollständig den Musterbedingungen des Gesamtverbandes der Versicherungswirtschaft e.V. (GDV) entsprechen.

> *Hinweis*
>
> Wo zwingend Abweichungen zu erwarten sind, kann bereits den Musterbedingungen entnommen werden. Sie enthalten vielfach Formulierungen wie „Hier sind folgende unternehmensindividuelle Angaben zu machen:", gefolgt von einer Aufzählung der zu regelnden Rechtsfragen (vgl. etwa § 2 Abs. 3 ALB). Es ist jedoch nicht ausgeschlossen, dass die dem konkreten Vertragsverhältnis zugrunde liegenden ALB auch an anderen Stellen von den Musterbedingungen abweichen. Maßgeblich sind immer die konkret streitgegenständlichen ALB, die sich der Rechtsanwalt daher von seinem Mandanten vorlegen lassen muss. Ist der Mandant nicht mehr im Besitz der ALB, müssen diese beim Versicherer angefordert werden.

63 Soweit nachfolgend auf die ALB Bezug genommen wird, betrifft dies den Stand: 28.4.2021.

1. Allgemeines

139 Mit dem 1910 in Kraft getretenen und bis 2007 nahezu unverändert gebliebenen Versicherungsvertragsgesetz (VVG) wurde das Versicherungsvertragsrecht einige Jahre nach dem Bürgerlichen Gesetzbuch (Inkrafttreten: 1.1.1900) und dem Versicherungsaufsichtsgesetz (Inkrafttreten: 1.7.1901) erstmals reichseinheitlich kodifiziert. Bereits in dieser für nahezu 100 Jahre geltenden Fassung enthielt das Gesetz einen eigenständigen Titel „Lebensversicherung“ mit detaillierten Einzelbestimmungen.

Die im Rahmen der VVG-Reform (Inkrafttreten: 1.1.2008) erfolgte Anpassung des VVG an dessen umfangreiche Fortbildung durch Richterrecht und an geänderte Wertvorstellungen betraf auch die Lebensversicherung, obwohl die mathematischen Kalkulationsgrundlagen letztlich unverändert fortbestanden. Die erfolgten Änderungen betreffen im Wesentlichen die Verteilung der Abschlusskosten sowie die Überschussbeteiligung. Die erst zum 1.1.2008 in Kraft getretenen Neuregelungen zur Überschussbeteiligung wurden durch das Lebensversicherungsreformgesetz (LVRG, Inkrafttreten: 7.8.2014)[64] erneut modifiziert.

Die Lebensversicherung – und mehr noch die Rentenversicherung – ist trotz aller Kritik ein bewährtes und vom Gesetzgeber steuerlich gefördertes Instrument zum Aufbau einer privaten Altersversorgung. Das angesparte Vermögen unterliegt dem Schutz durch Art. 14 GG.[65]

2. Historische Entwicklung

140 Die Lebensversicherung ist historisch betrachtet das Ergebnis mehrerer Entwicklungslinien. Einerseits beruht sie auf den Vorsorgebemühungen von gleichgesinnten Gruppen und dem sich verbreitenden Leibrentenwesen, andererseits auf der Fortentwicklung der Wahrscheinlichkeitsrechnung und anderer mathematischer Methoden zur Erfassung der Sterbewahrscheinlichkeit. Während ursprünglich der Gedanke der Absicherung der Familie im Todesfall des Haupternährers entscheidender Beweggrund für den Abschluss einer Lebensversicherung war, trat nach dem Zweiten Weltkrieg der Spargedanke immer mehr in den Vordergrund. Mit der ständig steigenden Lebenserwartung änderte sich auch die Position der Lebensversicherung. Die in den 50er und 60er Jahren noch im Vordergrund stehende Todesfallleistung in der Kapitalbildenden Lebensversicherung trat in den Hintergrund. Gegenwärtig ist ein auch vom Gesetzgeber steuerlich geförderter Trend zur Rentenversicherung zu erkennen.

64 BGBl I S. 1330 ff., Geltung ab 7.8.2014.
65 BVerfG v. 26.7.2005 – 1 BvR 782/94, NJW 2005, 2363 ff.

3. Überblick über die Rechtsgrundlagen

Die wesentlichen rechtlichen Grundlagen des Lebensversicherungsvertrages sind im **Bürgerlichen Gesetzbuch**, im **Versicherungsvertragsgesetz** sowie in den **allgemeinen Versicherungsbedingungen** zu finden. Daneben haben auch die Bestimmungen des Gesetzes über die Beaufsichtigung der Versicherungsunternehmen (**VAG**) in der Fassung der Bekanntmachung vom 1.4.2015 (BGBl. I S. 434 ff.) nebst nachfolgenden Änderungen mittelbare Auswirkungen auf den Versicherungsvertrag. 141

Bedeutung für den Lebensversicherungsvertrag hat auch das Handelsgesetzbuch (**HGB**), soweit die Bewertung der Vermögensanlagen und damit die Überschussbeteiligung betroffen ist, §§ 153 Abs. 2 VVG, 341e ff. HGB. Darüber hinaus finden weitere aufsichtsrechtliche Vorschriften Anwendung (BerVersV, MindZV, RechVersV und DeckRV), wobei grundsätzlich zwischen Versicherungsverträgen mit Vertragsschluss vor dem 29.7.1994 und Versicherungsverträgen mit Vertragsschluss ab dem 29.7.1994 unterschieden wird (vgl. § 336 VAG). Für den Umfang und den Inhalt der dem Versicherungsnehmer zu erteilenden Informationen ist auch die Verordnung über Informationspflichten bei Versicherungsverträgen (VVG-InfoV) zu beachten.

Unabhängig davon muss die Rechtsprechung, vor allem die des Bundesgerichtshofs und der zuständigen Oberlandesgerichte, beachtet werden.

4. Lebensversicherung im Aufsichtsrecht

Der Betrieb der Lebensversicherung unterliegt der Aufsicht durch die Bundesanstalt für Finanzdienstleistungsaufsicht (BaFin) nach dem VAG und den einzelne Teilbereiche regelnden Verordnungen. Versicherungsaufsichtsrecht ist Gewerbepolizeirecht.[66] Die BaFin überwacht den gesamten Geschäftsbetrieb der Versicherungsunternehmen im Rahmen einer rechtlichen Aufsicht im Allgemeinen und einer Finanzaufsicht im Besonderen (§ 294 Abs. 2 S. 1 VAG). Dabei achtet sie insbesondere auf die Einhaltung der Gesetze und die ausreichende Wahrung der Belange der Versicherten (§ 294 Abs. 2 S. 2 VAG). Die BaFin ist befugt, alle Maßnahmen zu ergreifen, die geeignet und erforderlich sind, Verstöße gegen diese Aufsichtsziele zu vermeiden oder zu beseitigen (§ 298 Abs. 1 VAG). 142

Die Lebensversicherung darf wegen des in Deutschland geltenden Prinzips der strengen Spartentrennung nur von Lebensversicherungsunternehmen betrieben werden (§ 8 Abs. 4 S. 2 VAG). Lebensversicherungsunternehmen dürfen nur Geschäfte nach den Nr. 19 bis 24 der Anlage 1 zum VAG betreiben. Vorschriften zur Kapitalausstattung von Versicherern finden sich in §§ 74 ff. VAG, Vorschriften zur Kapitalanlage der Lebensversicherung finden sich in §§ 124 ff. VAG.

66 Kaulbach/Bähr/Pohlmann/*Bürkle*, Einl. zu VAG Rn 40.

5. Lebensversicherung im Versicherungsvertragsgesetz

143 Das Recht der Lebensversicherung ist in Kapitel 5, §§ 150–171 VVG geregelt. Die gesetzlichen Vorschriften legen jedoch weder den Inhalt noch die Ausgestaltung eines Lebensversicherungsvertrages fest.

§ 150 Abs. 1 VVG erlaubt, dass die Lebensversicherung auf die Person des Versicherungsnehmers oder eines anderen genommen werden kann. Die Person, von deren Ableben bzw. Erleben die Fälligkeit der Versicherungsleistung abhängig ist, wird als versicherte Person bezeichnet. Von erheblicher praktischer Bedeutung sind darüber hinaus die Regelung zum Widerrufsrecht (§ 152 VVG), die Regelung zur Überschussbeteiligung (§ 153 VVG), die Regelungen zum Bezugsrecht (§§ 159, 160 VVG) und die Regelungen zur Prämienfreistellung und Kündigung (§§ 165, 168 VVG).

6. Begriff der Lebensversicherung

144 „Lebensversicherung" ist die generalisierende Bezeichnung für Versicherungsverträge, die ein Risiko aus der ungewissen Dauer des menschlichen Lebens oder anderer Gefahren für das Leben eines Menschen (das biometrische Risiko) übernehmen.[67] Auch Rentenversicherungen sind in diesem Sinne „Lebensversicherungen", da sie das biometrische Risiko der „Ungewissheit der Dauer des Lebens" der versicherten Person absichern.

Der Versicherer verpflichtet sich, gegen die Entrichtung einer bestimmten Prämie einen vereinbarten Betrag (Kapital oder Rente) im Falle des Eintritts des Versicherungsfalls zu zahlen.[68] Versicherungsfall in der Risikolebensversicherung ist der Tod der versicherten Person vor Ablauf des Vertrages, in der gemischten Lebensversicherung sind dies der Tod vor Ablauf des Vertrages sowie das Erleben des Ablaufs des Vertrages, in der Rentenversicherung ist Versicherungsfall jeweils das Erleben eines vereinbarten Rentenzahlungstermins.

Trotz der vielseitigen und unterschiedlichen Interessen der Verbraucher lassen sich ausreichend große Gruppen von Personen mit vergleichbaren Interessen finden, für die es sich lohnt, Lebensversicherungsprodukte zu entwerfen und zu kalkulieren.

Dementsprechend finden sich in der Lebensversicherung hochdifferenzierte Produkte, die durch eine Vielzahl von Merkmalen zu unterscheiden sind:

- Lebens- oder Rentenversicherung,
- Risiko- oder Gemischte Versicherung auf den Todes- und Erlebensfall,
- fondsgebundene, konventionelle oder hybrid-strukturierte Kapitalanlage,
- konventionelle Kapitalanlage mit oder ohne Garantiezins,
- verschiedene Formen der Überschussbeteiligung (z.B. Sofortgutschrift, verzinsliche Ansammlung, Beitragsverrechnung),
- Einmalbeitrag oder laufender Beitrag,
- Mitversicherung von weiteren Personen,

67 Prölss/Martin/*Schneider*, vor 150 ff. VVG Rn 1.
68 Prölss/Martin/*Schneider*, vor 150 ff. VVG Rn 1.

- sofort beginnende oder aufgeschobene Rentenversicherung,
- Vorhandensein oder Abwesenheit einer Todesfallleistung bei Rentenverträgen,
- Kombination mit Risiko-Zusatzversicherungen, zum Beispiel:
  - Unfalltod,
  - Berufs- oder Erwerbsunfähigkeit,
  - Grundfähigkeitsversicherung,
  - Dread Disease,
  - Pflegerente.

Aufgrund der vielfältigen Möglichkeiten der Kombination der verschiedenen Merkmale und deren Anpassung an den individuellen Bedarf sind Verträge in jeglicher Erscheinungsform feststellbar.

7. Versicherungsmathematische Grundsätze

Für die Kalkulation der Lebens- und Rentenversicherung gelten folgende Regelungen: **145**

Gemäß § 138 Abs. 1 VAG müssen die Prämien in der Lebensversicherung unter Zugrundelegung **angemessener versicherungsmathematischer Annahmen** kalkuliert werden.

Der in § 138 Abs. 1 VAG verwendete Begriff *„angemessene versicherungsmathematische Annahmen"* bezieht sich auf die Kalkulationsgrundlagen, die die wirtschaftliche Basis eines Tarifs bilden. Der verwendete Begriff der „Angemessenheit" ist dabei nicht im rechtlichen Sinne zu verstehen. „Angemessen" sind vielmehr Annahmen, die auf einer hinreichenden statistischen Grundlage beruhen.[69]

Im Folgenden werden die Rechnungsgrundlagen dargestellt, die gemäß § 145 VAG **146**
i.V.m. § 5 DeckRV bei der Entwicklung eines Lebensversicherungstarifs Bedeutung haben.

Rechnungsgrundlagen sind die Daten und Informationen, die der Versicherer als Grundlage für seine Beitragskalkulation verwendet.

Die Daten und Informationen beruhen auf der betriebswirtschaftlichen und versicherungsmathematischen Analyse verschiedener Sachverhalte. Der Kalkulation eines Produkts muss eine Betrachtung der wahrscheinlichen Ströme aus verschiedenen Einnahmen und Ausgaben vorangehen:

- die Leistungswahrscheinlichkeiten und die entsprechenden Einnahmen aus Risikoprämien,
- die Aufwendungen für den Betrieb sowie die entsprechenden Einnahmen durch den Kostenbeitrag aus den Prämien,
- im Fall des Versprechens einer Zinsgarantie die erforderlichen Zinsaufwendungen und -erträge.

Auf diesem Prinzip der Nutzung von aus jährlichen Betrachtungen hervorgehenden Informationen beruht die Kalkulation aller Tarife in der Lebensversicherung.

69 BeckOK VAG, *Dietmar Pfeiffer/Detje Pfeiffer*, § 138 VAG Rn 5.

Der Jahresabschluss, dem die Ergebnisrechnung des jeweils abgelaufenen Geschäftsjahrs zugrunde liegt und der alle wesentlichen kaufmännischen Daten enthält, ist jährlich zu erstellen, § 264 Abs. 1 HGB. Die Zinsrechnung folgt ebenfalls dem Prinzip des jährlichen Abschlusses der Bücher der Gesellschaft.

Die Rechnungsgrundlagen werden in verschiedene Kategorien geordnet: Sterblichkeit, Kosten, Zins und weitere Rechnungsgrundlagen; innerhalb dieser Kategorien werden weitere Gruppen gebildet.

a) Rechnungsgrundlage Sterblichkeit

147 Wesentlicher Vertragszweck der Lebens- bzw. der Rentenversicherung ist die Übernahme eines biometrischen Risikos. In beiden Fällen ist dies ein ungewisses Ereignis in Bezug auf die Lebensdauer der versicherten Person. Auf Grundlage des Gesetzes der großen Zahlen ergibt sich eine statistische Wahrscheinlichkeit des Eintritts des biometrischen Risikos, die in sog. Sterbetafeln festgehalten ist. Eine Übersicht aktueller und vergangener Sterbetafeln findet sich auf der Internetseite der Deutschen Aktuarvereinigung e.V. (www.aktuar.de).

Mögliche oder wahrscheinliche Veränderungen der Sterbe- oder Überlebenswahrscheinlichkeiten in der Zukunft fließen mit Abschlägen bzw. Zuschlägen in die Sterbetafeln und damit in die Kalkulation des Tarifs ein.

Die rechtliche Grundlage für die Kalkulation dieser – wie auch anderer – Zuschläge bzw. Abschläge findet sich in § 138 Abs. 1 VAG, nach der der Versicherer zu einer vorsichtigen Kalkulation verpflichtet ist. Eine vorsichtige Kalkulation erfordert, dass der Versicherer einerseits davon auszugehen hat, dass die Ausgaben für Versicherungsleistungen oder Kosten stärker steigen als dies gemeinhin angenommen werden kann. Andererseits bedeutet es, dass die von ihm kalkulierten Einnahmen sich nicht in der Weise realisieren, wie er dies geplant hat.

b) Rechnungsgrundlage Verwaltungskosten

148 In einer weiteren Kategorie werden die Kosten für die bei der Verwaltung eines Versicherungsbestands entstehenden Aufwendungen erfasst. Dies sind Aufwendungen für den Beitragseinzug einschließlich der entsprechenden Provisionen, die Bestandsverwaltung einschließlich der entsprechenden Provisionen, die Schadenverhütung und -bekämpfung, die Gesundheitsfürsorge zugunsten der Versicherungsnehmer, die Bearbeitung der Beitragsrückerstattung sowie Aufwendungen der passiven Rückversicherung und Retrozession (§ 43 Abs. 3 RechVersV).

c) Rechnungsgrundlage Abschlusskosten

149 Den wesentlichen Anteil an den gesamten Kosten einer Lebensversicherung haben die mit der Vermittlung, der Einrichtung und dem Vertrieb des Vertrags zusammenhängenden Kosten, die sog. Abschlusskosten.

Welche Kosten zu den versicherungstechnischen Abschlussaufwendungen gehören, definiert § 43 Abs. 2 S. 2 RechVersV. Dabei ist zwischen internen Abschlusskosten und externen Abschlusskosten zu unterscheiden.

aa) Interne Abschlusskosten

Die internen Abschlusskosten – auch als „Einrichtungskosten" bezeichnet – umfassen alle Kosten des Versicherers, die dem Abschluss zuzurechnen, aber nicht der Vermittlung des Vertrags direkt zuzuordnen sind. Hierunter fallen die Aufwendungen für die Anlegung der Versicherungsakte, für die Aufnahme des Versicherungsvertrags in den Versicherungsbestand, für die ärztlichen Untersuchungen im Zusammenhang mit dem Abschluss von Versicherungsverträgen, die allgemeinen Werbeaufwendungen und die Sachaufwendungen, die im Zusammenhang mit der Antragsbearbeitung und Policierung anfallen (§ 43 Abs. 2 RechVersV). **150**

bb) Externe Abschlusskosten

Hauptbestandteil der Abschlusskosten sind die externen Abschlusskosten. Hierunter fallen die Abschlussprovisionen und Zusatzprovisionen an Versicherungsvertreter, die Arbeits- und Überweisungsprovisionen für das Beteiligungsgeschäft und die Courtagezahlungen an Versicherungsmakler (§ 43 Abs. 2 RechVersV). **151**

cc) Abschlussentgelt, Provision, Courtage

Wesentlicher Bestandteil der Abschlusskosten ist die an den Vermittler des Versicherungsvertrags zu zahlende Provision (an den Vertreter) bzw. Courtage (an den Makler), die der Vermittler als Entgelt für seine Bemühungen im Zusammenhang mit der Vermittlung und dem Abschluss des Vertrags vom Versicherer erhält (zu den Begriffen Versicherungsvermittler, Versicherungsvertreter und Versicherungsmakler siehe § 59 VVG). **152**

Die Zahlung einer Provision bzw. Courtage durch die Versicherungsgesellschaft an den Vermittler entspricht einem überkommenen, allgemein bekannten Handelsbrauch, der nach überwiegend vertretener Auffassung – aufgrund einer vom Willen aller Beteiligten getragenen gleichförmigen Übung – sogar als Gewohnheitsrecht anzusehen ist. Das gilt nicht nur für den Provisionsanspruch des Versicherungsvertreters, der im Lager des Versicherers steht und vorrangig dessen Interessen im Auge zu behalten hat, sondern auch für den Courtageanspruch eines Versicherungsmaklers,[70] obwohl dieser nach der Rechtsprechung des Bundesgerichtshofs – vergleichbar sonstigen Beratern – treuhänderischer Sachwalter und Interessenvertreter des Versicherungsnehmers ist.[71]

Grundlage für die Berechnung des Entgelts des Vermittlers im Zusammenhang mit dem Abschluss einer Lebensversicherung ist regelmäßig die sogenannte „Bewertungssumme". **153**

70 Bestätigend jüngst BGH v. 1.7.2014 – XI ZR 247/12, Rn 30 m.w.N., VuR 2015, 23 ff.
71 BGH v. 22.5.1985 – IVa ZR 190/83, BGHZ 94, 356, 359; BGH v. 14.6.2007 – III ZR 269/06, WM 2007, 1676, 1678; BGH v. 12.12.2013 – III ZR 124/13, WM 2014, 159, 161.

Diese errechnet sich entweder aus der Versicherungssumme oder der Summe der zu zahlenden Prämien des vermittelten Vertrags, auch Beitragssumme. Der jeweilige Betrag wird mit einem Faktor multipliziert, dessen Höhe vom Vertrieb der Gesellschaft je nach Präferenz angepasst werden kann. Der sich aus der Multiplikation der Faktoren ergebende Betrag ist die Bewertungssumme.

Ein vereinbarter Prozentsatz dieser Bewertungssumme ergibt den als Vermittlungsentgelt versprochenen Betrag. Eine Beitragssumme von beispielsweise 100.000 EUR (40 Jahre × 2.500 EUR Jahresprämie) mit einem Bewertungsfaktor von 0,8 und einem Provisionssatz von 40 Promille (entspricht vier Prozent) ergibt ein Abschlussentgelt von 3.200 EUR, das üblicherweise nach Zahlung der ersten Prämie an den Vermittler gezahlt wird.

8. Prämienkalkulation

154 Mit den im vorhergehenden Abschnitt dargestellten Rechnungsgrundlagen sind alle für die Berechnung der Prämie erforderlichen Kalkulationsfaktoren beschrieben.

Mithilfe der von der Versicherungsmathematik zur Verfügung gestellten Formelwerke werden die Prämienbestandteile bestimmt. Grundsätzlich kann der Versicherer sich aller zur Verfügung stehenden versicherungsmathematischen Varianten dieser Formeln bedienen, um eine nach seiner Ansicht angemessene Prämie zu kalkulieren. Dies entspricht dem Prinzip der zivilrechtlichen Vertragsfreiheit, nach dem jeder Anbieter von Leistungen grundsätzlich den Preis für seine Ware festlegen kann. Wegen der großen volkswirtschaftlichen Bedeutung der Lebensversicherung als Instrument für die Altersvorsorge hat der Gesetzgeber besondere Regeln für die Kalkulation der Prämienbestandteile aufgestellt. Die Kalkulation nach diesen mathematischen Grundsätzen hat in aufsichtsrechtlichen Vorschriften ihren Niederschlag gefunden. Diese Grundsätze finden mit produktbezogenen Ausnahmen auch in der fondsgebundenen Lebensversicherung Anwendung. Deshalb kann der Versicherer die Prämie nur innerhalb festgelegter Grenzen bestimmen.

a) Allgemeine Prinzipien

155 Der grundsätzlichen Freiheit der Preiskalkulation des Kaufmanns sind in der Lebensversicherung durch verschiedene Prinzipien des Aufsichtsrechts Grenzen gesetzt. Die Berücksichtigung dieser Prinzipien hat in unterschiedlicher Weise Einfluss auf die Kalkulation der einzelnen Bestandteile der Prämie, namentlich den Risikobeitrag, den Kostenbeitrag und den Sparbeitrag.

Für alle Prämienbestandteile gilt, dass ein Verdrängungswettbewerb durch das Angebot besonders niedriger Prämien ausgeschlossen ist. Der Versicherer hat gemäß § 138 Abs. 1 S. 1 VAG unter Zugrundelegung angemessener versicherungsmathematischer Annahmen eine Prämienhöhe sicherzustellen, die gewährleistet, dass er all seinen Verpflichtungen nachkommen und insbesondere ausreichende Rückstellungen bilden kann (Prinzip der Auskömmlichkeit). Diese Rückstellungen müssen ausschließlich aus Prämienzahlungen stammen; eine planmäßige und auf Dauer angesetzte Verwendung von Mitteln, die nicht aus Prämienzahlungen stammen, ist gemäß § 138 Abs. 1 S. 2 VAG unzulässig. Damit ist eine Mindesthöhe der Prämie festgelegt, deren Unterschreitung einen Missstand nach § 298 Abs. 1 S. 2 VAG darstellt.

b) Äquivalenzprinzip

Nach dem Äquivalenzprinzip müssen sich die rechnungsmäßigen Leistungen und Gegenleistungen der Vertragsparteien in einem angemessenen Verhältnis gegenüberstehen. 156

Wann Äquivalenz gegeben ist, bestimmt sich nach versicherungsmathematischen Grundsätzen. Nach diesen Grundsätzen ist die Gleichwertigkeit gewahrt, wenn sich der **Barwert der vereinbarten Leistung und der Barwert der Prämie gleichwertig** gegenüberstehen.[72] Nicht verlangt wird, dass in jedem Einzelfall die Leistung des Versicherungsnehmers (die Prämie) und die Leistung des Versicherers (Entschädigung) identisch sind. Deshalb steht der Fall, in dem aufgrund des Todes einer versicherten Person kurz nach der Zahlung der ersten Prämie die volle vertragliche Leistung fällig wird, nicht im Widerspruch zum Äquivalenzprinzip. Ebenso wenig widerspricht es dem Äquivalenzprinzip, wenn ein Versicherungsvertrag (Risikolebensversicherung) ohne Leistung ausläuft. In beiden Fällen entspricht der Barwert der rechnungsmäßigen Leistungen des Versicherers dem Barwert der Leistung des Versicherungsnehmers. Jede nicht kalkulierte Veränderung der Leistungsvoraussetzungen greift in das durch das Äquivalenzprinzip geschaffene Gleichgewicht ein.

c) Gleichbehandlungsgebot nach § 138 Abs. 2 VAG

Vom Äquivalenzprinzip ist das Gleichbehandlungsgebot nach § 138 Abs. 2 VAG zu unterscheiden. Danach müssen in der Lebensversicherung bei gleichen Voraussetzungen Prämien und Leistungen nach gleichen Grundsätzen bemessen werden. Damit wird der Grundsatz aufgestellt, dass **für alle Versicherungsnehmer einer Risikogemeinschaft unter gleichen Voraussetzungen gleiche Prämien** berechnet werden müssen. Es soll verhindert werden, dass einzelne Versicherungsnehmer zu Lasten anderer Versicherungsnehmer benachteiligt oder bevorzugt werden.[73] Der Gleichbehandlungsgrundsatz ist verletzt, wenn sich ein vernünftiger aus der Natur ergebender oder sonst einleuchtender Grund für die Differenzierung oder Gleichbehandlung nicht finden lässt.[74] Dabei schließt das Gleichbehandlungsgebot allerdings eine individuelle Einzelfalllösung zur Beilegung von Rechtsstreitigkeiten zwischen Versicherungsnehmer und Versicherer im Hinblick auf die Abwicklung eines Vertrages nicht aus.[75] 157

Auf dem Gleichbehandlungsgebot beruht auch das Verbot von Sondervergütungen an Versicherungsnehmer (§ 48b VAG), worunter auch die vollständige oder teilweise Provisionsabgabe an Versicherungsnehmer fällt (§ 48b Abs. 2 S. 1 Nr. 1 VAG). Ausnahmen hiervon sehen § 48b Abs. 3 und Abs. 4 VAG vor.

72 MüKo-VVG/*Schradin*, Band 3, Kap. 26 (Versicherungsbetriebslehre), Rn 26.
73 Kaulbach/Bähr/Pohlmann/*Göertz*, § 138 VAG Rn 10.
74 BVerwG v. 23.6.2010 – 8 C 42.09, VersR 2010, 1345, 1349.
75 Brand/Baroch Castellvi/*Baroch Castellvi*, § 138 VAG Rn 24.

9. Bestimmung des Sparbeitrags

158 Bei der konventionellen Lebensversicherung bestimmt sich die Höhe des Sparbeitrags nach der Höhe der garantierten Erlebensfallleistung, abgezinst mit dem sogenannten Rechnungszins. Bei reinen fondsgebundenen Versicherungen gibt es demgegenüber keine garantierte Erlebensfallleistung. Stattdessen wird der Sparbeitrag in Anteile des/der von dem Versicherungsnehmer gewählten Fonds angelegt und die Höhe der Erlebensfallleistung ist von der Anzahl und dem Wert dieser Fondsanteile abhängig. Am Markt existieren verschiedene Mischformen zwischen konventioneller Lebensversicherung und fondsgebundener Versicherung, bei denen eine Aufteilung des Sparbeitrags auf den konventionellen Anteil und den fondsgebundenen Anteil der Versicherung erfolgt.

10. Überschussbeteiligung

159 Als Kehrseite der gesetzlichen Verpflichtung zur vorsichtigen Kalkulation der Versicherungsbeiträge entstehen regelmäßig Überschüsse. Um hieraus resultierende unakzeptable Nachteile für die Versicherungsnehmer zu vermeiden, haben die Versicherer in der Lebensversicherung die Überschussbeteiligung als zusätzliche Leistung über die fest vereinbarte „garantierte" Versicherungsleistung hinaus eingeführt.[76] Die finanzielle Bedeutung dieser Überschussbeteiligung für die Versicherungsnehmer ist sehr groß.[77] Nach der Rechtsprechung des Bundesverfassungsgerichts unterfällt der Anspruch auf Überschussbeteiligung dem objektiv-rechtlichen Schutz aus Art. 14 Abs. 1 GG.[78]

160 Bis zum Inkrafttreten der VVG-Reform zum 1.1.2008 war die Überschussbeteiligung dem Grunde und der Höhe nach ausschließlich durch aufsichtsrechtliche Vorschriften und in den Allgemeinen Versicherungsbedingungen geregelt. Das Bundesverfassungsgericht hat den Gesetzgeber dann allerdings mit Urt. v. 26.7.2005 – 1 BvR 782/94 u. 1 BvR 957/96[79] – verpflichtet, hinreichende Schutzvorkehrungen für eine angemessene Beteiligung am Schlussüberschuss zu schaffen. Der Gesetzgeber hat diesem Schutzauftrag folgend in § 153 Abs. 1 S. 1 Hs. 1 VVG den Anspruch auf Überschussbeteiligung und Beteiligung an den Bewertungsreserven für ab dem 1.1.2008 neu abgeschlossene Lebensversicherungsverträge normiert. Diese Beteiligung des Versicherungsnehmers an den Überschüssen kann nur durch ausdrückliche Vereinbarung ausgeschlossen werden, § 153 Abs. 1 S. 1 Hs. 2 VVG. Dabei ist der Ausschluss der Überschussbeteiligung nur insgesamt möglich, eine Beschränkung der Beteiligung auf einzelne Überschussquellen bzw. ein Ausschluss lediglich der Beteiligung an den Bewertungsreserven ist unzulässig.[80] Bei der Zuordnung der Überschüsse hat der Versicherer zu berücksichtigen, dass einerseits die finanzielle Leistungsfähigkeit des Unternehmens gewahrt bleibt, anderer-

76 BT-Drucks 16/3946, 52.
77 Prölss/Martin/*Reiff*, § 153 VVG Rn 3.
78 BVerfG v. 26.7.2005 – 1 BvR 782/94 u. 1 BvR 957/96, NJW 2005, 2363, 2367.
79 NJW 2005, 2376.
80 BT-Drucks 16/5862, 99; Prölss/Martin/*Reiff*, § 153 VVG Rn 13.

seits die Änderungen von VVG und VAG sowie jetzt durch das LVRG und ergänzende aufsichtsrechtliche Anordnungen beachtet werden.

11. Überschussermittlung und -beteiligung

Für die Ermittlung des Überschusses sind die handelsrechtlichen Vorschriften maßgebend.[81] Grundlage für die Ermittlung des Überschusses ist der Jahresabschluss.[82] Für die Verwendung des Überschusses ist die gesetzliche Mindesthöhe der Beteiligung der Versicherungsnehmer in § 145 VAG i.V.m. MindZV abhängig von der jeweiligen Überschussquelle vorgeschrieben. Am Kapitalanlageergebnis sind die Versicherungsverträge zu mindestens 90 %, am Risikoergebnis zu mindestens 90 % und am übrigen Ergebnis zu mindestens 50 % zu beteiligen (§§ 6–8 MindZV). **161**

12. Zuteilung der Überschüsse

Aufsichtsrechtlich bestehen gemäß § 139 Abs. 1 VAG zwei Möglichkeiten der Überschusszuteilung: Die Direktgutschrift zugunsten eines individuellen Versicherungsvertrages und die Einstellung in die Rückstellung für Beitragsrückerstattung (RfB). Beide Möglichkeiten stehen gleichberechtigt nebeneinander.[83] Die der RfB zugewiesenen Beträge dürfen grundsätzlich nur für die Überschussbeteiligung und die Beteiligung an den Bewertungsreserven gemäß § 153 Abs. 1 S. 1 Hs. 1 VVG verwendet werden (§ 140 Abs. 1 S. 1 VAG). Ausnahmen sieht § 140 Abs. 1 S. 2 VAG für den Teil der RfB vor, der nicht auf bereits festgelegte Überschussanteile entfällt, wobei die Abweichung von § 140 Abs. 1 S. 1 VAG in den in S. 2 geregelten Ausnahmefällen ausschließlich im Interesse der Versicherten und mit Zustimmung der Aufsichtsbehörde zulässig ist. Ein Beispiel hierfür stellt die drohende Insolvenz des Versicherers dar (drohender Notstand).[84] **162**

13. Vertragsschluss

Hinsichtlich des Vertragsschlusses sind grundsätzlich keine Besonderheiten im Verhältnis zum Abschluss übriger Versicherungsverträge zu beachten. **163**

Weicht die versicherte Person von dem Versicherungsnehmer ab, ist § 150 Abs. 2 VVG zu beachten. In diesem Fall ist zur Wirksamkeit des Vertrages die schriftliche Einwilligung der versicherten Person erforderlich, soweit die vereinbarte Leistung den Betrag der gewöhnlichen Beerdigungskosten (derzeit: EUR 8000,00)[85] übersteigt. Dies gilt nicht bei Lebensversicherungen im Bereich der betrieblichen Altersversorgung. Für die Versicherung eines minderjährigen Kindes durch ein Elternteil gilt § 150 Abs. 3 VVG. **164**

81 Langheid/Rixecker/*Grote*, § 153 VVG Rn 20.
82 BT-Drucks 16/3945, 95 f.
83 Prölss/Dreher/*Präve*, § 139 VAG Rn 6.
84 Prölss/Dreher/*Präve*, § 140 VAG Rn 5.
85 VerBAV 2001, 133.

14. Antragstellung

165 Soweit der Versicherer im Antragsformular Fragen stellt, sind diese durch den Versicherungsnehmer vollständig wahrheitsgemäß zu beantworten. Bei Abschluss der Versicherung auf die Person eines anderen ist auch auf die Kenntnis dieser Person von den Gefahrumständen abzustellen (vgl. § 156 VVG). Der Versicherungsnehmer muss vorvertraglich diejenigen Angaben machen, die für den Entschluss des Versicherers, den Vertrag mit dem vereinbarten Inhalt zu schließen, erheblich sind und nach denen der Versicherer in Textform gefragt hat (§ 19 Abs. 1 S. 1 VVG). Die Antworten dienen dem Versicherer zur Einschätzung des Risikos. Konkret nachgefragte Gesundheitsstörungen muss der Versicherungsnehmer deshalb selbst dann angeben, wenn er sie für belanglos hält.[86] Es ist ohne Belang, wenn sich eine ärztliche Diagnose nach Vertragsabschluss als unzutreffend herausstellt.[87] Die Rechtsprechung hat hier eine umfangreiche Kasuistik geschaffen, die mit Hilfe weiterführender Kommentare zu erschließen ist. Der Versicherer kann bei Verletzung dieser vorvertraglichen Anzeigepflicht verschiedene vertragliche Gestaltungsrechte (Anfechtung, Rücktritt, Kündigung oder Vertragsanpassung) ausüben.

15. Rücktritt des Versicherers und Verschulden des Versicherungsnehmers

166 Bei vorsätzlicher Verletzung der vorvertraglichen Anzeigepflicht ist der Versicherer berechtigt, vom Vertrag zurückzutreten (§ 19 Abs. 3 S. 1 VVG). Dasselbe gilt bei grober Fahrlässigkeit, es sei denn, er hat nach § 19 Abs. 4 VVG lediglich das Recht, eine Vertragsanpassung zu verlangen (vgl. im Einzelnen § 2 Rdn 35).

167 Bei einem etwaigen Rücktritt ist § 21 VVG zu beachten. Der Rücktritt muss innerhalb eines Monats nach Kenntnis des Versicherers von der Verletzung der Anzeigepflicht, die das von ihm geltend gemachte Recht begründet, erklärt werden. Die Frist beginnt mit der sicheren und zuverlässigen Kenntnis des Versicherers von der Anzeigepflichtverletzung. Für den Zeitpunkt der Kenntnis ist der Versicherungsnehmer bzw. der Bezugsberechtigte beweisbelastet.[88] Maßgebend für den Beginn der einmonatigen Rücktrittsfrist ist die Kenntnis des Mitarbeiters des Versicherers, zu dessen Aufgaben es gehört, den Tatbestand einer Verletzung der vorvertraglichen Anzeigeobliegenheit festzustellen.[89] Auf den bloßen Zugang des Schriftstücks, aus dem sich die Anzeigepflichtverletzung ergibt, kommt es nicht an.[90]

Ein Rücktritt des Versicherers auf den bloßen Verdacht der Anzeigepflichtverletzung hin wird nicht gefordert. Allerdings muss der Versicherer bei entsprechenden Verdachtsmomenten Nachforschungen anstellen, um den Sachverhalt zu klären. Bleibt er untätig, kann er sich später nicht mehr auf die Anzeigepflichtverletzung berufen, da er durch

86 Langheid/Rixecker/*Langheid*, § 19 VVG Rn 28.
87 BGH v. 2.3.1994 – IV ZR 99/93, VersR 1994, 711, 712.
88 BGH v. 30.1.2002 – IV ZR 23/01, VersR 2002, 425, 426.
89 BGH v. 17.4.1996 – IV ZR 202/95, VersR 1996, 742, 743.
90 OLG Düsseldorf v. 16.11.2004 – I-4 U 57/04, VersR 2005, 1669.

sein Verhalten zu erkennen gibt, dass er ungeachtet der Verdachtsmomente an dem Vertrag festzuhalten gedenkt.[91]

168 Die Leistungspflicht des Versicherers bleibt, sofern die Anzeigepflicht nicht arglistig verletzt wurde, trotz Rücktritt des Versicherers bestehen, wenn sich die Anzeigepflichtverletzung auf einen Umstand bezieht, der weder für den Eintritt oder die Feststellung des Versicherungsfalles noch für die Feststellung oder den Umfang der Leistungspflicht des Versicherers ursächlich ist (§ 21 Abs. 2 VVG). Diesen Kausalitätsgegenbeweis hat der Versicherungsnehmer zu führen. Er muss darlegen und beweisen, dass der Versicherungsfall in keinem ursächlichen Zusammenhang mit dem verschwiegenen Umstand steht; dieser darf also weder auf den Eintritt des Versicherungsfalls noch die Leistungshöhe Einfluss haben. Bereits Mitursächlichkeit reicht aus, um die Leistungspflicht auszuschließen.[92]

16. Arglistige Täuschung und Voraussetzungen der Anfechtung des Vertrages

169 Neben dem Rücktrittsrecht steht dem Versicherer – unter abweichenden Voraussetzungen und mit anderen Rechtsfolgen – das Recht der Anfechtung des Lebensversicherungsvertrages wegen arglistiger Täuschung zu (§ 22 VVG); eine Anfechtung wegen Irrtums oder Drohung ist ebenfalls zulässig, da insofern kein Konkurrenzverhältnis zu §§ 19–21 VVG besteht.[93]

170 Für die Anfechtung wegen arglistiger Täuschung gelten grundsätzlich die bürgerlichrechtlichen Vorschriften der **§§ 119 f. BGB**. Der Versicherer kann seine Anfechtung auf alle Täuschungshandlungen des Versicherungsnehmers bzw. der versicherten Person (§ 156 VVG) stützen. In der Lebensversicherung spielt die arglistige Täuschung über Gefahrenumstände – § 22 VVG – die entscheidende Rolle.

171 Arglistige Täuschung setzt eine **Täuschungshandlung** des Versicherungsnehmers **zum Zwecke der Erregung oder Aufrechterhaltung eines Irrtums** bei dem Versicherer voraus. Der Versicherungsnehmer muss durch die wissentlich falsche Angabe von Tatsachen bzw. durch das Verschweigen von anzeige- und offenbarungspflichtigen Umständen auf die Entschließung des Versicherers, seinen Versicherungsantrag anzunehmen, Einfluss nehmen wollen und sich dabei bewusst sein, dass der Versicherer den Antrag bei wahrheitsgemäßen Angaben möglicherweise nicht oder nur zu erschwerten Bedingungen annehmen würde.[94] Bedingter Vorsatz genügt.[95] Das arglistige Verhalten des Versicherungsnehmers muss für den Entschluss des Versicherers, den Antrag anzunehmen, kausal

91 BGH v. 28.11.1990 – IV ZR 219/89, VersR 1991, 170; BGH v. 25.3.1992 – IV ZR 55/91, VersR 1992, 603.
92 BGH v. 25.10.1989 – IVa ZR 141/88, VersR 1990, 297.
93 V. Bühren/*Prang*, § 14 Rn 460; anders noch Vorauflage.
94 BGH v. 12.3.2008 – IV ZR 330/06, VersR 2008, 809, 810; BGH v. 14.7.2004 – IV ZR161/03, VersR 2004, 1297, 1298.
95 OLG Karlsruhe v. 22.10.2015 – 12 U 53/15, VersR 2016, 105, 106; OLG Karlsruhe v. 5.2.2013 – 12 U 140/12, NJW-RR 2013, 869; OLG Hamm v. 3.11.2010 – I-20 U 38/10, VersR 2011, 469, 474.

geworden sein; ohne die Täuschung hätte der Vertrag nicht oder nicht zu diesen Bedingungen abgeschlossen werden dürfen.[96]

Den Beweis für die arglistige Täuschung hat der Versicherer zu erbringen.[97] Dabei reichen allein falsche Angaben nicht aus, um Arglist zu bejahen.[98] Da es sich bei der Arglist um einen inneren Vorgang handelt, ist der Beweis regelmäßig nur durch Indizien zu führen.[99]

17. Kündigung und Vertragsanpassung

172 Hat der Versicherungsnehmer die vorvertragliche Anzeigepflicht weder vorsätzlich noch grob fahrlässig verletzt, steht dem Versicherer gemäß § 19 Abs. 3 S. 2 VVG lediglich ein Kündigungsrecht zu. Rechtsfolge einer Kündigungserklärung des Versicherers ist eine Beendigung des Versicherungsvertrages für die Zukunft. Für Versicherungsfälle, die bis zum Wirksamwerden der Kündigung eingetreten sind, bleibt der Versicherungsschutz bestehen. Hätte der Versicherer den Vertrag auch bei Kenntnis der nicht angezeigten Umstände, wenn auch zu anderen Bedingungen, geschlossen, besteht kein Kündigungsrecht des Versicherers (§ 19 Abs. 4 S. 1 VVG). Der Versicherer ist in diesem Fall lediglich zur Vertragsanpassung (Prämienerhöhung oder Ausschlussklausel) berechtigt (§ 19 Abs. 4 S. 2 VVG). Die anderen Bedingungen werden auf Verlangen des Versicherers rückwirkend, bei einer vom Versicherungsnehmer nicht zu vertretenden Pflichtverletzung ab der laufenden Versicherungsperiode Vertragsbestandteil. Ob der rückwirkende Einschluss einer Ausschlussklausel bei einer vom Versicherungsnehmer zu vertretenden Pflichtverletzung zu einer Leistungsfreiheit bei Eingreifen der Ausschlussklausel führen kann, ist umstritten.[100]

18. Vertragsinhalt und Inhaltskontrolle

173 Der AGB-Kontrolle hat nach ständiger Rechtsprechung des BGH die Auslegung der zu überprüfenden Klausel vorauszugehen.[101] Maßgebend ist, wie ein durchschnittlicher Versicherungsnehmer den Bedingungswortlaut bei verständiger Würdigung, aufmerksamer Durchsicht und Berücksichtigung des erkennbaren Sinnzusammenhangs verstehen muss.[102] Dabei kommt es auf die Verständnismöglichkeiten eines Versicherungsnehmers ohne versicherungsrechtliche Spezialkenntnisse und damit – auch – auf seine Interessen an.[103] Für die Auslegung ist nicht maßgeblich, was sich der Verfasser der Bedingungen

96 OLG Düsseldorf v. 26.4.1994 – 4 U 138/93, VersR 1995, 35.

97 BGH v. 24.11.2010 – IV ZR 252/08, NJW 2011, 1213, 1215; KG v. 23.5.2014 – 6 U 210/13, VersR 2014, 1357, 1359.

98 V. Bühren/*Prang*, § 14 Rn 463.

99 Langheid/Rixecker/*Langheid*, § 22 VVG Rn 10.

100 Dafür: Prölss/Martin/*Armbrüster*, § 19 VVG Rn 117; MüKo-VVG/*Bußmann*, § 21 VVG Rn 49; v. Bühren/*Prang*, § 14 Rn 457; dagegen: *Lange*, r+s 2008, 56, 61; Schwintowski/Brömmelmeyer/*Härle*, § 19 VVG Rn 78; Looschelders/Pohlmann/*Looschelders*, § 19 VVG Rn 67; Bruck/Möller/*Rolfs*, § 21 VVG Rn 32.

101 BGH v. 29.5.2008 – III ZR 330/07, NJW 2008, 2495, 2496.

102 BGH v. 10.2.1999 – IV ZR 324/97, VersR 1999, 565 im Anschluss an BGH v. 23.6.1993 – IV ZR 135/92, BGHZ 123, 83, 85.

103 BGH v. 16.6.1999 – IV ZR 44/98, VersR 1999, 1224.

bei deren Abfassung vorgestellt hat. Die Entstehungsgeschichte, die der Versicherungsnehmer typischerweise nicht kennt, hat bei der Auslegung außer Betracht zu bleiben.[104] Versicherungswirtschaftliche Überlegungen können allenfalls insoweit Berücksichtigung finden, als sie sich aus den Bedingungen für den verständigen Versicherungsnehmer unmittelbar erschließen.[105] Dieser Grundsatz erfährt jedoch eine Ausnahme, wenn die Rechtssprache mit dem verwendeten Ausdruck einen fest umrissenen Begriff verbindet. Trifft dies zu, so ist im Zweifel anzunehmen, dass auch die Allgemeinen Versicherungsbedingungen darunter nichts anderes verstehen wollen.[106] Gleichwohl kann der verwendete Gesetzesbegriff in Grenzfällen in einem von der genauen gesetzlichen Definition abweichenden Sinn zu verstehen sein, wenn der Sinnzusammenhang der Versicherungsbedingungen etwas anderes ergibt.[107]

Der sich an die Auslegung anschließenden Inhalts- und Transparenzkontrolle ist nur der **174** enge Bereich der Leistungsbezeichnungen entzogen, ohne deren Vorliegen mangels Bestimmtheit oder Bestimmbarkeit des wesentlichen Vertragsinhalts ein wirksamer Vertrag nicht mehr angenommen werden kann.[108] Die Wiedergabe gesetzlicher Bestimmungen lässt die Transparenzkontrolle nicht entfallen. Der BGH hat in seinen Entscheidungen vom 9.5.2001[109] betont, dass die bloße Wiedergabe einer gesetzlichen Regelung in den Allgemeinen Versicherungsbedingungen der Lebensversicherung in den Fällen jedenfalls auf ihre Transparenz für den durchschnittlichen Versicherungsnehmer hin zu prüfen ist, in denen über die gesetzliche Regelung hinaus ein nicht zu übergehendes Bedürfnis des Versicherungsnehmers nach weiterer Unterrichtung besteht. Nach dem Transparenzgebot sei der Verwender Allgemeiner Versicherungsbedingungen entsprechend den Grundsätzen von Treu und Glauben gehalten, Rechte und Pflichten seines Vertragspartners möglichst klar und durchschaubar darzustellen. Dabei käme es nicht nur darauf an, dass die Klausel in ihrer Formulierung für den durchschnittlichen Versicherungsnehmer verständlich ist. Vielmehr würden Treu und Glauben auch gebieten, dass die Klausel die wirtschaftlichen Nachteile und Belastungen soweit erkennen lässt, wie dies nach den Umständen gefordert werden kann.

In den vergangenen Jahren hat der BGH zu einer Vielzahl von Einzelfragen der Lebens- **175** versicherung eine umfangreiche Kasuistik entwickelt, die wegen der seit 1994 erfolgten Deregulierung und der daraus resultierenden Unterschiede in den Bedingungen unterschiedlicher Versicherer nicht verallgemeinert werden kann. Wesentlich sind immer die konkret verwendeten Bedingungen, die vor Einreichung einer Klage bezogen auf den konkreten Einzelfall geprüft werden müssen. Grundlegend zur Lebensversicherung sind

104 *Baumann*, r+s 2005, 313 ff.
105 BGH v. 18.12.1991 – IV ZR 204/90, VersR 1992, 349.
106 BGH v. 18.3.1992 – IV ZR 87/91, VersR 1992, 606, 607.
107 BGH v. 5.7.1995 – IV ZR 133/94, VersR 1995, 951.
108 Ständige Rspr. vgl. BGH v. 13.7.1994 – IV ZR 107/93, BGHZ 127, 35, 41; BGH v. 22.11.2000 – IV ZR 235/99, VersR 2001, 184.
109 BGH v. 9.5.2011 – IV ZR 138/99, VersR 2001, 839 und BGH v. 9.5.2001 – IV ZR 121/00, VersR 2001, 841.

etwa die Entscheidungen des IV. Zivilsenats vom 9.5.2001,[110] vom 12.10.2005[111] und vom 11.9.2013.[112]

19. Beendigung des Lebensversicherungsvertrages

176 Der Lebensversicherungsvertrag endet regulär mit Ablauf bzw. Eintritt des Versicherungsfalles oder vorzeitig durch Kündigung oder Widerruf.

20. Ablauf bzw. Eintritt des Versicherungsfalles

177 Bei Eintritt des Versicherungsfalles und bei Ablauf des Vertrages treffen den Versicherungsnehmer bzw. denjenigen, der Ansprüche aus dem Versicherungsvertrag erhebt, Mitwirkungsobliegenheiten.

Nach § 30 Abs. 1 VVG hat der Versicherungsnehmer bzw. derjenige, dem das Recht auf die vertragliche Leistung zusteht, den Eintritt des Versicherungsfalles dem Versicherer unverzüglich anzuzeigen, nachdem er von ihm Kenntnis erlangt hat. Dem Versicherer soll zeitnah Kenntnis vom Eintritt des Versicherungsfalls verschafft werden, um ihm die Ermittlung der Todesursache zu ermöglichen. Dafür ist die Anzeige des Todesfalls an den Versicherer erforderlich, da der Versicherer von dem Eintritt des Todes der versicherten Person in aller Regel ohne Anzeige keine Kenntnis erlangt. Von dem bedingungsgemäßen Ablauf des Vertrages hat er dagegen Kenntnis.

Anzeigepflichtig ist derjenige, dem das Recht auf die Versicherungsleistung zusteht; sofern dies nicht der Versicherungsnehmer selbst ist, kommen dessen Erben, der Bezugsberechtigte oder Abtretungs-, Pfand- oder Pfändungsgläubiger in Betracht. Da in den gebräuchlichen Allgemeinen Versicherungsbedingungen der Lebensversicherer keine Sanktionen für den Fall vorgesehen sind, dass die Anzeige verspätet erfolgt, bleibt ein Verstoß gegen diese Obliegenheit regelmäßig ohne Folgen. Die verspätete Anzeige des Versicherungsfalls kann allerdings zur Folge haben, dass der Anspruch auf die Versicherungsleistung erst später fällig wird. Denn Fälligkeit tritt gemäß § 14 Abs. 1 VVG erst mit der Beendigung der zur Feststellung des Versicherungsfalls und des Umfangs der Leistungspflicht notwendigen Erhebungen ein.

Zusätzlich zu der Anzeige sind dem Versicherer nach § 7 Abs. 2 ALB unverzüglich eine amtliche, Alter und Geburtsort enthaltende Sterbeurkunde[113] und eine ärztliche oder amtliche Bescheinigung über die Todesursache sowie über Beginn und Verlauf der zum Tode führenden Erkrankung vorzulegen. Auch bei dieser Obliegenheit führt ein Verstoß nicht zum Anspruchsverlust, kann jedoch eine Verzögerung des Eintritts der Fälligkeit zur Folge haben.

110 BGH v. 9.5.2001 – IV ZR 138/99, NJW 2001 2012 ff. und BGH v. 9.5.2001 – IV ZR 121/00, NJW 2001, 2014 ff.
111 BGH v. 12.10.2005 – IV ZR 162/03, NJW 2005, 3559 ff.; BGH v. 12.10.2005 – IV ZR 177/03, BeckRS 2005, 12481 und BGH v. 12.10.2005 – IV ZR 245/03, BeckRS 2005, 12969.
112 BGH v. 11.9.2013 – IV ZR 17/13, NJW 2013, 3240 ff. und BGH v. 11.9.2013 – IV ZR 114/13, NJOZ 2015, 176 ff.
113 Zur Problematik bei Verschollenheit siehe v. Bühren/*Prang*, § 14 Rn 234.

Der Versicherer braucht nach § 7 Abs. 1 ARB seine Leistungen nur gegen Vorlage des Versicherungsscheins zu erbringen. Wird der Versicherungsschein als Urkunde ausgestellt (vgl. § 3 Abs. 1 VVG), handelt es sich um ein qualifiziertes Legitimationspapier.[114] § 8 Abs. 2 ALB enthält für die Lebensversicherung eine – AGB-rechtlich wirksame[115] – Inhaberklausel. Der Versicherer kann danach den Inhaber des Versicherungsscheins als berechtigt ansehen, über die Rechte aus dem Vertrag zu verfügen und die Leistung in Empfang zu nehmen. Aufgrund der Legitimationswirkung wird der Versicherer von seiner Leistungspflicht frei, wenn er an den Inhaber der Versicherungsurkunde leistet, selbst wenn dieser tatsächlich zum Empfang der Versicherungsleistung nicht berechtigt sein sollte.[116] Die Legitimationswirkung der Versicherungsurkunde erstreckt sich auch auf das Kündigungsrecht und das Recht, den Rückkaufswert aus dem Versicherungsvertrag zu erlangen.[117] Der Versicherer muss jedoch begründeten Bedenken nachgehen, sonst wird er nicht leistungsfrei.[118] Erfährt er von der mangelnden Berechtigung des Inhabers des Versicherungsscheins erst nachträglich, so kann der Versicherer sich gegenüber dem Berechtigten auf die Legitimationswirkung des Versicherungsscheins berufen oder von dem Nichtberechtigten die Zahlung aus ungerechtfertigter Bereicherung zurückfordern.[119] 178

a) Vorzeitige Beendigung der Lebensversicherung durch Kündigung

Außer durch Eintritt des Versicherungsfalls oder Ablauf des Vertrages kann ein Lebensversicherungsvertrag vorzeitig durch Kündigung enden. 179

§ 168 Abs. 1 VVG erlaubt, sofern laufende Prämien zu zahlen sind, die jederzeitige Kündigung der Lebensversicherung zum Schluss der laufenden Versicherungsperiode. Kein Kündigungsrecht besteht gemäß § 168 Abs. 3 VVG bei steuerlich nach § 10 Abs. 1 Nr. 2 S. 1 b EStG geförderten Basisrentenversicherungen sowie bei Vereinbarung eines Verfügungsverbotes nach § 851c ZPO. Da bei Rentenversicherungen ab Rentenbeginn keine laufenden Prämien mehr zu zahlen sind, ist ein Ausschluss des Kündigungsrechts nach Rentenbeginn in der Rentenversicherung zulässig.[120] Versicherungsperiode ist nach § 12 VVG der Zeitraum eines Jahres, falls nicht die Prämie nach kürzeren Zeitabschnitten bemessen ist. § 12 Abs. 1 S. 2 ALB erweitert die Kündigungsmöglichkeit zugunsten des Versicherungsnehmers. Danach ist, sofern nicht ein bestimmter Mindestbetrag der Versicherungssumme unterschritten wird, eine Teilkündigung zulässig. Im Fall der Kündigung des Versicherungsverhältnisses vor Ablauf der Versicherungsperiode steht dem Versicherer für diese Versicherungsperiode nur derjenige Teil der Prämie zu, der dem Zeitraum entspricht, in dem Versicherungsschutz bestanden hat (§ 39 Abs. 1 VVG).

114 BGH v. 20.5.2009 – IV ZR 16/08, VersR 2009, 1061.
115 BGH v. 22.3.2000 – IV ZR 23/99, VersR 2000, 709.
116 OLG Hamm v. 24.2.1995 – 20 U 319/94, VersR 1996, 615.
117 BGH v. 22.3.2000 – IV ZR 23/99, VersR 2000, 709, 710; BGH v. 20.5.2009 – IV ZR 16/08 VersR 2009, 1061.
118 BGH v. 24.2.1999 – IV ZR 122/98, VersR 1999, 700; OLG Koblenz v. 4.1.2002 – 10 U 595/01, VersR 2002, 873.
119 OLG Düsseldorf v. 11.10.2005 – I-4 U 174/04, r+s 2006, 466.
120 OLG Hamm v. 1.9.2016 – I-6 U 185/15, NJW-RR 2017, 487; Prölss/Martin/*Reiff*, § 168 VVG Rn 4; Langheid/Rixecker/*Grote*, § 168 VVG Rn 7.

180 Kündigungsberechtigt ist grundsätzlich der Versicherungsnehmer, und zwar auch dann, wenn er einem Dritten ein unwiderrufliches Bezugsrecht eingeräumt hat.[121] Liegt ein widerrufliches Bezugsrecht vor, ist durch Auslegung zu ermitteln, ob mit der Kündigung auch der Widerruf des Bezugsrechts erklärt werden soll.[122] Da das Kündigungsrecht für sich allein keinen Vermögenswert besitzt, ist das Kündigungsrecht weder selbstständig abtretbar noch pfändbar.[123] Werden die Rechte aus der Lebensversicherung an einen Gläubiger abgetreten, wird das Kündigungsrecht regelmäßig mit übertragen. Ebenso wird bei einer Pfändung das Kündigungsrecht regelmäßig mit gepfändet. Ist an der Lebensversicherung ein Pfandrecht begründet, ist zur Kündigung, da es sich um eine Verfügung handelt, vor Pfandreife nach § 1276 BGB die Zustimmung des Pfandgläubigers erforderlich. Der Pfandgläubiger selbst hat vor Pfandreife kein selbstständiges Kündigungsrecht; nach Eintritt der Pfandreife steht dem Pfandgläubiger das Kündigungsrecht zu.[124] Gerät der Versicherungsnehmer in Insolvenz, verliert er das Gestaltungsrecht der Kündigung an den Insolvenzverwalter. Lehnt der Insolvenzverwalter im Rahmen seines Wahlrechts nach § 103 InsO die Erfüllung ab, erlöschen allein dadurch nicht die Ansprüche aus der Versicherung. Zu einer Beendigung der Versicherung und Entstehung des Anspruchs auf den Rückkaufswert kommt es vielmehr erst dann, wenn der Insolvenzverwalter die Kündigung des Versicherungsvertrags erklärt.[125] Bei Direktversicherungen im Rahmen der betrieblichen Altersversorgung schließen die in § 2 Abs. 2 S. 4 bis 6 BetrAVG enthaltenen Verfügungsverbote einen vorzeitigen Rückkauf der Versicherung, wenn der Vertrag nach Ausscheiden des Versicherten auf diesen übertragen wurde, in Höhe des durch Beitragszahlungen des Arbeitgebers gebildeten Deckungskapitals aus,[126] und zwar auch bei Entgeltumwandlung.[127] Für die Form der Kündigungserklärung kann die Schrift- oder Textform vereinbart werden (§ 171 S. 2 VVG).

b) Vorzeitige Beendigung der Lebensversicherung durch Widerruf, Widerspruch oder Rücktritt

181 Ob und unter welchen Voraussetzungen dem Versicherungsnehmer ein Widerrufs-, Widerspruchs- oder Rücktrittsrecht zusteht, hängt von den jeweiligen gesetzlichen Regelungen zum Zeitpunkt des Vertragsschlusses ab. § 5a Abs. 2 S. 4 VVG in der vom 21.7.1994 bis zum 30.12.2007 geltenden Fassung enthielt eine Regelung, nach der das Widerspruchsrecht des Versicherungsnehmers spätestens ein Jahr nach Zahlung der ersten Prämie erlischt. Mit Urt. v. 19.12.2013[128] hat der EuGH entschieden, dass diese Regelung gegen die bis zum 18.12.2002 geltende Zweite und Dritte Richtlinie Leben verstieß. Im

121 BGH v. 20.5.1992 – XII ZR 255/90, NJW 1992, 2154, 2155.
122 BGH v. 22.3.2023 – IV ZR 95/22, NJW 2023, 1957, 1958 mit Anm. *Looschelders*.
123 BGH v. 17.2.1966 – II ZR 286/63, BGHZ 45, 162, 167 f. = NJW 1966, 1071, 1073.
124 V. Bühren/*Prang*, § 14 Rn 583.
125 BGH v. 9.10.2014 – IX ZR 41/14, NJW 2015, 341, 343; BGH v. 1.12.2011 – IX ZR 79/11, NJW 2012, 678, 679.
126 V. Bühren/*Prang*, § 14 Rn 346.
127 OLG Frankfurt a.M. v. 12.8.1998 – 7 U 191/97, VersR 1999, 41, 42; vgl. auch OLG Düsseldorf v. 18.8.1997 – 4 W 36/97, VersR 1998, 1405.
128 EuGH v. 19.12.2013 – C 209/12, VersR 2014, 225 ff.

Anschluss daran hat der BGH mit Urt. v. 7.5.2014 festgestellt, dass die Regelung in § 5a Abs. 2 S. 4 VVG a.F. richtlinienkonform dergestalt zu reduzieren sei, dass sie im Anwendungsbereich der Zweiten und Dritten Richtlinie Leben keine Anwendung findet.[129] Für davon erfasste Lebens- und Rentenversicherungen bestehe das Widerspruchsrecht auch nach Ablauf der Jahresfrist fort, wenn der Versicherungsnehmer nicht ordnungsgemäß über sein Widerspruchsrecht belehrt worden sei und/oder die Verbraucherinformation oder die Versicherungsbedingungen nicht erhalten habe. Allerdings kommt auch dann, wenn der Versicherungsnehmer fehlerhaft über sein Widerspruchsrecht belehrt wurde, in Einzelfällen ein Erlöschen des Widerspruchsrechts aufgrund von Verwirkung, unzulässiger Rechtsausübung oder Verjährung in Betracht.

Für Vertragsschlüsse ab dem 1.1.2008 ergibt sich das Widerrufsrecht des Versicherungsnehmers aus § 8 VVG, wobei bei Lebensversicherungsverträgen abweichend von § 8 Abs. 1 S. 1 VVG eine 30-tägige Widerrufsfrist gilt (§ 152 Abs. 1 VVG). Die Rechtsfolgen eines Widerrufs ergeben sich aus § 9 VVG i.V.m. 152 Abs. 2 VVG.

21. Vorbereitung eines Rechtsstreits

Bevor ein Rechtsstreit geführt wird, ist zu überlegen, ob eine Beschwerde beim Versiche- **182**
rungsombudsmann e.V., Berlin,[130] sinnvoll ist. Dieser ist eine unabhängige und für Verbraucher kostenfrei arbeitende Schlichtungsstelle. Sofern die Entscheidung des Versicherers falsch war, kann der Ombudsmann gegen das Unternehmen bis zu einem Beschwerdewert von 10.000 EUR eine verbindliche Entscheidung aussprechen. Bei einem Beschwerdewert von mehr als 10.000 EUR bis zu 100.000 EUR erlässt er eine Empfehlung. Beträgt der Beschwerdewert mehr als 100.000 EUR ist die Durchführung eines Schlichtungsverfahrens vor dem Ombudsmann ausgeschlossen. Stellt er fest, dass der Versicherer korrekt gehandelt hat, erläutert der Ombudsmann dem Beschwerdeführer verständlich das Ergebnis seiner Prüfung. Schließlich leistet der Ombudsmann auch immer gute Dienste, wenn ein Streit durch ein Nachgeben beider Seiten zu einer einverständlichen Lösung geführt werden kann.

Für den Fall, dass der Versicherer ganz offensichtlich fehlerhaft gearbeitet hat, eine **183**
falsche Entscheidung getroffen wurde oder wenn geprüft werden soll, ob die Leistung des Versicherers den Bestimmungen des Tarifes entspricht, empfiehlt es sich, darüber nachzudenken, ob eine Beschwerde bei der Bundesanstalt für Finanzdienstleistungsaufsicht (BaFin) erhoben wird. In diesen Fällen fordert die BaFin den betroffenen Versicherer zu einer Stellungnahme und ggf. zur Darlegung der Berechnung der Leistung auf. Sollte sich dabei herausstellen, dass die Leistung falsch berechnet oder fehlerhaft bearbeitet wurde, wird dies regelmäßig schon im Beschwerdeverfahren korrigiert.

Bei Klageerhebung ist darauf zu achten, dass der Versicherer zutreffend bezeichnet **184**
ist. Insbesondere bei lang laufenden Verträgen kann während der Vertragsdauer eine

129 BGH v. 7.5.2014 – IV ZR 76/11, VersR 2014, 817 ff. = NJW 2014, 2646 ff.
130 Versicherungsombudsmann e.V.; Postfach 080632; 10006 Berlin oder beschwerde@versicherungsombudsmann.de.

Umfirmierung bzw. eine Bestandsübertragung (§ 13 VAG) stattgefunden haben, mit der Folge, dass die Angabe des Versicherers im Versicherungsschein nicht mehr zutreffend ist. Hier empfiehlt sich in Zweifelsfällen eine Nachfrage beim Versicherer vor Klageerhebung. Für die Angabe der korrekten Firmierung, der Vertretungsberechtigten und der Anschrift des Versicherers empfiehlt sich ein Blick ins Handelsregister.

II. Außergerichtliche Mandate

1. Sachstand bei Mandatsbeginn

185 Erste Aufgabe des Anwalts bei Mandatsbeginn ist es, sich möglichst umgehend einen Überblick über das ihm angetragene Mandat und die mit diesem von dem Mandanten verfolgten Ziele zu verschaffen. Fällt das angetragene Mandat in das spezifische Arbeitsgebiet des Anwalts oder kann es nach eigener Einschätzung auch ohne versicherungsrechtliche Spezialkenntnisse übernommen werden?

> *Hinweis*
>
> Mandate aus dem Bereich der Lebensversicherung werfen vielfältige Rechtsfragen auf. Eine Reihe von Fragen, wie etwa die Berechnung des Rückkaufswertes, der Überprüfung von Klauseln zur Überschussbeteiligung oder im Zusammenhang mit Regelungen der Versicherungsaufsicht und des VAG, erfordern Spezialkenntnisse.
>
> Niemand soll gehindert sein, sich diese anzueignen. Aber lohnt sich der dafür erforderliche Zeitaufwand im Hinblick auf das zu erwartende Honorar?

Bereits beim ersten Gespräch mit dem Mandanten ist zu prüfen, ob alle für die Beurteilung der Rechtslage erforderlichen Unterlagen vorliegen bzw. welche nachgefordert werden müssen.

2. Feststellungen zum Vertrag

186 Die Ansprüche aus einer Lebensversicherung sind vertraglicher Natur. Ohne Kenntnis der vertraglichen Grundlagen (insb. Police und Versicherungsbedingungen) ist deshalb jede Fallbearbeitung unmöglich. Dies umso mehr, als die Bedingungen der einzelnen Lebensversicherer keineswegs in allen Punkten identisch sind und nicht immer den in den einschlägigen Kommentierungen zugrunde gelegten Musterbedingungen entsprechen. Wegen der sehr langen Laufzeit der Lebensversicherung ist zudem noch eine Vielzahl von Policen im Umlauf, denen nicht die aktuellen Musterbedingungen des GDV, sondern solche aus früheren Bedingungsgenerationen zugrunde liegen.

187 **Checkliste Feststellungen zum Vertrag**

- Welcher Vertragsinhalt ergibt sich aus der Police und den zugehörigen AVB?
- Ist der Vertrag wirksam zustande gekommen (im Antragsverfahren durch Übersendung der Police, im Policenverfahren durch Nichtausübung des Widerspruchsrechts gemäß § 5a VVG a.F., im Anfrageverfahren durch Annahme des Angebots

des Versicherers)? Für Altverträge mit Vertragsschluss zwischen 1994 und Ende 2007 vgl. BGH vom 7.5.2014 – IV ZR 76/11.

- Liegen Abweichungen zwischen Antrag und Police vor und sind diese hinreichend kenntlich gemacht, § 5 VVG? Ist die vorgeschriebene Belehrung erfolgt und ausreichend?
- Liegt ein Versicherungsvertrag auf das Leben eines anderen, der versicherten Person, vor? War deren schriftliche Einwilligung erforderlich? Lag deren schriftliche Einwilligung vor Vertragsabschluss vor, § 150 VVG? Anderenfalls unheilbare Unwirksamkeit des Vertrages.
- War der Versicherungsnehmer zum Zeitpunkt des Vertragsabschlusses noch minderjährig? Dann die Genehmigung nach §§ 1643 Abs. 1, 1853 S. 1 Nr. 1 BGB und eine etwaige spätere Genehmigung durch den volljährig gewordenen Versicherungsnehmer prüfen lassen.
- Liegt dem Vertrag eine Dynamikklausel zugrunde – wie ist der für den Versicherungsfall maßgebende Vertragsstand?
- Ist der Vertrag zu einem späteren Zeitpunkt beitragsfrei gestellt oder gekündigt worden?
- Hat der Versicherungsnehmer ein Policen-Darlehen in Anspruch genommen?
- Ist während der Vertragsdauer eine Prämien-, Leistungs- oder Bedingungsanpassung rechtswirksam erfolgt, §§ 163, 164 VVG?
- Liegt eine ausreichende Beratung vor oder war diese mangelhaft? Bei Beratungsmängeln ggf. Schadenersatzanspruch.

3. Anspruchsberechtigung

Die Ansprüche aus einer Lebensversicherung stehen keineswegs immer dem Versicherungsnehmer zu. 188

Checkliste Anspruchsberechtigung 189

- Ist in dem Vertrag einem Dritten ein **Bezugsrecht** (Recht auf die Versicherungsleistung, sonstige Rechte und Pflichten verbleiben bei dem Versicherungsnehmer, § 159 VVG), eingeräumt worden?
  - Die Einräumung eines Bezugsrechts ist ein Vertrag zugunsten Dritter, § 328 BGB. Die Einräumung erfolgt durch einseitige Erklärung des Versicherungsnehmers bzw. des bislang Berechtigten gegenüber dem Versicherer.
  - Ein widerrufliches Bezugsrecht kann der Versicherungsnehmer vor Eintritt des Versicherungsfalls jederzeit durch Erklärung gegenüber dem Versicherer widerrufen oder ändern; der Bezugsberechtigte besitzt lediglich eine Aussicht auf die Versicherungsleistung, die erst mit dem Eintritt des Versicherungsfalles zum Vollrecht erstarkt. **Achtung**: Der Widerruf in einem Testament ist nur wirksam, wenn er dem Versicherer vor Eintritt des Versicherungsfalles angezeigt wurde, siehe § 9 Abs. 4 ALB.

- Ist das Bezugsrecht unwiderruflich ausgestaltet, kann es nur mit Zustimmung des Bezugsberechtigten widerrufen oder geändert werden. Der Bezugsberechtigte besitzt in diesem Fall ein Anwartschaftsrecht, das ihm nicht gegen seinen Willen entzogen werden kann. **Bitte beachten**: Nach einigen AVB bedarf die Begründung eines unwiderruflichen Bezugsrechts der Bestätigung durch den Versicherer.
- Verstirbt der Bezugsberechtigte vor Eintritt des Versicherungsfalles, fällt das Bezugsrecht bei einem widerruflichen Bezugsrecht ersatzlos weg; die bei dem späteren Eintritt des Versicherungsfalles fällig werdenden Leistungen stehen einem ggf. benannten Ersatzbezugsberechtigten, andernfalls den Erben des Versicherungsnehmers zu. Bei einem unwiderruflichen Bezugsrecht geht dagegen das Bezugsrecht auf die Erben des Bezugsberechtigten über.
- Bezugsrechte können unterschiedlich ausgestaltet werden, z.B. nur für den Todes- oder Erlebensfall, oder der Höhe nach begrenzt sein. Welchen Inhalt das Bezugsrecht hat, ist durch Auslegung zu ermitteln.

■ Sind die Rechte aus dem Versicherungsvertrag an einen Dritten rechtswirksam **abgetreten** worden?
- Voraussetzung einer wirksamen Abtretung ist die Anzeige an den Versicherer. Fehlt es daran, ist die Abtretung nach der Rechtsprechung des BGH absolut unwirksam, siehe § 9 Abs. 4 ALB.
- Die Abtretung ist auch unwirksam, wenn ihr ein gesetzliches Abtretungsverbot entgegensteht. Solche Abtretungsverbote ergeben sich etwa hinsichtlich der Altersrente aus einer Rentenversicherung aus § 400 BGB i.V.m. §§ 850 Abs. 3, 850c ZPO bzw. hinsichtlich von Lebensversicherungen in der betrieblichen Altersvorsorge aus § 2 Abs. 2 BetrAVG. Ist in eine Lebensversicherung eine Berufsunfähigkeits-Zusatzversicherung eingeschlossen, unterliegen zwar die Rechte aus der Berufsunfähigkeits-Zusatzversicherung einem Abtretungsverbot. Die Abtretung der Ansprüche aus der Lebensversicherung wird dadurch jedoch nicht ausgeschlossen, vgl. BGH v. 18.11.2009 – IV ZR 39/08 und IV ZR 134/08.
- Welchen Umfang die Abtretung hat und ob auch die Gestaltungsrechte mit abgetreten sind, ist der Abtretungsvereinbarung zu entnehmen.
- **Achtung**: Die Abtretung der Ansprüche aus dem Versicherungsvertrag beinhaltet nicht automatisch auch den Widerruf von Bezugsrechten. Wird das Bezugsrecht im Rahmen einer Sicherungsabtretung (typisch bei Sicherungsabtretungen an eine Bank) „widerrufen", beinhaltet dies kein Erlöschen des Bezugsrechts. Das Bezugsrecht tritt lediglich im Rang hinter die Rechte des Sicherungsgläubigers mit der Folge zurück, dass bei Fälligkeit der Versicherungsleistung zunächst der Sicherungsgläubiger befriedigt wird, ein verbleibender Betrag aber dem Bezugsberechtigten zufällt.
- Die Abtretung kann sowohl der Höhe als auch nach Art der Leistung beschränkt werden. Werden nur der Anspruch auf die Todesfallleistung oder nur der

Erlebensfallleistung abgetreten, ist streitig, wem bei vorzeitiger Vertragsauflösung der Rückkaufswert der Lebensversicherung zusteht.

- Bei **Verpfändung** der Ansprüche aus einer Lebensversicherung gelten im Hinblick auf deren Wirksamkeit die Anmerkungen zur Abtretung sinngemäß entsprechend, außerdem die allgemeinen Regeln, vor allem § 1274 Abs. 2 BGB. Auf die verpfändete Lebensversicherung kann der Pfandgläubiger erst mit Eintritt der Pfandreife zugreifen.
  - Auch die Verpfändung bewirkt nicht automatisch den Widerruf von Bezugsrechten.
- Die **Pfändung** einer Lebensversicherung erfolgt durch Pfändungs- und Überweisungsbeschluss. Sie umfasst grundsätzlich auch die Gestaltungsrechte des Versicherungsnehmers, geht jedoch ins Leere, wenn die Forderung aus der Lebensversicherung nicht mehr ins Vermögen des Schuldners fällt; dies ist bei zuvor erfolgter Sicherungsabtretung der Fall. Wird die Sicherungsabtretung nach Erreichen des Sicherungszwecks aufgehoben oder erfolgt nach Zustellung des ins Leere gegangenen Pfändungs- und Überweisungsbeschlusses eine Rückabtretung, lebt dieser nicht wieder auf.
  - Auch ein Pfändungs- und Überweisungsbeschluss bewirkt nicht automatisch den Widerruf etwaiger Bezugsrechte, sofern dieser Widerruf nicht in den Beschluss aufgenommen ist.
  - Soweit Ansprüche aus der Lebensversicherung nicht abtretbar sind, sind sie auch nicht pfändbar. Darüber hinaus ergeben sich weitere Pfändungseinschränkungen aus §§ 850 ff. ZPO, z.B. für Sterbegeldversicherungen aus § 850b ZPO und für Altersrenten aus § 851c ZPO.

4. Vertragsänderung

Aufgrund des Rechts des Versicherers zur Vertragsanpassung bei Verletzung der vorver- **190**
traglichen Anzeigepflicht gemäß § 19 Abs. 4 VVG bzw. wegen der langen Zeitdauer von Lebensversicherungsverträgen sind inhaltliche Änderungen des Lebensversicherungsvertrages möglich, die berücksichtigt werden müssen.

Hinweis

- Wenn dem Versicherungsnehmer eine Verletzung der vorvertraglichen Anzeigepflicht vorgeworfen wird, führt dies nur bei Vorsatz zu einem uneingeschränkten Rücktrittsrecht des Versicherers. Dieses besteht zwar auch bei grober Fahrlässigkeit, jedoch eingeschränkt durch **§ 19 Abs. 4 VVG**. Bei einfacher Fahrlässigkeit oder fehlendem Verschulden ist nur die Kündigung des Vertrages (für die Zukunft) zulässig, aber auch dies nur, sofern nicht § 19 Abs. 4 VVG zum Tragen kommt. Nach dieser Regelung scheiden in den genannten Fällen sowohl Rücktritt als auch Kündigung aus, sofern der Versicherer den Versicherungsantrag bei Kenntnis des verschwiegenen Umstandes zu anderen Bedingungen angenommen hätte. Als „andere Bedingungen“ kommen einmal ein Beitragszuschlag, zum anderen ein

Risikoausschluss für das fragliche Krankheitsbild in Betracht. Beides führt zu einer Vertragsänderung, und zwar bei jeglicher Form von Fahrlässigkeit rückwirkend auf den Vertragsbeginn, bei fehlendem Verschulden ab der laufenden Versicherungsperiode.

- § 163 VVG erlaubt dem Versicherer unter den in Absatz 1 genannten besonderen Voraussetzungen eine **Prämien- und Leistungsänderung**. Hintergrund der Regelung ist die typischerweise lange Laufzeit von Lebensversicherungsverträgen. Die Norm eröffnet dem Versicherer die Möglichkeit der Anpassung des Vertrages an unvorhersehbar geänderte Verhältnisse. Die Neufestsetzung der Prämie und die Herabsetzung der Versicherungsleistung werden zu Beginn des zweiten Monats wirksam, der auf die Mitteilung der Neufestsetzung oder der Herabsetzung und der hierfür maßgeblichen Gründe an den Versicherungsnehmer folgt (§ 163 Abs. 3 VVG).
- § 164 VVG erlaubt dem Versicherer zudem nach Maßgabe von Absatz 1 unter engen Voraussetzungen eine **Bedingungsanpassung**. Der Hintergrund der Regelung ist derselbe wie bei § 163 VVG. Die nach dieser Vorschrift zulässigerweise geänderten Bedingungen werden zwei Wochen, nachdem die neue Regelung und die hierfür maßgeblichen Gründe dem Versicherungsnehmer mitgeteilt worden sind, Vertragsbestandteil (§ 164 Abs. 2 VVG).
- Für die Vielzahl der sich noch im Bestand der Lebensversicherer befindlichen **Altverträge** können sich Änderungen im bei Vertragsabschluss vereinbarten Bedingungswerk durch die Anpassung mit dem neuen VVG nicht mehr vereinbarer Bestimmungen an das neue Recht ergeben haben, Art. 1 Abs. 3 EGVVG.

5. Beendigung der Lebensversicherung

191 Abgesehen von dem Eintritt des Versicherungsfalles (siehe dazu Rdn 192) und einer einvernehmlichen Aufhebung kann die Lebensversicherung vorzeitig aus sehr unterschiedlichen Gründen enden. Die jeweiligen Rechtsfolgen unterscheiden sich.

Checkliste Beendigung der Lebensversicherung

- Ausübung des **Widerrufsrechts** nach § 8 VVG: Der Vertrag endet mit dem Zeitpunkt des Wirksamwerdens des Widerrufs. Abweichend von der allgemeinen Regel in § 8 VVG beträgt die Widerrufsfrist gemäß § 152 Abs. 1 VVG in der Lebensversicherung 30 Tage. Im Falle des § 9 Abs. 1 S. 1 VVG hat der Versicherer nach § 152 Abs. 2 VVG auch den Rückkaufswert einschließlich etwaiger Überschussanteile zu erstatten. Im Falle des § 9 Abs. 1 S. 2 VVG hat der Versicherer nach § 152 Abs. 2 VVG den Rückkaufswert einschließlich der Überschussanteile oder, wenn dies für den Versicherungsnehmer günstiger ist, die für das erste Jahr gezahlten Prämien zu erstatten.
- **Anfechtung** des Versicherungsvertrages durch den **Versicherer** oder **Rücktritt**: Gemäß § 169 Abs. 1 und 2 VVG hat der Versicherer bei Lebensversicherungen mit einem Rückkaufswert den vollen Rückkaufswert zu erstatten. Die Regelung

gilt deshalb nicht für reine Risikoversicherungen, die keinen Rückkaufswert haben.

- **Kündigung** durch den **Versicherungsnehmer**: Bei laufender Prämienzahlung kann der Versicherungsnehmer nach § 168 Abs. 1 VVG jederzeit zum Ablauf der laufenden Prämienzahlungsperiode kündigen. Kein Kündigungsrecht besteht für Basisrenten i.S.v. § 10 Abs. 1 Nr. 2 S. 1 b EStG, bei Vereinbarung eines Verwertungsausschlusses sowie bei Vereinbarung eines Verfügungsverbotes nach § 851c Abs. 1 ZPO (§ 168 Abs. 3 VVG). Der Versicherer ist im Falle einer wirksamen Kündigung zur Auszahlung des Rückkaufswertes einschließlich Überschussanteilen verpflichtet, sofern die Versicherung Versicherungsschutz für ein Risiko bietet, bei dem der Eintritt der Verpflichtung des Versicherers gewiss ist (§ 169 Abs. 1 VVG). Ein Stornoabzug ist nur bei entsprechender Vereinbarung zulässig, ein Abzug für noch nicht getilgte Abschlusskosten ist unzulässig, vgl. § 169 Abs. 4 VVG.
- Bei einem **Rücktritt** des **Versicherers** wegen Verzugs mit der Zahlung der Einlösungsprämie (§ 37 VVG) erlischt der Vertrag nach Rücktritt des Versicherers ersatzlos. Bei Zahlungsverzug mit einer Folgeprämie (§ 38 Abs. 1 VVG) und der Kündigung des Versicherungsvertrages durch den Versicherer (§ 38 Abs. 3 VVG) besteht der Vertrag bei entsprechender gesetzlicher oder vertraglicher Regelung beitragsfrei fort; falls die prämienfreie Mindestversicherungssumme nicht erreicht wird, ist der Rückkaufswert auszuzahlen, Risikoversicherungen erlöschen ohne Wert.

6. Leistungen, Leistungsausschlüsse und Fälligkeit

Regulärer Eintritt des Versicherungsfalles ist in der Lebensversicherung der Tod der **192** versicherten Person und – bei kapitalbildenden Lebensversicherungen – das Erreichen eines bestimmten Lebensalters. Dann wird grundsätzlich die Leistung fällig. Leistungsausschlüsse gibt es in der Lebensversicherung nur wenige.

Checkliste Leistungen, Leistungsausschlüsse und Fälligkeit **193**

- In der reinen **Risikoversicherung** löst der vorzeitige Tod, d.h. der Tod der versicherten Person vor Erreichen des Ablauftermins, den Leistungsanspruch aus; überlebt die versicherte Person den Ablauftermin, erlischt der Vertrag ohne Wert.
  - In der **gemischten Versicherung** auf den Todes- und Erlebensfall entsteht der Leistungsanspruch nicht nur bei vorzeitigem Tod der versicherten Person, sondern auch bei Erleben des Ablauftermins der Versicherung.
  - Die Höhe des jeweiligen Leistungsanspruchs ergibt sich aus dem Versicherungsvertrag.
- Kein Anspruch auf die versicherte Leistung trotz vorzeitigem Tod der versicherten Person besteht bei gerechtfertigter **Anfechtung** oder rechtswirksamen **Rücktritt** unter den Voraussetzungen von § 21 Abs. 2 VVG durch den Versicherer; an die

Stelle der versicherten Leistung tritt dann der Rückkaufswert, sofern ein solcher besteht, § 169 Abs. 1 und 2 VVG.

- **Kein Anspruch auf die versicherte Leistung trotz vorzeitigem Tod der versicherten** Person besteht unter bestimmten Voraussetzungen bei deren **Selbsttötung**.
  - Die Selbsttötung muss nach § 161 Abs. 1 VVG innerhalb der ersten 3 Jahre ab Abschluss des Versicherungsvertrages erfolgt sein. Diese Frist ist eine Ausschlussfrist und kann nur durch Individualvereinbarung, d.h. nicht durch AVB, verlängert werden. Eine Verkürzung der 3-Jahres-Frist stellt keinen Nachteil für den Versicherungsnehmer dar und ist daher gemäß § 171 VVG zulässig. Weitere Voraussetzung ist Vorsatz der versicherten Person. Ob auch bedingter Vorsatz genügt, ist streitig, aber wohl zu bejahen.
  - Den Beweis vorsätzlicher Selbsttötung hat der Versicherer zu führen; ein Beweis des ersten Anscheins kommt dabei nicht in Betracht; es fehlt an typischen Geschehensabläufen.
  - Ausnahmsweise bleibt der Anspruch auf die versicherte Leistung bei vorsätzlicher Selbsttötung innerhalb der Ausschlussfrist nach § 161 Abs. 1 S. 1 VVG erhalten, wenn die Tat in einem die freie Willensbestimmung ausschließenden Zustand krankhafter Störung der Geistestätigkeit begangen worden ist (§ 161 Abs. 1 S. 2 VVG). Das ist nur dann der Fall, wenn die vollen Voraussetzungen des § 104 Nr. 2 BGB vorliegen. Die Störung muss ein Ausmaß erreicht haben, bei dem keine freie Entscheidung mehr möglich war. Dazu reicht in der Regel etwa ein festgestellter Blutalkoholgehalt von 2,2 Promille nicht aus,[131] ebenso wenig die völlig fehlende Nachvollziehbarkeit der Tat.[132] Da es sich um eine Rückausnahme von dem Leistungsausschluss handelt, trägt der Versicherungsnehmer die volle Darlegungs- und Beweislast.
  - Ist der Versicherer wegen nachgewiesener Selbsttötung nicht zur Leistung verpflichtet, hat er nach § 161 Abs. 3 VVG den Rückkaufswert einschließlich der Überschussanteile zu zahlen; Risikoversicherungen, die keinen Rückkaufswert besitzen, erlöschen ersatzlos.
- Kein Anspruch auf die versicherte Leistung trotz vorzeitigem Tod der versicherten Person besteht nach § 162 Abs. 1 VVG bei **Tötung** der versicherten Person **durch** den **Versicherungsnehmer**.
  - Voraussetzungen der Vorschrift sind die Versicherung auf den Tod eines anderen, Widerrechtlichkeit und Vorsatz, der sich auf den Todeserfolg beziehen muss.
  - Die Vorschrift bezweckt den Schutz der versicherten Person und hat Sanktionscharakter. Deshalb verliert der Versicherungsnehmer auch den Anspruch auf den Rückkaufswert des Vertrages.

131 OLG Köln v. 21.2.2001 – 5 U 127/00, VersR 2002, 341.
132 OLG Stuttgart v. 22.7.1999 – 7 U 28/99, NVersZ 2000, 22.

  - Bei **Tötung** des Versicherten **durch den Bezugsberechtigten** verliert dieser nach § 162 Abs. 2 VVG sein Bezugsrecht. Die versicherte Leistung steht dem Versicherungsnehmer zu.
- Auch nach der **Kriegsklausel**, die sich in nahezu allen Lebensversicherungen findet, besteht kein Anspruch auf die versicherte Leistung.
  - Die Kriegsklausel greift nicht ein, wenn die versicherte Person in unmittelbarem oder mittelbarem Zusammenhang mit kriegerischen Ereignissen stirbt, denen sie während eines Aufenthaltes außerhalb der Bundesrepublik Deutschland ausgesetzt war und an denen sie nicht aktiv beteiligt war.
  - Bei Anwendbarkeit der Klausel hat der Versicherer nur den Rückkaufswert zu leisten.
  - Besteht ein Anspruch auf die Versicherungsleistung, wird dieser unter den allgemeinen Voraussetzungen des § 14 VVG **fällig** mit Beendigung der zur Feststellung des Versicherungsfalles und des Umfangs der Leistung nötigen Erhebungen.
  - Nach den AVB kann dazu neben der Vorlage der Sterbeurkunde auch die Vorlage des Versicherungsscheins und eines Nachweises der letzten Prämienzahlung gehören.

7. Besonderheiten der Kreditlebensversicherung

Als Kreditlebensversicherung oder Restschuldversicherung werden Verträge bezeichnet, **194**
die zur Absicherung der Zahlungsverpflichtungen von Verbraucherdarlehen abgeschlossen werden. Es sind typische Massenverträge zu Verbraucherkrediten der Banken, Finanzierungs- und Leasingverträgen im Autohandel und anderen Branchen, zu Kreditkarten usw. Vermittelt werden die Verträge regelmäßig durch die Darlehensgeber, Autohäuser oder andere Handelsunternehmen, bei denen der Kunde einen Ratenkredit in Anspruch nimmt. Meist sind sie mit einer Arbeitsunfähigkeits-, seltener auch mit einer Arbeitslosigkeits-Zusatzversicherung verbunden.

Checkliste Besonderheiten der Kreditlebensversicherung

- Abgeschlossen werden die Verträge heute fast immer im Rahmen eines Gruppenversicherungsvertrages zwischen dem Versicherer und dem Darlehensgeber als Versicherungsnehmer. Der Darlehensnehmer (Kunde) tritt diesem Gruppenversicherungsvertrag als versicherte Person bei und erteilt dazu die nach § 150 VVG notwendige Zustimmung:
  - Rechtsfolge daraus ist, dass der Kunde grundsätzlich keinen eigenen Anspruch gegen den Versicherer besitzt. Daran ändert sich auch dadurch nichts, dass die anteilige Versicherungsprämie auf den Kunden abgewälzt wird.
  - Entsteht Streit über die Leistungspflicht, bedarf es deshalb einer Ermächtigung des Versicherungsnehmers (Darlehensgeber) zur Prozessführung im Wege der gewillkürten Prozessstandschaft. Diese kann bereits in den AVB enthalten sein. Anderenfalls muss sie vor Klageerhebung eingeholt werden. Sonst fehlt die Aktivlegitimation.

- Die Ermächtigung wird generell mit der Maßgabe erteilt, dass etwaige Zahlungen des Versicherers an den Darlehensgeber zu erfolgen haben, der seinerseits vertraglich verpflichtet ist, einen etwaigen Überschuss an den Kunden auszukehren.
- Gemäß § 7d S. 2 VVG steht der versicherten Person bei einer Restschuldversicherung als Gruppenversicherung das Widerrufsrecht zu. Ob der versicherten Person darüber hinaus weitere Rechte an der Versicherung zustehen (Recht zur Einräumung eines Bezugsrechts, zur Abtretung oder Verpfändung, zur Kündigung), ist trotz des Wortlautes von § 7d S. 2 VVG zweifelhaft.[133]

- Die Kreditlebensversicherung ist als reine Risikoversicherung mit fallender Versicherungssumme ausgestaltet. Die Versicherungssumme beläuft sich anfänglich auf die Höhe des Gesamtdarlehens und vermindert sich bei jeder planmäßigen Ratenfälligkeit um den Betrag der Rate.
- Im Massengeschäft, bei dem der Kunde in aller Regel möglichst sofort den Darlehensbetrag oder die Ware erhalten möchte, verbietet sich eine Antragsprüfung anhand von Gesundheitsfragen. Die Verträge enthalten deshalb regelmäßig eine generelle Risikoausschlussklausel, mit der vor Vertragsschluss bestehende, dem Kunden bekannte und ärztlich beratene oder behandelte ernstliche Gesundheitsstörungen vom Versicherungsschutz ausgeschlossen werden, wenn der Versicherungsfall wegen dieser Gesundheitsstörungen innerhalb der nächsten zwei Jahre nach Beginn des Versicherungsschutzes eintritt. Die Rechtswirksamkeit dieser Klausel ist streitig.[134]
- Die Beitrittserklärung des Kunden enthält regelmäßig eine antizipierte Zustimmung des Versicherers zum Vertragsabschluss, damit der Versicherungsschutz mit Auszahlung des Darlehens in Kraft treten kann.

8. Verjährung

195 Seit der VVG-Reform verjähren Ansprüche aus der Lebensversicherung nicht mehr in fünf, sondern nach allgemeinem Recht in drei Jahren (§§ 199 Abs. 1, 195 BGB).

III. Gerichtliche Mandate

1. Prozessuales

196 Für gerichtliche Verfahren um Ansprüche aus einer Lebensversicherung gelten keine Besonderheiten. Da die Lebensversicherung eine Summenversicherung ist, kommt als Klageart regelmäßig nur die Leistungsklage in Betracht. Betrifft der Rechtsstreit die Frage des Fortbestandes eines Vertrages insbesondere nach Anfechtung, Rücktritt oder Kündigung durch den Versicherer aufgrund Verletzung der vorvertraglichen Anzeigepflicht, bedarf es eines Feststellungsantrags.

133 Siehe dazu: Rüffer/Halbach/Schimikowski/*Baroch Castellvi*, § 7d VVG Rn 5.
134 Siehe dazu: v. Bühren/*Prang*, § 14 Rn 219 ff.

Die in der Einleitung und dem außergerichtlichen Teil dieses Formularhandbuchs enthaltenen Hinweise können lediglich verkürzte Hinweise zur Struktur und den wichtigsten Rechtsfragen der Lebensversicherung geben. Ein vertiefender Blick in die einschlägige Kommentarliteratur erscheint – insbesondere wegen der umfangreichen Rechtsprechung – unumgänglich.

Für Klagen aus dem Versicherungsvertrag ist neben dem allgemeinen Gerichtsstand am Sitz des Versicherers (§ 17 Abs. 1 S. 1 ZPO) auch das Gericht am Wohnsitz des Versicherungsnehmers zuständig (§ 215 Abs. 1 S. 1 VVG). Ob der Bezugsberechtigte an seinem Wohnort Klage erheben kann, ist umstritten.[135] **197**

2. Musterklagen

> *Hinweis* **198**
>
> Die nachfolgenden Musterklagen betreffen gängige Rechtsfälle aus dem Bereich der Lebensversicherung. Auf Klagemuster zur Berechnung des Rückkaufswertes bzw. der Überschussbeteiligung wurde verzichtet, da derartige Klagen in hohem Maße von den zugrunde liegenden AVB abhängen.

Ausgangssachverhalt ist jeweils eine von einem Versicherungsnehmer bei der Lebensversicherung AG abgeschlossene Lebensversicherung über eine Versicherungssumme von 250.000 EUR auf den Todesfall mit Laufzeit bis zu seinem Endalter von 65 Jahren. Bei Vertragsabschluss war der Versicherungsnehmer 40 Jahre alt.

a) Klage auf Leistung (Abweichung vom Antrag)

▼ **199**

Muster 6.25: Klage auf Leistung – Abweichung vom Antrag

An das 6.25

Landgericht

In Sachen

(*Name der Klägerin*)

– Klägerin –

gegen

Lebensversicherung AG,

– Beklagte –

erheben wir namens und in Vollmacht der Klägerin

Klage

wegen Leistung aus einer Lebensversicherung,[136]

Streitwert: ,

135 Dafür: LG Saarbrücken v. 7.6.2011 – 14 O 131/11, NJW-RR 2011, 1600 f; Prölss/Martin/*Klimke*, § 215 VVG Rn 20; Langheid/Rixecker/*Rixecker* § 215 VVG Rn 3; dagegen: LG Limburg v. 17.11.2011 – 4 O 280/11, VersR 2012, 889 f.; LG Potsdam v. 24.5.2017 – 8 O 98/17, BeckRS 2017, 129701.

136 Dieser Hinweis führt dazu, dass bei Landgerichten mit einer Spezialkammer die Verteilung entsprechend den internen Richtlinien des Gerichts erfolgt.

und beantragen die Anberaumung eines mündlichen Termins, in dem wir beantragen werden:

1. Die Beklagte wird verurteilt, an die Klägerin einen Betrag von 150.000 EUR zuzüglich Zinsen in Höhe von 5 %-Punkten über dem Basiszinssatz seit Rechtshängigkeit zu zahlen.
2. Die Beklagte wird verurteilt, an die Klägerin vorgerichtliche Kosten von EUR nebst Zinsen in Höhe von 5 %-Punkten über dem Basiszinssatz seit Rechtshängigkeit zu zahlen;
3. die Beklagte trägt die Kosten des Rechtsstreits;
4. für den Fall des Vorliegens der Voraussetzungen Erlass eines Säumnisurteils gemäß § 331 ZPO und für den Fall des Anerkenntnisses den Erlass eines Anerkenntnisurteils gemäß § 307 ZPO;
5. das Urteil notfalls gegen Sicherheitsleistung für vorläufig vollstreckbar zu erklären.

Begründung:

1. Sachverhalt

a) Zusammenfassung

Die Beklagte ist ein Lebensversicherungsunternehmen, der am 3.6.2023 verstorbene war Versicherungsnehmer und versicherte Person eines bei der Beklagten am 1.1.2008 abgeschlossenen Lebensversicherungsvertrages.

Die Klägerin ist Witwe des Versicherungsnehmers und alleinige begünstigte Bezugsberechtigte aus dem streitgegenständlichen Versicherungsvertrag.

Die Klägerin verlangt mit der Klage im Wesentlichen die vertraglich vereinbarte Todesfall-Leistung aus diesem Versicherungsvertrag.

b) Vertragsschluss

Mit Antrag vom 12.12.2007 beantragte der Versicherungsnehmer den Abschluss eines Lebensversicherungsvertrages mit einer Todesfallsumme von 250.000 EUR bei der Beklagten.

> **Beweis:**
> **Antrag, Anlage K 1.**

Die Beklagte hat die Annahme dieses Antrags mit der Übersendung des auf den 3.1.2008 datierenden Versicherungsscheins erklärt. Der Versicherungsnehmer hat die Klägerin im Antrag vom 12.12.2007 als Bezugsberechtige im Todesfall bezeichnet. Die Beklagte hat das Bezugsrecht gegenüber dem Versicherungsnehmer im Versicherungsschein vom 3.1.2008 bestätigt. Vereinbarter Versicherungsbeginn war der 1.1.2008.

> **Beweis:**
> **Kopie des Versicherungsscheins, Anlage K 2.**

Das Original des Versicherungsscheins befindet sich bei der Beklagten. Die in monatlicher Zahlweise vereinbarten Prämien wurden erstmals am 3.1.2008 und dann bis einschließlich August 2023 am jeweils dritten Werktag der folgenden Monate im Lastschriftverfahren abgerufen.

> **Beweis im Falle des Bestreitens:**
> **Vorlage Kontoauszug.**

c) Versicherungsfall

Am 2.6.2023 verunglückte der Ehemann der Klägerin bei einem Verkehrsunfall

> **Beweis:**
> **Polizeiliche Ermittlungsakte, Az. .**

Trotz aller ärztlichen Bemühungen verstarb der Ehemann der Klägerin am 3.6.2023.

> **Beweis:**
> **Kopie der Todesurkunde, Anlage K 3.**

d) Meldung des Versicherungsfalls

Am 4.6.2023 informierte die Klägerin den Vertreter der Beklagten, den Zeugen , persönlich über den Tod des Ehemannes der Klägerin. Der Zeuge übersandte der Klägerin anschließend ein Formular der Beklagten zur Beantragung der Leistung. Dieses Formular wurde von der Klägerin ausgefüllt und der Beklagten am 9.6.2023 übersandt.

Mit Schreiben vom 12.6.2023 bestätigte die Beklagte den Eingang des Leistungsantrags.

e) Leistungsentscheidung

Mit Schreiben vom 28.6.2023 lehnte die Beklagte die Leistung aus dem Versicherungsvertrag in einer den Betrag von 100.000 EUR übersteigenden Höhe ab und begründet dies damit, dass der Versicherungsvertrag eine Versicherungssumme von 100.000 EUR für den Fall des Todes der versicherten Person dokumentiere. Auf die Abweichung des Versicherungsscheins vom Antrag habe sie durch einen Hinweis im Versicherungsschein aufmerksam gemacht.

> **Beweis:**
> **Schreiben der Beklagten vom 28.6.2023, Anlage K 4.**

Die Beklagte zahlte an die Klägerin einen Betrag von 100.000 EUR, im Übrigen erfolgte keine Zahlung. Auch nach anwaltlicher Mahnung und Fristsetzung erfolgte keine weitere Zahlung, die Beklagte erklärte mit Schreiben vom 14.7.2023, dass sie nicht bereit sei, weitere Leistungen zu erbringen.

> **Beweis:**
> **Schreiben der Beklagten vom 14.7.2023, Anlage K 5.**

2. Rechtliche Würdigung

a) Fehlerhafte Leistungsentscheidung

Die Entscheidung der Beklagten über die Verweigerung der vertraglichen Leistung ist fehlerhaft.

b) Fehlender Hinweis auf Abweichungen im Versicherungsschein

Der Hinweis der Beklagten auf die Abweichung des Versicherungsscheins von dem Antrag entspricht nicht den Voraussetzungen des § 5 Abs. 2 VVG.

Gemäß § 5 Abs. 2 S. 2 VVG ist auf jede Abweichung und die hiermit verbundenen Rechtsfolgen durch einen auffälligen Hinweis im Versicherungsschein aufmerksam zu machen.

Diesen Ansprüchen genügt der von der Beklagten dem Versicherungsschein angebrachte Hinweis nicht. Der Hinweis ist in der gleichen Schriftgröße wie sämtliche weiteren Informationen auf dem Versicherungsschein gedruckt, es fehlt jede die Aufmerksamkeit eines Lesers anziehende Gestaltung. Auch grafische Gestaltungsmittel, die die Aufmerksamkeit eines Lesers auf sich ziehen könnten, fehlen vollständig. Der Hinweis ist außerdem auf Seite 2 des Versicherungsscheins unter „Allgemeines" erfolgt, ein Hinweis in unmittelbarem Zusammenhang mit der Darstellung der Versicherungssumme auf der Seite 1 des Versicherungsscheins erfolgte nicht.

Beweis:
Kopie des Versicherungsscheins, Anlage K 2.

Der Verstorbene hat in den Jahren seit Vertragsabschluss regelmäßig darauf hingewiesen, dass die Familie im Fall seines Todes ausreichend abgesichert sei. Er hat dabei immer auf die beantragte Versicherungssumme von 250.000 EUR abgestellt.

Beweis:
Zeugnis des , Vater des Verstorbenen, zu laden.

Dem Verstorbenen war es nie möglich, die Abweichung des Versicherungsscheins vom Antrag wahrzunehmen. Wenn der Verstorbene den Versicherungsschein gelesen hat, dann hat er den Hinweis und die geänderte Todesfallleistung übersehen.

c) Fehlender Hinweis auf Rechtsfolgen

In dem Hinweis auf Seite 2 des Versicherungsscheins fehlt ebenfalls ein Hinweis auf die mit der Abweichung verbundenen Rechtsfolgen gemäß § 5 Abs. 2 S. 2 VVG. Die Beklagte war seit dem 1.1.2008 verpflichtet, den Verstorbenen nicht nur auf die Abweichungen des Versicherungsscheins vom Antrag aufmerksam zu machen, sondern hatte auch auf die mit den Abweichungen verbundenen Rechtsfolgen hinzuweisen.

3. Örtliche Zuständigkeit des angerufenen Gerichts

Die örtliche Zuständigkeit des angerufenen Gerichts am Sitz der Beklagten folgt aus § 17 Abs. 1 ZPO.

Der Klage ist danach stattzugeben.

Rechtsanwalt

▲

b) Klage auf Leistung (Anzeigepflichtverletzung)

200 ▼

Muster 6.26: Klage auf Leistung – Anzeigepflichtverletzung

6.26 An das
Landgericht

In Sachen

(*Name der Klägerin*)

– Klägerin –

gegen

Lebensversicherung AG,

– Beklagte –

erheben wir namens und in Vollmacht der Klägerin

Klage

wegen Leistung aus einer Lebensversicherung,[137]

Streitwert: ,

und beantragen die Anberaumung eines mündlichen Termins, in dem wir beantragen werden:

1. Die Beklagte wird verurteilt, an die Klägerin einen Betrag von 250.000 EUR zuzüglich Zinsen in Höhe von 5 %-Punkten über dem Basiszinssatz seit Rechtshängigkeit zu zahlen.
2. Die Beklagte wird verurteilt, an die Klägerin vorgerichtliche Kosten von EUR nebst Zinsen in Höhe von 5 %-Punkten über dem Basiszinssatz seit Rechtshängigkeit zu zahlen;
3. die Beklagte trägt die Kosten des Rechtsstreits;
4. für den Fall des Vorliegens der Voraussetzungen den Erlass eines Säumnisurteils gemäß § 331 ZPO und für den Fall des Anerkenntnisses den Erlass eines Anerkenntnisurteils gemäß § 307 ZPO;
5. das Urteil notfalls gegen Sicherheitsleistung für vorläufig vollstreckbar zu erklären.

Begründung:

1. Sachverhalt

a) Zusammenfassung

Die Beklagte ist ein Lebensversicherungsunternehmen, der am 3.6.2023 verstorbene war Versicherungsnehmer und versicherte Person eines bei der Beklagten am 1.1.2020 abgeschlossenen Lebensversicherungsvertrages.

Die Klägerin ist Witwe des Versicherungsnehmers und alleinig begünstigte Bezugsberechtigte aus dem streitgegenständlichen Versicherungsvertrag.

Die Klägerin verlangt mit der Klage im Wesentlichen die vertraglich vereinbarte Todesfall-Leistung aus diesem Versicherungsvertrag.

b) Vertragsschluss

Mit Antrag vom 12.12.2019 hatte der Versicherungsnehmer den Abschluss eines Lebensversicherungsvertrages mit einer Todesfallsumme von 250.000 EUR bei der Beklagten beantragt.

> **Beweis:**
> **Antrag, Anlage K1**

Die Beklagte hat Annahme dieses Antrags mit der Übersendung des auf den 3.1.2020 datierenden Versicherungsscheins erklärt. Vereinbarter Versicherungsbeginn war der 1.1.2020. Der Versicherungsschein dokumentiert die Klägerin als Bezugsberechtigte.

> **Beweis:**
> **Kopie des Versicherungsscheins, Anlage K 2**

137 Dieser Hinweis führt dazu, dass bei Landgerichten mit einer Spezialkammer die Verteilung entsprechend den internen Richtlinien des Gerichts erfolgt.

Das Original des Versicherungsscheins befindet sich bei der Beklagten. Die in monatlicher Zahlweise vereinbarten Prämien wurden erstmals am 3.1.2020 und dann bis einschließlich August 2023 am jeweils dritten Werktag der folgenden Monate im Lastschriftverfahren abgerufen.

Beweis im Falle des Bestreitens:
Vorlage Kontoauszug

c) Versicherungsfall

Am 3.6.2023 verstarb der Ehemann der Klägerin. Todesursache war ein Herzinfarkt.

Beweis:
Kopie der Todesurkunde, Anlage K 3

d) Meldung des Versicherungsfalls

Am 4.6.2023 informierte die Klägerin den Vertreter der Beklagten, den Zeugen , persönlich über den Tod des Versicherten. Der Zeuge übersandte der Klägerin anschließend ein Formular der Beklagten zur Beantragung der Leistung. Dieses Formular wurde von der Klägerin ausgefüllt und der Beklagten am 9.6.2023 übersandt.

Mit Schreiben vom 12.6.2023 bestätigte die Beklagte den Eingang des Leistungsantrags. Gleichfalls erhielt die Klägerin den Entwurf einer Erklärung, mit der sie um Zustimmung gebeten wurde, den Arzt, der den Tod festgestellt hatte, sowie den Hausarzt des Verstorbenen von der ärztlichen Schweigepflicht zu entbinden.

Die Klägerin gab die Erklärung ab und übersandte das unterzeichnete Formular der Beklagten.

e) Leistungsentscheidung

Mit Schreiben vom 28.8.2023 lehnte die Beklagte die Leistung aus dem Versicherungsvertrag ab und begründet dies damit, dass der Verstorbene bei der Stellung des Antrages Krankheiten verschwiegen habe, nach denen sie ausdrücklich gefragt habe. Mit dem gleichen Schreiben erklärte die Beklagte den Rücktritt vom Versicherungsvertrag gemäß § 19 Abs. 2 VVG. Die Beklagte erklärte ebenfalls die Anfechtung des Vertrages wegen arglistiger Täuschung.

Beweis:
Schreiben der Beklagten vom 28.8.2023, Anlage K 4

Auch nach anwaltlicher Mahnung und Fristsetzung erfolgte keine Zahlung. Die Beklagte erklärte mit Schreiben vom 14.9.2023 vielmehr, dass sie nicht bereit sei, Leistungen zu erbringen.

Beweis:
Schreiben der Beklagten vom 14.9.2023, Anlage K 5

f) Berechnung Klagebeträge

Der in der Hauptsache geltend gemachte Betrag ist die vertraglich vereinbarte Todesfallleistung.

Der mit dem Antrag zu 2 geltend gemachte Betrag entspricht den dem Streitwert entsprechenden Gebühren nach RVG für die außergerichtliche Tätigkeit des Unterzeichners. Diese errechnen sich wie folgt:

2. Rechtliche Würdigung

a) Fehlerhafte Leistungsentscheidung

Die Entscheidung der Beklagten über die Verweigerung der vertraglichen Leistung ist fehlerhaft.

b) Richtige Beantwortung der Risikofragen

Der Verstorbene hatte die Risikofragen der Beklagten in dem Antrag nach seiner Ansicht richtig beantwortet.

Zwar hatte die Beklagte nach Herz- und Kreislauferkrankungen in den letzten 5 Jahren vor Antragstellung gefragt, diese hatte der Verstorbene mit Nein beantwortet. Der Verstorbene hatte zwar 4 Jahre vor der Antragstellung einen leichten Herzinfarkt, dieser war jedoch nach Auskunft des Arztes vollständig ausgeheilt. Die Prognose des Arztes war positiv, er hatte dem Verstorbenen mitgeteilt, dieser sei völlig ausgeheilt, ein Risiko bestehe für ihn nicht mehr.

Beweis:
Zeugnis des Hausarztes der Verstorbenen, , zu laden

Der Verstorbene war der Ansicht, dass dieser leichte Herzinfarkt aus dem Jahr 2016 für die Beklagte keine Rolle spiele, weil die Fragen, die die Beklagte im Übrigen stellte, sich jeweils auf schwere Erkrankungen bezogen. Der Verstorbene war mit seinem Hausarzt der Ansicht, dass der leichte Herzinfarkt keinerlei Folgen für seine Lebensweise hatte.

Beweis:
Zeugnis des

Die Beklagte war deshalb nicht berechtigt, die Anfechtung oder den Rücktritt vom Versicherungsvertrag zu erklären. Wenn überhaupt, kann dem Verstorbenen unter den dargestellten Umständen allenfalls der Vorwurf leichter Fahrlässigkeit gemacht werden. Dieser berechtigt nach § 19 VVG lediglich zur Kündigung, lässt also den Leistungsanspruch für einen bereits eigetretenen Versicherungsfall unberührt.

Von Arglist kann unter den dargestellten Umständen erst recht keine Rede sein. Arglist würde voraussetzen, dass der Verstorbene auf den Annahmewillen des Versicherers einzuwirken beabsichtigt hat. Dafür fehlen jegliche Anhaltspunkte.

Die Leistungsverweigerung der Beklagten war folglich nicht berechtigt.

3. Örtliche Zuständigkeit des angerufenen Gerichts

Die örtliche Zuständigkeit des angerufenen Gerichts am Sitz der Beklagten folgt aus § 17 Abs. 1 ZPO.

Der Klage ist danach stattzugeben.

Rechtsanwalt

▲

c) Klage auf Leistung (Selbsttötung)

201 ▼

Muster 6.27: Klage auf Leistung – Selbsttötung

An das

Landgericht

In Sachen

, (*Name des Klägers*)

gesetzlich vertreten durch seine Mutter

– Kläger –

gegen

Lebensversicherung AG,

– Beklagte –

erheben wir namens und in Vollmacht der Klägerin

Klage

wegen Leistung aus einer Lebensversicherung,[138]

Streitwert: ,

und beantragen die Anberaumung eines mündlichen Termins, in dem wir beantragen werden:

1. Die Beklagte wird verurteilt, an den Kläger einen Betrag von 250.000 EUR zuzüglich Zinsen in Höhe von 5 %-Punkten über dem Basiszinssatz seit Rechtshängigkeit zu zahlen.
2. Die Beklagte wird verurteilt, an den Kläger vorgerichtliche Kosten von EUR nebst Zinsen in Höhe von 5 %-Punkten über dem Basiszinssatz seit Rechtshängigkeit zu zahlen;
3. die Beklagte trägt die Kosten des Rechtsstreits;
4. für den Fall des Vorliegens der Voraussetzungen den Erlass eines Säumnisurteils gemäß § 331 ZPO und für den Fall des Anerkenntnisses den Erlass eines Anerkenntnisurteils gemäß § 307 ZPO;
5. das Urteil notfalls gegen Sicherheitsleistung für vorläufig vollstreckbar zu erklären.

Begründung:

1. Sachverhalt

a) Zusammenfassung

Die Beklagte ist ein Lebensversicherungsunternehmen, der am 3.6.2023 verstorbene Vater des Klägers, , war Versicherungsnehmer und versicherte Person eines bei der Beklagten am 1.1.2023 abgeschlossenen Lebensversicherungsvertrages.

Der minderjährige Kläger ist leiblicher Sohn des und wird vertreten durch seine Mutter, Witwe des Verstorbenen und alleinige Vertretungsberechtigte des Klägers.

138 Dieser Hinweis führt dazu, dass bei Landgerichten mit einer Spezialkammer die Verteilung entsprechend den internen Richtlinien des Gerichts erfolgt.

Der Kläger ist namentlich benannter, alleiniger Bezugsberechtigter der Leistung für den Todesfall aus diesem Versicherungsvertrag.

Der Kläger verlangt mit der Klage im Wesentlichen die vertraglich vereinbarte Todesfall-Leistung aus diesem Versicherungsvertrag.

b) Vertragsschluss

Mit Antrag vom 12.12.2022 hatte der den Abschluss eines Lebensversicherungsvertrages mit einer Todesfallsumme von 250.000 EUR bei der Beklagten beantragt.

> **Beweis:**
> **Antrag, Anlage K 1**

Die Beklagte hat die Annahme dieses Antrags mit der Übersendung des auf den 23.12.2022 datierenden Versicherungsscheins erklärt. Vereinbarter Versicherungsbeginn war der 1.1.2023. Der Versicherungsschein dokumentiert den Kläger als Bezugsberechtigten.

> **Beweis:**
> **Kopie des Versicherungsscheins, Anlage K 2**

Das Original des Versicherungsscheins befindet sich bei der Beklagten. Die in monatlicher Zahlweise vereinbarten Prämien wurden erstmals am 3.1.2023 und dann bis einschließlich August 2023 am jeweils dritten Werktag der folgenden Monate im Lastschriftverfahren abgerufen.

> **Beweis im Falle des Bestreitens:**
> **Vorlage Kontoauszug**

c) Versicherungsfall

Am 2.6.2023 verunglückte der Vater des Klägers bei einem Verkehrsunfall. Er war mit seinem Motorrad auf der Landstraße zwischen Petershausen und Frankenhain auf gerader Strecke gegen den Brückenpfeiler einer Bahnüberführung geprallt. Bremsspuren fanden sich keine. Der Vater des Klägers wurde schwer verletzt, überlebte aber zunächst den Unfall. Allerdings wurde bei ihm eine Blutalkoholkonzentration von 3,1 Promille festgestellt.

> **Beweis:**
> **Beiziehung der Ermittlungsakte der StA**

Trotz aller ärztlichen Bemühungen verstarb der Vater des Klägers am 3.6.2023.

> **Beweis:**
> **Kopie der Todesurkunde, Anlage K 3**

d) Meldung des Versicherungsfalls

Am 4.6.2023 informierte die Mutter des Klägers den Vertreter der Beklagten, den Zeugen , persönlich über den Tod des Vaters des Klägers. Der Zeuge übersandte der Mutter des Klägers anschließend ein Formular der Beklagten zur Beantragung der Leistung. Dieses Formular wurde von der Mutter des Klägers ausgefüllt und der Beklagten am 9.6.2023 übersandt.

Mit Schreiben vom 12.6.2023 bestätigte die Beklagte den Eingang des Leistungsantrags und übersandte gleichzeitig einen Fragebogen „Fragebogen bei Verdacht der Selbsttötung“ mit der Aufforderung, die zutreffenden Fragen aus diesem Fragebogen zu beantworten.

Die Mutter des Klägers beantwortete die Fragen zutreffend und übersandte der Beklagten den Fragebogen.

Gleichfalls erhielt die Mutter des Klägers den Entwurf einer Erklärung, mit der sie um Zustimmung gebeten wurde, die Ärzte, die den Tod festgestellt sowie den Leichnam obduziert hatten, und den Hausarzt des Verstorbenen von der ärztlichen Schweigepflicht zu entbinden.

Die Mutter des Klägers gab die Erklärung ab und übersandte das unterzeichnete Formular der Beklagten. Die Beklagte holte dort entsprechende Auskünfte ein und nahm zudem Einsicht in die Ermittlungsakte.

e) Leistungsentscheidung

Mit Schreiben vom 28.11.2023 lehnte die Beklagte die Leistung aus dem Versicherungsvertrag ab und begründet dies damit, dass der Vater des Klägers den zum Tod führenden Unfall in der Absicht herbeigeführt habe, sich selbst zu töten.

Vom Vorliegen eines Suizids sei zweifelsfrei auszugehen, weil der Versicherte sich wenige Tage nach der Diagnose eines mit an Sicherheit grenzenden malignen Krebsgeschwürs an der Bauchspeicheldrüse in den Zustand der Trunkenheit versetzt habe, auf sein Motorrad gestiegen sei und auf der Landstraße zwischen Petershausen und Frankenhain auf gerader Strecke mit der Absicht gegen den Brückenpfeiler einer Bahnüberführung gefahren sei, sich selbst zu töten.

Beweis:
Schreiben der Beklagten vom 28.8.2023, Anlage K 4

f) Berechnung Klagebeträge

Der in der Hauptsache geltend gemachte Betrag ist die vertraglich vereinbarte Todesfallleistung.

Der mit dem Antrag zu 2 geltend gemachte Betrag entspricht den dem Streitwert entsprechenden Gebühren nach RVG für die außergerichtliche Tätigkeit des Unterzeichners. Diese errechnen sich wie folgt:

2. Rechtliche Würdigung

a) Fehlerhafte Leistungsentscheidung

Die Entscheidung der Beklagten über die Verweigerung der vertraglichen Leistung ist fehlerhaft.

b) Ursache des Unfalls

Der Unfall ist nicht absichtlich durch den Versicherten verursacht worden. Vielmehr hat er offenkundig aufgrund seines hohen Alkoholkonsums die Kontrolle über sein Fahrzeug verloren.

Der von der Beklagten zu führende Beweis einer vorsätzlichen Selbsttötung ist damit nicht erbracht.

c) Zustand krankhafter Störung

Jedenfalls hat sich der Vater des Klägers zum Zeitpunkt des Unfalls in einem die freie Willensbildung ausschließenden Zustand krankhafter Störung der Geistestätigkeit befunden.

> **Beweis:**
> **Sachverständigengutachten**[139]

Dies lässt sich schon aus dem extrem hohen Konsum von Alkohol vor der Fahrt mit dem Motorrad schließen. Die Tatsache, dass der Vater des Klägers wenige Tage vor dem Unfall erfahren hat, dass er nur noch wenige Monate zu leben habe, war offenbar der Grund für den Alkoholkonsum. Die Stimmung des Vaters des Klägers in den Tagen vor dem Unfall war ungewöhnlich ruhig, grüblerisch und stellenweise gereizt.

> **Beweis:**
> **Zeugnis des , Vater des Verstorbenen, zu laden**

Damit befand sich der Vater des Klägers zum Zeitpunkt des Unfalls zumindest in einem die freie Willensbestimmung ausschließenden Zustand krankhafter Störung der Geistestätigkeit gemäß § 161 Abs. 1 S. 2 VVG.

3. Örtliche Zuständigkeit des angerufenen Gerichts

Die örtliche Zuständigkeit des angerufenen Gerichts am Sitz der Beklagten folgt aus § 17 Abs. 1 ZPO.

Der Klage ist danach stattzugeben.

Rechtsanwalt

▲

d) Klage wegen Falschberatung und Klageerwiderung

Achtung 202

In der folgenden Klageschrift ist ein wesentlicher rechtlicher Gesichtspunkt übersehen; vgl. dazu die Klageerwiderung (siehe Rdn 204).

139 Dem Anspruchsteller obliegt im Fall einer möglichen Selbsttötung die Beweislast dafür, dass sich die versicherte Person in einem die freie Willensbildung ausschließenden Zustand krankhafter Störung der Geistestätigkeit befunden hat.

aa) Klageschrift

203 ▼

Muster 6.28: Klage wegen Falschberatung

An das

Landgericht

In Sachen

, (*Name des Klägers*)

– Kläger –

gegen

Generalagenten

– Beklagten –

erheben wir namens und in Vollmacht des Klägers

Klage

wegen Schadenersatz aus Falschberatung

Streitwert: ,

und beantragen die Anberaumung eines mündlichen Termins, in dem wir beantragen werden:

1. Der Beklagte wird verurteilt, an den Kläger einen Betrag von 5.100 EUR zuzüglich Zinsen in Höhe von 5 %-Punkten über dem Basiszinssatz seit Rechtshängigkeit zu zahlen.
2. Der Beklagte wird verurteilt, an den Kläger vorgerichtliche Kosten von EUR nebst Zinsen in Höhe von 5 %-Punkten über dem Basiszinssatz seit Rechtshängigkeit zu zahlen;
3. der Beklagte trägt die Kosten des Rechtsstreits;
4. für den Fall des Vorliegens der Voraussetzungen Erlass eines Säumnisurteils gemäß § 331 ZPO und für den Fall des Anerkenntnisses den Erlass eines Anerkenntnisurteils gemäß § 307 ZPO;
5. das Urteil notfalls gegen Sicherheitsleistung für vorläufig vollstreckbar zu erklären.

Begründung:

1. Sachverhalt

Der Beklagte ist Ausschließlichkeitsvertreter der Lebensversicherung AG. Bei dieser hatte der Vater des Klägers am 1.2.2016 über den Beklagten als Vermittler eine (reine) Risikolebensversicherung auf den Todesfall abgeschlossen mit einer Versicherungssumme von EUR. Alleiniger Bezugsberechtigter sollte der Kläger sein.

> **Beweis:**
> **Kopie des Versicherungsscheins, Anlage K 1**

Bei einem Zusammentreffen zwischen dem Vater des Klägers und dem Beklagten am 10.4.2020 riet der Beklagte dem Vater des Klägers, die Risikolebensversicherung zu kündigen und stattdessen eine Sterbegeldversicherung abzuschließen. Angeblich, so jedenfalls der Beklagte in einem zwischen dem Kläger und der Lebensversicherung AG geführten Vorprozess, sei dieser Rat erteilt worden, weil es dem Vater des

Klägers darauf angekommen sei, die Sterbekosten im Falle seines Todes abzusichern, da er den Wunsch nach einem sehr aufwendigen Familiengrab hatte. Auf die Unterschiede zwischen beiden Versicherungsarten und ggf. unterschiedliche Leistungen im Versicherungsfall habe er nicht besonders hingewiesen, wie der Beklagte auf Nachfrage einräumte. Im Vorprozess wurde die Klage des Klägers aus Beweisgründen abgewiesen.

Beweis:
Beiziehung der Akten LG

Die Behauptung des Beklagten im Vorprozess zum Hintergrund der Kündigung der Risikoversicherung und dem Abschluss einer Sterbegeldversicherung sind unzutreffend, wie sich aus dem Testament des Vaters des Klägers ergibt, der unstreitig am 15.6.2023 verstorben ist. Denn darin hat der Vater des Klägers ausdrücklich ein einfaches Urnenbegräbnis angeordnet.

Beweis:
Auszugsweise Kopie des Testaments, Anlage K 2

Jedenfalls kam es am 1.6.2020 zur Kündigung der Risikolebensversicherung und dem Abschluss der Sterbegeldversicherung mit einer Versicherungssumme von EUR, in der der Kläger wiederum als alleiniger Bezugsberechtigter eingesetzt war.

Beweis:

a) Bestätigung zur Risikolebensversicherung, Kopie, Anlage K 3

b) Police der Sterbegeldversicherung, Kopie Anlage K 4

Nach dem Tod seines Vaters wurde dem Kläger die Ablaufleistung der Sterbegeldversicherung ausbezahlt.

Wie dem Kläger ein mit ihm befreundeter Versicherungsmakler vorgerechnet hat, wäre die Ablaufleistung der Risikolebensversicherung, wäre sie nicht gekündigt worden, um den mit dem Klageantrag zu 1 geltend gemachten Betrag von 5.100 EUR höher gewesen.

Beweis:
Sachverständigengutachten

Diesen Betrag verlangt der Kläger als Schadenersatz.

2. Rechtliche Würdigung

Die Klage ist aus §§ 63, 61 VVG begründet. Danach haftet der Versicherungsvertreter selbstständig für den Schaden, der sich aus einer falschen Beratung ergibt. Dass der Rat des Beklagten falsch war, die Risikolebensversicherung zu kündigen und stattdessen eine Sterbegeldversicherung abzuschließen, ergibt sich schon aus den unterschiedlichen Ablaufleistungen. Hierauf hätte der Beklagte den Vater des Klägers hinweisen müssen.

Der Klage ist danach stattzugeben.

Rechtsanwalt

▲

bb) Klageerwiderung

204 ▼

Muster 6.29: Klageerwiderung bei Falschberatung

6.29

An das

Landgericht

In Sachen

, (*Name des Klägers*)

– Kläger –

gegen

Generalagenten

– Beklagten –

Aktenzeichen

vertreten wir den Beklagten und **beantragen**,

die Klage abzuweisen.

Begründung:

1. Zum Tatsächlichen

Die von dem Kläger vorgetragenen Daten zum jeweiligen Inhalt der ursprünglich bestehenden Risikoversicherung, zu deren Kündigung und dem Neuabschluss einer Sterbegeldversicherung mit der angegebenen Versicherungssumme treffen zu.

Vorsorglich bestritten wird jedoch eine falsche oder wohl besser – hinsichtlich der Todesfallleistung – fehlende Beratung. Der Vorgang hat sich vielmehr so abgespielt, wie ihn der Kläger als Zitat der Aussage des Beklagten im Vorprozess wiedergegeben hat.

Zur Höhe der Differenz der Ablaufleistungen ist die Klage unschlüssig. Der Kläger hat keinerlei Angaben gemacht, woraus und wie sich der von ihm geforderte Betrag errechnen soll.

Für die Entscheidung des Rechtsstreits kommt es hierauf insgesamt nicht an.

2. Rechtliche Würdigung

Der Kläger ist lediglich Bezugsberechtigter aus der durch Kündigung erloschenen Risikolebensversicherung bzw. aus dem Sterbegeldversicherungsvertrag. Dass er etwa Erbe oder Miterbe seines verstorbenen Vaters geworden sei, trägt er nicht vor und wäre nach Kenntnis des Beklagten auch unzutreffend; alleinige Erbin ist die Mutter des Klägers, die Ehefrau des verstorbenen Versicherungsnehmers, geworden.

Als Anspruchsgrundlage für einen Schadensersatzanspruch des Klägers gegen den Beklagten kommt allein § 63 VVG in Betracht. Anspruchsberechtigt nach den §§ 63, 61 VVG ist allein der Versicherungsnehmer (und nach dessen Tod evtl. seine Erben). Der Bezugsberechtigte ist nicht Versicherungsnehmer, so dass ihm kein Schadensersatzanspruch gegen den Vermittler aus § 63 VVG zusteht (OLG Hamm v. 6.5.2013 – 18 U 114/12, NJW-RR 2014, 209).

Eine analoge Anwendung der §§ 63, 61 VVG auf den Bezugsberechtigten scheidet mangels einer planwidrigen Regelungslücke aus, nachdem dem Gesetzgeber die Unterschiede zwischen einem Versicherungsnehmer, einer versicherten Person, einem Bezugsberechtigten oder einem sonstigen Dritten bei der Gesetzesformulierung bewusst waren.

Da bei gesetzlichen Schuldverhältnissen die Regeln eines Vertrages mit Schutzwirkung zugunsten Dritter keine Anwendung finden, lässt sich die Aktivlegitimation des Klägers auch nicht aus diesem Rechtsinstitut herleiten, ebenso wenig aus anderen allgemeinen Vorschriften (vgl. OLG Hamm v. 6.5.2013 – 18 U 114/12, NJW-RR 2014, 209).

Die Klage hat danach keine Aussicht auf Erfolg und ist abzuweisen.

Rechtsanwalt

▲

D. Private Krankheitskosten- und Krankenhaustagegeldversicherung

Vicki Irene Commer

I. Einleitung

Die Krankheitskostenversicherung bietet Ersatz der Aufwendungen für medizinisch notwendige Heilbehandlung wegen Krankheit oder Unfallfolgen und für sonstige vereinbarte Leistungen (vgl. § 192 Abs. 1 VVG). 205

1. Rechtsquellen

Seit 2007 hat das Krankenversicherungsrecht erhebliche Veränderungen erfahren, die neben der Reform des VVG auch aufgrund politischer Entscheidungen erforderlich wurden. Nachdem zum 1.1.2008 lediglich für ein Jahr das VVG 2008 in Kraft trat, gelten die zum 1.1.2009 in Kraft getretenen §§ 192–208 VVG 2009 für alle Neu- und Altverträge. 206

Infolge der Übergangsvorschriften, insbesondere **Art. 1 Abs. 2 EGVVG,** bleibt jedoch bei Vorliegen eines sogenannten **Altvertrages (Vertragsschluss bis einschließlich 31.12.2007)** bei einem bis zum 31.12.2008 eingetretenen Versicherungsfall „insoweit" das VVG a.F. weiter anwendbar, was gerade aufgrund des in der privaten Krankenversicherung zumeist vorliegenden sog. gedehnten Versicherungsfalls zur jahrelangen Fortgeltung des VVG a.F. führen wird. Von dem in Art. 1 Abs. 3 EGVVG eingeräumten Bedingungsanpassungsrecht zum 1.1.2009 wurde in der Krankenversicherung in der Regel Gebrauch gemacht. Die Beweislast liegt insoweit beim Versicherer. 207

> *Hinweis*
>
> Mithin ist bei Sachverhalten aus Altverträgen zunächst immer der Zeitpunkt des Eintritts des Versicherungsfalles festzustellen, der im Bereich der privaten Krankenversicherung einheitlich mit dem Beginn der Heilbehandlung definiert ist.

208 Zum 1.1.2009 wurde wegen der vom Gesetzgeber neu vorgegebenen allgemeinen gesetzlichen Versicherungspflicht in der Krankenversicherung ein **brancheneinheitlicher Basistarif mit Kontrahierungszwang ohne Risikoprüfung** eingeführt. Zudem ist seither jedenfalls jede Beendigung einer Krankheitskostenversicherung wegen Prämienverzuges gemäß § 206 VVG ausgeschlossen. Der Leistungsumfang im Basistarif ist erheblich niedriger als bei der normalen Vollversicherung und orientiert sich an den Leistungen der gesetzlichen Krankenversicherung. Allerdings gibt es weder Wartezeiten noch Risikozuschläge oder Leistungsausschlüsse.

209 Versicherungsverträge, die sich am 1.8.2013 aufgrund von Zahlungsverzug im Ruhen befanden und solche, die ab dem 1.8.2013 nach Durchlaufen eines in § 193 Abs. 6 VVG geregelten Mahnverfahrens ins Ruhen fallen, werden in den **zum 1.8.2013 neu eingeführten Notlagentarif** umgestellt. Dieser bietet Leistungen für Aufwendungen, die zur Heilbehandlung akuter Erkrankungen und Schmerzzustände sowie bei Schwangerschaft und Mutterschaft erforderlich sind. Der Leistungsumfang ist zudem begrenzt, entspricht jedoch den Leistungen, die vor dem 1.8.2013 bei im Ruhen befindlichen Versicherungsverträgen gewährt wurden. Dagegen sind gegenüber der Rechtslage vor 1.8.2013 die Beiträge ungleich niedriger.

210 Während die Krankenhaustagegeldversicherung als Summenversicherung ausgestaltet ist, ist die Krankheitskostenversicherung eine **Schadenversicherung**. § 194 Abs. 1 VVG bestimmt, welche Vorschriften aus dem allgemeinen Teil des VVG nicht oder nur mit Modifikationen anwendbar sind.

211 Die Vorschriften betreffend der Gefahrerhöhung (§§ 23–27 VVG), betreffend Teilrücktritt, Teilkündigung sowie teilweiser Leistungsfreiheit (§ 29 VVG), betreffend Kündigungsrecht bei Anzeigepflichtverletzung von Gefahrumständen, wenn der Versicherungsnehmer die Anzeigepflichtverletzung nicht zu vertreten hat (§ 19 Abs. 4 VVG) sowie betreffend Herbeiführung des Versicherungsfalles (§ 81 VVG) sind nicht anwendbar.

212 § 21 Abs. 3 S. 1 VVG ist lediglich mit der Modifikation anwendbar, dass die Ausschlussfrist, innerhalb derer der Versicherer die Rechte gemäß § 19 Abs. 2–4 VVG geltend machen muss, in der Krankheitskostenversicherung lediglich drei Jahre beträgt, sofern der Versicherungsfall bis dahin nicht eingetreten ist. Die §§ 43–48 VVG gelten lediglich mit der Maßgabe, dass ausschließlich die versicherte Person die Versicherungsleistung verlangen kann, falls der Versicherungsnehmer sie gegenüber dem Versicherer in Textform als Empfangsberechtigten der Versicherungsleistung benannt hat. **Ansonsten – und das ist der Regelfall – kann nur der Versicherungsnehmer die Leistung verlangen**.

213 Von § 192 Abs. 5 S. 2 VVG und den §§ 194–199 und 201–207 VVG kann nicht zum Nachteil des Versicherungsnehmers abgewichen werden (§ 208 VVG).

Neben diesen gesetzlichen Vorschriften sind für den Bereich der privaten Krankheitskosten- und Krankenhaustagegeldversicherung die einzelvertraglichen Versicherungsbedingungen zu berücksichtigen, die sich mehr oder weniger an den vom Verband der Privaten

Krankenversicherung herausgegebenen Musterbedingungen orientieren. Hierbei handelt es sich um unverbindliche Empfehlungen des Verbandes der privaten Krankenversicherung, die in ihrer aktuellen Fassung unter *www.pkv.de* in ihrer jeweils aktuellen Fassung recherchiert werden können.

Für die Krankheitskosten- und Krankenhaustagegeldversicherung sind derzeit folgende Musterbedingungen aktuell: 214

- **MB/KK 2009, Stand 06/2024, zur Krankheitskosten- und Krankenhaustagegeldversicherung,**
- **MB/BT 2009, Stand 1.1.2022, zum Basistarif,**
- **MB/ST 2009, Stand 07/2023, zum Standardtarif,**
- **AVB/NLT 2013, Stand 1.7.2022, zum Notlagentarif.**

> *Hinweis*
>
> Die nachfolgende Kommentierung bezieht sich immer auf die MB/KK 2009, Stand 06/2024, soweit keine Spezifizierung auf andere Fassungen aufgenommen wurde.

2. Leistungsumfang und -voraussetzungen

Die Krankheitskostenversicherung soll lediglich den konkreten Bedarf decken. Der Versicherer ist dementsprechend nur zum Ersatz derjenigen Aufwendungen des Versicherungsnehmers verpflichtet, die auf einen wirksamen und fälligen Vergütungsanspruch des behandelnden Arztes/Krankenhauses beruhen. Die Ansprüche im Verhältnis Arzt zum Patienten einerseits und Patient (= Versicherungsnehmer) zum Versicherer andererseits sind oft nicht deckungsgleich. 215

Der **Versicherungsfall** ist die medizinisch notwendige Heilbehandlung einer versicherten Person wegen Krankheit und Unfallfolgen und stellt sich fast immer als ein sog. **gedehnter Versicherungsfall** dar: Er erstreckt sich also regelmäßig über einen längeren Zeitraum hinweg. 216

Er beginnt in der privaten Krankenversicherung einheitlich schon mit der ersten Heilbehandlung. Der Beginn des Versicherungsfalles ist vor allem zur Klärung von Vorvertraglichkeit, Anwendbarkeit des alten oder neuen VVG mit weitreichenden Folgen bei Obliegenheitsverletzungen oder dem Beginn von Karenzzeiten relevant.

Der Versicherungsfall endet erst, wenn nach medizinischem Befund die Behandlungsbedürftigkeit nicht mehr besteht.

Krankheit ist ein objektiver, nach ärztlichem Urteil bestehender anormaler, regelwidriger Körper- oder Geisteszustand, der eine nicht ganz unerhebliche Störung körperlicher oder geistiger Funktionen mit sich bringt.[140] Es gilt der objektive Krankheitsbegriff. 217

Nach ständiger Rechtsprechung wird die **Heilbehandlung** definiert als jede ärztliche Tätigkeit, die durch die betreffende Krankheit verursacht worden ist, sofern die Leistung des Arztes von ihrer Art her in den Rahmen der medizinisch notwendigen Krankenpflege 218

140 BGH v. 15.9.2010 – IV ZR 187/07, VersR 2010, 1485.

fällt und auf Heilung, Besserung oder auch Linderung der Krankheit abzielt. Die Heilbehandlung selbst beginnt mit der ersten ärztlichen Untersuchung, die auf die Erkennung des Leidens abzielt und zwar ohne Rücksicht darauf, ob sofort oder erst nach weiteren Untersuchungen eine endgültige oder richtige Diagnose gestellt und mit den eigentlichen Heilmaßnahmen begonnen wurde. Auch diagnostische Maßnahmen zählen also zur Heilbehandlung.

219 **Medizinisch notwendig** ist eine Behandlungsmethode, wenn es nach den objektiven medizinischen Befunden und wissenschaftlichen Erkenntnissen zur Zeit der Behandlung vertretbar war, sie als medizinisch notwendig anzusehen.[141] Weder kommt es auf die Sicht des Versicherten, noch auf die Sicht des behandelnden Arztes an. Im Zweifelsfall ist die medizinische Notwendigkeit vom Versicherungsnehmer zu beweisen, im Prozessfalle durch Einholung eines Sachverständigengutachtens.

Arznei, Heil- und Hilfsmittel werden nur erstattet, wenn sie von den dort genannten Behandlern verschrieben wurden.

Grundsätzlich besteht gemäß § 4 Abs. 2 MB/KK freie Wahl zwischen den niedergelassenen und approbierten Ärzten/Zahnärzten und **freie Krankenhauswahl gemäß § 4 Abs. 4 MB/KK bei „medizinisch notwendiger stationärer Heilbehandlung"**.

220 Nach der Instanzrechtsprechung ist die **Notwendigkeit einer stationären Behandlung** nur gegeben, wenn der angestrebte Erfolg nicht durch ambulante Behandlung erreicht werden kann. Im Umkehrschluss erfordert das keine stationäre Behandlung, was durch eine ambulante Behandlungsform in gleicher Weise geheilt oder gelindert werden kann. In diesem Fall besteht kein Aufwendungsersatzanspruch betreffend stationäre Behandlungskosten bzw. kein Anspruch auf das womöglich versicherte Krankenhaustagegeld.

Soweit eine **gemischte Anstalt** i.S.v. § 4 Abs. 5 MB/KK vorliegt, besteht ein Anspruch nur bei vorheriger schriftlicher Zusage der tariflichen Leistungen durch den Versicherer.

In der **Krankenhaustagegeldversicherung** erbringt der Versicherer gemäß § 192 Abs. 4 VVG bzw. § 1 Abs. 1b MB/KK im Versicherungsfall ein Krankenhaustagegeld, unabhängig vom Bedarf in Höhe des versicherten Tagessatzes.

II. Außergerichtliche Mandate

1. Informationsbeschaffung

221 Bei der Mandatsannahme sind folgende Unterlagen anzufordern:

- Versicherungsschein mit den zum Zeitpunkt des Versicherungsfalles zugrunde liegenden Versicherungsbedingungen, insbesondere Tarifbedingungen
- wechselseitige Korrespondenz zum konkreten Versicherungsfall/Mandat
- Rechnungen und Stellungnahmen der Behandler nebst sämtlicher Anlagen
- evtl. vorhandene Heil- und Kostenpläne, Honorarvereinbarungen gem. § 2 Abs. 1 S. 1 GOÄ bzw. GOZ oder Wahlleistungsvereinbarungen

141 BGH v. 30.10.2013 – IV ZR 307/12, VersR 2013, 1558; BGH v. 29.5.1991 – IV ZR 151/90, VersR 1991, 987.

- bei Mandaten betr. vorvertraglicher Anzeigepflichtverletzung: Versicherungsantrag
- bei Mandaten betr. Klärung des Versicherungsstatus: sämtliche Versicherungsnachträge im zeitlichen Kontext zur im Raum stehenden Änderung.

2. Anspruchsinhaber

Es ist zunächst zu klären, wer Anspruchsinhaber ist, insbesondere nachdem regelmäßig vertraglich eine Abtretung ausgeschlossen ist. 222

Nach neuem VVG ist dies grundsätzlich der Versicherungsnehmer und zwar unabhängig davon, ob der Erstattungsanspruch betreffend der Behandlung einer mitversicherten Person angefallen ist. Falls jedoch ausnahmsweise der Versicherungsnehmer den Versicherten gegenüber dem Versicherer in Textform **als Empfangsberechtigten der Versicherungsleistung zuvor bereits benannt** hatte, kann die Versicherungsleistung ausschließlich von der versicherten Person verlangt werden. Die Benennung kann nicht beliebig rückgängig gemacht werden.

3. Anspruchsgegner

Zu hinterfragen ist, ob die in Rede stehende Rechnung des Arztes/Krankenhauses ausgeglichen wurde und welche Einwendungen bereits seitens des Versicherers erhoben wurden bzw. erhoben werden können. 223

Voraussetzung eines Aufwendungsersatzanspruches ist ein wirksamer und fälliger Vergütungsanspruch des behandelnden Arztes/Krankenhauses gegen den Patienten (= Versicherten). Fehlt es an einem solchen Vergütungsanspruch, braucht der Versicherer Aufwendungen für die ärztlichen Leistungen nicht zu erstatten. 224

Dies kommt insbesondere in Betracht, wenn der Arzt diese nach der GOÄ (Gebührenordnung für Ärzte) bzw. GOZ (Gebührenordnung für Zahnärzte) nicht verlangen kann.

> *Hinweis*
>
> Gemäß § 1 Abs. 2 S. 1 GOÄ bzw. GOZ kann ein Arzt Vergütungen nur für Leistungen berechnen, die nach den Regeln der ärztlichen Kunst für eine medizinisch notwendige ärztliche Versorgung erforderlich sind.

Die ärztlichen Gebührenordnungen stellen ein **für alle Ärzte verbindliches zwingendes Preisrecht** dar, das verfassungsrechtlich unbedenklich ist und weder die Kompetenzordnung des Grundgesetzes, noch die Berufsfreiheit der Ärzte verletzt.[142] Soweit der Arzt über das medizinisch Notwendige hinaus Leistungen erbringt, ist er aufgrund des mit dem Patienten bestehenden Vertrages als Nebenleistung verpflichtet, ihn darauf hinzuweisen, dass er die Kosten unter Umständen selbst zu tragen hat. Die GOÄ bzw. GOZ sieht bei Verlangensleistungen ausdrücklich eine Hinweispflicht vor. 225

Den Behandler trifft neben der **Dokumentationspflicht** auch eine **wirtschaftliche Aufklärungspflicht**. 226

142 BGH v. 23.3.2006 – III ZR 223/05, VersR 2006, 935; BGH v. 12.11.2009 – III ZR 110/09, VersR 2010, 630.

Inzwischen wurden Regelungen zum medizinischen Behandlungsvertrag mit den § 630a–§ 630h in das BGB eingeführt. Nachdem Aufwendungsersatzansprüche nur entstehen können, wenn ein wirksamer Beratungsvertrag zustande kommt, haben diese Regelungen unmittelbar auch Einfluss auf die private Krankenversicherung. Insbesondere ergibt sich aus § 630c Abs. 3 S. 1 BGB eine Pflicht zur Information über die voraussichtlichen Kosten der Behandlung in Textform vor Behandlungsbeginn, wenn der Behandelnde weiß, dass eine vollständige Übernahme der Behandlungskosten durch einen Dritten nicht gesichert ist oder sich hierfür hinreichende Anhaltspunkte ergeben.

Allerdings zielt diese Informationspflicht nicht auf eine umfassende Aufklärung des Patienten über die wirtschaftlichen Folgen einer Behandlung ab. Grundsätzlich liegt die Kenntnis vom Umfang des Versicherungsschutzes im Verantwortungsbereich des Patienten. Ein Arzt, der allerdings eine neue, noch nicht allgemein anerkannte Behandlungsmethode anwendet, muss in Erwägung ziehen, dass der private Krankenversicherer die dafür erforderlichen Kosten nicht in vollem Umfang erstattet. Insbesondere muss jedoch der Patient darlegen und beweisen, dass er im Falle der notwendigen Information die Behandlung nicht vorgenommen hätte.[143]

227 Steht dem Versicherungsnehmer gegen den Arzt ein Schadensersatzanspruch wegen Pflichtverletzung aus § 280 BGB zu, der auf Befreiung von der Honorarforderung gerichtet ist, so ist der Krankheitskostenversicherer zu einem Ersatz der Honorarforderung nicht verpflichtet.[144] Der Aufwendungsersatzanspruch gegen den Versicherer scheitert auch dann, wenn die Abrechnung des Arztes/Zahnarztes nicht der GOÄ/GOZ entspricht. Dies kommt auch dann in Betracht, wenn die zugrunde liegende Behandlung nicht medizinisch notwendig war.[145]

> *Praxistipp*
>
> In allen Fällen, in denen Zweifel an der gebührenrechtlichen Abrechnung und der Erbringung einer medizinisch notwendigen Behandlung zumindest im Raum stehen, sollte in prozessrechtlicher Hinsicht überlegt werden, gegen wen Ansprüche überhaupt geltend gemacht werden sollen und ob im gerichtlichen Verfahren eine **Streitverkündung** empfehlenswert ist.

228 Geht es um Ansprüche, denen die Behandlung lediglich eines **Versicherten** zugrunde liegt, bietet sich die Zahlungsklage des Versicherungsnehmers gegen die Krankenkostenversicherung an, da die Streitverkündung ohnehin an den unterschiedlichen Prozessparteien scheitert, der behandelte Versicherte jedoch falls notwendig als Zeuge eingesetzt werden kann.

143 BGH v. 28.1.2020 – VI ZR 92/19, NJW 2020, 1211.
144 KG v. 21.9.1999 – 6 U 261/08, VersR 2000, 89; OLG Köln v. 17.11.2004 – 5 U 44/04, juris.
145 BGH v. 14.1.2000 – III ZR 188/09; BGH v. 14.1.2010 – III ZR 188/09, BGHZ 184, 61 = VersR 2010, 494.

Wenn der Patient zugleich **Versicherungsnehmer** ist, stehen zwei **alternative Vorgehensweisen** zur Debatte: 229

- Klärung der Einwendungen im Gebührenprozess zwischen Patient (= Versicherungsnehmer) und Behandler mit Streitverkündung gegenüber dem Krankheitskostenversicherer;
- Klärung der Einwendungen im Rahmen der Zahlungsklage des Versicherungsnehmers (= Patient) gegen den Krankheitskostenversicherer mit Streitverkündung gegenüber dem Behandler.

Die Streitverkündung schützt den Mandanten zum einen vor unterschiedlichen Beweisergebnissen bei Einholung von Gutachten oder Fragen zur medizinischen Notwendigkeit und gebührenrechtlichen Abrechnung und zum anderen sichert diese in den meisten Fällen die umfassende Unterstützung des Streithelfers und gleicht das oft gegenüber dem Gegner vorhandene Wissensdefizit des Versicherungsnehmers aus. In der Regel können die relevanten Fragen mit Hilfe der Streitverkündung in einem Prozess mit Wirkung für die unterschiedlichen Parteien trotz meist ungleicher Ansprüche geklärt werden. Der Mandant ist in solchen Fällen in der komfortablen Situation, dass er zwar das gesamte Prozesskostenrisiko erst einmal vorfinanzieren muss, aber Folgendes erreicht werden kann: 230

Stellt sich im Rahmen des Rückforderungsprozesses gegen den Behandler heraus, dass die Leistung nicht medizinisch notwendig oder aber gebührenrechtlich nicht ordnungsgemäß abgerechnet oder nicht fällig war, erhält der Mandant in diesem Umfang bereits gezahlte Behandlungskosten zurück.

Unterliegt er aufgrund eines negativen Beweisergebnisses im Gebührenprozess mit dem Behandler, steht gleichermaßen fest, dass seitens des privaten Krankenversicherers gebührenrechtliche Einwendungen oder die medizinische Notwendigkeit der Behandlung aufgrund des Beweisergebnisses aus dem Gebührenprozess infolge der Interventionswirkungen nicht mehr erfolgreich durchgesetzt werden können und er womöglich ohne weiteren Folgeprozess sodann den zunächst verweigerten Aufwendungsersatz im tariflichen Umfang von seiner Versicherung erhält.

Entscheidet sich der Mandant hingegen, seinen im Raum stehenden Erstattungsanspruch gegen den Krankheitskostenversicherer gerichtlich geltend zu machen und unterliegt er in diesem Verfahren wegen tatsächlichen Fehlens medizinischer Notwendigkeit oder dem Durchgreifen gebührenrechtlicher Einwendungen, kann er vom behandelnden Arzt, dem er den Streit verkündet hatte, bereits gezahlte Behandlungskosten zurück verlangen, außer es liegen Verlangensleistungen vor, auf die dieser entsprechend § 1 Abs. 2 GOÄ bzw. GOZ ausdrücklich hingewiesen hatte, oder eine nach der § 2 Abs. 3 GOÄ bzw. GOZ mögliche wirksame Honorarvereinbarung für über dem 3,5fachen Steigerungssatz liegenden Gebühren, die nicht der Erstattungsfähigkeit im konkreten Versicherungsvertrag unterliegen.

Je nachdem, welchen Weg der Mandant einschlagen will, sollte auch schon die außergerichtliche Tätigkeit gegenüber dem jeweiligen Anspruchsgegner ausgerichtet werden.

231 Eine Vielzahl von Mandanten wird sich dagegen entscheiden, den Behandler als seine Vertrauensperson auf Rückzahlung des Honorars zu verklagen oder aber sich aufgrund bewusster Nichtzahlung der Rechnung von seinem Behandler verklagen zu lassen. Leider scheuen auch die meisten Versicherungsnehmer die Streitverkündung gegenüber ihrem Behandler, soweit sie sich für eine Klärung der Ansprüche im Verhältnis zum privaten Krankheitskostenversicherer entscheiden.

Der Mandant sollte ausdrücklich auf die Möglichkeit und Wirkungen einer Streitverkündung hingewiesen und dieser Hinweis schriftlich dokumentiert werden, um nicht später etwaigen Regressforderungen ausgesetzt zu sein.

232 ▼

Muster 6.30: Hinweis an Mandanten zu Möglichkeiten einer Streitverkündung

6.30

An

(*Mandant*)

Sehr geehrte/r Frau/Herr ,

in Bezug auf die Abrechnung der bei Ihnen vorgenommenen ärztlichen Behandlung stehen Einwendungen Ihres privaten Krankenversicherers gegen die medizinische Notwendigkeit bzw. gegen die seitens Ihres Behandlers vorgenommene gebührenrechtliche Abrechnung im Raum.

Ob die Einwendungen Ihres Versicherers zutreffend sind, können weder Sie noch ich oder das Gericht als medizinische Laien selbst beurteilen und wird daher mithilfe eines gerichtlichen Sachverständigengutachtens zu klären sein. Sollte sich allerdings herausstellen, dass die Einwendungen des Versicherers zutreffend sind, ist der Versicherer nicht verpflichtet, die tarifliche Erstattung zu erbringen, auch wenn Sie den Zahlungsanspruch Ihres Behandlers bereits ausgeglichen haben. Andererseits hat dies womöglich zur Folge, dass ein Rückzahlungsanspruch Ihrerseits gegen Ihren Behandler im Raum steht.

Leider ist nicht ausgeschlossen, dass Gutachtenergebnisse von verschiedenen Sachverständigen bei Fragen der gebührenrechtlichen Abrechnung oder der medizinischen Notwendigkeit unterschiedlich ausfallen. Ein unterschiedliches Beweisergebnis könnte mit einer Streitverkündung vermieden werden.

In prozessualer Hinsicht besteht für Sie entweder die Möglichkeit, den tariflichen Erstattungsanspruch gegenüber Ihrem privaten Krankenversicherer notfalls gerichtlich geltend zu machen und zur prozessualen Erstreckung des Beweisergebnisses die Klageerhebung mit einer Streitverkündung gegenüber dem Behandler zu verbinden. Dies sichert Ihnen vermutlich die Unterstützung Ihres Behandlers bei der Durchsetzung der tariflichen Erstattungsansprüche gegen den Versicherer, insbesondere bei der Darlegung sowohl der medizinischen Notwendigkeit der durchgeführten Behandlung als auch zu den Fragen der ordnungsgemäßen gebührenrechtlichen Abrechnung.

Auf der anderen Seite können Sie auch, wenn Sie Zweifel an der Ordnungsgemäßheit der Gebührenforderung Ihres Behandlers haben, die Durchsetzung eines Rückzahlungsanspruches gegen Ihren Behandler in Erwägung ziehen bzw. sich für den Fall, dass noch nicht gezahlt wurde, auf Zahlung verklagen lassen, und hierbei die Einwendungen des privaten Krankenversicherers anführen. Soweit Sie gegenüber dem privaten Krankenversicherer zugleich eine Streitverkündung vornehmen, wird dieser Sie bei der Durchsetzung des Rückzahlungsanspruches unterstützen. Soweit diese Fragen bereits im Erstprozess vollständig geklärt werden, kann der Versicherer sich jedenfalls, falls Sie den Gebührenprozess gegen Ihren Behandler nicht gewinnen sollten, in einem Folgeprozess insoweit nicht erfolgreich auf bereits im Rahmen der Beweiserhebung im Vorprozess geklärte gebührenrechtliche Einwendungen oder fehlende medizinische Notwendigkeit berufen.

Eine Streitverkündung birgt allerdings die Gefahr höherer Prozesskosten, da ein Streitverkündeter, wenn er dem Rechtsstreit anwaltlich vertreten beitritt, im Verhältnis des Obsiegens der von ihm unterstützten Partei einen Kostenerstattungsanspruch über die Kostenentscheidung des Gerichts erhalten wird. Auf der anderen Seite können die relevanten Fragen zumeist in einem Prozess bereits geklärt werden.

Ohne die Streitverkündung können Sie eine endgültige Klärung der Ansprüche in den jeweiligen Verhältnissen von Patient und Arzt bzw. Versicherungsnehmer und Versicherer nicht erreichen, unabhängig davon, für welche Vorgehensweise Sie sich entscheiden, also Rückzahlungsanspruch gegenüber dem Arzt mit Streitverkündung gegenüber dem privaten Krankenversicherer oder Geltendmachung der tariflichen Erstattungsansprüche gegenüber dem privaten Krankenversicherer mit Streitverkündung gegenüber dem behandelnden Arzt.

Wenn für Sie allerdings ohnehin aufgrund eines aus Ihrer Sicht womöglich schützenswerten Vertrauensverhältnisses zu Ihrem Behandler bereits unabhängig vom Ausgang des Verfahrens gegen den privaten Versicherer feststeht, dass Sie Rückzahlungsansprüche gegen den Behandler nicht geltend machen werden, brauchen Sie ohnehin keine Streitverkündung mit dem damit verbundenen höheren Prozesskostenrisiko vornehmen. Letztendlich verzichten Sie in diesem Fall aber womöglich auf eventuell im Raum stehende Ansprüche bzw. verschlechtern Ihre Beweissituation, worauf ich Sie vorsorglich hinweise.

Ich bitte um Rücksprache hinsichtlich der weiteren Vorgehensweise. Gerne informiere ich Sie dann über weitere Einzelheiten.

Mit freundlichen Grüßen

Rechtsanwalt

▲

Entscheidet sich der Mandant, den tariflichen Erstattungsanspruch gegenüber dem **233**
Krankheitskostenversicherer geltend zu machen, sollte dieser zunächst außergerichtlich unter Fristsetzung geltend gemacht werden.

234 ▼

Muster 6.31: Anspruchsgeltendmachung gegenüber Krankheitskostenversicherer

An die

Krankenversicherung AG

VS-Nr.:

Sehr geehrte Damen und Herren,

ich zeige an, dass mich Ihr/e Versicherungsnehmer/in gemäß anliegender Vollmacht mit der Geltendmachung der tariflichen Ansprüche aus der anliegenden Rechnung des Dr. beauftragt hat.

Nach dem versicherten Tarif besteht im Hinblick auf die erbrachten Leistungen ein tariflicher Erstattungsanspruch in Höhe von %. Die in Rede stehende Rechnung wurde Ihnen im Original bereits zur Erstattung unmittelbar übermittelt. Gleichwohl konnte mein Mandant innerhalb der von ihm gesetzten Frist keinen Zahlungseingang feststellen.

Die von Ihnen bislang erhobenen Einwendungen gegen den Erstattungsanspruch greifen nicht durch. Dies ergibt sich aus Folgendem:

Namens und in Vollmacht meines Mandanten fordere ich Sie hiermit auf, umgehend, spätestens bis zum , den tariflichen Aufwendungsersatzanspruch in Höhe von EUR auf das Ihnen bekannte Konto meines Mandanten unter Zahlungsnachricht an mich anzuweisen.

Mit freundlichen Grüßen

Rechtsanwalt

▲

235 Für den Fall, dass der Mandant sich entscheidet, in Anbetracht der bereits bekannten Einwendungen des Krankenversicherers die Wirksamkeit der Honorarforderung des Behandlers gerichtlich überprüfen zu lassen, ist zu unterscheiden, ob der Mandant die Honorarforderung des Behandlers ausgeglichen hat oder nicht.

236 Sollte der Mandant das Honorar für die ärztliche Behandlung noch nicht bezahlt haben, kann abgewartet werden, bis der Behandler tatsächlich Zahlungsklage gegenüber dem Mandanten erhebt. Im Rahmen der Klageerwiderung sollte dann, soweit der Mandant einverstanden ist, eine eventuell zweckmäßige Streitverkündung gegenüber dem privaten Krankenversicherer erfolgen, gestützt auf die Begründung, dass für den Fall, dass der Vergütungsanspruch des Behandlers tatsächlich gegeben sein sollte, seitens des Krankenversicherers Aufwendungsersatz in tariflicher Höhe zu leisten ist.

> *Hinweis*
>
> Die Streitverkündung gegenüber dem Krankheitskostenversicherer ist auf die Höhe des darzulegenden tariflichen Erstattungsanspruch zu begrenzen, der oft geringer als die Behandlungskosten ist.

Wenn der Mandant die Behandlungskosten bereits ausgeglichen hat, sich dennoch für den Rückzahlungsanspruch gegenüber dem Behandler entscheidet, sollte der Behandler außergerichtlich unter Fristsetzung zunächst zur Rückzahlung aufgefordert werden. 237

▼ 238

Muster 6.32: Geltendmachung des Rückzahlungsanspruches gegenüber dem Behandler

Praxis

Dr. ___

Patient: ___ (*Name, Vorname, Anschrift, Geburtsdatum*)

Rechnung: Nr. ___ **vom** ___

Sehr geehrte/r Frau/Herr ___,

gemäß anliegender Vollmacht vertrete ich Ihre/n oben genannte/n Patientin/en im Zusammenhang mit der von Ihnen erstellten Behandlungsrechnung vom ___. Mein Mandant hat die vorgenannte Rechnung im Vertrauen darauf ausgeglichen, dass ein entsprechender Honoraranspruch Ihrerseits tatsächlich besteht.

Nachdem der private Krankenversicherer meiner/s Mandantin/en der Auffassung ist, dass Ihre vorgenannte Rechnung gebührenrechtlich nicht ordnungsgemäß ist und auch die medizinische Notwendigkeit einzelner Behandlungsmaßnahmen von dieser in Frage gestellt wurde, habe ich meine/n Mandantin/en darauf aufmerksam gemacht, dass ein Rückzahlungsanspruch Ihnen gegenüber im Raum steht.

Die Einwendungen des privaten Krankenversicherers entnehmen Sie bitte dem anliegenden Schreiben des Versicherers vom ___. Diese beziehen sich auf die nachstehenden Abrechnungspositionen:

___

Der Gesamtbetrag der im Streit stehenden Positionen beträgt daher ___ EUR.

Sollten die Einwendungen des Versicherers zutreffend sein, was mein Mandant als medizinischer Laie leider nicht selbst beurteilen kann, besteht im zuvor spezifizierten Umfang ein Rückzahlungsanspruch meiner/s Mandantin/en im Hinblick auf die bereits gezahlten Behandlungskosten aus § 812 BGB wegen ungerechtfertigter Bereicherung.

Gemäß § 1 Abs. 2 GOÄ bzw. GOZ dürfen seitens des Arztes nur Vergütungen für Leistungen berechnet werden, die nach den Regeln der ärztlichen Kunst für eine medizinisch notwendige ärztliche Versorgung erforderlich sind. Leistungen, die über das Maß einer medizinisch notwendigen ärztlichen Versorgung hinausgehen, darf er nur berechnen, wenn sie auf Verlangen des Zahlungspflichtigen erbracht worden sind. Dies ist vorliegend nicht der Fall.

Andere Gebühren, als in den gesetzlichen Gebührenordnungen vorgesehen sind, dürfen gegenüber einem Patienten nicht berechnet werden.

Mein Mandant macht sich die Einwendungen des privaten Krankenversicherers zu eigen. Namens und in Vollmacht meiner/s Mandantin/en fordere ich Sie auf, bereits erhaltene Zahlungen meines Mandanten auf die oben spezifizierten Abrechnungspositionen in Höhe von insgesamt ___ EUR umgehend, spätestens bis zum ___, auf eines meiner Kanzleikosten zurück zu zahlen.

Sollte die Frist verstreichen, werde ich meiner/m Mandantin/en empfehlen, Rückzahlungsklage gegen Sie unter Streitverkündung gegenüber dem privaten Krankenversicherer zu erheben, um die Ansprüche insgesamt schnellstmöglich zu klären.

Mit freundlichen Grüßen

Rechtsanwalt

4. Anspruchshöhe

239 Oft ergibt sich aus den versicherten Tarifen kein 100 %iger Erstattungsanspruch hinsichtlich der in Rede stehenden Behandlungskosten für den Versicherungsnehmer. Um sich nicht von vornherein regresspflichtig im Hinblick auf einen Teil der Prozesskosten zu machen, ist zwingend bei der Mandatierung abzuklären, welchen tariflichen Erstattungsansprüchen die in Rede stehende Behandlung unterliegt.

240 Mittlerweile gibt es eine Vielzahl von Tarifen, die nicht nur eine prozentuale Begrenzung des tariflichen Erstattungsanspruches vorsehen, sondern auch hinsichtlich des Kostenansatzes Höchstgrenzen vorsehen (so zum Beispiel bei der Hilfsmittelversorgung, der Abrechenbarkeit von Steigerungssätzen bei ärztlichen Leistungen, Begrenzung von Sachkosten mittels Sachkostenlisten, Anknüpfung der Höhe des Erstattungssatzes an eine vorherige Genehmigung oder aber die Person des Behandlers). Zu berücksichtigen sind auch gegebenenfalls noch nicht verbrauchte Selbstbehalte oder bereits erreichte Höchstgrenzen für Versicherungsleistungen über diverse Versicherungsjahre (regelmäßig im Zahntarif).

241 In Bezug auf Honorarvereinbarungen, die gemäß § 1 Abs. 2 GOÄ bzw. GOZ möglich sind, ist stets auch zu hinterfragen, ob der Tarif überhaupt Erstattungen über den Höchstgrenzen der GOÄ/GOZ vorsieht. Anderenfalls erübrigt sich eine Prüfung der Wirksamkeit der Honorarvereinbarung, die oft im Streit steht.

242 Gerade im Bereich des Zahntarifs finden sich unterschiedliche tarifliche Erstattungssätze, je nachdem, ob Aufwendungsersatz für Zahnersatz oder Zahnbehandlung im Raum steht. Soweit dies nicht zweifelsfrei aus der bisherigen Abrechnung des Krankheitskostenversicherers entnommen werden kann, kann zur Klärung der Höhe des tariflichen Erstattungsanspruches der Versicherer, gegebenenfalls nachfolgend auch der Behandler, mit der Bitte um Aufklärung angeschrieben werden.

Das macht auch Sinn, wenn Selbstbehalte oder Höchstgrenzen tariflich vereinbart sind, deren Erreichen nur anhand aller im Versicherungsjahr relevanten Rechnungen sowie Leistungsabrechnungen überprüft werden könnte.

▼ 243

Muster 6.33: Schreiben an Krankheitskostenversicherer betr. tariflicher Erstattungsansprüche im Zahntarif 6.33

An die

Krankenversicherung AG

VS-Nr.:

Rechnung: Nr. vom

Sehr geehrte Damen und Herren,

im Hinblick auf die im Betreff genannte Rechnung stehen meiner/m Mandantin/en Ansprüche aus dem Tarif zu.

Da für Zahnbehandlung und Zahnersatz unterschiedliche tarifliche Erstattungssätze vereinbart sind und ich Ihrer bisherigen Leistungsabrechnung vom die jeweilige Zuordnung nicht entnehmen kann, bitte ich Sie um Übermittlung einer Aufstellung, in welcher Höhe Sie tarifliche Erstattungsfähigkeit konkret in Bezug auf die jeweiligen Abrechnungspositionen sehen. Alternativ schlage ich vor, dass Sie eine Kopie der Rechnung mit jeweils farblich gekennzeichneten Anmerkungen betreffend der unterschiedlichen Erstattungssätze übermitteln.

Nicht erstattete Positionen bitte ich Sie zusätzlich separat zu kennzeichnen bzw. aufzulisten und bis zum die Gründe hierfür bekannt zu geben.

Zudem bitte ich um Stellungnahme, ob der tariflich vereinbarte Selbstbehalt von EUR sowie die Höchstbetragsgrenze von EUR im relevanten Versicherungsjahr bereits erreicht sind bzw. welcher Status bis dato erreicht wurde.

Mit freundlichen Grüßen

Rechtsanwalt

▲

5. Fälligkeit/Verjährung

Grundsätzlich gilt auch für die Ansprüche im Verhältnis Versicherungsnehmer zum Krankheitskostenversicherer die dreijährige Verjährungsfrist des § 195 BGB. § 12 Abs. 1 VVG a.F. sah insoweit dagegen noch eine zweijährige Verjährungsfrist vor. Daher ist zu hinterfragen, welches Recht für den in Rede stehenden Versicherungsfall anwendbar ist. 244

Nach Art. 3 EGVVG ist das neue VVG mit der einheitlichen dreijährigen Verjährungsfrist des § 195 BGB für Altverträge auf Ansprüche anzuwenden, die am 1.1.2008 noch nicht verjährt sind. Für Prämienansprüche, die im Jahre 2008 fällig geworden sind, hat der BGH[146] zu sogenannten Altverträgen jedoch entschieden, dass diese der zweijährigen Verjährungsfrist unterliegen. 245

146 Vgl. hierzu BGH v. 16.4.2014 – IV ZR 153/13, VersR 2014, 735.

6. Besonderheiten beim Tarifwechsel gem. § 204 VVG

246 In der Praxis nimmt das Interesse der Versicherungsnehmer zu, von ihrem gesetzlichen Tarifwechselrecht gem. § 204 VVG Gebrauch zu machen. Allerdings bieten sich hierbei oft für den Versicherungsnehmer nicht zu durchschauende Hindernisse.

247 In einem bestehenden Versicherungsverhältnis kann der Versicherungsnehmer vom Versicherer verlangen, dass dieser einen Antrag auf Wechsel in andere Tarife mit gleichartigem Versicherungsschutz unter Anrechnung der aus dem Vertrag erworbenen Rechte und der Altersrückstellungen annimmt.

248 Problematisch ist in diesem Zusammenhang zumeist, dass zwar gleichartiger Versicherungsschutz vom Versicherer in anderen Tarifen angeboten wird, dort allerdings die Leistungen in dem angestrebten Zieltarif höher oder umfassender sind oder die Selbstbeteiligung geringer ist, als in dem bisherigen Herkunftstarif.

249 Der Versicherer kann in solchen Fällen für die Mehrleistung einen Leistungsausschluss oder einen angemessenen Risikozuschlag mit Wartezeit verlangen. Allerdings kann der Versicherungsnehmer die Vereinbarung eines Risikozuschlages dadurch abwenden, dass er hinsichtlich der Mehrleistung einen Leistungsausschluss vereinbart (vgl. § 204 Abs. 1 Nr. 1 Hs. 2 VVG).

250 Ein Verzicht auf eine Mehrleistung kann auch darin gesehen werden, dass ein im Herkunftstarif zunächst vereinbarter höherer Selbstbehalt im Zieltarif beibehalten wird. Handelt es sich allerdings um einen behandlungsbezogenen Selbstbehalt, kann der Versicherer gem. § 204 Abs. 1 S. 1 Nr. 1 HS 2 VVG einen Leistungsausschluss nur verlangen, soweit der behandlungsbezogene Selbstbehalt den absoluten Selbstbehalt nicht ausschöpft.[147]

251 Eine vom Versicherer zur Verfügung gestellte Erklärung, welche die Umtarifierung vom Verlangen eines Leistungsausschlusses oder eines Risikozuschlags für die Mehrleistung abhängig macht, kann seitens des Versicherungsnehmers ohne Risiko zunächst mit dem Zusatz „unter dem Vorbehalt der Rechtmäßigkeit des Leistungsausschlusses (alternativ Risikozuschlages) sowie der gerichtlichen Überprüfung“ angenommen werden. In einem nachfolgenden Prozess kann die Rechtmäßigkeit dann in Ruhe überprüft werden, ohne dass dem Versicherungsnehmer Prämiennachteile wegen des höheren Tarifes bei Verbleiben im Herkunftstarif weiter drohen.

Wenn also der Versicherer den Zieltarif von dem Abschluss von Leistungsausschlüssen oder Risikozuschlägen abhängig macht, sollte zur Vermeidung von Verzögerungen wie folgt reagiert werden:

147 BGH v. 12.9.2012 – IV ZR 28/12, VersR 2012, 1422.

▼ 252

Muster 6.34: Schreiben an Versicherer betreffend vermeintliche Mehrleistung im Zieltarif

An die

Krankenversicherung AG

VS-Nr.

Sehr geehrte Damen und Herren,

mein/e Mandant/in hat bei Ihnen gem. § 204 VVG den Tarifwechsel vom bisherigen Tarif in den von Ihnen angebotenen Tarif beantragt. Sie vertreten insofern die Auffassung, dass die Leistungen im angebotenen Zieltarif höher bzw. umfassender sind, als im Herkunftstarif und machen den Wechsel von der Vereinbarung eines Leistungsausschlusses bzw. eines angemessenen Risikozuschlages mit Wartezeit abhängig.

Diesseits besteht die Auffassung, dass eine Mehrleistung in dem Zieltarif nicht vorliegt.

Vorsorglich und ausdrücklich ohne Anerkennung einer Rechtspflicht und unter dem Vorbehalt der Rechtmäßigkeit sowie der gerichtlichen Nachprüfung ist mein/e Mandant/in damit einverstanden, dass hinsichtlich der von Ihnen behaupteten Mehrleistung ein Leistungsausschluss (alternativ: ein angemessener Risikozuschlag) vereinbart wird. Die entsprechende Einverständniserklärung meines/r Mandanten/in erhalten Sie anliegend.

Bitte nehmen Sie schnellstmöglich die Umtarifierung vor. Alle erforderlichen Unterlagen liegen Ihnen bereits vor.

Mein/e Mandant/in behält sich ausdrücklich vor, Ihre Berechtigung, den Wechsel von der Vereinbarung eines Leistungsausschluss bzw. eines Risikozuschlages abhängig zu machen, gerichtlich überprüfen zu lassen.

Mit freundlichen Grüßen

Rechtsanwalt

▲

7. Besonderheiten bei Beendigung des Krankheitskostenversicherungsvertrages durch Versicherer

Zwar ist gem. § 206 Abs. 1 VVG nach dem Wortlaut jede Kündigung einer Krankheits- 253
kostenversicherung, die eine Pflicht nach § 193 Abs. 3 S. 1 VVG erfüllt, durch den Versicherer ausgeschlossen.

Der BGH[148] hat jedoch inzwischen § 206 Abs. 1 S. 1 VVG teleologisch dahingehend reduziert, dass lediglich eine außerordentliche Kündigung wegen Prämienverzugs verboten ist, während eine **Kündigung wegen sonstiger schwerer Vertragsverletzungen unter den Voraussetzungen des § 314 BGB** möglich ist. Dies hat keine uneinge-

148 BGH v. 7.12.2011 – IV ZR 105/11, VersR 2012, 304; BGH v. 7.12.2011 – IV ZR 50/11, VersR 2012, 219.

schränkte Zustimmung gefunden. Eine außerordentliche Kündigung der Pflichtpflegeversicherung ist allerdings ausgeschlossen.[149]

254 Die Frage, ob die außerordentliche Kündigung des Versicherers wirksam war oder nicht, wird sich in der Regel nur im Rahmen eines langwierigen Rechtsstreits klären lassen. Bis dahin drohen jedoch dem Versicherungsnehmer in Folge der Unsicherheiten, ob Versicherungsschutz besteht, nicht kalkulierbare Risiken. Es besteht letztendlich die gleiche Ausgangslage, wie in den Fällen, in denen ein Rücktritt oder eine Anfechtung des Krankheitskostenversicherungsvertrages durch den Versicherer wegen vermeintlicher Verletzung von vorvertraglicher Anzeigepflichtverletzungen erfolgt ist.

In derartigen Fällen sollte sich nicht darauf beschränkt werden, das Fortbestehen des in Rede stehenden Versicherungsverhältnisses durch einen Feststellungsantrag zu klären. Dem Versicherungsnehmer sollte angeraten werden, sich unabhängig von der Klärung der Wirksamkeit der außerordentlichen Kündigung bzw. des Rücktritts oder den Anfechtung wegen arglistiger Täuschung und damit den Fortbestand des ursprünglichen Krankheitskostenversicherungsvertrages umgehend um anderweitigen Vollversicherungsschutz zu bemühen, notfalls eine Versicherung im Basistarif abzuschließen. Häufig wird solchen Mandanten eine anderweitige Vollversicherung von anderen Krankenversicherern nicht mehr angeboten, so dass sie sich tatsächlich notfalls nur noch im teuren Basistarif (bei Minderleistungen entsprechend dem gesetzlichen Krankenversicherungsschutz) versichern lassen können.

Hinweis

Sollte sich im Nachhinein herausstellen, dass die fristlose Kündigung bzw. der Rücktritt oder die Anfechtung wegen arglistiger Täuschung nicht gerechtfertigt war, steht fest, dass der Mandant die ganze Zeit über weiter im ursprünglichen Krankenversicherungsvertrag versichert war und dort hätte Leistungen beziehen können und in der Regel erheblich geringere Beiträge gezahlt hätte.

255 Es steht ein **Schadensersatzanspruch gegen den ursprünglichen Versicherer im Raum, wenn er das Versicherungsverhältnis zu Unrecht für beendet erklärt hat**. In diesem Bereich sind allerdings noch viele Rechtsfragen offen.

256 Zur Sicherung des eventuellen Schadensersatzanspruches sollten die Bemühungen des Mandanten um Erlangung anderweitigen Versicherungsschutzes so gut als möglich dokumentiert werden. Dieser hat eine Schadensminderungspflicht zu beachten. wenn er sich gleichzeitig neben der gerichtlichen Klärung des Bestandes des ursprünglichen Versicherungsvertrages um anderweitigen Versicherungsschutz bemüht und damit eventuell **Doppelversicherung** entsteht.

Es ist zweckmäßig, dem Versicherer im außergerichtlichen Bestellungsschreiben die Folgen seiner aus Versicherungsnehmersicht unberechtigten Vertragsbeendigung aufzuzeigen.

149 BGH v. 7.12.2011 – IV ZR 105/11, VersR 2012, 304.

▼ 257

Muster 6.35: Schreiben an Versicherer bei unrechtmäßiger fristloser Kündigung, alternativ entsprechend auch bei Rücktritt oder Arglistanfechtung

An die

Krankenversicherung AG

VS-Nr.

Sehr geehrte Damen und Herren,

ich vertrete gemäß beigefügter Vollmacht Ihre/n o.g. Versicherungsnehmer/in anlässlich der von Ihnen ausgesprochenen unrechtmäßigen Vertragsbeendigung mit Schreiben vom .

Die Voraussetzungen für die Beendigung des Krankenversicherungsvertrages liegen aus folgenden Gründen nicht vor:

Namens und in Vollmacht meiner/s Mandantin/en habe ich Sie aufzufordern, umgehend, spätestens bis zum , den unveränderten Fortbestand des unter VS-Nr.: geschlossenen Krankheitskostenvertrages sowie des Pflegepflichtversicherungsvertrages zu bestätigen. Die von Ihnen ausgesprochene Kündigung des Pflichtversicherungsvertrages ist ohnehin nicht möglich (BGH v. 7.12.2011 – IV ZR 105/11, VersR 2012, 304). Gegen die teleologische Reduktion des § 206 VVG contra legem bestehen ebenfalls erhebliche Bedenken.

Sollte die vorgenannte Frist fruchtlos verstreichen, werde ich meiner/m Mandantin/en empfehlen, die von Ihnen ausgesprochene Vertragsbeendigung gerichtlich überprüfen zu lassen.

Zugleich habe ich meiner/m Mandantin/en empfohlen, sich umgehend vorsorglich zur Abwendung existentieller Schäden und ohne, dass damit die Zulässigkeit Ihres Vorgehens anerkannt wird, um anderweitigen Krankenversicherungsschutz zu bemühen. Bekanntlich besteht seit 1.1.2009 eine gesetzliche Versicherungspflicht. Mein/e Mandant/in kann den Ausgang eines etwaigen gerichtlichen Verfahrens nicht abwarten.

Für den Fall, dass der bei Ihnen geschlossene Vertrag fortbesteht, werden Sie mit einem erheblichen Schadensersatzanspruch meiner/s Mandantin/en konfrontiert werden, der aufgrund der notwendigen vorsorglichen Eindeckung mit anderweitigem Versicherungsschutz entsteht (Differenzabrechnung hinsichtlich tariflicher Erstattungsansprüche / Nachteile wegen höherer Prämien beim neuen Versicherer etc.). Diese Doppelversicherung hätten Sie zu verantworten.

Sollten Sie vor diesem Hintergrund bereit sein, meine/n Mandantin/en bis zum rechtskräftigen Abschluss des bevorstehenden Rechtstreits um die Klärung der Rechtmäßigkeit Ihrer Vertragsbeendigung weiter zu versichern, notfalls im Basistarif, sehe ich Ihrer verbindlichen Erklärung bis zum entgegen.

Mit freundlichen Grüßen

Rechtsanwalt

▲

III. Gerichtliche Mandate

258 Die nachfolgenden Ausführungen geben nur eine Übersicht über die gängigen Konstellationen im Bereich des Mandatsverhältnisses aus der privaten Krankheitskostenversicherung wieder. In den nachfolgenden Mustern ist aus Gründen der Vereinfachung nur von dem Kläger und der Beklagten die Rede.

1. Prozessuales

259 Zu hinterfragen ist, ob für den konkreten Rechtsstreit am **Gerichtsstand** des Sitzes des Krankenversicherers oder gemäß § 215 Abs. 1 VVG am Gerichtsstand des Wohnortes des Versicherungsnehmers Klage erhoben werden soll. Je nachdem, wo der Mandant wohnt, kann es Sinn machen, dennoch am Sitz des Versicherers zu klagen, auch wenn der Mandant hierdurch entstehende eigene und anwaltliche Reisekosten in Kauf zu nehmen hat, insbesondere bei divergierenden Auffassungen zu Rechtsfragen.

260 Beweisbelastet für eine wirksame **Bedingungsanpassung** gemäß Art. 1 Abs. 3 EGVVG und vor allem den erforderlichen Zugang beim Versicherungsnehmer ist der Versicherer. Gelingt der Nachweis nicht, sind vertragliche Obliegenheiten sanktionslos.

261 Sollte sich der Mandant dafür entschieden haben, die gerichtliche Tätigkeit mit einer **Streitverkündung** gegenüber dem Behandler oder gegenüber dem privaten Krankenversicherer zu verbinden, sollte die Streitverkündung zweckmäßiger Weise gleichzeitig mit der Klage bzw. Klageerwiderung erfolgen.

262 ▼

Muster 6.36: Streitverkündung gegenüber dem Behandler im Prozess gegen den Krankenversicherer

An das
Amtsgericht / Landgericht

Aktenzeichen:

Streitverkündung

In Sachen

des Herrn (*Name / Anschrift*)

– Kläger –,

Prozessbevollmächtigter: (Zeichen:)

gegen

die Versicherung AG,
(*Anschrift*),
vertr. durch den Vorstandsvorsitzenden , ebenda, (zu VS-Nr.:)

– Beklagte –,

wegen Aufwendungsersatz aus privater Krankheitskostenversicherung.

Namens und in Vollmacht des Klägers **verkünde ich den Streit** gegenüber
Herrn (*Name / Anschrift*), **(zu RG-Nr.:)**

– Streitverkündeter –,

mit der **Aufforderung**, dem Rechtsstreit auf Seiten des Klägers **beizutreten**.

Gründe:

Mit der beigefügten Klage werden Erstattungsansprüche des Klägers gegen die Beklagte aus einem zwischen diesen bestehenden privaten Krankheitskostenversicherungsvertrag im Hinblick auf die durch den Streitverkündeten mit Rechnung-Nr.: vom berechneten Behandlungskosten in Höhe von EUR geltend gemacht.

Gegenstand des Rechtsstreits sind die tariflichen Erstattungsansprüche des Klägers gegen die Beklagte aufgrund des zwischen den Parteien bestehenden Krankheitskostenversicherungsvertrag unter VS-Nr. im Hinblick auf die seitens des Streitverkündeten aus mit o.g. Rechnung abgerechneten Kosten, die angefallenen außergerichtlichen Gebühren in Bezug auf die Tätigkeit der/des Unterzeichnenden zur Geltendmachung der Erstattungsansprüche gegenüber der Beklagten sowie Zinsansprüche.

Die Streitverkündung bezieht sich auf die zwischen den Parteien im Raum stehenden Erstattungsansprüche betreffend der vorgenannten Rechnung in einem Gesamtbetrag in Höhe von EUR. Dieser setzt sich aus folgenden Abrechnungspositionen wie folgt zusammen:

Die mit der vorgenannten Rechnung berechneten Behandlungskosten wurden vom Streitverkündeten im Hinblick auf eine Heilbehandlung des Klägers im Zeitraum vom abgerechnet. Der Kläger geht aufgrund fehlender anders lautender Hinweise des Streitverkündeten davon aus, dass bei ihm medizinisch notwendige Behandlungsmaßnahmen durchgeführt und vom Streitverkündeten nachfolgend ordnungsgemäß abgerechnet wurden.

Die Beklagte berühmte sich allerdings in der außergerichtlichen Korrespondenz des vermeintlichen Umstandes, dass die Behandlungen weder medizinisch notwendig seien noch gebührenrechtlich ordnungsgemäß nach den gesetzlichen Gebührenvorschriften abgerechnet worden wären. Die identischen Fragen sind Gegenstand des anhängigen Rechtsstreits.

Sollte sich im Rechtsstreit herausstellen, dass die Behandlung entweder nicht medizinisch notwendig war oder nicht ordnungsgemäß gebührenrechtlich abgerechnet wurde, bestünde ein Schadensersatzanspruch des Klägers gem. § 280 BGB, hilfsweise ein Rückforderungsanspruch des Klägers wegen Zahlung ohne Rechtsgrund gem. § 812 BGB, jeweils gegenüber dem Streitverkündeten wegen Verletzung der wirtschaftlichen Aufklärungspflicht und Verstoßes gegen gesetzliche Abrechnungsvorschriften (GOÄ bzw. GOZ).

Bei fehlender medizinischer Notwendigkeit oder gebührenrechtlicher Falschabrechnung würde überhaupt kein Zahlungsanspruch des Streitverkündeten gegenüber dem Kläger bestehen, sodass der Kläger gem. § 812 BGB die bereits in Unkenntnis dieses Umstandes ohne Rechtsgrund gezahlten Rechnungsbeträge kondizieren könnte.

Sollte sich herausstellen, dass die durchgeführten Therapien nicht medizinisch notwendig waren, hätte der Streitverkündete zudem gegen seine wirtschaftliche Aufklärungspflicht verstoßen, weil dann feststeht, dass er in Kenntnis dieses Umstandes den Kläger in dem Glauben belassen hat, dass die Behandlungen medizinisch notwendig seien.

Es wird **beantragt**,

> **dem Streitverkündeten neben der Streitverkündungsschrift die anhängende Durchschrift der Klageschrift nebst sämtlicher Anlagen zuzustellen.**

Rechtsanwalt

Anlagen:

Beglaubigte und einfache Abschriften der Klageschrift nebst Anlagen K1 – Kx

zwecks Zustellung an den Streitverkündeten

▲

263 ▼

Muster 6.37: Streitverkündung gegenüber dem Krankenversicherer im Gebührenprozess des Behandlers gegen den Mandanten

6.37

An das

Amtsgericht / Landgericht

Aktenzeichen:

Streitverkündung

In Sachen

des Herrn (*Name / Anschrift des Behandlers*),

(zu RG-Nr.)

– Kläger –,

Prozessbevollmächtigter: (Zeichen:)

gegen

Herrn (*Name / Anschrift*),

– Beklagter –,

Prozessbevollmächtigter: (Zeichen:)

wegen Zahlung von Behandlungskosten.

Namens und in Vollmacht des Beklagten **verkünde ich den Streit** gegenüber

der Versicherung AG,

(*Anschrift*),

vertr. durch den Vorstandsvorsitzenden , ebenda, (zu VS-Nr.:)

– Streitverkündete –,

mit der **Aufforderung**, dem Rechtsstreit auf Seiten des Beklagten **beizutreten**.

Gründe:

Mit der Klage macht der Kläger vermeintliche Zahlungsansprüche gegen den Beklagten aus einer beim Beklagten im Zeitraum vom durchgeführten Behandlung geltend, über die der Beklagte mit Rechnung-Nr.: vom Leistungen in Höhe von insgesamt EUR abgerechnet hat.

Gegenstand des Rechtsstreits sind verbleibende, vom Beklagten in Folge von Einwendungen der Streitverkündeten nicht ausgeglichene Gebührenansprüche im Hinblick auf die vorgenannte Behandlung, konkret in Bezug auf die Abrechnung der Gebührenpositionen in Höhe von insgesamt EUR.

Der Kläger behauptet entgegen den Einwendungen der Streitverkündeten, die sich der Beklagte im Rechtsstreit zu eigen gemacht hat, dass sämtliche von ihm abgerechneten Leistungen ordnungsgemäß berechnet wurden und medizinisch notwendig waren, insbesondere auch die streitgegenständlichen Ansprüche.

Sollte sich im Rechtsstreit herausstellen, dass die Behandlung des Beklagten durch den Kläger medizinisch notwendig war und seitens des Klägers gebührenrechtlich ordnungsgemäß abgerechnet wurde, steht fest, dass ein Erstattungsanspruch des Beklagten gegen die Streitverkündete aus dem zwischen diesem bestehenden privaten Krankheitskostenversicherungsvertrag unter VS-Nr.: im tariflichen Umfang, mithin in Höhe von EUR, besteht.

Da betreffend die streitgegenständlichen ärztlichen Leistungen ohnehin ein 100 %iger Erstattungsanspruch im Raum steht, besteht im Falle des Unterliegens des Beklagten in Zahlungsprozess ein tariflicher Erstattungsanspruch des Beklagten gegen die Streitverkündete in Höhe der Klageforderung. Andere Einwendungen also solche, über die im Rahmen des Rechtstreits ohnehin aufgrund des wechselseitigen Vortrages der Parteien zu entscheiden ist, wurden seitens der Streitverkündeten nicht erhoben.

Die Streitverkündung bezieht sich daher im Umfang auf die zwischen dem Beklagten und der Streitverkündeten im Raum stehenden Ansprüche auf Aufwendungsersatz betreffend der streitgegenständlichen Behandlungskosten in Höhe von EUR.

Es wird **beantragt**,

> **der Streitverkündeten neben der Streitverkündungsschrift die anhängende Durchschrift der Klageschrift nebst sämtlicher Anlagen sowie der Klageerwiderungsschrift nebst sämtlicher Anlagen nebst Verfügung des vom zuzustellen.**

Rechtsanwalt

Anlagen:

Beglaubigte und einfache Abschriften der Klageschrift nebst Anlagen K1 – Kx

Beglaubigte Abschriften der Klageerwiderung vom nebst Anlage B1 – Bx

Verfügung des vom

zwecks Zustellung an die Streitverkündete

▲

2. Einwand fehlender medizinisch notwendiger Heilbehandlung und Erhebung gebührenrechtlicher Einwendungen durch Versicherer

Bei dem Anspruch auf Übernahme von Behandlungskosten handelt es sich um einen **264**
Aufwendungsersatzanspruch, der das Vorliegen eines wirksamen und fälligen Vergütungsanspruches des Behandlers voraussetzt.

Zu den Standardeinwendungen eines Krankheitskostenversicherers gehören das Bestreiten der medizinischen Notwendigkeit und die Erhebung gebührenrechtlicher Einwendungen in Bezug auf die Abrechnung des Behandlers.

265 Der Versicherungsfall ist in § 1 Abs. 2 MB/KK als die medizinisch notwendige Heilbehandlung einer versicherten Person wegen Krankheit oder Unfallfolgen definiert. Es gilt der objektive Krankheitsbegriff. Eine **Behandlungsmethode ist medizinisch notwendig**, wenn es nach objektiven medizinischen Befunden und wissenschaftlichen Erkenntnissen zur Zeit der Behandlung vertretbar war, sie als medizinisch notwendig anzusehen.[150]

Es kommt mithin nicht auf die Frage des Heilerfolges oder die Sicht des Versicherten an. Auch die Sicht des behandelnden Arztes ist nicht entscheidend. Vielmehr ist die Frage des Vorliegens einer medizinisch notwendigen Heilbehandlung **im Streitfall nach objektiven und anerkannten medizinischen Erkenntnissen durch einen neutralen Sachverständigen zu klären**.

266 Eine Maßnahme ist i.S.v. § 1 Abs. 2 MB/KK dann vertretbar, wenn sie sowohl in begründeter und nachvollziehbarer wie wissenschaftlich fundierter Vorgehensweise das zugrunde liegende Leiden diagnostisch hinreichend erfasst und eine ihm adäquate geeignete Therapie anwendet.[151] Nicht ausreichend ist, dass die Heilbehandlung vom Arzt als sinnvoll, nützlich oder vertretbar erscheinend angesehen wird.[152]

Hinweis

Medizinische Notwendigkeit ist dann gegeben, wenn

- nach den objektiven medizinischen Befunden,
- nach medizinischen Erkenntnissen
- im Zeitpunkt der Vornahme der ärztlichen Behandlung

es vertretbar war, sie als notwendig anzusehen.

267 Das Vorliegen einer medizinisch notwendigen Heilbehandlung und auch eines fälligen Vergütungsanspruches des Behandlers ist seitens des Versicherungsnehmers zu beweisen. Der **Beweis** kann regelmäßig nur durch Einholung eines Sachverständigengutachtens geführt werden.

150 BGH v. 30.10.2013 – IV ZR 307/12, VersR 2013, 1558.
151 BGH v. 29.11.1978 – IV ZR 175/77, VersR 1979, 221; BGH v. 10.7.1996 – IV ZR 133/95, VersR 1996, 1224.
152 BGH v. 29.5.1991 – IV ZR 151/90, VersR 1991, 987.

268 **Muster 6.38: Klageschrift bei Streit um Vorliegen von medizinisch notwendiger Heilbehandlung sowie gebührenrechtliche Einwendungen**

An das Amtsgericht / Landgericht (*Sitz des Krankenversicherers oder alternativ gem. § 215 Abs. 1 VVG Wohnort des Klägers*)

Klage

des Herrn (*Name, Anschrift*)

– Kläger –,

Prozessbevollmächtigte/r: (Zeichen:)

gegen

die Versicherung AG, (*Anschrift*),

vertr. durch den Vorstandsvorsitzenden , ebenda, (zu VS-Nr.:)

– Beklagte –,

wegen Erstattungsansprüchen aus privater Krankheitskostenversicherung.

Vorläufiger Streitwert: EUR

Namens und in Vollmacht des Klägers erhebe ich Klage und werde **beantragen:**

> **I. Die Beklagte wird verurteilt, an den Kläger EUR nebst Zinsen in Höhe von 5 Prozentpunkten über dem Basiszinssatz seit dem zu zahlen.**
> **II. Die Beklagte wird verurteilt, an den Kläger außergerichtliche Rechtsanwaltsgebühren in Höhe von EUR nebst 5 Prozentpunkten über dem Basiszinssatz seit Rechtshängigkeit zu zahlen.**

Gründe:

Gegenstand der Klage sind (weitere) Erstattungsansprüche gegen die Beklagte aus der Rechnung seines Behandlers vom in Höhe von EUR.

1. Versicherungsvertragsverhältnis

Zwischen den Parteien besteht ein privater Krankenversicherungsvertrag unter VS-Nr.: .

Danach ist für die streitgegenständliche Behandlung eine %ige Erstattung der Aufwendungen nach dem Tarif vereinbart.

> **Beweis:**
> Versicherungsschein vom nebst sämtlicher zum Zeitpunkt des Versicherungsfalls geltender AVB (Allgemeine und Besondere Bedingungen / Tarifbedingungen), Anlage K 1.

2. Behandlung des Klägers

Der Kläger begab sich am in ärztliche Behandlung des Dr. , der beim Kläger folgende Untersuchungen im Behandlungszeitraum vom durchführte: .

Über die erbrachten ärztlichen Leistungen rechnete Dr. mit Rechnung vom in Höhe von EUR ab.

Beweis:
Rechnung des Dr. vom , Anlage K 2

3. Außergerichtliche Korrespondenz

Der Kläger reichte die Rechnung des Dr. unter Fristsetzung zum bei der Beklagten zur tariflichen Erstattung ein.

Beweis:
Aufforderungsschreiben des Klägers an Beklagte vom , Anlage K 3

Die Beklagte erbrachte gemäß Leistungsabrechnung vom eine Erstattung in Höhe EUR.

Bereits innerhalb der Leistungsabrechnung und auch nachfolgend während der weitergehenden außergerichtlichen Korrespondenz berief sich die Beklagte darauf, dass eine medizinische Notwendigkeit der nicht erstatteten Behandlungen fehle bzw. die Abrechnung des Dr. nicht der GOÄ entsprechen würde.

Beweis:
1. Leistungsabrechnung der Beklagten vom , Anlage K 4
2. Schreiben der Beklagten vom , Anlage K 5

Mit Schreiben des/der Prozessbevollmächtigten wurde die Beklagte nochmals unter Beifügung einer Stellungnahme des behandelnden Arztes vergeblich zur Zahlung unter Fristsetzung zum aufgefordert.

Beweis:
1. Aufforderungsschreiben an Beklagte vom , Anlage K 6
2. Stellungnahme des Dr. vom , Anlage K 7

4. Ansprüche des Klägers

Mit der Klage werden die restlichen Erstattungsansprüche entsprechend dem Klageantrag zu I. sowie außergerichtliche Anwaltsgebühren sowie Zinsen geltend gemacht.

Der mit dem **Klageantrag zu I.** geltend gemachte Erstattungsanspruch des Klägers gegen die Beklagte resultiert aus den mit Rechnung vom seitens Dr. abgerechneten Behandlungskosten, hinsichtlich derer nach dem versicherten Tarif ein %iger Erstattungsanspruch besteht.

Infolge der bisherigen Erstattung der Beklagten verbleibt folgender Anspruch des Klägers:

Rechnung des Dr. vom in Höhe von EUR,

mithin tariflicher Erstattungsanspruch in Höhe von % =	EUR
abzüglich hierauf erbrachte Erstattung der Beklagten	EUR
Verbleibender Erstattungsanspruch des Klägers	EUR

Sämtliche beim Kläger von Dr. durchgeführten Behandlungen wurden tatsächlich durchgeführt und waren medizinisch notwendig, insbesondere auch die seitens der Beklagten in Abrede gestellten folgenden ärztlichen Leistungen: .

Beweis:
1. Zeugnis des Dr. ___. (Name, Anschrift) zu RG-Nr. ___
2. Einholung eines Sachverständigengutachtens

Zudem wurden sämtliche Leistungen ordnungsgemäß gebührenrechtlich entsprechend der GOÄ abgerechnet, insbesondere auch die Positionen, hinsichtlich derer die Beklagte gebührenrechtliche Einwendungen erhoben hat.

Beweis:
Wie vor.

Die Beklagte befindet sich spätestens seit dem ___ aufgrund des Ablaufes der im Aufforderungsschreiben des Klägers vom ___ (Anlage K3) gesetzten Zahlungsfrist in Verzug und hat dementsprechend die beantragten Zinsen in gesetzlicher Höhe zu zahlen.

Die Beauftragung der/des Unterzeichnenden erfolgte nach Verzugseintritt infolge Ablehnung der Ansprüche. Demzufolge hat der Kläger Anspruch auf Ausgleich der von ihm bereits ausgeglichenen außergerichtlichen Rechtsanwaltsgebühren in Höhe von ___ EUR, die ihm gegenüber mit Kostennote vom ___ abgerechnet wurden.

Beweis:
Kostennote Nr. ___ vom ___, Anlage K 8

___

Rechtsanwalt

▲

▼

Muster 6.39: Klageerwiderung bei Streit um Vorliegen von medizinisch notwendiger Heilbehandlung sowie gebührenrechtliche Einwendungen 269

6.39

An das Amtsgericht / Landgericht ___

Aktenzeichen: ___

In Sachen

___ ./. ___

bestelle ich mich für die Beklagte und **beantrage**:

Die Klage wird abgewiesen.

Gründe:

Dem Kläger steht der mit der Klage geltend gemachte Anspruch nicht zu, da die zugrundeliegende Behandlung weder medizinisch notwendig war und zudem gebührenrechtliche Einwendungen gegen die Abrechnung bestehen.

Soweit der Kläger nach der Durchführung der streitgegenständlichen Behandlung Erstattungsansprüche angemeldet hat, hat die Beklagte diese geprüft und unstreitig hierauf eine Erstattung in Höhe von ___ EUR erbracht.

Ein weitergehender Leistungsanspruch besteht für die streitgegenständliche Behandlung nicht, weil die medizinische Notwendigkeit der im Streit stehenden Behandlungen nicht gegeben war.

Beweis unter Verwahrung gegen die Beweislast:
Einholung eines Sachverständigengutachtens.

Wird wie vorliegend die medizinische Notwendigkeit einer Behandlung vom Versicherer bestritten, so hat der Versicherungsnehmer im Prozess die Notwendigkeit der Heilbehandlung als zentrale Leistungsvoraussetzung zu beweisen. Zweifel gehen zu seinen Lasten.

Es ist eine objektive Beurteilung aufgrund der vorliegenden Befunde und der objektiven medizinischen Erkenntnisse erforderlich. Auf die subjektive Sicht des behandelnden Arztes kommt es nicht an. Der BGH hat wiederholt entschieden, dass es für die Erstattungsfähigkeit der Kosten einer notwendigen Heilbehandlung auf einen notwendigen, vom Vertrag zwischen Arzt und Patient unabhängigen Maßstab ankommt (vgl. BGH v. 30.6.2010 – IV ZR 163/09, VersR 2010, 1171 m.w.N.). Gegenstand der Beurteilung können nur die objektiven medizinischen Befunde und Erkenntnisse im Zeitpunkt der Vornahme der Behandlung sein. Das Urteil des behandelnden Arztes ist daher einer Überprüfung durch einen neutralen Sachverständigen zu unterziehen (vgl. BGH a.a.O.).

Regelmäßig kann der Versicherungsnehmer den Beweis nur durch ein gerichtlich eingeholtes Sachverständigengutachten eines neutralen Sachverständigen unter Zugrundelegung der Krankenunterlagen führen, in denen die seinerzeitigen objektiven Befunde enthalten sind (so ständige Rechtsprechung seit Grundsatzentscheidung des BGH v. 29.11.1978 – IV ZR 175/77, VersR 1979, 221; BGH v. 30.10.2013 – IV ZR 307/12, VersR 2013, 1558).

Die Beklagte erhebt zudem vorsorglich gebührenrechtliche Einwendungen gegen die Rechnung des Dr. ... wie folgt: ...

Beweis:
1. Stellungnahme des internen Beraters der Beklagten ... vom ..., Anlage B 2
2. Einholung eines Sachverständigengutachtens

Voraussetzung eines im Streit stehenden Aufwendungsersatzanspruches ist jedoch ein wirksamer und fälliger Vergütungsanspruch des Dr. ... gegenüber dem Kläger. Fehlt es an einem solchen Vergütungsanspruch, braucht der Versicherer Aufwendungen für die ärztlichen Leistungen nicht zu erstatten. Die ärztlichen Gebührenordnungen stellen ein für alle Ärzte verbindliches zwingendes Preisrecht dar.

Für den geltend gemachten Zinsanspruch fehlte es bislang an der Fälligkeit der im Raum stehenden Erstattungsansprüche.

Die außergerichtlichen Rechtsanwaltsgebühren stehen dem Kläger nicht zu, da es an einer Pflichtverletzung der Beklagten fehlt. Zudem wird Verzugseintritt sowie der Ausgleich der außergerichtlichen Gebühren durch den Kläger bestritten.

...

Rechtsanwalt

▲

3. Ablehnung von Erstattungsansprüchen wegen Vorvertraglichkeit

Oft kommt es insbesondere bei Zahnzusatzversicherungen oder nach einem Wechsel des Krankenversicherers zum Streit darüber, ob der Versicherungsfall bereits vor Versicherungsbeginn eingetreten ist und damit Vorvertraglichkeit vorlegen hat. 270

Hintergrund ist die Regelung in § 2 Abs. 1 S. 2 MB/KK. Danach beginnt der Versicherungsschutz nicht vor Abschluss des Versicherungsvertrages und der Wartezeiten. Gemäß § 3 Abs. 3 MB/KK beträgt die allgemeine Wartezeit drei Monate, für Zahnersatz und Entbindung acht Monate.

Versicherungsfälle und hieraus resultierende Erstattungsansprüche, die vor Beginn des Versicherungsschutzes eingetreten sind, sind daher von der Erstattungspflicht des Versicherers nicht umfasst. 271

§ 2 Abs. 1 S. 3 MB/KK sieht zudem eine Kulanzregel in Bezug auf solche Versicherungsfälle vor, die nach formellen Abschluss des Versicherungsvertrages, jedoch vor Ablauf der Wartezeiten eintreten. Danach wird der oben aufgezeigte Grundsatz durchbrochen und die Leistungspflicht entfällt nicht insgesamt, sondern nur für diejenigen Aufwendungen, die vor Ablauf der Wartezeiten entstanden sind. 272

> *Hinweis*
>
> Da in der privaten Krankenversicherung regelmäßig ein gedehnter Versicherungsfall vorliegt, kann der Versicherungsfall zeitlich erheblich früher eingetreten sein als die im Streit stehende konkrete Heilbehandlung erfolgt ist. Es ist daher genau zu überprüfen, wann der Versicherungsfall begonnen hat, ob dieser eventuell unterbrochen oder insgesamt beendet war und damit bei Durchführung der in Rede stehenden Behandlung gegebenenfalls ein neuer Versicherungsfall während der Dauer des Versicherungsschutzes eingetreten ist.

Wesensmerkmal eines **gedehnten Versicherungsfalles** ist die Fortdauer des mit seinem Eintritt geschaffenen Zustandes über einen mehr oder weniger langen Zeitraum. Die Pflicht des Versicherers beschränkt sich in der privaten Krankenversicherung gerade nicht lediglich auf die Erbringung einer einmaligen Versicherungsleistung. 273

In der privaten Krankenversicherung beginnt der Versicherungsfall gem. § 1 Abs. 2 S. 2 MB/KK mit dem Beginn der Heilbehandlung, also mit der ersten ärztlichen Untersuchung. Bei der zahnärztlichen Behandlung bedeutet dies, dass diese nicht erst mit der Erstellung des Heil- und Kostenplanes beginnt, sondern mit der dieser vorausgehenden Untersuchung. Dafür ist ausreichend, wenn es nach objektiven medizinischen Befunden und Erkenntnissen im Zeitpunkt der Vornahme der ärztlichen Behandlung vertretbar war, sie als notwendig anzusehen.[153] 274

Da der Versicherungsfall gem. § 1 Abs. 2 S. 2 MB/KK erst endet, wenn nach medizinischem Befund keine Behandlungsbedürftigkeit mehr besteht, dauert der Versicherungs-

153 BGH v. 17.12.2014 – IV ZR 399/13, r+s 2015, 142; BGH v. 30.10.2013 – IV ZR 307/12, VersR 2013, 1558.

fall so lange an, bis in Bezug auf die Erkrankung nach medizinischem Befund keine Behandlungsbedürftigkeit mehr besteht.

275 Insbesondere liegt ein einheitlicher Versicherungsfall dann vor, wenn verschiedene Behandlungen, auch nach Arztwechsel, sich auf ein und dasselbe Leiden beziehen, unabhängig davon, ob die Diagnose unverändert ist. Eine einige Zeit später aufgrund erneut auftretender Schmerzen durchgeführte Behandlung im selben Bereich betreffend dasselbe Leiden kann aber einen neuen Versicherungsfall darstellen, wenn ein Versicherungsnehmer zuvor wieder Beschwerdefreiheit durch eine ärztliche Behandlung erreichen konnte.

276 ▼

Muster 6.40: Klageschrift bei im Streit stehender Vorvertraglichkeit

6.40 An das Amtsgericht / Landgericht

(*Sitz des Krankenversicherers oder alternativ gem. § 215 Abs. 1 VVG Wohnort des Klägers*)

Klage

des Herrn (*Name/Anschrift*)

– Kläger –,

Prozessbevollmächtigte/r: (Zeichen:)

gegen

die Versicherung AG,

 (*Anschrift*),

vertr. durch den Vorstandsvorsitzenden , ebenda, (zu VS-Nr.:)

– Beklagte –,

wegen Erstattungsansprüchen aus privater Krankheitskostenversicherung.

Vorläufiger Streitwert: EUR

Namens und in Vollmacht des Klägers erhebe ich Klage und werde **beantragen**:

> **I. Die Beklagte wird verurteilt, an den Kläger EUR nebst Zinsen in Höhe von 5 Prozentpunkten über dem Basiszinssatz seit dem zu zahlen.**
> **II. Die Beklagte wird verurteilt, an den Kläger außergerichtliche Rechtsanwaltsgebühren in Höhe von EUR nebst 5 Prozentpunkten über dem Basiszinssatz seit Rechtshängigkeit zu zahlen.**

Gründe:

Gegenstand des Rechtsstreits sind Erstattungsansprüche des Klägers gegen die Beklagte aus einer bei dem Kläger im Zeitraum vom durchgeführten Zahnbehandlung.

1. Versicherungsvertragsverhältnis

Der Kläger hat bei der Beklagten am eine private Krankenversicherung zum abgeschlossen, in der auch ein Zahntarif nach Tarif eingeschlossen ist.

Nach dem Tarif stehen dem Kläger für Zahnbehandlungskosten Erstattungsansprüche in Höhe von 100 % zu und für Zahnersatz in Höhe von 60 %. Die Wartezeit betrug acht Monate und ist am abgelaufen.

> **Beweis:**
> Versicherungsschein vom nebst sämtlicher zum Zeitpunkt des Versicherungsfalls geltender AVB (Allgemeine und Besondere Bedingungen/Tarifbedingungen), Anlage K1.

2. Streitgegenständliche Behandlung

Der Kläger musste sich am aufgrund akuter Schmerzen am Zahn in Behandlung bei seinem Zahnarzt Dr. begeben. Im Zeitraum vom wurde der Zahn wegen fehlender Erhaltungswürdigkeit extrahiert und die Lücke mittels Implantat versorgt.

Bezüglich der Behandlung rechnete Dr. mit Rechnung vom Gebühren und Laborkosten in Höhe von EUR gegenüber dem Kläger ab.

> **Beweis:**
> Rechnung des Dr. vom , Anlage K 2

3. Außergerichtliche Korrespondenz

Nachdem der Kläger die Ansprüche unter Fristsetzung zum bei der Beklagten im tariflichen Umfang geltend gemacht hat, berief diese sich auf vermeintliche Vorvertraglichkeit und lehnte Erstattungsansprüche ab.

> **Beweis:**
> 1. Aufforderungsschreiben des Klägers an Beklagte vom , Anlage K 3
> 2. Schreiben der Beklagten vom , Anlage K 4

Mit Schreiben der/des Unterzeichneten wurde die Beklagte nochmals unter Beifügung einer Stellungnahme des behandelnden Arztes vergeblich zur Zahlung unter Fristsetzung zum aufgefordert.

> **Beweis:**
> 1. Schreiben an Beklagte vom , Anlage K 5
> 2. Stellungnahme des Dr. vom , Anlage K 6

4. Ansprüche des Klägers

Mit der Klage macht der Kläger seine tariflichen Ansprüche auf Aufwendungsersatz hinsichtlich der in Rede stehenden Zahnarztrechnung wie folgt geltend:

Rechnung des Dr. vom in Höhe von EUR,

Anteil betreffend **Zahnbehandlung** in Höhe von ,

mithin insoweit 100 %iger Erstattungsanspruch =	EUR
Anteil betreffend **Zahnersatz** in Höhe von ,	
mithin insoweit 60 %iger Erstattungsanspruch =	EUR
Erstattungsansprüche des Klägers	EUR

Sämtliche Leistungen wurden ordnungsgemäß erbracht und entsprechend der GOÄ / GOZ abgerechnet.

> **Beweis:**
> 1. Zeugnis des Dr. (*Name/Anschrift*), zu RG-Nr.
> 2. Einholung eines Sachverständigengutachtens

Der Einwand der Beklagten, es läge Vorvertraglichkeit vor, greift nicht. Die in Rede stehende Behandlung fand unstreitig nach Ablauf der Wartezeit statt.

Vorvertraglichkeit liegt schon deshalb nicht vor, weil die an dem in Rede stehenden Zahn durchgeführte vorangegangene Behandlung zu Beginn des Versicherungsvertrages zwischen den Parteien mit der vor zwei Jahren durchgeführten Wurzelspitzenresektion vollständig abgeschlossen war. Der Kläger war danach knapp zwei Jahre völlig schmerzfrei.

Das OLG Stuttgart (Urt. v. 7.7.2011 – 7 U 27/11, VersR 2011, 1506) hat die Auffassung vertreten, dass eine einige Jahre später aufgrund erneut auftretender Schmerzen durchgeführte Zahnbehandlung im selben Bereich sogar selbst dann einen neuen Versicherungsfall darstellen kann, wenn ein Versicherungsnehmer nach der Erstellung eines Heil- und Kostenplanes die dort vorgeschlagene Behandlung nicht durchführen lässt und stattdessen auf anderem Weg – durch Extraktion des Zahnes – die Funktionsfähigkeit des Gebisses mit aktueller Schmerz- und Beschwerdefreiheit wieder hergestellt hat.

Soweit sich die Beklagte auf Vorvertraglichkeit beruft, ist sie beweisbelastet.

Die Beklagte befindet sich spätestens seit dem aufgrund des Ablaufes der mit dem Aufforderungsschreiben des Klägers vom (Anlage K3) abgelaufenen Frist in Verzug und hat dementsprechend die beantragten Zinsen in gesetzlicher Höhe zu zahlen.

Die Beauftragung der/des Unterzeichnenden erfolgte nach Verzugseintritt infolge Ablehnung weiterer Ansprüche. Demzufolge hat der Kläger Anspruch auf Ausgleich der von ihm bereits ausgeglichenen außergerichtlichen Rechtsanwaltsgebühren in Höhe von EUR, die ihm gegenüber mit Kostennote vom abgerechnet wurden:

> **Beweis:**
> Kostennote Nr. vom , Anlage K 4

Rechtsanwalt

▲

▼ 277

Muster 6.41: Klageerwiderung des Krankenversicherers bei im Streit stehender Vorvertraglichkeit

An das Amtsgericht / Landgericht

Aktenzeichen:

In Sachen

./.

bestelle ich mich für die Beklagte und **beantrage**:

Die Klage wird abgewiesen.

Gründe:

Dem Kläger steht der mit der Klage geltend gemachte Anspruch nicht zu, da Vorvertraglichkeit vorliegt.

1. Versicherungsvertragsverhältnis

Zwischen den Parteien steht nicht im Streit, dass der Versicherungsschutz nach Ablauf der Wartezeit am begonnen hat und tarifliche Erstattungsansprüche in der vom Kläger dargestellten Höhe vertraglich vereinbart sind, soweit Versicherungsschutz besteht.

2. Eintritt des Versicherungsfalles

Der in Rede stehende Versicherungsfall ist allerdings bereits vor Beginn des Versicherungsschutzes eingetreten, so dass keine Leistungsverpflichtung der Beklagten besteht.

Gemäß § 1 Abs. 2 S. 2 MB/KK beginnt der Versicherungsfall mit dem Beginn der Heilbehandlung. Die Heilbehandlung selbst beginnt bereits mit der ersten ärztlichen Untersuchung. Eine Heilbehandlung ist bereits jede ärztliche Tätigkeit, die durch die betreffende Krankheit verursacht worden ist, sofern die Leistung des Arztes von ihrer Art her in den Rahmen der medizinisch notwendigen Krankenpflege fällt und auf die Heilung oder Linderung der Krankheit abzielt, mag auch dieses Endziel erst nach Unterbrechungen oder mit Hilfe weiterer Ärzte erreicht werden.

Der Versicherungsfall ist nicht als nach dem Vertrag mit dem Patienten geschuldete Heilbehandlung, sondern als „medizinisch notwendige Heilbehandlung" definiert, weshalb zur Bestimmung des Versicherungsfalles ein objektiver, vom Vertrag zwischen Arzt und Patient unabhängiger Maßstab eingeführt worden ist. Bezugspunkt ist damit für die Frage, ob eine ärztliche Leistung als „Beginn der Heilbehandlung" anzusehen ist, nicht der konkrete Auftrag des Patienten an den Arzt, sondern die behandlungsbedürftige Krankheit selbst. Zur Behandlung einer Krankheit gehört nicht nur die erste unmittelbare Heiltätigkeit, sondern auch schon die erste ärztliche Untersuchung, die auf Erkennung des Leidens abzielt, ohne Rücksicht darauf, ob sofort oder erst nach weiteren Untersuchungen eine endgültige oder richtige Diagnose gestellt und mit den eigentlichen Heilmaßnahmen begonnen worden ist. Im Sinne der AVB „beginnt" die zahnmedizinische Heilbehandlung mit der einem Heil- und Kostenplan vorausgehenden Untersuchung (vgl. BGH v. 17.12.2014 – IV ZR 399/13, r+s, 2015, 142; BGH v. 30.10.2013 – IV ZR 307/12, VersR 2013, 1558; BGH v. 14.12.1977 – IV ZR 12/76, VersR 1978, 271; OLG Stuttgart v. 7.7.2011 – 7 U 27/11, VersR 2011, 1506; OLG Oldenburg v. 2.5.2012 – 5 U 37/12, VersR 2012, 1548; OLG Karlsruhe v. 7.5.2013 – 12 U 153/12, r+s 2013, 507). Insbesondere ist für den Beginn der Heilbehandlung nicht der konkrete Auftrag des Patienten an den Arzt entscheidend, sondern die behandlungsbedürftige Krankheit selbst (BGH v. 17.12.2014 – IV ZR 399/13, r+s 2015, 142; BGH v. 30.10.2013 – IV ZR 307/12, VersR 2013, 1558).

Unter Berücksichtigung dieser Maßgaben war der streitgegenständliche Versicherungsfall bereits am eingetreten, also vor Abschluss des zwischen den Parteien bestehenden Versicherungsvertrages.

Die Heilbehandlung des Klägers in Bezug auf den streitgegenständlichen Zahn hat am anlässlich der ersten Arztbesuches bei Dr. zur Diagnose und Behandlungsaufnahme hinsichtlich der damaligen Schmerzen begonnen. Es wurde ein Heil- und Kostenplan erstellt, der auch aufgrund des erhobenen Röntgenbefundes die Brückenversorgung nach Extraktion des streitgegenständlichen Zahnes bereits damals vorsah.

Beweis:
Einholung eines Sachverständigengutachtens.

Der Versicherungsfall war zum Zeitpunkt des Abschlusses des Versicherungsvertrages auch noch nicht beendet. Hierfür ist es nicht maßgeblich, dass die Behandlung des Zahnes für zwei Jahre unterbrochen war.

Der Versicherungsfall endet gem. § 1 Abs. 2 S. 2 MB/KK erst, wenn nach medizinischem Befund Behandlungsbedürftigkeit nicht mehr besteht. Sinn und Zweck dieser Regelung ist es gerade dem Risiko entgegenzuwirken, dass der Versicherungsnehmer, sobald er wegen einer Krankheit einen Arzt einmal in Anspruch genommen hat, den Versicherungsfall „abbricht" und zu einem späteren Zeitpunkt einen neuen Versicherungsfall eröffnet, obwohl es sich tatsächlich um die Weiterbehandlung der früheren Krankheit handelt (vgl. BGH v. 17.12.2014 – IV ZR 399/13, r+s 2015, 142; BGH v. 14.12.1977 – IV ZR 12/76, VersR 1977, 271). Es ist dabei unerheblich, dass dieselbe Krankheit später mit einer ganz anderen Behandlungsmethode behandelt wird (vgl. OLG Oldenburg v. 2.5.2012 – 5 U 73/12, VersR 2012, 1548).

Die Frage, ob die Behandlungsbedürftigkeit nach der vorangegangenen Behandlung am entfallen ist, ist nicht nach subjektiven, sondern allein nach objektiven Kriterien zu bemessen. Hierbei ist ein nach objektiven Kriterien zu bestimmender Entscheidungsspielraum eröffnet (BGH v. 14.12.1977 – IV ZR 12/76, VersR 1978, 271; OLG Karlsruhe v. 7.5.2013 – 12 U 153/12, r+s 2013, 507).

Das Zeugnis des behandelnden Arztes allein ist kein geeignetes Beweismittel für die Ermittlung der Grenzen der vertretbaren Entscheidungen. Es bedarf vielmehr hierfür der Einholung eines Sachverständigengutachtens (BGH v. 29.11.1978 – IV ZR 175/77, VersR 1979, 221; OLG Stuttgart v. 7.7.2011 – 7 U 27/11, VersR 2011, 1506).

Die am durchgeführte Behandlung des Zahnes beim Kläger war mit der damals durchgeführten akuten Schmerzbehandlung nicht abgeschlossen.

Bereits zum damaligen Zeitpunkt war der Zahn nicht mehr erhaltungsfähig. Die Prognose des Zahnes war zum Zeitpunkt der Vorbehandlung aufgrund einer festgesellten Zyste bereits negativ. Schon damals lag die Notwendigkeit zur Entfernung des Zahnes vor.

Zum einen bestanden erhebliche kariöse Defekte an dem streitgegenständlichen Zahn , zum anderen ein generalisierter horizontaler und vertikaler Knochenabbau.

Die streitgegenständlichen Behandlungen stellten sich daher als notwendige Fortsetzung der Behandlung des bereits am extraktionswürdigen Zahns des Klägers dar.

Beweis für alles Vorstehende:
Wie vor.

Dementsprechend war der bereits vor dem Versicherungsschutz begonnene Versicherungsfall hinsichtlich des Zahnes nicht beendet. Die Heilbehandlung wäre erst mit der Durchführung der streitgegenständlichen Behandlung beendet gewesen.

3. Vorvertraglichkeit

Der Versicherungsschutz beginnt gem. §2 Abs. 1 S. 2 MB/KK nicht vor Abschluss des Versicherungsvertrages und Ablauf der Wartezeiten. Damit haftet die Beklagte nicht für Versicherungsfälle, die vor dem eingetreten sind.

Da die streitgegenständliche Behandlung lediglich eine Fortsetzung der Behandlung der zwei Jahre zuvor begonnenen akuten Schmerzbehandlung des Zahnes war, liegt kein neuer Versicherungsfall nach Ablauf der Wartezeit vor. Die Ansprüche des Klägers sind daher abzuweisen.

Die außergerichtlichen Rechtsanwaltsgebühren stehen dem Kläger nicht zu, da es an einer Pflichtverletzung der Beklagten fehlt. Zudem wird Verzugseintritt sowie der Ausgleich der außergerichtlichen Gebühren durch den Kläger bestritten.

Rechtsanwalt

▲

4. Ansprüche betreffend stationärer Behandlungskosten sowie Krankenhaustagegeld

Auch die Kosten einer stationären Behandlung gehören zum Umfang des Versicherungs- 278
schutzes in der Krankheitskostenversicherung. Der Versicherungsnehmer hat grundsätzlich gemäß § 4 Abs. 4 MB/KK das Recht der freien Krankenhauswahl.

Krankenhäuser müssen regelmäßig unter ständiger ärztlicher Leitung stehen, über 279
ausreichende diagnostische und therapeutische Möglichkeiten verfügen und Krankengeschichten führen, also die durchgeführten Behandlungen, den Verlauf der eventuell durchzuführenden Operationen und die durchgeführten Nachuntersuchungen dokumentieren.

Es besteht grundsätzlich keine Verpflichtung des Versicherungsnehmers, sich vor einem 280
Krankenhausaufenthalt eine Kostenübernahmebestätigung des Versicherers geben zu lassen. Eine Rückfrage empfiehlt sich allerdings in Zweifelsfällen, insbesondere ist sie notwendig, wenn das Vorliegen einer sog. gemischten Anstalt i.S.v. § 4 Abs. 5 MB/KK im Raum steht.

Liegt eine gemischte Anstalt vor, hat der Versicherer nur Leistungen für stationäre Heilbehandlungen zu erbringen, die er vor Behandlungsbeginn schriftlich zugesagt hat. Hinsichtlich der Entscheidung steht dem Versicherer ein Ermessen zu, das nur auf einen offensichtlichen Ermessenmissbrauch überprüft werden kann (z.B. Vorliegen eines akuten Notfalles). Fehlt die vorherige Zusage, findet eine Prüfung, ob die Behandlung medizinisch notwendig war, nicht mehr statt.

Der BGH hat ein berechtigtes Interesse des Versicherers daran bejaht, zur Beschränkung des erhöhten Risikos seine Leistungspflicht von einer vorhergehenden Prüfung und einer in seinem Ermessen liegenden Zusage abhängig zu machen.[154] Allerdings ist diese Prüfung mit der Leistungszusage abgeschlossen und zugunsten des Versicherungsnehmers entschieden, wenn der Versicherer der stationären Behandlung in der konkreten gemischten Anstalt zugestimmt hat. Eine Befristung dieser Zusage ist unwirksam.[155]

281 Voraussetzung eines Leistungsanspruches des Versicherungsnehmers im Hinblick auf stationäre Behandlungskosten bzw. auf ein versichertes Krankhaustagegeld ist allerdings nach überwiegender, vom BGH noch nicht geklärter Auffassung, dass nicht nur die durchgeführten Behandlungen, sondern auch der **stationäre Aufenthalt zur Durchführung der Behandlungen medizinisch notwendig war**.

In § 4 Abs. 4 MB/KK wird der Begriff der „medizinisch notwendigen stationären Heilbehandlung" verwendet. Teilweise wird allerdings in der Literatur die Auffassung vertreten, dass es allein auf die medizinische Notwendigkeit der durchgeführten Heilbehandlung ankomme und zwar ohne Rücksicht darauf, ob diese ambulant oder stationär durchgeführt werden kann.[156] Überwiegend herrscht jedoch die Auffassung vor, dass es nur dann vertretbar ist, eine stationäre Behandlung als medizinisch notwendig anzusehen, wenn der angestrebte Behandlungserfolg nicht auch gleichermaßen durch ambulante Maßnahmen erzielt werden kann.[157]

282 Hinsichtlich der nach überwiegender Auffassung erforderlichen **Notwendigkeit der stationären Behandlungsform ist der Versicherungsnehmer beweisbelastet**.

Soweit sich allerdings der **Versicherer** darauf beruft, dass die **Dauer eines Krankenhausaufenthalts** medizinisch nicht notwendig gewesen sei, beruft sich dieser auf ein Leistungskürzungsrecht, für das er darlegungs- und beweisbelastet ist.[158]

Von der Notwendigkeit der stationären Behandlungsdurchführung abhängig ist auch ein gegebenenfalls im Rahmen der Krankheitskostenversicherung zudem versichertes Krankenhaustagegeld.

154 BGH v. 16.2.1983 – IVa ZR 20/81, VersR 1983, 576.
155 BGH v. 29.1.2003 – IV ZR 257/01, VersR 2003, 360.
156 Prölss/Martin/*Voit*, § 4 MB/KK Rn 45; *Egger*, VersR 2009, 1320.
157 OLG Bamberg v. 14.3.1979 – 3 U 19/78, VersR 1979, 639; OLG Hamm v. 21.7.1982 – 20 U 56/81, VersR 1983, 385; OLG Karlsruhe v. 1.2.1996 – 12 U 152/95, r+s 1997, 33; OLG Koblenz v. 20.4.2007 – 10 U 216/06, VersR 2008, 339; LG Dortmund v. 12.4.2011 – 2 S 114/11, VersR 2011, 1305; OLG Zweibrücken v. 16.8.2007 – 1 U 77/07, VersR 2007, 1505; Bach/Moser/*Wiemer*, § 1 MB/KK Rn 102.
158 BGH v. 29.5.1991 – IV ZR 151/70, VersR 1991, 987; BGH v. 10.7.1996 – IV ZR 133/95, VersR 1996, 1224; LG Berlin v. 2.9.2003 – 7 S 17/03, r+s 2004, 72.

▼ 283

Muster 6.42: Klageschrift betreffend Anspruch auf Erstattung stationärer Behandlungskosten sowie Krankenhaustagegeld

An das Amtsgericht / Landgericht

(*Sitz des Krankenversicherers oder alternativ gem. § 215 Abs. 1 VVG Wohnort des Klägers*)

Klage

des Herrn (*Name/Anschrift*)

– **Kläger** –,

Prozessbevollmächtigte/r: (Zeichen:)

gegen

die Versicherung AG,

(*Anschrift*),

vertr. durch den Vorstandsvorsitzenden , ebenda, (zu VS-Nr.:)

– **Beklagte** –,

wegen Aufwendungsersatz und Krankenhaustagegeld aus privater Krankheitskostenversicherung.

Vorläufiger Streitwert: EUR

Namens und in Vollmacht des Klägers erhebe ich Klage und werde **beantragen**:

> **I. Die Beklagte wird verurteilt, an den Kläger EUR nebst Zinsen in Höhe von 5 Prozentpunkten über dem Basiszinssatz seit dem zu zahlen.**
> **II. Die Beklagte wird verurteilt, an den Kläger außergerichtliche Rechtsanwaltsgebühren in Höhe von EUR nebst 5 Prozentpunkten über dem Basiszinssatz seit Rechtshängigkeit zu zahlen.**

Gründe:

Gegenstand der Klage sind Erstattungsansprüche des Klägers gegen die Beklagte aus einem privaten Krankenversicherungsvertrag anlässlich des stationären Aufenthalts des Klägers vom sowie das versicherte Krankenhaustagegeld.

1. Versicherungsvertragsverhältnis

Zwischen den Parteien besteht ein privater Krankenversicherungsvertrag unter VS-Nr.:

Danach ist für stationäre Behandlung eine %ige Erstattung der Aufwendungen nach dem Tarif vereinbart. In dem Tarif ist zudem einen Anspruch auf Krankenhaustagegeld in Höhe von /Tag vereinbart.

> **Beweis:**
> Versicherungsschein vom nebst sämtlicher zum Zeitpunkt des Versicherungsfalls geltender AVB (Allgemeine und Besondere Bedingungen / Tarifbedingungen), Anlage K1.

2. Behandlung des Klägers

Der streitgegenständlichen stationären Behandlung vorausgegangen war eine ambulante Behandlung des Klägers durch Dr. , der die medizinische Notwendigkeit einer stationären Behandlung des Klägers im Hinblick auf folgende Diagnosen/Beschwerden bestätigt hat:

Der Kläger hatte sich zuvor folgenden ambulanten Behandlungsmaßnahmen bereits unterzogen, die jedoch nur zu einer unzureichenden Minderung seiner Beschwerden geführt haben:

Beweis für alles Vorstehende:
1. Zeugnis des Dr. *(Name/Anschrift).*
2. Vorlage der Behandlungsunterlagen des Dr. im Bestreitensfalle.
3. Einholung eines Sachverständigengutachtens nach Beiziehung sämtlicher Krankenunterlagen.

Der Kläger wurde im Zeitraum vom im Krankenhaus stationär behandelt.

Während des stationären Aufenthaltes vom wurden beim Kläger folgende Maßnahmen durchgeführt:

Beweis:
1. Zeugnis des Dr. , bereits benannt
2. Entlassungsbericht des Krankenhauses vom , Anlage K 2

Die durchgeführte Behandlung während des stationären Aufenthaltes konnte aufgrund des angestrebten Behandlungserfolges nicht auch durch ambulante Maßnahmen erzielt werden. Es waren vielmehr die spezifischen Einrichtungen des klinischen Krankenhausbetriebes zur Behandlung des bestehenden Leidens besser geeignet als die Möglichkeiten des niedergelassenen Arztes oder ambulanter Therapiezentren. Insbesondere war die ständige Überwachung und Kontrolle durch Krankenhausärzte erforderlich. Zudem war der Kläger aus gesundheitlichen Gründen nicht in der Lage, etwaige ambulante Behandlungsmöglichkeiten zu nutzen.

Beweis für alles Vorstehende:
1. Zeugnis des Dr. , bereits benannt
2. Einholung eines Sachverständigengutachtens
3. Beiziehung sämtlicher Behandlungsunterlagen.

Das Krankenhaus hat über seine Leistungen mit Rechnung vom ordnungsgemäß in Höhe von EUR abgerechnet.

Beweis:
Rechnung des Krankenhauses vom , Anlage K 3

3. Außergerichtliche Korrespondenz

Der Kläger hat seine Ansprüche bei der Beklagten unter Fristsetzung zum verzugsbegründend geltend gemacht.

Beweis:
Aufforderungsschreiben an Beklagte vom , Anlage K 4

Die Beklagte hat den Anspruch des Klägers insgesamt abgelehnt und sich auf fehlende Notwendigkeit der durchgeführten Behandlung in der stationären Behandlungsform und damit einen angeblichen Vorrang der ambulanten Behandlung berufen, vorsorglich auch auf eine vermeintlich zu lange Aufenthaltsdauer.

Beweis:
Schreiben der Beklagten vom …, Anlage K 5

Der Beklagten wurde daraufhin noch eine weitere ergänzende Stellungnahme des behandelnden und einweisenden Arztes Dr. … vom … sowie des Krankenhauses vom … zur Begründung der Erstattungsansprüche nachgereicht, aus denen sich die medizinische Notwendigkeit zum einen der stationären Behandlungsdurchführung und zum anderen auch der Dauer des gesamten Aufenthaltes ergibt.

Beweis:
1. Schreiben des Dr. … vom …, Anlage K 6
2. Schreiben des Krankenhauses … vom …, Anlage K 7
3. Einholung eines Sachverständigengutachtens

Die Beklagte hat indessen weiterhin unter Aufrechterhaltung der vorgenannten Einwendungen jegliche Leistungen abgelehnt.

4. Ansprüche des Klägers

Mit der Klage geltend gemacht werden Erstattungsansprüche anlässlich der Rechnung des Krankenhauses … vom … in Höhe des tariflichen Erstattungsanspruchs von 100 %, Krankenhaustagegeld für die Dauer des Krankhausaufenthaltes nebst außergerichtlicher Gebühren und Zinsen aus Verzugsgesichtspunkten.

Mit dem Antrag zu I. werden unter anderem die Kosten ausweislich der Krankenhausrechnung vom … (Anlage K3) in Höhe von … EUR geltend gemacht. Des Weiteren ergibt sich aufgrund der medizinisch notwendigen Behandlung im Krankenhaus ein Anspruch auf Krankenhaustagegeld für … Tage mit jeweils … EUR Krankenhaustagegeld/Tag, mithin in Höhe von … EUR.

Die Beklagte befindet sich seit dem … aufgrund des Aufforderungsschreibens des Klägers vom … (Anlage K4) in Verzug und hat dementsprechend die beantragten Zinsen in gesetzlicher Höhe zu zahlen.

Die Beauftragung der/des Unterzeichnenden erfolgte nach Verzugseintritt. Demzufolge hat der Kläger Anspruch auf Ausgleich der von ihm bereits ausgeglichenen außergerichtlichen Rechtsanwaltsgebühren in Höhe von … EUR, die ihm gegenüber mit Kostennote vom … abgerechnet wurden und mit dem Antrag zu II. geltend gemacht werden.

Beweis:
Kostennote Nr. … vom …, Anlage K 8

5. Rechtliche Hinweise

Vorsorglich wird in rechtlicher Hinsicht darauf hingewiesen, dass die Frage, ob die Erstattungsfähigkeit stationärer Behandlungskosten tatsächlich die Notwendigkeit der stationären Behandlungsform erfordert, bislang höchstrichterlich nicht geklärt ist.

Unabhängig davon, dass ohnehin für die im Streit stehenden Behandlungskosten die stationäre Behandlungsdurchführung medizinisch notwendig war, wird hilfsweise und äußerst vorsorglich darauf hingewiesen, dass sich die Stimmen in der Literatur mehren, wonach es sowohl für den Anspruch auf Erstattung von Behandlungskosten einer stationären Behandlung als auch auf Krankenhaustagegeld allein darauf ankommt, dass tatsächlich die Behandlung im Krankenhaus durchgeführt wurde und es sich im Übrigen um eine medizinisch notwendige Heilbehandlung handelt (vgl. Prölss/Martin/*Voit*, VVG, § 4 MB/KK Rn 45; *Egger*, VersR 2009, 1320; *Egger*, VersR 2021, 483; *Straub*, VersR 2021, 106).

Nach ständiger Rechtsprechung sind vereinbarte Versicherungsbedingungen so auszulegen, wie sie ein durchschnittlicher Versicherungsnehmer bei verständiger Würdigung, aufmerksamer Durchsicht unter Berücksichtigung des erkennbaren Sinnzusammenhangs verstehen muss. Es kommt dabei auf die Verständnismöglichkeiten eines durchschnittlichen Versicherungsnehmers ohne versicherungsrechtliche Spezialkenntnisse an (vgl. BGH VersR 2009, 623; BGH VersR 2003, 454; VersR 2003, 581; VersR 2003, 641).

Zwar verwendet § 4 Abs. 4 AVB den Begriff der „medizinisch notwendigen stationären Heilbehandlung", wohingegen § 1 Abs. 2 AVB den Begriff „medizinisch notwendige Heilbehandlung" als Versicherungsfall definiert. Ein durchschnittlicher Versicherungsnehmer kann jedoch ohne versicherungsrechtliche Spezialkenntnisse hieraus nicht den Rückschluss ziehen, dass eine Krankenhausbehandlung nur dann erstattet wird, wenn neben der medizinischen Notwendigkeit der durchgeführten Heilbehandlung auch der Bezug der medizinischen Notwendigkeit zur stationären Behandlungsdurchführung besteht. Zumindest besteht eine Auslegungsmöglichkeit dahingehend, dass die zusätzliche Verwendung des Wortes „stationär" lediglich auf die Behandlungsdurchführung im Krankenhaus Bezug nimmt und hier die Voraussetzungen erfüllt sein müssen, die an ein Krankenhaus gestellt werden (Zulassung, regelmäßige Leitung durch Krankenhausärzte, etc.).

Auslegungszweifel gehen zu Lasten des Verwenders der Allgemeinen Versicherungsbedingungen, mithin der Beklagten (vgl. § 305 Abs. 2 BGB).

Die Beklagte schweigt sich im Übrigen auch darüber aus, wie die ambulante Behandlungsdurchführung im Hinblick auf das zeitnahe Behandlungserfordernis der Beschwerden des Klägers zur Vermeidung weiterer Nachteile hätte realisiert werden können.

Im Hinblick auf den von der Beklagten in der außergerichtlichen Korrespondenz bereits vorsorglich erhobenen Einwand eines überlangen Krankenhausaufenthaltes liegt die Beweislast im Übrigen bei der Beklagten. Hierbei handelt es sich um eine behauptete Leistungseinschränkung gemäß § 5 Abs. 2 S. 1 AVB, für deren tatbestandliche Voraussetzungen die Beklagte als Versicherer darlegungs- und beweisbelastet ist (BGH v. 29.5.1991 – IV ZR 151/90, VersR 1991, 987).

Rechtsanwalt

▼ 284

Muster 6.43: Klageerwiderung betreffend Anspruch auf Erstattung stationärer Behandlungskosten sowie Krankenhaustagegeld 6.43

An das Amtsgericht / Landgericht

Aktenzeichen:

In Sachen

./.

bestelle ich mich für die Beklagte und **beantrage**:

Die Klage wird abgewiesen.

Gründe:

Die geltend gemachten Ansprüche bestehen nicht, da sämtliche der im Einzelnen durchgeführten Behandlungsmaßnahmen gleichermaßen beim Kläger hätten ambulant durchgeführt werden können, also eine stationäre Behandlung des Klägers nicht medizinisch notwendig war. Ohnehin hätten die durchgeführten Behandlungen auch innerhalb von zwei Tagen durchgeführt werden können.

1. Fehlende medizinische Notwendigkeit in stationärer Behandlungsform

Unstreitig ist allein, dass der Kläger in der Zeit vom im Krankenhaus stationär behandelt wurde.

Die Notwendigkeit der ständigen medizinischen und ärztlichen Betreuung sowie Behandlung des Klägers war nicht gegeben. Vielmehr hätten die zur Anwendung gekommenen Maßnahmen und die durchgeführte Diagnostik ohne Weiteres auch in der ambulanten Behandlungsform stattfinden können. Dies ergibt sich auch aus dem Entlassungsbericht des Krankenhauses.

Beweis unter Protest gegen die Beweislast:
1. Entlassungsbericht des Krankenhaus vom , Anlage B 1
2. Einholung eines Sachverständigengutachtens

Weder bestand eine stationäre Aufnahmeindikation noch eine medizinische Notwendigkeit der stationären Behandlungsform. Vielmehr ist es so, dass die zur Anwendung gekommenen Maßnahmen in ihrer stationären Durchführung medizinisch nicht notwendig waren.

Beweis unter Protest gegen die Beweislast:
Einholung eines Sachverständigengutachtens

Die durchgeführten Maßnahmen hätten zudem auch unabhängig von ihrer medizinischen Notwendigkeit in der stationären Behandlungsform innerhalb von zwei Tagen bei entsprechender Konzentration der Behandlung durchgeführt werden können. Eine darüber hinausgehende stationäre Verweildauer war daher ohnehin nicht notwendig gewesen.

Beweis:
Einholung eines Sachverständigengutachtens

Die Beklagte beruft sich insoweit vorsorglich auf das ihr gem. § 5 Abs. 2 S. 1 AVB zustehende Leistungskürzungsrecht.

3. Rechtliche Hinweise

Im Rahmen einer stationären Heilbehandlung hat der Versicherungsnehmer darzulegen und zu beweisen, dass die einzelnen durchgeführten Behandlungen und darüber hinaus auch der stationäre Aufenthalt zur Durchführung der Behandlungen medizinisch notwendig waren.

§ 4 Abs. 4 MB/KK sieht einen Erstattungsanspruch lediglich bei „medizinisch notwendiger stationärer Behandlung" vor. Erforderlich ist damit eine Gegenüberstellung zur ambulanten Behandlungsform.

Es ist nur dann vertretbar, eine stationäre Behandlung als medizinisch notwendig anzusehen, wenn der angestrebte Behandlungserfolg nicht auch durch ambulante Maßnahmen erzielt werden kann (vgl. OLG Bamberg v. 14.3.1979 – 3 U 19/78, VersR 1979, 639; OLG Hamm v. 21.7.1982 – 20 U 56/81, VersR 1983, 385; OLG Karlsruhe v. 1.2.1996 – 12 U 152/95, r+s 1997, 33; OLG Koblenz v. 20.4.2007 – 10 U 216/06, VersR 2008, 339 m.w.N.; OLG Köln v. 21.12.2012 – 20 U 186/12, r+s 2013, 611). Was durch eine ambulante Behandlungsform in gleicher Weise geheilt oder gelindert werden kann, erfordert dementsprechend keine stationäre Behandlung (so auch OLG Zweibrücken VersR 2007, 1505; OLG Köln v. 21.12.2012 – 20 U 186/12, r+s 2013, 611; LG Dortmund v. 12.4.2011 – 2 S 14/11, VersR 2011, 1305).

Das LG Mannheim hat in seinem Urt. v. 10.9.2020 (– 9 O 383/19, VersR 2021, 106) einen allgemeinen Vorrang der ambulanten vor der stationären Heilbehandlung ausdrücklich bestätigt.

Insbesondere vermag die Notwendigkeit einer stationären Behandlung nicht zu begründen, dass eine ambulante Behandlung mit größeren Umständen und höherem Aufwand verbunden ist, als ein stationärer Aufenthalt (so ausdrücklich OLG Koblenz v. 20.4.2007 – 10 U 216/06, VersR 2008, 339).

Für den geltend gemachten Zinsanspruch fehlte es bislang an der Fälligkeit der im Raum stehenden Erstattungsansprüche.

Die außergerichtlichen Rechtsanwaltsgebühren stehen dem Kläger nicht zu, da es an einer Pflichtverletzung der Beklagten fehlt. Zudem wird Verzugseintritt sowie der Ausgleich der außergerichtlichen Gebühren durch den Kläger bestritten.

Rechtsanwalt

▲

5. Kürzungsrecht des Versicherers bei Übermaßbehandlung oder auffälligem Missverhältnis

285 Der BGH[159] hat ausdrücklich im Rahmen der sogenannten Privatklinikentscheidung die Möglichkeit der Kürzung des Erstattungsanspruches wegen Kostengesichtspunkten abgelehnt.

Der zuvor vorherrschenden Auffassung, wirtschaftliche Aspekte im Zusammenhang mit der medizinisch notwendigen Heilbehandlung zu berücksichtigen, wurde eine klare

159 BGH v. 12.3.2003 – IV ZR 278/01, VersR 2003, 581.

Absage erteilt. Der BGH stellte auf den durchschnittlichen Versicherungsnehmer ab, der aus dem damals gleichlautenden § 1 Abs. 2 S. 1 MB/KK 76 nicht ohne Weiteres ersehen könne, dass auch finanzielle Aspekte bei der Beurteilung der medizinischen Notwendigkeit der Heilbehandlung eine Rolle spielen sollen. Mithin kann der Versicherer seine Leistungspflicht grundsätzlich nicht auf die billigste Behandlungsmethode beschränken und zwar unabhängig davon, ob eine wie auch immer bestehende medizinisch gleichwertige Heilbehandlungsmethode vorliegt.

Auch der damals der Entscheidung des BGH[160] zugrunde liegende § 5 Abs. 2 MB/KK 76 ermöglichte lediglich ein Kürzungsrecht bei Übermaßbehandlungen, nicht jedoch bei Übermaßvergütung.

Die Versicherer haben darauf vergeblich versucht, über eine Bedingungsanpassung gem. § 18 MB/KK 94 bzw. § 178g Abs. 3 VVG a.F., die „alte" Rechtslage wieder herzustellen.[161]

Auch nach der VVG-Reform ist es bei dem Grundsatz verblieben, dass lediglich auf die medizinische und nicht auf die wirtschaftliche Notwendigkeit abgestellt wird. 286

§ 192 Abs. 2 VVG und gleichermaßen § 5 Abs. 2 **S. 2** MB/KK räumen dem Versicherer lediglich ausnahmsweise ein Kürzungsrecht insoweit ein, als die Aufwendungen für die Heilbehandlung oder sonstige Leistungen in einem **auffälligen Missverhältnis zu den erbrachten Leistungen** stehen. Das Kürzungsrecht für **Übermaßbehandlungen** ist nunmehr in § 5 Abs. 2 **S. 1** MB/KK geregelt. Für Kürzungsrechte ist der Versicherer darlegungs- und beweispflichtig.[162]

§ 5 Abs. 2 S. 1 MB/KK findet nicht nur auf Heilbehandlung, sondern auch auf die sonstigen versicherten Leistungen Anwendung, z.B. auch auf Hilfsmittel. 287

Die Aufwendungen übersteigen dann das medizinisch notwendige Maß, wenn einerseits das Hilfsmittel zusätzliche, nicht benötigte Funktionen und Ausstattungsmerkmale aufweist und andererseits zugleich preiswertere, den notwendigen medizinischen Anforderungen für den jeweiligen Versicherungsnehmer entsprechende Hilfsmittel ohne diese zusätzlichen Funktionen oder Ausstattungsmerkmale zur Verfügung stehen.[163]

160 BGH v. 12.3.2003 – IV ZR 278/01, VersR 2003, 581.
161 BGH v. 12.12.2007 – IV ZR 130/06, VersR 2008, 246.
162 BGH v. 29.5.1991 – IV ZR 151/90, VersR 91, 987.
163 BGH v. 22.4.2015 – IV ZR 419/13, VersR 2015, 706.

288 ▼

Muster 6.44: Klageschrift bei Einwand des Versicherers betreffend überhöhte Kosten und Übermaß der Behandlung

An das Amtsgericht / Landgericht

(*Sitz des Krankenversicherers oder alternativ gem. § 215 Abs. 1 VVG Wohnort des Klägers*)

Klage

des Herrn (*Name/Anschrift*)

– Kläger –,

Prozessbevollmächtigte/r: (Zeichen:)

gegen

die Versicherung AG,

 (*Anschrift*),

vertr. durch den Vorstandsvorsitzenden , ebenda, (zu VS-Nr.:)

– Beklagte –,

wegen Erstattungsansprüchen aus privater Krankheitskostenversicherung.

Vorläufiger Streitwert: EUR

Namens und in Vollmacht des Klägers erhebe ich Klage und werde **beantragen**:

> **I. Die Beklagte wird verurteilt, an den Kläger EUR nebst Zinsen in Höhe von 5 Prozentpunkten über dem Basiszinssatz seit dem zu zahlen.**
> **II. Die Beklagte wird verurteilt, an den Kläger außergerichtliche Rechtsanwaltsgebühren in Höhe von EUR nebst 5 Prozentpunkten über dem Basiszinssatz seit Rechtshängigkeit zu zahlen.**

Gründe:

Gegenstand der Klage sind (weitere) Erstattungsansprüche des Klägers gegen die Beklagte aus der Rechnung seines Behandlers vom in Höhe von EUR geltend macht.

1. Versicherungsvertragsverhältnis

Zwischen den Parteien besteht seit ein privater Krankenversicherungsvertrag unter VS-Nr.: .

Danach ist für ambulante Behandlung eine %ige Erstattung der Aufwendungen nach dem Tarif vereinbart.

> **Beweis:**
> Versicherungsschein vom nebst sämtlicher zum Zeitpunkt des Versicherungsfalls geltender AVB (Allgemeine und Besondere Bedingungen / Tarifbedingungen), Anlage K1.

2. Streitgegenständliche Behandlung

Auf Empfehlung seines Hausarztes begab sich der Kläger in Behandlung des Dr. , der ihm mitteilte, dass seine Hautwarzen am besten innerhalb von drei Sitzungen weggelasert werden könnten. Dr. … stellte die Behandlung als medizinisch notwendig dar und berechnete nach entsprechender Behandlungsdurchführung mit Liquidation vom … Behandlungskosten in Höhe von … EUR.

> **Beweis:**
> Rechnung des Dr. … vom …, Anlage K 2.

3. Außergerichtliche Korrespondenz

Nachdem der Kläger die Rechnung des Dr. … zur Erstattung eingereicht hatte, verweigerte die Beklagte die tarifliche Erstattung.

Die Beklagte begründete ihre Entscheidung damit, dass der Kläger die Warzen auch mittels Aufbringung einer Tinktur hätte wesentlich kostengünstiger behandeln können und die Durchführung der Laserbehandlung nicht medizinisch indiziert gewesen sei.

> **Beweis:**
> Schreiben der Beklagten vom …, Anlage K 3.

Auf Intervention des Klägers fertigte Dr. … eine Stellungnahme an, in der dieser nochmals die medizinische Notwendigkeit der durchgeführten Behandlung bestätigt. Diese übermittelte der Kläger der Beklagten unter Setzung einer Zahlungsfrist, die fruchtlos verstrichen ist.

> **Beweis:**
> 1. Stellungnahme des Dr. … vom …, Anlage K 4.
> 2. Aufforderungsschreiben des Klägers an Beklagte vom …, Anlage K 5.

Die/der Unterzeichnende forderte die Beklagte nach Mandatierung nochmals außergerichtlich unter Fristsetzung zur Zahlung auf. Die Beklagte verblieb indes bei ihrer Leistungsablehnung.

4. Ansprüche des Klägers

Mit der Klage werden die tariflichen Erstattungsansprüche aus der streitgegenständlichen Rechnung des Dr. … sowie außergerichtliche Gebühren und Zinsansprüche geltend gemacht.

Hinsichtlich der Rechnung des Dr. … besteht ein tariflicher Erstattungsanspruch in Höhe von 100 %, der mit dem Klageantrag zu I. geltend gemacht wird.

Sämtliche seitens Dr. … in der Rechnung vom … abgerechneten Leistungen wurden ordnungsgemäß gebracht, waren medizinisch erforderlich und entsprechend der GOÄ abgerechnet.

> **Beweis:**
> 1. Zeugnis des Dr. … .
> 2. Einholung eines Sachverständigengutachtens.

Seit fruchtlosem Verstreichen der vom Kläger mit Schreiben vom … gesetzten Zahlungsfrist befindet sich die Beklagte seit dem … im Zahlungsverzug und hat dementsprechend die geltend gemachten Zinsen in gesetzlicher Höhe zu zahlen.

5. Rechtliche Hinweise

Soweit ersichtlich beruft sich die Beklagte neben fehlender medizinischer Notwendigkeit auf ein vermeintliches Kürzungsrecht gem. § 5 Abs. 2 AVB.

Die seitens Dr. berechneten Kosten für seine ärztlichen Leistungen seien deshalb nicht medizinisch notwendig, weil die Behandlung der Warzen auch mittels einer medikamentösen Behandlung viel billiger hätte erfolgen können. Der Einwand der Beklagten geht an der Sache vorbei.

Unstreitig handelt es sich bei der Laserbehandlung von Warzen um eine schulmedizinisch anerkannte Behandlungsmethode. Die Beklagte stellt auch nicht in Abrede, dass der Kläger unter Warzen litt, die eine Entfernung notwendig machten. Unabhängig davon ist bereits die medikamentöse Behandlung nicht vergleichbar mit der durchgeführten Laserbehandlung.

Dem Kläger als Versicherungsnehmer und seinem behandelnden Arzt steht grundsätzlich Wahlfreiheit zwischen den Methoden zur Heilbehandlung einer Krankheit zu, ohne dass der Versicherer aus rein wirtschaftlichen Gründen den Versicherungsnehmer auf eine günstigere Methode verweisen darf. Kostengesichtspunkte haben bei der Frage der medizinisch notwendigen Heilbehandlung nach ausdrücklicher Klarstellung des BGH (Urt. v. 12.3.2003 – IV ZR 278/01, VersR 2003) keine Rolle zu spielen.

Gemäß § 5 Abs. 2 **S. 1** MB/KK 2009 wird zudem keine Überprüfung dahingehend vorgenommen, ob es sich um eine unwirtschaftliche Behandlung gehandelt hat. Hiernach besteht allein für eine vom Versicherer darzulegende und zu beweisende **Übermaßbehandlung** ein vom Versicherer zu beweisendes Kürzungsrecht.

Über § 5 Abs. 2 **S. 2** MB/KK 2009 kann lediglich eine Kürzung überhöhter Vergütungen hinsichtlich der konkret erbrachten Leistung erfolgen, wenn der Versicherer ein auffälliges Missverhältnis darlegt und beweist. Eine überhöhte Vergütung behauptet die Beklagte selbst jedoch nicht.

Rechtsanwalt

▲

289 ▼

6.45

Muster 6.45: Klageerwiderung bei Einwand des Versicherers betreffend überhöhte Kosten und Übermaß der Behandlung

An das Amtsgericht / Landgericht

Aktenzeichen:

In Sachen

./.

bestelle ich mich für die Beklagte und **beantrage**:

Die Klage wird abgewiesen.

Gründe:

Die durch Dr. beim Kläger durchgeführte Laserbehandlung war bereits nicht medizinisch erforderlich.

Die tatsächlich beim Kläger vorhandenen Warzen hätte in Kürze bei konsequenter Durchführung einer Behandlung mittels Aufbringung der Tinktur den gleichen Behandlungserfolg herbeigeführt, wie die tatsächlich durchgeführte Behandlung.

Beweis unter Protest gegen die Beweislast:
Einholung eines Sachverständigengutachtens.

Sollte sich die medizinische Notwendigkeit der durchgeführten Behandlungsmethode dennoch bestätigen, macht die Beklagte von ihrem Kürzungsrecht Gebrauch, dass in § 5 Abs. 2 MB/KT 2009 sowohl hinsichtlich Übermaßbehandlung (Satz 1), als auch einem auffälligen Missverhältnis zwischen den Aufwendungen für die Heilbehandlung zu den erbrachten Leistungen (Satz 2) besteht.

Die Durchführung von drei Laserbehandlungen innerhalb von nur einer Woche war weder medizinisch indiziert, noch war ein besseres Behandlungsergebnis zu erwarten, als wenn die Behandlungsserie zunächst auf eine Behandlung beschränkt und der weitere Behandlungsverlauf dann abgewartet worden wäre.

Beweis:
Wie vor.

Demzufolge ergibt sich jedenfalls ein Kürzungsrecht der Beklagten auf EUR.

Beweis:
Wie vor.

Der Kläger hat zudem gegen seine Schadensminderungspflicht gemäß § 9 Abs. 4 i.V.m. § 10 Abs. 1 MB/KK bzw. § 82 VVG verstoßen. Entsprechend dem Grad des Verschuldens des Klägers besteht daher ohnehin eine Berechtigung der Beklagten zur Kürzung. Da dem Kläger die Behandlungsmöglichkeit mittels Tinktur seitens Dr. als Alternative bekannt gegeben worden ist, ist zumindest von grober Fahrlässigkeit auszugehen, sodass ein Kürzungsrecht um 50 % besteht.

Für den geltend gemachten Zinsanspruch fehlte es bislang an der Fälligkeit der im Raum stehenden Erstattungsansprüche.

Die außergerichtlichen Rechtsanwaltsgebühren stehen dem Kläger nicht zu, da es an einer Pflichtverletzung der Beklagten fehlt. Zudem wird Verzugseintritt sowie der Ausgleich der außergerichtlichen Gebühren durch den Kläger bestritten.

Rechtsanwalt
▲

6. Ansprüche im Zusammenhang mit alternativen Behandlungsmethoden

Der Umfang der Leistungspflicht des Krankenversicherers für Untersuchungs- oder 290
Behandlungsmethoden und Arzneimittel ist nicht auf solche begrenzt, die von der Schulmedizin überwiegend anerkannt sind.

Gemäß § 4 Abs. 6 S. 2 MB/KK leistet der Versicherer darüber hinaus für Methoden und Arzneimittel, die sich in der Praxis als ebenso erfolgversprechend bewährt haben oder die angewandt werden, weil keine schulmedizinischen Methoden oder Arzneimittel zur Verfügung stehen. Wenn allerdings schulmedizinische Methoden oder Arzneimittel zur Verfügung stehen, kann der Versicherer seine Leistungen auf den Beitrag herabsetzen, der bei Anwendung vorhandener schulmedizinischer Methoden oder Arzneimittel angefallen wäre.

Diese sogenannte Schulmedizinklausel findet sich derzeit in den überwiegenden Krankheitskostenversicherungsverträgen, soweit nicht ohnehin zusätzliche Leistungen über einen besonderen Tarif mit eingeschlossen wurden. Hintergrund für die Einführung der Schulmedizinklausel war, dass der BGH die zuvor in den Musterbedingungen enthaltene Wissenschaftlichkeitsklausel für unwirksam erklärt hat.

291 § 4 Abs. 6 MB/KK 94, der § 4 Abs. 6 MB/KK 2009 entspricht, hält einer Inhaltskontrolle nach Ansicht des BGH[164] stand. Der BGH[165] hat zwischenzeitlich Grundsätze zum Prüfungsmaßstab, den Behandlungsmaßstab bei unheilbaren Erkrankungen und der Darlegungs- und Beweislast festgehalten.

Bei einer **lebensbedrohlichen oder unheilbaren Erkrankung** des Versicherungsnehmers kann nicht mehr darauf abgestellt werden, ob sich die gewünschte Behandlung zur Erreichung des vorgegebenen Behandlungsziels tatsächlich eignet. In solchen Fällen ist die objektive Vertretbarkeit der Behandlung bereits dann zu bejahen, wenn sie nach medizinischen Erkenntnissen im Zeitpunkt ihrer Vornahme als wahrscheinlich geeignet angesehen werden konnte, auf eine Verhinderung der Verschlimmerung der Erkrankung oder zumindest auf ihre Verlangsamung hinzuwirken. Dabei ist nicht einmal zu fordern, dass der Behandlungserfolg näher liegt, als sein Ausbleiben. Ausreichend ist, wenn die Behandlung mit nicht nur ganz geringer Erfolgsaussicht die Erreichung des Behandlungsziels als möglich erscheinen lässt.

Dies setzt allerdings nach wie vor voraus, dass die gewählte Behandlungsmethode auf einem nach medizinischen Erkenntnissen nachvollziehbaren Ansatz beruht, der die prognostizierte Wirkweise auf das angestrebte Behandlungsziel zu erklären vermag, sie somit zumindest wahrscheinlich macht. Einer derartigen Annahme steht nicht entgegen, dass eine Behandlungsmethode noch nicht in der medizinischen Literatur nach wissenschaftlichem Standard dokumentiert oder bewertet worden ist. Es kann für die Beurteilung der Behandlungsmethode auch ausreichen, wenn diese vor der Behandlung des Versicherungsnehmers bereits anderweitig erprobt worden ist. Wenn entsprechende Behandlungen zuvor in einer solchen Anzahl stattgefunden haben, die Aussagen darüber zulassen, ob die Behandlung die mit ihr erstrebte Wirkung wahrscheinlich zu erreichen geeignet ist, kann darin ein besonderer aussagekräftiger Umstand für die Beurteilung der Notwendigkeit der Heilbehandlung zu erkennen sein.

Der BGH[166] hat jedoch hervorgehoben, dass auch bei inkurablen Erkrankungen zunächst zu prüfen ist, ob sich der Kläger auf schulmedizinisch etablierte Behandlungen verweisen lassen muss.

164 BGH v. 30.10.2002 – IV ZR 60/01, VersR 2002, 1546 unter Hinweis auf BGH v. 10.7.1996 – IV ZR 133/95, VersR 1996, 1224.
165 BGH v. 10.7.1996 – IV ZR 133/95, VersR 1996, 244; BGH v. 30.10.2013 – IV ZR 307/12, VersR 2013, 1558.
166 BGH v. 30.10.2013 – IV ZR 307/12, VersR 2013, 1558.

Aus § 4 Abs. 6 S. 2 MB/KK ergibt sich in den dort vorhandenen Alternativen, dass eine Erstattungspflicht des Versicherers für außerhalb der Schulmedizin vorhandenen Methoden und Arzneimittel nur unter **zwei alternativen Voraussetzungen** möglich ist: 292

1. wenn keine schulmedizinischen Methoden oder Arzneimittel zur Verfügung stehen oder
2. wenn zwar schulmedizinische Methoden oder Arzneimittel zur Verfügung stehen, andererseits jedoch auch Methoden und Arzneimittel, die sich in der Praxis als ebenso erfolgversprechend bewährt haben. Dann allerdings besteht das in § 4 Abs. 6 S. 3 MB/KK eingeräumte Kürzungsrecht auf Kosten bei der Anwendung vorhandener schulmedizinischer Methoden oder Arzneimittel.

Bei der Frage, ob schulmedizinisch etablierte Behandlungen vorhanden sind, sind aller- 293
dings auch Feststellungen dazu zu treffen, welchem Ziel die Behandlungsansätze jeweils dienen und welchen Erfolg sie versprechen. Es ist daher das **konkrete Behandlungsziel** der in Betracht kommenden schulmedizinisch anerkannten Maßnahme zu klären, soweit es eine solche gibt, und dabei **zwischen der Heilung einer Krankheit, der Verhütung ihrer Verschlimmerung und der Linderung von Krankheitsbeschwerden zu unterscheiden**. Der BGH betrachtet die **Möglichkeit der Heilung der Krankheit als vorrangiges Behandlungsziel** und solche betreffend die Verhütung einer Verschlimmerung oder der bloßen Linderung von Krankheitsbeschwerden regelmäßig als nachrangige Behandlungsziele.

Hinweis

Bietet also die Schulmedizin nur noch palliative, also auf Reduzierung der Krankheitsfolgen gerichtete Therapien an, dann ergibt sich ein größerer Anwendungsbereich für Alternativbehandlungen, wenn sie eine durch Indizien gestützte Aussicht auf einen über die palliative Standardtherapie hinaus reichenden Erfolg bieten.

Es ist mithin für die Erstattungsfähigkeit der Kosten nicht allein entscheidend, dass sich 294
die gewünschte Behandlung über eine gewisse Dauer bewährt hat und Erfolge vorweisen kann, die denjenigen Erfolgen, die mit überwiegend anerkannten schulmedizinischen Methoden oder Arzneimitteln erzielt wurden, gleich stehen. Steht fest, dass für einen Versicherten nur noch schulmedizinisch etablierte Behandlungen und Mittel zur Verfügung gestanden hätten, auf die er sich nicht verweisen lassen muss, weil sie sämtlich darauf gerichtet sind, eine Verschlimmerung zu verlangsamen und Schmerzen zu lindern, muss sich ein Versicherter auf solche schulmedizinischen Methoden nicht verweisen lassen, wenn mit alternativen Methoden die Möglichkeit einer Heilung besteht.

Geht es nicht um die Behandlung von unheilbaren, zum Tod führenden Erkrankungen 295
und stehen, wie meist, schulmedizinische Behandlungen oder Arzneimittel zur Verfügung, hat der Versicherer nur für solche Methoden und Arzneimittel zu leisten, die sich in der Praxis als ebenso erfolgversprechend bewährt haben. Dann jedoch kann der Versicherer die Leistungen auf solche Kosten kürzen, wie sie bei Anwendung einer schulmedizinischen Behandlungsmethode angefallen wären.

296 Der medizinische Sachverhalt wird sich im Rahmen des Prozesses lediglich durch Einholung eventuell mehrerer medizinischer Sachverständigengutachten klären lassen. Im Hinblick darauf, dass Methoden außerhalb der Schulmedizin zur Beurteilung stehen, sollte darauf geachtet werden, dass für die Einholung des **Sachverständigengutachtens** ein Sachverständiger bestellt wird, der alternativen Behandlungsmethoden unvoreingenommen gegenübersteht, also gegebenenfalls einen Arzt mit Zusatzbezeichnung Arzt für Naturheilverfahren.

297 Die **Beweislast** für die medizinische Notwendigkeit der konkret durchgeführten Behandlung liegt wie sonst auch beim Versicherungsnehmer. Den Versicherer trifft allerdings eine Darlegungslast zur Begründung der Verweigerung der Leistung.

Hinsichtlich des Kürzungsrechtes trifft den Versicherer die Beweislast hinsichtlich der alternativ angefallenen Kosten für die Behandlung mittels schulmedizinischer Methoden.

298 ▼

Muster 6.46: Klageschrift bei Aufwendungsersatz betreffend alternative Behandlungsmethoden

Klage

des Herrn (*Name/Anschrift*)

– Kläger –,

Prozessbevollmächtigte/r: (Zeichen:)

gegen

die Versicherung AG,

 (*Anschrift*),

vertr. durch den Vorstandsvorsitzenden , ebenda, (zu VS-Nr.:)

– Beklagte –,

wegen Erstattungsansprüchen aus privater Krankheitskostenversicherung.

Vorläufiger Streitwert: EUR

Namens und in Vollmacht des Klägers erhebe ich Klage und werde **beantragen**:

> **I. Die Beklagte wird verurteilt, an den Kläger EUR nebst Zinsen in Höhe von 5 Prozentpunkten über dem Basiszinssatz seit dem zu zahlen.**
> **II. Die Beklagte wird verurteilt, an den Kläger außergerichtliche Rechtsanwaltsgebühren in Höhe von EUR nebst 5 Prozentpunkten über dem Basiszinssatz seit Rechtshängigkeit zu zahlen.**

Gründe:

Gegenstand der Klage sind Ansprüche des Klägers gegen die Beklagte aus einem privaten Krankheitskostenversicherungsvertrag anlässlich von Behandlungskosten des Dr. . Die Beklagte bestreitet die medizinische Notwendigkeit der Behandlung und beruft sich zudem auf ein Kürzungsrecht.

1. Versicherungsvertragsverhältnis

Zwischen den Parteien besteht ein privater Krankenversicherungsvertrag unter VS-Nr.:

Danach ist für ambulante Behandlung eine %ige Erstattung der Aufwendungen nach dem Tarif vereinbart.

> **Beweis:**
> 1. Versicherungsschein vom nebst sämtlicher zum Zeitpunkt des Versicherungsfalls geltender AVB (Allgemeine und Besondere Bedingungen/Tarifbedingungen), Anlage K 1.
> 2. Aufforderungsschreiben des Klägers an Beklagte vom , Anlage K 5.

Hervorzuheben ist insoweit § 4 Abs. 6 AVB, der in Bezug auf die Erstattungsfähigkeit von Methoden außerhalb der Schulmedizin folgende Regelung folgende Regelung enthält:

„Der Versicherer leistet im vertraglichen Umfang für Untersuchungs- und Behandlungsmethoden und Arzneimittel, die von der Schulmedizin überwiegend anerkannt sind. Er leistet darüber hinaus für Methoden und Arzneimittel, die sich in der Praxis als ebenso Erfolg versprechend bewährt haben oder die angewandt werden, weil keine schulmedizinischen Methoden oder Arzneimittel zur Verfügung stehen; der Versicherer kann jedoch seine Leistungen auf den Beitrag herabsetzen, der bei Anwendung vorhandener schulmedizinischer Methoden oder Arzneimittel angefallen wäre."

> **Beweis:**
> Wie vor.

2. Streitgegenständliche Behandlung

Der Kläger leidet seit Jahren unter starker Migräne. Seit dem befindet er sich in ständiger Behandlung bei Dr. , der bei ihm Akkupunkturbehandlungen durchführt.

Aufgrund dieser Behandlungen, die regelmäßig zweimal monatlich durchgeführt werden, sind die Kopfschmerzen des Klägers erheblich gelindert. Insbesondere sind die Migräneattacken auf einmal monatlich zurückgegangen und dauern darüber hinaus nur noch zwei Tage anstatt der vorangegangenen fünf Tage an.

> **Beweis:**
> 1. Informatorische Anhörung des Klägers
> 2. Zeugnis des Dr. , Anschrift.

Über seine Leistungen rechnete Dr. nach der GOÄ die Akkupunkturleistungen mit Rechnung vom ab.

> **Beweis:**
> Rechnung des Dr. vom , Anlage K 2.

Bei den seitens Dr. durchgeführten Akkupunkturbehandlungen vom handelt es sich um medizinisch notwendige Heilbehandlungen der beim Kläger unstreitig vorhandenen Migräne.

> **Beweis:**
> Einholung eines Sachverständigengutachtens.

Es wird **beantragt**,

> als Sachverständigen keinen reinen Schulmediziner, sondern einen Arzt mit Zusatzbezeichnung Arzt für Naturheilkunde zu beauftragen.

Zudem hat sich die in Rede stehende Behandlung in der Praxis als ebenso Erfolg versprechend bewährt wie die in der Schulmedizin für die Migräneattacken allein zur Verfügung stehende medikamentöse Behandlung.

> **Beweis:**
> Wie vor.

Sollte die Akkupunkturbehandlung für ein Krankheitsbild wie beim Kläger in Form der Migräne noch nicht schulmedizinisch anerkannt sein, so handelt es sich jedenfalls um eine Behandlungsmethode, die sich in der Praxis als ebenso Erfolg versprechend bewährt hat.

> **Beweis:**
> Einholung eines Sachverständigengutachtens.

3. Außergerichtliche Korrespondenz

Der Kläger hat die als Anlage K2 vorgelegte Rechnung des Heilpraktikers der Beklagten unter angemessener Fristsetzung zum vergeblich zur Erstattung vorgelegt.

> **Beweis:**
> Aufforderungsschreiben an Beklagte vom , Anlage K 3.

Die Beklagte hat die Leistungen mit der Begründung abgelehnt, es handele sich nicht um eine schulmedizinische Behandlungsmethode, die Behandlung sei nicht medizinisch erforderlich und ein Behandlungserfolg im Hinblick auf die Behandlung von Kopfschmerzen nicht sicher nachgewiesen.

> **Beweis:**
> Ablehnungsschreiben der Beklagten vom , Anlage K 4.

Nach anwaltlicher Beauftragung wurde seitens der/des Unterzeichnenden der Anspruch nochmals unter Fristsetzung bei der Beklagten außergerichtlich geltend gemacht.

4. Ansprüche des Klägers

Mit dem Antrag zu I. wird die Erstattung der Behandlungskosten gemäß Rechnung des Dr. vom (Anlage K2) geltend gemacht.

Die Beklagte befindet sich seit dem aufgrund des Aufforderungsschreibens des Klägers vom (Anlage K3) in Verzug und hat dementsprechend die beantragten Zinsen in gesetzlicher Höhe zu zahlen.

Die Beauftragung der/des Unterzeichnenden erfolgte nach Verzugseintritt infolge Ablehnung der Ansprüche. Demzufolge hat der Kläger Anspruch auf Ausgleich der von ihm bereits ausgeglichenen außergerichtlichen Rechtsanwaltsgebühren in Höhe von EUR, die ihm gegenüber mit Kostennote vom abgerechnet wurden und mit dem Antrag zu II. geltend gemacht werden.

> **Beweis:**
> Kostennote Nr. vom , Anlage K 5.

Der außergerichtliche Vortrag des Beklagten ist nicht geeignet, ein Kürzungsrecht der Beklagten zu begründen. Es wird nicht dargelegt, welche konkrete andere Methode der Schulmedizin beim Kläger eine vergleichbare Reduzierung der Migräneattacken hätte erzielen können und welche Kosten dann angefallen wären.

Rechtsanwalt

▲

▼ 299

Muster 6.47: Klageerwiderung bei Aufwendungsersatz betreffend alternative Behandlungsmethoden 6.47

An das Amtsgericht / Landgericht

Aktenzeichen:

In Sachen

./.

bestelle ich mich für die Beklagte und **beantrage**:

Die Klage wird abgewiesen.

Gründe:

Es besteht kein Erstattungsanspruch des Klägers gegen die Beklagte.

Dieser scheitert zum einen daran, dass es sich bei der durchgeführten Behandlung nicht um eine Behandlungsmethode handelt, die von der Schulmedizin überwiegend anerkannt ist.

> **Beweis:**
> Einholung eines Sachverständigengutachtens.

Aufgrund dessen besteht ein Erstattungsanspruch des Klägers allenfalls dann, wenn es sich bei der Akkupunkturbehandlung im Hinblick auf die Behandlung der Migräne des Klägers um eine solche Methode gehandelt hat, die sich in der Praxis als ebenso Erfolg versprechend bewährt hat, wie die zur Verfügung stehende schulmedizinische Behandlungsmethode in Form von Schmerzmittelbehandlung oder .

Die durchgeführten Akkupunkturbehandlungen bieten jedoch keinen Vorteil gegenüber der Standardtherapie, wurden zudem nicht zur Behandlung akuter Schmerzen durchgeführt, sondern dienten lediglich der Prophylaxe von Migräneattacken.

> **Beweis:**
> Wie vor.

Es wird bestritten, dass sich die Akkupunktur zur Behandlung von Migräne in der Praxis als ebenso Erfolg versprechend bewährt hat, wie zur Verfügung stehende Behandlungsmethoden und Arzneimittel, die von der Schulmedizin überwiegend anerkannt sind. Soweit es überhaupt Studien gibt, die der wissenschaftlichen Methodik entsprechen, war kein anhaltender Effekt feststellbar.

> **Beweis unter Protest gegen die Beweislast:**
> Wie vor.

Sollte wider Erwarten das Gericht davon ausgehen, dass medizinische Notwendigkeit und grundsätzliche Erstattungsfähigkeit im Hinblick auf die im Streit stehende Akkupunkturbehandlung besteht, steht der Beklagten allerdings jedenfalls ein Kürzungsrecht gem. § 4 Abs. 6 S. 2 letzter HS AVB zu.

Bei Anwendung folgender schulmedizinischer Methoden wären lediglich folgende Kosten angefallen:

Das Behandlungsergebnis wäre vergleichbar, wenn nicht besser gewesen.

> **Beweis für alles Vorstehende:**
> Einholung eines Sachverständigengutachtens.

Für den geltend gemachten Zinsanspruch fehlte es bislang an der Fälligkeit der im Raum stehenden Erstattungsansprüche.

Die außergerichtlichen Rechtsanwaltsgebühren stehen dem Kläger nicht zu, da es an einer Pflichtverletzung der Beklagten fehlt. Zudem wird Verzugseintritt sowie der Ausgleich der außergerichtlichen Gebühren durch den Kläger bestritten.

Rechtsanwalt

E. Krankentagegeldversicherung

Vicki Irene Commer

I. Einleitung

300 Die Krankentage- und Krankenhaustagegeldversicherung bietet Versicherungsschutz gegen Verdienstausfall als Folge von Krankheiten oder Unfall, soweit dadurch Arbeitsunfähigkeit verursacht wird (vgl. § 192 Abs. 5 VVG).

1. Rechtsquellen

301 Für die private Krankentagegeldversicherung gelten die §§ 192–208 VVG 2009 für alle Neu- und Altverträge.

Soweit der Versicherungsfall bis 31.12.2008 eingetreten ist, bleibt das VVG a.F. allerdings weiter für sogenannte Altverträge (Vertragsschluss bis einschließlich 31.12.2007) anwendbar.

302 Da es sich um eine **Summenversicherung**[167] handelt, sind die Vorschriften für die Schadenversicherung, insbesondere § 86 VVG, nicht anwendbar.

303 Im Zuge der VVG-Reform wurden vom PKV-Verband zuletzt die **MB/KT 2009, Stand 06/2024,** geschaffen, die mit mehr oder weniger großen Modifikationen den meisten Neuverträgen in der Krankentagegeldversicherung zugrunde liegen. Besonderheiten in

167 Vgl. BGH v. 4.7.2001 – IV ZR 307/00, VersR 2001, 1100.

den Tarifbedingungen finden sich zumeist in Bezug auf Karenzregelungen, Regelungen zum Herabsetzungsrecht und insbesondere zu § 15 MB/KT 2009 im Bereich der Definition der Versicherungsfähigkeit und den Rechtsfolgenregelungen hierauf beruhender Vertragsbeendigungen.

2. Leistungsumfang und -voraussetzungen

Die Krankentagegeldversicherung ist gerichtet auf abstrakte Bedarfsdeckung durch pauschalierte Beträge. Ein Schaden wird weder vorausgesetzt, noch muss dieser nachgewiesen werden.[168] Da es sich um eine Summenversicherung handelt, führen Einkommensminderungen nicht automatisch zu einer Minderung des Entschädigungssatzes, sondern lediglich zu einem eventuellen Anpassungsrecht des Versicherers. **304**

In der Krankentagegeldversicherung ist der **Versicherungsfall** definiert als die medizinisch notwendige Heilbehandlung wegen Krankheit oder Unfall, soweit in deren Verlauf Arbeitsunfähigkeit ärztlich festgestellt wird. **305**

Voraussetzung für die Krankentagegeldleistung ist der **völlige Wegfall der Arbeitsfähigkeit**. Bei teilweiser Arbeitsfähigkeit entsteht in der privaten Krankenversicherung kein Leistungsanspruch des Versicherungsnehmers. **306**

Anspruchsvoraussetzung ist darüber hinaus, dass der Versicherungsnehmer seinen Beruf nicht ausübt und keiner anderen Erwerbstätigkeit nachgeht.

Auch in der Krankentagegeldversicherung liegt regelmäßig ein **gedehnter Versicherungsfall** vor, der ebenfalls mit dem Beginn der Heilbehandlung eintritt. Dies hat zur Folge, dass ein Versicherungsfall schon dann eingetreten ist, wenn die Arbeitsunfähigkeit noch nicht ärztlich festgestellt ist und der Versicherte seiner beruflichen Tätigkeit noch nachgeht. **307**

Der Versicherungsfall endet, soweit eine entsprechende Regelung wie in § 1 Abs. 2 S. 2 MB/KT vereinbart ist, wenn der Versicherungsnehmer nicht mehr behandlungsbedürftig **und** wieder arbeitsfähig ist. Sofern in den Tarifbedingungen keine anderen Regelungen zur Definition des Versicherungsfalls enthalten sind, endet der Versicherungsfall also nicht dadurch, dass keine 100 %-ige Arbeitsunfähigkeit mehr vorliegt, wenn gleichzeitig weiterhin Behandlungsbedürftigkeit vorliegt.

Oft enthalten Tarifbedingungen jedoch spezielle Regelungen zur Anrechnung von Karenztagen, die andere Rechtsfolgen vorsehen.

Versicherungsschutz wird grundsätzlich nur in Deutschland gewährt (vgl. § 1 Abs. 6 MB/KT). **308**

Dies beruht auf dem Interesse des Versicherers, Kontrollen durchzuführen und von seinem Nachuntersuchungsrecht nach § 9 Abs. 3 MB/KT Gebrauch machen zu können. Im Ausland wird allenfalls bei dort akut eintretenden Krankheiten oder Unfällen im

168 OLG Köln v. 14.9.1989 – 5 U 245/88, VersR 1990, 769; OLG Karlsruhe v. 7.12.1989 – 12 U 144/89, VersR 1990, 1340.

vertraglichen Umfang für die Dauer einer medizinisch notwendigen stationären Heilbehandlung in einem öffentlichen Krankenhaus Krankentagegeld gezahlt.

Hinweis

Grundsätzlich ist die Krankentagegeldversicherung auf Dauer angelegt, will aber Schutz nur gegen vorübergehende Arbeitsunfähigkeit gewähren.

309 Im Gegensatz zur Krankheitskostenversicherung kann der Versicherer gemäß § 206 Abs. 1 S. 4 VVG den Krankentagegeldvertrag in den ersten drei Versicherungsjahren durch ordentliche Kündigung beenden, wenn kein Anspruch des Versicherungsnehmers auf einen Beitragszuschuss eines Arbeitgebers besteht. § 7 S. 2 MB/KT, nach dem der Versicherungsschutz für schwebende Versicherungsfälle am dreißigsten Tag nach Beendigung des Versicherungsverhältnisses endet, ist wirksam.[169]

§ 206 VVG gilt für die Krankentagegeldversicherung ohnehin nicht. Eine **außerordentliche Kündigung durch den Versicherer** ist bei Vorliegen eines wichtigen Grundes gem. § 314 BGB grundsätzlich möglich.

II. Außergerichtliche Mandate

1. Informationsbeschaffung

310 Bei der Mandatsannahme sind folgende **Unterlagen** anzufordern:

- Versicherungsschein mit den zum Zeitpunkt des Versicherungsfalles zugrundeliegenden Versicherungsbedingungen, insbesondere Tarifbedingungen.
- Wechselseitige Korrespondenz zum konkreten Versicherungsfall/Mandat.
- Arbeitsunfähigkeitsbescheinigungen/Pendelformulare.
- Eventuell letzte Leistungsabrechnung vor Einstellung der Leistungen.
- Tabellarische Aufstellung zum Berufsbild für eine exemplarische Arbeitswoche.
- Darstellung der aus der Krankheit resultierenden Einschränkungen betreffend berufliche Tätigkeit.
- Eventuell Behandlungsunterlagen der relevanten Ärzte/Krankenhäuser.
- Bei Mandaten betreffend Herabsetzung des Krankentagegeldsatzes zusätzlich Einkommensunterlagen zum Zeitpunkt des Abschlusses des Krankentagegeldvertrages und zumindest betreffend 12–24 Monate vor Eintritt der in Rede stehenden Arbeitsunfähigkeit.

2. Anspruchsinhaber

311 Grundsätzlich steht der Krankentagegeldanspruch dem Versicherungsnehmer zu.

Allerdings ist der Versicherer verpflichtet, an die versicherte Person zu leisten, wenn der Versicherungsnehmer ihm die versicherte Person in Textform als Empfangsberechtigte für deren Versicherungsleistungen benannt hat. Ausnahmsweise liegt dann die

169 BGH v. 11.1.2017 – IV ZR 152/16, VersR 2017, 540.

Anspruchsberechtigung ausschließlich bei der versicherten Person (vgl. § 6 Abs. 3 MB/KT).

Gemäß § 6 Abs. 5 MB/KT können Ansprüche auf Versicherungsleistungen weder abgetreten noch verpfändet werden. 312

3. Fälligkeit/Verjährung

Gemäß § 4 Abs. 7 S. 1 MB/KT sind Eintritt und Dauer der Arbeitsunfähigkeit durch Bescheinigung des behandelnden Arztes oder Zahnarztes nachzuweisen. Bescheinigungen eines Heilpraktikers sind ebenso wenig ausreichend wie Bescheinigungen von Ehegatten, Lebenspartnern gemäß § 1 LPartG, Eltern oder Kindern. 313

Der **Arbeitsunfähigkeitsnachweis** hat Doppelnatur als Fälligkeitsvoraussetzung und Obliegenheit i.S.v. § 9 Abs. 1 MB/KT.

In der Regel stellt der Versicherer ein sogenanntes Pendelformular zur Verfügung, auf dem der behandelnde Arzt die Behandlungsdaten und das Vorliegen von vollständiger Arbeitsunfähigkeit für den jeweiligen Zeitraum bestätigen kann.

Ohne eine ärztlich ausgestellte Arbeitsunfähigkeitsbescheinigung wird der Anspruch nicht fällig.

Zwar kann die ärztliche Arbeitsunfähigkeitsbescheinigung auch nachträglich erbracht werden. Unabhängig von der Fälligkeit besteht jedoch dann möglicherweise ein Kürzungsrecht des Versicherers wegen Verletzung der Obliegenheit in § 9 Abs. 1 S. 1 MB/KT.

Hinsichtlich der Verjährung des Krankentagegeldanspruches gilt inzwischen die dreijährige Verjährungsfrist des § 195 BGB. Bei Altverträgen kann über die Übergangsregelung des Art. 1 Abs. 3 EGVVG altes Recht eventuell noch die kürzere Verjährungsfrist von zwei Jahren gemäß § 12 Abs. 1 VVG a.F. zur Anwendung kommen. 314

4. Außergerichtliche Geltendmachung des Krankentagegeldanspruches

Im Rahmen eines Mandats sind die bis dahin fälligen Krankentagegeldansprüche gegenüber dem Versicherer geltend zu machen, soweit dieser die Leistungen eingestellt hat. 315

▼ 316

Muster 6.48: Anspruchsgeltendmachung gegenüber Versicherer

6.48

An die

Krankenversicherung AG

VS-Nr.:

Sehr geehrte Damen und Herren,

gemäß anliegender Vollmacht vertrete ich Ihre/n Versicherungsnehmer/in, , bei der Durchsetzung von Krankentagegeldansprüchen.

Mein/e Mandant/in hat Ihnen das Vorliegen von vollständiger Arbeitsunfähigkeit seit dem mit ärztlichen Arbeitsunfähigkeitsbescheinigungen des über den Zeitraum vom – bereits nachgewiesen und Sie unter Fristsetzung fruchtlos zur Zahlung aufgefordert. Vorsorglich übermittle ich Ihnen das Pendelformular anliegend nochmals.

Bislang stehen folgende (weitere) Krankentagegeldansprüche zur Regulierung aus:

Zeitraum vom –:

Tage × EUR/Tag = **EUR**.

Namens und in Vollmacht meiner/s Mandantin/en fordere ich Sie auf, umgehend, spätestens bis zum , den zuvor spezifizierten Gesamtbetrag in Höhe von EUR unter Zahlungsnachricht nach hier auf das Ihnen von meiner/m Mandantin/en für Zahlungen bekannt gegebene Konto zu überweisen.

Sollten Sie die vorgenannte Frist fruchtlos verstreichen lassen, werde ich meiner/m Mandantin/en empfehlen, umgehend die Klage zu erheben.

Mit freundlichen Grüßen

Rechtsanwalt

▲

5. Beratungsbedarf bei Bestehen von Rentenversicherungen

317 Soweit erkennbar ist, dass die Arbeitsunfähigkeit voraussichtlich länger bestehen wird, sollte umgehend abgeklärt werden, ob neben der Krankentagegeldversicherung auch eine Rentenabsicherung (gesetzlich oder privat) besteht.

318 Sehen die Versicherungsbedingungen, wie inzwischen meistens, die Beendigung des Krankentagegeldvertrages bei Bezug von Berufsunfähigkeits- oder Erwerbsunfähigkeitsversicherungen vor, besteht die Gefahr einer späteren Rückforderung bereits geleisteter Krankentagegeldzahlungen, falls rückwirkend Renten gewährt werden.

319 Sollten bei dieser Fallkonstellation die im Raum stehenden Rentenleistungen unter Berücksichtigung einer eventuellen Beitragsfreiheit niedriger als die versicherten Krankentagegeldleistungen sein, ist eine **verfrühte Antragstellung auf Rentenleistungen schädlich für den Mandanten**, jedenfalls soweit der Krankentagegeldversicherer leistet.

> *Praxistipp*
>
> Selbst wenn der Krankentagegeldversicherer wegen vermeintlicher Beendigung die Leistungen eingestellt hat, sollte überlegt werden, ob die Beantragung der Leistungen beim Berufsunfähigkeitsversicherer vorsorglich einstweilen ausdrücklich hinsichtlich des Leistungsbeginnes zeitlich befristet werden sollte, um eine spätere Rückforderung von höheren Krankentagegeldleistungen zu vermeiden.

320 Dem Mandanten ist die **Problematik von Doppelbezug der Leistungen** und insbesondere der Möglichkeit einer Rückforderung von Krankentagegeldleistungen in der Regel nicht bewusst. Aufgrund dessen besteht in diesen Fällen konkreter **Beratungsbedarf**.

▼

Muster 6.49: Beratung im Hinblick auf Gefahr der Rückforderung von Krankentagegeldzahlungen 6.49

Sehr geehrte/r Frau/Herr ____,

anlässlich unseres Besprechungstermins hatten Sie mir weitere Unterlagen zur Verfügung gestellt, aus denen sich ergibt, dass neben der Krankentagegeldversicherung auch eine Renten- bzw. Berufsunfähigkeitsversicherung vorhanden ist, die derzeit einen Versicherungsumfang in Form von Rente in Höhe von ____ EUR/Monat sowie Beitragsbefreiung in Höhe von ____ EUR/Monat, also insgesamt einen monatlichen Leistungsumfang in Höhe von ____ EUR, beinhaltet.

Nach Ihrem Krankentagegeldversicherungsvertrag ist dagegen ein Krankentagegeldes in Höhe von ____ EUR/Tag, mithin monatlich höhere Leistungen versichert, als Sie sie über Ihre Rentenabsicherung erreichen könnten.

Die Ihrem Krankenversicherungsvertrag zugrundeliegenden AVB enthalten in § ____ AVB eine wirksame Regelung, wonach der Krankentagegeldversicherungsvertrag mit einer Nachhaftungszeit von 3 Monaten endet, wenn Sie Rentenleistungen beziehen.

Vor diesem Hintergrund sollte, so lange der Krankentagegeldversicherer seine Leistungen erbringt, kein Antrag auf Rentenleistungen gestellt werden. Sie sind hierzu nicht verpflichtet. Derzeit besteht auch keine Notwendigkeit, Leistungen wegen möglicherweise bereits im Raum stehender (Erwerbs-)Berufsunfähigkeit bei der ____ Versicherung AG zu beantragen, da Sie nach wie vor nach Ansicht ihrer Behandler von einer vorübergehenden Arbeitsunfähigkeit ausgehen.

Selbst wenn zu einem späteren Zeitpunkt Leistungen beantragt werden, wenn der Krankentagegeldversicherer die Zahlungen zukünftig einstellen sollte, sollte in jedem Fall darauf geachtet werden, dass der Antrag auf Berufsunfähigkeitsleistungen jedenfalls zunächst hinsichtlich des Leistungsbeginns zeitlich befristet wird.

Nach den Bedingungen Ihrer Berufsunfähigkeitsversicherung besteht aufgrund der Regelung in § ____ AVB die Möglichkeit, dass Ihnen Leistungen rückwirkend gewährt werden könnten, weil die bedingungsgemäße Berufsunfähigkeit in der Krankentagegeldversicherung und in der Berufsunfähigkeitsversicherung unterschiedlichen Voraussetzungen unterliegt. Es gibt einige Konstellationen, in denen Ihnen bereits ein Anspruch auf Berufsunfähigkeitsleistungen zusteht, obschon Berufsunfähigkeit in der Krankentagegeldversicherung noch nicht vorliegt.

Selbst bei rückwirkender Rentengewährung könnte der Krankentagegeldversicherer nach den Ihrem Vertrag zugrunde liegenden Regelungen seine höheren Leistungen unter Berücksichtigung der Nachhaftungszeit zurückfordern.

Bitte stimmen Sie sich daher in jedem Fall vor einer etwaigen Beantragung von Rentenleistungen nochmals mit mir ab. Wenn es soweit ist, sollten wir die konkreten Risiken einer etwaigen im Raum stehenden Rückforderung von Krankentagegeldleistungen durch den Krankentagegeldversicherer gegenüber stellen, bevor Sie eine Entscheidung über den Antrag treffen.

Mit freundlichen Grüßen

Rechtsanwalt

▲

III. Gerichtliche Mandate

1. Prozessuales

321 Es steht der Gerichtsstand des Wohnortes der/s Mandantin/en über § 215 Abs. 1 VVG oder des Sitzes der Versicherung zur Auswahl.

322 Zur schlüssigen Darlegung der Arbeitsunfähigkeit in der Krankentagegeldversicherung gehört, dass der Versicherungsnehmer unter substantiierter Darlegung seiner Beschwerden und seiner Berufstätigkeit vorgetragen hat, seit wann er den zuletzt ausgeübten Beruf im streitgegenständlichen Zeitraum in keiner Weise mehr ausüben kann.[170]

Eintritt und Fortdauer der Arbeitsunfähigkeit sind vom Versicherungsnehmer gem. § 286 ZPO zu beweisen. Die Vorlage ärztlicher Arbeitsunfähigkeitsbescheinigungen i.S.v. § 4 Abs. 7 MB/KT ist zum Beweis eingetretener und fortdauernder bedingungsgemäßer Arbeitsunfähigkeiten nicht ausreichend.[171]

323 Behauptet der Versicherer das Ende der Leistungspflicht etwa wegen Berufsunfähigkeit oder hat er zunächst Krankentagegelder erbracht und beruft sich nunmehr auf einen Rückforderungsanspruch bereits gezahlter Krankentagegelder, ist der Versicherer beweisbelastet.[172]

Notfalls kann der Versicherungsnehmer den Anspruch auf Krankentagegeld in Einzelfällen auch im Wege der einstweiligen Verfügung durchsetzen. Voraussetzung für den Erlass einer einstweiligen Leistungsverfügung ist allerdings, dass die existentielle Notlage des Versicherungsnehmers durch die Inanspruchnahme von Leistungen nach dem SGB II nicht abgewendet werden kann.[173]

324 Im Rechtsstreit über die Verpflichtung zur Zahlung von Krankentagegeld für einen nicht feststehenden Zeitraum bemisst sich der Streitwert regelmäßig ausgehend von einem Halbjahresbezug des vereinbarten Krankentagegeldsatzes, gegebenenfalls abzüglich eines Feststellungsabschlages. Beim Zusammentreffen eines Leistungsantrags wegen eines behaupteten Versicherungsfalls mit einem Feststellungsantrag auf Fortbestand des Ver-

170 OLG Saarbrücken v. 29.8.2007 – 5 U 163/07, VersR 2008, 952, bestätigt durch BGH v. 12.11.2008 – IV ZR 273/07, juris.
171 BGH v. 30.6.2010 – IV ZR 163/09, VersR 2010, 1171.
172 BGH v. 30.6.2010 – IV ZR 163/09, VersR 2010, 1171.
173 OLG Düsseldorf v. 15.5.2012 – 4 U 246/11, VersR 2012, 1378; OLG Koblenz v. 24.10.2011 – 10 W 579/11, juris; OLG München v. 24.2.2010 – 14 W 14/10, VersR 2010, 755.

trages liegt eine wirtschaftliche Teilidentität der Klagebegehren vor, wobei der Antrag auf Fortbestehen des Vertragsverhältnisses dennoch zusätzliche wirtschaftliche Bedeutung für eventuelle zukünftige Versicherungsfälle hat und mit 20 % des vereinbarten Krankentagegeldes für eine 6-monatige Bezugsdauer zu bemessen ist.[174]

2. Vorliegen von Arbeitsunfähigkeit

Wird Krankentagegeld gerichtlich geltend gemacht, ist oft die Frage streitig, ob 100 %ige Arbeitsunfähigkeit vorliegt. **325**

Arbeitsunfähigkeit liegt vor, wenn die versicherte Person ihre berufliche Tätigkeit nach medizinischem Befund vorübergehend in keiner Weise ausüben kann, sie nicht ausübt und keiner anderweitigen Erwerbstätigkeit nachgeht (vgl. § 1 Abs. 3 MB/KT).

Die 100 %ige Arbeitsunfähigkeit muss für den gesamten Zeitraum, in dem Krankentagegeld beansprucht wird, fortbestehen.[175] Grundsätzlich ist jegliche Berufsausübung schädlich. Lediglich im Einzelfall kann eine missbräuchliche Berufung des Versicherers gem. § 242 BGB vorliegen. **326**

Grundsätzlich entfällt der Anspruch mit Möglichkeit zur Wiederaufnahme von Teiltätigkeiten. Der BGH[176] hat allerdings insoweit klargestellt, dass eine Arbeitsunfähigkeit nicht schon entfällt, wenn der Versicherte lediglich zu einzelnen Tätigkeiten in der Lage ist, die im Rahmen seiner Berufstätigkeit zwar auch anfallen, isoliert aber keinen Sinn ergeben.

Unabhängig davon bleibt jede tatsächliche Berufsausübung anspruchsschädlich.

Relevant ist in der Krankentagegeldversicherung immer lediglich der vor Eintritt der Arbeitsunfähigkeit **konkret ausgeübte Beruf.** Der Versicherer ist daher nicht berechtigt, den Versicherungsnehmer auf Vergleichsberufe oder gar auf sonstige, auf dem Arbeitsmarkt angebotene Erwerbstätigkeiten zu verweisen.[177] Der Versicherungsnehmer ist auch nicht verpflichtet, berufliche Veränderungen vorzunehmen. **327**

Bei einem Arbeitslosen ist Maßstab für die Arbeitsunfähigkeit zwar ebenfalls die zuletzt ausgeübte Tätigkeit. Auf Erschwernisse, die der Versicherte an seinem letzten Arbeitsplatz hinnehmen musste und die dort im Zusammenwirken mit seiner Erkrankung zur vollständigen Arbeitsunfähigkeit geführt haben (z.B. Mobbing), kann sich der Versicherte allerdings nicht berufen, da sie bei einem anderen Arbeitgeber nicht vorliegen.[178] **328**

174 BGH v. 14.12.2016 – IV ZR 477/15, VersR 2017, 377.
175 BGH v. 20.5.2009 – IV ZR 274/06, VersR 2009, 163.
176 BGH v. 4.4.2013 – IV ZR 239/11, VersR 2013, 615.
177 BGH v. 9.3.2011 – IV ZR 52/2008, zfs 2011, 343; BGH v. 9.3.2011 – IV ZR 137/10, VersR 2011, 518; BGH v. 9.7.1997 – IV ZR 253/96, VersR 1997, 1133.
178 BGH v. 27.3.2013 – IV ZR 256/12, VersR 2013, 848.

329 ▼

Muster 6.50: Klageschrift bei Streit um Vorliegen 100 %iger Arbeitsunfähigkeit

6.50

An das Amtsgericht / Landgericht

(*Sitz des Krankenversicherers oder alternativ gem. § 215 Abs. 1 VVG Wohnort des Klägers*)

Klage

des Herrn (*Name/Anschrift*)

– Kläger –,

Prozessbevollmächtigte/r: (Zeichen:)

gegen

die Versicherung AG,

(*Anschrift*),

vertr. durch den Vorstandsvorsitzenden , ebenda, (zu VS-Nr.:)

– Beklagte –,

wegen Erstattungsansprüchen aus privater Krankheitskostenversicherung.

Vorläufiger Streitwert: EUR

Namens und in Vollmacht des Klägers erhebe ich Klage und werde **beantragen**:

> **I. Die Beklagte wird verurteilt, an den Kläger EUR nebst Zinsen in Höhe von 5 Prozentpunkten über dem Basiszinssatz seit dem zu zahlen.**
> **II. Die Beklagte wird verurteilt, an den Kläger außergerichtliche Rechtsanwaltsgebühren in Höhe von EUR nebst 5 Prozentpunkten über dem Basiszinssatz seit Rechtshängigkeit zu zahlen.**
> **Gründe:**

Gegenstand der Klage sind Krankentagegeldansprüche des Klägers aus einem bei der Beklagten abgeschlossenen Krankentagegeldtarif anlässlich einer im Zeitraum vom - vorliegenden Arbeitsunfähigkeit. Die Beklagte hat zunächst die nicht streitgegenständlichen Ansprüche bis zum reguliert, dann jedoch die Leistung unter Hinweis darauf eingestellt, es läge keine 100 %ige Arbeitsunfähigkeit mehr vor.

1. Versicherungsvertragsverhältnis

Zwischen den Parteien besteht ein privater Krankentagegeldversicherungsvertrag unter VS-Nr.:

Danach ist ein Krankentagegeld in Höhe von EUR/Tag bei Vorliegen bedingungsgemäßer Arbeitsunfähigkeit versichert. Die Karenzzeit ist bereits verstrichen.

> **Beweis:**
> Versicherungsschein vom nebst sämtlicher zum Zeitpunkt des Versicherungsfalls geltender AVB (Allgemeine und Besondere Bedingungen/Tarifbedingungen), Anlage K 1.

2. Gesundheitliche Beeinträchtigungen des Klägers

Der Kläger hat sich am ___ bei einem Sturz das rechte Handgelenk gebrochen.

Die Erstversorgung erfolgte stationär im Krankenhaus ___ vom ___. Dort wurde folgende Diagnose gestellt: ___.

Nach operativer Versorgung der Fraktur wurde der Kläger am ___ in die ambulante Weiterbehandlung entlassen.

> **Beweis:**
> Entlassungsbericht des Krankenhauses ___, Anlage K 2

Der Heilverlauf gestaltete sich leider nicht komplikationslos. Vielmehr stellte sich heraus, dass anlässlich der operativen Versorgung ein Nerv geschädigt wurde. Aufgrund dessen ist es zunächst trotz einer Vielzahl von Behandlungsmaßnahmen bei einer Kraftminderung mit erheblicher Sensibilitätsstörung im Bereich der rechten Hand sowie der Finger geblieben, die dazu führten, dass der Kläger seine Gebrauchshand nicht zum beidhändigen Arbeiten einsetzen und die PC-Tastatur mit den Fingern der rechten Hand nicht in ausreichendem Maße ertasten konnte. Ein Arbeiten des Klägers mit der rechten Hand am PC war daher zumindest bis zum ___ nicht möglich.

Von Seiten seines behandelnden Arztes wurde dem Kläger aufgrund dessen mit anliegendem Pendelformular fortbestehende 100 %ige Arbeitsunfähigkeit bis zum ___ attestiert.

> **Beweis:**
> Von Dr. ___ ausgefülltes Pendelformular, Anlage K 3

Die vorgenannten Einschränkungen bedingten eine 100 %ige Arbeitsunfähigkeit der Klägers in seinem Beruf als ___ bis zum ___.

> **Beweis:**
> Einholung eines Sachverständigengutachtens.

3. Berufsbild des Klägers

Der Kläger ist als ___ selbstständig tätig und verfügt nicht über Mitarbeiter.

Seine Tätigkeit umfasst zu ___ % Arbeiten am Computer zur Erstellung von Konzepten, Aufträgen und Angeboten nebst Kalkulationen und zu ___ % allgemeine Bürotätigkeiten wie Ablage, Telefon und Vorbereitungen für die fremdvergebene Buchhaltung sowie zu ___ % Fahrtätigkeit im Hinblick auf Besuche von Kunden im Umkreis von ___ km. Im Einzelnen stellte sich ein Ablauf einer exemplarischen Woche des Klägers vor dem Unfallereignis wie folgt dar: ___

> **Beweis:**
> Tabellarische Aufstellung einer durchschnittlichen Arbeitswoche des Klägers, Anlage K 4

4. Arbeitsunfähigkeit des Klägers

Im Hinblick auf seine Beeinträchtigung aufgrund der unstreitigen Fraktur war der Kläger zumindest im streitgegenständlichen Zeitraum vom – weiter zu 100 % arbeitsunfähig im Hinblick auf die von ihm vor dem Unfall ausgeübte Berufstätigkeit.

> **Beweis:**
> Einholung eines Sachverständigengutachtens.

Arbeiten am PC konnte dieser mit der Gebrauchshand gar nicht mehr vornehmen, da ihm hierfür das notwendige Gefühl in der rechten Hand und insbesondere den Fingern fehlte.

> **Beweis:**
> Wie vor.

Hierbei handelt es sich allerdings um den Kernbereich seiner Tätigkeit. Ohne diese Tätigkeit, also das Erstellen von Angeboten, Kalkulationen, der am PC notwendigen Projektarbeit etc. verbleibt dem Kläger auch keine Möglichkeit bzw. keine Notwendigkeit, die übrigen Tätigkeiten in Bezug auf Telefon, Besuche bei Kunden etc. zu erbringen. Letztere haben nur dann einen Sinn, wenn der Kläger zeitnah auch die notwendigen Ausarbeitungen am PC erbringen kann. Dies war nicht möglich.

> **Beweis:**
> Wie vor.

Es ist unerheblich, dass der Kläger noch Teiltätigkeiten in nicht unerheblichem Maß hätte erbringen können. Seine 100 %ige Arbeitsunfähigkeit ergibt sich daraus, dass die verbleibenden Teiltätigkeiten ohne die ihm nicht mögliche Tätigkeit am PC keinen Sinn machten.

Der BGH (BGH v. 4.4.2013 – IV ZR 239/11, VersR 2013, 615) hat klargestellt, dass eine Arbeitsunfähigkeit nicht schon entfällt, wenn der Versicherte lediglich zu einzelnen Tätigkeiten in der Lage ist, die im Rahmen einer Berufstätigkeit zwar auch anfallen, isoliert aber keinen Sinn ergeben.

Zum Glück ist es aufgrund einer gezielten ärztlichen und physiotherapeutischen Weiterbehandlung zwischenzeitlich gelungen, die Funktionalität der rechten Hand wieder so weit herzustellen, dass, wenn auch unter Erschwernissen, der Kläger wieder beidhändig Tätigkeiten am PC ausüben kann. Für diesen Zeitraum werden Ansprüche jedoch nicht geltend gemacht. Bis dieser Zustand am erreicht war, war der Kläger indes als zu 100 % arbeitsunfähig anzusehen.

5. Außergerichtliche Korrespondenz

Der Kläger hat die Beklagte mit Schreiben vom unter Fristsetzung bis fruchtlos zur Zahlung der streitgegenständlichen Krankentagegeldansprüche aufgefordert.

> **Beweis:**
> Aufforderungsschreiben an Beklagte vom , Anlage K 5.

Die Beklagte verblieb indes bei ihrer Leistungsablehnung, sodass nachfolgend der/die Unterzeichnete eingeschaltet wurde. Eine außergerichtliche Einigung konnte jedoch nicht herbeigeführt werden, sodass Klage geboten ist.

6. Ansprüche des Klägers

Mit der Klage werden die verbleibenden Krankentagegeldansprüche des Klägers nebst Zinsen und die angefallenen außergerichtlichen Gebühren geltend gemacht.

Mit dem Antrag zu I. wird weitergehendes Krankentagegeld für den Zeitraum vom bis wie folgt geltend gemacht:

Tage × EUR Krankentagegeld/Tag = **EUR**.

Die Beklagte befindet sich spätestens seit dem aufgrund des Ablaufes der im Aufforderungsschreiben des Klägers vom (Anlage K5) gesetzten Zahlungsfrist in Verzug und hat dementsprechend die beantragten Zinsen in gesetzlicher Höhe zu zahlen.

Die Beauftragung der/des Unterzeichnenden erfolgte nach Verzugseintritt infolge Ablehnung weiterer Krankentagegeldansprüche. Demzufolge hat der Kläger Anspruch auf Ausgleich der von ihm bereits ausgeglichenen außergerichtlichen Rechtsanwaltsgebühren in Höhe von EUR, die ihm gegenüber mit Kostennote vom abgerechnet wurden und mit dem Antrag zu II. geltend gemacht werden.

> **Beweis:**
> Kostennote Nr. vom , Anlage K 6.

Rechtsanwalt

▲

▼ 330

Muster 6.51: Klageerwiderung bei Streit um Vorliegen 100 %iger Arbeitsunfähigkeit 6.51

An das Amtsgericht / Landgericht

Aktenzeichen:

In Sachen

./.

bestelle ich mich für die Beklagte und **beantrage**:

Die Klage wird abgewiesen.

Gründe:

Da der Kläger nicht zu 100 % arbeitsunfähig war, ist die Klage abzuweisen.

1. Keine vollständige Arbeitsunfähigkeit

Es ist zutreffend, dass sich der Kläger in der geschilderten Art und Weise verletzt hat. Vollständige Arbeitsunfähigkeit des Beklagten bestand jedoch lediglich bis zum .

Für Eintritt und Fortdauer der Arbeitsunfähigkeit ist der Versicherungsnehmer beweisbelastet (BGH v. 27.3.2013 – IV ZR 256/12, VersR 2013, 848). Hierfür ist die Vorlage ärztlicher Arbeitsunfähigkeitsbescheinigungen i.S.v. § 4 Abs. 7 MB/KT nicht ausreichend. Bei begründeten Zweifeln an der Eintrittspflicht oder an der Fortdauer der Arbeitsunfähigkeit kommt es auf den Nachweis einer auch nach objektiv medizinisch wissenschaftlichen Maßstäben vorliegenden Arbeitsunfähigkeit an (vgl. BGH v. 3.5.2000 – IV ZR 110/11, VersR 2000, 841; BGH v. 30.6.2010 – IV ZR 163/09, VersR 2010, 1171).

Der Kläger räumt selbst ein, dass er im streitgegenständlichen Zeitraum nicht an der Ausübung sämtlicher beruflicher Tätigkeiten gehindert war. 100 %ige Arbeitsunfähigkeit war daher im streitgegenständlichen Zeitraum nicht gegeben und wird ausdrücklich bestritten.

Mit Nichtwissen wird bestritten, dass der Kläger in diesem Zeitraum überhaupt nicht in der Lage war, am PC Tätigkeiten auszuüben. Ggfs. mag hierfür ein größerer Zeitanfall erforderlich gewesen sein als früher. Von der Art der Verletzung und der Beeinträchtigung her waren jedoch Arbeiten am PC in der für die Ausübung des Berufs erforderlichen Art und Weise im streitgegenständlichen Zeitraum grundsätzlich durch den Kläger möglich.

Beweis unter Protest gegen die Beweislast:
Einholung eines Sachverständigengutachtens.

Es wird vorsorglich mit Nichtwissen bestritten, dass die berufliche Tätigkeit des Klägers ohne Arbeiten am PC nicht sinnvoll gewesen wäre. Unabhängig davon steht fest, dass der Kläger in der Lage war, sämtliche anderen Tätigkeiten auszuüben.

2. Tatsächliche Ausübung von beruflichen Tätigkeiten

Ein Anspruch auf Krankentagegeld setzt jedoch nach § 1 Abs. 3 AVB voraus, dass der Versicherungsnehmer seinen Beruf tatsächlich nicht ausübt und auch keiner anderen Tätigkeit nachgeht.

Der Kläger hat zudem tatsächlich fortlaufend während des in Rede stehenden Zeitraums in Vorbereitung der Wiederaufnahme seiner vollständigen beruflichen Tätigkeit und zur Erhaltung der Kundenkontakte Telefonate mit Kunden geführt. Dies ergibt sich aus Folgendem: .

Beweis:

Der BGH (BGH v. 20.5.2009 – IV ZR 274/09, VersR 2009, 163; BGH v. 18.7.2007 – IV ZR 129/09, VersR 2007, 1260) ist der zuvor in der Rechtsprechung bestehenden Tendenz einer einschränkenden Auslegung des Merkmals der Nichtausübung des Berufs in § 1 Abs. 3 MB/KT 94 dahingehend, dass nur Tätigkeiten von bestimmter Art und gewissem Umfang den Krankentagegeldanspruch entfallen lassen können, ausdrücklich entgegengetreten. Hervorgehoben wurde vielmehr, dass jedwede, auch geringfügige Tätigkeiten, dem Berufsfeld des Versicherungsnehmers zuzuordnen sind, den Krankentagegeldanspruch schaden (BGH, a.a.O.).

Selbst wenn ein Versicherungsnehmer nur an bestimmten Tagen eine wenn auch geringe berufliche Tätigkeit ausübt, entfällt für diese Tage dessen Krankentagegeldanspruch.

Rechtsanwalt

▲

3. Fristlose Kündigung durch Versicherer

Eine fristlose Kündigung ist in der Krankentagegeldversicherung bei Vorliegen eines wichtigen Grundes möglich. Ein wichtiger Grund liegt nur vor, wenn die Fortsetzung des Vertrages für den Versicherer unzumutbar ist, was unter anderem gegeben sein kann, bei **betrügerischer Geltendmachung von Leistungen oder tätlichem Angriff auf vom Versicherer rechtmäßig ausgesandete sog. Krankenermittler**. Es ist immer eine Einzelfallabwägung vorzunehmen.[179] Bei der Abwägung kann auch die Dauer des Vertrages zu berücksichtigen sein. 331

Wenn es um die Frage des Vorliegens eines wichtigen Kündigungsgrundes geht, schadet im Gegensatz zur Anspruchsdurchsetzung nicht bereits jede tatsächliche geringfügige Berufsausübung. Insbesondere wenn die Krankentagegeldzahlungen schon eingestellt sind, können im Vorfeld der eigentlichen Berufsausübung des Versicherungsnehmers liegenden Akquisitionstätigkeiten von geringer zeitlicher Dauer, die einer Genesung nicht entgegenstehen, gegebenenfalls unschädlich sein. 332

Zu berücksichtigen ist auch, ob der Versicherer die dem Versicherungsnehmer zur Last gelegte Berufsausübung durch einen unzulässigen Einsatz einer Testperson ausgelöst hat, obschon es zuvor keinen konkreten Verdacht der Berufsausübung gab. Im Hinblick auf den erforderlichen konkreten Verdacht, der überhaupt den Einsatz einer Testperson erst zulässig machen würde, reichen vage Informationen dritter Personen nicht aus. 333

▼ 334

Muster 6.52: Klageschrift bei fristloser Kündigung durch Versicherer

An das Amtsgericht / Landgericht 6.52

(*Sitz des Krankenversicherers oder alternativ gem. §215 Abs. 1 VVG Wohnort des Klägers*)

Klage

des Herrn (*Name/Anschrift*)

– Kläger –,

Prozessbevollmächtigte/r: (Zeichen:)

gegen

die Versicherung AG,

(*Anschrift*),

vertr. durch den Vorstandsvorsitzenden , ebenda, (zu VS-Nr.:)

– Beklagte –,

wegen Leistung und Feststellung aus privatem Krankentagegeldversicherungsvertrag.

Namens und in Vollmacht des Klägers erhebe ich Klage und werde **beantragen**:

> **I. Die Beklagte wird verurteilt, an den Kläger EUR nebst Zinsen in Höhe von 5 Prozentpunkten über dem Basiszinssatz seit dem zu zahlen.**

179 BGH v. 18.7.2007 – IV ZR 129/06, VersR 2007, 1260; BGH v. 20.5.2009 – IV ZR 274/06, VersR 2006, 163.

II. Es wird festgestellt, dass die Kündigung der Beklagten vom im Hinblick auf die Krankentagegeldversicherung VS-Nr. unwirksam ist und die Krankentagegeldversicherung zu unveränderten Bedingungen fortbesteht.
III. Die Beklagte wird verurteilt, an den Kläger vorgerichtliche Rechtsanwaltsgebühren in Höhe von EUR nebst 5 Prozentpunkten über dem jeweiligen Basiszinssatz seit Rechtshängigkeit zu zahlen.

Gründe:

Gegenstand der Klage sind weitergehende Krankentagegeldansprüche des Klägers gegen die Beklagte sowie die Feststellung, dass der streitgegenständliche Krankentagegeldvertrag unverändert fortbesteht. Die Beklagte hat insoweit unberechtigt die außerordentliche Kündigung zum erklärt.

Im Einzelnen:

1. Versicherungsvertragsverhältnis

Zwischen den Parteien besteht seit eine private Krankentagegeldversicherung unter VS-Nr. . Danach ist ein Krankengeldtagesatz in Höhe von EUR nach Ablauf einer sechswöchigen Karenzzeit bei Vorliegen bedingungsgemäßer Arbeitsunfähigkeit versichert.

Beweis:
Versicherungsschein vom nebst sämtlicher zum Zeitpunkt des Versicherungsfalls geltender AVB (Allgemeine und Besondere Bedingungen sowie Tarifbedingungen), Anlage K 1.

Die Beklagte hat mit Schreiben vom die außerordentliche Kündigung des streitgegenständlichen Krankentagegeldvertrages zum erklärt.

Beweis:
Kündigungsschreiben der Beklagten vom , Anlage K 2.

2. Arbeitsunfähigkeit des Klägers

Der Kläger erlitt am bei einem Treppensturz eine Tibiakopffraktur sowie einen Kreuzbandriss links. Nach operativer Versorgung des Klägers mit stationärer Behandlung im Zeitraum vom schloss sich eine ambulante Reha-Behandlung an, die bis zum andauerte.

Beweis:
1. Entlassungsbericht des Krankenhaus vom , Anlage K3
2. Arztbericht des Dr. vom , Anlage K4
3. Therapieplan des , Anlage K5

In Folge der vorgenannten Verletzungen und der durchgeführten Behandlungen testierte Dr. für den Zeitraum vom – eine 100 %ige Arbeitsunfähigkeit des Klägers. Dementsprechend bestand in dem vorgenannten Zeitraum vollständige Arbeitsunfähigkeit des Klägers.

Beweis:
1. Pendelformulare des Dr. im Zeitraum vom , Anlage K6
2. Einholung eines Sachverständigengutachtens.

3. Berufsbild des Klägers

Der Kläger ist als Arzt in seiner eigenen Praxis tätig. Für den Zeitraum der Arbeitsunfähigkeit hatte der Kläger einen ärztlichen Vertreter eingestellt. Aufgrund dessen konnte eine Schließung der Praxis während der Arbeitsunfähigkeit des Klägers vermieden werden.

Beweis:
Arbeitsvertrag des Klägers mit Dr. vom , Anlage K 7.

Vor dem Sturz des Klägers stellte sich die berufliche Tätigkeit des Klägers wie folgt dar:

Beweis:
Aufstellung einer exemplarischen Arbeitswoche des Klägers, Anlage K 8.

4. Tätigkeit des Klägers während der Arbeitsunfähigkeit

Der Kläger ist während des streitgegenständlichen Zeitraums seiner beruflichen Tätigkeit nicht nachgegangen.

Die Beklagte hat ihm insoweit vorgeworfen, dass er zwei ärztliche Verordnungen unterzeichnet hat und ist aufgrund dessen zu Unrecht davon ausgegangen, dass der Kläger seit dem seiner beruflichen Tätigkeit als Arzt nachgegangen ist. Dies ist unzutreffend und wird ausdrücklich bestritten.

Soweit die Beklagte ein Detektivunternehmen mit der Überprüfung beauftragt hat, ob der Kläger trotz der ihm attestierten Arbeitsunfähigkeit einer beruflichen Tätigkeit nachgehen würde, ist diese Vorgehensweise bereits unredlich. Offensichtlich hat der nachfolgend tätige Detektiv auch keinen Termin bei dem Kläger zur Behandlung erhalten. Er hat lediglich festgestellt, so die bisherige Begründung der Kündigung durch die Beklagte, dass der Kläger an einzelnen Tagen während weniger Stunden in der Praxis anwesend war. Insoweit soll dem Vortrag der Beklagten nicht vorgegriffen werden.

Während der Anwesenheit des Klägers in der Praxis ist er indes nicht seiner ärztlichen Tätigkeit nachgegangen. Er hat lediglich nach dem Rechten gesehen und sich mit seinem Praxisvertreter und dem Personal abgestimmt.

Tatsächlich ist es in den von der Beklagten aufgezeigten Fällen am und zur Unterzeichnung einer ärztlichen Verordnung gekommen. Diese ärztliche Verordnung war jedoch auf Veranlassung des ärztlichen Vertreters des Klägers ausgestellt worden. Lediglich die Unterzeichnung erfolgte durch den Kläger, weil das Personal den jeweiligen Patienten nicht warten lassen wollte und der Praxisvertreter sich gerade in anderweitiger Behandlung befand. Da der Kläger ohnehin in der Praxis anwesend war, hat er tatsächlich die in Rede stehenden beiden Verordnungen unterzeichnet, ohne jedoch ärztlich tätig geworden zu sein.

5. Außerordentliche Kündigung der Beklagten

Die von der Beklagten mit Schreiben vom (Anlage K2) erklärte außerordentliche Kündigung des Krankentagegeldvertrages des Klägers ist unrechtmäßig und führte nicht zur Beendigung des Krankentagegeldvertrages.

Ein außerordentliches Kündigungsrecht des Versicherers setzt das Vorliegen eines wichtigen Grundes gemäß § 314 Abs. 1 S. 1 BGB voraus. Erforderlich ist hierfür, dass die Fortsetzung des Vertrages für den Versicherer unzumutbar ist. Es hat insoweit eine Abwägung des Einzelfalles stattzufinden (vgl. BGH v. 18.7.2007 – IV ZR 129/06, VersR 2007, 1260; BGH v. 20.5.2009 – IV ZR 274/06, VersR 2006, 163).

Der von der Beklagten dem Kläger vorgeworfene Sachverhalt rechtfertigt keine außerordentliche Kündigung des zwischen den Parteien bereits seit Jahren bestehenden Krankentagegeldvertrages.

Es liegen bereits keine Tatsachen vor, die der Beklagten unter Berücksichtigung aller Umstände des Einzelfalles und unter Abwägung der beiderseitigen Interessen die Fortsetzung des Vertrages unzumutbar machen. Im Hinblick auf die soziale Funktion der privaten Krankenversicherung ist anerkannt, dass ein wichtiger Grund zur außerordentlichen Kündigung erst dann gegeben ist, wenn der Versicherungsnehmer in besonders schwerwiegender Weise die Belange des Versicherers seinem Eigennutz hinten anstellt (vgl. a.a.O.; BGH v. 3.10.1984 – IVa ZR 76/83, VersR 1985, 54).

Die von ihm lediglich unstreitig vorgenommene Unterzeichnung der beiden ärztlichen Verordnungen stellte keine berufliche Tätigkeit des Klägers dar, genauso wenig wie seine zeitweise Anwesenheit in der Praxis. Ein vertragswidriges Verhalten des Klägers lag nicht vor.

Selbst für den Fall, dass das Gericht die Unterzeichnung von zwei Verordnungen als geringfügige berufliche Tätigkeit ausreichen lassen sollte, die einen Krankentagegeldanspruch des Klägers an diesen beiden Tagen entfallen lassen würde, rechtfertigt sich hieraus keine außerordentliche Kündigung. Hier ist zu unterscheiden zwischen einem eventuellen Anspruchsverlust des Klägers auf Krankentagegeld für die Tage, an denen der Kläger eine vermeintlich berufliche Tätigkeit ausgeübt haben soll, und dem von der Beklagten zu erbringenden Nachweis eines erheblichen Vertrauensbruches.

Dem Kläger war bis zum Erhalt der Kündigung nicht bewusst, dass die Unterzeichnung von ärztlichen Verordnungen während einer Arbeitsunfähigkeit den Krankentagegeldanspruch entfallen lassen würde. Ihm fehlte diesbezüglich auch jedes Unrechtbewusstsein, geschweige denn ein Täuschungsvorsatz, wie die Beklagte ihn konstruieren will.

Zudem ist eine wertende Betrachtung geboten, bei der alle Umstände des Einzelfalles zu berücksichtigen und die beiderseitigen Interessen abzuwägen sind.

Die Beklagte hat die Erkenntnisse zur Anwesenheit des Klägers an den Tagen durch unzulässigen Einsatz der von Ihr beauftragten Detektive gewonnen und sich daher selbst unredlich verhalten.

Tatsächliche Anhaltspunkte für eine Berufsausübung des Klägers lagen der Beklagten zum Zeitpunkt der Einschaltung der Detektive nicht vor. Mangels eines entsprechenden Verdachtes ist die Beauftragung der Detektive, selbst wenn diese nicht mit verwerflichen Mitteln auf den Kläger eingewirkt haben, als auf die Verschaffung eines Kündigungsgrundes gerichtet und damit als unlauter anzusehen (BGH v. 18.7.2007 – IV ZR 129/06, VersR 2007, 1260; BGH v. 20.5.2009 – IV ZR 274/06, VersR 2006, 163).

6. Ansprüche des Klägers

Die Beklagte hat die Ansprüche des Klägers lediglich bis zum reguliert. Danach hatte die Beklagte zu Unrecht, gestützt auf die außerordentliche Kündigung, die Zahlungen eingestellt.

6.1 Krankentagegeldansprüche

Da ein Kündigungsgrund nicht vorlag und 100 %ige Arbeitsunfähigkeit nach wie vor bestand, besteht der streitgegenständlich mit dem Klageantrag zu I. geltend gemachte weitere Krankentagegeldanspruch des Klägers gegen die Beklagte wie folgt:

Zeitraum vom - :

 Tage × EUR = EUR.

6.2 Fortbestand des Krankentagegeldvertrages

Da die Beklagte sich eines außerordentlichen Kündigungsrechts des streitgegenständlichen Krankentagegeldvertrages berühmt, besteht ein Feststellungsinteresse des Klägers hinsichtlich des Fortbestandes des streitgegenständlichen Vertrages, das mit dem Feststellungsantrag zu II. verfolgt wird.

6.3 Nebenforderungen

Die Beklagte befindet sich spätestens seit dem aufgrund des Ablaufs der im Aufforderungsschreiben des Klägers vom gesetzten Zahlungsfrist in Verzug und hat dementsprechend die beantragten Zinsen in gesetzlicher Höhe zu zahlen.

Beweis:
Aufforderungsschreiben des Klägers vom , Anlage K 8.

Die Beauftragung der/des Unterzeichnenden erfolgte nach Verzugseintritt und der Erklärung der im Streit stehenden Beendigung des Krankentagegeldvertrags. Demzufolge hat der Kläger Anspruch auf Ausgleich der von ihm bereits ausgeglichenen außergerichtlichen Rechtsanwaltsgebühren in Höhe von EUR, die ihm gegenüber mit Kostennote vom abgerechnet wurden und mit dem Antrag zu III. geltend gemacht werden.

Beweis:
Kostennote Nr. vom , Anlage K.

7. Rechtliche Hinweise

Die Beklagte ist für das Vorliegen eines Kürzungsrechtes wegen vermeintlicher Berufsausübung des Klägers und das Vorliegen eines außerordentlichen Kündigungsgrundes beweisbelastet.

Vorsorglich wird auch darauf hingewiesen, dass eine fristlose Kündigung selbst dann nicht gerechtfertigt ist, wenn der Versicherungsnehmer zwar während einer behaupteten Arbeitsunfähigkeit tatsächlich an wenigen Tagen (nicht vollschichtig) arbeitet, das Vertragsverhältnis jedoch seit Jahrzehnten störungsfrei verlief und der Versicherer sich selbst unredlich verhielt, wenn er Detektive beauftragte, ohne zuvor stichhaltige Anhaltspunkte für eine Arbeitsaufnahme des Versicherungsnehmers zu haben (vgl. a.a.O.; LG Dortmund v. 20.11.2009 – 2 U 71/07, NJW-RR 2010, 1258).

8. Prozessuales

Hinsichtlich der **Streitwerte** ergibt sich Folgendes:

Mit dem **Antrag zu I.** wird ein Leistungsanspruch geltend gemacht, sodass der Streitwert insoweit gleichlautend EUR beträgt.

Im Hinblick auf den **Feststellungsantrag zu II.** bemisst sich der Streitwert nach dem Urt. d. BGH v. 14.12.2016 – IV ZR 477/15, VersR 2017, 377, für den Teil des Zusammentreffens des Leistungsantrages und eines Feststellungsantrages auf Fortbestand des Vertrages mit 20 % des vereinbarten Krankentagegeldes für eine 6-monatige Bezugsdauer. Wirtschaftliche Teilidentität der Klagebegehren besteht allerdings nur insoweit, als die Krankentagegeldansprüche von dem Leistungsantrag zu I. umfasst sind.

Daher ergibt sich der Streitwert für den Feststellungsantrag zu II. aus der Addition der nachfolgenden berechneten Teilstreitwerte:

 EUR Krankentagegeldsatz x Tage × 20 % = EUR.

 EUR Krankentagegeldsatz x ((365 Tage : 2) abzgl. Tage) × 80 % = EUR.

Da der Antrag zu III. streitwertneutral ist, ergibt sich mithin ein Gesamtstreitwert in Höhe von EUR, dessen Festsetzung hiermit **beantragt** wird.

Rechtsanwalt

▲

335 ▼

Muster 6.53: Klageerwiderung bei fristloser Kündigung durch Versicherer

An das Amtsgericht / Landgericht

Aktenzeichen:

In Sachen

 ./.

bestelle ich mich für die Beklagte und **beantrage**:

Die Klage wird abgewiesen.

Gründe:

Die mit der Klage geltend gemachten Ansprüche des Klägers scheitern daran, dass der Krankentagegeldvertrag seitens der Beklagten wirksam zum durch außerordentliche Kündigung beendet wurde.

1. Versicherungsvertragsverhältnis

Der zwischen den Parteien ursprünglich bestehende Krankentagegeldversicherungsvertrag wurde seitens der Beklagten mit Schreiben vom zum in zulässiger Weise beendet.

Beweis:
Kündigungsschreiben vom , Anlage B 1.

2. Sachverhalt

Die Kündigungserklärung vom ist wegen des Versuches des Klägers, sich Krankentagegeldleistungen zu erschleichen, gerechtfertigt.

Nachdem die Beklagte bereits für den Zeitraum bis zum Krankentagegeldleistungen für den in Rede stehenden Versicherungsfall geleistet hat, kamen ihr Zweifel daran, dass der Kläger nach medizinischem Befund nicht in der Lage war, seinen Beruf als Arzt auszuüben bzw. dass er ihn noch nicht wieder zumindest teilweise ausübte. Die Zweifel begründeten sich darauf, dass dem für die Abwicklung des in Rede stehenden Versicherungsfalls zuständige Mitarbeiter der Beklagten im Zuge der Abrechnung von Krankheitskosten eines anderen Versicherungsnehmers der Beklagten die vom Kläger unterschriebenen Verordnungen vorgelegt worden waren.

Die Beklagte stellte daraufhin die Leistung zum zunächst ein, um den Anspruch des Klägers weitergehend überprüfen zu können. Sie beauftragte sodann ein Unternehmen mit der Überprüfung im Hinblick auf eine tatsächliche Berufsausübung des Klägers.

Im Zuge dessen beobachtete ein Mitarbeiter dieses Unternehmens, der nachbenannte Zeuge , die Praxis des Klägers an folgenden Tagen . Er stellte hierbei fest, dass der Kläger während einer gesamten Arbeitswoche in der für einen Arzt typischen Berufskleidung seine Praxis aufsuchte und dokumentierte die Ankunfts- und Abfahrtszeiten wie folgt:

Beweis:
Zeugnis des *(Name/Anschrift).*

Der Zeuge versuchte daraufhin, am einen Behandlungstermin beim Kläger zu erhalten. Dieser wurde ihm allerdings mit der Behauptung nicht verwehrt, dass derzeit keine neuen Patienten aufgenommen würden.

Beweis:
Wie vor.

Aufgrund dessen steht für die Beklagte fest, dass der Kläger jedenfalls zu den Beobachtungszeiten des Zeugen jeweils seiner beruflichen Tätigkeit nachgegangen ist, obgleich er Krankentagegeld forderte und mit der Übersendung der Arbeitsunfähigkeitsbescheinigung den unzutreffenden Eindruck erweckte, er erbringe keine berufliche Tätigkeit und sei hierzu auch nicht in der Lage.

3. Kündigungsgrund

Aufgrund des festgestellten Sachverhaltes ist die Beklagte berechtigt gewesen, den in Rede stehenden Krankentagegeldvertrag außerordentlich zu kündigen.

Der Kläger hat während seiner tatsächlichen Berufsausübung weiterhin Ansprüche auf Krankentagegeld geltend gemacht und damit versucht, sich unrechtmäßig Leistungen von der Beklagten zu erschleichen. Für die Beklagte war die Fortsetzung des Vertragsverhältnisses damit nicht mehr zumutbar.

Die Beklagte verkennt nicht, dass ein wichtiger Grund zur Kündigung erst dann gegeben ist, wenn der Versicherungsnehmer in besonders schwerwiegender Weise die Belange des Versicherers seinem Eigennutz hinten anstellt. Regelmäßig ist dies aber dann der

Fall, wenn der Versicherungsnehmer sich Versicherungsleistungen erschleicht oder zu erschleichen versucht (vgl. BGH v. 3.10.1984 – IVa ZR 76/83, VersR 1985, 54; BGH v. 18.7.2007 – IV ZR 129/06, VersR 2007, 1260; BGH v. 20.5.2009 – IV ZR 276/06, VersR 2006, 163; OLG Zweibrücken v. 23.11.2005 – 5 U 70/05, VersR 2006, 644; OLG Hamm v. 24.2.2006 – 20 U 179/05, VersR 2007, 276).

Insbesondere hat der BGH in seiner Entscheidung vom 3.10.1984 (a.a.O.) bereits hervorgehoben, dass derjenige, der Krankentagegeld wegen Arbeitsunfähigkeit verlangt und dem Versicherer zwar die Arbeitsunfähigkeit mitteilt, nicht aber den Umstand, dass er seinen Beruf ungeachtet der Arbeitsunfähigkeit praktisch voll ausübt, den unzutreffenden Eindruck erweckt, er könne seine berufliche Tätigkeit nicht ausüben und übe sie auch nicht aus. Damit täuscht der Versicherungsnehmer Umstände vor, die eine Leistungspflicht des Versicherers ergeben und erschleiche sich damit die Versicherungsleistungen bzw. unternimmt einen derartigen Versuch.

Im Hinblick auf die seitens der Beklagten zusammengetragenen unter Ziffer dargelegten Indizien (Tragen von Berufskleidung, Anwesenheit des Klägers an drei aufeinander folgenden Werktagen in der Praxis sowie Ausstellung von ärztlichen Verordnungen) steht fest, dass der Kläger tatsächlich seiner beruflichen Tätigkeit nachgegangen ist. Es ist dabei unerheblich, dass die Aufenthaltszeit des Klägers in der Praxis an den besagten Beobachtungstagen lediglich 3–6 Stunden betrug.

Die Annahme einer tatsächlichen Berufsausübung ist ungeachtet dessen gerechtfertigt, dass der Kläger womöglich nur geringfügig beruflich tätig geworden ist. § 1 Abs. 3 AVB erfasst jede berufliche Tätigkeit. Denn es genügen jedwede, auch geringfügige Tätigkeiten, die dem Berufsfeld des Versicherungsnehmers zuzuordnen sind, um den Krankentagegeldanspruch entfallen zu lassen (vgl. BGH v. 4.4.2013 – IV ZR 239/11, VersR 2013, 615 m.w.N.; BGH v. 18.7.2007 – IV ZR 129/06, VersR 2007, 1260).

Die Beklagte hat ihre Erkenntnisse auch nicht durch unredlichen Einsatz eines Detektives erworben.

Sie hatte aufgrund der Aufmerksamkeit ihres Mitarbeiters, den nachbenannten Zeugen , letztendlich aufgrund eines Zufalles festgestellt, dass der Kläger während der Geltendmachung von Krankentagegeld ärztliche Verordnungen unterschrieben hat. Erst danach erfolgte die Einschaltung des Zeugen .

Beweis:
Zeugnis des , zu laden über die Beklagte (zu VS-Nr.).

4. Arbeitsunfähigkeit des Klägers

Äußerst vorsorglich wird auch der geltend gemachte Krankentagegeldanspruch insgesamt in Abrede gestellt. Dieser setzt voraus, dass der Kläger in dem streitgegenständlichen Zeitraum zu 100 % arbeitsunfähig war.

Die vom Kläger vorgelegten Pendelformulare bringen hierfür keinen Beweis (vgl. BGH v. 30.6.2010 – IV ZR 163/09, VersR 2010, 1174; BGH v. 3.5.2010 – IV ZR 110/99, VersR 2000, 841). Insbesondere gilt dies umso mehr, als der Kläger mehrfach in Berufskleidung seine Praxis aufgesucht hat.

Zudem ist der Anspruch auf Krankentagegeld derzeit unsubstantiiert, da der Kläger nicht zu seinem Berufsbild vorgetragen hat. Zur schlüssigen Darlegung des Anspruches gehört, dass der Versicherungsnehmer unter substantiierter Darlegung seiner Beschwerden und seiner Berufstätigkeit vorgetragen hat, wann er den zuletzt ausgeübten Beruf im streitgegenständlichen Zeitraum in keiner Weise mehr ausüben konnte (vgl. OLG Saarbrücken v. 29.8.2007 – 5 U 163/07, VersR 2008, 952; bestätigt durch BGH v. 12.11.2008 – IV ZR 273/07, juris).

Für eine Beweiserhebung durch Einholung eines Sachverständigengutachtens muss zunächst der berufskundliche Sachverhalt feststehen.

Unabhängig davon hat der Kläger bereits selbst aufgrund seiner Anwesenheitszeiten in der Praxis nachgewiesen, dass er auch tatsächlich in der Lage war, in der Praxis zumindest für einen Zeitraum von 3–6 Stunden anwesend zu sein. Da sich seine körperlichen Beeinträchtigungen lediglich auf sein Bein bezogen, nicht aber auf die Arme, war er jedenfalls in der Lage, diagnostisch tätig zu werden und Behandlungen im Sitzen und Stehen vorzunehmen. Aufgrund dessen liegt bereits wieder Teilarbeitsfähigkeit wieder vor.

Unabhängig von der Wirksamkeit der fristlosen Kündigung bestand daher in dem in Rede stehenden Versicherungsfall keine Leistungsverpflichtung der Beklagten mehr.

Rechtsanwalt

▲

4. Beendigung gemäß § 15 Abs. 1 MB/KT durch Versicherer

Spätestens nach drei Jahren ist eine ordentliche Kündigung des Versicherers ausgeschlossen. Sinn und Zweck der Krankentagegeldversicherung ist jedoch nur die Abdeckung eines vorübergehenden Verdienstausfalles. 336

Um dem Versicherer ein Instrumentarium an die Hand zu geben, sich von der Leistungsverpflichtung unter gewissen Voraussetzungen dennoch lösen zu können, enthält § 15 Abs. 1 MB/KT **enumerative Beendigungsgründe** wie folgt:

- **Wegfall der Voraussetzung der Versicherungsfähigkeit (§ 15 Abs. 1a MB/KT)**
- **Berufsunfähigkeit der versicherten Person (§ 15 Abs. 1b i.V.m. Abs. 2 MB/KT)**
- **Bezug von Altersrente (§ 15 Abs. 1c MB/KT)**
- **Tod des Versicherungsnehmers (§ 15 Abs. 1d MB/KT) sowie**
- **Wegzug aus dem Tätigkeitsbereich des Versicherers (§ 15 Abs. 1e MB/KT)**

Bereits seit der Entscheidung des BGH[180] steht fest, dass die automatische Beendigung, 337 die § 15 Abs. 1 MB/KT 2009 mit Ausnahme im Fall des Eintritts von Berufsunfähigkeit immer noch vorsieht, unwirksam ist. In dieser Ausregelung verstößt die Regelung gegen § 307 BGB, weil dort unabhängig von der Frage, ob zu einem späteren Zeitpunkt Versicherungsfähigkeit wieder eintritt, eine endgültige und unwiederbringliche Beendigung des Versicherungsverhältnisses vorgesehen ist. Der BGH[181] ist daher im Wege der ergänzenden Vertragsauslegung zu dem Ergebnis gekommen, dass der Vertrag zwar

180 BGH v. 21.1.1992 – IV ZR 59/91, VersR 1992, 477.
181 BGH v. 21.1.1992 – IV ZR 59/91, VersR 1992, 477.

bestehen bleibt, die Leistungspflicht des Versicherers aber mit dem Wegfall der Versicherungsfähigkeit erlischt. Aufgrund kann der Versicherer das in Unkenntnis des Wegfalls der Versicherungsfähigkeit/Eintritt der Berufsunfähigkeit gezahlte Krankentagegeld zurückfordern bzw. wird leistungsfrei.

338 In der Praxis bietet der Versicherer dem Versicherungsnehmer regelmäßig die Möglichkeit des Abschlusses einer Anwartschaftsversicherung an, unabhängig davon, ob die AVB dies vorsehen. Dann muss der Versicherungsnehmer entscheiden, ob er die Anwartschaftsversicherung – notfalls unter dem Vorbehalt der Rechtsmäßigkeit der Beendigung und der gerichtlichen Nachprüfung[182] – annimmt.

Den Wiedereintritt der Versicherungsfähigkeit muss der Versicherungsnehmer dem Versicherer dann mitteilen und einen Antrag auf Umwandlung in eine Vollversicherung stellen.

Soweit die Möglichkeit zur Beantragung der Vollversicherung bei Wiedereintritt der Versicherungsfähigkeit in den Bedingungen zur Anwartschaftsversicherung befristet ist, erfordert dies nach diesseitiger Ansicht einen drucktechnisch hervorgehobenen Hinweis des Versicherers im Rahmen der Übersendung des Versicherungsscheins, der die Umwandlung in die Anwartschaftsversicherung vorsieht.

339 Ist ein Versicherungsnehmer bereits längere Zeit arbeitsunfähig, wird ein Versicherer in der Regel hinterfragen, ob die Versicherungsfähigkeit entfallen ist oder bereits Berufungsunfähigkeit vorliegt und damit die Möglichkeit der „Beendigung" der Krankentagegeldversicherung besteht.

340 Die **Versicherungsfähigkeit** selbst ist in § 15 Abs. 1a MB/KT nicht definiert. Was im konkreten Vertrag als Versicherungsfähigkeit vorausgesetzt wird, ergibt sich zumeist aus den besonderen Tarifbedingungen.

> *Hinweis*
>
> Findet sich im Tarif keine Regelung zur Versicherungsfähigkeit und deren Wegfall, scheidet eine Beendigung nach § 15 Abs. 1a MB/KT von vornherein bereits aus.

341 Im Tarif werden die Voraussetzungen der **Versicherungsfähigkeit** oft z.B. geknüpft an:

- Fortbestehende Erwerbsfähigkeit
- Fortbestand des Arbeitsverhältnisses
- Bezug von Berufsunfähigkeits- oder Erwerbsunfähigkeitsrente
- Zugehörigkeit zu einer bestimmten Berufsgruppe.

Fehlen solche Regelungen, kann hierauf keine Beendigung wegen Wegfalls der Versicherungsfähigkeit gestützt werden. Insbesondere bedingt ein Bezug von Erwerbs- oder Berufsunfähigkeitsrente nicht das bedingungsgemäße Vorliegen von Berufsunfähigkeit i.S.v. § 15 Abs. 1b MB/KT 2009.

182 Vgl. OLG Nürnberg v. 21.9.2023 – 8 U 1280/23, VersR 2023, 1357; Bach/Moser/*Hütt*, § 15 MB/KT Rn 6.

Der BGH[183] hat dies ausdrücklich wie folgt klargestellt:

> *„Ein Bezug wegen Erwerbs- oder Berufsunfähigkeit schließt den Anspruch auf Krankentagegeld indes nicht in jedem Fall aus, sondern nur, wenn er als Beendigungsgrund in den Bedingungen der Krankentagegeldversicherung ausdrücklich vorgesehen ist. (Senatsurteil v. 5.2.1997 – IV ZR 67/96 – VersR 1997, 481 unter 2b)"*

Die Berufsunfähigkeitsversicherung kennt u.a. auch eine Rentengewährung wegen fin- **342**
gierter Berufsunfähigkeit. In der Krankentagegeldversicherung liegt Berufsunfähigkeit erst vor, wenn auf nicht absehbare Zeit die versicherte Person **mehr als 50 %** erwerbsunfähig ist, wofür zudem eine sogenannte Negativprognose erforderlich ist.

> *Hinweis*
>
> Ein Parallelbezug von Krankentagegeld- und Berufsunfähigkeitsleistungen ist nicht grundsätzlich ausgeschlossen. Ein Rentenbezug schadet nur dann, wenn in den AVB der Wegfall der Versicherungsfähigkeit bzw. ein Beendigungsgrund entsprechend definiert wurde.

Nicht selten finden sich Tarife, in denen zwar die Rechtsfolgen von Rentenbezug in **343**
Form des Angebots einer Anwartschaftsversicherung geregelt sind, nicht aber, dass bei Rentenbezug eine Beendigung eintritt. Dass der Versicherer bei Rentenbezug die Beendigung wollte, ist zwar hinreichend deutlich, denn das Angebot des Abschlusses einer Anwartschaftsversicherung als Rechtsfolgenregelung macht nur dann Sinn, wenn der Tarif bei Rentenbezug als auslösenden Grund für das Angebot tatsächlich auch beendet ist.

Nach diesseitiger Auffassung geht die Unvollständigkeit der Klausel mit der Folge der nicht vorhandenen, aber notwendigen Regelung des angestrebten Beendigungsgrundes zu Lasten des Versicherers als Verwender der Klausel, sodass eine Beendigung wegen Rentenbezuges auch dann ausscheidet, wenn in den Bedingungen der Rentenbezug als Beendigung nicht genannt ist, sondern nur der Abschluss einer Anwartschaftsversicherung für den Fall des Rentenbezuges angeboten wird.[184]

Viele **Klauseln zum Wegfall der Versicherungsfähigkeit** wurden als **unwirksam** ange- **344**
sehen, sind jedoch in den AVB weiter enthalten:

- Klausel, wonach nur erwerbstätige Personen versicherungsfähig sind.[185]
- Klausel, nach der die Versicherungsfähigkeit vom ununterbrochenen Vorhandensein eines festen Arbeitsverhältnisses abhängig gemacht wird.[186]
- Klausel, nach der die Versicherungsfähigkeit bei Selbstständigen von der Erzielung regelmäßiger Einkünfte abhängig gemacht wird.[187]

183 BGH v. 30.6.2010 – IV ZR 163/09, VersR 2010, 1174.
184 Vgl. auch OLG Köln v. 22.12.2003 – 5 U 114/03, VersR 2005, 822.
185 BGH v. 15.5.2002 – IV ZR 100/01, VersR 2002, 881; OLG Köln v. 13.7.2012 – 20 U 46/102 mit nachfolgender Revisionsrücknahme nach Hinweisbeschluss des BGH v. 27.3.2013 – IV ZR 256/12, VersR 2013, 848.
186 BGH v. 27.2.2008 – IV ZR 219/07, VersR 2008, 628.
187 BGH v. 17.2.2010 – IV ZR 259/08, VersR 2010, 473.

345 Ist der **Rentenbezug als Beendigungsgrund** in den AVB ausdrücklich geregelt, ist es unerheblich, ob die Rente aus einer gesetzlichen oder einer privaten Versicherung, kulanzweise oder zeitlich befristet und in welcher Höhe erfolgt.

Insbesondere lässt eine rückwirkende Bewilligung einer Rente die Versicherungsfähigkeit rückwirkend entfallen. Geleistete Krankentagegelder können dann zurückgefordert werden.

Mit Eintritt der **Berufsunfähigkeit der versicherten Person (§ 15 Abs. 1b i.V.m. Abs. 2 MB/KT)** endet die Krankentagegeldversicherung, da der Krankentagegeldversicherer nur das Risiko einer vorübergehenden Arbeitsunfähigkeit und eines vorübergehenden Verdienstausfalles abdeckt.

346 Nach der **Definition** des § 15b MB/KT liegt **Berufsunfähigkeit** dann vor, wenn die versicherte Person

- **nach medizinischem Befund**,
- **im bisher ausgeübten Beruf**,
- **auf nicht absehbare Zeit und**
- **mehr als 50 %**

erwerbsunfähig ist.

347 Ob Berufsunfähigkeit **nach medizinischem Befund** vorliegt, ist objektiv durch Einholung eines gerichtlichen Sachverständigengutachtens zu erklären. Für die sachverständige Beurteilung bedingungsgemäßer Berufsunfähigkeit sind alle ärztlichen Berichte und sonstigen Untersuchungsergebnisse heranzuziehen und auszuwerten, die der darlegungs- und beweisbelastete Versicherer für den maßgeblichen Zeitpunkt vorlegen kann. Wann und zu welchem Zweck diese Befunde erhoben und dem Versicherer bekanntgegeben wurden, ist unerheblich.[188] Lediglich der vom Versicherer behauptete **Stichtag** (Zeitpunkt des Eintritts der Berufsunfähigkeit) unterliegt der Beweiserhebung, worauf seitens des Versicherungsnehmers zur Vermeidung von Nachteilen zu achten ist.

348 Relevant ist allein der **bisher ausgeübte Beruf**, wie er sich zu gesunden Tagen dargestellt hat. Dementsprechend hat der Versicherungsnehmer seine berufliche Tätigkeit zur Schlüssigkeit seiner Klage darzulegen und notfalls zu beweisen, soweit der Versicherer Berufsunfähigkeit und damit die Beendigung der Krankentagegeldversicherung behauptet. Das Gericht hat dem Sachverständigen vorzugeben, welches Berufsbild er für seine Beurteilung der Frage, ob Berufsunfähigkeit des Versicherungsnehmers zum vom Versicherer behaupteten Stichtag vorliegt. Die Beweislast für das Vorliegen von Berufsunfähigkeit liegt beim Versicherer.[189]

349 Erforderlich ist eine **Prognose**, nach der der Versicherungsnehmer **auf nicht absehbare Zeit mindestens 50 % erwerbsunfähig** bleiben wird.

Der Begriff „nicht absehbar" ist dahingehend zu verstehen, dass mit einer Wiedererlangung der Erwerbsfähigkeit nicht gerechnet werden muss. Erforderlich ist, dass erfah-

188 BGH v. 30.6.2010 – IV ZR 163/09, VersR 2010, 1171; BGH v. 20.6.2012 – IV ZR 141/11, VersR 2012, 981.
189 BGH v. 30.6.2010 – IV ZR 163/09, VersR 2010, 1171.

rungsgemäß trotz Einsatz aller medizinischer Mittel mit einem Wiederbeginn der Erwerbsfähigkeit entweder überhaupt nicht zu rechnen ist oder die Heilchancen so schlecht sind, dass ungewiss bleibt, ob der Versicherte jemals wieder erwerbsfähig sein wird.

Der BGH[190] hat entgegen der früheren Instanzrechtsprechung nicht auf einen festen Zeitraum für die Prognose abgestellt. Vielmehr geht es um einen Zustand, dessen Fortbestand aus sachverständiger Sicht für nicht absehbare Zeit prognostiziert wird, der jedoch typischerweise nicht auch als endgültig oder unveränderlich beurteilt werden kann. Den Tarifbedingungen lässt sich insoweit kein bestimmter Zeitraum, für den die Prognose zu stellen ist, im Sinne einer festen zeitlichen Grenze entnehmen. Die **Prognose ist ggf. rückschauend** für den Zeitpunkt zu stellen, für den der Versicherer das Ende seiner Leistungspflicht behauptet.

Bedingungsgemäße Berufsunfähigkeit in der Krankentagegeldversicherung liegt erst vor, 350
wenn die versicherte Person **mehr als 50 % erwerbsunfähig** ist. In der Berufsunfähigkeitsversicherung reicht im Gegensatz hierzu bereits 50 %ige Erwerbsunfähigkeit aus.

Der BGH hat klargestellt, dass eine rückwirkende Feststellung der Berufsunfähigkeit möglich ist.[191]

Diese Rechtsprechung ist insbesondere dann problematisch, wenn hieraus eine Rückforderung bereits bezahlter Krankentagegelder folgt. Der Versicherungsnehmer, der auf die Krankentagegeldzahlung des Versicherers vertraut hat, kann dann ggf. die notwendigen Dispositionen in Bezug auf eine etwaig vorhandene Berufsunfähigkeitsabsicherung nicht mehr nachholen. Nicht jeder Berufsunfähigkeitsversicherungsvertrag ermöglicht eine rückwirkende Geltendmachung von Leistungen, sondern knüpft den Anspruchsbeginn an eine rechtzeitige Antragstellung, nicht aber an den Zeitpunkt des Eintritts der Berufsunfähigkeit, der vielleicht erst Jahre später anders beurteilt wird, als zum Zeitpunkt der Leistungserbringung des Krankentagegeldversicherers.

▼ 351

Muster 6.54: Klageschrift bei Streit um Vorliegen von Berufsunfähigkeit

6.54

An das Amtsgericht / Landgericht

(*Sitz des Krankenversicherers oder alternativ gem. § 215 Abs. 1 VVG Wohnort des Klägers*)

Klage

des Herrn (*Name/Anschrift*)

– Kläger –,

Prozessbevollmächtigte/r: (Zeichen:)

gegen

die Versicherung AG,

(Anschrift),

190 BGH v. 30.6.2010 – IV ZR 163/09, VersR 2010, 1171.
191 BGH v. 30.6.2010 – IV ZR 163/09, VersR 2010, 1171; BGH v. 20.6.2012 – IV ZR 141/11, VersR 2012, 981.

vertr. durch den Vorstandsvorsitzenden , ebenda, (zu VS-Nr.:)

– Beklagte –,

wegen Krankentagegeldansprüchen und Feststellung aus Krankentagegeldversicherung.

Vorläufiger Streitwert: EUR

Namens und in Vollmacht des Klägers erhebe ich Klage und werde **beantragen**:

> **I. Die Beklagte wird verurteilt, an den Kläger EUR nebst Zinsen in Höhe von 5 Prozentpunkten über dem Basiszinssatz seit zu zahlen.**
>
> **II. Es wird festgestellt, dass der unter VS-Nr. zum geschlossene Krankentagegeldversicherungsvertrag nach Tarif unverändert fortbesteht und insbesondere nicht aufgrund des von der Beklagten im Schreiben vom behaupteten Eintritts von Berufsunfähigkeit am in eine Anwartschaftsversicherung mit der Folge der Leistungsfreiheit für die Dauer des Fortbestehens der Anwartschaftsversicherung umgewandelt wurde.**
>
> **III. Die Beklagte wird verurteilt, an den Kläger außergerichtliche Rechtsanwaltsgebühren in Höhe von EUR nebst 5 Prozentpunkten über dem Basiszinssatz seit Rechtshängigkeit zu zahlen.**

Gründe:

Gegenstand der Klage sind Krankentagegeldansprüche des Klägers aus einer bei der Beklagten abgeschlossenen Krankentagegeldversicherung anlässlich einer im Zeitraum vom - vorliegenden Arbeitsunfähigkeit. Nachdem die Beklagte zunächst die Krankentagegeldansprüche bis zum reguliert hat, hat sie ihre Leistungen unter Hinweis darauf, dass am vermeintlich Berufsunfähigkeit eingetreten sein soll, eingestellt, sowie die Krankentagegeldversicherung zum in die vorsorglich unter Vorbehalt vom Kläger angenommene Anwartschaftsversicherung umgewandelt.

1. Versicherungsvertragsverhältnis

Zwischen den Parteien besteht seit eine private Krankentagegeldversicherung unter VS-Nr. . Danach ist ein Krankentagegeldsatz in Höhe von EUR nach Ablauf einer sechswöchigen Karenzzeit bei Vorliegen bedingungsgemäßer Arbeitsunfähigkeit versichert.

> **Beweis:**
> Versicherungsschein vom nebst sämtlicher zum Zeitpunkt des Versicherungsfalls geltender AVB (Allgemeine und Besondere Bedingungen sowie Tarifbedingungen), Anlage K 1.

Die Beklagte hat mit Schreiben vom auf der Grundlage eines sogenannten Check-Up-Gutachtens den Eintritt der Berufsunfähigkeit des Klägers zum behauptet und daraufhin die Krankentagegeldzahlungen nach Ablauf der vereinbarten dreimonatigen Nachhaftungszeit zum eingestellt.

> **Beweis:**
> Schreiben der Beklagten vom , Anlage K 2.

Im Hinblick auf etwaige Unsicherheiten betreffend das Vorliegen von behaupteter Berufsunfähigkeit hat der Kläger vorsorglich und unter ausdrücklichem Vorbehalt der Rechtmäßigkeit der vermeintlichen Beendigung und der gerichtlichen Überprüfung die ihm im vorgenannten Schreiben der Beklagten angebotene Anwartschaftsversicherung für die Krankentagegeldversicherung angenommen.

In der Folge übersandte die Beklagte dem Kläger den neuen Versicherungsschein vom …, der die Umwandlung des Krankentagegeldvertrags in eine Anwartschaftsversicherung dokumentierte. Der ursprüngliche Beitrag für die Krankentagegeldversicherung in Höhe von … EUR wurde auf nunmehr … EUR reduziert.

> **Beweis:**
> Versicherungsschein vom …, Anlage K 3.

2. Arbeitsunfähigkeit des Klägers

Der Kläger erlitt am … bei einem Treppensturz eine Tibiakopffraktur sowie einen Kreuzbandriss links. Nach operativer Versorgung des Klägers schloss sich eine langwierige ambulante Reha-Behandlung an, die leider bislang noch nicht zur Wiederherstellung der Arbeitsfähigkeit des Klägers führte.

> **Beweis:**
> 1. Entlassungsbericht des Krankenhaus … vom …, Anlage K 4.
> 2. Arztbericht des Dr. … vom …, Anlagenkonvolut K 5.
> 3. Einholung eines Sachverständigengutachtens.

In Folge der vorgenannten Verletzungen und der durchgeführten Behandlungen attestierte Dr. … für den Zeitraum vom …–… 100 %ige Arbeitsunfähigkeit des Klägers. Diese dauert bis dato noch an.

> **Beweis:**
> 1. Pendelformulare des Dr. … im Zeitraum vom …, Anlage K 6.
> 2. Einholung eines Sachverständigengutachtens.

Die Behandlung der unfallbedingten Beeinträchtigungen ist noch nicht abgeschlossen. Der Kläger macht stetig Fortschritte und geht davon aus, dass er in Kürze seine frühere berufliche Tätigkeit wieder aufnehmen kann.

> **Beweis:**
> Arztbericht des Dr. … vom …, Anlage K 7.

3. Berufsbild des Klägers

Der Kläger ist Dachdecker und führt seine Firma … als mitarbeitender Betriebsinhaber. Im Betrieb sind des Weiteren lediglich ein Geselle und ein Lehrling im ersten Ausbildungsjahr tätig. Der Kläger hat die zugrundeliegenden Arbeitsverhältnisse bislang nicht beendet, auch das Gewerbe nicht abgemeldet.

> **Beweis:**
> 1. Informatorische Anhörung des Klägers.
> 2. Bestätigung der Steuerberaters des Klägers vom …, Anlage K 8.

Sobald die Beweglichkeit des linken Beines und dessen volle Belastungsmöglichkeit sowie die Standfestigkeit des Klägers auf Dachschrägen, Leitern und Gerüsten wieder gegeben sind, wird der Kläger seine berufliche Tätigkeit als Dachdecker wie zuvor auch wieder aufnehmen.

Vor dem Sturz des Klägers stellte sich die berufliche Tätigkeit des Klägers wie folgt dar:

Beweis:
Aufstellung einer exemplarischen Arbeitswoche des Klägers, Anlage K 9.

4. Kein Eintritt von Berufsunfähigkeit

Klägerseits wird ausdrücklich bestritten, dass Berufsunfähigkeit zu dem von der Beklagten behaupteten Stichtag am eingetreten ist.

Soweit die Beklagte ihre Leistungseinstellung mit dem Eintritt von Berufsunfähigkeit des Klägers begründet hat, ist sie für das tatsächliche Vorliegen eines Beendigungsgrundes im Sinne von § 15 Abs. 1b AVB darlegungs- und beweisbelastet.

Vorsorglich wird bereits jetzt darauf hingewiesen, dass zu dem behaupteten Stichtag am keine Negativprognose im Hinblick auf die noch nicht abgeschlossene Behandlung des Klägers vorlag. Vielmehr war und ist sowohl der behandelnde Arzt als auch der Physiotherapeut des Klägers der Überzeugung, dass der Kläger als Dachdecker wieder sämtliche Arbeiten wird ausführen können, wie auch vor dem Sturz. Die Rekonvaleszenz dauert nur noch voraussichtlich wenige Wochen an.

Bedingungsgemäße Berufsunfähigkeit liegt nur dann vor, wenn die versicherte Person nach medizinischem Befund im bisher ausgeübten Beruf auf nicht absehbare Zeit mehr als 50 % erwerbsunfähig ist. Der Begriff „nicht absehbar“ ist dahingehend zu verstehen, dass mit der Wiedererlangung der Erwerbsfähigkeit nicht gerechnet werden muss. Erforderlich ist hierfür, dass erfahrungsgemäß trotz Einsatz aller medizinischer Mittel mit einem Beginn der Erwerbsfähigkeit entweder überhaupt nicht zu rechnen ist, oder die Heilchancen so schlecht sind, dass ungewiss bleibt, ob der Versicherte jemals wieder erwerbstätig sein wird (BGH v. 30.6.2010 – IV ZR 163/09, VersR 2010, 1171).

Zum behaupteten Stichtag hat bedingungsgemäße Berufsunfähigkeit des Klägers genauso wenig vorgelegen wie bis dato.

5. Ansprüche des Klägers

Die Beklagte hat die Krankentagegeldansprüche des Klägers lediglich bis zum reguliert.

Danach hat sie zu Unrecht, gestützt auf den vermutlichen Eintritt der Berufsunfähigkeit, die Zahlungen eingestellt.

5.1 Krankentagegeldansprüche

Da Berufsunfähigkeit nicht vorlag und 100 %ige Arbeitsunfähigkeit in dem streitgegenständlichen Zeitraum nach wie vor bestand, besteht der streitgegenständlich mit dem Klageantrag zu I. geltend gemachte weitere Krankentagegeldanspruch des Klägers gegen die Beklagte wie folgt:

Zeitraum vom :

… Tage × … EUR Krankentagegeld = … EUR

5.2 Fortbestand des Krankentagegeldvertrages als Vollversicherung

Da die Beklagte sich zu Unrecht auf Leistungsfreiheit in Bezug auf Krankentagegeldansprüche aus dem in Rede stehenden Krankentagegeldversicherungsvertrag wegen vermeintlichen Eintritts von Berufsunfähigkeit beruft, besteht der mit dem Antrag zu II. geltend gemachte Anspruch auf Feststellung hinsichtlich des Fortbestandes des streitgegenständlichen Vertrages als Vollversicherung. Das den Anspruch voraussetzende Feststellungsinteresse des Klägers ist aufgrund der von der Beklagten behaupteten Beendigung bzw. Leistungsfreiheit offenkundig.

Der Kläger behält sich eine weitergehende Klageerhöhung im Hinblick auf den noch nicht abgeschlossenen Versicherungsfall ausdrücklich vor.

5.3 Nebenforderungen

Die Beklagte befindet sich spätestens seit dem … aufgrund des Ablaufs der im Aufforderungsschreiben des Klägers vom … gesetzten Zahlungsfrist in Verzug und hat dementsprechend die beantragten Zinsen in gesetzlicher Höhe zu zahlen.

> **Beweis:**
> Aufforderungsschreiben des Klägers vom …, Anlage K 10.

Die Beauftragung der/des Unterzeichnenden erfolgte nach Verzugseintritt infolge Ablehnung weiterer Zahlungen durch die Beklagte und Erklärung der vermeintlichen Beendigung des Vertrags. Demzufolge hat der Kläger Anspruch auf Ausgleich der von ihm bereits ausgeglichenen außergerichtlichen Rechtsanwaltsgebühren in Höhe von … EUR, die ihm gegenüber mit Kostennote vom … abgerechnet wurden und mit dem Antrag zu III. geltend gemacht werden.

> **Beweis:**
> Kostennote Nr. … vom …, Anlage K 11.

6. Prozessuales

Hinsichtlich der **Streitwerte** ergibt sich Folgendes:

Mit dem **Antrag zu I.** wird ein Leistungsanspruch geltend gemacht, sodass der Streitwert insoweit gleichlautend … EUR beträgt.

Im Hinblick auf den **Feststellungsantrag zu II.** bemisst sich der Streitwert nach dem Urt. d. BGH v. 14.12.2016 – IV ZR 477/15, VersR 2017, 377, für den Teil des Zusammentreffens des Leistungsantrages und eines Feststellungsantrages auf Fortbestand des Vertrages mit 20 % des vereinbarten Krankentagegeldes für eine 6-monatige Bezugsdauer. Wirtschaftliche Teilidentität der Klagebegehren besteht allerdings nur insoweit, als die Krankentagegeldansprüche von dem Leistungsantrag zu I. umfasst sind.

Daher ergibt sich der Streitwert für den Feststellungsantrag zu II. aus der Addition der nachfolgenden berechneten Teilstreitwerte:

… EUR Krankentagegeldsatz x … Tage × 20 % = … EUR.

… EUR Krankentagegeldsatz x ((365 Tage : 2) abzgl. … Tage) × 80 % = … EUR.

Da der Antrag zu III. streitwertneutral ist, ergibt sich mithin ein Gesamtstreitwert in Höhe von EUR, dessen Festsetzung hiermit **beantragt** wird.

Rechtsanwalt

▲

352 ▼

Muster 6.55: Klageerwiderung bei Streit um Vorliegen von Berufsunfähigkeit

6.55

An das Amtsgericht / Landgericht

Aktenzeichen:

In Sachen

./.

bestelle ich mich für die Beklagte und **beantrage**:

Die Klage wird abgewiesen.

Gründe:

Die mit der Klage geltend gemachten Ansprüche des Klägers scheitern daran, dass der Krankentagegeldversicherungsvertrag seitens der Beklagten zu Recht aufgrund der am eingetretenen Berufsunfähigkeit des Klägers zum in die vom Kläger daraufhin beantragte Anwartschaftsversicherung umgewandelt wurde.

1. Versicherungsvertragsverhältnis

Es trifft zu, dass der zwischen den Parteien unter VS-Nr. bestehende Krankentagegeldversicherungsvertrages inzwischen mit Schreiben vom zum in zulässiger Weise wegen Eintritts von Berufsunfähigkeit in eine Anwartschaftsversicherung umgestellt und daher am die Leistungen eingestellt wurden.

Beweis:
Schreiben der Beklagten vom , Anlage B 1.

2. Sachverhalt

Die vom Kläger erlittenen Verletzungen und vorgetragenen Behandlungen sind zwischen den Parteien unstreitig.

Die Behandlung des Klägers aufgrund des Sturzes dauert nunmehr bereits Monate an. Anlässlich der operativen Versorgung des Klägers war es zu Komplikationen gekommen. Auch der weitere Heilverlauf war gekennzeichnet von einer Vielzahl von Rückschlägen hinsichtlich der Beweglichkeit des linken Beines. Anlässlich der Untersuchung bei Dr. vom wurde bereits der Eintritt einer Arthrose im linken Kniegelenk festgestellt, die ein schmerzfreies Laufen des Klägers, geschweige denn Knien verhindert.

Beweis:
Arztberichte des Dr. vom , Anlagenkonvolut B 2.

Die Beklagte hat daraufhin zur Überprüfung der in Rede stehenden Krankentagegeldansprüche ein Check-Up-Gutachten des Dr. eingeholt. Aufgrund einer am durchgeführten Untersuchung des Klägers wurde seitens Dr.   ausweislich seines Gutachtens vom   der Eintritt der Berufsunfähigkeit am   festgestellt.

Beweis:
Gutachten des Dr.   vom   , Anlage B 3.

Den Inhalt des Gutachtens des Dr.   macht sich die Beklagte zur Vermeidung von Wiederholungen zu eigen und zum Gegenstand ihres Sachvortrages. Insbesondere steht danach fest, dass der Kläger spätestens zum Untersuchungstag   (= Stichtag) nach medizinischen Befund im bisher ausgeübten Beruf als Dachdecker auf nicht absehbare Zeit mehr als 50 % erwerbsunfähig war. Es war bereits nicht absehbar, dass der Kläger jemals wieder würde knien können, die notwendige Standfestigkeit erreichen können, die für ein gefahrloses Arbeiten auf Dachschrägen erforderlich ist, geschweige denn schmerzfrei körperlich würde arbeiten können.

Beweis:
1. Wie vor.
2. Einholung eines Sachverständigengutachtens.

3. Nichtvorliegen vollständiger Arbeitsunfähigkeit

Äußerst hilfsweise bestreitet die Beklagte das Vorliegen vollständiger Arbeitsunfähigkeit im streitgegenständlichen Zeitraum.

Eintritt und Fortdauer der Arbeitsunfähigkeit sind vom Versicherungsnehmer gemäß § 286 ZPO zu beweisen. Mit Vorlage der ärztlichen Arbeitsunfähigkeitsbescheinigungen ist der Beweis eingetretener und fortdauernder bedingungsgemäßer Arbeitsunfähigkeit vom Kläger bislang nicht geführt worden (vgl. insoweit BGH v. 30.6.2010 – IV ZR 163/09, VersR 2010, 1171).

4. Nebenforderungen

Für den geltend gemachten Zinsanspruch fehlt es zudem an der Fälligkeit der im Raum stehenden Erstattungsansprüche, da bislang weder die 100 %ige Arbeitsunfähigkeit des Klägers noch dessen Berufsbild substantiiert dargelegt wurde.

Zudem wird Verzugseintritt sowie der Ausgleich der außergerichtlichen Gebühren durch den Kläger bestritten.

Rechtsanwalt

▲

5. Umfang der Versicherungsleistung

Obschon es sich bei der Krankentagegeldversicherung um eine Summenversicherung **353**
handelt, enthält § 4 Abs. 2 MB/KT eine Regelung, wonach das Krankentagegeld zusammen mit sonstigen Krankentagegeldern oder Krankengeldern das auf den Kalendertag umgerechnete, aus der beruflichen Tätigkeit herrührende Netto-Einkommen der versicherten Person nicht übersteigen darf.

§ 4 Abs. 2 MB/KT enthält indes nach überwiegender Auffassung keine Anspruchsbeschränkung, sondern lediglich einen **programmatischen Grundsatz**, der sowohl beim Abschluss des Vertrages als auch während der Vertragslaufzeit eine „Überversicherung“ verhindern soll.[192]

354 § 4 Abs. 3 MB/KT enthält eine sog. **sanktionslose Obliegenheit**. Zwar ist der Versicherungsnehmer verpflichtet, eine nicht nur vorübergehende Minderung des Netto-Einkommens anzuzeigen. Eine Sanktion für die Nichtanzeige enthalten die AVB aber in der Regel nicht. Da über § 4 Abs. 2 MB/KT eine Anspruchsbegrenzung nicht stattfindet, bleibt dem Versicherer lediglich die Möglichkeit, gemäß § 4 Abs. 4 MB/KT das Krankentagegeld für die Zukunft herabzusetzen. Es bedarf hierfür aber einer Herabsetzungserklärung, die dem Versicherungsnehmer zugehen muss. Zu einer wortgleichen Vorgängerregelung hat der BGH[193] ausdrücklich klargestellt: *„Eine ständige und automatisch sofort wirkende Anpassung an die jeweiligen Einkommensverhältnisse des Versicherten ist mit der Klausel also gerade nicht vorgesehen.“*

355 Gemäß § 4 Abs. 4 S. 1 MB/KT kann der Versicherer in dem Fall, dass das durchschnittliche Nettoeinkommen der versicherten Person in einem Zeitraum von 12 Monaten unter die Höhe des dem Vertrag zugrunde gelegten Nettoeinkommen gesunken ist, auch wenn der Versicherungsfall bereits eingetreten ist, das Krankentagegeld und den Beitrag entsprechend dem geminderten Nettoeinkommen herabsetzen.

In der aktuellen Fassung des § 4 Abs. 4 MB/KT 2009, Stand 06/2024, wird der für die Berechnung des Nettoeinkommens maßgebende Zeitraum für Angestellte und Selbstständige unterschiedlich definiert, auch jeweils daran anknüpfend, ob die Arbeitsunfähigkeit in diesem Zeitraum schon eingetreten war oder nicht. Inzwischen ist in S. 8 ausdrücklich geregelt, dass die Herabsetzung des Krankentagegeldes und des Beitrages von Beginn des zweiten Monats nach Zugang der Herabsetzungserklärung beim Versicherungsnehmer an wirksam wird. § 4 Abs. 4 MB/KT enthält selbst keine Regelung zur Definition des Nettoeinkommens, sondern verweist insoweit auf die Tarifbedingungen.

Die vorgenannte Fassung des § 4 Abs. 4 MB/KT 2009, Stand 11/2022, weicht erheblich von der dem Urt. d. BGH aus dem Jahr 2016[194] zugrunde liegenden Fassung des **§ 4 Abs. 4 MB/KT 2009 (Stand 07/2013) ab. Letztere war laut BGH wegen Intransparenz unwirksam,** weil der Versicherungsnehmer nicht erkennen konnte, nach welchem Zeitraum der Durchschnittsverdienst zu berechnen und welcher Begriff des Nettoeinkommens zugrunde zu legen war.

Lediglich wenige Altverträge enthielten ergänzende und dadurch gegebenenfalls wirksame Regelungen zum Herabsetzungsrecht. Soweit solche Regelungen nicht vorhanden waren, entfiel das Herabsetzungsrecht für den Versicherer ersatzlos.

192 Vgl. Bach/Moser/*Hütt*, § 4 MB/KT Rn 9 m.w.N.
193 BGH v. 4.7.2001 – IV ZR 307/00, VersR 2001, 1100.
194 Vgl. BGH v. 6.7.2016 – IV ZR 44/15, VersR 2016, 1177.

Gleiches gilt für die derzeitige Regelung, falls die Tarifbedingungen keine wirksamen ergänzenden Regelungen enthalten. Denn auch in der aktuellen Fassung des § 4 Abs. 4 MB/KT ist der Begriff des Einkommens nicht definiert.

Die Assekuranz schloss die durch die Unwirksamkeit der Vorgängerregelung entstandene Lücke umgehend durch eine **Klauselersetzung gemäß §§ 203 Abs. 4, 164 VVG**, mit der sie einseitig in bereits bestehenden Krankentagegeldverträgen diverse Neuregelungen zum Herabsetzungsrecht einführte, die konkretisierende Bestimmungen zum Einkommen und dem Zeitraum der Berechnung des Durchschnittsverdienstes enthielten. Verbunden wurde dies teilweise mit einem Erhöhungsrecht des Versicherungsnehmers für den Fall der Erhöhung des Einkommens, allerdings mit meist unzumutbarer Zeitverzögerung.

Diesseits wird die Auffassung vertreten, dass die Voraussetzungen für eine Klauselersetzung zu § 4 Abs. 4 MB/KT in Altverträgen nicht vorlagen und damit die neuen Regelungen nicht Gegenstand der Altverträge geworden sind und Herabsetzungen hierauf nicht gestützt werden können. Bislang wird diese Auffassung allein vom LG Köln vertreten[195], das entgegen der damals veröffentlichten Instanzrechtsprechung[196] eine Klauselersetzung ebenfalls für unwirksam hielt. Das Urteil des LG Köln wurde allerdings vom OLG Köln[197] wieder abgeändert, allerdings erstmals die Revision zugelassen. Diese ist unter dem Az. IV ZR 32/24 beim BGH anhängig. Bis Redaktionsschluss stand die Entscheidung des BGH über die Wirksamkeit der Klauselersetzung von § 4 Abs. 4 MB/KT noch aus.

Ob § 4 Abs. 4 MB/KT in der derzeitigen Fassung wirksam ist, erscheint ebenfalls zweifelhaft.[198] Das Anknüpfen an die Kenntniserlangung des Versicherers setzt voraus, dass feststellbar ist, wann der Versicherer Kenntnis erlangt hat. In der Regel ist der Zeitpunkt für den Versicherungsnehmer kaum überprüfbar, wobei sich bei Veränderungen im Kontext des Jahreswechsels für Selbstständige erhebliche Unterschiede ergeben können. Gleiches folgt daraus, wie Geschäftskosten bei der Ermittlung des Nettoeinkommens eines Selbstständigen zu berücksichtigen sind. Denn diese können sich sowohl positiv wie negativ auswirken, je nach Definition und Zeitpunkt der steuerrechtlichen Auswirkung, ohne dass mit der hieraus folgenden Veränderung des Nettoverdienstes eine Veränderung des Umsatzes einherging. Letztendlich sind auch die neuen tariflichen Regelungen im Einzelfall auf Wirksamkeit zu prüfen und es ist bei allem zu berücksichtigen, dass nur vorübergehende Einkommensveränderungen keine Herabsetzung rechtfertigen.

195 LG Köln v. 11.1.2023 – 23 O 168/21, r+s 2023, 399 mit zustimmender Anmerkung *Commer*, r+s 2023, 400.

196 So OLG Düsseldorf v. 31.1.2020 – 4 U 60/19, r+s 2020, 464; OLG Köln v. 7.12.2021 – 9 U 243/20, r+s 2022, 580.

197 OLG Köln v. 27.2.2024 – 9 U 40/23, r+s 2024, 264, nicht rechtskräftig, mit ablehnender Anmerkung v. *Rogler*, r+s 2024, 267; Revisionsverfahren vor dem BGH unter IV ZR 32/24 anhängig.

198 So auch Prölss/Martin/*Voit*, § 4 MB/KT, Rn 20 a–d.

356 Auch Einkommensminderungen, die erst infolge einer Arbeitsunfähigkeit eingetreten sind, haben bei der notwendigen Vergleichsbetrachtung unberücksichtigt zu bleiben und können laut BGH[199] nicht Gegenstand für eine weitere Herabsetzung sein.

Einkommensminderungen aufgrund einer dauerhaften Reduzierung der Arbeitszeit oder aufgrund Wegfalls der Kontakte oder Aufträge können dagegen berücksichtigt werden, auch wenn diese ursprünglich auf der Erkrankung beruhen, die später mit einhergehender langsamer Einkommensreduzierung letztendlich zur Arbeitsunfähigkeit geführt hat.

Schon nach dem Wortlaut des § 4 Abs. 4 MB/KT werden von der Herabsetzungsbefugnis nur **nachträgliche Einkommensminderungen** erfasst. Dementsprechend ist Voraussetzung für ein wirksames Herabsetzungsverlangen ein Vergleich des Einkommens, welches bei Vertragsschluss zugrunde gelegt wurde bzw. der letzten Anpassung des Krankentagegeldes mit dem nunmehr zur Kenntnis gekommenen Einkommen; teilweise wird zudem eine ordnungsgemäße Begründung gefordert. Diesen Anforderungen werden die vielen Herabsetzungsbegehren nicht gerecht. Oft ist das bei Abschluss des Vertrages vorhandene Einkommen überhaupt nicht erfragt worden oder es war für den Versicherer im Hinblick auf eine Existenzgründung und die Erwartung zukünftig höheren Krankentagegeldes gar nicht relevant. In diesen Fällen scheidet eine Herabsetzung des Krankentagegeldes grundsätzlich aus.

Hiervon zu unterscheiden sind Sachverhalte, in denen der Versicherungsnehmer im Versicherungsantrag sein Netto-Einkommen zu hoch angegeben hat. Dann besteht für den Versicherer eventuell die Möglichkeit, sich vom Vertrag durch Rücktritt oder Anfechtung wegen arglistiger Täuschung zu lösen.

357 Immer wieder kommt es vor, dass ein Versicherungsnehmer, womöglich auch aufgrund krankheitsbedingter Beeinträchtigungen, in den letzten 12 Monaten ein durchschnittliches Netto-Einkommen nicht mehr erzielt hat oder dieses sogar negativ war, und der Versicherer eine sogenannte Anpassung auf „Null" erklärt. Ob es sich hierbei im eigentlichen Wortsinn noch um eine verhältnismäßige Herabsetzung handelt erscheint bereits zweifelhaft.

Zudem enthalten die AVB enumerative Beendigungsgründe allein in § 15 Abs. 1 MB/KT. Liegen also nicht gleichzeitig die Voraussetzungen für den Wegfall der Versicherungsfähigkeit vor, scheidet nach diesseitiger Auffassung grundsätzlich eine mit der Reduzierung auf „Null" verbundene Beendigung des Vertrages aus, sondern es besteht allenfalls die Möglichkeit einer Herabsetzung auf den niedrigsten Tagessatz, der im Tarif versicherbar ist.

199 Vgl. BGH v. 6.7.2016 – IV ZR 44/15, VersR 2016, 1177.

▼ 358

Muster 6.56: Klageschrift bei Herabsetzung des Krankentagegeldanspruches durch Versicherer 6.56

An das Amtsgericht / Landgericht

(*Sitz des Krankenversicherers oder alternativ gem. § 215 Abs. 1 VVG Wohnort des Klägers*)

Klage

des Herrn (*Name/Anschrift*)

– Kläger –,

Prozessbevollmächtigte/r: (Zeichen:)

gegen

die Versicherung AG,

(*Anschrift*),

vertr. durch den Vorstandsvorsitzenden , ebenda, (zu VS-Nr.:)

– Beklagte –,

wegen Krankentagegeldanspruch und Feststellung betreffend Krankentagegeldversicherung.

Namens und in Vollmacht des Klägers erhebe ich Klage und werde **beantragen:**

> **I. Die Beklagte wird verurteilt, an den Kläger EUR nebst Zinsen in Höhe von 5 Prozentpunkten über dem Basiszinssatz seit dem zu zahlen.**
> **II. Es wird festgestellt, dass die Beklagte verpflichtet ist, dem Kläger auf der Basis des bestehenden Krankentagegeldversicherungsvertrages zu VS-Nr. ein Krankentagegeld betreffend des Tarifs ab dem Tag in Höhe von EUR für den Fall der 100 %igen Arbeitsunfähigkeit zu bezahlen, insbesondere dass der Tarif nicht durch das Schreiben der Beklagten vom zum beendet ist.**
> **III. Die Beklagte wird verurteilt, an den Kläger außergerichtliche Rechtsanwaltsgebühren in Höhe von EUR nebst 5 Prozentpunkten über dem Basiszinssatz seit Rechtshängigkeit zu zahlen.**

Gründe:

Gegenstand des Rechtsstreits sind weitere Krankentagegeldansprüche sowie die Feststellung der fortbestehenden Verpflichtung der Beklagten bei bedingungsgemäßer Arbeitsunfähigkeit und Ablauf der Karenzzeiten zur Leistung eines Krankentagegeldes in Höhe des ursprünglich versicherten Krankentagegeldes aus dem zwischen den Parteien unverändert bestehenden Krankentagegeldversicherungsvertrag. Die Beklagte berühmt sich insoweit einer vermeintlichen Berechtigung zur Reduzierung des Tarifes auf „Null" zum .

Im Einzelnen:

1. Versicherungsvertragsverhältnis:

Der Kläger machte sich im Jahr als selbstständig und schloss bei der Beklagten eine private Krankheitskostenversicherung ab. Gleichzeitig war die Beklagte bereit, den Kläger als Existenzgründer im Tarif mit einem Krankentagegeldsatz von EUR ab dem Tag zu versichern. Im Zuge der Anbahnungsgespräche gingen die Parteien davon aus, dass der Kläger in absehbarer Zeit ein monatliches Nettoeinkommen von 3.000 EUR erzielen würde. Der Umstand der Existenzgründung war der Beklagten bei Abschluss des Vertrages bekannt.

Nachdem der Kläger im Zeitraum vom – erstmals arbeitsunfähig wurde und Leistung aus dem in Rede stehenden Tarif in Anspruch nehmen wollte, zahlte die Beklagte zunächst das versicherte Krankentagegeld.

Am wurde von der Beklagten das aktuelle Einkommen angefragt. In der Folge erklärte die Beklagte den Krankentagegeldtarif zum als beendet und dokumentierte dies mit Versicherungsschein vom .

> **Beweis für alles Vorstehende:**
> 1. Ursprünglicher Versicherungsschein vom nebst sämtlicher AVB (Allgemeine und Besondere Versicherungsbedingungen sowie Tarifbedingungen), Anlage K 1.
> 2. Versicherungsschein vom mit Beendigung des KT-Tarifes, Anlage K 2.

2. Außergerichtliche Korrespondenz

Die Beklagte regulierte in Anbetracht der unstreitigen Erkrankung des Klägers zunächst bis zum Krankentagegelder und hinterfragte sodann die Einkommenssituation des Klägers. Nachdem der Kläger die angeforderte Gewinn- und Verlustrechnung für das letzte abgelaufene Kalenderjahr vor Beginn der Arbeitsunfähigkeit übersandt hatte, erklärte die Beklagte mit Schreiben vom die Herabsetzung des Tagessatzes auf „Null" und begründete dies damit, dass die überreichte Gewinn- und Verlustrechnung einen Verlust ausweist, was auch zutraf.

In der Zwischenzeit hat der Kläger eine weitere vorläufige Gewinn- und Verlustrechnung überreicht, aus der sich ergibt, dass eine stetig steigende Umsatzentwicklung besteht und er bereits in diesem Steuerjahr keinen Verlust mehr erzielen wird.

> **Beweis:**
> Gewinn- und Verlustrechnungen für den Zeitraum vom bis , Anlage K 3.

Der Kläger hat bereits außergerichtlich im Einzelnen aufgezeigt, wie sich seine Einkommensentwicklung gestaltete und dass der in dem von der Beklagten angefragten Zeitraum tatsächlich vorliegende Verlust auf die erheblichen Anschaffungen im Existenzgründungsjahr zurückzuführen war, die die damals vorliegenden Umsätze relativierten. Zudem hat der Kläger die Beklagte unter Fristsetzung zum vergeblich aufgefordert, die streitgegenständlichen Krankentagegelder zu zahlen und mit den Wirkungen eines Feststellungsurteiles eine schriftliche Erklärung abzugeben, dass der in Rede stehende Tarif unverändert fortbesteht.

> **Beweis:**
> Aufforderungsschreiben des Klägers vom , Anlage K4.

3. Ansprüche des Klägers

Mit der Klage werden die restlichen Krankentagegeldansprüche aus der inzwischen beendeten Arbeitsunfähigkeit des Klägers, der Feststellungsanspruch im Hinblick auf die im Streit stehende Verpflichtung sowie außergerichtliche Gebühren und Zinsen geltend gemacht.

3.1 Krankentagegeldanspruch

Die mit dem Antrag zu I. geltend gemachten Krankentagegeldansprüche beziehen sich auf den von der Beklagten nicht regulierten weiteren Zeitraum vom bis .
Die 100 %ige Arbeitsunfähigkeit des Klägers steht für diesen Zeitpunkt nicht im Streit.

Dementsprechend errechnet sich folgender Zahlungsanspruch:

Zeitraum vom bis ,

mithin Tage × EUR Krankentagegeld/Tag = **EUR**.

3.2 Feststellungsanspruch

Zudem wird mit dem Antrag zu II. die Feststellung hinsichtlich der Verpflichtung der Beklagten in Bezug auf den streitgegenständlichen Krankengeldtarif begehrt, im Falle bedingungsgemäßer Arbeitsunfähigkeit nach Ablauf der Karenzzeit von Tagen den zu Versicherungsbeginn versicherten Tagegeldsatz von EUR zu erbringen.

Ein Feststellungsinteresse des Klägers ergibt sich aus der Herabsetzungserklärung der Beklagten vom zum und der Weigerung der Beklagten, das Fortbestehen des in Rede stehenden Tarifs zu bestätigen. Die Beklagte konnte den in Rede stehenden Tarif nicht herabsetzen oder gar beenden.

Beendigungsgründe für den Versicherer finden sich in § 15 AVB. Solche liegen unstreitig nicht vor.

Die Beklagte berühmt sich einer Beendigung des Tarifs wegen Reduzierung des Krankentagegeldes auf „Null". Für eine solche Vorgehensweise bietet § 4 Abs. 2 i.V.m. Abs. 4 AVB keine rechtliche Grundlage. Wenn überhaupt wäre allenfalls **bei Verringerung des tatsächlich erzielten Einkommens für die Zukunft** eine Herabsetzung des zum Zeitpunkt des Versicherungsantrages versicherten Krankentagegeldes möglich gewesen. **Das Einkommen des Klägers ist allerdings nicht gesunken, sondern gestiegen**.

> **Beweis:**
> Gewinn- und Verlustrechnung für die Jahre seit Versicherungsabschluss bis , bereits als Anlage K3 vorgelegt.

§ 4 Abs. 4 MB/KT ermöglicht – wenn überhaupt – lediglich eine Herabsetzung entsprechend dem geminderten Netto-Einkommen (vgl. auch OLG Hamm v. 3.11.1999 – 20 U 102/99, VersR 2000, 750).

Eine Herabsetzung auf „Null" scheitert also bereits daran, dass das Einkommen des Klägers nicht gesunken ist. Zudem fehlt die notwendige Vergleichsbetrachtung hinsichtlich des Einkommens zum Zeitpunkt der Antragstellung und zum Zeitpunkt der Kenntnis der Beklagten vom gesunkenen Einkommen.

Zudem hat der BGH ohnehin inzwischen durch Urt. v. 6.7.2016 – IV ZR 44/15, VersR 2016, 1177, die Unwirksamkeit des § 4 Abs. 4 MB/KT 2009, der gleichlautend mit der streitgegenständlichen Regelung ist, wegen Verstoßes gegen das Transparenzgebot angenommen, so dass hierauf überhaupt keine Reduzierung des versicherten Krankentagegeldsatzes, geschweige denn auf „Null“, wirksam seitens der Beklagten gestützt werden kann. Eine wirksame Klauselersetzung nach § 203 Abs. 4, 164 VVG wird bestritten und scheitert an den strengen Voraussetzungen. Denn grundsätzlich wird gemäß § 306 BGB dem Verwender der AVB, also der Beklagten, das Risiko der Unwirksamkeit zugewiesen. In rechtlicher Hinsicht wird auf das Urt. d. LG Köln v. 11.1.2023 – 23 O 168/21, r+s 2023, 399 ff. mit zustimmender Anmerkung *Commer* verwiesen. Zwar wurde das Urteil durch das OLG Köln aufgehoben (vgl. r+s 2024, 267 mit ablehnender Anmerkung *Rogler*), jedoch die Revision zugelassen, die beim BGH unter dem Az. IV ZR 32/24 anhängig ist. Derzeit steht die Entscheidung des BGH noch aus. Zudem war den Vertragsparteien zum Zeitpunkt klar, dass sich der Kläger gerade erst in der Existenzgründungsphase befand und das versicherte Einkommen damals noch nicht erzielte. Die Beklagte gab sich mit der Angabe zufrieden, dass ein Monatseinkommen in Höhe von 3.000 EUR/ Monat netto zu erwarten war. Gerade diese Erwartung wird sich vermutlich im nächsten Jahr erfüllen, worauf es jedoch nicht einmal ankommt.

Entscheidend ist, dass die Beklagte bewusst ein höheres Krankentagegeld versichert hat, als es dem programmatischen Grundsatz des § 4 Abs. 2 AVB entspricht. Sie hat mithin eine Überversicherung bewusst hingenommen. Zudem ist das Einkommen des Klägers erwartungsgemäß stetig gestiegen und nicht gesunken, was indes Voraussetzung jeder Herabsetzung nach § 4 Abs. 4 AVB ist.

Das OLG Saarbrücken (Urt. v. 20.3.2002 – 5 U 816/01, zfs 2002, 445) hat bereits klargestellt, dass der Versicherer entgegen § 4 Abs. 2 MB/KT seine Leistung nicht nachträglich auf ein dem Netto-Einkommen entsprechendes Krankentagegeld beschränken darf, wenn die vertragschließenden Parteien ein das Netto-Einkommen übersteigendes Krankentagegeld vereinbart haben. Ersichtlich war dies auch vorliegend zwischen den Parteien gewollt.

Zutreffend setzt das OLG Hamm (a.a.O.) zudem voraus, dass der Versicherer im Rahmen eines Herabsetzungsverlangens einen Vergleich der entsprechenden Einkommen vornimmt. Ansonsten ist bereits aus formalen Gründen keine Herabsetzung für die Zukunft möglich. Hieran fehlt es in dem Herabsetzungsschreiben der Beklagten völlig.

Insbesondere besteht in Rechtsprechung und Literatur zwischenzeitlich Übereinstimmung, dass sich aus § 4 Abs. 2 und Abs. 4 MB/KT kein Recht des Versicherers ergibt, eine Anpassung auf das nach § 4 Abs. 2 MB/KT zu vereinbarende Tagegeld vorzunehmen (vgl. BGH v. 4.7.2001 – IV ZR 307/00, VersR 2001, 1100). Allenfalls ergibt sich ein Herabsetzungsrecht des vereinbarten Tagegeldes entsprechend dem nicht nur vorübergehenden Absinken des Einkommens, somit ein Recht einer zu begründenden verhältnismäßigen Herabsetzung.

3.3 Nebenforderungen

Die Beklagte befindet sich seit dem aufgrund des Aufforderungsschreibens des Klägers vom (Anlage K4) in Verzug und hat dementsprechend die beantragten Zinsen in gesetzlicher Höhe zu zahlen.

Die Beauftragung der/des Unterzeichnenden erfolgte nach Verzugseintritt. Demzufolge hat der Kläger Anspruch auf Ausgleich der von ihm bereits ausgeglichenen außergerichtlichen Rechtsanwaltsgebühren in Höhe von EUR, die ihm gegenüber mit Kostennote vom abgerechnet wurden und mit dem Antrag zu III. geltend gemacht werden.

> **Beweis:**
> Kostennote Nr. vom , Anlage K 5.

4. Prozessuales

Hinsichtlich der **Streitwerte** ergibt sich Folgendes:

Mit dem **Antrag zu I.** wird ein Leistungsanspruch geltend gemacht, sodass der Streitwert insoweit gleichlautend EUR beträgt.

Im Hinblick auf den **Feststellungsantrag zu II.** bemisst sich der Streitwert nach dem Urt. d. BGH v. 14.12.2016 – IV ZR 477/15, VersR 2017, 377, für den Teil des Zusammentreffens des Leistungsantrages und eines Feststellungsantrages auf Fortbestand des Vertrages mit 20 % des vereinbarten Krankentagegeldes für eine 6-monatige Bezugsdauer. Wirtschaftliche Teilidentität der Klagebegehren besteht allerdings nur insoweit, als die Krankentagegeldansprüche von dem Leistungsantrag zu I. umfasst sind.

Daher ergibt sich der Streitwert für den Feststellungsantrag zu II. aus der Addition der nachfolgenden berechneten Teilstreitwerte:

 EUR Krankentagegeldsatz x Tage × 20 % = EUR.

 EUR Krankentagegeldsatz x ((365 Tage : 2) abzgl. Tage) × 80 % = EUR. Da der Antrag zu III. streitwertneutral ist, ergibt sich mithin ein Gesamtstreitwert in Höhe von EUR, dessen Festsetzung hiermit **beantragt** wird.

Rechtsanwalt

▲

▼ 359

Muster 6.57: Klageerwiderung bei Herabsetzung des Krankentagegeldsatzes durch Versicherer 6.57

An das Amtsgericht / Landgericht

Aktenzeichen:

In Sachen

./.

bestelle ich mich für die Beklagte und **beantrage**:

Die Klage wird abgewiesen.

Gründe:

Dem Kläger stehen die geltend gemachten Ansprüche nicht zu. Die Beklagte hat zum einen das Krankentagegeld wirksam auf „Null" seit dem [redacted] herabgesetzt. Zum anderen bestand seit dem [redacted] keine vollständige Arbeitsunfähigkeit des Klägers mehr.

1. Einkommen des Klägers

Nach den vom Kläger vorgelegten Einkommensunterlagen steht fest, dass das Einkommen des Klägers in dem nach den AVB relevanten Zeitraum unstreitig negativ war.

2. Herabsetzungsbefugnis

Aufgrund dessen konnte die Beklagte das versicherte Krankentagegeld auf „Null" reduzieren.

Insbesondere ist § 4 Abs. 4 MB/KT in der aktuellen Fassung wirksam. Aufgrund des Urt. d. BGH v. 6.7.2016 – IV ZR 44/15, r+s 2016, 466, hat die Beklagte ein Klauselersetzungsverfahren nach §§ 203 Abs. 4, 164 VVG durchgeführt.

Nachdem § 4 Abs. 4 MB/KT a.F. durch das vorgenannte Urt. d. BGH für unwirksam erklärt worden ist, war das durchgeführte Klauselersetzungsverfahren eröffnet. Denn die Ersetzung war zur Fortführung des Vertrages notwendig und darüber hinaus hätte ein Festhalten ohne die Neuregelung und damit Wiedereinführung eines Herabsetzungsrechtes für die Beklagte auch unter Berücksichtigung der Interessen ihrer Versicherungsnehmer eine unzumutbare Härte dargestellt (vgl. ausdrücklich OLG Düsseldorf v. 31.1.2020 – 4 U 60/19, r+s 2020, 464; OLG Köln v. 7.12.2021 – 9 U 243/20, r+s 2022, 580 und v. 27.2.2024 – 9 U 40/23, r+s 2024, 263).

Gegen eine Reduzierung spricht auch nicht, dass die Beklagte wusste, dass der Kläger zum Antragszeitpunkt Existenzgründer war und daher zu diesem Zeitpunkt das versicherte Krankentagegeld nicht § 4 Abs. 2 AVB entsprach. Die Beklagte hatte dennoch keine Überversicherung in Kauf genommen. Sie ging von einem zu niedrigen Einkommen allenfalls für 6 Monate aus. Die auf Anschaffungskosten entfallende AFA wurde bei der Ermittlung des Verlustes bereits herausgerechnet.

Zwar war der Umsatz des Klägers steigend, jedoch nicht in der Höhe, die das versicherte Tagegeld auch noch zum Zeitpunkt der streitgegenständlichen Arbeitsunfähigkeit hätte rechtfertigen können. Zum Zeitpunkt der Herabsetzung war ersichtlich, dass der Kläger, wenn überhaupt, erst in einigen Jahren das bei Abschluss des Vertrages zugrunde gelegte voraussichtliche Einkommen wird erreichen können. Ein solch langer Zeitraum läge allerdings weit über einer normalen Existenzgründungsphase.

Es ist daher unschädlich, dass sich das Einkommen des Klägers tatsächlich erhöht hat, da es weit hinter den beiderseitigen Erwartungen zurückblieb.

Die Beklagte musste die Herabsetzung nicht mittels konkreter Vergleichsbetrachtung der Einkommen begründen, da das Einkommen ohnehin negativ war.

3. Fehlende vollständige Arbeitsunfähigkeit

Vorsorglich wird das Vorliegen einer 100 %igen Arbeitsunfähigkeit im streitgegenständlichen Zeitraum bestritten. Der Kläger hat bislang keine Einzelheiten zu dem von ihm ausgeübten Beruf, seiner Ausgestaltung und den beruflichen Anforderungen vorgetragen.

Die Darlegungs- und Beweislast liegt insoweit beim Kläger.

Zur schlüssigen Darlegung des Anspruches gehört, dass der Versicherungsnehmer unter substantiierter Darlegung seiner Beschwerden und seiner Berufstätigkeit vorgetragen hat, wann er den zuletzt ausgeübten Beruf im streitgegenständlichen Zeitraum in keiner Weise mehr ausüben konnte (vgl. OLG Saarbrücken v. 29.8.2007 – 5 U 163/07, VersR 2008, 952; bestätigt durch BGH v. 12.11.2008 – IV ZR 273/07, juris).

4. Nebenforderungen

Für den geltend gemachten Zinsanspruch fehlt es daher ohnehin an der Fälligkeit der im Raum stehenden Erstattungsansprüche.

Die außergerichtlichen Rechtsanwaltsgebühren stehen dem Kläger daher nicht zu. Zudem wird Verzugseintritt sowie der Ausgleich der außergerichtlichen Gebühren durch den Kläger bestritten.

Rechtsanwalt

F. Reisekrankenversicherung

Vicki Irene Commer

I. Einleitung

Reisekrankenversicherungen werden sowohl für Personen mit ständigem Wohnsitz au- 360
ßerhalb Deutschlands angeboten, die sich zu Reisen innerhalb Deutschlands aufhalten (sog. Incoming-Versicherungen) als auch für Personen mit ständigem Wohnsitz innerhalb Deutschlands, die sich zu Reisen außerhalb Deutschlands aufhalten (Outcoming-Versicherungen). Vereinzelt gibt es auch Reisekrankenversicherungen für Personen mit Wohnsitz in Deutschland für Urlaubsreisen innerhalb von Deutschland.

1. Rechtsquellen

Die §§ 192–208 VVG gelten grundsätzlich auch für die Reisekrankenversicherung. Für 361
Reisekrankenversicherungsverträge können Vertragslaufzeiten vereinbart werden (vgl. § 195 Abs. 2 VVG).

Obschon es für die Reisekrankenversicherung keine Musterbedingungen gibt, orientieren 362
sich die allgemeinen Versicherungsbedingungen zumeist am Aufbau der MB/KK 2009.

Nachfolgend beziehen sich die Ausführungen allein auf Outcoming-Versicherungen.

2. Leistungsumfang und -voraussetzungen

In Outcoming-Policen wird Versicherungsschutz für Krankheiten, Unfall und andere im 363
Vertrag genannte Ereignisse bei einem **im Ausland unvorhergesehen eingetretenen Versicherungsfall** angeboten.

Soweit wie üblich in den Versicherungsbedingungen zum Schutz des Versicherers vor vorvertraglichen Risiken das Leistungsversprechen auf Krankheiten beschränkt ist, deren Eintritt nicht vorhersehbar oder unerwartet war, ist auf die subjektive Sicht des Versicherungsnehmers oder der versicherten Person abzustellen.[200] Eine entsprechende, gegebenenfalls ergänzend heranzuziehende Auslegung in Bezug auf die Formulierung „unerwartete Erkrankung" auch im Kontext der Frage des Versicherungsschutzes für einen akuten Schub einer chronischen Grunderkrankung hat der BGH[201] inzwischen auch in der Reise-Rücktrittsversicherung oder Reiseabbruch-Versicherung vorgenommen.

Reisekrankenversicherungen sehen meist auch eine Assistenz- bzw. Notfallversicherung vor, die die aktive Betreuung und Organisation der Rückholung erkrankter und verletzter Personen umfasst.

364 **Versicherungsfall** ist die medizinisch notwendige Heilbehandlung einer versicherten Person wegen Krankheits- oder Unfallfolgen. Regelmäßig gelten als Versicherungsfall auch Todesfälle mit Kostenerstattung für Überführungs- bzw. Bestattungskosten am Sterbeort.

> *Hinweis*
>
> Grundsätzlich werden keine Aufwendungen erstattet, wenn der Versicherungsfall bereits vor Antritt der Auslandsreise eingetreten war oder die Heilbehandlung nicht akut erforderlich oder voraussehbar war.

365 In der Regel enthalten Jahrespolicen eine Begrenzung des Versicherungsschutzes auf eine **Höchstreisedauer**. Soweit Heilbehandlung *„während vorübergehender Reisen bis zu sechs Wochen Dauer"* im Vertrag versichert wird, besteht Krankenversicherungsschutz auf Auslandsreisen für die ersten sechs Wochen immer, unabhängig davon, wie lange die Reise geplant war.[202]

366 Für sogenannte schwebende Versicherungsfälle, die während der vereinbarten Höchstreisedauer eintreten, aber noch nicht abgeschlossen sind, endet der Versicherungsschutz mit deren Ablauf. Eine **Nachhaftung** ist jedoch in den meisten AVB für den Fall vorgesehen, dass sich die Rückreise in Folge fehlender Rückreisefähigkeit verzögert. Derartige Nachhaftungsklauseln verlängern den Versicherungsschutz in der Regel bis zur Wiederherstellung der Rückreisefähigkeit.

367 Reisekrankenversicherungen setzen für die **Versicherungsfähigkeit** das Vorliegen eines ständigen Wohnsitzes in Deutschland voraus. Oft sind auch Altershöchstgrenzen für die Aufnahmefähigkeit und zum Teil auch für die Versicherungsfähigkeit vorgesehen.

368 Der **Umfang der Leistungspflicht** umfasst neben Aufwendungsersatz für medizinisch notwendige Heilbehandlung im Rahmen einer stationären Krankenhausbehandlung auch

200 BGH v. 21.9.2011 – IV ZR 227/09, VersR 2012, 89.

201 BGH v. 19.10.2022 – IV ZR 185/20, VersR 2022, 1585.

202 BGH v. 19.9.2007 – IV ZR 136/06, VersR 2008, 64; BGH v. 10.7.2024 – IV ZR 129/23, VersR 2024, 1201 entsprechend für 90 Tage.

Aufwendungsersatz für ambulante ärztliche und schmerzstillende zahnärztliche Behandlung.

Regelmäßig ist auch ein Erstattungsanspruch für Aufwendungen des **Krankentransportes** zur stationären Behandlung vereinbart sowie für **Heilmittel**, soweit sie aufgrund der akuten Erkrankung oder der unfallbedingten Verletzung medizinisch erforderlich und ärztlich verordnet wurden. Hinsichtlich **zahnärztlicher Behandlung** erfolgt meist eine Beschränkung des Leistungsumfangs auf Kostenersatz für schmerzstillende zahnärztliche Behandlung und Zahnfüllungen in einfachen Ausführungen.

Hilfsmittel sind in der Regel von der Leistungspflicht ausgenommen.

Zudem leistet der Reisekrankenversicherer entsprechend den AVB auch Ersatz für die 369 **Kosten der Rückführung im Ausland akut erkrankter oder verletzter Personen**. Die Mehrzahl der Versicherungsbedingungen setzen hierfür entweder voraus, dass der Krankenrücktransport medizinisch notwendig oder aber medizinisch sinnvoll und vertretbar ist.

Gemäß § 198 Abs. 4 VVG können auch versicherte Leistungen im Zusammenhang mit 370 einer **Kindernachversicherung** in Betracht kommen, soweit für das Neugeborene oder für das Adoptivkind anderweitiger privater oder gesetzlicher Krankenversicherungsschutz im Inland oder Ausland besteht.

In Bezug auf **Risikoausschlüsse** ist hervorzuheben, dass generelle Ausschlussklauseln, 371 wie sie teilweise noch bezüglich der Leistungspflicht für Untersuchungen und Behandlungen wegen Schwangerschaft verwendet werden, ohne Wiedereinschluss bestimmter Teilbereiche den Versicherungsnehmer entgegen dem Gebot von Treu und Glauben benachteiligen. Leistungsausschlüsse, denen der durchschnittliche Versicherungsnehmer nicht hinreichend klar entnehmen kann, wann im Einzelnen die Leistungspflicht ausgeschlossen sein soll, sind unwirksam.

Folgende Klauseln wurden für unwirksam erachtet:

- *„Keine Leistungspflicht besteht für Untersuchungen und Behandlungen wegen Schwangerschaft, Entbindung, Fehlgeburt und Schwangerschaftsabbruch sowie deren Folgen.“*[203]
- *„Keine Leistungspflicht besteht für Untersuchung und Behandlung zur Schwangerschaftsüberwachung, ferner für die Entbindung und Schwangerschaftsabbruch und deren Folgen.“*[204]
- *„Bei einem bereits vorher bekannten medizinischen Zustand, der der versicherten Person bekannt war, als sie die Kreditkarte beantragte, bzw. bei der Buchung der Reise, je nachdem, was am kürzesten zurückliegt, insbesondere, weswegen die versicherte Person: ...“ (Aufzählung in a) – e))“*[205]

203 OLG Hamburg v. 20.7.1999 – 9 U 152/99, VersR 1999, 1482.
204 BGH v. 22.11.2000 – 4 ZR 235/99, VersR 2001, 184.
205 BGH v. 10.7.2024 – IV ZR 129/23, VersR 2024, 1201 Unwirksamkeit wegen Intransparenz.

Wirksam sind aber solche Regelungen, die die Leistungspflicht lediglich einschränken, wobei die AVB der Reisekrankenversicherer erheblich variieren.

Ein zeitlich begrenzter Leistungsausschluss für Entbindungen nach der 36. Schwangerschaftswoche ist wirksam.

Häufig finden sich in den AVB auch Klauseln entsprechend der privaten Krankheitskostenversicherung (wie z.B. Übermaßklausel, Schulmedizinklausel, Beschränkung der Behandler etc.).

372 In den meisten Versicherungsbedingungen von Reiseversicherungsunternehmen ist eine **Subsidiaritätsklausel** enthalten, die mit einer Vorleistungspflicht des Reisekrankenversicherers verbunden ist. Solche Klauseln sind wirksam.[206] Dass in der Regel in den Bedingungen der privaten Krankheitskostenversicherer enthaltene vertragliche Abtretungsverbot gemäß § 6 Abs. 6 MB/KK 2009 hindert den Rechtsübergang dennoch grundsätzlich nicht. Der BGH ist insoweit der Auffassung, dass das Berufen eines privaten Krankenversicherers auf das Abtretungsverbot als rechtsmissbräuchlich anzusehen ist, weil es nicht mehr von einem im Verwendungsbereich der Klausel liegenden Interesse gedeckt wird.[207]

Soweit keine Subsidiaritätsklausel vorliegt oder aber beide Versicherungsverträge, die dasselbe Risiko abdecken, entsprechende und damit kollidierende Subsidiaritätsklauseln enthalten, besteht grundsätzlich ein Anspruch auf Innenausgleich gemäß § 78 Abs. 2 VVG. Oft ergibt sich jedoch aus dem Beitritt zu einem Abkommen über den Verzicht auf Ausgleichsansprüche etwas anderes für den Innenausgleich.

Der BGH[208] hat auch für die Reiseversicherung ausdrücklich klargestellt, dass gleichwertige Subsidiaritätsklauseln ergänzend dahingehend auszulegen sind, dass sie sich im Verhältnis zum Versicherungsnehmer wechselseitig aufheben und im Innenausgleich der Versicherer infolge Mehrfachversicherung gemäß § 78 VVG zur Anwendung kommen. Der Versicherungsnehmer kann sich in solchen Konstellationen aussuchen, von welchem Versicherer er Leistungen verlangt.

II. Außergerichtliche Mandate

1. Informationsbeschaffung

373 Bei der Mandatsannahme sind folgende Unterlagen anzufordern:

- Versicherungsschein mit zugrunde liegenden Versicherungsbedingungen,
- wechselseitige Korrespondenz zum konkreten Versicherungsfall/Mandat,
- Arztberichte/Behandlungsunterlagen, Rechnungen und Stellungnahmen der Behandler.

206 BGH v. 21.4.2004 – IV ZR 113/03, VersR 2004, 994; BGH v. 18.9.2009 – IV ZR 58/06, VersR 2010, 247.
207 BGH v. 21.4.2004 – IV ZR 114/03, VersR 2004, 994.
208 BGH v. 10.7.2024 – IV ZR 129/23, VersR 2024, 1201; BGH v. 19.2.2014 – IV ZR 389/12, VersR 2014, 450.

2. Anspruchsinhaber

Anspruchsinhaber ist grundsätzlich der Versicherungsnehmer und zwar unabhängig davon, ob der Erstattungsanspruch betreffend der Behandlung einer mitversicherten Person angefallen ist. 374

3. Anspruchshöhe

Der Vertrag enthält grundsätzlich einen **Aufwendungsersatzanspruch** betreffend der angefallenen und nachgewiesenen Kosten der Heilbehandlung bzw. des Rücktransportes. 375

Zumeist ist ein **Selbstbehalt** vorgesehen.

4. Anspruchsgeltendmachung

▼ 376

Muster 6.58: Anspruchsgeltendmachung gegenüber Reisekrankenversicherer

An die

Krankenversicherung AG

VS-Nr.:

Sehr geehrte Damen und Herren,

ich zeige an, dass mich Ihr/e Versicherungsnehmer/in gemäß anliegender Vollmacht mit der Geltendmachung der tariflichen Ansprüche aus der anliegenden Rechnung des Dr. beauftragt hat.

Nach dem versicherten Tarif besteht im Hinblick auf die erbrachten Leistungen ein Erstattungsanspruch entsprechend des Rechnungsbetrages in Höhe von EUR. Die in Rede stehende Rechnung wurde Ihnen im Original bereits zur Erstattung unmittelbar übermittelt. Gleichwohl konnte mein/e Mandant/in innerhalb der von ihm/ihr gesetzten Frist keinen Zahlungseingang feststellen.

Die von Ihnen erhobenen Einwendungen gegen den Erstattungsanspruch greifen nicht durch. Die vorgenannten Aufwendungen beruhen auf einer notwendigen Heilbehandlung meiner/s Mandantin/en aufgrund einer während der versicherten Reise unerwarteten Erkrankung.

Namens und in Vollmacht meiner/s Mandantin/en fordere ich Sie hiermit auf, umgehend, spätestens bis zum , den unter Abzug des vertraglichen Selbstbehalts von EUR verbleibenden Betrag in Höhe von EUR auf das Ihnen von meiner/m Mandantin/en bekannt gegebene Konto unter Zahlungsnachricht an mich anzuweisen.

Mit freundlichen Grüßen

Rechtsanwalt

▲

III. Gerichtliche Mandate

1. Prozessuales

377 Die **Beweislast** hinsichtlich des Eintritts einer Erkrankung während der Auslandsreise liegt beim Versicherten, während dessen der Beweis der Kenntnis oder grob fahrlässigen Unkenntnis des Versicherten in Bezug auf den Eintritt einer unvorhergesehenen Erkrankung dem Versicherer obliegt.

2. Verjährung

378 Grundsätzlich gilt inzwischen die dreijährige Verjährungsfrist des § 195 BGB.

3. Heilbehandlung wegen unvorhergesehen eingetretener Krankheit

379 Voraussetzung für die Leistungspflicht ist mithin die **im Ausland notwendige Heilbehandlung der auf der Reise im Ausland unvorhergesehenen eingetretenen Krankheit oder Unfallfolgen**.

380 Eine Heilbehandlung wegen Unfalles während der Reise ist immer unerwartet. In der Praxis problematisch ist meist, ob eine Erkrankung unerwartet eingetreten ist.

Eine Erkrankung ist dann **unvorhergesehen** eingetreten, wenn der Versicherungsnehmer ihren Eintritt während der Auslandsreise nicht vorhergesehen hat und ihn ohne Vorsatz oder grobe Fahrlässigkeit auch nicht vorhersehen konnte. Der BGH[209] hat zwischenzeitlich klargestellt, dass hierbei auf die **subjektive Sicht des Versicherungsnehmers bzw. der betroffenen versicherten Person** abzustellen ist.

Entscheidend ist daher, welche Informationen dem Versicherungsnehmer bzw. dem Versicherten durch behandelnde Ärzte konkret gegeben worden sind. Folglich ist unerheblich, inwieweit Vorerkrankungen das Risiko einer akuten Erkrankung nach medizinischen Ermessen objektiv erhöht haben.

Dementsprechend ist der Versicherungsschutz bei einer dem Versicherten bekannten Grunderkrankung, die erfahrungsgemäß zu gelegentlichen Akutbeschwerden führt, für akute Vorfälle nicht grundsätzlich ausgeschlossen. Entscheidend ist vielmehr, ob sich dem Versicherten die Erkenntnis aufdrängen musste, dass die Gefahr von Akutbeschwerden gerade während der Auslandsreise gesteigert sein wird.[210]

381 Eine Verschlimmerung oder Verschlechterung eines **chronischen Leidens** stellt allerdings lediglich die Fortdauer einer bereits bestehenden und damit keine unvorhergesehene Erkrankung im Sinne der Reisekrankenversicherung dar.[211]

209 BGH v. 21.9.2011 – IV ZR 227/09, IV ZR 229/09, VersR 2012, 89; BGH v. 20.3.1994 – IV ZR 109/93, VersR 1994, 549.

210 OLG Hamm v. 8.11.2000 – 20 U 44/00, VersR 2001, 1229.

211 OLG Jena v. 17.12.1997 – 4 U 742/79, VersR 1999, 220.

▼ 382

Muster 6.59: Klageschrift bei Streit um Unvorhersehbarkeit einer Erkrankung

An das Amtsgericht/Landgericht

(*Sitz des Krankenversicherers oder alternativ gem. §215 Abs. 1 VVG Wohnort des Klägers*)

Klage

des Herrn (*Name/Anschrift*)

– Kläger –,

Prozessbevollmächtigte/r: (Zeichen:)

gegen

die Versicherung AG,

(*Anschrift*),

vertr. durch den Vorstandsvorsitzenden , ebenda, (zu VS-Nr.:)

– Beklagte –,

wegen Erstattungsansprüchen aus Reisekrankenversicherung.

Vorläufiger Streitwert: EUR

Namens und in Vollmacht des Klägers erhebe ich Klage und werde **beantragen:**

> **I. Die Beklagte wird verurteilt, an den Kläger EUR nebst Zinsen in Höhe von 5 Prozentpunkten über dem Basiszinssatz seit dem zu zahlen.**
> **II. Die Beklagte wird verurteilt, an den Kläger außergerichtliche Rechtsanwaltsgebühren in Höhe von EUR nebst 5 Prozentpunkten über dem Basiszinssatz seit Rechtshängigkeit zu zahlen.**

Gründe:

Gegenstand der Klage sind Ansprüche des Klägers gegen die Beklagte aus einer Reisekrankenversicherung anlässlich des während der Reise am erlittenen Herzinfarktes seiner mitversicherten Ehefrau.

1. Versicherungsvertragsverhältnis

Der Kläger hat bei der Beklagten eine Reisekrankenversicherung nach dem Tarif für die Zeit vom – unter Einbeziehung der Versicherungsbedingungen (im Folgenden AVB genannt) abgeschlossen. Die Ehefrau des Klägers war im Vertrag mitversichert. Zudem war ein Selbstbehalt von EUR vereinbart.

Die AVB enthalten u.a. folgende Regelung:

§1 Abs. 1 AVB:

> *„Der Versicherer erbringt im Rahmen dieser Versicherungsbedingungen Versicherungsschutz bei akuter, unerwarteter Erkrankung, Verletzung und einem unerwarteten Todesfall."*

Weiter heißt es:

„Kein Versicherungsschutz besteht, wenn der Versicherungsnehmer oder die mitversicherte Person vor Reiseantritt wussten oder absehbar war, dass vor Reiseantritt bekannte Beschwerden, Erkrankungen oder Verletzungen während der Reise behandlungsbedürftig werden; der Ausschluss gilt auch für die Folgen einer solchen Behandlung (einschließlich Tod)."

Beweis für alles Vorstehende:
Versicherungsschein vom … mit AVB, Anlage K 1.

2. Medizinisch notwendige Behandlung während der Reise

Die Ehefrau des Klägers reiste während des Versicherungsschutzes nach ….

Am … erlitt sie … einen Myokardinfarkt und wurde ins Klinikum … eingeliefert, wo sie sich einer Bypass-Operation unterziehen musste. Für den Krankenhausaufenthalt vom … - … stellte das Klinikum … EUR in Rechnung.

Beweis:
Rechnung des Klinikum … vom …, Anlage K 2.

Unstreitig ist, dass die Ehefrau des Klägers vor Antritt der Reise an einer Koronararterienerkrankung sowie Herz-Rhythmus-Störungen litt und deswegen regelmäßig Medikamente einnehmen musste. Ein drei Monate vor Reiseantritt beim letzten Behandlungstermin durchgeführtes EKG ergab einen alten inferioren Myokardinfarkt.

3. Unvorhersehbarkeit der Erkrankung

Für die Ehefrau des Klägers war nicht absehbar, dass sie während des Auslandaufenthaltes einen Herzinfarkt erleiden würde.

Auch seitens des behandelnden Arztes war weder ihr noch dem Kläger selbst vor Reiseantritt mitgeteilt worden, dass die Gefahr besteht, dass das Herzinfarktrisiko der Ehefrau des Klägers bei Antritt eines Auslandsaufenthaltes erhöht sein würde. Es erfolgte nicht einmal eine ärztliche Konsultation im engeren zeitlichen Kontext mit der Reise.

Weder der Kläger noch seine Ehefrau haben damit gerechnet, dass Letztere während des Auslandsaufenthalts einen Herzinfarkt erleiden würde. Ansonsten hätten sie die streitgegenständliche Reise ohnehin nicht angetreten.

Beweis für alles Vorstehende unter Protest gegen die Beweislast:
1. Zeugnis der Frau … *(Name/Anschrift).*
2. Zeugnis des Dr. … *(Name/Anschrift).*

Da der Herzinfarkt an sich eine akute Erkrankung ist, besteht Leistungspflicht der Beklagten.

4. Außergerichtliche Korrespondenz

Der Kläger forderte die Beklagte mit Fristsetzung zum … zur Erstattung der Kosten im Hinblick auf die Behandlung des Herzinfarktes auf.

Beweis:
Aufforderungsschreiben des Klägers vom …, Anlage K 3.

Die Beklagte verweigerte die Zahlung unter Hinweis darauf, dass vermeintlich keine unerwartete Krankheit eingetreten sei und damit keine Leistungspflicht der Beklagten bestehe. Auch nach Einschaltung der/des Unterzeichnenden konnte die Beklagte nicht zur Zahlung bewegt werden.

5. Ansprüche des Klägers

Mit dem Klageantrag zu I. werden die Behandlungskosten des Klinikums und der behandelnden ambulanten Ärzte unter Berücksichtigung des vertraglich vereinbarten Selbstbehaltes von … EUR wie folgt geltend gemacht:

Rechnung des Universitätsklinikums … vom … (Anlage K2)	… EUR
Abzüglich vertraglicher Selbstbehalt	– … EUR
Erstattungsanspruch des Klägers entsprechend Klageantrag zu I.	… **EUR**

Des Weiteren stehen dem Kläger antragsgemäß Zinsen in gesetzlicher Höhe zu, da sich die Beklagte seit fruchtlosem Verstreichen der mit Aufforderungsschreiben des Klägers (vgl. Anlage K 3) gesetzten Zahlungsfrist, mithin seit dem …, in Verzug befindet.

Daneben werden mit dem Antrag zu II. die erst nach Leistungsablehnung vom … angefallenen Kosten der vorgerichtlichen Tätigkeit der/des Unterzeichnenden gemäß Kostennote vom … in Höhe von … EUR, die der Kläger bereits ausgeglichen hat, und hierauf entfallende Rechtshängigkeitszinsen geltend gemacht.

Beweis:
Kostennote vom …, Anlage K 4.

6. Rechtliche Hinweise

In rechtlicher Hinsicht wird darauf hingewiesen, dass bei der Auslegung von Bedingungen einer Reisekrankenversicherung, die zum Schutz des Versicherers vor vorvertraglichen Risiken das Leistungsversprechen auf Krankheiten beschränken, deren Eintritt nicht vorhersehbar oder „unerwartet" war, auf die **subjektive Sicht des Versicherungsnehmers oder der versicherten Person abzustellen** ist (vgl. BGH v. 21.9.2011 – IV ZR 227/09 sowie IV ZR 229/09, VersR 2012, 89; BGH v. 20.3.1994 – IV ZR 109/93, VersR 1994, 549; OLG Hamm v. 8.11.2000 – 20 U 44/00, VersR 2001, 1229; OLG Köln v. 4.11.1998 – 5 U 87/97, NVersZ 1999, 131; OLG Köln v. 18.5.2012 – 20 U 111/11, r+s 2013, 445).

Eine Erkrankung ist dann unvorhergesehen eingetreten, wenn der Versicherungsnehmer bzw. die versicherte Person ihren Eintritt während der Auslandsreise nicht vorhergesehen hat und ihn ohne Vorsatz oder grobe Fahrlässigkeit auch nicht vorhersehen konnte. Ob der Versicherungsnehmer bzw. die versicherte Person vor Antritt der Reise bereits an Grunderkrankungen litt, ist in diesem Zusammenhang unerheblich (a.a.O.).

Dementsprechend ist es auch unerheblich, inwieweit die Vorerkrankungen der Ehefrau des Klägers und die mit der Auslandsreise verbundenen Anstrengungen das Herzinfarktrisiko nach medizinischem Ermessen objektiv erhöht haben. Der BGH hat in seiner Entscheidung vom 21.9.2011 – IV ZR 227/09 (a.a.O.) hervorgehoben, dass allein entscheidend ist, welche Informationen dem Versicherungsnehmer und der versicherten Person durch die behandelnden Ärzte konkret gegeben worden sind.

…

Rechtsanwalt

▲

383 ▼

Muster 6.60: Klageerwiderung bei Streit um Unvorhersehbarkeit einer Erkrankung

6.60

An das Amtsgericht/Landgericht

Aktenzeichen:

In Sachen

./.

bestelle ich mich für die Beklagte und **beantrage**:

Die Klage wird abgewiesen.

Gründe:

Im Hinblick auf die entstandenen Kosten besteht kein Versicherungsschutz, da die Erkrankung der Ehefrau des Klägers bereits vor Reiseantritt bekannt war und mit einer Behandlungsbedürftigkeit während der Reise zu rechnen war.

1. Keine unerwartete Erkrankung

Bei dem streitgegenständlichen Herzinfarkt der Ehefrau des Klägers handelt es sich nicht um eine unerwartete Erkrankung. Aufgrund der unstreitigen Vorerkrankungen in Form einer Koronararterienerkrankung sowie der Herz-Rhythmus-Störungen und einem bereits in der Vergangenheit stattgehabten inferioren Myokardinfarkt war absehbar, dass Behandlungsbedürftigkeit der Ehefrau des Klägers während der Reise eintreten würde. In Anbetracht der behandlungspflichtigen Grunderkrankung hätte die Ehefrau des Klägers mit dem Eintritt eines Herzinfarktes jederzeit rechnen müssen, mithin auch während der streitgegenständlichen Reise.

Auch objektiv war die Wahrscheinlichkeit für das Auftreten eines Herzinfarktes aufgrund der Reise und der damit verbundenen Beschwerlichkeiten erheblich, mindestens zu % erhöht.

Beweis:
Einholung eines Sachverständigengutachtens.

Dementsprechend hat sich die Ehefrau des Klägers jedenfalls grob fahrlässig der Kenntnis entzogen, dass bei Durchführung der Reise ein Herzinfarkt voraussehbar war.

Insbesondere hatten die behandelnden Ärzte im Rahmen der letzten Konsultation eine engmaschige Überwachung der Ehefrau des Klägers für notwendig erachtet und als Grund das ohnehin erhöhte Herzinfarktrisiko genannt.

Beweis:
Zeugnis des Dr. (*Name/Anschrift*).

2. Nicht versicherte Behandlungskosten betreffend Grunderkrankung

Unabhängig davon sind nicht alle Behandlungskosten lediglich in Folge der Akutbehandlung betreffend den Herzinfarkt angefallen, sondern zum Teil auch in Folge der Behandlung der Grunderkrankung.

Es ist indes zwischen den versicherten erstattungsfähigen Kosten für die Behandlung einer unerwarteten akuten Erkrankung, also des Herzinfarktes der Ehefrau des Klägers, und den von vornherein nicht erstattungsfähigen Kosten für die Behandlung der bekannten Vorerkrankungen zu unterscheiden (vgl. BGH v. 21.9.2011 – IV ZR 277/09, VersR 2012, 89).

Betreffend der Behandlung der Grunderkrankungen besteht ohnehin keine Leistungsverpflichtung der Beklagten, da es sich insoweit weder um eine akute Erkrankung handelte noch war deren fortwährende Behandlungsbedürftigkeit der Ehefrau des Klägers unbekannt.

Beweis:
Einholung eines Sachverständigengutachtens.

Für die Behandlung der Grunderkrankung sind folgende Kosten für ärztliche Leistungen aus der streitgegenständlichen Rechnung des Klinikums vom in Höhe von EUR angefallen, für die ohnehin aus keinem Gesichtspunkt ein Erstattungsanspruch des Klägers besteht:

Beweis:
Einholung eines Sachverständigengutachtens.

Rechtsanwalt

▲

4. Erstattungsfähigkeit von Kosten des Rücktransports

Zunächst ist festzustellen, ob für die Erstattungsfähigkeit der Kosten des Rücktransportes 384
nach den in Rede stehenden AVB erforderlich ist, dass der Rücktransport medizinisch notwendig ist, oder es ausreicht, dass dieser medizinisch sinnvoll ist.

Medizinisch sinnvoll ist ein Rücktransport in der Regel nur dann nicht, wenn er der 385
versicherten Person nach objektiven Gesichtspunkten schaden kann.

Streit besteht zumeist betreffend solchen Rückholkosten, die eine medizinische Notwendigkeit des Rücktransportes voraussetzen.

Sofern neben der medizinischen Notwendigkeit verlangt wird, dass der **Rücktransport** 386
ärztlich angeordnet wurde, benachteiligt dies den Versicherungsnehmer unangemessen und schränkt wesentliche Rechte des Versicherungsnehmers ein.[212] Der Versicherungsnehmer muss dann lediglich beweisen, dass der Rücktransport medizinisch notwendig war und kann diesen Beweis auch ohne ärztliche Anordnung mit anderen Beweismitteln führen.

Der Versicherte hat Anspruch auf eine medizinisch kompetente und fachgerechte Rück- 387
holung, sodass ein Rücktransport in einem Ambulanzflugzeug nur notwendig ist, wenn der Versicherte im Zeitpunkt der Entscheidung über den Rücktransport anderweitig, z.B.

212 OLG Hamm v. 15.3.2019 – 20 U 37/18, VersR 2019, 1278; OLG Koblenz v. 13.7.2016 – 10 U 946/15, r+s 2016, 621; OLG Karlsruhe v. 7.4.2015 – 12 U 146/14, VersR 2015, 1281; OLG Stuttgart v. 7.11.2013 – 7 U 3/13, VersR 2014, 490.

mit einem Linienflugzeug, aus gesundheitlichen oder anderen Gründen nicht transportiert werden kann.

388 ▼

6.61 **Muster 6.61: Klageschrift betreffend Erstattungsfähigkeit von Kosten des Rücktransports**

An das Amtsgericht/Landgericht

(*Sitz des Krankenversicherers oder alternativ gem. § 215 Abs. 1 VVG Wohnort des Klägers*)

Klage

des Herrn (*Name/Anschrift*)

– Kläger –,

Prozessbevollmächtigte/r: (Zeichen:)

gegen

die Versicherung AG,

 (*Anschrift*),

vertr. durch den Vorstandsvorsitzenden , ebenda, (zu VS-Nr.:)

– Beklagte –,

wegen Erstattungsansprüchen aus Reisekrankenversicherung.

Vorläufiger Streitwert: EUR

Namens und in Vollmacht des Klägers erhebe ich Klage und werde **beantragen**:

> **I. Die Beklagte wird verurteilt, an den Kläger EUR nebst Zinsen in Höhe von 5 Prozentpunkten über dem Basiszinssatz seit dem zu zahlen.**
>
> **II. Die Beklagte wird verurteilt, an den Kläger außergerichtliche Rechtsanwaltsgebühren in Höhe von EUR nebst 5 Prozentpunkten über dem Basiszinssatz seit Rechtshängigkeit zu zahlen.**

Gründe:

Mit der Klage werden Ansprüche des Klägers gegen die Beklagte aus einem Reisekrankenversicherungsvertrag anlässlich der entstandenen Kosten des Rücktransports des Klägers geltend gemacht.

1. Versicherungsvertragsverhältnis

Der Kläger hat bei der Beklagten eine Reisekrankenversicherung nach dem Tarif für die Zeit vom - unter Einbeziehung der Versicherungsbedingungen (im Folgenden AVB genannt) abgeschlossen. Die AVB enthalten u.a. folgende Regelung:

> *„§ 4 Krankenrücktransport aus dem Ausland*
>
> *1. Bei akut eintretenden Krankheiten und Unfällen während eines vorübergehenden Auslandsaufenthaltes sind die Kosten eines medizinisch notwendigen Krankenrücktransportes einschließlich der Aufwendungen für eine Begleitperson nach folgenden Regelungen erstattungsfähig.*
>
> ....

4. *Die medizinische Notwendigkeit für den Krankenrücktransport besteht, wenn an Ort und Stelle bzw. in zumutbarer Entfernung eine ausreichende medizinische Behandlung nicht gewährleistet und dadurch eine Gesundheitsschädigung zu befürchten ist. Dies muss durch ein vor Beginn des Krankenrücktransportes ausgestelltes ärztliches Attest nachgewiesen werden.“*

Der Vertrag gewährt gemäß § … AVB im Falle eines medizinisch notwendigen Rücktransportes auch Kostenerstattung betreffend der Reiserückkosten einer Begleitperson.

Beweis für alles Vorstehende:
Versicherungsschein mit AVB, Anlage K 1.

2. Erkrankung des Klägers

Der Kläger erlitt am … während der versicherten Reise in … einen Autounfall. Er zog sich hierbei folgende Verletzungen zu:

…

Beweis:
1. Entlassungsbericht aus dem Krankenhaus … vom …, Anlage K2
2. Ärztliches Attest des Dr. … vom …, Anlage K3
3. Einholung eines Sachverständigengutachtens.

Aufgrund der Fraktur war eine schnellstmögliche operative Versorgung des Klägers erforderlich, deren Durchführung im Krankenhaus am Ferienort …, wegen der am Urlaubsort fehlenden medizinischen Einrichtungen auch im Hinblick auf die aufgrund der Grunderkrankung des Klägers erforderlichen anästhesiologischen intensiven Überwachung mit erheblichen gesundheitlichen Risiken für den Kläger verbunden gewesen wäre. Weder das vor Ort bzw. in zumutbarer Entfernung vorhandene Krankenhaus besitzt eine Intensivstation.

Beweis:
Zeugnis des Dr. … *(Name/Anschrift).*

Aufgrund dessen entschied sich der Kläger, den Krankenrücktransport in einem Linienflugzeug mit seiner Ehefrau als Begleitperson selbst zu organisieren.

Wieder zu Hause angekommen erfolgte nach sofortiger stationärer Einweisung die medizinisch erforderliche operative Versorgung mittels Osteosynthesematerials in Vollnarkose im Klinikum … am ….

Beweis:
Wie vor.

3. Außergerichtliche Korrespondenz

Nachdem der Kläger die Rechnung des Krankenhauses unter Fristsetzung zum … an die Beklagte gesandt hatte, vertrat diese die unzutreffende Auffassung, dass der Krankenrücktransport zum einen nicht medizinisch notwendig war und zudem ohnehin die nach den Bedingungen kumulativ vorgesehene ärztliche Anordnung der Maßnahme fehle. Es bestünde daher bedingungsgemäß ohnehin keine Erstattungsfähigkeit der nachgewiesenen Kosten des Rücktransports.

Beweis:
1. Aufforderungsschreiben des Klägers vom , Anlage K 4.
2. Ablehnung der Beklagten vom , Anlage K 5.

Die Beklagte übersieht zunächst, dass eine Klausel eines Reisekrankenversicherungsvertrages, nach der die Erstattungsfähigkeit von Kosten des Rücktransports kumulativ von der medizinischen Notwendigkeit und der ärztlichen Anordnung der Maßnahme abhängt, unwirksam ist (vgl. OLG Hamm v. 15.3.2019 – 20 U 37/18, VersR 2019, 1278; OLG Koblenz v. 13.7.2016 – 10 U 946/15, r+s 2016, 621; OLG Karlsruhe v. 7.4.2015 – 12 U 146/14, VersR 2015, 1281; OLG Stuttgart v. 7.11.2013 – 7 U 3/13, VersR 2014, 490).

Die in Rede stehende Klausel ist mit wesentlichen Rechten und Pflichten einer Reisekrankenversicherung, die im Versicherungsschutz grundsätzlich den Krankenrücktransport umfasst, nicht vereinbar, weil sie gemäß § 307 Abs. 1 S. 1 i.V.m. Abs. 2 Nr. 2 BGB die Rechte eines Versicherungsnehmers so einschränkt, dass die Erreichung des Vertragsrechts gefährdet wird.

Ansprechpartner für den Versicherungsnehmer wäre bei Wirksamkeit der Klausel immer der vor Ort tätige Arzt. Es kann indes nicht ausschließlich auf die subjektive Sicht eines Arztes im Ausland ankommen, insbesondere wenn dort tätige Ärzte dem in Deutschland herrschenden ärztlichen Standard nicht entsprechen. Zudem geht selbst die Beklagte davon aus, dass sie selbst bei Vorliegen eines ärztlichen Attestes, das die medizinische Notwendigkeit des Krankenrücktransport bestätigt, berechtigt ist, im Nachhinein selbst überprüfen lassen kann, ob die Beurteilung des Arztes im Ausland vertretbar gewesen ist oder nicht.

Es besteht kein Grund dafür, dem Kläger bei Fehlen eines ärztlichen Attestes von vornherein jegliche Möglichkeit zum Nachweis der medizinischen Notwendigkeit des Rücktransportes zu nehmen.

Entscheidend für die medizinische Notwendigkeit des Krankenrücktransportes aus dem Ausland ist daher ohnehin die objektive Sicht anhand der konkreten Behandlungssituation vor Ort zum Zeitpunkt der zu treffenden Entscheidung. Diese Frage entzieht sich einer subjektiven Beurteilung.

Die medizinische Notwendigkeit eines Krankenrücktransportes aus dem Ausland ist dann gegeben, wenn die an Ort und Stelle oder in zumutbarer Entfernung vorhandenen medizinischen Einrichtungen zur Versorgung des Patienten nicht ausreichend sind und dadurch eine Gesundheitsschädigung bzw. wesentliche gesundheitliche Nachteile des Patienten zu befürchten sind (OLG Köln v. 12.7.2013 – 20 U 19/13, juris; OLG Saarbrücken v. 27.2.2002 – 5 U 724/01, NVersZ 2000, 305).

Da mit der bevorstehenden Operation erhebliche gesundheitliche Risiken für den Kläger bei Durchführung in dem hierfür nicht ausgerichteten Krankenhaus in verbunden gewesen wären und auch die vorhandenen medizinischen Einrichtungen zur erforderlichen besonderen Überwachung der notwenigen Vollnarkose des Klägers in Anbetracht dessen Herz-Rhythmus-Störungen nicht gegeben waren, ist medizinische Notwendigkeit gegeben.

Beweis:
1. Ärztliches Attest des Kardiologen des Klägers vom , Anlage K 6.
2. Einholung eines Sachverständigengutachtens.

4. Ansprüche des Klägers

Für die Kosten des Rücktransportes sind bei der Airline mit Rechnung vom Kosten in Höhe von angefallen. Abzüglich des Selbstbehaltes von EUR ergibt sich damit der mit dem Klageantrag zu I. geltend gemachte Anspruch des Klägers.

Die Rechnung enthält die Kosten des Rücktransports sowohl für den Kläger als auch für seine Ehefrau als erforderliche Begleitperson.

Beweis:
Rechnung der Airline vom , Anlage K 7.

Des Weiteren stehen dem Kläger antragsgemäß Zinsen in gesetzlicher Höhe zu, da sich die Beklagte seit fruchtlosem Verstreichen der mit Aufforderungsschreiben des Klägers (vgl. Anlage K4) gesetzten Zahlungsfrist, mithin seit dem , in Verzug befindet.

Daneben werden mit dem Antrag zu II. die nach Verzugseintritt entstandenen Kosten der vorgerichtlichen Tätigkeit der/des Unterzeichnenden gemäß Kostennote vom in Höhe von EUR, die der Kläger bereits ausgeglichen hat, und hierauf entfallende Rechtshängigkeitszinsen geltend gemacht.

Beweis:
Kostennote vom , Anlage K 8.

Rechtsanwalt

▲

▼ 389

Muster 6.62: Klageerwiderung betreffend Erstattungsfähigkeit von Kosten des Rücktransports 6.62

An das Amtsgericht/Landgericht

Aktenzeichen:

In Sachen

./.

bestelle ich mich für die Beklagte und **beantrage**:

Die Klage wird abgewiesen.

Gründe:

Dem Kläger steht kein Anspruch auf Erstattung der tatsächlich angefallenen Kosten für den am durchgeführten Rücktransport zu.

1. Fehlende ärztliche Anordnung des Rücktransportes

Nach §4 Nr. 4 AVB ist der Anspruch nur gegeben, wenn neben der medizinischen Notwendigkeit des Krankenrücktransportes auch eine vorherige ärztliche Anordnung vorliegt. Die gegen die Wirksamkeit der Regelung erhobenen Bedenken greifen nicht durch.

Die ärztliche Anordnung soll sicherstellen, dass der Versicherungsnehmer mit dem von der Beklagten vor Ort eingeschalteten Rückholdienst und deren ärztlichen Beratern zusammen arbeitet.

Der Kläger hat den Rücktransport eigenmächtig angetreten und auch nicht Rücksprache mit den seitens der Beklagten eingeschalteten Rückholdiensten vorgenommen. Hierdurch hat er der Beklagten jede Möglichkeit genommen, die Entscheidung des Klägers aus ärztlicher Sicht mit zu begleiten und zu überprüfen, ob zu diesem Zeitpunkt tatsächlich ein Krankenrücktransport medizinisch erforderlich war oder welche sonstigen Alternativen bestanden.

2. Fehlende medizinische Notwendigkeit des Rücktransportes

Der Rücktransport war auch nicht medizinisch notwendig.

Die nur 20 km entfernte Privatklinik verfügte über die erforderlichen Einrichtungen für die Operation, so dass diese dort ohne Risiko und mit angemessenem medizinischen Standard hätte durchgeführt werden können.

> **Beweis unter Protest gegen die Beweislast:**
> Einholung eines Sachverständigengutachtens.

Aus Sicht der Beklagten ergab sich eine Kontraindikation im Hinblick auf den durchgeführten Krankenrücktransport, jedenfalls zu dem Zeitpunkt der Durchführung, wegen der damit verbundenen Zeitverzögerung. Aufgrund der Rückführung ohne medizinische Begleitung ergab sich zudem ein erhebliches und nicht kalkulierbares Risiko für den Kläger. Medizinisch vertretbar ist allerdings ein Rücktransport dann nicht, wenn sich hieraus gesundheitliche Belastungen und/oder Risiken für den Patienten ergeben. Die Interessen des versicherten Klägers hätten in diesem Fall zurücktreten müssen.

> **Beweis:**
> 1. Stellungnahme des ärztlichen Beraters der Beklagten, Dr.   vom , Anlage B 1.
> 2. Einholung eines Sachverständigengutachtens.

3. Verstoß gegen Schadensminderungspflicht

Zudem hat der Kläger gegen seine Schadensminderungspflicht gemäß § 82 VVG verstoßen, als er die Organisation des Krankenrücktransportes selbst in die Hand genommen hat.

Der Kläger hat für den Rückflug ein Flugticket in der Business-Klasse in Anspruch genommen. Bei Einschaltung der Beklagten hätte ein fachgerechter Rücktransport lediglich   EUR gekostet.

> **Beweis:**
> 1. Alternativberechnung betr. der Kosten einer von der Beklagten organisierten fachgerechten Rückholung gemäß Aufstellung vom , Anlage B2.
> 2. Zeugnis des Dr.   vom   vom Rückholdienst der Beklagten.

4. Nebenforderungen

Der Ausgleich der außergerichtlichen Rechtsanwaltsgebühren durch den Kläger wird bestritten.

Rechtsanwalt

▲

G. Private Unfallversicherung

André Naumann

I. Allgemeines

1. Rechtsgrundlage

a) Gesetzliche Regelungen

Für die private Unfallversicherung ist zunächst das VVG als Spezialgesetz für Versicherungsverträge einschlägig, hier neben den §§ 1–73 VVG (allgemeinen Teil) und §§ 209–216 VVG (Schlussvorschriften), insbesondere der spezielle Bereich für die private Unfallversicherung, §§ 178–191 VVG. **390**

In der Praxis relevant sind darüber hinaus die Vorschriften des BGB, insbesondere die Fristenberechnungen (§§ 186 ff. BGB), die Regelungen zu den allgemeinen Geschäftsbedingungen (§§ 305 ff. BGB), das Erbrecht (Todesfälle), das Familienrecht (Kinder) und das Schuldrecht (z.B. Beitragsforderungen und -rückforderungen). Bei juristischen Personen als VN (Gruppenunfallversicherung) sind auch die Regelungen des HGB, AktG, GmbHG und des Vereinsrechts zu berücksichtigen.

b) Vertragliche Regelungen

Die Allgemeinen Unfallversicherungsbedingungen (AUB) werden von den Versicherern in einer Vielzahl unterschiedlicher Ausführungen angeboten. Eine genaue Einzelfallprüfung ist im konkreten Mandat daher zwingend erforderlich. Sinnvoll ist es dabei, das Bedingungswerk einem der Musterbedingungswerke des Bundesaufsichtsamts für das Versicherungswesen (BaV) oder des Gesamtverbands der deutschen Versicherungswirtschaft (GdV) zuzuordnen. Grob lassen sich die AUB in vier Generationen einteilen. **391**

Die AUB 61 knüpfen in den Regelungen an die **Arbeitsfähigkeit** der VP an.

Ab den AUB 88 wird diese Verknüpfung grundsätzlich aufgehoben und auf abstrakte **Funktionsbeeinträchtigungen** abgestellt, z.B. muss für eine Invaliditätsleistung eine dauernde Beeinträchtigung der körperlichen oder geistigen Leistungsfähigkeit vorliegen. Die AUB 94 brachten keine grundlegenden Veränderungen.

Mit den AUB 99 wurde der Aufbau des Bedingungswerks geändert, verbunden mit einer Umstellung von Paragrafen auf Ziffern. Die Änderungen durch die VVG-Reform führten lediglich zu Anpassungen, die AUB 08 und AUB 10 blieben strukturell gleich.

Die AUB 2014 bringen einige Neuerungen mit sich. So sind die gesamten AUB 2014 sprachlich überarbeitet worden und erstmals sind Beispiele in den Bedingungen zu finden. Dies soll die Verständlichkeit der AUB verbessern. Auch wurden neue Leistungsarten aufgenommen, das Genesungsgeld wurde dafür gestrichen. Die AUB 2020 bleiben in der Struktur der AUB 2014. Es gibt nur wenige Änderungen, so wurde z.B. die Übergangsleistung nicht in die AUB 2020 übernommen.

392 *Hinweis*

In den wesentlichen Grundzügen weichen die Regelungen der unterschiedlichen AUB-Generationen nicht weit voneinander ab, so dass auch ältere Rechtsprechung beachtet werden sollte. Ob ein Urteil zu einer bestimmten Bedingungsgeneration aber für den konkret zu bearbeitenden Fall relevant ist, muss man anhand eines Bedingungsvergleichs prüfen.[213]

2. Gegenstand der privaten Unfallversicherung

a) Einordnung der Unfallversicherung

393 Die private Unfallversicherung ist eine Personenversicherung. Es geht zunächst um eine Gesundheitsschädigung eines Menschen, Sachschäden sind grundsätzlich nicht versichert.[214]

Die private Unfallversicherung ist zudem als Summenversicherung ausgestaltet; es gelten die Prinzipien der abstrakten Bedarfsdeckung. Ein Versicherter kann mehrere private Unfallversicherungen nebeneinander besitzen; eine Anrechnung der einzelnen Leistungen erfolgt nicht.

Einige Leistungsarten sind auf einen Kostenersatz ausgerichtet, z.B. Ziff. 2.7. AUB 2020 – Kosten für kosmetische Operationen. Einzuordnen sind sie als Leistungsarten mit Schadencharakter.[215] Im Verhältnis zwischen VN zu VR ist diese rechtliche Einordnung unproblematisch, da eine Subsidiaritätsklausel die Erstattung auf die beim VN verbleibenden Kosten begrenzt und die Vorleistungspflicht z.B. eines Schädigers festschreibt. Nur beim Kostenausgleich zwischen mehreren VR kann die Rechtsnatur dieser Leistungsarten eine Relevanz erlangen.

394 Die vertragliche Ausgestaltung ist vielfältig. So gibt es Verträge mit nur einer VP (Einzelversicherung) oder mehreren VP (Gruppen- oder Familienversicherung). Ist der Vertrag für den VN selber abgeschlossen handelt es sich um eine Eigenversicherung, sind VN und VP nicht personenidentisch, spricht man von einer Fremdversicherung für die VP.

Die Fremdversicherung kann auf eigene Rechnung (berechtigt ist VN) oder auf fremde Rechnung (berechtigt ist VP) abgeschlossen werden. Sofern keine ausdrückliche Vereinbarung getroffen wurde, gilt nach § 179 Abs. 1 S. 2 VVG der Vertrag im Zweifel als auf Rechnung des Dritten (der VP) abgeschlossen.

Richtiger Zahlungsempfänger bleibt aber der VN, auch wenn die Zahlung der VP zusteht.[216] Der Ausgleich zwischen VN und VP erfolgt im Innenverhältnis; es besteht ein

213 Vgl. Synopse, z.B. bei van Bühren/*Naumann*, § 16 Rn 309; *Naumann/Brinkmann*, Anhang A I.
214 In neueren Bedingungswerken können vereinzelt auch genau benannte Sachschäden eingeschlossen sein.
215 Vgl. *Naumann/Brinkmann*, § 2 Rn 30 ff.
216 Grimm/Kloth/*Kloth*, Ziff. 1 Rn 6.

gesetzliches Treuhandverhältnis.[217] Prozessführungsbefugt ist damit auch grundsätzlich der VN.[218]

Die VP kann grundsätzlich dazu berechtigt werden, die Ansprüche aus einem Gruppenunfallvertrag selber und unabhängig vom VN zu verfolgen und zu erhalten. Dafür bieten die VR die Vereinbarung eines sog. Direktanspruchs[219] an. Im Schadenfall kann damit gerade bei Verträgen von Arbeitgebern mit großer Belegschaft der Ablauf vereinfacht werden. Es ist aber auch möglich, die VP individuell für den konkreten Schadenfall zu berechtigen. 395

Hinweis 396

Ein Direktanspruch der VP kann auch noch nach einem Schadenfall vereinbart werden, zwar nicht rückwirkend, aber mit Wirkung für einen bereits eingetretenen Schadenfall ab dem Vereinbarungszeitpunkt.

Eine Unfallversicherung kann als Einzelversicherung abgeschlossen werden, sie kann aber auch Bestandteil eines aus mehreren Versicherungen bestehenden größeren Vertragswerks sein (Multirisk-Police). Im Schadenfall sollte daher auch geprüft werden, ob ein weiterer Versicherungsschutz besteht, z.B. auch über ein Versicherungspaket einer Kreditkarte. 397

b) Allgemeiner Versicherungsrahmen

Üblicherweise werden Unfallversicherungen mit einem weltweiten Schutz, rund um die Uhr abgeschlossen, Ziff. 1.2 AUB 2014. Spezielle Ausschnittdeckungen, z.B. nur für Vereinsveranstaltungen, sind möglich, müssen aber entsprechend vereinbart und dokumentiert sein. 398

Es gelten die am Schadentag versicherten Leistungen für den gesamten Schadenfall (**Schadentagprinzip**), unabhängig vom weiteren Vertragsschicksal. So ist unbeachtlich, wenn durch eine Dynamik die Summen später erhöht werden oder der Vertrag gekündigt wird. Das ist z.B. bedeutsam bei mehreren stationären Krankenhausbehandlungen. Der Tagessatz bleibt für den gesamten möglichen Leistungszeitraum gleich und ändert sich nicht durch eine nach dem Schadentag vereinbarte Summenänderung. Ebenso unbeachtlich bleibt auch eine Umstellung des Vertrags auf ein anderes Bedingungswerk. 399

c) Versicherte Ereignisse

aa) Unfall, Ziff. 1.3 AUB

Als anspruchsbegründender Tatbestand eines jeden Leistungsbegehrens steht der **Unfallbegriff** am Beginn der materiell-rechtlichen Prüfung.[220] Er ist als gesetzliches Leitbild in § 178 Abs. 2 S. 1 VVG verankert und entspricht der Regelung der verschiedenen Bedingungsgenerationen, Ziff. 1.3 AUB 2020/2014/2010/2008/1999, § 1 III AUB 1994/1988, § 2 I AUB 61. 400

217 OLG Hamm v. 28.11.1975 – 20 U 163/75, VersR 1977, 1124 = r+s 1978, 29.
218 Veith/Gräfe/Lange/Rogler/*Anschlag*, § 12 Rn 16 ff.
219 Vgl. *Naumann/Brinkmann*, § 2 Rn 61 ff.
220 Vertiefend zum Unfallbegriff insgesamt *Naumann/Brinkmann*, § 3 Rn 1 ff.; Grimm/Kloth/*Kloth*, Ziff. 1 Rn 17 ff.

Hinweis

Grundsatz: Ohne Unfall (=Versicherungsfall) kein Anspruch.

401 Ein **Unfall** liegt vor, wenn die VP durch ein *plötzlich von außen auf seinen Körper wirkendes Ereignis (Unfallereignis) unfreiwillig eine Gesundheitsschädigung erleidet.* Diese Regelung zieht sich durch alle Bedingungsgenerationen.

Hinweis

Der Unfallbegriff[221] setzt sich zusammen aus den Elementen:

- Unfallereignis (Plötzlich; Einwirkung von außen, Ereignis),
- Unfreiwillige Gesundheitsschädigung,
- Kausalität.

402 Das Ereignis muss **plötzlich** eingetreten sein. In Rechtsprechung und Literatur hat sich bisher keine einheitliche Interpretation des Merkmals der Plötzlichkeit durchgesetzt.

Der Begriff „Plötzlichkeit" enthält zunächst unstreitig ein objektiv **zeitliches Element des Unfallbegriffs**; es dient der Abgrenzung zu nur **allmählich** auf den Körper wirkenden Ereignissen.[222] Zu beachten ist, dass das Ereignis selbst – und nicht die Gesundheitsschädigung als Folge – innerhalb einer kurzen Zeit eingetreten sein muss.[223]

In welchem Zeitraum ein Ereignis noch „plötzlich" oder schon „allmählich" auf den Körper wirkt, lässt sich nur anhand des Einzelfalles entscheiden.

403 Das Ereignis muss **von außen auf den Körper einwirken**, wobei es gleichgültig ist, ob der Zusammenstoß mechanischer, chemischer, thermischer oder elektrischer Art ist. Damit sind rein innerorganische Vorgänge kein Unfall.[224]

Zu beachten ist, dass es für den Unfall allein auf das Ereignis ankommt, welches die geltend gemachte Gesundheitsbeschädigung **unmittelbar** ausgelöst hat.

Eine Einwirkung von außen liegt nach allgemeiner Ansicht bei Eigenbewegungen mit **regulärem Ablauf** nicht vor. Wenn die **Eigenbewegung** vollständig und ihrem gesamten Verlauf willensgesteuert und planmäßig abläuft, liegt also **kein Unfall** vor,[225] z.B. beim Aufstehen aus der Hocke.[226]

Ein von außen auf den Körper wirkendes Ereignis ist aber gegeben, wenn feste, flüssige oder gasförmige Stoffe in den Körper geraten, aber erst dort eine Schädigung innerer Organe hervorrufen.[227] So fällt das **Einatmen von giftigem Gas** oder **sauerstoffreduzierter Luft** unter den Tatbestand des Unfalles,[228] obwohl die körperschädigende Wirkung erst nach dem Einatmen einsetzt. Gleiches gilt, wenn die VP **Säuren** oder **Laugen**

221 Einzelheiten bei van Bühren/*Naumann*, § 16 Rn 13 ff.; *Naumann/Brinkmann*, § 3 Rn 1 ff.
222 BGH v. 12.12.1984 – IV a ZR 88/83, VersR 1985, 177 = NJW 1985, 1398.
223 OLG München v. 12.3.2003 – 25 U 1993/03, VersR 2005, 261; Grimm/Kloth/*Kloth*, Ziff. 1 Rn 23.
224 Beckmann/Matusche-Beckmann/*Mangen*, § 47 Rn 14; Bruck/Möller/*Leverenz*, § 178 VVG Rn 40.
225 LG Dortmund v. 20.8.2009 – 2 O 230/09, NJOZ 2010, 609.
226 LG Köln v. 31.1.1988 – 24 O 173/87, VersR 1988, 462.
227 Strittig; vgl. Beckmann/Matusche-Beckmann/*Mangen*, § 47 Rn 17 m.w.N.
228 Grimm/Kloth/*Kloth*, Ziff. 1 Rn 44.

verschluckt, die erst im Körperinneren ihre schädliche Wirkung entfalten. Selbst die **Nahrungseinnahme** ist als von außen wirkendes Ereignis zu qualifizieren. Kommt es hierbei zu einer Gesundheitsschädigung, so liegt auch regelmäßig das Merkmal der Plötzlichkeit vor.[229] Dem BGH reicht sogar der Kontakt mit der Mundschleimhaut beim Verzehr von Schokolade (Allergene aus Nüssen).[230]

Der Begriff „**Ereignis**" erhält seinen Aussagewert im Zusammenhang mit den weiteren 404
Voraussetzungen des Unfallereignisses. Nach h.M. kann auch ein mehraktiger Vorgang ein Unfallereignis darstellen.

Die VP muss *die Gesundheitsschädigung* unfreiwillig erlitten haben. Dies wird durch 405
den Aufbau von Ziff. 1.3 AUB 2020 deutlich, wurde aber bereits früher genauso verstanden.

Unfreiwillig bedeutet „nicht vorsätzlich", wobei auch der bedingte Vorsatz die Unfreiwilligkeit entfallen lässt. Die Gesundheitsschädigung ist somit bereits freiwillig und ein Unfall liegt nicht vor, wenn die VP die Gesundheitsschädigung zwar nicht will, jedoch billigend in Kauf nimmt.[231]

Mit § 178 Abs. 2 S. 2 VVG wird die Unfreiwilligkeit gesetzlich vermutet. Diese Regelung ist nicht abdingbar. Der VR muss die Freiwilligkeit der Gesundheitsschädigung beweisen. Die Beweiserleichterung des Anscheinsbeweises steht hier nicht zur Verfügung.[232]

Steht fest, dass der Versicherungsschutz entweder wegen Freiwilligkeit oder wegen des Ausschlusses einer Geistes- und Bewusstseinsstörung entfällt, so ist eine **„Wahlfeststellung"** möglich.[233] Es bedarf also in diesen Fällen keiner eindeutigen Feststellung der Unfreiwilligkeit.

Zum Unfallbegriff gehört die Gesundheitsschädigung. Fehlt eine Gesundheitsschädigung 406
(bzw. der Tod), liegt kein Unfall im Sinne der AUB vor.

Die Gesundheitsschädigung setzt eine Beeinträchtigung der körperlichen Unversehrtheit voraus,[234] die sich objektiv, ärztlich feststellen lässt. Es muss keine erhebliche Schädigung vorliegen.[235] Rein subjektives Empfinden einer gestörten Gesundheit genügt nicht.[236]

> *Hinweis*
> Ein Sturz ohne Unfallverletzung ist **kein** Unfall i.S.d. AUB.

229 Bruck/Möller/*Leverenz*, § 178 VVG Rn 72.
230 BGH v. 23.10.2013 – IV ZR 98/12, zfs 2014, 39.
231 Beckmann/Matusche-Beckmann/*Mangen*, § 47 Rn 22 f.; Bruck/Möller/*Leverenz*, § 178 VVG Rn 131.
232 BGH v. 18.3.1987 – IVa ZR 203/85, VersR 1987, 503.
233 OLG Karlsruhe v. 30.4.1993 – 12 W 21/93, VersR 1994, 81; LG Dortmund v. 28.2.2008 – 2 O 242/07, VersR 2008, 1639; a.A. mit gleicher praktischer Konsequenz: OLG Frankfurt a.M. v. 2.12.1977 – 3 U 1977, VersR 1978, 1110 – Beweislastumkehr.
234 BGH v. 19.4.1972 – IV ZR 50/71, VersR 1972, 582.
235 OLG Saarbrücken v. 21.1.2009 – 5 U 249/08–29, VersR 2009, 1109.
236 Prölss/Martin/*Piontek*, § 178 VVG Rn 17.

407 Die Gesundheitsschädigung muss **durch** das Unfallereignis entstanden sein, Ziff. 1.3 AUB 2014. Es gilt die **Adäquanztheorie**. Das Unfallereignis muss im Allgemeinen und nicht nur unter besonders eigenartigen und ganz unwahrscheinlichen und nach dem regelmäßigen Verlauf der Dinge außer Betracht zu lassenden Umständen geeignet sein die Gesundheitsschädigung herbeizuführen.[237] Abgestellt wird auf eine nachträgliche Prognose. Ausreichend ist eine Mitursächlichkeit.[238] Waren Krankheiten, Gebrechen oder körperliche Veranlagungen für den Gesundheitsschaden mitursächlich, dann ist dies im Rahmen der Mitwirkung von Krankheiten und Gebrechen (Ziff. 3 AUB 2014) zu berücksichtigen.

Kann jede andere beliebige Ursache den Gesundheitsschaden ebenfalls hervorgerufen haben, dann fehlt es an einer Kausalität. Vielfach wird der aus dem Recht der gesetzlichen Unfallversicherung stammende Begriff der „Gelegenheitsursache" dafür verwendet.[239] In diesen Fällen wird eine bereits bestehende Gesundheitsschädigung lediglich vollendet oder sichtbar, im Sinne eines letzten Tropfens, der das Fass zum Überlaufen bringt. Das ist in der Praxis häufig bei Meniskus- oder Achillessehnenrissen[240] sowie bei den sog. Rotatorenmanschettenrupturen[241] der Fall.

Dieser Sichtweise hat der BGH[242] widersprochen, weil damit die Beweislast auf den VN verschoben würde. Es reiche für die Annahme der Kausalität aus, dass eine auch nur geringe Mitwirkung des Unfallgeschehens an der Gesundheitsschädigung vorliege.

Dies ist allerdings problematisch, da mit einer zu weitgehenden Betrachtung nicht mehr auf die Adäquanztheorie abgestellt würde, sondern die Kausalität i.S.d. sine-qua-non-Regel bereits ausreicht. So wird der BGH zumindest in der Praxis vielfach (miss-)verstanden. In den problematischen Fällen wird jedenfalls von einem hohen Mitwirkungsanteil auszugehen sein.

Ob unfallfremde Faktoren früher oder später zur gleichen Schädigung geführt hätten ist nicht relevant, sog. Reserveursachen oder eine überholende Kausalität sind nicht zu prüfen. Für die haftungsbegründende Kausalität gilt der Beweismaßstab des § 286 ZPO, ein Anscheinsbeweis ist nicht möglich.[243]

408 *Hinweis*

Der VN ist nach § 286 ZPO beweispflichtig für das Vorliegen eines Unfalls. Dies gilt, außer für die gesetzlich vermutete Unfreiwilligkeit für alle Merkmale und die Kausalität zwischen Unfallereignis und Gesundheitsschädigung.

Der VR ist für die Freiwilligkeit beweisbelastet, § 286 ZPO.

237 OLG Saarbrücken v. 29.10.2003 – 5 U 265/03, VersR 2004, 1544.
238 Bruck/Möller/*Leverenz*, § 178 VVG Rn 156.
239 OLG Saarbrücken v. 29.10.2003 – 5 U 265/03, VersR 2004, 1544; *Wussow*, WI 1994, 162.
240 Grimm/Kloth/*Kloth*, Ziff. 1 Rn 50.
241 Zur Problematik: *Visé*, r+s 2009, 485 ff.; *Hoenicke*, r+s 2009, 489 ff.
242 BGH v. 19.10.2016 – IV ZR 521/14, r+s 2016, 630.
243 LG Dortmund v. 14.7.2010 – 2 O 71/08, *www.justiz.nrw.de*.

bb) Unfallfiktion, Ziff. 1.4 AUB

Für bestimmte „Nichtunfälle" gilt, dass sie einem Unfall gleichgestellt werden. Diese Sonderfälle ergeben sich stets aus den AUB. Wichtigster Fall sind **erhöhte Kraftanstrengungen**, Ziff. 1.4 AUB 2020.[244] 409

Damit werden die Fälle, in denen sich die VP durch eine **erhöhte Kraftanstrengung**

- ein Gelenk an Gliedmaßen oder der Wirbelsäule verrenkt oder
- Muskeln, Sehnen, Bänder oder Kapseln an Gliedmaßen oder der Wirbelsäule zerrt oder zerreißt,

einem Unfall gleichgestellt, sog. **Unfallfiktion**. Kraftanstrengungen sind mangels Einwirkung von außen keine Unfälle, sondern *Eigenbewegungen* der VP und damit innerkörperliche Vorgänge.

> *Hinweis* 410
>
> **Eine erhöhte Kraftanstrengung (Ziff. 1.4 AUB 2014) und ein Unfall (Ziff. 1.3 AUB 2014) schließen sich begrifflich aus.**
>
> Eine präzise Sachverhaltsfeststellung ist daher von zentraler Bedeutung.

Der Versicherungsschutz bei erhöhten Kraftanstrengungen gilt nicht für jeden Teil des Körpers. Erfasst sind Gelenke an Gliedmaßen und Wirbelsäule sowie Muskeln, Sehnen, Bänder oder Kapseln an Gliedmaßen und Wirbelsäule. Es wird in Ziff. 1.4 AUB 2020 ausdrücklich klargestellt, dass Meniskus und Bandscheiben nicht von der Unfallfiktion erfasst sind, da es sich anatomisch weder um Muskeln, Sehnen, Bänder oder Kapseln handelt. Ein durch eine erhöhte Kraftanstrengung hervorgerufener Bandscheibenvorfall ist somit nicht versichert.[245] 411

Eine **Verrenkung** (Luxation) ist eine Gelenkverletzung mit vollständiger Diskontinuität der gelenkbildenden Knochenenden. Als **Zerrung** (Distorsion) bezeichnet man Faserrisse im Bandapparat. Dazu zählen auch reversible Vorgänge, die nicht zu einer Zerreißung geführt haben.[246] Eine **Zerreißung** ist das Ergebnis zweier auseinanderstrebender Kräfte,[247] die eine vollständige Trennung des betroffenen Muskels, der Sehne, des Bandes oder der Kapsel nicht erfordert und durch Drehung oder Zug entsteht.[248]

Ob die aufgebrachte Kraft als erhöhte Kraftanstrengung zu werten ist, hängt vom Beurteilungsmaßstab ab. Dieser ist bei älteren Bedingungswerken strittig, bei den AUB 2020 ist auf die individuellen körperlichen Verhältnisse der VP abzustellen. 412

244 Vertiefend zur erhöhten Kraftanstrengung *Naumann/Brinkmann*, zfs 2012, 69 ff.
245 OLG Nürnberg v. 30.3.2000 – 8 U 3372/99, r+s 2001, 217.
246 OLG Hamm v. 7.11.1986 – 20 U 374/85, VersR 1988, 242 = r+s 1987, 56.
247 OLG Hamm v. 7.11.1986 – 20 U 374/85, VersR 1988, 242 = r+s 1987, 56.
248 LG Nürnberg v. 21.1.1991 – 6 O 677/90, r+s 1991, 431.

d) Begrenzung der Leistung (Ausschlüsse)

aa) Überblick zu den Ausschlüssen

413 Nicht alle Unfälle oder Unfallfolgen sind versichert. Eine Risikobegrenzung wird mit den Ausschlüssen[249] vorgenommen. Von diesen Ausschlüssen gibt es teilweise Ausnahmen (Wiedereinschlüsse). Die Klauseln dürfen nicht weiter ausgelegt werden, als es ihr Sinn unter Beachtung ihres wirtschaftlichen Zwecks und der gewählte Ausdrucksweise erfordert[250] unter Berücksichtigung des Verständnisses eines durchschnittlichen VN ohne versicherungsrechtliche Sonderkenntnisse.[251] Unerheblich ist dabei, ob der VN Kenntnis vom Ausschlusstatbestand hat oder er die zum Ausschluss führenden Umstände zu vertreten hat.

Leistungsausschlüsse sind von Amts wegen zu berücksichtigen.[252] Beim Beweismaßstab ist auf § 286 ZPO abzustellen.[253]

> *Hinweis*
>
> Der VR ist für das Vorliegen der Ausschlussgründe grundsätzlich beweispflichtig. Für die Ausnahmen vom Ausschlusstatbestand (Wiedereinschluss), bei deren Vorliegen der Ausschlussgrund entfällt, trägt der VN die Beweislast.

414 Die Ausschlusstatbestände lassen sich in zwei Gruppen unterscheiden.

Mit Ziff. 5.1 AUB 2014 werden vom Versicherungsschutz bestimmte **Ereignisse** ausgeschlossen:

- Bewusstseinsstörung (Ziff. 5.1.1 AUB 2014/2020),
- Straftat (Ziff. 5.1.2 AUB 2014/2020),
- Kriegs- oder Bürgerkriegsereignisse (Ziff. 5.1.3 AUB 2014/2020),
- Luftfahrtunfall (Ziff. 5.1.4 AUB 2014/2020),
- Rennveranstaltungen (Ziff. 5.1.5 AUB 2014/2020),
- Kernenergie (Ziff. 5.1.6 AUB 2014/2020).

In Ziff. 5.2 AUB 2014 werden bestimmte **Unfallfolgen** ausgeschlossen:

- Bandscheibenschädigungen, Blutungen innerer Organe – Gehirnblutungen (Ziff. 5.2.1 AUB 2014/2020),
- Strahlen (Ziff. 5.2.2 AUB 2014/2020),
- Heilmaßnahmen und Eingriffe (Ziff. 5.2.3 AUB 2014/2020),
- Infektionen (Ziff. 5.2.4 AUB 2014/2020),
- Vergiftungen (Ziff. 5.2.5 AUB 2014/2020),
- Psychische Reaktion (Ziff. 5.2.6 AUB 2014/2020),
- Bauch- und Unterleibsbrüche (Ziff. 5.2.7 AUB 2014/2020).

249 Vgl. vertiefend zu den Ausschlüssen nach AUB 2014 van Bühren/*Naumann*, § 16 Rn 84 ff.; zu Ausschlüssen und Sonderbedingungen zu Ausschlüssen *Naumann/Brinkmann*, § 4 Rn 1 ff.
250 BGH v. 17.5.2000 – IV ZR 113/99, VersR 2000, 1090, 1091.
251 BGH v. 23.6.1993 – IV 135/92, r+s 1993, 351.
252 BGH v. 19.5.2010 – IV ZR 130/08, IBR 2010, 536.
253 OLG Hamm v. 3.3.2006 – 20 U 227/05, r+s 2007, 164.

bb) Ausschlusstatbestände

415 Unfälle infolge einer Bewusstseinsstörung (Ziff. 5.1.1 AUB 2020) sind ausgeschlossen. Dieser Ausschluss ist der praktisch relevanteste Risikoausschluss. Hierunter fallen auch alkoholbedingte Bewusstseinsstörungen im Straßenverkehr.[254]

Steht **zu Beginn der Kausalkette** eine Bewusstseinsstörungen, ein Schlaganfall, ein epileptischer Anfall oder ein anderer Krampfanfall, der den ganzen Körper der versicherten Person ergreift, dann ist der dadurch verursachte Unfall vom Versicherungsschutz ausgeschlossen, wobei Mitursächlichkeit ausreicht.[255]

> *Hinweis*
>
> In der Praxis geht es vielfach schlicht um die Frage, ob die Bewusstseinsstörung (bzw. der Schlaganfall, epileptische Anfall oder der andere Krampfanfall) Auslöser oder Folge des Unfallereignisses war.

416 Es sind solche Unfälle vom Versicherungsschutz ausgeschlossen, die der VP dadurch zustoßen, dass sie vorsätzlich eine Straftat ausführt oder versucht, Ziff. 5.1.2 AUB 2020.

Umfasst sind alle Straftaten (**§ 12 StGB**, Verbrechen und Vergehen),[256] auch die der strafrechtlichen Nebengesetze, wie z.B. SprengG oder WaffenG. **Ordnungswidrigkeiten** fallen nicht unter den Risikoausschluss.[257]

417 Unfälle, die unmittelbar oder mittelbar durch Kriegs- oder Bürgerkriegsereignisse verursacht sind, fallen ebenfalls nicht unter den Versicherungsschutz, Ziff. 5.1.3 AUB 2020.[258]

418 Der Versicherungsschutz bei Luftfahrtunfällen besteht **nicht** für die genannten, relativ kleinen Personengruppen, Ziff. 5.1.4 AUB 2020. Deren Unfallrisiko liegt so erheblich über denen des normalen Fluggastbetriebes. Der **Fluggast** genießt grundsätzlich Versicherungsschutz.

419 Unfälle, die der VP als Teilnehmer an Rennen mit Motorfahrzeugen erleidet, sind ausgeschlossen, Ziff. 5.1.5 AUB 2020. Der Ausschluss gilt auch für Trainings- und Übungsfahrten, sofern der Fahrer übt Höchstgeschwindigkeiten zu erzielen.

420 Ausgeschlossen solche Unfälle, die **unmittelbar oder mittelbar** durch **Kernenergie** verursacht sind, Ziff. 5.1.6 AUB 2020.

421 **Bandscheibenschädigungen, Blutungen aus inneren Organen und Gehirnblutungen** sind Gesundheitsschäden, die regelmäßig auch ohne traumatische Ursache auftreten. Da die Unfallversicherung aber nur für Unfallfolgen einstehen soll, sind diese Gesundheitsschäden nur als Ausnahme vom Versicherungsschutz umfasst, nämlich dann, wenn sie überwiegend, d.h. nachweislich zu mehr als 50 % durch ein Unfallereignis (nicht Kraftanstrengung) verursacht wurden, Ziff. 5.2.1 AUB 2020. Ausgeschlossen sind nicht

254 Zur sog. Alkoholklausel vgl. *Naumann*, zfs 2023, 64; ZAP 2024, 231.
255 BGH v. 10.2.1982 – IVa ZR 194/80, VersR 1982, 463.
256 OLG Hamm v. 22.6.2005 – 20 U 104/95, r+s 2006, 32; OLG München v. 11.7.1997 – 14 U 953/96, VersR 1999, 881; zu Auslandsstraftaten vgl. Grimm/Kloth/*Kloth*, Ziff. 5 Rn 25.
257 OLG Düsseldorf v. 18.11.1997 – 4 U 194/96, r+s 1998, 481.
258 Ausführlich *Naumann/Brinkmann*, r+s 2012, 469, 474 ff.

nur die Schädigungen selber, sondern auch die von der Gesundheitsschädigung ausgelösten weiteren Störungen, wie z.B. Lähmungen.[259]

422 Auch ausgeschlossen sind Gesundheitsschädigungen durch **Strahlen**, Ziff. 5.2.2 AUB 2020.

423 Gesundheitsschäden durch **Heilmaßnahmen oder Eingriffe** am Körper der VP sind ausgeschlossen, Ziff. 5.2.3 AUB 2020. Der Versicherungsschutz entfällt dann nicht, wenn Heilmaßnahmen oder Eingriffe durch ein versichertes Unfallereignis, bzw. eine versicherte erhöhte Kraftanstrengung veranlasst waren.

424 *Hinweis*

Praxisrelevant sind Todesfälle durch Heroininjektionen oder auch autoerotische Handlungen, die als Eingriff im Sinne der AUB zu werten sind.[260]

425 Ausgeschlossen sind Gesundheitsschäden durch **Infektionen**, Ziff. 5.2.4 AUB 2020. Diese gehören als Krankheiten nicht zu den Lebensrisiken im Bereich einer privaten Unfallversicherung. Dennoch wird der Versicherungsschutz in diesem Bereich stets erweitert. Die Musterbedingungen schließen seit den AUB 2020 auch durch einen Zeckenstich verursachte FSME ein.

426 *Hinweis*

In der Praxis sind in neueren Verträgen überwiegend Sonderbedingungen zu diesem Ausschluss vereinbart. Die Regelungen dieser Sonderbedingungen sind sehr unterschiedlich und bedürfen stets einer genauen Prüfung.[261]

427 Vom Versicherungsschutz ausgeschlossen sind solche **Vergiftungen**, die **infolge Einnahme fester oder flüssiger Stoffe durch den Schlund** eingetreten sind, Ziff. 5.2.5 AUB 2020. Für Kinder gilt der Ausschluss vielfach nicht.

428 Der Versicherungsschutz entfällt bei krankhaften Störungen infolge **psychischer Reaktionen**, selbst wenn diese durch einen Unfall verursacht wurden, Ziff. 5.2.6 AUB 2020. Die sog. „Psycho-Klausel" soll nicht abschätzbare Risiken vom Versicherungsschutz ausnehmen.[262] Der Ausschluss **greift nicht ein**, wenn die psychische Reaktion auf **organischen Schädigungen** (z.B. Schädigungen des zentralen Nervensystems) beruht.

429 **Bauch- und Unterleibsbrüche** (sog. **Hernien**) sind vom Versicherungsschutz grundsätzlich ausgeschlossen, Ziff. 5.2.7 AUB 2020. Versicherungsschutz besteht aber dann, wenn der Bruch durch eine unter den Vertrag fallende gewaltsame, von außen kommende Einwirkung entstanden ist. D.h. es muss die **Bildung der Bruchpforte** entstanden sein, es reicht nicht allein der Austritt innerer Organe durch eine (meist vorbestehende) Bruchpforte.

259 OLG Hamburg v. 15.5.2007 – 9 U 43/07, r+s 2008, 32.
260 BGH v. 8.11.2000 – ZR 1/00, VersR 2001, 227.
261 Zu den Sonderbedingungen vgl. *Naumann/Brinkmann*, § 4 Rn 205 ff.
262 Zu den Gründen vertiefend Grimm/Kloth/*Kloth*, Ziff. 5 Rn 162 ff.

Hinweis 430

In der Praxis werden Bauch- und Unterleibsbrüche vielfach auch bei erhöhten Kraftanstrengungen mitversichert. Teilweise reicht auch bereits die Feststellung eines akuten Austritts durch eine bestehende Bauchpforte.

e) Versicherbare Leistungen

aa) Allgemeines

Die AUB 2014/2020 beinhalten die klassischen Leistungsarten Invaliditätsleistung, 431
Übergangsleistung (nur AUB 2014), Tagegeld, Krankenhaustagegeld und Todesfallleistung. Neu aufgenommen wurden die Unfallrente, Kosten für kosmetische Operationen und Kosten für Such-, Bergungs- oder Rettungseinsätze.

Andere Leistungsarten gab es in früheren Bedingungswerken und zahlreiche weitere in 432
Sonderbedingungen.[263] Grundsätzlich ist die private Unfallversicherung als Summenversicherung ausgestaltet. Die neu eingebrachten Kostenerstattungen besitzen abweichend für die Leistungsberechnung Inhalte von Schadenversicherungen.[264]

Die jeweiligen Leistungsarten sind eigenständig und grundsätzlich unabhängig vonei- 433
nander. Sie müssen konkret und mit einer versicherten Summe vereinbart sein. Bei der Leistungshöhe ist Ziff. 3 AUB 2020 (Mitwirkung von Krankheiten und Gebrechen) zu berücksichtigen. Grundsätzlich ist der VN für die anspruchsbegründenden Tatsachen darlegungs- und beweisbelastet.

bb) Invaliditätsleistung (Ziff. 2.1 AUB 2014/2020)

Die Invaliditätsleistung ist die wichtigste Leistungsart der AUB. Sie sichert VN/VP 434
eine finanzielle Leistung für den Invaliditätsfall zu. Unter Invalidität versteht man eine *unfallbedingte, dauerhafte Beeinträchtigung der körperlichen oder geistigen Leistungsfähigkeit*, § 180 VVG. Die Regelung ist abdingbar, entspricht aber Ziff. 2.1.1.1 AUB 2014/2020, Ziff. 2.1.1.1 AUB 10/08/99 und § 7 I AUB 94/88.

Hinweis

Übersicht zur Invaliditätsleistung:

- dauerhafte Beeinträchtigung (körperliche oder geistige Leistungsfähigkeit),
- adäquat kausal auf die unfallbedingte Gesundheitsschädigung zurückzuführen,
- über das dritte Unfalljahr hinausgehend,
- Eintritt binnen 15 Monaten nach Unfalltag,
- ärztliche Feststellung dem Grunde nach binnen 15 Monaten nach Unfalltag,
- Geltendmachung beim VR binnen 15 Monaten nach Unfalltag,
- Bemessung anhand der Gliedertaxe bzw. außerhalb der Gliedertaxe,
- mögliche Neufeststellung.

263 Zu den Leistungsarten umfassend *Naumann/Brinkmann*, § 5 Rn 1 ff.
264 Zu Leistungsarten mit Schadencharakter *Naumann/Brinkmann*, § 2 Rn 30 ff.

435 Es muss eine dauerhafte Beeinträchtigung der körperlichen oder geistigen Leistungs- oder Funktionsfähigkeit eingetreten sein. Das ist der Fall, wenn feststeht, dass die Beeinträchtigung länger als drei Jahre andauern wird und eine Änderung nicht zu erwarten ist, Ziff. 2.1.1.1 AUB 2014/2020.[265]

436 *Hinweis*

Für die Invaliditätsleistung sind besondere **Fristenregelungen** zu beachten. Schon beim Einstieg in einen Leistungsfall sollte die Fristenkontrolle daher höchste Priorität haben.

437 Für Eintritt, Feststellung und Geltendmachung einer Invalidität gelten strenge Fristen:[266]

- **Eintrittsfrist (bisher Jahresfrist)**
  Die Invalidität muss innerhalb von 15 Monaten nach dem Unfall eingetreten sein.
- **Ärztliche Feststellung**
  Innerhalb von 15 Monaten nach dem Unfall muss ein Arzt die Invalidität festgestellt haben.
- **Geltendmachung des Invaliditätsanspruchs**
  Innerhalb von 15 Monaten muss die Invalidität beim VR geltend gemacht worden sein.

Hinweis

Diese grundsätzliche Fristenstruktur liegt standardmäßig allen AUB zugrunde. Viele VR bieten geänderte Fristen an. Die gültigen Bedingungen sind somit stets auf die *konkret vereinbarten* Fristen hin zu prüfen. Ältere Bedingungswerke sehen für den Invaliditätseintritt eine Frist von 12 Monaten (Jahresfrist) vor.

438 Die Fristen zum Invaliditätseintritt und zur ärztlichen Feststellung sind *objektive Anspruchsvoraussetzungen*, sie sind nicht entschuldbar.[267]

Tritt innerhalb von 15 Monaten keine Invalidität ein, so besteht kein Anspruch auf eine Invaliditätsleistung,[268] ebenso wenn der Invaliditätseintritt innerhalb von 15 Monaten nach dem Unfall nicht ärztlich festgestellt wurde. Die **ärztliche Feststellung** muss schriftlich erfolgen, braucht aber nicht richtig zu sein.[269] Sie muss jedoch eine verbindliche Aussage treffen; unzureichend ist es, wenn das Vorliegen eines Dauerschadens als nur „möglicherweise", „eventuell", „zur Zeit" oder „erst nach einer Begutachtung zu klären" bescheinigt wird.[270] Einer Aussage zur Höhe des Dauerschadens bedarf es nicht.

265 Zu älteren AUB: Grimm/Kloth/*Kloth*, Ziff. 2 Rn 10 f.; Beckmann/Matusche-Beckmann/*Mangen*, § 47 Rn 157.
266 Die Fristen sind transparent, auch in den AUB 99. BGH v. 20.6.2012 – IV ZR 39/11, zfs 2012, 581 = VersR 2012, 1113.
267 BGH v. 28.6.1978 – IV ZR 7/77, VersR 1978, 1036, 1037.
268 OLG Hamm v. 27.1.2006 – 20 U 156/05, r+s 2007, 74; LG Dortmund v. 13.1.2011 – 2 O 325/10, zfs 2011, 339.
269 BGH v. 16.12.1987 – IVa ZR 195/86, VersR 1988, 286.
270 Vgl. OLG Zweibrücken v. 1.4.2005 – 1 U 5/05, r+s 2008, 125; OLG Celle v. 12.3.2009 – 8 U 200/08, r+s 2010, 476.

Hinweis

Die ärztliche Feststellung muss darlegen:

- einen Dauerschaden (prognostisch),
- die unfallbedingte Gesundheitsschädigung der VP und
- einen Kausalzusammenhang zwischen Unfall und Gesundheitsschädigung.

Wichtig ist, dass nur die ärztlich festgestellten und dem VR gegenüber angezeigten Dauerschäden zum Inhalt der Invaliditätsfeststellung werden.[271]

Innerhalb von 15 Monaten muss die Invalidität beim VR auch geltend gemacht worden **439** sein. Es handelt sich bei dieser Frist um eine Ausschlussfrist, so dass dem VN grundsätzlich eine Exkulpation möglich ist, Ziff. 2.1.1.3 AUB 2020.[272]

Die Geltendmachung ist eine Willenserklärung,[273] die erst mit Zugang beim VR wirksam wird, § 130 BGB. Hierfür trägt der VN die Beweislast.

Die Invalidität muss adäquat kausal auf die unfallbedingte Gesundheitsschädigung zu- **440** rückzuführen sein, es reicht Mitursächlichkeit aus.[274] Der VN ist beweisbelastet, Maßstab ist § 287 ZPO.

Verstirbt die VP innerhalb eines Jahres unfallbedingt, scheidet eine Invaliditätsleistung **441** aus, Ziff. 2.1.1.4 AUB 2020. Die **Todesfallleistung und die Invaliditätsleistung schließen sich gegenseitig aus**.

Verstirbt die VP vor der Bemessung der Invalidität und hat die Invalidität bereits vorher angemeldet, dann besteht ein Anspruch auf Invaliditätsleistung anhand des sich aus den vorliegenden Befunden ergebenden Invaliditätsgrades, Ziff. 2.1.2.3 AUB 2020.

cc) Unfallrente (Ziff. 2.2 AUB 2014/2020)

Die Leistungsart Unfallrente (UIR) gewährt bei besonders schwerwiegenden, unfallbe- **442** dingten Gesundheitsschädigungen eine lebenslange Rente zu zahlen. Die UIR steht als selbstständige Leistungsart neben der Invaliditätsleistung, bezieht sich aber weitgehend auf deren Regelungen, insbesondere bei der Anmeldung der Invalidität und der Berechnung des Invaliditätsgrades. Bei der Berechnung des Invaliditätsgrades wird die Progression nicht berücksichtigt.

dd) Übergangsleistung (Ziff. 2.3 AUB 2014)

Die VP muss unfallbedingt im beruflichen oder außerberuflichen Bereich, ohne Mitwir- **443** kung von Krankheiten oder Gebrechen zu mindestens 50 Prozent in ihrer normalen körperlichen oder geistigen Leistungsfähigkeit beeinträchtigt sein und die Beeinträchtigung muss vom Unfalltag an gerechnet ununterbrochen mehr als 6 Monate bestehen.

271 BGH v. 7.3.2007 – IV ZR 137/06, VersR 2007, 1114.
272 BGH v. 24.3.1982 – IVa ZR 2/80, VersR 1982, 567.
273 OLG Hamm v. 16.9.1992 – 20 U 138/92, VersR 1993, 300.
274 *Knappmann*, NVersZ 2002, 1, 2.

Ist die berufliche Leistungsfähigkeit beeinträchtigt, ist auf die konkrete Beschäftigung der VP vor dem Unfall abzustellen; bei der Beeinträchtigung im außerberuflichen Bereich kommt es auf die allgemeine Leistungsfähigkeit der VP an.

Der Anspruch muss innerhalb von sieben Monaten nach dem Unfall durch ein ärztliches Attest geltend gemacht worden sein. Auf diese Frist muss der VR hinweisen, § 186 VVG.

Der VN hat sowohl die Beeinträchtigung der normalen körperlichen oder geistigen Leistungsfähigkeit bzw. Arbeitsfähigkeit von mehr als bzw. mindestens 50 % ohne Unterbrechung zu beweisen[275] als auch den Umstand einer fehlenden Mitwirkung von Krankheiten und Gebrechen.[276]

ee) Tagegeld (Ziff. 2.4 AUB 2014/2020)

444 Das Tagegeld wird unabhängig von tatsächlichen Geldeinbußen vereinbart. Ansprüche auf Lohnfortzahlung oder ein Tagegeld der Krankenversicherung sind unbeachtlich und werden nicht angerechnet. Die VP muss unfallbedingt in der Arbeitsfähigkeit beeinträchtigt sein. Maßgebend ist die konkrete, zuletzt ausgeübte berufliche Tätigkeit, nicht der erlernte Beruf oder die Berufsbezeichnung.

Der Anspruch ist auf den Zeitraum von Beginn bis Ende der ärztlichen Behandlung beschränkt, längstens für ein Jahr vom Unfalltag an gerechnet.

Die Höhe ergibt sich aus dem vereinbarten Tagessatz und dem Grad der Beeinträchtigung der Arbeitsfähigkeit. Das Tagegeld wird entsprechend abgestuft gezahlt. Nur bei einer vollständigen Beeinträchtigung der Arbeitsfähigkeit werden 100 % der versicherten Summe fällig. Den Grad der Beeinträchtigung stellt der behandelnde Arzt fest. Eine Überprüfung durch ein Sachverständigengutachten von Seiten des VR ist möglich.

Der VN muss seine konkrete, zuletzt ausgeübte berufliche Tätigkeit, den Grad der Beeinträchtigung und deren Umfang sowie die ärztliche Behandlung nach § 286 ZPO beweisen.

ff) Krankenhaustagegeld (Ziff. 2.5 AUB 2014/2020)

445 Das Unfallkrankenhaustagegeld (UKT) wird unabhängig von tatsächlich angefallenen Krankenhauskosten für Tage einer vollstationären Heilbehandlung gezahlt. Die Behandlung muss unfallbedingt, also adäquat kausal auf den Unfall zurückzuführen sein.

Als vollstationär gilt ein Aufenthalt „rund um die Uhr“, also grundsätzlich mindestens 24 Stunden. Aufnahme- und Entlassungstag gelten als ganze Tage. Teil-, tages- oder nachtstationäre Behandlungen sind ebenso wie vor- und nachstationäre Untersuchungen nicht vollstationär und lösen keinen Leistungsanspruch aus.

Kuren oder Aufenthalte in Sanatorien und Erholungsheimen gelten nicht als medizinisch notwendige Heilbehandlung.

275 LG Münster v. 23.12.1988 – 6 O 377/88, VersR 1989, 1143.

276 LG Traunstein v. 18.3.1994 – 5 O 3005/93, r+s 1998, 303; OLG Hamm v. 24.2.1989 – 20 U 209/88, VersR 1989, 1143; OLG Oldenburg v. 10.2.1988 – 2 U 266/87, VersR 1988, 461.

Eine ambulant vorgenommene Operation löst auch einen Anspruch auf UKT aus. Definiert wird die ambulante Operation in den AUB 2020 als ein chirurgischer Eingriff zur Vermeidung einer vollstationären Behandlung. Danach entsteht für jeden medizinischen Eingriff ein Leistungsanspruch auf UKT. Eine mit einer Naht versorgte kleinere Wunde reicht nicht aus, wenn diese nicht zu einer vollstationären Heilbehandlung geführt hätte. 446

Viele Bedingungswerke legen andere Kriterien fest, zum Beispiel eine nachfolgende Arbeitsunfähigkeit.

Eine Kopie des OP-Berichts ist für den Nachweis vorzulegen. Eine tagesstationär erfolgte Operation kann man einer ambulanten Operation gleichstellen.

gg) Todesfallleistung (Ziff. 2.6 AUB 2014/2020)

Die Todesfallleistung gewährt einen Anspruch, wenn die unfallbedingte Gesundheitsschädigung zum Tod führt. Der Todesfall ist dem VR innerhalb von 48 Stunden zu melden, Ziff. 2.6.1 AUB 2020 verweist dazu auf Ziff. 7.5 AUB 2020. Diese Verpflichtung ist als Obliegenheit ausgestaltet und soll es dem VR ermöglichen, wegen der bevorstehenden Beerdigung oder Einäscherung eine Beweissicherung vorzunehmen.[277] 447

Hinweis 448

Ein unfallbedingter Todesfall sollte stets sofort dem VR gemeldet werden, am besten telefonisch, um ein weiteres Vorgehen (mögliche Obduktion) abzustimmen.

Tritt der Tod ausschließlich wegen einer Erkrankung oder wegen einer überholenden Kausalkette (z.B. weiterer Unfall) ein, wird die Todesfallsumme nicht fällig. Ist die Todesursache unklar, weil sowohl ein unfallbedingter Tod möglich ist als auch innere Ursachen (Erkrankungen) alleine zum Tod geführt haben können, ist der Kausalitätsnachweis nicht erbracht.[278] Ebenso fehlt der Nachweis bei Unklarheit, ob die Todesursache Unfallursache oder Unfallfolge war.[279] 449

Der Tod muss innerhalb eines Jahres eingetreten sein. Die **Todesfallleistung und die Invaliditätsleistung schließen sich gegenseitig aus**, da eine Invalidität über die ersten 15 Monate nach dem Unfall hinausgehend bestehen muss.[280]

Bei unfallbedingtem Tod besteht Anspruch auf die vereinbarte Todesfallsumme.

Problematisch ist die Höhe, wenn der Tod wegen einer Mitwirkung von Krankheiten und Gebrechen nicht ausschließlich auf den Unfall zurückzuführen ist. Im Ergebnis erfolgt eine Kürzung entsprechend des jeweiligen Mitwirkungsanteils.[281]

277 Grimm/Kloth/*Kloth*, Ziff. 7 Rn 33 ff.
278 LG Aachen v. 19.3.1986 – 7 S 321/85, r+s 1986, 266 f.
279 OLG Hamm v. 23.1.1991 – 20 U 157/90, r+s 1991, 286; OLG Köln v. 29.10.1992 – 5 U 137/91, r+s 1993, 157; LG Heidelberg v. 22.2.1995 – 4 O 38/94, r+s 1995, 356.
280 Zur Regelungslücke vgl. van Bühren/*Naumann*, § 16 Rn 242.
281 Bruck/Möller/*Leverenz*, AUB 2008 Ziff. 2.6 Rn 14 und § 182 VVG Rn 18.

Der VN bzw. sein Rechtsnachfolger haben Unfall, Tod und Kausalität zwischen Unfall und Tod zu beweisen,[282] ein Attest zur Bescheinigung durch den Arzt findet sich weiter unten (siehe Rdn 586). Ausschlüsse oder einen Suizid hat der VR zu beweisen.

hh) Kosten für Kosmetische Operationen (Ziff. 2.7 AUB 2014/2020)

450 Die Kostenerstattung für kosmetische Operationen (KOP) ist neu in den Musterbedingungen, war aber bisher in diversen Ausgestaltungen als Sonderbedingung versicherbar.

Die Leistung ist nicht als reine Summenversicherung ausgestaltet, sondern auf Seite der Anspruchshöhe auf die beim VN verbliebenen tatsächlichen Kosten ausgerichtet und begrenzt auf die vertraglich vereinbarte Höchstsumme. Der Anspruch ist mit einer Subsidiaritätsklausel ausgestattet. Der Anspruch besteht nur für die Beträge, die bei Dritten nicht eingefordert werden können. Hat ein Dritter entstandene Kosten ersetzt, dann ist diesem ein Rückgriff auf die Unfallversicherung versagt.

Der VN ist beweisbelastet, auch für die klar feststellbare Höhe der Kosten nach § 286 ZPO.

451 Eine kosmetische Operation dient der Beseitigung von unfallbedingten Beeinträchtigungen des äußeren Erscheinungsbildes, die nach der Durchführung einer Heilbehandlung verbleiben.[283] Sie muss durch einen Arzt ausgeführt werden und innerhalb von drei Jahren ab dem Unfalltag erfolgen. Spätere Operationen sind nicht mehr versichert. Für eine nicht volljährige VP wird anstelle der drei Jahre auf eine Altersgrenze abgestellt.

452 *Hinweis*

Typischer Fall ist die Narbenkorrektur, die keine funktionale, sondern eine ästhetische Beeinträchtigung beseitigt. Wird eine Körperfunktion gebessert, liegt eine Heilbehandlung vor, keine kosmetische Operation. Daher wird für stationäre Klinikaufenthalte zur kosmetischen Operation auch kein Krankenhaustagegeld fällig, dafür können die Kosten der Unterbringung verlangt werden.

453 Schneide- und Eckzähne zählen zum äußeren Erscheinungsbild. Hier überlagern sich ästhetische und funktionale Aspekte, so dass grundsätzlich alle unfallbedingten Behandlungen in den Versicherungsschutz fallen.[284] Die Unfallversicherung bezieht sich auf Gesundheitsschädigungen des Körpers, nicht auf Sachschäden. Daher ist der Verlust bzw. Teilverlust von (herausnehmbaren) Zahnprothesen nicht mitversichert.

ii) Kosten für Such-, Bergungs- oder Rettungseinsätze (Ziff. 2.8 AUB 2014/2020)

454 Die Leistungsart Bergungskosten wurde bisher über Sonderbedingungen versichert. Wie bei Ziff. 2.7 AUB 2020 handelt es sich nicht um eine reine Summenversicherung und die Erstattung ist subsidiär ausgestaltet. Der VN ist beweisbelastet.

282 BGH v. 18.2.1987 – IVa ZR 196/85, r+s 1987, 173; OLG Hamm v. 5.6.2002 – 20 U 217/01, r+s 2003, 31.
283 AG Aachen v. 25.2.1993 – 8 C 698/92, r+s 1994, 318.
284 *Naumann/Brinkmann*, § 5 Rn 303 ff.

Für Such-, Bergungs- oder Rettungseinsätze (Bergungskosten) werden die für eine Personenrettung erforderlichen Kosten ersetzt, z.B. für Hubschrauberflüge aus den Bergen. Ein Ersatzanspruch besteht nur für die Kosten eines öffentlich-rechtlichen oder privaten Rettungsdienstes. Suchaktionen von Privatpersonen werden nicht übernommen.

Versichert sind auch die Kosten für die Fahrt in das *nächste* Krankenhaus oder eine Spezialklinik, also die *für die Behandlung der VP (besonders) geeignete Klinik*, z.B. bei schweren Brandverletzungen. Der Transport muss *ärztlich angeordnet* sein.

Eine Kostenübernahme kann auch ohne tatsächlich eingetretenen Unfall erfolgen. Dafür musste ein Unfall unmittelbar drohen oder nach den konkreten Umständen (objektive Anhaltspunkte)[285] zu vermuten gewesen sein.

f) Konkreter Versicherungsumfang

Dem Versicherungsschein, bzw. dem Nachtrag zum Versicherungsschein, kann man das versicherte Bedingungswerk und die vereinbarten besonderen Bedingungen, Sonderklausel und Spezialabreden sowie die versicherten Summen der vereinbarten Leistungsarten entnehmen. Diese beiden Unterlagen muss man stets genau prüfen, damit man den grundsätzlich vereinbarten Versicherungsschutz herausarbeiten kann. Denn die Bedingungswerke für sich alleine genommen beschreiben auch immer Leistungen, die gar nicht im konkreten Fall gelten. **455**

> *Hinweis* **456**
>
> Es bietet sich an, Versicherungsschein und Versicherungsbedingungen auf die versicherten Leistungen und die versicherten Summen hin zu prüfen und die vereinbarten Sonderbedingungen und Leistungen mit den entsprechenden Summen zu Beginn des Mandats zu erfassen.

g) Mitwirkung

Der Versicherungsschutz besteht nur für unfallbedingte Gesundheitsschäden. Unfallfremde Schädigungen werden nicht entschädigt. Dementsprechend wird mit der Regelung der Ziff. 3 AUB 2020, § 182 VVG vereinbart, dass Gesundheitsschäden und auch die Folgen von Gesundheitsschäden dann in Abzug gebracht werden, wenn sie zu mindestens 25 % auf Krankheiten und Gebrechen beruhen.[286] **457**

Krankheiten und Gebrechen schließen sich nicht gegenseitig aus,[287] sondern werden als Einheit verstanden, als eine „bestehende gesundheitliche Beeinträchtigung". **458**

Eine **Krankheit** ist eine Störung der Lebensvorgänge in Organen oder im gesamten Organismus mit der Folge von subjektiv empfundenen bzw. objektiv feststellbaren körperlichen, geistigen bzw. seelischen Veränderungen, ein anormaler geistiger oder körper-

285 Die Entscheidung des AG Wuppertal v. 1.2.1990 – 31 C 560/89, zfs 1990, 100 zu einer früheren Sonderbedingung ist insoweit heranziehbar.

286 Ausführlich zur Mitwirkung, *Naumann/Brinkmann*, § 7 Rn 1 ff.

287 Grimm/Kloth/*Kloth*, Ziff. 3 Rn 3.

licher Zustand der VP.[288] Es gilt der objektiv vorhandene und ärztlich festzustellende Körperzustand, unabhängig von der Kenntnis der VP.[289]

459 Unter **Gebrechen** versteht man einen dauernd abnormen Gesundheitszustand, der eine einwandfreie Ausübung der normalen Körperfunktionen nicht mehr zulässt.[290] Eine konstitutionelle Schwäche oder eine erhöhte Krankheitsdisposition stellen für sich keine Gebrechen dar.[291]

> *Hinweis*
>
> Für die Mitwirkung von Krankheiten und Gebrechen ist der VR beweispflichtig, auch für den Mitwirkungsfaktor. Altersentsprechende Veränderungen (Verschleiß) werden nicht bei einer Kürzung berücksichtigt.

3. Obliegenheiten

460 Für die vorvertraglichen Obliegenheiten und damit auch für die Anzeigepflichten bei einer Vertragsumstellung gelten für die Unfallversicherung die allgemeinen Grundsätze zur Anzeigepflicht. Wichtig sind die Angaben zu Vorerkrankungen und Gebrechen. Welche Erkrankungen waren VN bzw. VP *bis zur Abgabe seiner Vertragserklärung* bekannt und wonach hat *der VR gefragt*?

Die Obliegenheiten nach einem Schadenfall sind in Ziff. 7 AUB 2020 geregelt, die Folgen einer Nichtbeachtung einer Obliegenheit in Ziff. 8 AUB 2020. Die Praxisrelevanz von Obliegenheitsverletzungen ist, abgesehen von Arglist- und Betrugsfällen, gering.

461 Nach Ziff. 7.1 ist nach einem Schadenfall ein **Arzt hinzuzuziehen**; seine ärztlichen Anordnungen sind zu befolgen und der VR ist zu unterrichten. Es besteht freie Arztwahl, die Pflicht zur Fortführung der Heilbehandlung bis zu deren Abschluss ist auch von dieser Obliegenheit erfasst, Arztwechsel sind möglich. Maßstab für die Behandlung ist der objektive Stand der Wissenschaft.

Die Obliegenheit der **Befolgung von ärztlichen Anordnungen** ist neben praktischen Beweisproblemen insgesamt fragwürdig; sie steht den Persönlichkeitsrechten der VP entgegen und ist nicht praxisrelevant.

Die **Unterrichtung des VR** soll diesen in die Lage versetzen, die nach seiner Einschätzung erforderlichen Ermittlungen zu veranlassen. Um dies zu ermöglichen, benötigt der VR umfassende Angaben zum Geschehen und dessen Folgen.

Die Meldung nach Ziff. 7.1 AUB 2020 hat dann unverzüglich zu erfolgen, wenn der Unfall voraussichtlich eine Leistungspflicht herbeiführt. Die Meldung ist regelmäßig verspätet, wenn sie erst mehrere Monate nach dem Unfallereignis erfolgt.[292]

288 OLG Hamm v. 12.6.1996 – 20 U 220/95, VersR 1997, 1342.
289 Grimm/Kloth/*Kloth*, Ziff. 3 Rn 5 m.w.N.
290 *Wussow/Pürckhauer*, § 8 Rn 4 m.w.N.
291 OLG Braunschweig v. 15.3.1995 – 5 U 40/94, zfs 1995, 224 = VersR 1995, 823; OLG Schleswig v. 30.6.1970 – 1 U 13/70, VersR 1970, 1048.
292 OLG Celle v. 31.10.1996 – 8 U 162/95, VersR 1997, 690; OLG Koblenz v. 29.11.1996 – 10 U 198/96, r+s 1997, 348, 349; LG Köln v. 11.2.2004 – 23 O 1/03, r+s 2005, 167.

In Ziff. 7.2 AUB 2014/2020 wird nicht mehr wie in bisherigen AUB-Generationen die Schadenanzeige des VR genannt. Es wird allgemein auf die **wahrheitsgemäße, vollständige und unverzügliche Auskunftserteilung** abgestellt. Dies gilt für *sämtliche (sachdienliche) Angaben*, um die VN oder VP gebeten werden, das kann auch weiterhin eine förmliche Schadenanzeige sein. Sachdienlich sind die Fragen, wenn sie für die Klärung der Leistungspflicht erforderlich sind, selbst wenn es nur um eine Hilfstatsache geht.[293] 462

Der VN ist für die Richtigkeit der Angaben verantwortlich, auch wenn er sie nicht selbst aufgeschrieben, die Schadenanzeige aber unterzeichnet hat. Fehler von Hilfspersonen werden ihm zugerechnet.[294]

Die VP muss sich von dem seitens des VR jeweils beauftragten Arzt untersuchen lassen, Ziff. 7.3 AUB 2020, andernfalls gehen die Ansprüche verloren.[295] Die Auswahl des Arztes durch den VR ist verbindlich. 463

Mit Ziff. 7.4 AUB 2020 reagiert der Bedingungsgeber konsequent auf die Probleme der Erlangung von Gesundheitsdaten, die sich letztlich aus § 213 VVG ergeben. Das Recht auf informationelle Selbstbestimmung wird der VP zuerkannt. Er kann die Ärzte von der Schweigepflicht gegenüber dem VR entbinden und dann kann der VR selber Anfrage bei den Ärzten halten. Möchte die VP dies nicht, dann muss sie selber die erforderlichen Auskünfte einholen. Im Ergebnis ist es eine Frage der Fälligkeit der Leistung, wenn VN und VP die Beschaffung erforderlicher Gesundheitsdaten nicht ermöglichen. 464

Ein Todesfall ist dem VR innerhalb von 48 Stunden zu melden und das Recht zu verschaffen, eine Obduktion durchführen zu lassen. Diese Verpflichtung soll es dem VR ermöglichen, eine Beweissicherung vorzunehmen. Es kommt auf den Zeitpunkt an, zudem der VN (bei dessen Tod die Erben) Kenntnis vom Tod erhält.[296] 465

4. Hinweispflichten der VR

Mit § 186 VVG sind Belehrungsobliegenheiten des VR gesetzlich fixiert worden. Der VR hat den VN auf vertragliche Anspruchs- und Fälligkeitsvoraussetzungen sowie einzuhaltende Fristen in Textform hinzuweisen. Dies gilt grundsätzlich für alle Leistungsarten. Die Hinweispflicht entsteht mit der Anzeige eines Versicherungsfalls, § 186 S. 1 VVG. Für die Neufeststellung ist die Belehrungspflicht gesondert geregelt, § 188 VVG. 466

Die Belehrung bezieht sich auf die „speziellen Anspruchsvoraussetzungen",[297] also solche, die nicht zur allgemeinen Deckungsprüfung gehören und die ein bestimmtes Verhalten des VN bzw. der VP voraussetzen. Wichtigster Fall sind die Invaliditätsfristen.

293 OLG Köln v. 9.2.1995 – 5 U 264/94, VersR 1995, 1435.
294 Grimm/Kloth/*Kloth*, Ziff. 7 Rn 24; Ausnahme z.B. bei Koma, vgl. OLG Düsseldorf v. 23.3.1999 – 4 U 93/98, r+s 2001, 346.
295 OLG Düsseldorf v. 9.12.2003 – I-4 U 69/03, VersR 2004, 503, 504 = r+s 2004, 252.
296 *Naumann/Brinkmann*, § 9 Rn 42 ff.
297 *Kloth*, G Rn 46.

Die Belehrung hat in Textform zu erfolgen und ist so zu gestalten und zu platzieren, dass der VN den Hinweis auch als Belehrung wahrnehmen kann.[298] Zu belehren ist der VN, bei vereinbartem Direktanspruch die VP.

467 Fehlt die Belehrung oder war sie inhaltlich nicht korrekt bzw. dem VN nicht zugegangen, so kann sich der VR nicht auf die Fristversäumnis berufen, § 186 S. 2 VVG. Für die Invaliditätsleistung heißt dies, dass der VN auch nach Fristablauf seinen Anspruch anmelden und durchsetzen kann, ohne dass der VR einen Fristablauf einwenden kann. Begrenzt wird dies jedoch durch die Regelungen von Verwirkung und Verjährung.[299] Dies bedeutet allerdings nicht, dass damit auch die den Anspruch begründende ärztliche Feststellung entbehrlich wird.

5. Verjährung

468 Für die Unfallversicherung gelten die allgemeinen Verjährungsvorschriften für Versicherungsverträge. Es ist also die regelmäßige **Verjährungsfrist von drei Jahren** zu beachten, § 195 BGB. Die gilt sowohl für die **Ansprüche des VN**, als auch für die Fälle einer Rückzahlung von Leistungen, also für die **Ansprüche des VR**.

Eine Besonderheit für die Verjährung von Leistungen ergibt sich bei der Unfallversicherung allerdings aus der Fülle der versicherbaren Leistungsarten. Diese sind an unterschiedliche Voraussetzungen geknüpft und können daher zu unterschiedlichen Zeitpunkten fällig werden. So kann z.B. beim Unfall eines zehn Jahre alten Kindes der Anspruch auf ein Krankenhaustagegeld für die Tage direkt nach dem Unfall bereits verjährt sein, der Anspruch auf eine vertraglich vereinbarte kosmetische Operation aber grundsätzlich noch bestehen, weil die Operation bei Kindern z.B. bis zum 21. Lebensjahr versichert ist.

469 *Hinweis*

Die Fälligkeit der Leistung und damit auch die Verjährung des Leistungsanspruchs sind bei der privaten Unfallversicherung für jede Leistungsart getrennt zu prüfen.

6. Unfallversicherung mit Beitragsrückgewähr (UBR)

470 Die Unfallversicherung mit Beitragsrückgewähr bzw. Prämienrückgewähr (**UBR**) ist eine erweiterte Unfallversicherung mit eigenständigem Bedingungswerk.[300] Ähnlich wie bei der Kapitallebensversicherung gibt es einen Risikoteil, der die Unfallleistung wie bei AUB ohne Beitragsrückgewähr regelt. Im Schadensfall ergeben sich insoweit keine Abweichungen. Daneben ist ein Rückzahlungsanspruch mit einer Überschussbeteiligung vereinbart. Besonderheiten bestehen nur für den Rückzahlungsanspruch und die Über-

298 Marlow/Spuhl/*Marlow*, Rn 1263.
299 Marlow/Spuhl/*Marlow*, Rn 1266.
300 Ausführlich zur UBR Bruck/Möller/*Leverenz*, vor § 178 VVG Rn 47 ff.

schussbeteiligung. Wie die Lebensversicherung ist eine UBR als Ansparmodell gedacht. Die Modalitäten dazu sind in den UBR-Bedingungen beschrieben.[301]

7. Abgrenzung zwischen privater und gesetzlicher Unfallversicherung

Die **private Unfallversicherung** ist als zivilrechtlicher Vertrag frei vereinbar, unterscheidet grundsätzlich nicht zwischen Berufs- und Freizeitunfällen und unterliegt der Vertragsfreiheit (Privatautonomie). Die versicherten Summen können im Sinne einer abstrakten Bedarfsdeckung an die eigenen Bedürfnisse angepasst werden.[302] **471**

Die **gesetzliche Unfallversicherung** ist im 7. Buch des Sozialgesetzbuchs (SGB VII) geregelt. Sie bietet Schutz vor den Folgen von Arbeits- bzw. Berufsunfällen und arbeitsbedingten Gesundheitsgefahren, vgl. § 1 Nr. 1 SGB VII. Die gesetzliche Unfallversicherung ist eine **Zwangsversicherung** mit der Möglichkeit des freiwilligen Beitritts, vgl. § 6 SGB VII. Ihre Rahmenbedingungen sind gesetzlich geregelt und Leistungen knüpfen sich an den Begriff der **Erwerbs(un-)fähigkeit**. Die **Minderung der Erwerbsfähigkeit (MdE)** richtet sich nach dem Umfang der sich aus der Beeinträchtigung des körperlichen und geistigen Leistungsvermögens ergebenden verminderten Arbeitsmöglichkeiten auf dem gesamten Gebiet des Erwerbslebens, vgl. § 56 Abs. 2 SGB VII. **472**

> *Hinweis* **473**
>
> Private und gesetzliche Unfallversicherung sind **strikt zu trennen**, auch dann, wenn gegen beide Träger Ansprüche bestehen. Kausalitäts- und Bewertungsfragen sind unterschiedlich geregelt. Die Ergebnisse von Gutachten sind nicht direkt übertragbar.
>
> Für die Heranziehung eines Gutachtens aus dem anderen Rechtskreis ist eine Freigabe der Berechtigten erforderlich (vgl. Rdn 27).

II. Außergerichtliches Mandat

1. Sachstand bei Mandatsbeginn

Zu Beginn des Mandats muss sich der Anwalt einen genauen Überblick über die Sachlage verschaffen. Was ist passiert, welche vertraglichen Vereinbarungen liegen vor, in welchem Stadium der Schadenregulierung befindet man sich und was möchte der VN? Je nach Sachstand muss man dann in die weitere Prüfung einsteigen. **474**

301 Musterbedingungen finden sich unter *www.gdv.de* bei Versicherungsbedingungen.

302 Zur Entstehungs- und Entwicklungsgeschichte der privaten Unfallversicherung siehe Grimm/Kloth/*Kloth*, vor Ziff. 1 Rn 5 ff.; Bruck/Möller/*Leverenz*, vor § 178 VVG Rn 4 ff.

475 **Checkliste: Ausgangslage im Mandat**

Wurde Schaden schon gemeldet?	□ ja	□ nein
Was genau ist passiert (Hergang)?	(…)	
Zu bewerten als	□ Unfall	□ Kraftanstrengung
Welcher Gesundheitsschaden ist eingetreten?	(…)	
Stationäre Behandlung?	(…)	
Arbeitsunfähigkeit?	□ ja (…) Zeitraum	□ nein
Hat VR Unfall anerkannt?	(…)	
Hat VR etwas gezahlt?	(…)	
Liegt Schriftwechsel mit VR vor?	□ ja	□ nein
Was fehlt?	(…)	
(…) (Sonstige)	(…)	

476 Eine Unfallversicherung kann als Summenversicherung unproblematisch neben weiteren Unfallversicherungsverträgen bestehen. Es ist daher stets auch zu prüfen, ob zusätzlich noch an anderer Stelle Versicherungsschutz besteht. Da dies auch möglich sein kann ohne dass es dem Mandanten bewusst ist, sollten alle Möglichkeiten abgefragt werden.

477 Ereignet sich der Unfall bei einer Lebensrettung eines anderen, kann auch ein Fall für den sog. Retterschutz vorliegen. In diesen besonderen Fällen kann auch Versicherungsschutz über die Unfallversicherung des Geretteten bestehen.[303]

478 **Checkliste: weiterer Versicherungsschutz**

Unfallversicherung 2. Vertrag gleicher VR	□ ja	□ nein
Vertrag anderer VR	□ ja	□ nein
Vertrag über Arbeitgeber	□ ja	□ nein
Vertrag über Verein (z.B. Sportverein)	□ ja	□ nein
Vertrag über Kreditkarte	□ ja	□ nein
Insassenunfallversicherung	□ ja	□ nein
Gratisschutzbriefe mit Unfallanteil	□ ja	□ nein
(…) (Sonstige)	(…)	
Fall für den Retterschutz?	□ ja	□ nein

303 Zum Retterschutz ausführlich, *Naumann/Brinkmann*, zfs 2013, 310.

Die Beachtung einiger Fristen ist wichtig. Es kann weitere als die folgenden Fristen geben, zu anderen Leistungsarten oder auch in Abänderung der Allgemeinen Unfallversicherungsbedingungen (**AUB** 2014/2020). 479

Unverzüglich	Arzt hinzuziehen (Ziff. 7.1) VR unterrichten (Ziff. 7.1)
48 Stunden	Meldung Todesfall (Ziff. 7.5) Verlängerung der Frist durch Sondervereinbarung prüfen
6 Monate	Übergangsleistung, 50 % Leistungsunfähigkeit (Ziff. 2.3.1.1)
7 Monate	Geltendmachung Übergangsleistung beim VR mit Attest (Ziff. 2.3.1.2)
1 Jahr	Todesfallleistung nur bei Tod binnen Jahresfrist (Ziff. 2.6.1) Eintritt der Invalidität (ältere AUB)
15 Monate	Eintritt der Invalidität (Ziff. 2.1.1.2) Ärztliche Feststellung der Invalidität (Ziff. 2.1.1.2) Geltendmachung der Invalidität beim VR (Ziff. 2.1.1.3)
3 Jahre	Maximaler Zeitpunkt für Geltendmachung der Neubemessung (Ziff. 9.4) Ausschlussfrist für Kosmetische Operationen (Ziff. 2.7.1)
5 Jahre	Zeitpunkt für Neubemessungsverlangen bei Kindern (Ziff. 9.4 lässt dies offen, in der Praxis aber gebräuchlich)
mehr als 5 Jahre	Kosmetische Operationen bei Kindern bis zum 21. Lebensjahr (Ziff. 2.7.1)

2. Übersicht zum Vertrag

Für ein genaues Vorgehen ist die Kenntnis der vertraglichen Vereinbarungen nötig. Die ausufernden individuellen Besonderheiten in den Bedingungen der Versicherer oder Zusatzvereinbarungen von Maklern kann man kaum noch komplett wiedergeben. Deshalb ist die genaue Prüfung im Einzelfall unumgänglich. Ob eine Verbesserung zu Basisbedingungen oder eine Leistungsvereinbarung im konkreten Schadenfall überhaupt relevant ist, kann erst dann festgestellt werden. 480

Checkliste: Vertragliche Vereinbarungen 481

Bedingungswerk	(…)
Gehört zur Bedingungsgeneration	□ AUB 61 □ AUB 88/94 □ AUB 99/08/10 □ AUB 2014/2020

Besondere Verbesserungen zum Unfallbegriff:		
Erweiterung der erhöhten Kraftanstrengung	□ ja	□ nein
Eigenbewegung	□ ja	□ nein
Tauchtypische Gesundheitsschäden/Unfälle im Wasser	□ ja	□ nein
Sonnenbrand/Sonnenstich	□ ja	□ nein
(...) (Sonstige)	(...)	
Besondere Verbesserungen zu Basisleistungsarten:		
Verlängerte Invaliditätsfristen	□ ja	□ nein
Eintritt Invalidität	(...) Monate	
Ärztliche Invaliditätsfeststellung	(...) Monate	
Geltendmachung beim VR	(...) Monate	
Franchise	□ ja, (...)%	□ nein
Verbesserte Gliedertaxe	□ ja	□ nein
Helmklausel	□ ja	□ nein
Krankenhaustagegeld bei ambulanter OP	□ ja, (...) für Tage	□ nein
Verlängerte Zahlung Krankenhaustagegeld	□ ja, (...) Jahre	□ nein
(...) (Sonstige)	(...)	
Besondere Verbesserungen bei Ausschlüssen:		
Alkoholklausel	□ ja	□ nein
Einschluss Anfallsleiden	□ ja	□ nein
Infektionsklausel	□ ja	□ nein
Hobby-Motorsportler	□ ja	□ nein
Räuberische Geiselnahme	□ ja	□ nein
Passives Kriegsrisiko	□ ja	□ nein
Nutzung von Fluggeräten	□ ja	□ nein
Lebensmittelvergiftung	□ ja	□ nein
(...) (Sonstige)	(...)	
Sonstige Verbesserungen zu Basisbedingungen:		
Erhöhter Mitwirkungsanteil	□ ja	□ nein
Erhöht auf	(...) %	

Direktanspruch VP	□ ja	□ nein
(…) (Sonstige)	(…)	

Welche Leistungsarten mit welchen Summen für welche Person versichert sind, ergibt sich für die wichtigsten Leistungsarten direkt aus dem Versicherungsschein. Teilweise sind Leistungsarten aber auch in den Versicherungsbedingungen festgeschrieben und mit einer konkreten Versicherungssumme benannt. Das kann leicht übersehen werden. 482

Checkliste: Welche Leistungen sind versichert? 483

Leistungen der aktuellen Musterbedingungen AUB 2020

Invaliditätsleistung	(…) EUR	
Progressionsstaffel?	□ nein	□ ja, (…)%
Mehrleistung?	□ nein	□ ja ab (…)%
Invaliditätsrente	(…) EUR	
Tagegeld	(…) EUR	
Krankenhaustagegeld	(…) EUR	
Todesfallleistung	(…) EUR	
Kosmetische Operation	(…) EUR	
Bergungskosten	(…) EUR	

Weitere Leistungsarten:

Übergangsleistung	(…) EUR
Kinderrente	(…) EUR
Pflegerente	(…) EUR
Heilkosten	(…) EUR
Genesungsgeld	(…) EUR
Sofortleistung	(…) EUR
Beerdigungskosten	(…) EUR
Verletzungsgeld	(…) EUR
Schmerzensgeld	(…) EUR
Gipsgeld	(…) EUR
Komageld	(…) EUR
Rooming-In	(…) EUR
Kurkostenbeihilfe	(…) EUR
Zuzahlung bei medizinischen Maßnahmen	(…) EUR
Haushaltshilfegeld	(…) EUR

Reha-Beihilfe	(...) EUR	
Schulausfallgeld für Nachhilfe	(...) EUR	
Umschulungsmaßnahmen	(...) EUR	
Kostenerstattung bei behindertengerechtem Umbau	(...) EUR	
(...) (Sonstige)	(...) EUR	
Hilfsleistungen:		
Assistanceleistungen	☐ nein	☐ ja
Hilfs- und Pflegeleistung	☐ nein	☐ ja
Reha-Management	☐ nein	☐ ja
(...) (Sonstige)	☐ nein	☐ ja

3. Leistungsüberprüfung

484 Im konkreten Schadenfall sind meist nur wenige Punkte strittig und problematisch. Bei Streitigkeiten zur Schadenhöhe handelt es sich häufig um rein medizinische Fragen. Die AUB des konkreten Vertrags sind zu prüfen auf die jeweiligen genauen Anspruchsvoraussetzungen. Diese können sehr unterschiedlich sein (zur Todesfallleistung vgl. Rdn 584 f.).

Bei der Anspruchsprüfung sind die nachfolgenden Aspekte zu berücksichtigen.

485 **Checkliste: Unfallversicherung**

I. Formelle Voraussetzungen (Versicherungsschutz allgemein)
   1. Allgemeine versicherungsrechtliche Voraussetzungen
      - Wirksamer Vertrag am Schadentag (welche Bedingungen?)
      - Zustandekommen des Vertrags
      - Vertragsumstellungen
      - Beratung
      - Laufzeit
      - Prämienzahlung, §§ 37, 38 VVG n.F.
   2. Unfallspezifische Voraussetzungen
      - Ist die verletzte Person im Vertrag mitversichert?
      - Versicherte Leistungsarten (eigene Checkliste siehe Rdn 483)
      - Ausschluss einer Versicherungsunfähigkeit bei der VP?
      - Besteht eine 24-Stunden- und weltweite Deckung oder eine Ausschnittsdeckung?

II. Materielle Voraussetzungen
   1. Anspruchsbegründender Tatbestand?
      Liegt ein „Versicherungsfall" vor?
      - Unfall (Ziff. 1.3) oder

- Erhöhte Kraftanstrengung (Ziff. 1.4)
- Gesundheitsschädigung
- Kausalität (Mitursächlichkeit)

2. Anspruchsvernichtende und -hemmende Einwendungen und Einreden
   - Ausschlusstatbestände (Ziff. 5 AUB)
   - Obliegenheitsverletzungen
   - Vorvertragliche Anzeigepflichtverletzung
   - Verfristung
   - Verjährung
3. Anspruchsausfüllender Tatbestand
   - Leistungsspezifische formelle Voraussetzungen (Prüfung je Leistungsart)
   - Geltendmachung eines Anspruchs
   - Geeignete medizinische Unterlagen
   - Zeitliche Beschränkungen (Karenzzeiten, maximale Leistungsdauer)
   - Fristen (besonders wichtig 15 Monate, Ziff. 2.1.1 AUB 2020)
   - Vorleistung Dritter (bei Leistungsarten mit Schadencharakter)?
   - Leistungsspezifische materielle Tatbestandsvoraussetzungen
   - Kausalität
   - Leistungshöhe (Berechnung anhand der versicherten Summen)
   - Fälligkeit der Leistung (Vorschuss, Anerkenntnis)
   - Mitwirkung von Krankheiten und Gebrechen? (Ziff. 3)
   - Greift möglicherweise eine Progression oder Mehrleistung (nur Invalidität)
   - Änderung der Berufstätigkeit (Ziff. 6)

4. Invaliditätsleistung

a) Allgemeines

Die meisten Streitigkeiten drehen sich um die Invaliditätsleistung. Zum einen werden bei kurzfristig fälligen Leistungsarten nur relativ geringe Zahlungen fällig und viele VR zahlen dann die Beträge lieber unter Vorbehalt oder ohne Anerkennung einer Rechtspflicht, als eine teure Prüfung vorzunehmen. Zum anderen wird bei der Invaliditätsleistung zur Feststellung der verbliebenen Invalidität regelmäßig ein Gutachten angefordert und dann kann im Rahmen der gutachterlichen Prüfung auch eine Kausalitätsfrage geklärt werden. Deshalb folgen zu dieser praxisrelevanten Leistungsart einige grundlegende Hinweise. 486

Checkliste: Invaliditätsleistung 487

- dauerhafte Beeinträchtigung (körperliche oder geistige Leistungsfähigkeit bzw. Arbeitsfähigkeit)
- adäquat kausal auf die unfallbedingte Gesundheitsschädigung zurückzuführen
- über das dritte Unfalljahr hinausgehend
- Eintritt binnen 12 Monaten nach Unfalltag (bei AUB 2020 sind es 15 Monate)
- ärztliche Feststellung dem Grunde nach binnen 15 Monaten nach Unfalltag

- Geltendmachung beim VR binnen 15 Monaten nach Unfalltag
- Bemessung anhand der Gliedertaxe bzw. außerhalb der Gliedertaxe
- mögliche Neufeststellung.

b) Anmeldung einer Invalidität

488 Für den Nachweis des eingetretenen Dauerschadens muss der VN dem VR einen ärztlichen Nachweis einreichen. Der Nachweis ist schriftlich vom behandelnden Arzt zu erbringen, andere Formvorschriften gibt es nicht. Die VR stellen dafür auf Anfrage üblicherweise Vordrucke zur Verfügung. Man kann dem VN aber auch das folgende Muster (siehe Rdn 489) überlassen.

Praxistipp

Streitet man (auch vor Gericht) mit dem VR darüber, ob überhaupt ein Unfall vorliegt oder ein Ausschlusstatbestand eingreift, dann sollte man losgelöst davon fristgerecht die Invalidität anmelden. Wird dann der Unfall anerkannt bzw. der Ausschlusstatbestand verworfen, kann die Invaliditätsprüfung noch erfolgen.

489 ▼

Muster 6.63: Attest zur Anmeldung einer Invaliditätsleistung oder Invaliditätsrente

6.63

(*Versicherung*)

(*Anschrift*)

Schaden-Nr.:

Unfall vom

Verletzte Person:

1. Unfallverletzungen:

2. Sind aus ärztlicher Sicht aufgrund der oben genannten Unfallverletzungen zum Ablauf von (*12*) Monaten – vom Unfalltag an gerechnet – dauernde Gesundheitsbeeinträchtigungen eingetreten, sowie binnen (*15*) Monaten – vom Unfalltag an gerechnet – ärztlich festgestellt worden?

☐ ja ☐ nein

Wenn ja, welche dauernde, unfallbedingte Gesundheitsbeeinträchtigung liegt zum Ablauf von (*12*) Monaten – vom Unfalltag an gerechnet – vor?

3. Kann die Höhe des Invaliditätsgrades bereits jetzt festgestellt werden?

☐ ja ☐ nein, ein beurteilungsfähiger Endzustand ist zu erwarten im (*Monat/Jahr*)

4. Auf welchem Fachgebiet (z.B. orthopädisches/chirurgisches oder mehrere) sollte eine Nachuntersuchung bzw. Begutachtung erfolgen?

(Datum) (Unterschrift des Arztes und Stempel)

▲

c) Invaliditätsbemessung

490 Grundlage für die Berechnung der Leistung bilden die Versicherungssumme (*am Schadentag versicherte Invaliditätsgrundsumme*) und der Grad der unfallbedingten Invalidität. Es gilt eine **Gliedertaxe**, Ziff. 2.1.2.2.1 AUB 2020. Für Verletzungen von nicht in der Gliedertaxe genannten Körperteilen erfolgt eine Bewertung **außerhalb der Gliedertaxe**, Ziff. 2.1.2.2.2 AUB 2020. Eine Bewertung nach der **Gliedertaxe** geht einer Bewertung außerhalb der Gliedertaxe vor,[304] klargestellt durch die neue Formulierung „ansonsten". Bewertet wird die dauerhafte *Beeinträchtigung der körperlichen oder geistigen Leistungsfähigkeit.*

491 Mit der Gliedertaxe werden feste Invaliditätsgrade für den Verlust oder die Funktionsunfähigkeit der in der Gliedertaxe genannten Körperteile und Sinnesorgane fest vereinbart. Der *Nachweis einer höheren oder geringeren Beeinträchtigung ist damit ausgeschlossen.* Es gilt ein **abstrakt generalisierender Maßstab**. Eine konkrete Berücksichtigung der individuellen Verhältnisse der VP in Beruf, Erwerbsleben, Sport und Freizeit bleibt außer Betracht.[305] Abzustellen ist auf den **Sitz der Wirkung**, also auf den Sitz der Funktionsbeeinträchtigung,[306] nicht auf den Sitz der Verletzung.[307]

Bei Teilverlust oder teilweiser Funktionsunfähigkeit ergibt sich die Leistung aus dem entsprechenden Anteil, zu dem das Körperteil bzw. Sinnesorgan beeinträchtigt ist. Der Anteil wird als Bruchteil angegeben (z.B. 1/10 Armwert). Der Verlust oder die Beeinträchtigung eines rumpfnäheren Gliedes (z.B. Hand) schließt den Verlust oder die Beeinträchtigung des rumpfferneren Gliedes (Finger) ein.[308]

492 *Praxistipp*

Die Beeinträchtigung eines Fingers bedeutet nicht automatisch eine Teilfunktionsunfähigkeit der Hand.[309] Mit abgegolten ist die über das rumpffernere Körperglied hinaus strahlende Beeinträchtigung des rumpfnäheren Körpergliedes, wie z.B. bei einer Fingergelenksversteifung der mangelnde Faustschluss.

493 Sofern die Invalidität nicht nach der Gliedertaxe bewertet werden kann, bemisst sie sich nach Ziff. 2.1.2.2.2 AUB 2020, also danach, inwieweit die normale körperliche oder geistige Leistungsfähigkeit unter ausschließlicher Berücksichtigung medizinischer Gesichtspunkte beeinträchtigt ist. Es geht um den Funktionsausfall bzw. die Funktionsbeeinträchtigung der betroffenen Körperteile oder Organe.[310] Maßstab ist die normale Leistungsfähigkeit einer unverletzten Person gleichen Alters und gleichen Geschlechts.

Die Beeinträchtigungen können neben Verletzungen stehen, die nach der Gliedertaxe zu bewerten sind. Überschneidungen kann es auch geben, wenn z.B. eine Hirnverletzung

304 OLG Celle v. 9.1.1991 – 8 U 72/90, r+s 1991, 179.
305 BGH v. 4.4.1984 – IVa ZR 17/83, 576, 577; BGH v. 10.10.1966 – II ZR 252/64, VersR 1966, 1133.
306 OLG Frankfurt a.M. v. 24.8.2005 – 7 U 55/03, VersR 2006 = r+s 2007, 207.
307 Vgl. zum Streit *Naumann/Brinkmann*, § 5 Rn 47ff. m.w.N.
308 OLG Brandenburg v. 10.3.2005 – 12 U 147/04, r+s 2006, 207, OLG Köln 28.5.2003 – 5 U 254/01, r+s 2003, 472.
309 BGH v. 23.1.1991, VersR 1991, 413; OLG Köln v. 26.11.1992 – 5 U 37/92, r+s 1993, 318, 319.
310 Beckmann/Matusche-Beckmann/*Mangen*, § 47 Rn 193.

zum Funktionsverlust eines Beins führt. Die Funktionsbeeinträchtigung des Beins bemisst sich nach der Gliedertaxe, weitergehende Funktionsbeeinträchtigungen des Gehirns nach Ziff. 2.1.2.2.2 AUB 2020.

Bei mehreren Beeinträchtigungen außerhalb der Gliedertaxe ist nach Ziff. 2.1.2.2.4 AUB 2020 die Beeinträchtigung außerhalb der Gliedertaxe als einheitlicher Wert festzustellen.[311]

494 Bei der Berechnung der unfallbedingten Invalidität werden die Werte der betroffenen Körperglieder und die Werte außerhalb der Gliedertaxe zur **Gesamtinvalidität** addiert. Die Invaliditätsleistung ist jedoch auf 100 % begrenzt, selbst wenn sich aus der Addition der einzelnen Funktionsbeeinträchtigungen rechnerisch ein höherer Invaliditätsgrad ergeben würde, Ziff. 2.1.2.2.4 S. 3 AUB 2020.

495 Eine bereits vor dem Unfall bestehende Invalidität wird bei der Invaliditätsleistung als Vorinvalidität leistungskürzend berücksichtigt.[312] Die Bemessung der Vorinvalidität erfolgt nach den gleichen Grundsätzen wie die Bemessung der Invalidität.

Ist neben einer Vorinvalidität auch eine Mitwirkung von Krankheiten und Gebrechen gegeben, so wird zunächst die Vorinvalidität in Abzug gebracht und erst im Anschluss die Mitwirkung von Krankheiten und Gebrechen berücksichtigt. Jeder gesundheitliche Aspekt darf *nur einmal leistungsmindernd* berücksichtigt werden, eine Doppelverwertung ist nicht möglich.

496 ▼

Muster 6.64: Berechnung Gesamtinvalidität

6.64

Gesamtbeeinträchtigung		%
	– Vorinvalidität	%
	– Mitwirkungsfaktor	%
	= Unfallinvalidität	%

▲

497 Die Invaliditätsleistung wird grundsätzlich als Einmalzahlung vereinbart. Diese erfolgt in den meisten Fällen unproblematisch im Anschluss an die Invaliditätsbemessung. Vorschüsse können entsprechend Ziff. 9.3 AUB 2020 verlangt werden.

498 In der Unfallversicherung unterliegen die gesundheitliche Beeinträchtigung als solche und die Frage ihrer Dauerhaftigkeit uneingeschränkt dem Beweismaß des § 286 ZPO. Dagegen kann für die Frage, ob die dauernde Beeinträchtigung der körperlichen oder geistigen Leistungsfähigkeit bzw. Beeinträchtigung der Arbeitsfähigkeit auf die unfallbedingte Gesundheitsschädigung zurückzuführen ist (Kausalität), von der Beweiserleichterung des § 287 ZPO Gebrauch gemacht werden.[313] Der Eintritt der Invalidität binnen Eintrittsfrist (15 Monate, ehemals Jahresfrist), die ärztliche Feststellung innerhalb der

311 OLG München v. 5.2.2010 – 25 U 5112/09, r+s 2011, 130.

312 BGH v. 15.12.2010 – IV ZR 24/10, r+s 2011, 80, der zudem klarstellt, dass eine übergreifende Betrachtung mehrerer Unfälle auch für die progressive Invaliditätsstaffel ausscheidet.

313 BGH v. 17.10.2001 – IV ZR 205/00, NVersZ 2002, 65; BGH v. 13.4.2011 – IV ZR 36/10, VersR 2011, 1171.

Frist und die fristgerechte Geltendmachung des Anspruchs hat der VN ebenfalls zu beweisen.

Der VR hat eine mögliche Vorinvalidität[314] und eine Mitwirkung von Krankheiten und Gebrechen zu beweisen.

d) Umgang mit der Progressionsstaffel

Progressionsstaffeln sind regelmäßig Bestandteil von Versicherungsverträgen. Bei einer Progressionsstaffel greift z.B. ab 25 % Invalidität ein Multiplikationsmechanismus, der die Leistung innerhalb der Progressionsstufen erhöht. Sinn ist die Steigerung der Leistung in Relation zur Schwere der unfallbedingten Gesundheitsschädigung. Die Ausgestaltung ist im Hinblick auf die Formulierung, die einzelnen Progressionsstufen und deren Verlauf und den maximalen Wert sehr unterschiedlich.[315] **499**

> *Hinweis* **500**
>
> Die Progressionsklauseln werden vielfach falsch angewandt. Für eine richtige Anspruchsberechnung ist das Verständnis der Klausel erforderlich, da zu hohe wie auch zu niedrig berechnete Forderungen den Anwalt schadenersatzpflichtig machen können.

Ausgangspunkt für die Berechnung einer Progression bzw. einer Mehrleistung ist die *unfallbedingte Invalidität*, nicht eine Gesamtinvalidität.[316] Jeder Schadenfall ist einzeln und für sich alleine genommen zu berechnen. Es dürfen **mehrere Schadenfälle nicht** zu einer Gesamtschädigung **addiert** werden. Bezugsgröße ist die versicherte *Invaliditätsgrundsumme*; zu berücksichtigen bleibt eine Vorinvalidität. **501**

> *Praxistipp* **502**
>
> Im Versicherungsschein wird die versicherte Invaliditätsgrundsumme mit der Progressionsstaffel genannt, z.B. *Invaliditätsleistung 100.000 EUR, mit 350 % Prozent Progression, Höchstleistung 350.000 EUR.* Die genaue Ausgestaltung der Staffel steht in den konkret vereinbarten AUB und kann selbst bei gleichem Höchstbetrag unterschiedliche Verläufe nehmen. Für die Berechnung der Invaliditätsleistung ist von der Grundsumme (100.000 EUR) auszugehen, nicht von der maximal möglichen Leistung.

Vereinfacht dargestellt gibt es zwei Grundtypen. Beim ersten wird ein erhöhter Invaliditätsgrad berechnet, der dann mit der Invaliditätsgrundsumme multipliziert wird. Beim zweiten Klausel-Typ ist die Invaliditätsgrundsumme bereits in der Berechnung selber enthalten. Bei gleichem Progressionsverlauf kommen beide sprachlich unterschiedlichen Fassungen zum gleichen wirtschaftlichen Ergebnis. **503**

314 OLG Frankfurt a.M. v. 13.7.2005 – 7 U 197/01, VersR 2006, 828; OLG Düsseldorf v. 30.3.2004 – I-a U 37/03, VersR 2005, 109.

315 Ausführlich zur Progression mit Berechnungsbeispielen: *Naumann*, in: Festschrift für Heidrich, 2014, S. 103 ff.

316 BGH v. 24.2.1988 – IVa ZR 220/86, NJW-RR 1988, 729 = r+s 1988, 151 = VersR 1988, 461.

Für die Berechnung ist es sinnvoll, die verbliebene Unfallinvalidität in die unterschiedlichen Progressionsstufen zu „zerstückeln“. Die tatsächlich auf diese Progressionsstufe anfallende Unfallinvalidität wird mit dem vereinbarten Faktor multipliziert. Die Teilergebnisse werden dann addiert. Im Ergebnis erhält man den Invaliditätsgrad bzw. die Invaliditätsleistung mit Progression.

504 *Beispiel Progressionsberechnung*

Unfallbedingte Invalidität von 70 %, vereinbart eine 350 % Progressionsklausel und 100.000 EUR Invaliditätssumme.

Progressionsstufe	Anteil des individuellen, unfallbedingten Invaliditätsgrads	Progressionsfaktor	
0 – 25 %	25 %	× 1	25 %
25 – 50 %	25 %	× 3	75 %
50 – 100 %	20 %	× 5	100 %
Invaliditätsgrad mit Progression			200 %

Aus 70 % Unfallinvalidität werden 200 % Invaliditätsleistung und damit 200.000 EUR Invaliditätsleistung.

505 ▼

Muster 6.65: Berechnung Progression bei Steigerung des Invaliditätsgrades

6.65

Progressionsstufe	Anteil des individuellen, unfallbedingten Invaliditätsgrads	Progressionsfaktor	
0 – 25 %	%	× 1	%
– %	%	×	%
– %	%	×	%
– %	%	×	%
– %	%	×	%
Invaliditätsgrad mit Progression			%

▲

▼ 506

6.66

Muster 6.66: Berechnung Progression bei Steigerung der Invaliditätsleistung

Progressionsstufe	Anteil des unfallbedingten Invaliditätsgrads	Invaliditätsgrundsumme	Progressionsfaktor	
0 – 25 %	%	× EUR	× 1	EUR
– %	%	× EUR	×	EUR
– %	%	× EUR	×	EUR
– %	%	× EUR	×	EUR
– %	%	× EUR	×	EUR
Invaliditätsleistung mit Progression				EUR

▲

e) Neubemessung

Die Neubemessung des Invaliditätsgrads ermöglicht die zwischen Erstfeststellung und dem letzten Zeitpunkt der Geltendmachung des Neubemessungsanspruchs (drei Jahre) eingetretenen, gesundheitlichen Veränderungen zu berücksichtigen. In der Praxis wird die Neufeststellung auch als außergerichtliches Mittel der Konfliktlösung verwendet, um das Ergebnis qualitativ fragwürdiger Gutachten überprüfen zu lassen. Eine Neubemessung kann formlos beim VR beantragt werden. 507

Mit dem Verlangen einer Neubemessung **entfällt die Fälligkeit der Leistung** bis zur erneuten Feststellung der Invalidität. Der VR hat sich erneut zu erklären, § 187 VVG. Der VN und der VR sind an die letzte vorgenommene Bemessung gebunden und können sich nicht die jeweils günstigste aussuchen.[317] Ein Spekulationsschutz besteht nicht,[318] gleichgültig wer die Neubemessung verlangt hat. Ziff. 9.4 AUB 2020 enthält eine Ausübungsfrist für die Geltendmachung des Rechts auf Neubemessung von drei Jahren. Nach Ziff. 2.1.2.2 letzter Satz AUB 2020 ist hinsichtlich der gesundheitlichen Tatsachen auf den Zeitpunkt von drei Jahren nach dem Unfall abzustellen.[319]

317 Van Bühren/*Naumann*, § 16 Rn 212.
318 Bruck/Möller/*Leverenz*, § 188 VVG Rn 34.
319 Zur Problematik bei anderen Bedingungswerken vgl. *Naumann/Brinkmann*, VersR 2013, 674.

508 ▼

Muster 6.67: Anmeldung Neubemessung

Per Fax

(Versicherung)

(Anschrift)

Schaden-Nr.:

Schadentag:

Verletzte Person:

(Anrede)

ausweislich der in Kopie/Abschrift beiliegenden Vollmacht vertrete ich Ihren Versicherungsnehmer, (Herr/Frau/Firma).

Ich mache in o.g. Schadenfall das Recht auf Neubemessung geltend und bitte Sie eine erneute Begutachtung zu veranlassen und mir den neuen Gutachter zu benennen.

Mit freundlichen Grüßen

Rechtsanwalt

▲

509 Es gibt drei mögliche Ergebnisse einer Neubemessung. Bei gleichem Invaliditätsgrad wie die Erstbemessung wird keine weitere Zahlung fällig. Ergibt sich ein höherer Invaliditätsgrad, so hat der VR den Differenzbetrag zu zahlen. Dieser Betrag ist für den Zeitraum der ersten Zahlung bis zur Neufeststellungszahlung zudem zu verzinsen, Ziff. 9.4 letzter Satz AUB 2020. Ergibt sich ein geringerer Invaliditätsgrad, so hat der VR einen entsprechenden Rückforderungsanspruch aus ungerechtfertigter Bereicherung.[320]

510 *Hinweis*

In der Praxis hat die Neufeststellung vielfach auf den anwaltlichen Gebührenanspruch Auswirkungen. Geht der VN nach der Erstfeststellung zum Anwalt und dann kommt es zur Neufeststellung mit dem Ergebnis einer weiteren Invaliditätszahlung, ist mangels Verzug die Gebühr nicht vom VR zu übernehmen. Die Beauftragung des Anwalts ist vor Fälligkeit der Leistung erfolgt.

5. Berechnung von Zahnschäden

511 Mit der Aufnahme der Leistungsart „Kosten für kosmetische Operationen“ rückt ein Praxisproblem vom Rande der Schadenregulierung in den Fokus der Bedingungskommentierung. Bisher kaum erwähnt, wird es nun insbesondere durch die Aufnahme von Zahnschäden zu gewissen Abrechnungsschwierigkeiten führen. Eine genaue Prüfung ist hier wichtig.

320 OLG Hamm v. 1.3.2006 – 20 U 182/05, r+s 2007, 33.

Bei Zahnbehandlungen kommt es vielfach zu der Abrechnungssituation, dass neben der Behandlung von Unfallfolgen auch allgemeine zahnmedizinische Leistungen erbracht werden. Diese sind vom Leistungsbereich der Unfallversicherung nicht erfasst. Auch sind nur die Frontzähne, also die Zähne 11, 12, 13, 21, 22, 23, 31, 32, 33, 41, 42 und 43 erfasst. Die Backenzähne sind nicht versichert.

Strittig ist oft auch die Frage, ob nur ein Schaden an natürlichen Zähnen eine Kosten- 512
pflicht auslösen kann oder ob auch Brücken, Kronen und Implantate zu ersetzen sind. Brücken und Kronen sind nicht fest mit dem Kiefer verbunden und somit nicht Bestandteil des Körpers, also als Sache anzusehen. Damit ist ein Schaden an Brücken und Kronen, ebenso wie bei künstlichen Gebissen, als nicht versicherter Sachschaden zu bewerten.

Anders bei Implantaten; diese wird man als Körperbestandteil und damit auch als vom Versicherungsschutz umfasst ansehen müssen.

Verbunden ist die Leistungsart auch mit einer Subsidiaritätsklausel, so dass vom VR nur das verlangt werden kann, was Krankenkasse, Schädiger oder ein sonst verpflichteter Dritter nicht übernommen haben bzw. hätten übernehmen müssen.

Darüber hinaus ist auch noch der teilweise schlechte Zahnzustand zu berücksichtigen, Ziff. 3 AUB 2020.

Aus all dem ergibt sich das gedankliche Grundgerüst für die Berechnung der Anspruchs- 513
höhe gegenüber dem VR. Als Fallkonstellationen ist zum einen denkbar, dass eine genaue Zuordnung der Gesamtkosten auf die jeweiligen Zähne nicht erfolgen kann, z.B. bei Brücken über mehrere Zähne. Zum anderen die Fallgestaltung, dass die Kosten auf den jeweiligen Zahn genau festgelegt sind.

▼ 514

Muster 6.68: Unklare Zuordnung der vom Krankenversicherer übernommenen Kosten 6.68

(*Zunächst ist zu ermitteln, welche prozentuale Quote der Krankenversicherer an den Gesamtkosten übernimmt.*)

Gesamte Behandlungskosten

abzüglich:	unfallfremde Kosten (z.B. Zahnsteinentfernung)
abzüglich:	Kosten für nicht versicherte Backenzähne
abzüglich:	**Kosten für nicht versicherten Zahnersatz**

Zwischensumme Unfallfolgen

abzüglich:	**prozentuale Quote des Krankenversicherers**

= Summe der vom VR zu tragenden Kosten

▲

515 ▼

Muster 6.69: Klare Zuordnung der vom Krankenversicherer übernommenen Kosten

6.69

(Zunächst ist zu ermitteln, welche prozentuale Quote der Krankenversicherer an den Gesamtkosten übernimmt.)

Gesamte Behandlungskosten	
abzüglich:	vom Krankenversicherer gezahlter Behandlungen
abzüglich:	noch offene sonstige unfallfremde Kosten
abzüglich:	noch offene Kosten für nicht versicherte Backenzähne
abzüglich:	**noch offene Kosten für nicht versicherten Zahnersatz**
= Summe der vom VR zu tragenden Kosten	

▲

III. Gerichtliches Mandat

1. Allgemeines

516 Im gerichtlichen Verfahren sind die außergerichtlich bereits erforderlichen Fragestellungen zum Vertrag, zum Schadenfall und zur Anspruchslage im Hinblick auf die jeweiligen Leistungsarten vorab zu prüfen.

517 Als Besonderheit bei der privaten Unfallversicherung ist hervorzuheben, dass es sich um eine Summenversicherung handelt. Damit ist grundsätzlich eine Leistungsklage zu erheben und Dinge wie Regress, Verschulden oder Streitverkündung sind unbeachtlich.

518 Mit der Klageerhebung ist der VN in der Darlegungs- und Beweislast. Fordert außergerichtlich der VR klärende Arztberichte an, so kann die Klage ohne medizinische Unterlagen im Einzelfall unsubstantiiert sein. Gelegentlich kann dies auch dazu führen, dass ein Gericht einem Beweisantrag nicht nachgeht, weil es sich um einen unzulässigen Ausforschungsbeweis handelt. Hier ist daher Vorsicht geboten. Es sollte irgendetwas Medizinisches als Begründung des Parteivortrags vorliegen.

2. Musterklagen

519 *Hinweis*

Die Problemstellungen der Musterfälle treten teilweise auch bei der Kraftfahrt-Unfallversicherung auf und können auf diese übertragen werden; umgekehrt auch. Eine Musterklage auf eine Todesfallleistung findet sich dort (vgl. Rdn 593).

Die Beispiele sind bewusst so offen gehalten, dass eine weitere Sachverhaltsaufklärung erforderlich wäre und dementsprechend die Entscheidung in beide Richtungen möglich ist.

a) Streitfall Unfallereignis und Ausschlusstatbestand

aa) Ausgangsfall

Die VP wird am 1.5.2014 auf dem Boden liegend aufgefunden und hat keine Erinnerung an den Hergang. Die vollstationäre Behandlung dauert vom 1. bis zum 5.5.2014. Der Entlassungsbericht gibt als Diagnose eine Synkope an. Der VN meldet dem VR einen Unfall und möchte Krankenhaustagegeld erhalten. Der VR lehnt mit Brief vom 1.6.2014 eine Leistung unter dem Hinweis ab, dass der Versicherungsschutz wegen einer Bewusstseinsstörung ausgeschlossen sei, Ziff. 5.1.1 AUB 2014. **520**

bb) Einordnung und Hinweise

Hier handelt es sich um eine typische Fallkonstellationen, die meist auf der Tatsachenebene entsprechend der Beweissituation entschieden werden muss. **521**

Der VN muss zunächst den Unfall (Sturz) nachweisen. Der VR muss, wenn der Unfall nachgewiesen ist, den Ausschlusstatbestand beweisen.

Aus Kostengründen bietet es sich an, hier eine Leistungsklage auf das Krankenhaustagegeld einzureichen. Im Rahmen der Klage kann die Streitfrage geklärt werden.

Sofern sich ein solcher Streit bis zum Ablauf des ersten Unfalljahres nicht beenden lässt, sollte man vorsorglich (falls ein Dauerschaden verblieben ist) eine Invalidität beim VR anmelden.

cc) Klageschrift

▼ **522**

Muster 6.70: Klage Unfallereignis – Ausschlusstatbestand

An das 6.70

Amtsgericht

Klage

der (*Name, Adresse*)

– Kläger –

Prozessbevollmächtigte: (*Name, Adresse*)

gegen

die Versicherung AG, vertreten durch ihren Vorstand, (*Name, Adresse*)

– Beklagte –

wegen: Leistungen aus der privaten Unfallversicherung (Schaden-Nr. ; Vertrag-Nr.)

Streitwert: EUR

Namens und Kraft erteilter Vollmacht der Klägerin erhebe ich Klage gegen die Beklagte und werde beantragen,

> die Beklagte zu verurteilen, an den Kläger EUR nebst Zinsen hieraus in Höhe von 5 %-Punkten über dem jeweiligen Basiszins ab dem 1.6.2014 zu zahlen.

Ich rege die Einleitung eines schriftlichen Vorverfahrens an und stelle für diesen Fall schon jetzt,

den Antrag gem. § 331 Abs. 3 ZPO.

Klagebegründung

Die Klägerin unterhält bei der Beklagten unter der Versicherungsnummer eine private Unfallversicherung. Dem Vertrag liegen die AUB 2014 zu Grunde. U.a. ist für die Klägerin für stationäre Krankenhausbehandlungen ein Krankenhaustagegeld in Höhe von EUR je Kalendertag vereinbart.

Beweis:
Versicherungsschein vom 1.4.2014 nebst AUB, Anlage K 1.

Am 1. Mai verunfallte die Klägerin im eigenen Haus und musste wegen der durch den Unfall hervorgerufenen Synkope vom 1.5. bis 5.5.2014 im Rhein-Krankenhaus Köln stationär behandelt werden. Folge des Unfalls ist auch eine retrograde Amnesie, weshalb sie den genauen Hergang nicht beschreiben kann. Die Klägerin stürzte im Übergangsbereich von der Küche in den Flur, wo sich ein dicker Berber-Teppich befindet, der Unebenheiten bildet. Es ist wahrscheinlich, dass die Klägerin an dieser Stolperfalle zu Fall kam.

Beweis:
Entlassungsbericht des Krankenhauses vom 5.5.2014, Anlage K 2.

Mit Schadenanzeige vom 10.5.2014 meldete die Klägerin der Beklagten den Schadenfall und legte eine Kopie des Entlassungsbriefs vor.

Beweis:
Kopie der Schadenanzeige, Anlage K 3.

Mit Brief vom 1.6.2014 lehnte die Beklagte ihre Leistungspflicht ab. Als Begründung trägt die Beklagte vor, eine Synkope sei eine Bewusstseinsstörung und deshalb sei der Unfall nicht versichert, Ziff. 5.1.1 AUB 2014.

Beweis:
Kopie des Ablehnungsbriefs, Anlage K 4.

Die Beklagte schließt dies fälschlicherweise aus den Angaben des Entlassungsbriefs, denn es wurde die Klägerin wegen einer Synkope behandelt. Diese entstand aber durch den Unfall. Ausgeschlossen sind aber nur Unfälle, die durch eine Bewusstseinsstörung entstanden sind. Dies ist dem Entlassungsbrief aber nicht zu entnehmen. Die insoweit beweisbelastete Beklagte hat diesen Nachweis nicht erbracht. Der Ausschlusstatbestand greift nicht ein.

Es liegt somit ein versichertes Unfallereignis vor. Der Klage ist demnach stattzugeben.

Rechtsanwalt

▲

dd) Klageerwiderung

▼ 523

Muster 6.71: Klageerwiderung Unfallereignis – Ausschlusstatbestand

An das

Amtsgericht

In dem Rechtsstreit

Frau ./. Versicherung AG

Az. – –

werde ich beantragen

die Klage kostenpflichtig abzuweisen.

und trage zur

Klageerwiderung

wie folgt vor:

Die vom Kläger vorgetragenen Vertragsangaben sind unstreitig.

Unstreitig ist auch, dass die Klägerin am 1.5.2014 eine Synkope erlitt. Dass die Synkope Folge eines Unfalls war, wird mit Nichtwissen bestritten. Dies lässt sich dem Entlassungsbericht des Krankenhauses (Anlage K1 der Klageschrift) auch nicht entnehmen.

Eine Synkope ist keine typische Unfallfolge sondern tritt regelmäßig als unfallfremde Erkrankung auf. Insoweit stellt sich die stationäre Behandlung als unfallfremde Behandlung dar, für die kein Unfallkrankenhaustagegeld vereinbart ist.

Auch wird ein Unfallereignis mit Nichtwissen bestritten. Die Klägerin schildert kein versichertes Ereignis.

Weder ein Unfall noch eine unfallbedingte Gesundheitsschädigung sind nachgewiesen. Ein Leistungsanspruch fehlt.

Die Klage ist somit abzuweisen.

Rechtsanwalt

▲

b) Streitfall Invalidität dem Grunde nach

aa) Ausgangsfall

Die VP stürzte am 1.4.2012 vom Fahrrad und brach sich das Handgelenk. Im Mai 2012 wurde der Unfall dem VR gemeldet, Versicherungsschutz anerkannt und das fällige Krankenhaustagegeld beim Erstaufenthalt im April 2012 sowie für die Materialentfernung im März 2013 gezahlt. 524

Versichert sind die AUB 2010, mit einer Eintrittsfrist von 12 Monaten. Als Frist für die ärztliche Feststellung und die Geltendmachung des Anspruchs sind jeweils 15 Monate vereinbart. Der Fristenhinweis zur Invaliditätsleistung wurde mit der Schadenanzeige an den VN geschickt.

Am 1.8.2013 reicht der VN ein ärztliches Attest zum Dauerschaden ein. Der VR lehnt daraufhin wegen Verspätung ab.

bb) Einordnung und Hinweise

525 Ein Klassiker vor Gericht. War die Belehrung des VR richtig und ausreichend? Kann er sie beweisen?

Reicht das Attest des VN aus, bescheinigt es den verbliebenen Dauerschaden und wurde es rechtzeitig bescheinigt?

Problematisch für den Kläger ist hier auch die Höhe des verbliebenen Dauerschadens. Ohne Gutachten des VR sind die Anhaltspunkte sehr dürftig. Vielfach wird deshalb auf Feststellung einer Invalidität geklagt, was auf Zulässigkeitsbedenken stößt[321] und regelmäßig, einem gerichtlichen Hinweis folgend, in der Umstellung auf eine Leistungsklage mündet.

Zu empfehlen ist, eine kurze grobe Einschätzung des behandelnden Orthopäden/Chirurgen zu erfragen und dann entsprechen die Klageforderung zu beziffern. Solange man die Verjährungsproblematik im Auge behält, kann eine Klageerweiterung auch noch nach dem gerichtlichen Gutachten vorgenommen werden.

cc) Klageschrift

526 ▼

Muster 6.72: Klage Invalidität dem Grunde nach

6.72 An das

Landgericht

Klage

der (*Name, Adresse*)

– Kläger –

Prozessbevollmächtigte: (*Name, Adresse*)

gegen

die Versicherung AG, vertreten durch ihren Vorstand, (*Name, Adresse*)

– Beklagte –

wegen: Leistungen aus der privaten Unfallversicherung (Schaden-Nr. ; Vertrag-Nr.)

Streitwert: EUR

Namens und Kraft erteilter Vollmacht der Klägerin erhebe ich Klage gegen die Beklagte und werde beantragen,

> die Beklagte zu verurteilen, an den Kläger EUR nebst Zinsen hieraus in Höhe von 5 %-Punkten über dem jeweiligen Basiszins ab dem 20.8.2013 zu zahlen.

321 Vgl. *Naumann/Brinkmann*, § 15 Rn 13 ff.

Ich rege die Einleitung eines schriftlichen Vorverfahrens an und stelle für diesen Fall schon jetzt,

den Antrag gem. § 331 Abs. 3 ZPO.

Klagebegründung

Die Klägerin unterhält bei der Beklagten unter der Versicherungsnummer eine private Unfallversicherung. Dem Vertrag liegen die AUB 2010 zu Grunde. U.a. ist für die Klägerin eine Invaliditätsleistung in Höhe von EUR vereinbart.

Beweis:
Kopie des Versicherungsscheins vom 1.6.2011 nebst AUB, Anlage K 1.

Am 1.4.2012 geriet die Klägerin mit dem Fahrrad an eine Bordsteinkante, stürzte und brach sich das rechte Handgelenk. Eine stationäre Erstbehandlung erfolgte vom 1. bis 4.4.2012, vom 15. bis 17.3.2013 ein Folgeaufenthalt zur Materialentfernung.

Beweis:
Kopie zweier Entlassungsberichte, Anlage K 2.

Im Mai 2012 wurde der Unfall der Beklagten gemeldet. Mit Brief vom 20.5.2012 erkannte die Beklagte den Versicherungsschutz an und zahlte für den Erstaufenthalt das versicherte Krankenhaustagegeld.

Beweis:
Kopie Abrechnungsbrief vom 20.5.2012, Anlage K 3

Für die Materialentfernung zahlte die Beklagte mit Brief vom 10.5.2013 das Krankenhaustagegeld. Eine Belehrung auf die Invaliditätsfristen erfolgt in diesem Brief nicht.

Beweis:
Kopie Abrechnungsbrief vom 10.5.2013, Anlage K 4.

Am 1.8.2013 reicht der VN ein ärztliches Attest zum Dauerschaden ein.

Beweis:
Kopie ärztliches Attest vom 20.7.2013, Anlage K 5.

Die Beklagte lehnt daraufhin wegen Verspätung ab.

Beweis:
Kopie Brief der Beklagten vom 20.8.2013, Anlage K 6.

Zur Begründung gab die Beklagte an, es seien die AUB 2010, mit einer Eintrittsfrist von 12 Monaten sowie den Fristen für die ärztliche Feststellung und die Geltendmachung des Anspruchs jeweils 15 Monate vereinbart. Der Fristenhinweis zur Invaliditätsleistung sei mit der Schadenanzeige an die Klägerin geschickt worden.

An einen Hinweis auf die Invaliditätsleistung im Rahmen der Schadenanzeige kann sich die Klägerin nicht erinnern. Dies ist aber insoweit unerheblich, weil durch die Materialentfernung in zeitlicher Nähe des Ablaufs der Jahresfrist ein Hinweis auf die Fristen durch den VR zu erwarten gewesen wäre. Eine Belehrung hätte mit dem Brief vom 20.8.2013 (zumindest nochmals) erfolgen müssen.

Da dies unterblieb, fehlt es an einer ordnungsgemäßen Belehrung und daher kann sich die Beklagte nicht auf eine Fristversäumnis berufen, § 186 S. 2 VVG.

Die Beklagte hat den Dauerschaden zu entschädigen. Es liegt eine Beeinträchtigung des rechten Arms von $^1/_7$ Armwert vor. Daraus ergibt sich entsprechend der versicherten Gliedertaxe von 70 % für den Arm eine Invalidität von 10 %. Bei einer versicherten Invaliditätssumme von EUR entspricht dies der Klagesumme von EUR.

Beweis:
Sachverständigengutachten.

Der Klage ist demnach stattzugeben.

Rechtsanwalt

▲

dd) Klageerwiderung

527 ▼

Muster 6.73: Klageerwiderung Invalidität dem Grunde nach

6.73

An das

Amtsgericht

In dem Rechtsstreit

Frau ./. Versicherung AG

Az. – –

werde ich beantragen

die Klage kostenpflichtig abzuweisen.

und trage zur

Klageerwiderung

wie folgt vor:

Die vom Kläger vorgetragenen Vertragsangaben sind unstreitig. Unstreitig wurde auch der Unfall dem Grunde nach anerkannt und insgesamt wurde zweimal Krankenhaustagegeld gezahlt.

Falsch ist, dass es an einer ordnungsgemäßen Belehrung nach § 186 VVG fehle. Diese Belehrung befand sich im Anschreiben beim Versand der Schadenanzeige beigefügt.

Beweis:
Kopie Brief vom 5.5.2012, Anlage B 1.

Es ist ausreichend, wenn eine Belehrung erfolgt. Die Abrechnung von Krankenhaustagegeld wegen einer Metallentfernung löst keine Verpflichtung zu einer zweiten Belehrung aus.

Das vorgelegte Attest reicht aber auch losgelöst von der Frage der Belehrung nicht aus, weil eine klare Aussage zur Dauerhaftigkeit der Gesundheitsschädigung fehlt.

Beweis:
Kopie ärztliches Attest vom 20.7.2013, bereits vom Kläger vorgelegt als Anlage K 5.

Auch ist die Ärztliche Feststellung vom 20.7.2013 verspätet. Die 15-Monatsfrist für die ärztliche Feststellung lief am 30.6.2013 ab. Da es sich hierbei um eine objektive Anspruchsvoraussetzung handelt, reicht die spätere Feststellung nicht aus. Andere Dokumentationen der Invalidität wurden nicht vorgelegt.

Damit scheidet ein Leistungsanspruch auf eine Invaliditätsleistung aus.

Die Klage ist somit abzuweisen.

Rechtsanwalt

▲

c) Streitfall Invalidität der Höhe nach

aa) Ausgangsfall

Die VP trat am 1.4.2012 im Rahmen eines Fußballspiels zu einem Sprint an. Beim ersten Schritt riss die Achillessehne des linken, beim Antritt belasteten Beins. **528**

Der Schaden wurde zeitnah gemeldet und Versicherungsschutz erteilt. Die Erstbemessung durch den VR ergab eine unfallbedingte Beeinträchtigung von 1/20 Beinwert. Das vom VR eingeholte Gutachten stellt eine Schädigung von 2/20 Beinwert und einer Mitwirkung von Vorerkrankungen von 50 % fest.

bb) Einordnung und Hinweise

Geht es um die Invalidität der Höhe nach, sollten beide Parteien den vertraglichen Umfang unstreitig stellen und sich ausschließlich auf die unfallbedingte Invalidität beschränken. **529**

Tückisch für den Kläger ist der Umgang mit dem Parteigutachten. Es wird vom Kläger im Hinblick auf den Mitwirkungsfaktor angegriffen, denn für diesen ist der VR beweisbelastet.

Das reicht aber nicht. Bestreitet die Beklagte die Feststellung des Gutachtens der Höhe nach, kann die Klage unschlüssig werden, wenn die Klageforderung sich nur aus diesem Gutachten ergeben sollte. Der VN muss die Beeinträchtigung von 2/20 Beinwert auch unter Beweis stellen. Es kann sich durch eine andere Beurteilung des medizinischen Sachverhalts (Fußwert statt Beinwert) auch ergeben, dass die Klageforderung zu hoch ist.

cc) Klageschrift

530 ▼

Muster 6.74: Klage Invalidität der Höhe nach

6.74

An das

Landgericht

Klage

der (*Name, Adresse*)

– Kläger –

Prozessbevollmächtigte: (*Name, Adresse*)

gegen

die Versicherung AG, vertreten durch ihren Vorstand, (*Name, Adresse*)

– Beklagte –

wegen: Leistungen aus der privaten Unfallversicherung (Schaden-Nr. ; Vertrag-Nr.)

Streitwert: EUR

Namens und Kraft erteilter Vollmacht der Klägerin erhebe ich Klage gegen die Beklagte und werde beantragen,

> die Beklagte zu verurteilen, an den Kläger EUR nebst Zinsen hieraus in Höhe von 5 %-Punkten über dem jeweiligen Basiszins ab dem 1.3.2014 zu zahlen.

Ich rege die Einleitung eines schriftlichen Vorverfahrens an und stelle für diesen Fall schon jetzt,

den Antrag gem. § 331 Abs. 3 ZPO.

Klagebegründung

Die Klägerin unterhält bei der Beklagten unter der Versicherungsnummer eine private Unfallversicherung. Dem Vertrag liegen die AUB 2010 zu Grunde. U.a. ist für die Klägerin eine Invaliditätsleistung in Höhe von EUR vereinbart. Ein Bein ist in der vereinbarten Gliedertaxe mit 70 % eingestuft.

> **Beweis:**
> Kopie des Versicherungsscheins vom 1.6.2011 nebst AUB, Anlage K 1.

Die Klägerin trat am 1.4.2012 im Rahmen eines Fußballspiels zu einem Sprint an. Beim ersten Schritt riss die Achillessehne des linken, beim Antritt belasteten Beins.

> **Beweis:**
> Zeugnis der Mitspieler. Werden im Fall eines Bestreitens namentlich genannt.

Eine stationäre Erstbehandlung erfolgte vom 1. bis 4.4.2012.

> **Beweis:**
> Kopie des Entlassungsberichts, Anlage K 2.

Im April 2012 wurde die erhöhte Kraftanstrengung als Unfall der Beklagten gemeldet. Mit Brief vom 30.4.2012 erkannte die Beklagte den Versicherungsschutz an und zahlte für den Erstaufenthalt das versicherte Krankenhaustagegeld.

> **Beweis:**
> Kopie Abrechnungsbrief vom 30.4.2012, Anlage K 3.

Im März 2013 zeigte die Klägerin der Beklagten das Verbleiben eines unfallbedingten Dauerschadens und den Abschluss der Heilbehandlung mit einem ärztlichen Attest an.

> **Beweis:**
> Kopie Attest vom 25.5.2013, Anlage K 4.

Die Beklagte veranlasste eine Nachuntersuchung bei Dr. und rechnete danach mit Brief vom 25.8.2013 eine Invaliditätsleistung auf Basis von 1/20 Beinwert ab.

> **Beweis:**
> Kopie Abrechnungsbrief vom 25.8.2013, Anlage K 5.

Das vom VR eingeholte Gutachten stellt hingegen eine Schädigung von 2/20 Beinwert fest.

> **Beweis:**
> Kopie Gutachten des Dr. , Anlage K 6.

Die Bewertung von 2/20 Beinwert ist korrekt und die Beklagte ist nicht berechtigt, eine Leistungskürzung vorzunehmen.

> **Beweis:**
> Sachverständigengutachten.

Die Beklagte begründet ihr Vorgehen mit dem Gutachten selber, denn Herr Dr. hat festgestellt, dass die Schädigung von 2/20 Beinwert und einer Mitwirkung von Vorerkrankungen von 50 % zu bewerten sei.

> **Beweis:**
> Kopie Gutachten des Dr. , Anlage K 6.

Die Feststellung einer Mitwirkung von 50 % ist fehlerhaft. Es wird bestritten, dass überhaupt eine Mitwirkung von krankhaften Veränderungen vorlag.

Wenn, was mit Nichtwissen bestritten wird, eine Mitwirkung tatsächlich vorgelegen haben sollte, dann wäre diese altersentsprechend und daher nicht zu berücksichtigen. Auch wäre in diesem Falle der Schwellenwert von 25 % nicht erreicht, welcher zur Leistungskürzung berechtigt.

Da eine Kürzung des Anspruchs nicht statthaft ist, liegt eine unfallbedingte Invalidität von 2/20 Beinwert vor, mithin 7 %. Daraus ergibt sich ein Anspruch in Höhe von EUR bei einer versicherten Invaliditätsleistung von EUR. Da die Beklagte davon nur EUR gezahlt hat, ergibt sich die Klageforderung von EUR.

Der Klage ist demnach stattzugeben.

Rechtsanwalt

▲

dd) Klageerwiderung

531 ▼

Muster 6.75: Klageerwiderung Invalidität der Höhe nach

6.75

An das

Amtsgericht

In dem Rechtsstreit

Frau ./. Versicherung AG

Az. – –

werde ich beantragen

die Klage kostenpflichtig abzuweisen.

und trage zur

Klageerwiderung

wie folgt vor:

Die von der Klägerin vorgetragenen Vertragsangaben sind unstreitig. Unstreitig zahlte die Beklagte entsprechend den Ausführungen der Klägerin auch Krankenhaustagegeld und eine Invaliditätsleistung von EUR.

Es wird mit Nichtwissen bestritten, dass der Riss der Achillessehne der Beklagten adäquat kausal auf den beschriebenen Geschehensablauf zurückzuführen ist. Sollte die Achillessehne zeitlich in diesem Moment gerissen sein, dann bedeutet dies aber noch nicht, dass der Bewegungsablauf als eine erhöhte Kraftanstrengung zu bewerten ist. Die Klägerin muss die Einwirkung auf die verletzte Gewebestruktur im Vollbeweis erbringen. Ein solcher Nachweis fehlt.

Nicht ausreichend ist die Erteilung des Versicherungsschutzes, da es sich dabei nur um ein deklaratorisches Anerkenntnis nach § 187 VVG handelt.

Es wird bestritten, dass eine Beeinträchtigung von $^{2}/_{20}$ Beinwert überhaupt vorliegt. Losgelöst von der Frage der Kausalität und des unfallbedingten Schadenanteils ist die Gesamtbeeinträchtigung entsprechend der vorliegenden Befunde nach der gängigen Gutachterliteratur mit $^{3}/_{20}$ Fußwert zu bemessen. Es liegen keine Beeinträchtigungen des Beins vor, die über die im Fußwert enthaltenen Beeinträchtigungen hinausgehen.

Gegenbeweis:
Sachverständigengutachten.

Nach Ziff. 3 AUB 2010 ist die Mitwirkung von Krankheiten und Gebrechen bei der Verursachung und bei den Unfallfolgen zu berücksichtigen, wenn sie mehr als 25 % mitgewirkt haben. Im vorliegenden Fall wurde gutachterlich eine Mitwirkung von 50 % festgestellt, vgl. Kopie Gutachten des Dr. , bereits vorgelegt als Anlage K6.

Gegenbeweis:
Sachverständigengutachten.

Der Mitwirkungsanteil beträgt mindestens 50 %.

Beweis:
Sachverständigengutachten.

Bei einem vereinbarten Fußwert von 40 % ergäbe sich ein Gesamtanspruch von 3/20 Fußwert abzüglich 50 % Mitwirkungsanteil, mithin EUR. Aufgrund der bereits geleisteten Invaliditätszahlung von EUR liegt eine Überzahlung i.H.v. EUR vor.

Die Beklagte behält sich die Erhebung einer Widerklage vor.

Damit scheidet ein weitergehender Leistungsanspruch auf eine Invaliditätsleistung aus.

Die Klage ist somit abzuweisen.

Rechtsanwalt

▲

d) Streitfall Angaben zu Unfallereignis und Vorerkrankungen, Mitwirkung

aa) Ausgangsfall

Die VP stürzt am 14.1.2023 in Spanien, zwei Tage vor der geplanten Rückreise, auf die **532**
Knie. Sie wird in Spanien nur kurz ambulant untersucht und es wird keine weitere Behandlung vorgenommen, damit die Rückreise wie geplant erfolgen kann. In Deutschland wird sie dann von ihrem Orthopäden zunächst ebenfalls ambulant behandelt. Diagnostiziert werden starke Prellungen und ein Hämatom. Im Februar erfolgt eine Operation, in der eine Knie-TEP eingesetzt wird.

Die VP gibt gegenüber dem VR frühere Behandlungen am Knie zunächst nicht an, räumt diese später hingegen ein.

Die Operation mit Einsatz der Knie-TEP erfolgt, weil das Knie so stark geschädigt ist, dass selbst eine arthroskopische Operation keinen Erfolg verspricht. Die VP hat eine starke Gonarthrose im rechten Knie.

Der VR lehnt das zunächst beanspruchte Krankenhaustage- und Genesungsgeld mit zwei Begründungen ab. Zum einen wegen Obliegenheitsverletzungen (falsche Angaben und nachgeschobene Sachverhalte), zum anderen sei die stationäre Behandlung nicht unfallbedingt gewesen, sondern nur wegen der vorbestehenden Erkrankung (Gonarthrose) erfolgt.

bb) Einordnung und Hinweise

Hier handelt es sich um eine typische Fallkonstellation zur Frage der Unfallverletzung **533**
und der Mitwirkung von Krankheiten und Gebrechen. Dies ist hier kombiniert mit Fragen zum Schadenhergang und Falschangaben in der Schadenanzeige.

Der VN muss zunächst den Unfall (Sturz und die Unfallverletzung) nachweisen, zudem die Notwendigkeit der stationären Behandlung für die Verletzungsfolgen. Dabei ist zu berücksichtigen, dass eine große Diskrepanz zwischen Erstkörperschädigung (Prellungen) und dem Eingriff (Knie-TEP) besteht.

Der VR muss die Mitwirkung nachweisen, zudem die falschen Angaben und die Folgen daraus.

Es handelt sich zwar um eine Leistungsklage auf das Krankenhaustagegeld, wird der Versicherungsschutz jedoch bestätigt, sind grundsätzlich Ansprüche auf alle Leistungen denkbar.

Sofern sich ein solcher Streit bis zum Ablauf des ersten Unfalljahres nicht beenden lässt, sollte man vorsorglich eine Invalidität beim VR anmelden.

cc) Klageschrift

534 ▼

Muster 6.76: Klage Angaben zu Unfallereignis und Erkrankungen – Mitwirkung

6.76 An das

Amtsgericht

Klage

der (*Name, Adresse*)

– Kläger –

Prozessbevollmächtigte: (*Name, Adresse*)

gegen

die Versicherung AG, vertreten durch ihren Vorstand, (*Name, Adresse*)

– Beklagte –

wegen: Leistungen aus der privaten Unfallversicherung (Schaden-Nr. ; Vertrag-Nr.)

Streitwert: EUR

Namens und Kraft erteilter Vollmacht der Klägerin erhebe ich Klage gegen die Beklagte und werde beantragen,

> die Beklagte zu verurteilen, an den Kläger EUR nebst Zinsen hieraus in Höhe von 5 %-Punkten über dem jeweiligen Basiszins ab dem 2.6.2023 zu zahlen.

Ich rege die Einleitung eines schriftlichen Vorverfahrens an und stelle für diesen Fall schon jetzt,

den Antrag gem. § 331 Abs. 3 ZPO.

Klagebegründung

Die Klägerin unterhält bei der Beklagten unter der Versicherungsnummer eine private Unfallversicherung. Dem Vertrag liegen die AUB 2008 zu Grunde. U.a. ist für die Klägerin für stationäre Krankenhausbehandlungen ein Krankenhaustagegeld in Höhe von EUR je Kalendertag vereinbart.

> **Beweis:**
> Versicherungsschein vom 1.7.2008 nebst AUB, Anlage K 1.

Am 14.1.2023 erlitt die Klägerin in Murcia (Spanien) einen Unfall. Sie stürzte zwei Tage vor der geplanten Rückreise nach Deutschland vor dem Hotel und verletzte sich dabei durch einen Sturz auf einen Findling das rechte Knie. Sie begab sich am darauffolgenden Tag in Murcia zur Behandlung in das M.-Hospital. Angesichts der bevorstehenden Rückreise erfolgte zunächst nur eine ambulante Behandlung, um die Flugtauglichkeit der Klägerin zu erhalten und diese nicht aufgrund eines medizinischen Eingriffs zu beeinträchtigen.

Beweis:
Rechnung des M.-Hospitals, Anlage K 2.
Zeugnis des Ehemanns der Klägerin

Sodann begab sich die Klägerin am Wohnort in die ambulante Behandlung des Dr. K. (Orthopäde). Nachdem diese konservative Behandlung jedoch nicht fruchtete, wurde die Klägerin stationär eingewiesen in das Brüderkrankenhaus, wo sie sich vom 19.2.2023 bis zum 3.3.2004 befand. Dort wurde am 20.2.2023 wurde eine Knie-Totalendoprothese (TEP) rechts implantiert. Es erfolgte sodann eine Anschlussheilbehandlung in der Klinik Bad Driburg vom 4. bis 24.3.2023.

Beweis:
Kopie des Entlassungsberichts des Brüderkrankenhauses, Anlage K 3.
Kopie des Entlassungsberichts der Klinik Bad Driburg, Anlage K 4

Die Klägerin hielt sich insgesamt 13 Tage im Krankenhaus zur stationären Behandlung auf, sowie weitere 21 weitere Tage in der Anschlussheilbehandlung. Der Klägerin stehen damit für 34 Tage zu je EUR an Krankenhaustagegeld zu. Der Krankenhaustagegeldanspruch beträgt daher EUR.

Hinzu kommt ein Anspruch auf 34 Tage Genesungsgeld zu EUR je Tag. Daraus ergibt sich ein Anspruch auf Genesungsgeld von EUR.

Die Klägerin meldete Ihren Anspruch auf das Krankhaustage- und Genesungsgeld von insgesamt EUR an und fügte die vollständig und von einer Mitarbeiterin der Beklagten ausgefüllte Schadenanzeige sowie die Arztberichte bei.

Die Beklagte verweigert die Leistung mit Brief vom 2.6.2023. Sie begründete dies damit, dass der Sturz angeblich angesichts einer bereits seit Jahren bestehenden Arthrose die durchgeführte Implantation einer Knie-Totalendoprothese nicht auslöse.

Beweis:
Kopie des Ablehnungsbriefs vom 2.6.2023, Anlage K 5.

Der Klägervertreter forderte die Beklagte mit Schreiben vom 30.6.2023 nochmals zur Zahlung auf. Es war zunächst nur eine Arthroskopie angedacht, die sodann aufgrund der schweren inneren Verletzungen des Kniegelenkes aber vom behandelnden Arzt im Brüderkrankenhaus – Dr. L. – verworfen wurde. Dieser äußerte gegenüber der Klägerin, dass eine Arthroskopie nicht ausreichend wäre, weil die Verletzungen *durch den Unfall* mit einer Arthroskopie nicht nachhaltig geheilt werden könnten. Ferner hat der behandelnde Arzt Dr. L. die Implantation einer Knie-TEP rechts aufgrund des Unfalles durchgeführt. Dieses war jedoch *allein aufgrund des Unfalls* notwendig.

Beweis:
1. Zeugnis des Dr. L., zu laden über das Brüderkrankenhaus
2. Zeugnis des Dr. K. (*Anschrift*)
3. Sachverständigengutachten

Daraus ergibt sich, dass die erforderliche Mitursächlichkeit des Unfalls an der Gesundheitsschädigung gegeben ist. Ohne diesen Unfall hätte die Klägerin mit der bestehenden Arthrose noch Jahrzehnte leben können, ohne dass eine Knie-TEP erforderlich geworden wäre.

Beweis:
1. Zeugnis des Dr. L., zu laden über das Brüderkrankenhaus
2. Zeugnis des Dr. K. (*Anschrift*)
3. Sachverständigengutachten

Die Beklagte hielt aber an ihrer Entscheidung fest. Somit war Klage zu erheben.

Es liegt ein versichertes Unfallereignis vor. Der Klage ist demnach stattzugeben.

Rechtsanwalt

▲

dd) Klageerwiderung

535 ▼

Muster 6.77: Klage Angaben zu Unfallereignis und Erkrankungen – Mitwirkung

6.77 An das

Amtsgericht

In dem Rechtsstreit

Frau ./. Versicherung AG

Az. – –

werde ich beantragen

die Klage kostenpflichtig abzuweisen.

und trage zur

Klageerwiderung

wie folgt vor:

Die vom Kläger vorgetragenen Vertragsangaben sind unstreitig.

Das vollständige Bedingungswerk fügt die Beklagte zur Kenntnisnahme des Gerichts bei.

Beweis:
Bedingungswerk AUB 2005 – Anlage B 1

Allerdings ist die Beklagte zum einen aufgrund von Obliegenheitsverletzungen und Falschangaben in Bezug auf Krankheiten und Gebrechen und zum anderen aufgrund fehlender Kausalität zwischen Unfallereignis und Krankenhausaufenthalt leistungsfrei.

1. Am 21.1.2023 erfolgte durch den Ehemann der Klägerin die telefonische Erstmeldung eines Schadens. Er gab einen Sturz auf das rechte Knie an. Einen Tag später seien bei der Klägerin Schmerzen aufgetreten.

In der nachfolgenden schriftlichen Schadenanzeige vom 29.1.2023, die von der Klägerin unterschrieben ist, wird beschrieben: „Während eines Spaziergangs unterschätzte ich die Höhe des Bürgersteigs und fiel direkt auf das rechte Knie.“

Beweis:
Kopie der Schadenanzeige vom 29.1.2023 – Anlage B 2

Als Verletzungen wurden Prellungen am Brustkorb und Verletzungen an Knie und Kiefer angegeben. Die Frage nach ernsten Vorerkrankungen und Gebrechen wurde verneint. Als Vorunfälle wurde ein Ereignis vom Juni 2011 angegeben. Das der Beklagten 2015 angezeigte Ereignis vom 4.8.2015, bei dem ein Knie verletzt wurde, hat die Klägerin jedoch nicht angegeben. (Die Beklagte erhielt auch auf mehrere Nachfragen 2015 keine diesbezügliche Diagnose genannt.)

Beweis:
Kopie der Schadenanzeige vom 29.1.2023 – Anlage B 2

Sodann gab die Klägerin auf erneute Nachfrage an, sie habe sich am rechten Knie eine starke Prellung und ein Hämatom zugezogen. Der daraufhin von der Beklagten angeforderte Arztbericht vom 24.3.2023 stellt klar, dass die Klägerin eine TEP am rechten Knie wegen einer Gonarthrose erhielt.

Die Beklagte lehnte daraufhin Leistungen ab (vgl. Anlage K5).

Die Klägerin teilte daraufhin am 1.5.2023 mit, dass sie bereits seit einigen Jahren an Arthrose leide. Sie verlangte zumindest das Krankenhaustage- und Genesungsgeld ohne jegliche Kürzung für 34 Tage, insgesamt EUR (Klageforderung).

Die Klägerin hat falsche Angaben in der Schadenanzeige gemacht, die relevant für die Schadenregulierung waren. Die Arthrose und der Vorunfall am rechten Knie wurden verschwiegen. Dies stellt eine leistungsbefreiende Obliegenheitsverletzung seitens der Klägerin dar.

An dieser Stelle sei darauf hingewiesen, dass die Klägerin den Schadenhergang nunmehr anders darstellt als noch in der vorprozessualen Korrespondenz. Von einem Findling, auf den sie gestürzt sein will, ist erstmalig in der Klageschrift die Rede. In der Schadenanzeige und auch der sonstigen vorgerichtlichen Korrespondenz taucht dieser Findling nicht auf.

Die Klägerin schwankt im Hergang und der Verletzungsangabe. Nach Beklagtenansicht ist daher auf die Erstangaben abzustellen (so auch KG, VersR 1986, 820 f.). Daher sind die nachgeschobenen Sachverhalte bzw. Sachverhaltsabänderungen nicht zu beachten.

2. Es fehlt zudem an der adäquaten Kausalität zwischen Unfallereignis und Krankenhausaufenthalt. Eine stationäre Behandlung ist bei einem Hämatom und einer Prellung rund einen Monat nach dem Schadenfall nicht erforderlich. Erst recht ist eine TEP bei einer Knieprellung mit Hämatom nicht notwendig.

Beweis unter Protest gegen die Beweislast:
Einholung eines Sachverständigengutachtens

Zudem kann die Energie des Sturzes nicht komplett auf das rechte Knie gegangen sein, sonst wären bei den früheren Meldungen nicht beide Knie sowie Prellungen am Brustkorb und Verletzungen am Kiefer genannt worden.

Dass der Sturz die Arthrose verursacht haben soll, behauptet die Klägerin nicht. Vielmehr sei durch den Sturz die Arthrose nur so beeinflusst worden, dass die Operation nötig wurde.

Der Kausalzusammenhang zwischen Sturz und Krankenhausaufenthalt wird ausdrücklich bestritten. Für diesen Kausalzusammenhang ist die Klägerin vollumfänglich beweisverpflichtet. Adäquat-kausal für die behaupteten Folgen war der wie auch immer erfolgte Sturz nicht.

3. Hilfsweise wird vorsorglich zum Anspruch der Höhe nach vorgetragen. Sollte der Anspruch nicht dem Grunde nach unbegründet sein, so ist er jedenfalls der Höhe nach unbegründet. Eine nicht einmal initial ausgelöste Arthrose ist der entscheidende Faktor der Gesundheitsbeschwerden der Klägerin. Die Klageforderung wäre insoweit zu reduzieren. Es ist ein Mitwirkungsanteil der Vorerkrankung von mindestens 90 % zu berücksichtigen.

Beweis:
Einholung eines Sachverständigengutachtens

Dabei ist zu beachten, wie lange die Arthrose bereits bekannt ist und wieso anstelle einer Kniespiegelung direkt eine TEP eingesetzt wurde. Auf eine solche Operation muss man in der Regel monatelang warten.

Die Klage ist somit abzuweisen.

Rechtsanwalt

▲

H. Kraftfahrt-Unfallversicherung

André Naumann

I. Allgemeines

1. Rechtsgrundlage

a) Gesetzliche Regelungen

536 Die Kraftfahrt Unfallversicherung, auch Insassenunfallversicherung genannt, ist eine besondere Art der allgemeinen Unfallversicherung. Es gilt daher neben den §§ 1–73 VVG (allgemeinen Teil) und §§ 209–216 VVG (Schlussvorschriften) insbesondere der spezielle Bereich für die private Unfallversicherung, §§ 178–191 VVG.[322]

b) Vertragliche Regelungen

537 Die Insassenunfallversicherung ist verankert in den AKB unter Gliederungspunkt A.4; hier beziehen sich die Ausführungen auf die AKB 2015. Diese wurden im Vergleich zu den AKB 2008 sprachlich überarbeitet und inhaltlich neugestaltet. Für die Insassenunfallversicherung ergeben sich daraus aber keine grundlegenden Änderungen. Ob in dem Kraftfahrtversicherungsvertrag tatsächlich auch dieser Leistungsteil Kfz-UV einbezogen ist, muss im Einzelfall geprüft werden. Die Fahrzeugversicherung und die Kraftfahrtun-

322 Stiefel/Maier/*Maier*, AKB 2015, A.4.1 Rn 2.

fallversicherung sind rechtlich jeweils eigenständig[323] und die Leistungsprüfung erfolgt dementsprechend unabhängig voneinander. Zu beachten ist sie für die Obliegenheiten E.5 AKB 2015 und für die Ausübung der Rechte F.2 AKB 2015.

Hinweis 538

Es gibt zahlreiche Überschneidungen mit der privaten (allgemeinen) Unfallversicherung, so dass insgesamt darauf (siehe Rdn 390 ff.) verwiesen wird. Beim Unfallbegriff, den Leistungsarten oder bei den Ausschlüssen sind die Regelungen weitgehend gleich.

2. Gegenstand der privaten Unfallversicherung

a) Einordnung der Kraftfahrt-Unfallversicherung/Insassenunfallversicherung

Als Spezielle Art der privaten (Allgemeinen) Unfallversicherung ist die Insassenunfall- 539
versicherung als Summenversicherung ausgestaltet. Einige VR schließen aber wie in der privaten Unfallversicherung inzwischen auch Leistungsarten mit Schadencharakter ein.

Sie ist regelmäßig eine Fremdversicherung auf fremde Rechnung und damit stehen die Leistungen dem Versicherten zu, § 44 VVG. Geltend machen darf die Rechte aus dem Vertrag aber nur der VN. Die Prozessführung ist dem VN zugewiesen.[324] Eine Ausnahme besteht nur für die namentliche Versicherung, A.4.2.6 i.V.m. F.2 AKB 2015, wonach der Versicherte die Ansprüche direkt geltend machen kann. Es besteht aber ein rechtliches Treuhandverhältnis.[325]

Leistungen aus einer Summenversicherung können grundsätzlich nicht auf andere Leis- 540
tungen angerechnet werden. Anders wird dies aber für die Insassenunfallversicherung gesehen. Hier soll die Anrechnung von Leistungen auf die Schadenersatzforderung des Verletzten bzw. der Erben des Getöteten in Frage kommen.[326]

b) Allgemeiner Versicherungsrahmen – Wer ist versichert?

Die Insassenunfallversicherung kennt unterschiedliche Möglichkeiten dafür festzulegen, 541
wer versichert ist. Diese finden sich unter A.2.2 und sind letztendlich auch dafür ausschlaggebend, welcher Anspruch tatsächlich besteht. Es muss daher genau geprüft werden, welche Regelung für den Vertrag gilt und wie viele (berechtigte) Insassen bei dem Unfall mitfuhren.

aa) Pauschalsystem (A.4.2.1 AKB 2015)

Beim Pauschalsystem sind nicht bestimmte Personen versichert, sondern nur ein im 542
Schadenfall bestimmbarer Personenkreis, nämlich die berechtigten Insassen. Nicht versichert sind Berufsfahrer; für diese gilt A.4.2.5 AKB 2015. Mitgezählt werden diejenigen berechtigten Insassen, die sich im Augenblick des Unfalles im Fahrzeug befinden. Von

323 Beckmann/Matusche-Beckmann/*Heß/Höke*, § 30 Rn 335.
324 Looschelders/Pohlmann/*Koch*, § 44 VVG Rn 17.
325 Stiefel/Maier/*Maier*, AKB 2015, A.4.1 Rn 6.
326 Stiefel/Maier/*Maier*, AKB 2015, A.4.1 Rn 9.

der Anzahl der Insassen hängt die konkrete Leistungshöhe ab. Die Leistung wird zu gleichen Teilen auf die berechtigten Insassen aufgeteilt. Bei mehr als einer Person wird die versicherte Leistung erhöht. Die genaue Höhe legen die VR in ihren AKB fest.

bb) Kraftfahrtunfall-Plus-Versicherung (A.4.2.2 AKB 2015)

543 Bei der Kraftfahrtunfall-Plus-Versicherung wird eine, die Versicherungsleistung für den Fahrer erhöhende Regelung vereinbart. Die Regelung zielt auf einen Ausgleich zur „Schlechterstellung" des Fahrers nach dem Pauschalsystem ab, wenn er bei mehreren Insassen die Versicherungsleistung teilen muss.

cc) Platzsystem (A.4.2.3 AKB 2015)

544 Nach dem Platzsystem sind die im Versicherungsschein bezeichneten Plätze oder eine bestimmte Anzahl von berechtigten Insassen des Fahrzeugs versichert. Ausgenommen sind angestellte Berufsfahrer und Beifahrer, wenn sie als solche das Fahrzeug gebrauchen.

Es kann eine Begrenzung des Personenkreises der Versicherten erfolgen, auch durch Benennung bestimmter Personenkreise im Versicherungsschein. Die versicherte Leistung wird dann nur auf die nicht ausgeschlossenen Personen aufgeteilt. Befinden sich in dem Fahrzeug mehr berechtigte Insassen als Plätze oder Personen im Versicherungsschein angegeben, verringert sich die Versicherungssumme für den einzelnen Insassen entsprechend. Die Gesamtleistung bleibt gleich. Umgekehrt wird die Leistung hingegen für den Einzelnen nicht erhöht, wenn weniger Insassen als maximal vereinbart mitfahren.

dd) Berechtigte Insassen (A.4.2.4 AKB 2015)

545 Berechtigte Insassen sind Personen (Fahrer und alle weiteren Insassen), die sich mit Wissen und Willen des Verfügungsberechtigten in oder auf dem versicherten Fahrzeug befinden oder in ursächlichem Zusammenhang mit ihrer Beförderung beim Gebrauch des Fahrzeugs tätig werden. Das bedeutet, dass nur derjenige versichert ist, der sich im Einvernehmen mit der über das Fahrzeug verfügungsberechtigten Person in diesem aufhält. Wer sich die Beförderung erschlichen hat, ist kein berechtigter Insasse.[327]

ee) Berufsfahrerversicherung (A.4.2.5 AKB 2015)

546 Als Berufsfahrer können versichert werden:

- die Berufsfahrer und Beifahrer des im Versicherungsschein bezeichneten Fahrzeugs,
- die im Versicherungsschein namentlich bezeichneten Berufsfahrer und Beifahrer unabhängig von einem bestimmten Fahrzeug oder
- alle bei Ihnen angestellten Berufsfahrer und Beifahrer unabhängig von einem bestimmten Fahrzeug.

Entscheidend ist hier die genaue Vertragsausgestaltung.

327 Stiefel/Maier/*Maier*, AKB 2008, A.4.2 Rn 64.

Als Beifahrer gelten die Person, die im Rahmen eines Arbeitsverhältnisses den berechtigten Fahrer zu seiner Ablösung oder zur Vornahme von Lade- und Hilfsarbeiten nicht nur gelegentlich begleiten.

ff) Namentliche Versicherung (A.4.2.6 AKB 2015)

547 Mit der namentlichen Versicherung ist die im Versicherungsschein bezeichnete Person unabhängig von einem bestimmten Fahrzeug versichert. Diese Person kann ihre Ansprüche selbstständig geltend machen, besitzt also einen Direktanspruch gegen den VR.

c) Versichertes Ereignis

548 Versichert sind Unfälle, die im unmittelbaren Zusammenhang mit dem Gebrauch von Fahrzeugen oder eines damit verbundenen Anhängers stehen, A.4.1.1 AKB 2015.

Der Unfallbegriff in A.4.1.2 und die als Unfall geltende erhöhte Kraftanstrengung nach A.4.1.3 sind den AUB entnommen und besitzen in der Insassenunfallversicherung keine eigenständige, andere Auslegung (vgl. Rdn 400 ff.).[328]

Neu in den AKB 2015 wurde die erhöhte Kraftanstrengung weiter erläutert, ähnlich wie in den AUB 2014. Meniskus und Bandscheiben sind weder Muskeln, Sehnen, Bänder noch Kapseln und daher besteht für eine Schädigung des Meniskus oder einer Bandscheibe durch eine erhöhte Kraftanstrengung kein Versicherungsschutz.

Unter einer erhöhten Kraftanstrengung ist eine Bewegung zu verstehen, deren Muskeleinsatz über die normalen Handlungen des täglichen Lebens hinausgeht. Maßgeblich für die Beurteilung des Muskeleinsatzes sind die individuellen körperlichen Verhältnisse der versicherten Person.

549 Der Begriff des Gebrauchs von Fahrzeugen korrespondiert mit dem Begriff des Fahrzeuggebrauchs in A.1.1 AKB 2015. Es ist ein **Zusammenhang** zwischen dem Gebrauch und dem Unfall erforderlich.

550 Das Fahrzeug muss aktuell und unmittelbar, zeit- und ortsnah beim schadenstiftenden Ereignis eingesetzt worden sein.[329] Dabei muss die vom Fahrzeug ausgehende Gefahr den Unfall verursacht haben.[330] Es ist ausreichend, wenn sich der Unfall im Rahmen einer typischen Fahrerhandlung zugetragen hat und die Handlung in den gesetzlichen oder üblichen Aufgabenkreis eines Fahrers gehört.[331] Zum Fahrzeuggebrauch gehört auch bereits, wenn sich der Unfall beim Einsatz des Fahrzeugs als Arbeitsmaschine, also bei der Ausübung einer für das in Rede stehende Fahrzeug typischen Funktion zugetragen hat (Anheben der Ladung, Abpumpen von Öl, Anlegen von Spanngurten).[332]

328 Vertiefend zum Unfallbegriff *Naumann/Brinkmann*, § 3 Rn 1 ff.; zur erhöhten Kraftanstrengung *Naumann/Brinkmann*, zfs 2012, 69 ff.

329 BGH v. 22.2.1977 – IV ZR 59/76, VersR 1977, 418.

330 BGH v. 22.2.1977 – IV ZR 59/76, VersR 1977, 418, 419.

331 OLG Saarbrücken v. 24.7.2001 – 5 W 223/01 – 66, VersR 2002, 1417 = r+s 2002, 406; OLG Hamm v. 16.8.1999 – 6 U 227/98, VersR 2000, 1270.

332 BGH v. 26.6.1979 – IV ZR 122/78, NJW 1979, 2408 = VersR 1979, 956; OLG Hamm v. 12.12.2003 – 20 U 140/03, VersR 2004, 773.

551 Die aufgezählten Fälle des Fahrens, des Ein- und Aussteigens und des Be- und Entladens sind nicht abschließend.

Zum Fahren gehört jegliche Beförderung als Lenker oder sonstiger Insasse eines Kraftfahrzeugs. Das Einsteigen beginnt mit dem Start der Handlungen, die dem Einsteigen dienen, z.B. dem Aufschließen der Fahrzeugtür. Das Aussteigen endet damit, dass der Versicherte auf festem Boden steht und die Fahrzeugtür geschlossen bzw. verschlossen hat.[333] Der ursächliche Zusammenhang mit einem Be- oder Entladen endet, wenn der Versicherte sich von dem Kraftfahrzeug dergestalt entfernt und sich in eine neue, völlig außerhalb der Tätigkeit des Be- und Entladens liegende Gefahr begibt.

552 Es bedarf auch eines ursächlichen Zusammenhangs. Der ist anzunehmen, wenn die Tätigkeit unmittelbar vor oder nach der beabsichtigten bzw. erfolgten Beförderung ausgeübt wird. Der Unfall muss nicht zwingend durch das Fahrzeug selbst entstanden sein, sondern es sind alle Unfälle, die ursächlich auf den Fahrzeuggebrauch zurückgehen, versichert. Es genügt, dass eine mit dem Fahrzeug zusammenhängende Tätigkeit ausgeübt wird und der Verletzte dabei die Gesundheitsbeschädigung erleidet.[334]

d) Begrenzung der Leistung

aa) Räumliche Begrenzung (A.4.3 AKB 2015)

553 Versicherungsschutz besteht in den geographischen Grenzen Europas sowie in den außereuropäischen Gebieten der Europäischen Union (EU), A.4.3 AKB 2015. Damit ist der Versicherungsschutz im Vergleich zu einer allgemeinen Unfallversicherung eingeschränkt, die AUB gewähren weltweiten Schutz.

bb) Ausschlüsse (A.4.12 AKB 2015)

554 In A.12 AKB 2015 finden sich die Ausschlüsse:
- Straftat (A.4.12.1),
- Geistes- oder Bewusstseinsstörungen/Trunkenheit (A.4.12.2),
- Genehmigte Rennen (A.4.12.3) – nicht genehmigte Rennen s. D.1.1.4 AKB 2015,
- Erdbeben, Kriegsereignisse, innere Unruhen, Maßnahmen der Staatsgewalt (A.4.12.4),
- Kernenergie (A.4.12.5),
- Bandscheiben, innere Blutungen (A.4.12.6),
- Infektionen (A.4.12.7),
- Psychische Reaktionen (A.4.12.8),
- Bauch- und Unterleibsbrüche (A.4.12.9).

333 OLG Bamberg v. 7.3.1996 – 1 U 115/95, VersR 97, 611.

334 Z.B. Vergiftung durch Auspuffgase in einer Garage stehen in ursächlichem Zusammenhang mit der Benutzung des Fahrzeugs, LG Oldenburg v. 14.3.1969 – 2 O 15/69, VersR 1970, 78.

Es sind weniger Tatbestände als in den AUB, auf deren Auslegung verwiesen wird (vgl. Rdn 413 ff.).[335] Nicht in den AUB sind die Unfallursachen Erdbeben und Maßnahmen der Staatsgewalt enthalten.

Bei Erdbeben handelt es sich um Erschütterungen, die durch plötzlichen Spannungsausgleich in der Erdkruste hervorgerufen werden. Hier sind die Fälle ausgeschlossen, wenn ein Auto durch eine plötzlich entstandene Erdspalte verunglückt.

Maßnahmen der Staatsgewalt sind Verfügungen von hoher Hand mit Ausnahmecharakter gegenüber der üblichen staatlichen Ordnung, auf deren Rechtmäßigkeit es aber nicht ankommt.[336]

cc) Vertragliche Begrenzung

Zu prüfen ist stets, ob im Versicherungsschein die Fahrzeugnutzung z.B. eingeschränkt ist und ob dies im konkreten Schadenfall Einfluss auf den Versicherungsschutz hat. Zu denken ist an eine jeweilige Beschränkung auf eine private oder eine dienstliche Fahrzeugnutzung. Entsprechend ist dann auch für einen Anspruch der Nachweis zu erbringen. **555**

e) Versicherte Leistungen

Die AKB 2015 treffen Regelungen zu den Leistungsarten Invaliditätsleistung, Todesfallleistung, Krankenhaustagegeld und Tagegeld. Inhaltlich sind die Regelungen entsprechend den AUB ausgestaltet (vgl. Rdn 431 ff.).[337] **556**

Die Leistungsart Genesungsgeld findet sich ab den AKB 2015 nicht mehr in den Musterbedingungen. Das korrespondiert mit der Streichung der Leistungsart in den Muster-AUB 2014. In der Praxis bieten viele VR das Genesungsgeld aber weiterhin an.

Die wichtigste Leistungsart ist wie bei den AUB die Invaliditätsleistung. Für die Feststellung der Invalidität dem Grunde und der Höhe nach, insbesondere auch im Hinblick auf die Fristen, darf auf die Regelung im Rahmen der privaten Unfallversicherung verwiesen werden (vgl. Rdn 434 ff.). Zusammengefasst gilt die folgende Übersicht. **557**

> *Hinweis*
>
> Übersicht zur Invaliditätsleistung:
>
> - dauerhafte Beeinträchtigung (körperliche oder geistige Leistungsfähigkeit),
> - adäquat kausal auf die unfallbedingte Gesundheitsschädigung zurückzuführen,
> - über das dritte Unfalljahr hinausgehend,
> - Eintritt binnen 15 Monaten nach Unfalltag,
> - ärztliche Feststellung dem Grunde nach binnen 15 Monaten nach Unfalltag,
> - Geltendmachung beim VR binnen 15 Monaten nach Unfalltag,
> - Bemessung anhand der Gliedertaxe bzw. außerhalb der Gliedertaxe,
> - mögliche Neufeststellung.

335 Zur Inneren Unruhe vgl. *Grimm/Kloth*, Ziff. 5 Rn 44 ff.
336 OLG Köln v. 10.1.1985 – 5 U 88/84, zfs 1985, 115; LG Göttingen v. 16.2.1993 – 2 O 439/92, VersR 1994, 1180.
337 Vertiefend zu den Regelungen der Leistungsarten *Naumann/Brinkmann*, § 5 Rn 1 ff.

558 Von größerer Bedeutung ist ferner die Todesfallleistung. Auch hier darf auf die Kommentierung der AUB verwiesen werden (vgl. Rdn 447).

559 Die weiteren Leistungsarten besitzen in der Praxis nur eine geringe Bedeutung.

Zu beachten ist allerdings, dass auch in den AKB des jeweiligen VR zusätzliche, weitere Leistungsarten versichert sein können, z.B. Leistungen entsprechend den AUB wie Kosten für kosmetische Operationen oder auch rein auf die Insassenunfallversicherung abgestellte Leistungen wie Gurtgeld.

f) Konkreter Versicherungsumfang

560 Dem Versicherungsschein, bzw. dem Nachtrag zum Versicherungsschein, kann man das versicherte Bedingungswerk und die vereinbarten besonderen Bedingungen (Sonderklauseln und Spezialabreden) sowie die versicherten Summen der vereinbarten Leistungsarten entnehmen. Diese beiden Unterlagen muss man stets genau prüfen, damit man den grundsätzlich vereinbarten Versicherungsschutz herausarbeiten kann. Denn die Bedingungswerke für sich alleine genommen beschreiben auch immer Leistungen, die gar nicht im konkreten Fall gelten.

> *Hinweis*
>
> Beim Pauschalsystem erhöht sich die versicherte Leistung um den im konkreten Vertrag vereinbarten Prozentsatz (in der Praxis häufig 50 %). Dies gilt für alle vereinbarten Leistungsarten auch dann, wenn nur einer der Insassen eine Gesundheitsschädigung erlitten hat. Der Prozentsatz muss festgestellt und in Verbindung mit der Personenzahl und der versicherten Grundsumme die konkrete Leistungshöhe ermittelt werden.

g) Mitwirkung

561 Nur für unfallbedingte Schäden besteht Versicherungsschutz. Haben Krankheiten oder Gebrechen bei der Verursachung der Gesundheitsschädigung oder deren Folgen mitgewirkt, ist die Leistung zu kürzen, A.4.9 AKB 2015. Hierzu kann auf die Ausführungen zur Unfallversicherung verwiesen werden (vgl. Rdn 457 ff.).

In den AKB 2008 gilt die Regelung zur Mitwirkung von Krankheiten und Gebrechen nur für die Leistungsarten Invaliditätsleistung und die Todesfallleistung. Mit A.4.9.2.1 AKB 2015 wird diese Regelung auf alle vereinbarten Leistungsarten ausgeweitet.

3. Obliegenheiten

562 Die Obliegenheiten finden sich in E.5 AKB 2015 und sind inhaltlich mit denen der AUB vergleichbar (vgl. Rdn 460 ff.).

4. Fälligkeit der Leistung

Zur Fälligkeit von Leistungen finden sich vier Regelungsinhalte in A.4.10 AKB 2015. 563

Nach A.4.10.1 AKB 2015 ist der VR nach Anschluss seiner Prüfungen zum Versicherungsfall und zum Umfang seiner Leistungspflicht verpflichtet, sich zu seiner Leistungspflicht zu erklären. Der VR muss dies innerhalb eines Monats in Textform erklären, sobald ihm der Nachweis des Unfallhergangs und der Unfallfolgen zugegangen sind.

Für die Invaliditätsleistung gibt es eine weitere Frist von drei Monaten. Hier sind auch die Fristen der A.4.5.1.2 und A.4.5.1.3 AKB 2015 zu berücksichtigen. Die Frist der A.10.1 AKB 2015 für die Invaliditätsleistung läuft erst, sobald die erforderlichen Leistungsvoraussetzungen erfüllt sind. Zusätzlich muss der Abschluss der Heilverfahrens nachgewiesen sein.

An diese Fristen ist auch die Übernahme der Kosten für Atteste und Bescheinigungen 564
gebunden, die der VR zu übernehmen hat.

A.4.10.2 AKB 2015 gibt dem VR eine zweiwöchige Zahlungsfrist, wenn der Anspruch 565
dem Grund und der Höhe nach feststeht.

Vorschüsse kann der VN nach A.10.3 AKB 2015 in angemessener Höhe verlangen, falls 566
die Höhe der Leistung noch nicht bestimmbar ist. Wie in den AUB gibt es innerhalb des ersten Unfalljahres eine Limitierung auf die Höhe der vereinbaren Todesfallleistung.

In A.10.4. AKB 2015 wird die Neubemessung der Invaliditätsleistung festgeschrieben. 567
Die Regelung entspricht der der Neubemessungsregel in Ziff. 9.4 AUB 2020.

5. Hinweispflichten der VR

Durch die Anwendbarkeit der §§ 178–191 VVG gelten auch die Hinweispflichten des 568
§ 186 VVG für die Invaliditätsleistung und § 188 VVG für die Neufeststellung (vgl. Rdn 507 ff.).

6. Abtretung

Nach A.11.1 AKB 2015 darf der VN vor der endgültigen Feststellung der Leistung den 569
Anspruch ohne ausdrückliche Genehmigung des VR weder abtreten, noch verpfänden.

Der VN kann die Auszahlung der auf eine mitversicherte Person entfallenden Versicherungsleistung nur mit Zustimmung der VP verlangen.

7. Verjährung

Es gelten die allgemeinen Verjährungsvorschriften für Versicherungsverträge, wodurch 570
die regelmäßige **Verjährungsfrist von drei Jahren** zu beachten ist, § 195 BGB. Für die Fälligkeit der Leistung und damit auch für die Verjährung des Leistungsanspruchs ist wie bei der privaten Unfallversicherung jede Leistungsart getrennt zu prüfen.

II. Außergerichtliches Mandat

1. Sachstand bei Mandatsbeginn

571 Zu Beginn des Mandats muss sich der Anwalt einen genauen Überblick über die Sachlage verschaffen. Was ist passiert, welche vertraglichen Vereinbarungen liegen vor, in welchem Stadium der Schadenregulierung befindet man sich und was möchte der VN? Je nach Sachstand wird man dann in die weitere Prüfung einsteigen.

572 **Checkliste: Ausgangslage im Mandat**

Wurde Schaden schon gemeldet?	☐ ja	☐ nein
Was genau ist passiert (Hergang)?	(...)	
Zu bewerten als	☐ Unfall	☐ Kraftanstrengung
Zusammenhang mit Fahrzeugnutzung?	(...)	
Welcher Gesundheitsschaden ist eingetreten?	(...)	
Stationäre Behandlung?	(...)	
Hat VR Unfall anerkannt?	(...)	
Hat VR etwas gezahlt?	(...)	
Liegt Schriftwechsel mit VR vor?	☐ ja	☐ nein
Was fehlt?	(...)	
(...) (Sonstige)	(...)	

573 Die Insassenunfallversicherung kann als Summenversicherung unproblematisch neben weiteren Unfallversicherungsverträgen bestehen. Es ist daher stets auch zu prüfen, ob zusätzlich noch an anderer Stelle Versicherungsschutz besteht. Da dies auch möglich sein kann, ohne dass es dem Mandanten bewusst ist, sollten alle Möglichkeiten abgefragt werden.

574 Ereignet sich der Unfall bei einer Lebensrettung eines anderen Insassen, kann auch ein Fall für den sog. Retterschutz der allgemeinen Unfallversicherung vorliegen. In diesen besonderen Fällen kann auch Versicherungsschutz über die Unfallversicherung des Geretteten bestehen.[338]

575 **Checkliste: weiterer Versicherungsschutz**

Allgemeine Unfallversicherung privat	☐ ja	☐ nein
Vertrag über Arbeitgeber	☐ ja	☐ nein
Vertrag über Verein (z.B. Sportverein)	☐ ja	☐ nein
Vertrag über Kreditkarte	☐ ja	☐ nein
Gratisschutzbriefe mit Unfallanteil	☐ ja	☐ nein
(...) (Sonstige)	(...)	
Fall für den Retterschutz?	☐ ja	☐ nein

338 Zum Retterschutz ausführlich, *Naumann/Brinkmann*, zfs 2013, 310.

Die Beachtung einiger Fristen ist wichtig. Es kann weitere als die folgenden Fristen geben, zu anderen Leistungsarten oder auch in Abänderung der AKB 2015. 576

Unverzüglich	Arzt hinzuziehen (E.5.2)
1 Woche	VR unterrichten (E.1.1)
48 Stunden	Meldung Todesfall (E.5.1)
1 Jahr	Todesfallleistung nur bei Tod binnen Jahresfrist (A.4.8.1) Eintritt der Invalidität (A.4.5.1.2)
15 Monate	Ärztliche Feststellung der Invalidität (A.4.5.1.2) Geltendmachung der Invalidität beim VR (A.4.5.1.3)
3 Jahre	Maximaler Zeitpunkt für Geltendmachung der Neubemessung (A.4.10.4)
5 Jahre	Zeitpunkt für Neubemessungsverlangen bei Kindern (A.4.10.4 lässt dies offen, in der Praxis aber gebräuchlich)

2. Übersicht zum Vertrag

Für ein weiteres Vorgehen ist die Kenntnis der vertraglichen Vereinbarungen nötig. Die konkret vereinbarten Bedingungen des VR mit eventuellen Zusatzvereinbarungen müssen genau geprüft werden. Auch welche Leistungsarten mit welcher Summe versichert sind, steht im Versicherungsschein. 577

Checkliste: Vertragliche Vereinbarungen und Leistungen 578

Bedingungswerk	(…)	
Pauschalsystem	☐ ja	☐ nein
Erhöhungsfaktor	(…) %	
Kraftfahrtunfall-Plus-Versicherung	☐ ja	☐ nein
Erhöhungsfaktor	(…) %	
Platzsystem	☐ ja	☐ nein
Berufsfahrerversicherung	☐ ja	☐ nein
Namentliche Versicherung	☐ ja	☐ nein
Anzahl Insassen	(…) Personen	
Todesfallleistung	(…) EUR	
Invaliditätsleistung	(…) EUR	
Tagegeld	(…) EUR	
Krankenhaustagegeld	(…) EUR	
Genesungsgeld	(…) EUR	
Kosmetische Operation	(…) EUR	

Gurtgeld	(…) EUR	
Erhöhter Mitwirkungsanteil	☐ ja	☐ nein
Erhöht auf	(…) %	
Direktanspruch VP	☐ ja	☐ nein
(…) (Sonstige)	(…)	

3. Leistungsüberprüfung

579 Im konkreten Schadenfall sind meist nur wenige Punkte strittig und problematisch. Bei Streitigkeiten zur Schadenhöhe handelt es sich häufig um medizinische Fragen. Die AKB des konkreten Vertrags sind auf die jeweiligen genauen Anspruchsvoraussetzungen zu prüfen. Diese können sehr unterschiedlich sein (zu den Leistungsarten vgl. auch Rdn 482 f.).

Bei der Anspruchsprüfung sind die nachfolgenden Aspekte zu berücksichtigen.

580 **Checkliste: Insassenunfallversicherung**

I. Formelle Voraussetzungen (Versicherungsschutz allgemein)
   1. Allgemeine versicherungsrechtliche Voraussetzungen
      - Wirksamer Vertrag am Schadentag (welche Bedingungen?)
      - Zustandekommen des Vertrags
      - Vertragsumstellungen
      - Beratung
      - Laufzeit
      - Prämienzahlung, §§ 37, 38 VVG n.F.
   2. Insassenunfallspezifische Voraussetzungen
      - Ist die verletzte Person im Vertrag mitversichert?
      - Welches System ist vereinbart?
      - Versicherte Leistungsarten
      - Individuelle, vertragliche Beschränkungen?

II. Materielle Voraussetzungen
   1. Anspruchsbegründender Tatbestand?
      Liegt ein „Versicherungsfall" vor?
      - Gebrauch des Fahrzeugs?
      - Fahrer?
      - Ein- oder Aussteigen?
      - Be- oder Entladen?
      - Unfall (A.4.1.2 AKB 2015) oder
      - Erhöhte Kraftanstrengung (A.4.1.3 AKB 2015)
      - Gesundheitsschädigung
      - Kausalität (Mitursächlichkeit)
      - Verletzter war Insasse?

2. Anspruchsvernichtende und -hemmende Einwendungen und Einreden
   - Ausschlusstatbestände (A.4.12 AKB 2015)
   - Obliegenheitsverletzungen
   - Vorvertragliche Anzeigepflichtverletzung
   - Verfristung
   - Verjährung
3. Anspruchsausfüllender Tatbestand
   - Leistungsspezifische formelle Voraussetzungen (Prüfung je Leistungsart)
   - Geltendmachung eines Anspruchs
   - Geeignete medizinische Unterlagen
   - Zeitliche Beschränkungen (Karenzzeiten, maximale Leistungsdauer)
   - Fristen (A.4.5.1 AKB 2015)
   - Leistungsspezifische materielle Tatbestandsvoraussetzungen
   - Anzahl der Insassen
   - Kausalität
   - Leistungshöhe (Berechnung anhand der versicherten Summen)
   - Fälligkeit der Leistung (Vorschuss, Anerkenntnis)
   - Mitwirkung von Krankheiten und Gebrechen? (A.4.9 AKB 2015)

4. Leistungsberechnung

581 Die Berechnung insbesondere der Invaliditätsleistung erfolgt wie bei der privaten Unfallversicherung. Insoweit darf auf die entsprechenden Ausführungen verwiesen werden (vgl. Rdn 490 ff.).

582 Je nach versichertem System, insbesondere beim Pauschalsystem, findet eine von der Insassenanzahl abhängige Leistungserhöhung statt. Die Erhöhung der jeweiligen Leistung zu den Leistungsarten lässt sich in einer Tabelle darstellen.

583

▼

Muster 6.78: Berechnung Pauschalsystem

6.78

	Invalidität	Tagegeld	Krankenhaustagegeld	
Grundsumme	EUR	EUR	EUR	EUR
Steigerungsfaktor	×	×	×	×
Zwischensumme	EUR	EUR	EUR	EUR
Anzahl Insassen	×	×	×	×
Anspruch je Insasse	EUR	EUR	EUR	EUR

▲

5. Todesfallleistung

a) Allgemeines

584 Für die Anmeldung der Todesfallleistung sollten gedanklich zwei Schritte berücksichtigt werden. Zum einen die Frage nach dem Anspruchsberechtigten; hier sind nach den allgemeinen Regeln eine Bezugsberechtigung und ggf. die Erbfolge festzustellen. Zum anderen muss die Frage geklärt werden, ob überhaupt ein unfallbedingter Tod nachgewiesen werden kann.

Es kann für den Nachweis auf die Ergebnisse einer Obduktion zurückgegriffen werden. Erfolgte keine Obduktion, ist auch ein Nachweis durch einen ärztlichen Bericht der behandelnden Ärzte möglich.

585 **Checkliste: Todesfallleistung**

Anspruchsberechtigung		
Bezugsrecht aus Vertrag?	☐ ja	☐ nein
Erbenstellung?	☐ ja	☐ nein
Totenschein	☐ ja	☐ nein
Insasse?	☐ ja	☐ nein
Anzahl aller Insassen im Kfz	(…)	
Hergang?	(…)	
Unfall bei Fahrzeuggebrauch?	☐ ja	☐ nein
Medizinischer Nachweis der Todesursache?	☐ ja	☐ nein
Ursache (Kausalität)	(…)	

b) Attest zur Bestätigung eines Unfalltodes

586 ▼

Muster 6.79: Attest zur Anmeldung einer Todesfallleistung

6.79 Schaden-Nr.:

Unfall vom

Verletzte Person:

1. Welche Todesart liegt vor?

☐ natürlicher Tod

☐ nicht natürlicher Tod

☐ ungeklärte Todesursache

2. Wie lautet die Todesursache?

3. Welche Unfallverletzung lag vor (Diagnose)?

4. Ist der Tod auf den Unfall zurückzuführen?
□ ja, ausschließlich
□ nein, gar nicht
□ teilweise

Wenn teilweise oder gar nicht:

a) Welche Erkrankungen oder Gebrechen haben beim Tod mitgewirkt?

b) Zu welchem prozentualen Anteil haben diese Erkrankungen/Gebrechen beim Tod mitgewirkt?

5. Wurde eine Obduktion durchgeführt?

□ nein □ ja, durch (*Name und Anschrift*)
im Auftrag von

(Datum) (Unterschrift des Arztes und Stempel)

▲

III. Gerichtliches Mandat

1. Allgemeines

Im gerichtlichen Verfahren sind die außergerichtlich bereits erforderlichen Fragestellun- **587**
gen zum Vertrag, zum Schadenfall und zur Anspruchslage im Hinblick auf die jeweiligen Leistungsarten vorab zu prüfen. Bei der Summenversicherung und damit auch in der Insassenunfallversicherung ist grundsätzlich eine Leistungsklage zu erheben.

Mit der Klageerhebung ist der VN in der Darlegungs- und Beweislast. Fordert außerge- **588**
richtlich der VR klärende Arztberichte an, so kann die Klage ohne medizinische Unterlagen im Einzelfall unsubstantiiert sein. Gelegentlich kann dies auch dazu führen, dass ein Gericht einem Beweisantrag nicht nachgeht, weil es sich um einen unzulässigen Ausforschungsbeweis handelt. Hier ist daher Vorsicht geboten. Es sollte irgendetwas Medizinisches als Begründung des Parteivortrags vorliegen.

2. Musterklage

Der Musterfall betrifft einen Todesfall. **589**

> *Hinweis*
>
> Die Problemstellungen der Musterfälle treten bei der Kraftfahrt-Unfallversicherung, insbesondere bei der Invaliditätsbemessung, wie bei der privaten Unfallversicherung auf (Musterklagen dazu siehe Rdn 519 ff.).
>
> Der hier dargestellte Musterfall betrifft die Todesfallleistung und ist insoweit auch als Muster für die Unfallversicherung verwendbar.

a) Ausgangsfall

590 Versichert ist eine Insassenunfallversicherung nach dem Platzsystem, u.a. mit einer Todesfallleistung von 20.000 EUR. Die Ehefrau des VN ist verstorben; der VN ist Alleinerbe. Die Versicherte war alleine mit dem Auto unterwegs und kam auf gerader Strecke von der Fahrbahn ab. Der Wagen überschlug sich. Die Versicherte starb noch am Unfallort an Herzversagen. Die Versicherte besaß einen gültigen Führerschein, fuhr mit angepasster Geschwindigkeit und war nicht alkoholisiert.

b) Einordnung und Hinweise

591 Eine typische Fallkonstellation, die meist auf der Tatsachenebene entsprechend der Beweissituation entschieden wird. War das Herzversagen Auslöser oder Folge des Unfalls? Es dreht sich vielfach um die Beweislast. Hier werden regelmäßig einige Indizien vorgetragen, denn wenn der Versicherte alleine im Auto fuhr, gleicht die Rekonstruktion einem Puzzlespiel. Ist ein einzelner Aspekt nur anders gelagert, kann eine andere Entscheidung des Gerichts erfolgen.

592 Nicht vertieft ist hier die Problematik der Anspruchsberechtigung. Verstirbt der VN selber, kann auf Klägerseite auch eine komplizierte erbrechtliche Konstruktion vorliegen. Es sollte aus Effizienzgründen darauf hingewirkt werden, dass es nur ein gerichtliches Verfahren gibt. Sinnvoll ist eine Klage der Erbengemeinschaft; dann bleibt die erbrechtliche Auseinandersetzung beim versicherungsrechtlichen Streit außen vor. Aus Kostenaspekten kann auch daran gedacht werden, die Klage nur von einem Erben entsprechend seinem Erbteil einzureichen und für die anderen Erben mit dem VR eine Unterwerfungserklärung zu vereinbaren.

c) Klageschrift

593 ▼

Muster 6.80: Klage Insassenunfallversicherung

6.80

An das

Landgericht

Klage

des (*Name, Adresse*)

– Kläger –

Prozessbevollmächtigte: (*Name, Adresse*)

gegen

die Versicherung AG, vertreten durch ihren Vorstand, (*Name, Adresse*)

– Beklagte –

wegen: Leistungen aus der Insassenunfallversicherung (Schaden-Nr. ; Vertrag-Nr.)

Streitwert: EUR

Namens und Kraft erteilter Vollmacht des Klägers erhebe ich Klage gegen die Beklagte und werde beantragen,

die Beklagte zu verurteilen, an den Kläger EUR nebst Zinsen hieraus in Höhe von 5 %-Punkten über dem jeweiligen Basiszins ab dem 11.5.2014 zu zahlen.

Ich rege die Einleitung eines schriftlichen Vorverfahrens an und stelle für diesen Fall schon jetzt,

den Antrag gem. § 331 Abs. 3 ZPO.

Klagebegründung

Der Kläger unterhält bei der Beklagten unter der Versicherungsnummer eine Kraftfahrzeugversicherung. Dem Vertrag liegen die AKB 2008 zu Grunde. Der Vertrag umfasst auch eine Insassenunfallversicherung. Für den Todesfall ist ein Betrag von EUR vereinbart. Es gilt das Pauschalsystem.

Beweis:
Versicherungsschein vom 30.11.2011 nebst AKB, Anlage K 1

Kopie Bedingungen, Anlage K 2

Am 10.3.2014 fuhr die Ehefrau des Klägers, Frau mit dem versicherten Kfz auf der A 3 Richtung Köln. ist Hausfrau und nutzte das Fahrzeug privat.

Beweis:
Parteianhörung.

In Höhe von Köln Mühlheim, bei Kilometer 650, ereignete sich dann der Unfall, an dessen Folgen noch am Unfallort verstarb. kam mit dem Fahrzeug von der Fahrbahn ab; der Wagen überschlug sich. konnte von Ersthelfern aus dem Fahrzeug geborgen werden; verstarb aber noch am Unfallort.

Beweis:
Kopie des Protokolls der Autobahnpolizei vom 11.3.2014, Anlage K 3.

Der Kläger ist Versicherungsnehmer und Alleinerbe der verstorbenen Ehefrau .

Beweis:
Kopie des Erbscheins des Amtsgerichts Köln vom 21.5.2014, Anlage K 4.

Der Kläger meldete den Schadenfall zunächst noch am Schadentag telefonisch bei der Beklagten. Mit Brief vom 24.3.2014 wandte sich der Kläger dann unter Einreichung des Original-Versicherungsscheins, einer Schadendarstellung, einer Kopie des Polizeiprotokolls und einer Kopie der Sterbeurkunde an die Beklagte mit der Bitte, der Leistungspflicht der Beklagten aus der Insassenunfallversicherung zu entsprechen und die Versicherungssumme von EUR an den Kläger auszuzahlen.

Beweis:
Parteivernehmung.

Hierauf erwiderte die Beklagte mit Brief vom 11.4.2014. In diesem Brief lehnte die Beklagte die eigene Einstandspflicht ab. Als Begründung führte die Beklagte aus, dass der Unfall der Verstorbenen durch einen Schwächeanfall verursacht worden wäre. Hierbei handele es sich somit um einen Unfall, der in Folge einer Bewusstseinsstörung aufgetreten sei und daher die Beklagte nach A.10.2 AKB von der Einstandspflicht befreit sei.

Beweis:
Kopie des Briefs der Beklagten vom 11.4.2014, Anlage K 5.

Dies ist falsch. Die Beklagte ist einstandspflichtig, da es sich um einen unfallbedingten Tod einer versicherten Person beim Betrieb eines versicherten Fahrzeugs handelt, so wie es mit dem Vertrag auch versichert ist.

Auch auf nochmalige Zahlungsaufforderung durch den Klägervertreter vom 25.7.2014 lehnte die Beklagte eine Zahlung aufgrund des streitgegenständlichen Versicherungsvertrages des Klägers ab.

> **Beweis:**
> Kopie des Briefs vom 25.7.2014, Anlage K 6.

Hierauf antwortete die Beklagte mit Schreiben vom 27.7.2014. Sie vertritt den Standpunkt, dass nur ein Schwächeanfall des Versicherungsnehmers aufgrund einer Vorschädigung des Herzens zum Unfall geführt haben kann und daher ein Leistungsausschluss im Sinne der Vertrags-Bedingungen vorliegen würde.

> **Beweis:**
> Kopie des Briefs vom 27.7.2014, Anlage K 7.

Es wird ausdrücklich bestritten, dass eine Bewusstseinsstörung im Sinne von A.10.2 AKB der Beklagten zu dem hier streitgegenständlichen tragischen Unfall geführt hat. Die Beklagte stellt hier Vermutungen an, die sie bislang gegenüber dem Kläger nicht bewiesen hat und für den sie den Vollbeweis zu erbringen hat. Der Totenschein nennt als Todesursache Herzversagen. Wäre es, wie von der Beklagten behauptet, vor dem Unfall zu dem Herzversagen gekommen, hätte nicht lebend geborgen werden können.

> **Beweis:**
> Kopie des Totenscheins vom 11.3.2014, Anlage K 8.

Die bislang von der Beklagten dem Kläger benannten Unterlagen und „Beweise" lassen keinen eindeutigen Schluss über die mögliche Unfallursache zu. Nach wie vor ist eine Vielzahl von Verhaltensweisen und bedauerlichen Fehlreaktionen denkbar, die zum hier streitgegenständlichen Unfall der geführt haben können. könnte kurzfristig unaufmerksam gewesen und sodann durch ein Ereignis von außen aufgeschreckt worden sein und so die hier bedauerliche Fehlreaktion begangen haben. Auch könnte sie die tief stehende Sonne oder eine Reflektion kurzzeitig irritiert haben, so dass sie kurzfristig die Kontrolle über ihr Fahrzeug verlor. All jene Verhaltensweisen und Vorkommnisse sind neben dem von der Beklagten geltend gemachten Geschehensablauf denkbar. Ein Nachweis für das Vorliegen des von der Beklagten zu beweisenden Ausnahmetatbestandes ist somit nicht gegeben.

 befand sich in einem guten Allgemeinzustand. Sie begab sich regelmäßig zu Routineuntersuchungen, bei denen keine pathologischen Befunde festgestellt wurden. Auch betrieb sie regelmäßig Sport, so z.B. Schwimmen und Radfahren.

> **Beweis:**
> Parteivernehmung.

Nach alledem ist der Klage stattzugeben.

Rechtsanwalt

▲

d) Klageerwiderung

▼ 594

Muster 6.81: Klageerwiderung Insassenunfallversicherung

An das

Landgericht …

In dem Rechtsstreit

Herrn … ./. Versicherung AG

Az. – … –

werde ich beantragen

die Klage kostenpflichtig abzuweisen.

und trage zur

Klageerwiderung

wie folgt vor:

I. Zum Sachverhalt

1. Vertragsdaten

Für den vom Kläger beschriebenen Vertrag Nr. … bestand am 10.3.2014 grundsätzlich Versicherungsschutz. Es ist richtig, dass der Vertrag u.a. auch für den berechtigten Fahrer eine Todesfallleistung in Höhe von … EUR beinhaltet. Es gilt die Inhaberklausel.

2. Leistungsprüfung

Der Tod der Versicherten … wurde der Beklagten telefonisch vorab am 10.3.2014 gemeldet. Mit Brief des Klägers vom 24.3.2014 wurden Ansprüche aus dem Vertrag angemeldet und u.a. die Sterbeurkunde und der Original-Versicherungsschein zugeschickt.

Beweis:
Kopie des Briefs vom 24.3.2014, Anlage B 1.

Die Beklagte nahm sodann Einsicht in die staatsanwaltschaftliche Ermittlungsakte der Staatsanwaltschaft Köln, Az. …, dies war Anfang Mai 2014. Daraus ergab sich, dass es zu dem Schadenereignis vom 10.3.2014 allein aufgrund eines rein innerkörperlichen Vorgangs gekommen war, also zumindest der Leistungsausschluss der Bewusstseinsstörung – A.10.2 AKB – vorlag. Die Beklagte lehnte mit Brief vom 11.5.2014 (Anlage K 5) eine Leistungspflicht ab.

Auch nach dem Brief des Klägeranwalts vom 25.7.2014 (Anlage K 6) blieb die Beklagte bei ihrer Ablehnung, Brief vom 27.7.2014 (Anlage K 7).

II. Zum Klagebegehren

Die Klage ist unbegründet.

Ein Anspruch auf Zahlung der Todesfallleistung besteht nicht.

Die Beklagte ist der Ansicht, dass … durch ausschließlich in ihrer Person liegende Gründe mit dem Pkw von der Fahrbahn abgekommen ist, also eine innerkörperliche Reaktion und kein von außen einwirkendes Ereignis vorlag.

Im Hinblick auf die im Rahmen der Obduktion festgestellten medizinischen Befunde ist davon auszugehen, dass der Unfall infolge einer Bewusstseinsstörung – zumindest aufgrund eines Schwächeanfalls bedingt durch Herzinsuffizienz – eingetreten ist.

III. Zu den Feststellungen

1. Äußere Umstände

Es fehlen Anhaltspunkte dafür, dass das hier strittige Ereignis durch von außen an die versicherte Person herangetragene Einflüsse verursacht wurde.

Wie dargelegt hat die Beklagte die Ermittlungsakte der Staatsanwaltschaft Köln, Az. , zur Einsichtnahme angefordert. Zum Unfallort ist daraus u.a. folgendes zu entnehmen:

> *„2.1 Unfallstelle*
>
> *Die Unfallstelle befindet sich bei Köln Mühlheim der A 3 in Fahrtrichtung Köln. Dem Verkehr stehen an der Unfallstelle drei Fahrstreifen mit Seitenstreifen zur Verfügung.*
>
> *Die Fahrbahn verläuft gerade und wird links durch die Mittelschutzplanke, rechts durch Leitpfosten, später Schutzplanken begrenzt.*
>
> *2.2 Fahrbahnverhältnisse*
>
> *Der Seitenstreifen sowie der erste Fahrstreifen bestehen aus einer Betondecke, 2. und 3. Fahrstreifen aus einer Schwarzdecke.*
>
> *Diese waren zum Unfallzeitpunkt trocken und wiesen augenscheinlich keine unfallrelevanten Beschädigungen auf.*
>
> *2.3 Witterungs- und Lichtverhältnisse*
>
> *Tageslicht, heiter, ca. 5 Grad Celsius, keine direkte Sonneneinstrahlung.*
>
> *2.4 Verkehrsbeschränkungen*
>
> *Es bestehen keinerlei Verkehrsbeschränkungen."*

Beweis:
Beiziehung der Ermittlungsakte (dort Blatt 1; vorab beigefügt als) Anlage B 2.

Zeugnis PK
Zeugnis PKin ,
beide zu laden über Bezirksregierung Köln, Dezernat Autobahnpolizei, API Köln *(Adresse)*

2. Schadenshergang

Der von der Polizei vernommene Zeuge konnte zum Schadenshergang folgendes sagen:

> *„Das vorne genannte Fahrzeug [das Auto der Ehefrau des Klägers] fuhr ca. 3 oder 4 Pkw vor mir. Plötzlich scherte der Audi nach rechts auf den Standstreifen aus, stieg hoch und überschlug sich mehrmals. Die vor mir fahrenden Pkw kamen in Fahrtrichtung hinter dem Unfallfahrzeug zum Stehen. Ich hielt vor dem BMW an..."*

Beweis:
Zeugnis Herr (*Name, Adresse*).

In der Ermittlungsakte ist hierzu folgendes festgehalten:

> *„5. Unfallhergang aus Sicht der Polizei*
>
> *Aus Sicht der aufnehmenden Beamten hat sich der Unfall wie folgt ereignet:*
>
> *... Der UB 01 befuhr die A3 in Fahrtrichtung Köln.*
>
> *In Höhe der späteren Unfallstelle kam sein Pkw aus nicht geklärten Gründen nach rechts von der Fahrbahn ab. Der Pkw überrollte den Grünstreifen des Böschungsbereiches und beschädigte das Kilometerschild „650". ...*
>
> *Feststellung vor Ort zur Klärung vermutbarer Unfallursachen:*
>
> *Auffällig ist das Fehlen einer Bremsspur.*
>
> *Fernmündlich wurden über den Sachverständigen, Herrn , erste Ergebnisse mitgeteilt. Seinen Feststellungen nach ist aufgrund des Einschlagwinkels ein Fremdverschulden unwahrscheinlich. Es kam vermutlich zu keiner Kollision mit einem anderen Fahrzeug. Weiterhin ist wahrscheinlich, dass der UB 01 zum Unfallzeitpunkt nicht angegurtet war.*
>
> *In Anbetracht dieser Feststellungen ist es nicht auszuschließen, dass der UB 01 aufgrund körperlichen Versagens diesen Unfall verursacht hat."*

Beweis:
Beiziehung der Ermittlungsakten, dort Blatt 4; Verkehrsunfallanzeige/Vermerk PK /PKin ; vorab beigefügt als Anlage B 2
Zeugnis PK , b.b.
Zeugnis PKin , b.b.

Festzuhalten bleibt somit, dass Anhaltpunkte für sonstige, außerhalb liegende Ursachen – andere Verkehrsteilnehmer, Verkehrssituation, Blendung o.Ä. – ausscheiden. Nach den oben zitierten Umständen ist auch davon auszugehen, dass von keine Gegensteuerungsmanöver oder Bremsmanöver vollzogen wurden bzw. vollzogen werden konnten.

Beweis:
wie oben
Sachverständigengutachten.

3. Medizinische Feststellungen

Entgegen den Behauptungen in der Klageschrift war zumindest der kardiale Zustand von keineswegs „gut".

Es heißt dazu im Sektionsprotokoll

> *„45. Der Herzbeutel mit deutlichem Fettbesatz. Das Innere spiegelnd und glänzend. Das Herz wiegt 680 g. Die Muskulatur ausgesprochen dickwandig, rechtsseitig bis zu 2,5 cm. Der Klappenapparat makroskopisch funktionsfähig. In den weit gestellten Herzkranzgefäßen finden sich massive kalkharte Wandeinlagerungen. Auf Schnittflächen durch die Kammermuskulatur rechts und links finden sich eine ganze Reihe von grau melierten Arealen. Die Vorhöfe sind deutlich erweitert. Das ovale Loch geschlossen. Beide Herzohren frei."*

Beweis:
Beiziehung der Ermittlungsakte (dort Blatt 88), Anlage B 3.

Zeugnis PD Dr.

Zeugnis Dr. , beide zu laden über Institut für Rechtsmedizin, Universität Köln, (*Adresse*)

Weiteres Sachverständigengutachten.

Somit steht fest, dass das Herz der Verstorbenen deutlich vorgeschädigt war. Es hatte das kritische Herzgewicht mit 680 g weit überschritten. Es ergab sich eine fortgeschrittene Gefäßverkalkung, die Koronargefäße waren reflektorisch weit gestellt. In der Herzmuskulatur fanden sich deutliche graue Verfärbungen, die auf bereits vorhandene Schäden des Herzens durch Minderdurchblutung hinwiesen.

Beweis:
Wie vorher.

Auch unabhängig davon kann der Allgemeinzustand der Verstorbenen mit einem Körpergewicht von 122 kg bei einer Größe von 178 cm kaum als „gut" bezeichnet werden. So heißt es dazu bspw. im Sektionsprotokoll auf Seite 8:

„Leiche einer 57 Jahre alt gewordenen Frau in deutlich übermäßigem Ernährungs- und ***deutlich herabgesetzten Allgemeinzustand****."*

Beweis:
Wie vorher.

Die Sachlage stellt sich so dar, dass die an einem deutlich vorgeschädigten Herz leidende Ehefrau des Klägers im Rahmen eines Verkehrsunfalls am 10.3.2014 von der Fahrbahn abkam und noch am Unfallort verstarb. Das äußere Geschehen – Abkommen von der Fahrbahn aus ungeklärter Ursache ohne Vorhandensein von Bremsspuren bei guten Sicht- und Straßenverhältnissen – spricht dafür, dass der Verkehrsunfall nicht durch ein von außen an die versicherte Person herangetragenen Einfluss, sondern durch eine innerkörperliche Reaktion verursacht wurde. Zumindest ist davon auszugehen, dass das Ereignis vom 10.3.2014 infolge einer Bewusstseinsstörung – nämlich aufgrund der vorbestehenden Herzerkrankung kardialer Genese (Schwächeanfall) – eingetreten ist und somit der Ausschlusstatbestand der A.10.2 AKB vorliegt.

Beweis:
wie vorher.
Sachverständigengutachten

Eine Bewusstseinsstörung im Sinne von A.10.2 AKB (weitgehend identisch mit den AUB 88) liegt nicht erst bei völliger Bewusstlosigkeit oder einer völligen Leistungsunfähigkeit vor. Sie ist vielmehr schon dann anzunehmen, wenn die dem Menschen bei normaler Verfassung innewohnende Fähigkeit, Sinneseindrücke schnell und genau zu erfassen, sie geistig zu verarbeiten und auf sie sofort richtig zu reagieren ernstlich gefährdet ist. Das OLG Nürnberg (r+s 2001, 42) beschreibt es treffend so:

„Hierunter fällt auch eine erhebliche Störung der Reaktionsfähigkeit, die auf Krankheit beruht und den Versicherungsnehmer außerstande setzt, den Sicherheitsanforderungen seiner Umwelt zu genügen und einen Grad erreicht hat, bei der er die Gefahrenlage nicht mehr beherrschen konnte …"

Unter den vom Kläger genannten möglichen anderen Verhaltensweisen oder Fehlreaktionen ist keine, die mit den oben genannten Tatsachen vereinbar wäre.

Auch die pauschale Behauptung eines „guten Allgemeinzustandes“ bleibt angesichts der krankhaften Herzbefunde sowie des sonst beschriebenen Allgemeinzustandes unbewiesen.

Aus Sicht der Beklagten ist es auch nicht eindeutig, ob überhaupt ein Unfall im Sinne der AKB vorliegt. Es bleibt fraglich, ob dieser kausal für den Tod der Ehefrau des Klägers war. Die Beklagte geht davon aus, dass eine innerkörperliche Reaktion und somit ein ausschließlich in der Person der Verstorbenen liegender Grund für das Abkommen des Pkw von der Fahrbahn verantwortlich ist und gerade kein von außen einwirkendes Ereignis, wie es A.4.1.2 AKB fordert. Dass hier die Voraussetzungen der A.4.1.2 AKB erfüllt sind, bestreitet die Beklagte.

Darlegungs- und beweispflichtig für diesen Punkt – der vor der Klärung von Ausschlusstatbeständen erfüllt sein muss – ist in vollem Umfang der Kläger.

Rechtsanwalt

I. Berufsunfähigkeitsversicherung

André Naumann

I. Allgemeines

1. Rechtsgrundlage

a) Gesetzliche Regelungen

Die Berufsunfähigkeitsversicherung ist entscheidend durch die ihr zugrunde liegenden **595**
Versicherungsbedingungen und die Rechtsprechung bestimmt. Das liegt unter anderem daran, dass bis zur VVG Reform 2008 eine eigene gesetzliche Regelung der Berufsunfähigkeitsversicherung fehlte. Inhalt und Ausgestaltung ergaben sich ausschließlich aus den Allgemeinen Versicherungsbedingungen. Seit Inkrafttreten des reformierten VVG ist dies anders. Mit Kapitel 6 des VVG wurde ein eigener, spezieller Bereich für die Berufsunfähigkeitsversicherung geschaffen, §§ 172–177 VVG. Ergänzende gesetzliche Vorschriften finden sich im VVG, in den §§ 1–73 VVG (allgemeinen Teil) und §§ 209–216 VVG (Schlussvorschriften). Vor der Neuregelung des VVG wurden die Regelungen zur Lebensversicherung analog herangezogen. Wegen der vergleichbaren Interessenlage bleiben auch die Vorschriften zur Lebensversicherung (§§ 150–170 VVG) anwendbar, soweit Besonderheiten der Berufsunfähigkeitsversicherung dem nicht entgegenstehen, § 176 VVG. Anwendbar sind z.B. § 150 VVG (Abschluss des Vertrags auf die Berufsunfähigkeit einer anderen Person als des Versicherungsnehmers), § 152 VVG (Widerrufs-

frist und Zahlung der Erstprämie), § 157 VVG (unrichtige Altersangabe), § 158 VVG (Gefahränderung) und § 159 VVG (Bezugsrecht).[339]

Für die Berufsunfähigkeitsversicherung finden nach Art. 3 Abs. 3 EGVVG die §§ 172, 174–177 VVG auf Berufsunfähigkeitsversicherungen in Altverträgen grundsätzlich keine Anwendung. Altverträge sind nach Art. 1 Abs. 1 EGVVG alle Versicherungsverhältnisse, die bis zum 1.1.2008 entstanden sind. Maßgebend ist der formelle Versicherungsbeginn.[340] Zu beachten bleibt aber, dass für Versicherungsfälle aus Altverträgen, die bis zum 31.12.2008 eingetreten sind, nach Art. 1 Abs. 2 EGVVG das bisherige Recht bis zur endgültigen Beendigung dieses Versicherungsfalls gilt. Sie werden insgesamt nach altem Recht abgewickelt.

b) Vertragliche Regelungen

596 Für die Berufsunfähigkeit gibt es keine Legaldefinition. Genaue Regelungen finden sich im vereinbarten Bedingungswerk. Dort sind auch die Vereinbarungen zu finden, ab welchem Grad der Beeinträchtigung eine Leistung fällig wird, ob und unter welchen Voraussetzungen eine andere Tätigkeit durch den Versicherten bei der Leistung zu berücksichtigen sind und ob (ausnahmsweise) nur eine befristete Rente vereinbart ist. Die Vielzahl der unterschiedlichen Regelungen lässt sich nicht fassen, wesentliche Grundzüge sind aber vergleichbar.[341] Die aktuellen, unverbindlichen Musterbedingungen zur Berufsunfähigkeitsversicherung des GdV (Muster-BU, derzeit Stand 15.11.2022) und Musterbedingungen zur Berufsunfähigkeits-Zusatzversicherung (Muster BU-Z, derzeit Stand 15.11.2022) sind im Internet abrufbar.[342]

597 *Hinweis*

Die Verträge zur Berufsunfähigkeit laufen in der Regel über viele Jahre. Es ist unerlässlich, das konkret vereinbarte Bedingungswerk und den Versicherungsschein genau zu prüfen. In manchen Fällen sind auch der Antrag, die Produkt- oder Vertragsinformationen (ggf. ein Produktinformationsblatt) und Vertragsänderungen (Nachträge zum Versicherungsschein) zu prüfen.

2. Gegenstand der Berufsunfähigkeitsversicherung

a) Einordnung der Berufsunfähigkeitsversicherung

598 Die Berufsunfähigkeitsversicherung ist eine Personenversicherung, die mit der die wirtschaftlichen Risiken des Versicherten abgedeckt werden, welche durch eine Berufsunfähigkeit infolge gesundheitlicher Beeinträchtigungen entstehen. Bezugspunkt ist nicht der Verlust des individuellen bisherigen Berufs oder des innegehabten Arbeitsplatzes, son-

339 Vgl. Langheid/Rixecker/*Rixecker*, § 176 VVG Rn 2 mit weiteren Angaben.

340 Zu Vertragsumstellungen im Rahmen der VVG-Reform vgl. z.B. Höra/Schubach/*Klaus-Weidenbach/Ostheim*, § 26 Rn 10.

341 Vgl. zu den Bedingungen und deren Entwicklung Beckmann/Matusche-Beckmann/*Rixecker*, § 46 Rn 4 ff.

342 *Www.gdv.de*.

dern die gesundheitsbedingte Einbuße der Fähigkeit, dauerhaft durch eigene Erwerbstätigkeit den bislang erreichten sozialen Status zu wahren.

Die Berufsunfähigkeitsversicherung ist regelmäßig als Summenversicherung ausgestaltet, d.h. es wird nach dem Prinzip der abstrakten Bedarfsdeckung die vertraglich vereinbarte Leistung unabhängig davon erbracht, ob durch den Versicherungsfall tatsächlich ein wirtschaftlicher Nachteil (in der Höhe) eingetreten ist. Es kommt also auch nicht auf das bislang erzielte Einkommen an.

b) Allgemeiner Versicherungsrahmen

Die Berufsunfähigkeitsversicherung wird seit vielen Jahrzehnten als fester Bestandteil 599
der Versicherungslandschaft in zwei unterschiedlichen Formen angeboten. Zum einen als selbstständige Versicherung, mit der eine Rentenzahlung vereinbart wird. Hier ist der Vertrag selbstständig und losgelöst von anderen Verträgen zu betrachten.

Zum anderen wird die Berufsunfähigkeitsversicherung als Zusatz-Versicherung für einen anderen Versicherungsvertrag angeboten, mit der regelmäßig die Beitragsbefreiung für den jeweiligen Hauptvertrag vereinbart wird, so z.B. häufig bei Kapital-Lebensversicherungen zu finden. Hier ist der Bestand der Berufsunfähigkeitsabsicherung an den Bestand des Hauptvertrags gekoppelt.

c) Versichertes Ereignis (Leistungsfall)

Versichertes Ereignis, der Leistungsfall, ist die Berufsunfähigkeit des Versicherten. Was 600
unter Berufsunfähigkeit zu verstehen ist, definieren mangels entsprechender gesetzlicher Regelung die konkret vereinbarten Bedingungen. § 172 VVG ist abdingbar und besitzt lediglich eine Leitbildfunktion. Weit überwiegend dürfte die Definition derjenigen des § 2 Abs. 1 Muster-BU des GdV entsprechen. Darin heißt es, dass Berufsunfähigkeit vorliegt,

> *wenn die versicherte Person infolge Krankheit, Körperverletzung oder mehr als altersentsprechenden Kräfteverfalls, die ärztlich nachzuweisen sind, voraussichtlich auf Dauer ihren zuletzt ausgeübten Beruf, so wie er ohne gesundheitliche Beeinträchtigung ausgestaltet war, nicht mehr zu mindestens XY % ausüben kann und auch keine andere Tätigkeit ausübt, die ihrer bisherigen Lebensstellung entspricht.*

Teilweise wird auch anstelle des „auf Dauer" eine andere zeitliche Vorgabe gemacht, in 601
Monaten bzw. Jahren.

Gesundheitlich können schwere Erkrankungen wie z.B. Krebs, eine Unfallverletzung 602
oder auch eine Berufskrankheit zur Berufsunfähigkeit führen. Nicht ausreichend ist der altersentsprechende Kräfteverfall. Problematisch auf der Tatsachenseite sind psychische Erkrankungen, sie sind aber grundsätzlich auch als die Berufsunfähigkeit begründende Gesundheitsschädigung geeignet.

Der VN ist darlegungs- und beweisbelastet für die gesundheitliche Beeinträchtigung, 603
die letzte berufliche Tätigkeit, die Beeinträchtigung in dieser Tätigkeit zu dem vereinbarten Grad (vielfach 50 %) und der Dauerhaftigkeit der Beeinträchtigung.

604 *Hinweis*

Zu beachten ist, dass mit dem Bestehen einer Berufsunfähigkeit die Arbeitsunfähigkeit im Sinne der Krankentagegeld-Versicherung endet.

605 Als weiteren Fall einer Berufsunfähigkeit benennen die Muster-BU in § 2 Abs. 2 die Berufsunfähigkeit infolge Pflegebedürftigkeit. Sie liegt grundsätzlich vor, wenn die versicherte Person infolge Krankheit, Körperverletzung oder mehr als altersentsprechenden Kräfteverfalls, voraussichtlich auf Dauer für die gewöhnlichen und regelmäßig wiederkehrenden Verrichtungen im Ablauf des täglichen Lebens täglich der Hilfe einer anderen Person bedarf.

Ob eine Pflegebedürftigkeit im Sinne der Bedingungen vorliegt, ergibt sich aus der konkret vereinbarten Auflistung. Für bestimmte Hilfserfordernisse gibt es Punkte. Die Anzahl der erreichten Punkte führt zum Erreichen einer bestimmten Pflegestufe.

606 *Hinweis*

Die Pflegestufe im Rahmen der Berufsunfähigkeitsversicherung ist nicht mit der Pflegestufe der sozialen Pflegeversicherung gleichzusetzen. Es wird sich in der Praxis aus den medizinischen Unterlagen des medizinischen Dienstes der Krankenkasse sicherlich eine Bewertung ableiten lassen, gerade die konkreten vertraglichen Vereinbarungen können aber auch zu unterschiedlichen Einstufungen führen.

607 Ein Leistungsanspruch kann aber auch fehlen, wenn der Versicherte auf einen anderen Beruf verwiesen werden kann. Dazu ist erforderlich, dass eine Verweisungsmöglichkeit in den Bedingungen vereinbart ist.[343]

In § 2 Abs. 2 Muster-BU ist eine solche Verweisung enthalten, *„hat sie in dieser Zeit auch keine andere Tätigkeit ausgeübt, die ihrer bisherigen Lebensstellung entspricht, gilt die Fortdauer dieses Zustandes als Berufsunfähigkeit."*

Diese Verweisung ist eine sog. konkrete Verweisung. Es geht um eine die Lebensstellung wahrende und dem Versicherten konkret mögliche alternative Berufsausübung. Bei der konkreten Verweisung geht es um den vom Versicherten tatsächlich ausgeübten alternativen Beruf.

608 Neben der konkreten gibt es auch die sog. abstrakte Verweisung. Diese wird im Bedingungswerk mit der Formulierung „oder eine andere Tätigkeit auszuüben, zu der sie aufgrund ihrer Ausbildung und Fähigkeiten in der Lage ist und die ihrer bisherigen Lebensstellung entspricht, gilt die Fortdauer dieses Zustandes als Berufsunfähigkeit."

Hier reicht die alternative Möglichkeit des Berufswechsels.

609 Für die Verweisungsmöglichkeit ist der VR beweispflichtig.

343 Ausführlich Ernst/Rogler/*Rogler*, § 2 VVG Rn 369 ff. m.w.N. und Beispielen zur Verweisung.

d) Begrenzung der Leistung

610 Die jeweiligen Bedingungswerke enthalten verschiedene **Ausschlusstatbestände**, die abweichend von den Musterbedingungen des GdV sein können. Die Ausschlüsse finden sich in § 5 Muster-BU. Manche Verträge beinhalten aber auch andere oder weitere Ausschlusstatbestände. Dies ist genau zu prüfen.

Die Klauseln dürfen nicht weiter ausgelegt werden, als es ihr Sinn unter Beachtung ihres wirtschaftlichen Zwecks und der gewählten Ausdrucksweise erfordert,[344] unter Berücksichtigung des Verständnisses eines durchschnittlichen VN ohne versicherungsrechtliche Sonderkenntnisse.[345] Unerheblich ist dabei, ob der VN Kenntnis vom Ausschlusstatbestand hat oder er die zum Ausschluss führenden Umstände zu vertreten hat.

611 Leistungsausschlüsse sind von Amts wegen zu berücksichtigen.[346] Beim Beweismaßstab ist auf § 286 ZPO abzustellen.[347]

612 *Hinweis*

Der VR ist für das Vorliegen der Ausschlussgründe grundsätzlich beweispflichtig. Für die Ausnahmen vom Ausschlusstatbestand (Wiedereinschluss), bei deren Vorliegen der Ausschlussgrund entfällt, trägt der VN die Beweislast.

aa) Ausübung einer Straftat, § 5 a

613 Es sind solche Unfälle vom Versicherungsschutz ausgeschlossen, die dem Versicherten dadurch zustoßen, dass er vorsätzlich eine Straftat ausführt oder versucht, § 5 a Muster-BU.

Umfasst sind alle Straftaten (**§ 12 StGB**, Verbrechen und Vergehen),[348] auch die der strafrechtlichen Nebengesetze, wie z.B. SprengG oder WaffenG. **Ordnungswidrigkeiten** fallen nicht unter den Risikoausschluss.

bb) Teilnahme an inneren Unruhen auf Seiten der Unruhestifter, § 5 b

614 § 5 b Muster-BU schließt Berufsunfähigkeiten vom Versicherungsschutz aus, die aus einer Teilnahme des Versicherten an inneren Unruhen auf Seiten der Unruhestifter resultieren. Solche Handlungen sind regelmäßig bereits über den Ausschluss von Straftaten nach § 5 a Muster-BU erfasst. Streiks und Demonstrationen sind grundsätzlich keine inneren Unruhen, selbst dann, wenn es durch einige Teilnehmer zu gewalttätigen Handlungen kommt. Wann die Grenze zu inneren Unruhen überschritten wird, ist im Einzelfall zu prüfen.[349]

344 BGH v. 17.5.2000 – IV ZR 113/99, VersR 2000, 1090, 1091.
345 BGH v. 23.6.1993 – IV 135/92, r+s 1993, 351.
346 BGH v. 19.5.2010 – IV ZR 130/08, IBR 2010, 536.
347 OLG Hamm v. 3.3.2006 – 20 U 227/05, r+s 2007, 164.
348 OLG Hamm v. 22.6.2005 – 20 U 104/95, r+s 2006, 32; OLG München v. 11.7.1997 – 14 U 953/96, VersR 1999, 881.
349 Ernst/Rogler/*Wendt*, § 5 VVG Rn 39 ff. m.w.N.

cc) Herbeiführung des Versicherungsfalls, § 5 c

615 Der Versicherungsschutz ist nach § 5 c Muster-BU ausgeschlossen, wenn der Versicherte

- absichtlich eine Krankheit herbeiführt,
- absichtlich einen Kräfteverfall über das altersentsprechende Maß hinausgehend herbeiführt,
- absichtlich eine Selbstverletzung vornimmt oder
- eine Selbsttötung versucht.

Hier wird die eigenmotivierte Selbstschädigung zur Leistungsgewinnung vom Versicherungsschutz ausgeschlossen. Wie in anderen Versicherungszweigen wird auch im Bereich der Berufsunfähigkeitsversicherung das vorsätzliche Herbeiführen des Versicherungsfalls nicht belohnt.

616 Versicherungsschutz besteht nur dann, wenn der Versicherte die Selbstschädigung nachgewiesener Maßen in einem die freie Willensbestimmung ausschließenden Zustand krankhafter Störung der Geistestätigkeit begangen hat.

617 Für die Selbstschädigung ist der VR,[350] für den Nachweis des die freie Willensbestimmung ausschließenden Zustands der VN beweispflichtig.[351]

dd) Widerrechtliche Handlungen des VN an der VP, § 5 d

618 Der Ausschluss nach § 5 d Muster-BU ist vom Grundgedanken her der Selbstschädigung des Versicherten ähnlich. Er schließt eine Leistung aus, wenn der VN durch seine widerrechtliche Handlung vorsätzlich die Berufsunfähigkeit des Versicherten herbeiführt. Mitursächlichkeit reicht aus. Der VR ist für die Voraussetzungen darlegungs- und beweisbelastet, die Widerrechtlichkeit wird vermutet und damit ist der VN dafür beweisbelastet, dass er die Handlung nicht vorsätzlich begangen hat.[352]

619 Der Ausschlusstatbestand setzt sowohl die Widerrechtlichkeit der Handlung, als auch die vorsätzliche Herbeiführung der Berufsunfähigkeit voraus.

ee) Strahlen infolge Kernenergie, § 5 e

620 § 5 e Muster-BU schließt eine Berufsunfähigkeit durch Strahlen infolge Kernenergie, die das Leben oder die Gesundheit zahlreicher Menschen derart gefährden, dass zur Abwehr der Gefährdung eine Katastrophenschutzbehörde oder vergleichbare Behörde tätig wurde, vom Versicherungsschutz aus.

Durch die Voraussetzung, dass eine Katastrophenschutzbehörde oder vergleichbare Behörde tätig werden musste, sind nur Fälle eines potentiellen Kumulrisikos erfasst.

Anders als z.B. bei der Unfallversicherung sind nur die Folgen der Strahlung vom Versicherungsschutz ausgeschlossen. Bei einer durch Kernenergie verursachten Explosion wären diese Folgen, z.B. schwere Verletzungen durch weggeschleuderte Trümmerteile, versichert.

350 Ernst/Rogler/*Wendt*, § 5 VVG Rn 78.

351 OLG Saarbrücken v. 18.4.2012 – 5 U 393/11–41, zfs 2013, 100.

352 Ernst/Rogler/*Wendt*, § 5 VVG Rn 95 m.w.N.

ff) Durch Kriegsereignisse, § 5 f

Berufsunfähigkeiten, die unmittelbar oder mittelbar durch Kriegs- oder Bürgerkriegsereignisse verursacht sind, fallen ebenfalls nicht unter den Versicherungsschutz, § 5 f Muster-BU. 621

Der Ausschluss greift nicht, wenn der Versicherte in unmittelbarem oder mittelbarem Zusammenhang mit kriegerischen Ereignissen berufsunfähig wird, denen er während eines Aufenthalts außerhalb der Bundesrepublik Deutschland ausgesetzt und an denen sie nicht aktiv beteiligt war 622

Damit wird ein Wiedereinschluss für unverschuldet erlittener Kriegsverletzungen im Ausland geschaffen. Klassischer Fall sind Verletzungen auf einer Reise in der Nähe eines Kriegsgebiets.

gg) ABC-Waffen oder -Stoffe als Mittel gegen Vielzahl von Personen, § 5 g

Mit § 5 g Muster-BU besteht ein besonderer Ausschlusstatbestand für das Kumulrisiko durch ABC-Waffen. 623

hh) Weitere Ausschlüsse außerhalb der Musterbedingungen

In manchen Verträgen wird das Luftfahrtrisiko ausgeschlossen. Teilweise nur ist der Ausschluss begrenzt auf ein berufliches Risiko, wenn also die Berufsunfähigkeit durch einen Unfall als Luftfahrzeugführer oder Besatzungsmitglied eines Luftfahrzeugs oder bei einer mit Hilfe eines Luftfahrzeugs auszuübenden beruflichen Tätigkeit oder bei der Benutzung eines Raumfahrzeugs verursacht wird. Teilweise wird auch das Fluggastrisiko ausgeschlossen, ob nur für motorisierte Flugzeuge oder auch z.B. beim Fallschirmspringen, ist genau zu prüfen. 624

e) Versicherte Leistungen

Die Berufsunfähigkeitsversicherung ist regelmäßig auf die Zahlung einer monatlichen Rente gerichtet. 625

Zusätzlich wird regelmäßig eine Befreiung von der Beitragspflicht vereinbart. Diese Beitragsbefreiung ist im Bereich der Zusatzversicherungen teilweise auch die einzige vereinbarte Leistung.

Möglich ist auch eine sog. Überschussbeteiligung, § 3 Abs. 1 Muster-BU. Hierfür wird auf § 153 VVG verwiesen.

f) Konkreter Leistungsumfang

Grundsätzlich gilt in der Berufsunfähigkeitsversicherung das Alles-oder-Nichts-Prinzip. Entweder besteht eine Berufsunfähigkeit, dann bezahlt der VR die vereinbarten Leistungen, oder er bezahlt Nichts. 626

Die Höhe der monatlichen Rente ist vertraglich festgeschrieben. Teilweise wird zum Ausgleich der Inflation auch eine Dynamik vereinbart. Dann steigt der monatliche 627

Rentenbetrag jährlich um einen bestimmten Steigerungsfaktor von x-%. Die genaue Regelung muss dem Vertrag entnommen werden.

628 Konkret zu prüfen ist auch, ab wann die Rentenzahlung und die Beitragsfreistellung verlangt werden können. Teilweise erfolgt die Leistung ab der Berufsunfähigkeit, also meist sechs Monate nach dem Zeitpunkt, ab dem der Versicherte seinen Beruf nicht mehr im vereinbarten Umfang ausüben kann. Teilweise wird aber bereits eine rückwirkende Leistung vereinbart, also im Nachgang dann auch für diese sechs Monate.

629 Die Leistungen sind im Vertrag zeitlich begrenzt. So endet die Zahlung bzw. die Beitragsbefreiung zum Vertragsende. Ein eigenständiger BU-Vertrag ist regelmäßig auf den Zeitpunkt des Eintritts in den Ruhestand ausgerichtet. In Zusatzverträgen ist das Vertragsende auf den Vertragszweck des Hauptvertrags ausgerichtet und kann insoweit unterschiedlich vereinbart sein.

g) Nachprüfungsverfahren

630 Die Berufsunfähigkeit ist kein Versicherungsfall, dessen Eintritt erwiesenermaßen von endgültiger Dauer ist. Die mögliche Änderung des Gesundheitszustandes rechtfertigt, dass § 174 VVG dem VR eine Nachprüfung erlaubt, ob die Voraussetzungen seiner Leistungspflicht entfallen sind. Ist sie entfallen bzw. ist der Grad unter den vereinbarten Schwellenwert gesunken, so darf der VR seine Leistung einstellen.[353] Eine Nachprüfung braucht sich der VR nicht besonders vorbehalten.[354]

631 Die Nachprüfung der Berufsunfähigkeit erlaubt es, welche Grundlage auch immer die „Erstprüfung" hatte, lediglich, neue gesundheitliche oder berufliche (leistungsrelevante) Entwicklungen beim Versicherten zu berücksichtigen. Dem VR ist eine Korrektur eines später als fehlerhaft erkannten Ergebnisses der „Erstprüfung" versagt.[355]

Die Regelung des Nachprüfungsverfahrens ist so gestaltet, dass der VR darlegen und beweisen muss, dass die Voraussetzungen gegeben sind, die Leistungen einzustellen.[356]

Die Darlegungs- und Beweislast trifft den VR für Alles, was den Fortbestand seiner Leistungspflicht entfallen lässt. Das umfasst auch eine sich nachträglich ergebende Möglichkeit, einen Verweisungsberuf auszuüben.

632 Der Versicherte muss dem VR nach den Bedingungen die Nachprüfung ermöglichen: Er muss ihm alle sachdienlichen Auskünfte erteilen und sich auf Verlangen einmal jährlich durch einen vom VR beauftragten Arzt untersuchen lassen, § 9 Abs. 2 Muster-BU. Kommt der VR zu dem Ergebnis, dass er nicht mehr leisten muss, dann muss er dies dem VN in Textform unter Angabe der Veränderungen begründen, § 174 Abs. 1 VVG, im Sinne einer nachvollziehbaren Vergleichsbetrachtung. Der gesundheitliche

353 OLG Hamm v. 11.12.1998 – 20 U 148/98, NVersZ 1999, 217.

354 Beckmann/Matusche-Beckmann/*Rixecker*, § 46 Rn 177.

355 Vgl. nur u.a. BGH v. 13.5.1987 – IV ZR 8/86, VersR 1987, 753; BGH v. 17.2.1993 – IV ZR 228/91, VersR 1993, 470; BGH v. 17.2.1993 – IV ZR 206/91, VersR 1993, 562; BGH v. 3.11.1999 – IV ZR 155/98, VersR 2000, 171.

356 BGH v. 27.5.1987 – IVa ZR 56/86, VersR 1987, 808; BGH v. 17.2.1993 – IV ZR 264/91, NJW-RR 1993, 721 unter 3 b; BGH v. 17.2.1993 – IV ZR 206/91, VersR 1993, 562.

Zustand des Versicherten zum Zeitpunkt der die Nachprüfung abschließenden Entscheidung muss jenem gegenübergestellt werden, den der VR seinem gebotenen Anerkenntnis zugrunde gelegt hat. Zugleich muss der VR die sich aus den medizinischen Erkenntnissen ergebenden berufsbezogenen Schlussfolgerungen vergleichend darlegen.[357]

Der VR darf die Leistung dann frühestens drei Monate später einstellen, § 174 Abs. 2 VVG.

Hinweis 633

Medizinische Gutachten in Nachprüfungsverfahren stellen häufig fehlerhaft nur auf den aktuellen Ist-Zustand ab. Beruft sich der VR hierauf ohne die vergleichende Darstellung, ist die Nachprüfungsentscheidung bereits formal fehlerhaft und unwirksam.

Ist der gesundheitliche oder der berufliche Sachverhalt unverändert geblieben, so kann selbst eine abweichende neuerliche Bewertung nicht zu der Befugnis des VR führen, dem Anspruchsberechtigten die Rentenzahlung oder die Prämienbefreiung zu entziehen. 634

3. Obliegenheiten

In Personenversicherungen ist die Mitwirkung von VN und Versichertem unerlässlich. Daher sind manche Mitwirkungshandlungen als Obliegenheit ausgestaltet, die bei Nichtbeachtung zu einer eigenständigen Sanktion führen können. Vorrangig ist aber zu beachten, dass bei fehlender Mitwirkung der Leistungsanspruch vielfach gar nicht erst entsteht bzw. fällig wird. 635

Hinweis 636

Ob eine Obliegenheitsverletzung als solche sanktioniert werden kann, hängt bei vor dem 1.1.2008 abgeschlossenen Verträgen davon ab, ob der VR den Vertrag wirksam umgestellt hat.

Nach § 7 Abs. 1 Muster-BU muss der VN Folgendes auf seine Kosten vorlegen: 637

a) ein Zeugnis über den Tag der Geburt der versicherten Person
b) eine Darstellung der Ursache für den Eintritt der Berufsunfähigkeit;
c) ausführliche Berichte der Ärzte, die die versicherte Person gegenwärtig behandeln, bzw. behandelt oder untersucht haben, über Ursache, Beginn, Art, Verlauf und voraussichtliche Dauer des Leidens der versicherten Person sowie über den Grad der Berufsunfähigkeit oder über die Pflegestufe;
d) eine Beschreibung des zuletzt ausgeübten Berufs der versicherten Person, deren Stellung und Tätigkeit im Zeitpunkt des Eintritts der Berufsunfähigkeit sowie über danach eingetretene Veränderungen;
e) Angaben über Einkommen aus beruflicher Tätigkeit;

357 Beckmann/Matusche-Beckmann/*Rixecker*, § 46 Rn 186.

f) bei Berufsunfähigkeit infolge Pflegebedürftigkeit zusätzlich eine Bescheinigung der Person oder der Einrichtung, die mit der Pflege betraut ist, über Art und Umfang der Pflege;

g) eine Aufstellung

aa) der Ärzte, Krankenhäuser, Krankenanstalten, Pflegeeinrichtungen oder Pflegepersonen, bei denen die versicherte Person in Behandlung war, ist oder – sofern bekannt – sein wird,

bb) der Versicherungsgesellschaften, Sozialversicherungsträger oder sonstiger Versorgungsträger, bei denen die versicherte Person ebenfalls Leistungen wegen Berufsunfähigkeit geltend machen könnte,

cc) über den derzeitigen Arbeitgeber und frühere Arbeitgeber der versicherten Person.

638 Diese Angaben sind mit Ausnahme des Buchstaben *„e) Angaben über Einkommen aus beruflicher Tätigkeit“* relevant für die Leistungsprüfung und Entscheidung des VR. Ein Verstoß gegen die Auskunftspflichten wirkt sich somit bereits auf der Fälligkeitsebene aus. Einer Sanktion im Sinne einer Obliegenheitsverletzung bedarf es daher eigentlich für diese Auskunftsobliegenheiten nicht.

639 In älteren Bedingungswerken wurden auch weitere Obliegenheiten festgeschrieben. Die Obliegenheit der **Befolgung von ärztlichen Anordnungen** ist neben praktischen Beweisproblemen insgesamt fragwürdig, sie steht den Persönlichkeitsrechten der VP entgegen. Solche Obliegenheitsvereinbarungen sollten sehr kritisch geprüft werden.

640 Im Rahmen der Nachprüfung ist der VN verpflichtet, sachdienliche Auskünfte zu erteilen oder zu ermöglichen und sich einmal jährlich durch vom VR beauftragte Ärzte umfassend untersuchen zu lassen, § 9 Abs. 2 Muster-BU.

Der sachliche Umfang der Mitwirkungsobliegenheit im Nachprüfungsverfahren unterscheidet sich grundsätzlich nicht von den Mitwirkungsobliegenheiten bei der Erstentscheidung. Seine Grenzen bilden die Erforderlichkeit und Zumutbarkeit der Informationsbeschaffung.

Auch für den Fall der Verletzung einer Mitwirkungspflicht im Nachprüfungsverfahren sehen die Bedingungen Leistungsfreiheit vor, § 10 Muster-BU, zeitlich begrenzt bis zu einer späteren Erfüllung der Obliegenheit.

4. Verjährung

641 Wie alle Ansprüche aus einem Versicherungsvertrag verjähren auch Ansprüche aus einer Berufsunfähigkeitsversicherung in den von §§ 195 ff. BGB vorgesehenen Fristen, regelmäßig also in drei Jahren. Abzustellen ist auf den Schluss des Kalenderjahres, in dem der Anspruch entstanden ist.

5. Abgrenzung zur gesetzlichen Berufsunfähigkeitsversicherung

Die gesetzliche und die private Berufsunfähigkeitsvorsorge sind heute grundlegend verschieden.[358] Insbesondere besteht seit dem Jahr 2000 in der gesetzlichen Rentenversicherung nur noch ein ganz eingeschränkter Versicherungsschutz gegen Berufsunfähigkeit. Grundsätzlich besteht über die gesetzliche Rentenversicherung nur noch ein begrenzter Schutz im Rahmen von Erwerbsunfähigkeit, also bezogen auf das Restleistungsvermögen auf dem allgemeinen Arbeitsmarkt. Ein finanzielles Auffangnetz gegen das Risiko vorzeitiger Berufsunfähigkeit ist das nicht. 642

Daher können Entscheidungen der Sozialversicherungsträger nicht als Basis für die Entscheidung des Versicherers einer Berufsunfähigkeitsversicherung dienen. Dies liegt auch an der konzeptionellen Verschiedenheit beider Systeme, z.B. werden in der gesetzlichen Rentenversicherung die Vorversicherungszeit und eine Wartezeit berücksichtigt, die Höhe bemisst sich am tatsächlichen Einkommen des Versicherten. In der privaten Berufsunfähigkeitsversicherung besteht Versicherungsschutz ab dem materiellen Versicherungsbeginn für die fest vereinbarte Leistungssumme.

Hinweis 643

Ähnlich wie bei der privaten Unfallversicherung kann aber auch im Rahmen einer privaten Berufsunfähigkeitsversicherung auf Tatsachen zurückgegriffen werden, die im Rahmen einer Prüfung auf anderem Rechtsgebiet erfolgt. Die bloßen Befunde eines Gutachtens der Rentenversicherung können (unter Wahrung des Urheberrechts) durchaus auch für die private Berufsunfähigkeitsversicherung herangezogen werden. Die Bewertung muss dann aber auf Basis der eigenen Kriterien erfolgen.

II. Außergerichtliches Mandat

1. Sachstand bei Mandatsbeginn

Zu Beginn des Mandats muss sich der Anwalt einen genauen Überblick über die Sachlage verschaffen. Was ist passiert, welche vertraglichen Vereinbarungen liegen vor, in welchem Stadium der Prüfung bzw. Regulierung befindet man sich und was möchte der VN? Je nach Sachstand muss man dann in die weitere Prüfung einsteigen. 644

Die Bandbreite der unterschiedlichen Berufsunfähigkeitsversicherungen lässt sich komprimiert nur in wenigen Grundzügen darstellen. Besonderes Augenmerk sollte deshalb stets auf die genaue Tatsachenerfassung, also die Tätigkeitsbeschreibung und die spezifischen Einschränkungen, sowie auf die genaue Prüfung der vertraglichen Vereinbarungen gelegt werden.

358 Ausführlich Beckmann/Matusche-Beckmann/*Rixecker*, § 46 Rn 8 ff.

645 *Hinweis*

Im Schadensfall geht es häufig auch um die Frage einer vorvertraglichen Anzeigepflichtverletzung. Regelmäßig wird dabei um die Gesundheitsangaben im Antrag gestritten. Diese Fälle lassen sich prinzipiell anhand der allgemeinen Grundsätze zur vorvertraglichen Anzeigepflichtverletzung bearbeiten. Spezifische Besonderheiten können sich aber aus den Regelungen im konkreten Vertrag, dem Beratungsprotokoll etc. ergeben, deshalb sind diese genau zu prüfen.

646 **Checkliste: Ausgangslage im Mandat**

Welche gesundheitliche Beeinträchtigung liegt vor?	(...)	
Wurde der Schaden schon gemeldet?	□ ja	□ nein
Liegt Schriftwechsel mit VR vor?	□ ja	□ nein
Was fehlt?	(...)	
Hat VR BU anerkannt?	□ ja	□ nein
Eingeschränkt?	□ nein	□ ja und zwar (...)
Zeitliche Begrenzung?	□ nein	□ ja und zwar (...)
Hat VR etwas gezahlt?	□ nein	□ ja und zwar (...)
Gibt es weitere (Zusatz-) Verträge?	□ nein	□ ja bei (...)

2. Übersicht zum Vertrag

647 Für das Vorgehen im Mandat ist die genaue Kenntnis der vertraglichen Vereinbarungen erforderlich. Unterlagen, die der Mandant nicht direkt vorlegt, sollten nachgereicht oder beim VR angefordert werden.

648 **Checkliste: Vertragliche Vereinbarungen**

Liegen alle Vertragsunterlagen vor?		
– Versicherungsantrag	□ ja	□ nein
– Versicherungsschein	□ ja	□ nein
– Versicherungsbedingungen	□ ja	□ nein
Entspricht der Versicherungsschein dem Antrag?	□ ja	□ nein
Def. Berufsunfähigkeit wie § 2 Abs. 1 Muster-BU?	□ ja	□ nein
Gibt es besondere Vereinbarungen (z.B. Ausschlüsse)?	□ nein	□ ja, und zwar (...)

Ist eine Verweisung vereinbart?	□ nein	□ ja, und zwar
	□ abstrakt	□ konkret
Wurden bei Antragsaufnahme einzelne Zusagen gemacht?	□ nein	□ ja, und zwar (…)
Wurde der Vertrag nachträglich verändert?	□ ja	□ nein
– Geänderte Versicherungsbedingungen?	□ ja	□ nein
– Geänderter Versicherungsschutz?	□ ja	□ nein
– Einbezug neuer Leistungen?	□ nein	□ ja, und zwar (…)
– Änderungen in der Höhe der Leistungen?	□ nein	□ ja, von (…) auf (…)
Wem stehen die Leistungen wegen Berufsunfähigkeit zu?	(…)	

3. Leistungsüberprüfung

Im konkreten Schadenfall sind meist nur wenige Punkte strittig und problematisch. Bei der Anspruchsprüfung sind die nachfolgenden Aspekte zu berücksichtigen. 649

Checkliste: Berufsunfähigkeitsversicherung

I. Formelle Voraussetzungen (Versicherungsschutz allgemein)
   1. Allgemeine versicherungsrechtliche Voraussetzungen
      - Wirksamer Vertrag am Schadentag (welche Bedingungen?)
      - Zustandekommen des Vertrags
      - Vertragsumstellungen
      - Beratung
      - Laufzeit
      - Prämienzahlung, §§ 37, 38 VVG n.F.
   2. Vertragsspezifische Voraussetzungen
      - Ist die verletzte Person im Vertrag mitversichert?
      - Versicherte Leistungen
      - Besteht eine 24-Stunden- und weltweite Deckung oder eine Ausschnittsdeckung?

II. Materielle Voraussetzungen
   1. Anspruchsbegründender Tatbestand?
      - Definition der Berufsunfähigkeit?
      - Schwellenwert für die Berufsunfähigkeit? (…) %

2. Anspruchsvernichtende und -hemmende Einwendungen und Einreden
   - Ausschlusstatbestände
   - Obliegenheitsverletzungen
   - Vorvertragliche Anzeigepflichtverletzung
   - Verjährung
3. Anspruchsausfüllender Tatbestand
   - Gesundheitsschädigung (...)
   - Tätigkeit (zuletzt ausgeübter Beruf) (...)
   - Grad der Beeinträchtigung (...)%
   - Schwellenwert erreicht? □ ja □ nein
   - Geltendmachung eines Anspruchs
   - Geeignete medizinische Unterlagen
     Liegt Attest hierzu vor? □ ja □ nein
   - Leistungshöhe (ggf. Berechnung einer Dynamik)
   - Liegen vertraglich bestimmt Nachweise vor? □ ja □ nein
     (ergeben sich z.B. aus § 7 Abs. 1 Muster-BU)

650 Für die genaue Tätigkeitsbeschreibung ist der VN beweisbelastet. Der Versicherte muss dem VR daher aus eigenem Interesse heraus eine ausreichend detaillierte Auflistung erstellen. Die ist regelmäßig eine Fleißarbeit, aber ohne eine Tatsachenbasis kann eine korrekte Beurteilung des Einzelfalls nicht erfolgen. Es sollte auch der regelmäßige Arbeitsweg beschrieben werden.

Handelt es sich um einen Beruf mit saisonal stark schwankenden Tätigkeiten, z.B. bei einem Winzer, dann sollte für die einzelnen saisonalen Tätigkeitssituationen jeweils eine gesonderte Aufstellung erstellt werden.

Es geht zunächst um die konkrete Arbeitsbeschreibung. Im Sinne eines Stundenplans ist sehr dezidiert zu ermitteln und vorzutragen, wie das konkrete Arbeitsfeld der versicherten Person beschaffen war und welche Anforderungen an sie gestellt wurden.[359] Auf diese Angaben hin sind für die jeweiligen Arbeitsschritte die Funktionseinschränkungen festzustellen.[360] Es muss sich ein konkretes Bild von der tatsächlich ausgeübten Tätigkeit ergeben.[361]

359 St.Rspr. vg. BGH v. 30.9.1992 – IV 227/91, VersR 1992, 1386; BGH v. 22.9.2004 – IV ZR 200/03, VersR 2005, 676.
360 OLG Köln v. 20.4.2012 – 20 U 236/11, OLG Zweibrücken v. 15.1.2014 – 1 U 190/12, VuR 2014, 324.
361 KG v. 6.12.2010 – 6 U 219/01, r+s 2004, 514.

▼ 651

Muster 6.82: Tätigkeitsbeschreibung

Uhrzeit	Tätigkeit	Belastung des Versicherten	Beeinträchtigung	Kompensationsmöglichkeit?
Von bis				☐ Nein ☐ Ja, durch
Von bis				☐ Nein ☐ Ja, durch
Von bis				☐ Nein ☐ Ja, durch
Von bis				☐ Nein ☐ Ja, durch

▲

Wurde eine ausführliche Tätigkeitsbeschreibung für die erste Entscheidung des VR 652
erstellt, dann kann auf diese bei einem Nachprüfungsverfahren zurückgegriffen werden. Wie ausführlich die Darstellung erfolgen muss, ist im Einzelfall zu prüfen.

Das hier dargestellte Muster einer Tätigkeitsbeschreibung geht über wohl teilweise als ausreichend angesehene Tabellen mit „Tageszeit, Art der Tätigkeit, Anforderungen/ Beschwerden“[362] hinaus und sollte für die Ermittlungen aber alle Aspekte abdecken und entsprechend der tatsächlichen Tätigkeiten und der Zeiträume angepasst (verlängert) werden. Sollte dem Gericht die Darstellung anhand dieser Tabelle nicht genügen, sollte um einen entsprechenden Hinweis gebeten werden. Die Daten müssten dann in Fließtext umgesetzt werden.

362 Rüffer/Halbach/Schimikowski/*Mertens*, § 172 VVG Rn 28.

653 ▼

Muster 6.83: Tätigkeitsbeschreibung Nachprüfung

Uhrzeit	Tätigkeit	Belastung des Versicherten	Beeinträchtigung	Kompensation möglich?	Änderung zur 1. Prüfung
Von bis				☐ Nein ☐ Ja, durch	☐ Nein ☐ Ja, und zwar
Von bis				☐ Nein ☐ Ja, durch	☐ Nein ☐ Ja, und zwar
Von bis				☐ Nein ☐ Ja, durch	☐ Nein ☐ Ja, und zwar
Von bis				☐ Nein ☐ Ja, durch	☐ Nein ☐ Ja, und zwar

▲

4. Anmeldung von Ansprüchen beim Versicherer

654 Die Geltendmachung von Ansprüchen beim VR sollte dem jeweiligen Stadium entsprechend angepasst werden. Es sollte dabei Wert darauf gelegt werden, dass die erforderlichen Nachweise dem VR eingereicht werden, sofern beim VR nicht bereits die Nachweise bzw. Informationen vorliegen.

Zunächst ist daher an eine Anmeldung von Ansprüchen vor einer Entscheidung des VR zu denken. Hier sind regelmäßig auch medizinische Unterlagen und eine Tätigkeitsbeschreibung beizufügen.

655 ▼

Muster 6.84: Anmeldung von Ansprüchen bei Versicherung (allgemein vor Entscheidung)

Per Fax

(*Versicherung*)

(*Anschrift*)

Schaden-Nr.:

Schadentag:

Verletzte Person:

(*Anrede*)

ausweislich der in Kopie/Abschrift beiliegenden Vollmacht vertrete ich Ihren Versicherungsnehmer, (*Herr/Frau/Firma*).

Sie haben im o.g. Vertrag vereinbart, im Falle einer Berufsunfähigkeit von (*Herr/Frau*) eine monatliche Rente von EUR zu zahlen und den Vertrag beitragsfrei zu stellen.

Seit dem (*Datum*) ist (*Herr/Frau*) berufsunfähig. Zum Nachweis erhalten Sie

- eine Tätigkeitsbeschreibung
- Atteste von (*med. Unterlagen*)
- (*sonstiges, vgl. z.B. § 7 Abs. 1 Muster-BU*)

Ich habe Sie aufzufordern,

- die Berufsunfähigkeit anzuerkennen,
- die vereinbarte monatliche Rente ab (*Datum*) zu zahlen,
- den Vertrag ab dem (*Datum*) beitragsfrei zu stellen,
- überzahlte Beiträge zurück zu erstatten.

Bitte zahlen Sie auf das Konto IBAN bei der (*Bank*) (BIC , Kontoinhaber (*Herr/Frau*).

Mit freundlichen Grüßen

Rechtsanwalt

▲

Hinweis 656

Grundsätzlich kann und sollte auch das Abbuchungsverfahren für die Beiträge gestoppt werden. Es ist aber ratsam, das SEPA-Mandat erst nach Erklärung des Anerkenntnisses durch den VR zu widerrufen. Sollten Überzahlungen erfolgen, darf man von einer problemlosen Rückzahlung durch den VR ausgehen; verzögert sich aber das Anerkenntnis oder aber die Berufsunfähigkeit wird nicht anerkannt, drohen die Folgen von § 38 VVG.

In der Regel wird der VN erst dann zum Anwalt kommen, wenn der VR die Berufsunfähigkeit abgelehnt hat oder der VR aus Sicht des VN nicht reagiert. Hier ist zunächst der Sachstand genau zu prüfen. Im Falle von erkennbar fehlenden Unterlagen sollten diese dem VR schlicht mit der Bitte um Anerkenntnis zur Verfügung gestellt werden. 657

▼

Muster 6.85: Anmeldung von Ansprüchen mit Nachreichen von Unterlagen

Per Fax

(*Versicherung*)

(*Anschrift*)

Schaden-Nr.:

Schadentag:

Verletzte Person:

(*Anrede*)

ausweislich der in Kopie/Abschrift beiliegenden Vollmacht vertrete ich Ihren Versicherungsnehmer, (*Herr/Frau/Firma*).

Sie haben im o.g. Vertrag vereinbart, im Falle einer Berufsunfähigkeit von (*Herr/Frau*) eine monatliche Rente von EUR zu zahlen und den Vertrag beitragsfrei zu stellen.

Seit dem (*Datum*) ist (*Herr/Frau*) berufsunfähig. (*Herr/Frau*) hatte Sie zuletzt mit Schreiben vom (*Datum*) aufgefordert, Ihre Erklärung zum Versicherungsschutz bis zum (*Datum*) abzugeben. Dies ist bisher nicht geschehen.

Nach Durchsicht der Unterlagen von (*Herr/Frau*) könnten Ihnen vielleicht noch zur Entscheidung erforderliche Unterlagen fehlen. Leider fehlte eine entsprechende Anforderung durch Sie bei (*Herr/Frau*). Wir reichen daher vorsorglich

- Atteste von (*med. Unterlagen*)
- (*sonstiges*)

nach. Mit diesen Unterlagen sind Sie in der Lage, eine Berufsunfähigkeit im Sinne dieses Vertrags festzustellen.

Ich habe Sie aufzufordern, unverzüglich, spätestens jedoch bis zum

(*Datum*)

- die Berufsunfähigkeit anzuerkennen,
- die vereinbarte monatliche Rente ab (*Datum*) zu zahlen,
- den Vertrag ab dem (*Datum*) beitragsfrei zu stellen,
- überzahlte Beiträge zurück zu erstatten.

Bitte zahlen Sie auf das Konto IBAN bei der (*Bank*) (BIC), Kontoinhaber (*Herr/Frau*).

Mit freundlichen Grüßen

Rechtsanwalt

▲

658 Liegt eine Ablehnung vor oder ist der VR trotz Kenntnis der entscheidungsrelevanten Unterlagen mit seiner Entscheidung säumig, sollte der VR mit Fristsetzung zum Anerkenntnis aufgefordert werden.

▼

Muster 6.86: Anmeldung von Ansprüchen bei Versicherung (nach Ablehnung)

Per Fax

(*Versicherung*)

(*Anschrift*)

Schaden-Nr.:

Schadentag:

Verletzte Person:

(*Anrede*)

ausweislich der in Kopie/Abschrift beiliegenden Vollmacht vertrete ich Ihren Versicherungsnehmer, (*Herr/Frau/Firma*).

Sie haben im o.g. Vertrag vereinbart, im Falle einer Berufsunfähigkeit von (*Herr/ Frau*) eine monatliche Rente von EUR zu zahlen und den Vertrag beitragsfrei zu stellen.

Seit dem (*Datum*) ist (*Herr/Frau*) berufsunfähig. (*Herr/Frau*) hatte Sie zuletzt mit Schreiben vom *(Datum)* aufgefordert, Ihre Erklärung zum Versicherungsschutz bis zum (*Datum*) abzugeben. Die Frist ist fruchtlos verstrichen.

 (*Herr/Frau*) hat Ihnen bereits alle erforderlichen und erbetenen Informationen übermittelt, so dass Sie in der Lage sein müssten, die tatsächlich eingetretene Berufsunfähigkeit Ihres VN festzustellen. Zum Nachweis haben Sie bereits erhalten:

- eine Tätigkeitsbeschreibung
- Atteste von (*med. Unterlagen*)
- (*sonstiges*)

Diese Unterlagen reichen aus, um eine Berufsunfähigkeit im Sinne dieses Vertrags festzustellen.

Ich habe Sie aufzufordern, unverzüglich, spätestens jedoch bis zum

 (*Datum*)

- die Berufsunfähigkeit anzuerkennen,
- die vereinbarte monatliche Rente ab (*Datum*) zu zahlen,
- den Vertrag ab dem (*Datum*) beitragsfrei zu stellen,
- überzahlte Beiträge zurück zu erstatten.

Bitte zahlen Sie auf das Konto IBAN bei der (*Bank*) (BIC , Kontoinhaber (*Herr/Frau*).

Mit freundlichen Grüßen

Rechtsanwalt

▲

Bestehen neben einer eigenständigen Berufsunfähigkeitsversicherung auch noch Zusatz- 659
versicherungen oder mehrere Zusatzversicherungen, dann muss zu jedem einzelnen Vertrag der Anspruch geltend gemacht werden. Grundsätzlich sollte dies so früh wie möglich gemeldet werden. Handelt es sich „nur" um eine Zusatzversicherung zur Beitragsfreistellung, bietet sich ein Hinweis auf eine Prüfung bei einem anderen VR an. So kann der Aufwand ggf. reduziert werden.

Wurde die Zusatzversicherung schlicht übersehen, kann auch das Anerkenntnis eines anderen VR in Kopie beigefügt werden.

▼ 660

Muster 6.87: Anmeldung von Ansprüchen bei weiterem Vertrag

Per Fax 6.87

 (*Versicherung*)

 (*Anschrift*)

Schaden-Nr.:

Schadentag:

Verletzte Person:

(*Anrede*)

ausweislich der in Kopie/Abschrift beiliegenden Vollmacht vertrete ich Ihren Versicherungsnehmer, (*Herr/Frau/Firma*).

Sie haben im o.g. Vertrag vereinbart, im Falle einer Berufsunfähigkeit von (*Herr/ Frau*) den Vertrag beitragsfrei zu stellen.

Seit dem (*Datum*) ist (*Herr/Frau*) berufsunfähig.

Variante a (Prüfung bei anderem VR läuft)

Zum Nachweis erhalten Sie

- eine Tätigkeitsbeschreibung
- Atteste von (*med. Unterlagen*)
- (*sonstiges, vgl. z.B. § 7 Abs. 1 Muster-BU*)

Ich habe Sie aufzufordern,

- die Berufsunfähigkeit anzuerkennen,
- den Vertrag ab dem (*Datum*) beitragsfrei zu stellen,
- überzahlte Beiträge auf das Konto IBAN bei der (*Bank*) (BIC), Kontoinhaber (*Herr/Frau*), zurück zu erstatten.

Bitte beachten Sie, dass (*Herr/Frau*) zusätzlich auch bei der (*XY-Versicherung*) eine Berufsunfähigkeitsversicherung mit der Nummer (*Nr. BU-Vertrag*) bei der (*VR*) unterhält und die Prüfung der Leistungspflicht noch nicht abgeschlossen ist. Es wird daher angeregt,

☐ die Entscheidung von dort abzuwarten.
☐ auf die dort vorliegenden Unterlagen zurück zu greifen.

Variante b (Anerkenntnis eines anderen VR liegt vor)

Zum Nachweis erhalten Sie

- Anerkenntnis einer Berufsunfähigkeit der (*XY-Versicherung*), Nummer (*Nr. BU-Vertrag*)
- eine Tätigkeitsbeschreibung
- Atteste von (*med. Unterlagen*)
- (*sonstiges, vgl. z.B. § 7 Abs. 1 Muster-BU*)

Ich habe Sie aufzufordern,

- die Berufsunfähigkeit anzuerkennen,
- den Vertrag ab dem (*Datum*) beitragsfrei zu stellen,
- überzahlte Beiträge auf das Konto IBAN bei der (*Bank*) (BIC), Kontoinhaber (*Herr/Frau*), zurück zu erstatten.

Mit freundlichen Grüßen

Rechtsanwalt

▲

III. Gerichtliches Mandat

1. Allgemeines

Im gerichtlichen Verfahren sind die außergerichtlich bereits erforderlichen Fragestellungen zum Vertrag, zum Schadenfall und zur Anspruchslage vorab zu prüfen. Üblicherweise hat sich der VR bereits positioniert, bevor ein Anwalt aufgesucht wird. Die entsprechenden Begründungen des VR sind genau zu prüfen. Ggf. müssen weitere Nachweise beigebracht werden. Ein besonderes Augenmerk sollte auf der Tätigkeitsbeschreibung liegen. Wichtig ist es, neben der reinen Darstellung der Einzeltätigkeiten auch die konkreten Auswirkungen der Gesundheitsbeeinträchtigung auf die einzelnen Tätigkeiten herauszuarbeiten. **661**

> *Hinweis* **662**
>
> In der Berufsunfähigkeitsversicherung sind die Anforderungen an die Darlegungslast des Versicherten in medizinischer und berufskundlicher Hinsicht sehr hoch. Medizinisch wird der behandelnde Arzt Auskünfte erteilen, für das konkrete Berufsbild findet man auch im Internet Anhaltspunkte, z.B. unter *www.berufskunde.com*.

Der Streitwert hängt von der konkreten Konstellation des Klagebegehrens ab. Für den eingeforderten (rückständige Renten plus Beitragsrückforderung) Betrag des Leistungsantrags richtet sich der Wert des bezifferten Antrags nach dem Zeitpunkt der Rechtshängigkeit. Spätere Erweiterungen sind streitwertneutral.[363] Für die zukünftigen Leistungen wird der 3,5-fache Jahressatz (42 Monate) zusätzlich angesetzt, §§ 3, 9 ZPO. Das gilt für die zukünftigen Renten[364] und die Beitragsbefreiungen.[365] **663**

Bei Feststellungsklagen sind Abschläge zu berücksichtigen.[366]

▼ **664**

Muster 6.88: Berechnung Streitwert BU

Für die häufigen Fälle der Klageforderung von rückständigen Renten

	Monatliche Summe	3,5 Jahre = 42 Monate	
Rückständige Renten			EUR
Zuviel gezahlte Beiträge			EUR
Rente	EUR	× 42	EUR
Beitrag	EUR	× 42	EUR
Streitwert			EUR

▲

363 BGH v. 8.7.2020 – IV ZR 7/20, BeckRS 2020, 18311.
364 BGH v. 6.10.2011 – IV ZR 183/10, r+s 2012, 104.
365 BGH v. 8.7.2020 – IV ZR 7/20, BeckRS 2020, 18311.
366 Ausführlich Veith/Gräfe/Lange/Rogler/*Rogler*, § 9 Rn 28 ff. m.w.N.

665 Die Klageanträge in der Berufsunfähigkeitsversicherung sollten sinnvollerweise jeweils als einzelne Punkte vorgetragen werden und nicht miteinander kombiniert werden. Damit werden zwar mehrere Anträge gestellt, es ist aber in der Regel dadurch zielsicherer, alle Ansprüche zu berücksichtigen. Es ist wie eine Art Checkliste möglicher Ansprüche.

- Rückständige Renten
- zukünftige Renten
- Beitragsbefreiung für die Vergangenheit – Rückerstattung bereits gezahlter Beiträge
- Beitragsbefreiung für die Vergangenheit – Beiträge wurden nicht gezahlt
- Beitragsbefreiung für die Zukunft
- Streit um das Fortbestehen des Vertrags
- Forderung der Überschussbeteiligung nach § 3

Die konkret erforderlichen Anträge sollten aufeinander abgestimmt werden.[367]

2. Musterklage

a) Ausgangsfall

666 Ein Stuckateur kann seine Tätigkeit wegen zunehmender Rückenbeschwerden nicht mehr ausüben. Medizinisch sind Lumbalsyndrome, ein Bandscheibenvorfall und eine Spondylarthrose belegt. Der VR sieht keine Beeinträchtigung zu 50 %. Es geht um die monatliche Rentenzahlung und die Beitragsbefreiung. Der Fall geht von keiner vereinbarten Verweisungsmöglichkeit aus.

b) Einordnung und Hinweise

667 Der Fall stellt auf eine Klage um die Zahlung einer Berufsunfähigkeitsrente sowie um die Beitragsbefreiung ab. Erforderlich sind hier die entsprechenden Klageanträge sowohl auf Zahlung der in der Vergangenheit nicht erbrachten Zahlungen, als auch Anträge für die zukünftigen Zahlungen und Beitragsfreistellungen.

Grundsätzlich zu beachten ist, dass die konkrete Tätigkeit beeinträchtigt sein muss. Das abstrakte Berufsbild reicht zur Darlegung der Berufsunfähigkeit nicht aus. Die medizinischen Befunde müssen objektiv belegt sein.

668 *Hinweis*

In der Musterklage kommt es auf die ausführliche Darstellung des Berufsbilds nicht an. Dies kann bedeutsam werden, wenn eine Verweisung vereinbart ist und der Versicherte auch zu Verweisungsmöglichkeiten etwas darlegen muss. Ansonsten bietet es sich an, hier zunächst auf eine ausführliche allgemeine Darstellung zu verzichten und das Gericht um einen Hinweis zu bitten, falls es diesen Aspekt doch für entscheidungsrelevant hält.

367 Einordnung von Klageanträgen, Beispiele und Muster vgl. Ernst/Rogler/*Ernst*, Stichwort-ABC – Klageanträge.

c) Klageschrift

▼ 669

Muster 6.89: Klage Berufsunfähigkeitsversicherung 6.89

An das

Landgericht

Klage

des (*Name, Anschrift des Klägers*)

– Kläger –

Prozessbevollmächtigte:

gegen

die , vertreten durch ihren Vorstand, ,

– Beklagte –

wegen: Berufsunfähigkeitsrente und Beitragsfreistellung

vorläufiger Streitwert: 37.895,70 EUR

Namens und Kraft erteilter Vollmacht des Klägers erhebe ich Klage gegen die Beklagte. Es wird beantragt,

1. **die Beklagte zu verurteilen, an den Kläger für den Zeitraum von August 2012 bis Oktober 2014 eine Berufsunfähigkeitsrente von insgesamt 13.000 EUR nebst Zinsen hieraus in Höhe von 5 Prozentpunkten über dem jeweiligen Basiszins seit dem 9.7.2014 zu zahlen;**
2. **die Beklagte zu verurteilen, an den Kläger für den Zeitraum von August 2012 bis Oktober 2014 zu viel geleistete Versicherungsbeiträge in Höhe von insgesamt 1.489,52 EUR nebst Zinsen hieraus in Höhe von 5 Prozentpunkten über dem jeweiligen Basiszins ab 9.7.2014 zu zahlen;**
3. **die Beklagte zu verurteilen, dem Kläger beginnend ab November 2014 jeweils monatlich im Voraus bis zum 3. Werktag eines Monates aus der zwischen den Parteien bei der Beklagten bestehenden Versicherung zur Nr. bis längstens 30.11.2035 eine monatliche Berufsunfähigkeitsrente von 500 EUR nebst Zinsen hieraus in Höhe von 5 Prozentpunkten über dem jeweiligen Basiszins ab dem 4. Werktag eines Monates zu zahlen;**
4. **die Beklagte zu verurteilen, den Kläger beginnend ab November 2014 von seiner Beitragspflicht aus der zwischen den Parteien bei der Beklagten bestehenden Versicherung zur Nr. bis längstens 30.11.2035 freizustellen.**

Klagebegründung

Dem Kläger stehen die geltend gemachten Ansprüche gegen die Beklagte zu, da er seit Juli 2012 zumindest für 50 % in seinem zuletzt ausgeübten Beruf des Stuckateurs erkrankungsbedingt berufsunfähig ist und die Beklagte für diesen Fall seit August 2012 bis längstens 30.11.2035 aus der zwischen den Parteien bestehenden Versicherung bedingungsgemäß eine monatliche Rente zu zahlen und Beitragsfreistellung zu leisten hat.

A. Vertragliches

Zwischen dem Kläger und der Beklagten besteht eine Berufsunfähigkeitsversicherung nach Maßgabe von

- Versicherungsantrag vom 26.11.2004
- Versicherungsschein vom 8.12.2004
- Besondere Bedingungen für die Bausteine zur Berufsunfähigkeitsvorsorge, BB-BUZ.

Anlagekonvolut K 1

Dem Versicherungsvertrag liegen unter anderem die für unseren Fall maßgeblichen besonderen Bedingungen für die Bausteine zur Berufsunfähigkeitsvorsorge: Beitragsbefreiung und Berufsunfähigkeitsrente – E 5 (nachfolgend BB-BU) zugrunde. Vereinbart sind eine monatlich:

- Rente: 500 EUR
- Beitragsbefreiung: 57,29 EUR.

B. Tatsächliches

Der im Anschluss an seine Ausbildung seit 1991 durchgängig als Stuckateur beschäftigte Kläger ist erkrankungsbedingt seit Juli 2012 zu mindestens 50 % nicht mehr in der Lage, jenen Beruf auszuüben:

I.

Der berufliche Werdegang des Klägers ist wie folgt zusammenzufassen:

Der 1971 geborene Kläger hat nach seinem Schulabschluss folgende Aus- und Fortbildungen im Stuckateur-Handwerk durchlaufen:

1987–1989	Facharbeiterausbildung zum Stuckateur
1994	Fortbildungsworkshop Außenstuck
1997–1998	Fortbildung zum Fachhandwerker für Denkmalpflege im Stuckateurhandwerk
2003	Fortbildungs-Seminar Vergoldungstechniken
2007	Fortbildungsworkshop Tadelakt (traditionelle orientalische Putztechnik)

Unabhängig von diesen offiziellen Fortbildungsmaßnahmen hat sich der Kläger selbstverständlich im alltäglichen Arbeitsablauf regelmäßig weitergebildet.

Der Kläger war seit Ausbildungsbeginn wie folgt beruflich tätig:

1987–1989	Ausbildung zum Stuckateur
1989–1991	selbstständige Tätigkeit im Großhandel
seit 1991	Stuckateur

Vor seiner im Juli 2012 eingetretenen Erkrankung war der Kläger bei der Stuck GmbH tätig.

Beweis:
Zeugnis des Geschäftsführers , zu laden über .

II.

Auf die Darstellung des allgemeinen Berufsbilds eines Stuckateurs wird verzichtet, da dies aus Klägersicht unerheblich ist. Sollte das Gericht dies anders bewerten und einen entsprechenden Vortrag als erforderlich ansehen, wird um einen **gerichtlichen Hinweis** gebeten.

Der Tagesablauf des Klägers in seiner zuletzt ausgeübten Beschäftigung ist der Tätigkeitsbeschreibung zu entnehmen.

Anlage K 2

Es wird ausdrücklich Bezug auf diese Tätigkeitsbeschreibung genommen und diese zum Gegenstand unseres Prozessvortrages gemacht. Die inhaltliche Richtigkeit der Anlage wie auch der unter Ziff. II. 1. und 2. dargestellten Tätigkeitsbeschreibungen und die Tatsache, dass dies alles auf den Kläger zutrifft, stellen wir unter

Beweis:
1. Parteivernehmung des Klägers
2. Zeugnis des Geschäftsführers , b.b.

Der Beschreibung ist zu entnehmen, dass die filigranen und künstlerischen Arbeiten zu einem hohen Anteil in einer körperlichen Zwangshaltung zu erbringen sind. Diese anspruchsvolle Tätigkeit kann der Kläger aufgrund der körperlichen Anforderungen erkrankungsbedingt zumindest bis 50 % nicht mehr ausüben.

Aber auch die weniger qualifizierten Tätigkeiten wie
- das Tragen schwerer Lasten/Materialien,
- das Besteigen von Rüstungen, teilweise unter Mitnahme von Arbeitsmitteln,
- die vorwiegende stehende Tätigkeit,
- das Überkopfarbeiten,
- das Arbeiten mit Oberkörper in gebückter Haltung

sind dem Kläger zu mindestens 50 % nicht mehr möglich.

Beweis:
1. wie vor
2. Sachverständigengutachten

Dies lässt sich anhand der Tätigkeitsbeschreibung durch eine Addition der dem Kläger nicht mehr möglichen Tätigkeitszeiten entnehmen.

III.

Der Kläger leidet seit 2008 an äußerst schmerzhaften Rückenbeschwerden, die im Verlauf der Zeit insbesondere belastungsabhängig stetig zunahmen und im Juli 2012 zu einer seither durchgängigen Arbeitsunfähigkeit geführt haben.

Seine behandelnde Hausärztin, Frau Dr. hat den Kläger deshalb seinerzeit zu dem Orthopäden, Herrn Dr. überwiesen. Dieser hat schon damals

ein chronisches Lumbalsyndrom bei Spondylarthrose

diagnostiziert. Nachdem der Kläger seit 19.7.2012 länger arbeitsunfähig erkrankt war, musste er sich einer sozialmedizinischen Begutachtung der unterziehen. Ausweislich des daraufhin erstellten Berichtes vom 4.2.2013,

Anlage K 3

steht seither fest, dass das Leistungsvermögen des Klägers bezogen auf seine letzte Tätigkeit auf Dauer aufgehoben ist. Wir nehmen ausdrücklich auf den Inhalt jener Anlage Bezug und machen sie auch zum Gegenstand unseres Prozessvortrages. Dem Bericht ist zu entnehmen, dass zusätzlich auch

ein Bandscheibenvorfall

diagnostiziert wurde. Die Richtigkeit wird unter Beweis gestellt.

Beweis:
1. Zeugnis des Herrn Dr. [redacted], zu laden über [redacted]
2. Sachverständigengutachten.

Auch aus dem MRT-Bericht der Gemeinschaftspraxis für Radiologie und Nuklearmedizin vom 24.1.2012,

Anlage K 4

sowie dem weiteren Bericht derselben Praxis vom 21.3.2012,

Anlage K 5

ergeben sich Bandscheiben- und Wirbelsäulenschäden des Klägers. Dem als

Anlage K 6

beiliegenden Bericht der [redacted] Klinik für ambulante Rehabilitationsmedizin mbH vom 12.10.2013 lässt sich folgende Diagnose der klägerischen Erkrankung entnehmen:

„chron. rez Pseudorad. Lumbalsyndrom bei statischen WS-Veränderungen mit muskulären u. ligamentären Dysbalancen, z.N. Bandscheibenvorfall“

Die den Arztbericht ausstellende Ärztin hat zur Erkrankung des Klägers festgestellt:

„... Diskrepanz zwischen Pos. Leistungsbild und Anforderung des bisherigen, noch vorhandenen Arbeitsplatzes (körperlich schwer). Leidensgerechte innerbetriebliche Umsetzung nicht möglich. Letzte Tätigkeit aus unserer jetzigen Sicht nach intensiver Therapie nicht möglich.“

Auf den Bericht wird Bezug genommen und zum Gegenstand des Prozessvortrages gemacht. Die inhaltliche Richtigkeit wird unter Beweis gestellt.

Beweis:
1. Zeugnis der Oberärztin Dr. [redacted], zu laden über die [redacted] Klinik GmbH
2. Sachverständigengutachten.

Der Kläger ist schon schmerzbedingt und im Hinblick auf die damit verbundenen Bewegungseinschränkungen nicht in der Lage, die im Stuckateurhandwerk anfallenden Arbeiten auszuführen. So kann er keine schweren Lasten tragen, ist außerstande die nötigen Zwangshaltungen einzunehmen und die Überkopfarbeiten auszuüben. Des Weiteren hindern ihn seine Beschwerden, vorwiegend stehend zu arbeiten und Arbeiten mit in gebückter Haltung vorzunehmen.

Beweis:
1. wie vor.
2. Zeugnis des Herrn Dr. [redacted], b.b.
3. Sachverständigengutachten

Insbesondere erfordert die Tätigkeit des Stuckateurs eine zeitliche ununterbrochene und an den bestimmten Abläufen orientierte Arbeit. Diese kann der Kläger jedoch beschwerdebedingt nicht leisten. Er ist daher auch außerstande, seine Beschwerden durch bestimmte andere Arbeitseinteilung zu kompensieren.

Beweis:
1. wie vor
2. Zeugnis des Geschäftsführers , b.b.
3. Sachverständigengutachten

Nach alledem hat die Erkrankung des Klägers ein Maß erreicht, das ihn auf unabsehbare Zeit daran hindert, im zuletzt ausgeübten Beruf des Stuckateurs, zumindest zu 50 % tätig zu werden.

C. Rechtliches

I.

Schon nach dem Versicherungsvertrag ist die Beklagte verpflichtet, dem Kläger aufgrund des vorstehenden Sachverhaltes die begehrten Leistungen zu erbringen:

1.

Nach § 1 Ziff. 1 der Besonderen Bedingungen für die Bausteine zur Berufsunfähigkeitsvorsorge: Beitragsbefreiung und Berufsunfähigkeitsrente – E 5 hat sich die Beklagte wie folgt zum Versicherungsschutz erklärt:

„Wird die versicherte Person während der Versicherungsdauer der Bausteine zur Berufsunfähigkeitsvorsorge zu mindestens 50 % berufsunfähig, erbringen wir die nachstehend unter (a) und (b) genannten Versicherungsleistungen. Die Versicherungsleistungen erbringen wir, solange die versicherte Person lebt, längstens jedoch bis zum Ende der vertraglich vereinbarten Leistungsdauer ...“

In § 1 Ziff. 1 a BB-BU heißt es weiter:

„Haben Sie Beitragsbefreiung bei Berufsunfähigkeit versichert, gilt:

Wir befreien Sie von der Beitragszahlungspflicht für alle Bausteine der Versicherung...“

Zur Fälligkeit heißt es in § 1 Ziff. 2 Abs. 1 BB-BU insoweit:

„Der Anspruch auf Beitragsbefreiung entsteht mit Ablauf des Monats, in dem die Berufsunfähigkeit eingetreten ist ...“

Daneben ist nach § 1 Ziff. 1 b BB-BU Folgendes geregelt:

„Wenn Sie eine Berufsunfähigkeitsrente versichert haben:

Wir zahlen die vereinbarte Berufsunfähigkeitsrente ...“

Zur Fälligkeit heißt es in § Ziff. 2 Abs. 3 BB-BU:

„Der Anspruch auf Berufsunfähigkeitsrente entsteht ebenfalls mit Ablauf des Monats, in dem die Berufsunfähigkeit eingetreten ist.“

Ausweislich des o.a. (Anlage K 1) Versicherungsscheines, dort Seite 2, hat der Kläger bei der Beklagten die Berufsunfähigkeitsvorsorge in der Weise abgedeckt, dass er im

Falle der Berufsunfähigkeit sowohl eine Befreiung von der Beitragszahlungspflicht und auch eine monatliche Berufsunfähigkeitsrente von 500 EUR beanspruchen kann.

2.

Die bedingungsgemäße Berufsunfähigkeit ist in § 2 Ziff. 1 BB-BU wie folgt definiert:

> *„Ist die versicherte Person voraussichtlich 6 Monate ununterbrochen infolge Krankheit, Körperverletzung oder Kräfteverfalls, die ärztlich nachzuweisen sind, außer Stande oder bereits 6 Monate ununterbrochen außer Stande gewesen, ihren Beruf auszuüben, und übt sie auch keine andere Tätigkeit aus, die ihrer bisherigen Lebensstellung entspricht, so gilt dieser Zustand von Beginn an als vollständige Berufsunfähigkeit.*
>
> *Bei der Prüfung der Berufsunfähigkeit ist der zuletzt ausgeübte Beruf maßgebend. Falls die versicherte Person infolge einer fortschreitenden Krankheit oder Kräfteverfalls ihren Beruf leidesbedingt geändert hat, ist für die Frage, ob Berufsunfähigkeit vorliegt, der bei Eintritt des Leidens ausgeübte Beruf maßgebend. …*
>
> *Teilweise Berufsunfähigkeit liegt vor, wenn die genannten Voraussetzungen nur in einem bestimmten Grad erfüllt sind."*

Danach ist für die Frage der Berufsunfähigkeit auf den zuletzt ausgeübten Beruf des Klägers, also des Stuckateurs, entscheidend. Da er seit Juli 2012 aufgrund der vorstehenden Erkrankungen und Beschwerden ununterbrochen außer Stande war, diesen auszuüben, was auch ärztlich festgestellt ist, ist seither bedingungsgemäße Berufsunfähigkeit eingetreten, weil bei den beschwerdebedingten Einschränkungen des Klägers mindestens die 50 %-Grenze erreicht ist.

Beweis:
Sachverständigengutachten

Mithin schuldet die Beklagte seit August 2012 dem Kläger eine monatliche im Voraus zu entrichtende Rente von 500 EUR und Freistellung von der Beitragszahlung. Jener Freistellungsanspruch hinsichtlich der Beiträge wandelt sich für die Zeit bis einschließlich Oktober 2012 in einen Zahlungseinspruch um, weil die Beklagte seither und fortdauernd allmonatlich einen Betrag von 57,29 EUR vom klägerischen Konto abgebucht hat.

Mithin ist die Beklagte – hierüber verhalten sich unsere Klageanträge zu Ziff. 1 und 2 – zur Zahlung folgender Beträge an den Kläger verpflichtet: August 2012 – Oktober 2014 26 × 500 EUR	13.000 EUR
August 2012 – Oktober 2014 26 × 57,29 EUR	1.489,54 EUR

Des Weiteren hat der Kläger – wie mit den Anträgen zu Ziff. 3 und 4 begehrt – Anspruch auf künftige monatliche Rentenzahlungen in Höhe von jeweils 500 EUR sowie Freistellung von seiner monatlichen Beitragszahlungspflicht.

II.

Die Beklagte befindet sich mit der Deckungsverpflichtung spätestens seit 26.11.2013 in Verzug.

Der Kläger hat vorprozessual zunächst selbst mehrfach und über einen längeren Zeitraum mit der Beklagten korrespondiert und dieser schlussendlich mit Schreiben vom 17.10.2013 eine Frist zur Erklärung der Eintrittspflicht über den Versicherungsschutz auf den 25.11.2013 gesetzt. Diese ist fristlos verstrichen, wodurch sich Beklagte seit dem 26.11.2013 in Verzug befindet.

Beglaubigte und einfache Abschrift sind beigefügt.

Der Klage ist demnach stattzugeben.

Rechtsanwalt

▲

d) Klageerwiderung

▼ 670

Muster 6.90: Klageerwiderung Berufsunfähigkeitsversicherung

An das

Landgericht

In dem Rechtsstreit

./. Versicherungs AG

Az.

werde ich beantragen

die Klage kostenpflichtig abzuweisen.

und trage zur

Klageerwiderung

wie folgt vor:

Die Klage ist unbegründet. Bedingungsgemäße Berufsunfähigkeit des Klägers besteht nicht.

I.

1. Vertragsdaten

Die vertraglichen Angaben des Klägers sind unstreitig.

2. Vorgerichtliche Leistungsprüfung

Der Kläger meldete eine Leistung mit Brief vom 12.2.2013

Anlage B 1

an. Die Beklagte prüfte dann ihre Leistungspflicht. Dazu forderte die Beklagte ein Formular zur Aufnahme der Anknüpfungstatsachen einer Berufsunfähigkeit in

- beruflicher Komponente,
- medizinischer Komponente,
- zeitlicher Komponente

an. Es folgten Eigenangaben des Klägers vom 18.3.2013,

Anlage B 2

dem der Kläger das Gutachten Dr. (Anlage K 3) beifügte.

Das Gutachten berücksichtigte nur teilweise die klägerische Berufsausübung. Die Richtigkeit des Gutachtens wird ausdrücklich bestritten.

Auf die ebenfalls ausgeübte beratende Tätigkeit und die Tätigkeit im Verkauf wird nicht eingegangen.

Der weitere außergerichtliche Schriftwechsel wird als

Anlagenkonvolut B 3

vorgelegt. Daraus ergibt sich eine abweichende Tätigkeitsbeschreibung. Die Angaben der Tätigkeitsbeschreibung der Klageschrift (Anlage K2) werden ausdrücklich bestritten.

Der Beklagten lagen auch vor:

- MRT-Befund HWS, LWS vom 31.8.2012

Anlage B 4

- MRT-Befund vom 25.11.2012

Anlage B 5

- Reha-Entlassungsbericht Klinik vom 17.5.2013

Anlage B 6.

Die Beklagte hatte beim klägerischen Orthopäden eine Anfrage gehalten. Aus diesem Bericht des Dr. vom 12.4.2014

Anlage B 7

ergab sich keine objektive Beeinträchtigung von mindestens 50 % in der konkret zuletzt ausgeübten Tätigkeiten des Klägers. Die Beklagte erklärte daher die Leistungsablehnung mit Brief vom 9.7.2014

Anlage B 8.

II.

Die Klage ist unbegründet. Eine bedingungsgemäße Berufsunfähigkeit wird bestritten.

1. Tätigkeit

Nach § 2 Abs. 1 BB-BUZ ist zunächst der „Beruf“ maßgeblich. Es wird in Alltags- und Rechtssprache jede auf Dauer angelegte, der Schaffung oder Erhaltung einer Lebensgrundlage dienende Tätigkeit, als Beruf angesehen. Ein Beruf kann auch aus mehreren Teilen bestehen, wie Haupt- und Nebentätigkeit.

Für den BGH ist die zuletzt ausgeübte Tätigkeit in ihrer konkreten Ausgestaltung, nicht die Bezeichnung im Versicherungsantrag oder im Versicherungsschein oder das allgemeine Berufsbild maßgebend (BGH, VersR 1996, 830), was sich aus der konkret zuletzt ausgeübten Tätigkeit, die in ihren Einzelheiten auch hinsichtlich der Teiltätigkeiten und ihren Anforderungen bekannt sein muss, ergibt (BGH, VersR 1992, 1386).

Die Beklagte bestreitet, dass die vom Kläger vorgelegte Tätigkeitsbeschreibung ausreichend präzise ist. Der Klägervortrag ist unvollständig. Es gibt Lücken in den Tagesabläufen bzw. unkonkrete Handlungen wie „Montag: Stuckarbeiten im Innenraum“.

Die Beklagte bestreitet die klägerischen Behauptungen zur angeblichen konkreten letzten Tätigkeit insgesamt und in jeder Einzelheit mit Nichtwissen. Sollte das Gericht ein Bestreiten in jedem einzelnen Unterpunkt der Einzeltätigkeiten für erforderlich halten, wird ausdrücklich um richterlichen Hinweis gemäß § 139 ZPO gebeten.

Auch den Umfang der einzelnen Tätigkeiten bestreitet die Beklagte mit Nichtwissen. Dies gilt auch für angeblichen Körperhaltungen und Belastungen.

2. Medizinische Aspekte

Anhand der Befunde ist eine mindestens 50 %-ige Beeinträchtigung des Klägers nicht ersichtlich. So reichen die im Reha-Entlassungsbericht (Anlage B 6) genannten Funktionseinschränkungen nicht aus. Man kann die Darstellungen des Klägers nicht nachzuvollziehen. Es fehlen Angaben zu tatsächlichen funktionalen Beeinträchtigungen. Die Feststellung einer Gesundheitsschädigung alleine reicht nicht aus. Es können allenfalls geringgradige Beeinträchtigungen in Teilbereichen nachvollzogen werden, deutlich unter der 50 % Marke.

Unbeachtlich ist in diesem Zusammenhang, ob der Kläger arbeitsunfähig sei, da eine Arbeitsunfähigkeit mit einer bedingungsgemäßen Berufsunfähigkeit nicht gleichzusetzen ist (OLG Saarbrücken, VersR 2011, 249, 250). Der Kläger muss schlüssig und substantiiert vortragen und unter Beweis stellen, wie sich seine Gesundheitsschädigung auf die konkreten beruflichen Anforderungen auswirkt.

Das ist begründet, weil maßgeblich nicht das subjektive Empfinden des Versicherten oder seines Behandlers ist, sondern die objektive Situation (vgl. Prölss/Martin/*Lücke*, § 172 VVG Rn 39 = § 2 BU Rn 5).

Danach ist die Klage unbegründet und abzuweisen.

Rechtsanwalt

§ 7 Rechtsschutzversicherung

Dr. Hubert W. van Bühren

Inhalt

A. Rechtsschutzversicherung

Die Rechtsschutzversicherung ist eine **Schadenversicherung** und unterliegt den für die gesamte Schadenversicherung geltenden Bestimmungen des VVG. 1

Es gibt keinen allgemeinen Rechtsschutz, erst recht **keinen „Vollrechtsschutz"**, vielmehr wird der Versicherungsschutz speziell für **einzelne** Eigenschaften oder Tätigkeitsbereiche des Versicherungsnehmers gewährt oder aber für besondere Gefahren und Rechtsgebiete (§§ 21 bis 29 ARB 2010).

Die ARB 2012, die unter sprachwissenschaftlichen Gesichtspunkten überarbeitet worden sind, sollten die ARB verständlicher formulieren.[1] Über die sprachlichen Veränderungen hinaus bestimmen die ARB 2012, dass ein Versicherungsnehmer vor Beauftragung eines Rechtsanwalts eine Deckungszusage beim Rechtsschutzversicherer einzuholen hat. Hierdurch soll es dem Rechtsschutzversicherer ermöglicht werden, dem Versicherungsnehmer einen „Vertrauensanwalt" zu empfehlen, der im Regelfall mit dem Rechtsschutzversicherer durch eine Gebührenvereinbarung verbunden ist.

2 **Nicht** versicherbar sind unter anderem die Kosten für

- die **Verteidigung** wegen **vorsätzlich** begangener Straftaten,
- die **aktive** Nebenklage oder Privatklage,
- die **Abwehr** gesetzlicher Schadenersatzansprüche,
- die **Vertretung** in Familiensachen und Nachlasssachen (hier nur Beratungsrechtsschutz).

I. Bearbeitungshinweise

3 Bei Zweifeln, ob Versicherungsschutz besteht, empfiehlt es sich, sofort bei Übernahme eines Mandats die **Deckungszusage** des Rechtsschutzversicherers einzuholen oder vom Versicherungsnehmer einholen zu lassen; ansonsten genügt es, den Rechtsschutzversicherer erst dann zu informieren, wenn **Kosten auslösende Maßnahmen** ergriffen werden. Wird die Zusage nicht erteilt, ist es erforderlich, den Versicherungsschein und die dem Versicherungsvertrag zugrunde liegende Fassung der ARB anzufordern, um die Rechtmäßigkeit der Versagung des Versicherungsschutzes zu überprüfen.

Aber: Wenn dem Versicherer zwei deckungspflichtige Schäden innerhalb von zwölf Monaten gemeldet werden, kann der Rechtsschutzversicherer kündigen, und zwar unabhängig davon, ob Zahlungen geleistet werden (§ 13 Abs. 2 ARB 2010). Wenn daher – wie bei der Unfallregulierung – zu erwarten ist, dass die Gegenseite die Kosten erstattet, sollte keine Deckungsanfrage beim Rechtsschutzversicherer erfolgen.

4 Aber auch eine Deckungszusage des Rechtsschutzversicherers begründet noch **keinen unmittelbaren Anspruch** des Rechtsanwalts gegen den Versicherer.

Der **Vergütungsanspruch** richtet sich ausschließlich gegen den **Mandanten**; der Rechtsschutzversicherer übernimmt lediglich die **Freistellung** des Versicherungsnehmers von dessen Kostenschuld. Es handelt sich nicht um einen Vertrag zugunsten Dritter i.S.v. **§ 328 BGB**.

5 Ein Rechtsanwalt, der sich **selbst vertritt**, erhält im **Zivilrechtsstreit**, **nicht** aber im **Strafverfahren** oder **Ordnungswidrigkeitenverfahren**, die anfallenden Rechtsanwaltsgebühren.[2]

1 Van Bühren/Plote/*Hilmer-Möbius*, ARB 2012 Rn 1 m.w.N.
2 BGH v. 10.11.2010 – IV ZR 188/08, r+s 2011, 68.

Wird nachträglich der Versicherungsschutz entzogen oder entzieht der Auftraggeber das Mandat dem von ihm beauftragten Rechtsanwalt, besteht **kein Zahlungsanspruch** gegen den Rechtsschutzversicherer. In Zweifelsfällen – oder auch sonst – sollte der gemäß **§ 9 RVG** fällige **Gebührenvorschuss** auch beim Rechtsschutzversicherer angefordert werden.

> *Hinweis*
>
> Die Deckungszusage der Rechtsschutzversicherung ist ein **deklaratorisches** Schuldanerkenntnis, das Einreden und Einwendungen ausschließt, die dem Versicherer bei seiner Abgabe bekannt waren oder mit denen er zumindest rechnete.[3]

Sinnvoll ist es auch, dass der beauftragte Rechtsanwalt sich den Freistellungsanspruch 6
des Mandanten gegen seine Rechtsschutzversicherung **abtreten** lässt. Das ursprünglich in den ARB enthaltene generelle Abtretungsverbot ist in § 17 Abs. 8 ARB 2010 dahingehend gelockert worden, dass die Ansprüche auf Rechtsschutzleistungen nur **mit schriftlichem Einverständnis** des Versicherers abgetreten werden dürfen. Einige Rechtsschutzversicherer haben signalisiert, derartige Abtretungsvereinbarungen zu genehmigen, zumal dann möglicherweise auf die Geltendmachung von Vorschüssen gemäß § 9 RVG verzichtet werden kann.[4]

II. Die Bedeutung der Rechtsschutzversicherung

Die Rechtsschutzversicherer verfügen über ein jährliches Prämienaufkommen von mehr 7
als **4,4 Milliarden EUR**. Hiervon entfallen etwa **2,3 Milliarden EUR** auf Anwaltshonorare und etwa **850 Millionen EUR** auf Gerichtskosten. Etwa jeder zweite Haushalt verfügt über eine Rechtsschutzversicherung, rund 2/3 aller Autofahrer sind rechtsschutzversichert. Das immer wieder – gerade von der Richterschaft – gepflegte **Vorurteil**, dass Rechtsschutzversicherungen aus friedlichen Bürgern prozesswütige „**Streithansel**" machen, ist in allen empirischen Untersuchungen **widerlegt** worden. Ebenso wenig trifft es zu, dass Rechtsschutzversicherer aussichtslose Prozesse finanzieren und hierdurch zu einer **Prozessflut** bei den Gerichten führen.

Trotz der ständig wachsenden Bedeutung der Rechtsschutzversicherung und trotz der 8
explosionsartig steigenden Zahl der zugelassenen Rechtsanwälte sind die Prozesseingänge bei den Zivilgerichten **seit zehn Jahren stagnierend** oder sogar **rückläufig**.

Die meisten Rechtsschutzversicherer vereinbaren zwischenzeitlich eine **Selbstbeteili-** 9
gung, so dass Prozesse mit minimalem Streitwert – auf Kosten der Rechtsschutzversicherung – ohnehin nicht mehr möglich sind.

Die Rechtsschutzversicherer bearbeiten pro Jahr etwa **3,5 Millionen Schadenfälle**. 10

3 OLG Köln – 9 U 141/99, r+s 1997, 201; OLG Köln – 9 U 6/04, r+s 2001, 248; OLG Köln r+s 2005, 105; van Bühren/Plote/*van Bühren*, § 1 ARB Rn 18.

4 *Van Bühren*, Das Abtretungsverbot in der Rechtsschutzversicherung, zfs 2014, 126 ff.

III. Der Rechtsschutzvertrag

11 Der Versicherungsvertrag zwischen Versicherer und Versicherungsnehmer kommt durch **Antrag** und **Annahme** (§§ 145 ff. BGB) zustande.

Das Versicherungsvertragsgesetz (VVG) ist **lex spezialis** zum BGB, so dass die allgemeinen Regeln des BGB dann Anwendung finden, wenn das VVG keine Sonderregelung vorsieht.

12 Die Rechtsschutzversicherung ist eine **Schadenversicherung** und unterliegt den für die gesamte Schadenversicherung geltenden Bestimmungen des VVG (§§ 74–87 VVG). Die gesetzlichen Bestimmungen zur Rechtsschutzversicherung (§§ 125–129 VVG) beschränken sich auf die Umsetzung der versicherungsvertraglichen Regelung der EWG-Rechtsschutzversicherungs-Richtlinien.[5]

13 Die Allgemeinen Bedingungen für die Rechtsschutzversicherung (ARB) sind die allgemeinen **Geschäftsbedingungen** der Rechtsschutzversicherer. Es gelten daher die Bedingungen, die **bei Vertragsschluss oder später** ausdrücklich **vereinbart** worden sind.

IV. Versicherte Personen (§ 15 ARB 2010)

14 Versicherungsschutz wird nicht nur dem Versicherungsnehmer gewährt; Versicherungsschutz besteht auch für **bestimmte Dritte**, an deren Mitversicherung der Versicherungsnehmer in der Regel ein **Interesse** hat.

Eine solche Mitversicherung gibt es in vielen Versicherungssparten, sie ist eine Versicherung für **fremde Rechnung**, eine Sonderform des **Vertrages zugunsten Dritter** (§§ 43 ff. VVG). Der mitversicherte Personenkreis ergibt sich aus den §§ 21 bis 28 ARB 2010.

15 Bei Verträgen nach §§ 21 bis 28 ARB 2010 sind mitversichert **alle Personen**, denen aus der **Tötung** oder **Verletzung** des Versicherungsnehmers oder einer mitversicherten Person **gesetzliche** Ansprüche zustehen (§ 15 Abs. 1 ARB 2010).

Beim **Verkehrsrechtsschutz** gemäß § 21 Abs. 1 ARB 2010 besteht Versicherungsschutz für alle Personen in ihrer Eigenschaft als **berechtigte Fahrer** oder **berechtigte Insassen** der auf den VN zugelassenen Fahrzeuge.

16 Die Mitversicherung von **Kindern** ist in den ARB 2010 als Privat-Rechtsschutz für Selbstständige (§ 23 Abs. 2 ARB 2010) und für Nichtselbstständige (§ 25 Abs. 2 ARB 2010) geregelt:

> *„Mitversichert sind die minderjährigen und die unverheirateten, nicht in einer eingetragenen oder sonstigen Lebenspartnerschaft i.S.d. § 3 Abs. 4b ARB 2010 lebenden volljährigen Kinder bis zur Vollendung des 25. Lebensjahres, letztere jedoch längstens bis zu dem Zeitpunkt, in dem sie erstmalig eine auf Dauer angelegte berufliche Tätigkeit ausüben und hierfür ein leistungsbezogenes Entgelt erhalten."*

5 VA 1987, 442.

In den Versicherungsschutz einbezogen sind somit die Kinder des Versicherungsnehmers, die sich noch in der **Ausbildung** befinden, auch Referendare und andere Beamte auf Widerruf.[6]

V. Leistungsarten (§ 2 ARB 2010)

In den §§ 21 bis 29 ARB 2010 wird der Umfang des Versicherungsschutzes geregelt in verschiedenen Formen des Versicherungsschutzes. Es besteht somit **keineswegs** Versicherungsschutz für **alle** in Betracht kommenden rechtlichen Interessen; der Versicherungsschutz muss stets **ausdrücklich vereinbart** werden. Dies ist nur möglich für die in § 2 ARB 2010 **enumerativ** genannten Tatbestände. 17

1. Schadenersatzrechtsschutz (§ 2a ARB 2010)

Schadenersatzrechtsschutz besteht für die **Geltendmachung** von Schadenersatzansprüchen, soweit diese nicht auf eine Vertragsverletzung oder auf Verletzung eines dinglichen Rechts an Grundstücken, Gebäuden oder Gebäudeteilen beruhen. 18

Hinweis

Nur für die aktive Geltendmachung von Schadenersatzansprüchen besteht Versicherungsschutz, **nicht** für die **Abwehr**. Diese Deckungslücke wird damit begründet, dass die Abwehr zu Unrecht erhobener Schadenersatzansprüche Aufgabe der Haftpflichtversicherung (§ 100 VVG) sei.

2. Arbeitsrechtsschutz (§ 2b ARB 2010)

Arbeitsrechtsschutz besteht für die Wahrnehmung rechtlicher Interessen aus **Arbeitsverhältnissen** und öffentlich rechtlichen **Dienstverhältnissen**, also auch für Wehrpflichtige und Zivildienstleistende. 19

Die **Abwehr** von Schadenersatzansprüchen aus Vertragsverletzung ist gedeckt, nicht jedoch bei Streik (§ 3 Abs. 1 a ARB 2010). Versichert sind auch Streitigkeiten über ein **Arbeitgeberdarlehen**.[7] 20

3. Wohnungs- und Grundstücksrechtsschutz (§ 2c ARB 2010)

Der Versicherungsschutz wird gewährt für die Wahrnehmung rechtlicher Interessen aus **Miet- und Pachtverhältnissen** sowie sonstigen Nutzungsverhältnissen und dinglichen Rechten. Diese Leistungsart besteht nur für **Eigentümer** und **Mieter** von Wohnungen und Grundstücken (§ 29 ARB 2010). 21

Sonstige Nutzungsverhältnisse sind insbesondere **faktische Nutzungsverhältnisse**, wenn beispielsweise Eltern ihren Kindern kostenlos eine Wohnung oder ein Haus zur Nutzung überlassen. 22

6 Van Bühren/Plote/*Hillmer-Möbius*, § 23 ARB 2010 Rn 22.
7 OLG Hamm – 20 U 121/99, r+s 2000, 113 = VersR 2000, 630 = NJW-RR 2000, 1558.

23 Risikoausschlüsse ergeben sich aus § 3 Abs. 1 c ARB 2010 (**Bergbauschäden**) und § 3 Abs. 1 d ARB 2010 (Erwerb oder Veräußerung eines zu **Bauzwecken** bestimmten Grundstückes).

4. Vertrags- und Sachenrecht (§ 2d ARB 2010)

24 Der Rechtsschutz im Vertrags- und Sachenrecht besteht für die Wahrnehmung rechtlicher Interessen aus **privatrechtlichen** Schuldverhältnissen und **dinglichen Rechten**.

25 Der Versicherungsschutz in § 2d ARB 2010 ist ein **Auffangtatbestand**, da er nur dann eingreift, „soweit der Versicherungsschutz nicht in den Leistungsarten a, b oder c enthalten ist." Im Rahmen des Vertragsrechtsschutzes besteht somit auch Versicherungsschutz für die **Abwehr** vertraglicher Schadenersatzansprüche, soweit nicht schon § 2b ARB 2010 oder § 2c ARB 2010 eingreift.

Versichert sind somit auch alle Streitigkeiten aus **Versicherungsverträgen**.

26 Da alle privatrechtlichen Schuldverhältnisse erfasst sind, besteht somit auch Versicherungsschutz für die Geltendmachung von Ansprüchen aus **Auslobung** (§§ 657 ff. BGB), **Geschäftsführung ohne Auftrag** (§§ 677 ff. BGB), **oder ungerechtfertigter Bereicherung** (§§ 812 ff. BGB).

5. Verkehrsstraftaten (§ 2i aa ARB 2010)

27 Zu den „klassischen" Verkehrsstraftaten gehören

- **Trunkenheit** im Straßenverkehr (§ 316 StGB),
- **Gefährdung** des Straßenverkehrs (§ 315c StGB),
- **Unfallflucht** (§ 142 StGB),
- Fahren **ohne Fahrerlaubnis** (§ 21 StVG),
- **Kennzeichenmissbrauch** (§ 22 StVG).

Aber auch die **Nötigung** im Straßenverkehr ist eine verkehrsrechtliche Straftat.[8]

28 Für verkehrsrechtliche Straftaten gilt folgende Besonderheit: Auch bei einer **vorsätzlich begangenen Straftat** besteht von Anfang an Versicherungsschutz, selbst wenn das Delikt nur vorsätzlich begangen werden kann, wie beispielsweise bei **Unfallflucht** und **Nötigung**. Dieser Versicherungsschutz besteht **auflösend bedingt**, bis rechtskräftig festgestellt ist, dass der Versicherungsnehmer vorsätzlich gehandelt hat.

> *Hinweis*
>
> Bei einem Verfahren wegen einer vorsätzlichen Verkehrsstraftat soll und kann der beauftragte Rechtsanwalt vom Rechtsschutzversicherer **Vorschusszahlung** gemäß § 9 RVG verlangen. Im Falle einer rechtskräftigen Verurteilung wegen Vorsatzes richten sich die Rückforderungsansprüche nicht gegen den Rechtsanwalt, sondern gegen den Versicherungsnehmer.

8 Van Bühren/*Schneider*, § 13 Rn 149; LG Karlsruhe – 5 S 212/92, VersR 1993, 1145.

6. Allgemeine Straftaten (§ 2i bb ARB 2010)

Für Straftaten außerhalb des Verkehrsrechts besteht nur Versicherungsschutz, wenn sie (auch) **fahrlässig** begangen werden können. **Verbrechen** sind ohnehin vom Versicherungsschutz **ausgeschlossen**, ebenso **Vergehen**, die nur **vorsätzlich** begangen werden können, selbst wenn es zu keiner Verurteilung kommt. 29

Bei einem Delikt, das vorsätzlich und fahrlässig begangen werden kann, ist darauf abzustellen, ob wegen Vorsatzes oder wegen Fahrlässigkeit ermittelt wird. Beim Vorwurf eines **vorsätzlichen Verhaltens** besteht von Anfang an **kein Versicherungsschutz**, also auch keine Vorschusspflicht des Rechtsschutzversicherers. 30

Erfolgt nur eine Verurteilung wegen **Fahrlässigkeit**, besteht **rückwirkend** Versicherungsschutz.[9]

Wird wegen Fahrlässigkeit ermittelt und kommt es dann zu einer **rechtskräftigen Verurteilung** wegen Vorsatzes, besteht kein Versicherungsschutz, so dass Vorschusszahlungen **zurückzuerstatten** sind.

7. Ordnungswidrigkeit (§ 2j ARB 2010)

Für Ordnungswidrigkeiten besteht **uneingeschränkt** Versicherungsschutz, auch bei **Vorsatz**. 31

8. Beratungsrechtsschutz im Familienrecht/Lebenspartnerschaftsrecht/ Erbrecht (§ 2k ARB 2010)

Dieser Beratungsrechtsschutz besteht nur, wenn ein Versicherungsfall (§ 4 Abs. 1 b ARB 2010) eingetreten ist. Die **vorsorgliche Beratung** ist weiterhin **nicht** versichert. Der Beratungsrechtsschutz entfällt **ersatzlos**, wenn die Beratung unmittelbar einer gebührenpflichtigen Tätigkeit des Rechtsanwalts in derselben Angelegenheit vorausgeht. 32

Da dieses Ergebnis nur schwer zu vermitteln ist, bieten **einige Rechtsschutzversicherer** Beratungsrechtsschutz – zumindest eine **Erstberatungsgebühr –** auch in den Fällen an, in denen sich an die Beratung eine gebührenpflichtige Tätigkeit anschließt. 33

Wenn zwischen der Beratung und der gebührenpflichtigen Tätigkeit des Rechtsanwalts ein **erheblicher zeitlicher Abstand** liegt, kann gegebenenfalls von **zwei** verschiedenen Angelegenheiten im Sinne von § 15 RVG ausgegangen werden. 34

VI. Risikoausschlüsse (§ 3 ARB 2010)

Der Umfang des Versicherungsschutzes ergibt sich aus den ARB, die im Einzelnen regeln, wann ein Leistungsanspruch gegen den Versicherer besteht. Die Grenzen dieses Versicherungsschutzes werden entweder durch positive Beschreibungen **(primäre Risi-** 35

9 Van Bühren/*Schneider*, § 13 Rn 159.

kobegrenzung) oder durch den Ausschluss bestimmter Risiken **(sekundäre Risikobegrenzung)** bestimmt.

36 Von diesen Risikoausschlüssen zu unterscheiden sind die **Obliegenheiten**, die Verhaltensnormen des Versicherungsnehmers zur Aufrechterhaltung des Versicherungsschutzes begründen.

37 Die **primäre Risikobegrenzung** ergibt sich jeweils aus der Umschreibung der versicherten Gefahr. Hier ist der **Versicherungsnehmer** dafür **beweispflichtig**, dass der eingetretene Schaden durch ein versichertes Risiko eingetreten ist.

38 Von einer **sekundären Risikobegrenzung** spricht man, wenn ein an sich versichertes Risiko durch eine gesonderte Bestimmung ausdrücklich vom Versicherungsschutz ausgenommen wird. In § 3 ARB 2010 handelt es sich um derartige sekundäre Risikoausschlüsse. Hier ist der **Versicherer beweispflichtig**, wenn er sich auf einen dieser Risikoausschlüsse beruft.

VII. Obliegenheiten

39 Obliegenheiten sind **Verhaltensnormen**, aus denen sich ergibt, was der Versicherungsnehmer zu tun oder zu unterlassen hat. Der Versicherungsnehmer muss diese Obliegenheiten beachten, um den Versicherungsschutz zu erhalten. Der Versicherer kann nicht auf Erfüllung von Obliegenheiten klagen, es besteht nur die Sanktion der Leistungsfreiheit.[10]

40 **Obliegenheiten vor Eintritt des Versicherungsfalles** haben in der Rechtsschutzversicherung **keine große Bedeutung**. Sie kommen vor allem im Verkehrsrechtsschutz in Betracht (§ 21 Abs. 8 ARB 2010):

- **Führerscheinklausel**,
- **Schwarzfahrtklausel**,
- **fehlende Zulassung des Kraftfahrzeuges**.

41 **Obliegenheitsverletzungen nach Eintritt des Versicherungsfalles** sind in § 17 Abs. 3 bis 6 ARB 2010 geregelt.

VIII. Selbstbeteiligung (§ 5 Abs. 3 c ARB 2010)

42 Die meisten Rechtsversicherer bieten Versicherungsverträge nur noch mit einer Selbstbeteiligung an. Die Selbstbeteiligung gilt für jede Leistungsart, kann also trotz eines einheitlichen Sachverhalts **mehrfach** in Betracht kommen: Wird ein Rechtsanwalt bei einem Verkehrsunfall im Strafverfahren und bei der Geltendmachung von Schadenersatzansprüchen tätig, so ist die Selbstbeteiligung **jeweils gesondert** zu berücksichtigen. Einige Rechtsschutzversicherer sehen jedoch in ihren Bedingungen vor, dass diese Selbstbeteiligung nur einmal anfällt. Bei der Selbstbeteiligung ist das **Quotenvorrecht** (§ 86 VVG) zu berücksichtigen.

10 Prölss/Martin/*Armbrüster*, § 28 VVG Rn 183 ff.

§ 86 Abs. 1 S. 2 VVG bestimmt, dass im Schadenfall der Ersatzanspruch des Versicherungsnehmers **nicht zu seinem Nachteil** auf den Versicherer übergehen darf. Die speziell zur Vollkaskoversicherung entwickelte Regelung „**Quotenvorrecht/Differenztheorie**“ gilt auch für die Rechtsschutzversicherung als Schadenversicherung. 43

Bei Kostenerstattung durch die Gegenseite ist daher **vorrangig** die Selbstbeteiligung des Versicherungsnehmers zu berücksichtigen und an ihn zu erstatten.

IX. Der Versicherungsfall (§ 4 ARB 2010)

Voraussetzung für den Anspruch auf Rechtsschutz ist der Eintritt eines Versicherungsfalles. Eine v**orsorgliche Beratung** oder Tätigkeit ist **nicht** versichert. Aus § 4 Abs. 1 S. 2 ARB 2010 ergibt sich, dass der Versicherungsfall **nach Beginn des Versicherungsschutzes** und vor dessen Beendigung eingetreten sein muss.[11] 44

Für den **Schadenersatzrechtsschutz** ist Versicherungsfall das **erste Ereignis** (Kausalereignis), durch das der Schaden verursacht wurde oder verursacht worden sein könnte (§ 4 Abs. 1 a ARB 2010). 45

Als Ereignis im Sinne von § 4 Abs. 1 a ARB 2010 kommen nur Ursachen in Betracht, die der Haftpflichtige **selbst** gesetzt hat.[12]

Im **Beratungsrechtsschutz** (Familien-, Lebenspartnerschafts- und Erbrecht) ist Versicherungsfall die **Änderung der Rechtslage** (§ 4 Abs. 1 b ARB 2010). 46

In allen anderen Fällen ist Versicherungsfall der tatsächliche oder vermeintliche **Verstoß** gegen Rechtspflichten oder Rechtsvorschriften (§ 4 Abs. 1 c ARB 2010). Es kommt auf den **Zeitpunkt** des Rechtsverstoßes an, der entweder tatsächlich begangen oder lediglich von einem Dritten vorgeworfen wird. Kündigt eine Bank dem Kassierer wegen des Vorwurfs der Unterschlagung, kommt es auf den Zeitpunkt der Unterschlagungshandlung und nicht den der Kündigung an. 47

Die **Androhung einer Kündigung** ist bereits ein **Versicherungsfall**, der zur **Eintrittspflicht** des Rechtsschutzversicherers führt.[13] 48

X. Verjährung (§ 14 ARB 2010)

Die Ansprüche aus dem Versicherungsvertrag verjähren **in drei Jahren** nach den allgemeinen Verjährungsregeln des BGB (§§ 194 ff. BGB). Wenn ein Anspruch beim Versicherer angemeldet ist, ist die Verjährung bis zu dem Zeitpunkt gehemmt, zu dem die Entscheidung des Versicherers dem Versicherten in Textform zugeht (§ 14 Abs. 2 ARB 2010). 49

Da der Rechtsschutzanspruch **kein einheitlicher Anspruch** ist, sondern bei jeder Kosten auslösenden Maßnahme **neu** entsteht, beginnt die Fälligkeit und damit die Verjährung 50

11 *Schirmer*, r+s 2003, 221 ff., 266 ff.
12 BGH – IV ZR 248/01, r+s 2003, 16 = zfs 2003, 92.
13 BGH v. 19.11.2008 – IV ZR 305/07, r+s 2009, 64 = zfs 2009, 31.

erst in dem Zeitpunkt, in dem die Leistung des Rechtsschutzversicherers **verlangt** werden kann.[14]

51 Nach § 4 Abs. 3 d ARB 2010 besteht kein Rechtsschutz, wenn der Anspruch auf Rechtsschutz erstmalig später als **drei Jahre** nach Beendigung des Versicherungsschutzes für den betroffenen Gegenstand der Versicherung geltend gemacht wird.

XI. Auskunftspflicht des Rechtsanwalts

52 Gemäß § 17 Abs. 8 ARB 2000 gehen Kostenerstattungsansprüche des Versicherungsnehmers „mit ihrer Entstehung" auf den Rechtsschutzversicherer über. Diese Regelung entspricht der gesetzlichen Regelung in § 86 VVG. Übergangsfähig sind auch **vertragliche Ansprüche** aus dem Schadenereignis.[15] Aufgrund des Anwaltsvertrages ist der beauftragte Rechtsanwalt verpflichtet, seinem Mandanten Auskunft zu erteilen und Rechnung zu legen über geleistete Vorschüsse und eingenommene Zahlungen. **Dieser Auskunftsanspruch geht gemäß § 86 VVG auf den Versicherer über**. Der Rechtsschutzversicherer hat daher einen **unmittelbaren Anspruch** gegen den beauftragten Rechtsanwalt auf Auskunftserteilung und Rechnungslegung sowie Abrechnung der gezahlten Vorschüsse. Der Forderungsübergang bewirkt, dass ein Rechtsanwalt, der Zahlungen aus Kostenerstattungsansprüchen entgegennimmt, **Fremdgeld** erhält, das unverzüglich (an den Rechtsschutzversicherer) auszukehren ist.[16]

B. Musterschreiben

53 Rechtsschutzversicherungen sollten erst dann angeschrieben werden, wenn eine Leistung **beansprucht** wird. Eine vorsorgliche Schadenanzeige kann sich für den Versicherungsnehmer **nachteilig** auswirken: Gemäß § 13 Abs. 2 ARB 2010 kann der Versicherer bei zwei eintrittspflichtigen Schadenfällen innerhalb von 12 Monaten den Versicherungsvertrag vorzeitig **kündigen**. Diese Kündigung kann unabhängig davon erfolgen, ob die Schadenfälle zu einer Leistungspflicht des Versicherers führen.

54 Die Pflicht zur Schadenanzeige ist ohnehin eine Obliegenheit, die dem **Kausalitätsgegenbeweis** ohne Weiteres zugänglich ist: Im Einzelfall müsste der Versicherer beweisen, dass er bei einer früheren Schadenanzeige leistungsfrei gewesen wäre. Es besteht somit noch die Möglichkeit, auch nach einem verlorenen Prozess den Rechtsschutzversicherer in Anspruch zu nehmen, wenn die Klage **schlüssig** war und der Versicherungsnehmer bei **rechtzeitiger** Übersendung der Klageschrift eine Kostenzusage hätte geben müssen.

55 Eine **sofortige** Deckungsschutz-Anfrage ist jedoch erforderlich, wenn **Zweifel** bestehen, ob überhaupt Versicherungsschutz besteht, zumal der Mandant, der auf seine Rechtsschutzversicherung verweist, zunächst davon ausgeht, dass er **selbst** mit Kosten **nichtbelastet** wird.

14 BGH – IV ZR 197/98, r+s 1999, 285 = VersR 1999, 706 = MDR 1999, 866.
15 Van Bühren/Plote/*van Bühren*, Einleitung Rn 31.
16 Van Bühren/Plote/*van Bühren*, Anhang I Rn 33.

In **Bußgeldverfahren** oder Verkehrsstrafverfahren genügt es in der Regel, den **Anhörungsbogen** bzw. den Bußgeldbescheid/Strafbefehl dem Rechtsschutzversicherer zu übersenden, ansonsten ist es erforderlich, den Sachverhalt zu schildern und die entsprechende Korrespondenz mit der Gegenseite in Kopie zu übersenden. 56

I. Versicherungsfall

▼ 57

Muster 7.1: Arbeitsrecht (Beendigung des Arbeitsverhältnisses)

Sehr geehrte Damen und Herren,

Ihr o.g. Versicherungsnehmer hat mich in einer arbeitsrechtlichen Angelegenheit um Rat und Auskunft gebeten. Der Arbeitgeber des Versicherungsnehmers hat diesen am gebeten, einer einvernehmlichen Beendigung des Arbeitsverhältnisses zuzustimmen, da ansonsten mit einer Kündigung zu rechnen sei. Wir haben den Versicherungsnehmer dahingehend beraten, dass er dem Ansinnen seines Arbeitgebers nicht folgen muss. Unsere Tätigkeit ist durch die Beratung zunächst erledigt. Es handelte sich nicht um eine vorsorgliche Beratung, vielmehr liegt nach der Ihnen bekannten Rechtsprechung ein Rechtsschutzfall vor, wenn ein Rechtsverstoß des Arbeitgebers vorliegt und für den Fall der Nichtannahme des Angebots auf vorzeitige Beendigung des Arbeitsplatzes Nachteile in Aussicht gestellt werden (BGH VersR 2009, 109 = r+s 2009, 64).

Ich bitte Sie daher, die anliegende Kostennote auszugleichen

Mit freundlichem Gruß

Rechtsanwalt

▲

II. Beratungsrechtsschutz

▼ 58

Muster 7.2: Familienrecht

Sehr geehrte Damen und Herren,

Ihr o.g. Versicherungsnehmer hat mich in einer familienrechtlichen Angelegenheit um Rat und Auskunft gebeten. Ihr Versicherungsnehmer lebt seit dem von seiner Ehefrau getrennt. Er hat sich beraten lassen, welchen Ehegatten- und Kindesunterhalt er zu zahlen hat. Meine Tätigkeit ist durch die Beratung erledigt. Der Versicherungsfall – Änderung der Rechtslage – ist durch die Trennung eingetreten, weil nunmehr Barunterhalt zu zahlen ist.

Sie erhalten als Anlage meine Kostennote.

Mit freundlichem Gruß

Rechtsanwalt

▲

III. Mutwilligkeit

59 ▼

Muster 7.3: Vollstreckungstitel

Sehr geehrte Damen und Herren,

in der o.g. Schadensache haben Sie eine Kostenübernahme mit der Begründung verweigert, dass der Anspruchsgegner vermögenslos sei, so dass die Durchführung des Rechtsstreits mit unnötigen Kosten verbunden sei.

Die Erwirkung eines Vollstreckungstitels ist allein deshalb sinnvoll und geboten, weil aus diesem Titel 30 Jahre lang vollstreckt werden kann. Der Anspruchsgegner ist 35 Jahre alt, sodass damit zu rechnen ist, dass er in den nächsten 30 Jahren pfändbares Vermögen/Einkommen erzielen wird. Für die Erwirkung eines Vollstreckungstitels ist daher Deckungsschutz zu gewähren (BGH VersR 2003, 454 = r+s 2003, 194).

Mit freundlichem Gruß

Rechtsanwalt

▲

IV. Einvernehmliche Regelung

60 ▼

Muster 7.4: Außergerichtlicher Vergleich (einvernehmliche Regelung)

Sehr geehrte Damen und Herren,

Sie haben die Ausgleichung meiner Kostenrechnung mit der Begründung verweigert, dass der Versicherungsnehmer bei der Durchsetzung seiner Wandlungsansprüche Erfolg gehabt habe, weil der Verkäufer des Gebrauchtwagens nach Anfechtung wegen arglistiger Täuschung das Fahrzeug zurückgenommen und den gezahlten Kaufpreis erstattet habe.

Ihre Gesellschaft ist verpflichtet, den Versicherungsnehmer von meinen Kosten freizustellen, die dem Grunde und der Höhe nach unstreitig sind. Ein materieller Kostenerstattungsanspruch gegen den Verkäufer besteht nicht; es sind auch meinerseits keine Kostenzugeständnisse gemacht worden. Ich verweise auf die Entscheidung des BGH vom 19.12.2012 (IV ZR 213/11, r+s 2013, 71). Der BGH hat ausgeführt, dass ein gemäß § 5 Abs. 3b ARB erforderliches Kostenzugeständnis dann nicht vorliegt, wenn im Rahmen einer außergerichtlichen Einigung Kostenaufhebung vereinbart wird und ein materiellrechtlicher Kostenerstattungsanspruch gegen den Gegner nicht bestand.

Ich muss Sie daher bitten, zur Vermeidung einer Deckungsklage meine Kostenrechnung vom bis Ende dieses Monats auszugleichen.

Mit freundlichem Gruß

Rechtsanwalt

▲

C. Gerichtliches Verfahren

Wenn ein Rechtsschutzversicherer seine Eintrittspflicht verneint, ist im Regelfall eine **Klageerhebung** geboten. Nur bei Ablehnung des Versicherungsschutzes wegen **Mutwilligkeit** oder **fehlender Erfolgsaussicht** ist das **Schiedsverfahren-/Stichentscheid-Verfahren** gemäß § 3a ARB 2010 möglich. 61

Kläger ist der **Versicherungsnehmer**; ein unmittelbarer Anspruch des beauftragten Rechtsanwalts besteht im Regelfall nicht, es sei denn, dass sich der Rechtsschutzversicherer mit der Abtretung des Freistellungsanspruches ausdrücklich einverstanden erklärt hat. 62

Der Mandant muss ausdrücklich darüber belehrt werden, dass er selbst das **Kostenrisiko** für die Deckungsklage trägt, da insoweit die eigene Rechtsschutzversicherung nicht eintrittspflichtig ist. **Falsch** ist es, in der Deckungsklage die **Freistellung** von Prozesskosten zu beantragen, da ein Rechtsschutzversicherer nicht sämtliche Kosten eines Rechtsstreits trägt, wie beispielsweise Fahrtkosten, Abwesenheitsgelder usw. Der Klageantrag muss sich daher darauf beschränken, die **Eintrittspflicht** des Rechtsschutzversicherers für ein bestimmtes Verfahren im Wege der **Feststellungsklage** geltend zu machen. 63

I. Musterklagen

1. Verspätete Deckungszusage

a) Rechtslage

Der Rechtsschutzversicherer ist verpflichtet, einen gemeldeten Schadenfall **unverzüglich** zu bearbeiten. Sobald ihm alle für die Deckungsprüfung notwendigen Informationen vorliegen, besteht allenfalls noch eine **Frist von 2–3 Wochen**, innerhalb derer die Deckungszusage oder Deckungsablehnung zu erteilen ist. Bei Nichteinhalten dieser Frist kann der Versicherer das Recht verlieren, sich auf fehlende Erfolgsaussichten zu berufen.[17] 64

b) Sachverhalt

Der Rechtsanwalt vertritt einen Arbeitnehmer in einer arbeitsrechtlichen Angelegenheit. 65
Dem Mandanten ist am ______ fristlos gekündigt worden. Die Deckungsanfrage des Rechtsanwalts ging am ______ beim Rechtsschutzversicherer ein. Da innerhalb der dreiwöchigen Klagefrist noch keine Deckungszusage vorliegt, erhebt der Rechtsanwalt die Kündigungsschutzklage. Einen Monat nach Zugang der Deckungsanfrage teilt der Rechtsschutzversicherer mit, eine Deckungszusage könne nicht erteilt werden, weil die Kündigungsschutzklage keine Aussicht auf Erfolg habe. Der Versicherungsnehmer habe eingeräumt, dass er aus der Kasse des Arbeitgebers unberechtigt 500 EUR entnommen habe.

17 Van Bühren/Plote/*van Bühren*, § 1 ARB 2010 Rn 20 m.w.N.

c) Klageentwurf

66 ▼

Muster 7.5: Deckungsschutz für Kündigungsschutzklagen

Klage an das Amtsgericht:

(*Adresse*)

Klage

des Büroangestellten (*Name, Adresse*)

– Kläger –

Prozessbevollmächtigter: RA (*Name, Adresse*)

gegen

die Rechtsschutzversicherung AG, vertr.d.d. Vorstand, dieser vertr.d.d. Vorsitzenden (*Name, Adresse*)

– Beklagte –

wegen: Deckungsschutz.

Anträge:

> **I. Die Beklagte wird verurteilt, dem Kläger Versicherungsschutz für den beim Arbeitsgericht Köln anhängigen Rechtsstreit 7 Ca 58/14 zu gewähren.**
> **II. Im schriftlichen Vorverfahren ergeht Versäumnisurteil gemäß § 331 Abs. 3 ZPO.**

Gründe:

Gegenstand des Rechtsstreits ist die Eintrittspflicht der Beklagten aus der mit dem Kläger bestehenden Rechtsschutzversicherung.

1. Zugunsten des Klägers besteht bei der Beklagten seit dem eine Rechtsschutzversicherung, die auch Versicherungsschutz für arbeitsgerichtliche Streitigkeiten beinhaltet.

> **Beweis:**
> Vorlage des Versicherungsscheins Nr. vom , von dem eine Fotokopie als **Anlage K 1** zu den Gerichtsakten gereicht wird.

2. Nach einer fristlosten Kündigung des Klägers durch seinen Arbeitgeber bat der Prozessbevollmächtigte des Klägers die Beklagte um Deckungszusage für eine Kündigungsschutzklage mit Schreiben vom .

> **Beweis:**
> Vorlage des Schreibens des Prozessbevollmächtigten des Klägers vom , von dem eine Fotokopie als **Anlage K 2** zu den Gerichtsakten gereicht wird.

Die Beklagte hat erst mit Schreiben vom 5.4.2014 eine Deckungszusage abgelehnt, weil sie keine hinreichenden Erfolgsaussichten sehe. Der Kläger habe – unstreitig – unberechtigt 500 EUR aus der Kasse seines Arbeitgebers entnommen, ein Umstand, der zu einer fristlosen Kündigung berechtige, sodass mangels Erfolgsaussichten keine Kostenzusage erteilt werden könne.

> **Beweis:**
> Vorlage des Schreibens der Beklagten vom 5.4.2014, von dem eine Fotokopie als **Anlage K 3** zu den Gerichtsakten gereicht wird.

3. Es trifft zwar zu, dass der Kläger ohne Zustimmung seines Arbeitgebers der Kasse 500 EUR entnommen hat, weil ein kurzfristiger finanzieller Engpass entstanden war.

Der Kläger hat den entnommenen Geldbetrag der Kasse zugeführt, bevor seine Handlung entdeckt worden war. Angesichts des langjährigen Arbeitsverhältnisses dürfte dieser Vorgang eine fristlose Kündigung nicht rechtfertigen.

4. Es kann dahinstehen, ob die fristlose Kündigung gerechtfertigt war, da die Beklagte ihre Deckungsablehnung verspätet mitgeteilt hat. Ein Rechtsschutzversicherer ist gehalten, einen gemeldeten Schadenfall unverzüglich zu bearbeiten, im Regelfall darf eine Frist von 2–3 Wochen nicht überschritten werden (OLG Frankfurt a.M., r+s 1997, 420). Durch die Nichteinhaltung dieser Frist hat die Beklagte das Recht verloren, sich auf fehlende Erfolgsaussichten zu berufen (BGH, NJW 2003, 1936).

Rechtsanwalt

2. Versicherungsfall

a) Rechtslage

Voraussetzung für die Eintrittspflicht des Rechtsschutzversicherers ist der Eintritt eines 67
Versicherungsfalles (§ 4 ARB 2010). Im Schadenersatz-Rechtsschutz wird der Versicherungsfall als **erstes Ereignis** definiert, durch das der **Schaden** verursacht wurde; im Beratungsrechtsschutz ist es die **Änderung** der Rechtslage, in allen anderen Fällen ein **Verstoß** gegen Rechtspflichten oder Rechtsvorschriften.

b) Sachverhalt

Der Versicherungsnehmer hat am eine Lebensversicherung mit Berufsunfähig- 68
keits-Zusatzversicherung abgeschlossen und Leistungsansprüche aus dieser Zusatzversicherung am geltend gemacht. Der Versicherer hat die Leistung mit der Begründung abgelehnt, der Versicherungsnehmer habe bei Abschluss des Versicherungsvertrages falsche Angaben zu seinem Gesundheitszustand gemacht, deshalb werde der Versicherungsvertrag wegen arglistiger Täuschung angefochten. Die Rechtsschutzversicherung des Mandanten hat ihre Eintrittspflicht verneint, weil bei Abschluss des Versicherungsvertrages die Rechtsschutzversicherung noch nicht bestanden habe, der Versicherungsfall sei also vorvertraglich eingetreten.

c) Klageentwurf

69 ▼

Muster 7.6: Deckungsschutz für Klage aus einer Lebensversicherung

Klage an das Landgericht:

(*Adresse*)

Klage

des (*Name, Adresse*)

– Kläger –

Prozessbevollmächtigter: RA (*Name, Adresse*)

gegen

die Rechtsschutzversicherung AG, vertr.d.d. Vorstand, dieser vertr.d.d. Vorsitzenden (*Name, Adresse*)

– Beklagte –

wegen: Deckungsschutz.

Anträge:

> **I. Die Beklagte wird verurteilt, dem Kläger Deckungsschutz für das Klageverfahren gegen die Versicherung AG zu gewähren.**
> **II. Im schriftlichen Vorverfahren ergeht Versäumnisurteil gemäß § 331 Abs. 3 ZPO.**

Gründe:

Gegenstand der Klage sind Deckungsansprüche des Klägers aus einer bei der Beklagten bestehenden Rechtsschutzversicherung für ein Klageverfahren gegen die Lebensversicherung AG.

1. Die Zuständigkeit des angerufenen Gerichts ergibt sich aus § 215 ZPO.

2. Zugunsten des Klägers besteht bei der Beklagten seit dem (…) eine Rechtsschutzversicherung, die auch die Geltendmachung von Ansprüchen aus einem Versicherungsvertrag beinhaltet.

> **Beweis:**
> Vorlage des Versicherungsscheins Nr. vom 1.8.2010, von dem eine Fotokopie als **Anlage K 1** zu den Gerichtsakten gereicht wird.

3. Die Prozessbevollmächtigten des Klägers haben der Beklagten einen Klageentwurf übersandt, in dem Leistungsansprüche aus einer Berufsunfähigkeits-Zusatzversicherung gegen die Lebensversicherung AG geltend gemacht werden.

> **Beweis:**
> Vorlage des Klageentwurfs vom , von dem eine Fotokopie als **Anlage K 2** zu den Gerichtsakten gereicht wird.

Die Beklagte hat ihre Eintrittspflicht für das Klageverfahren mit der Begründung verneint, der Versicherungsfall sei vorvertraglich, da die falschen Angaben, die zur Anfechtung des Versicherungsvertrages führten, zu einem Zeitpunkt gemacht worden seien, zu dem der Versicherungsvertrag mit der Beklagten noch nicht bestand.

4. Diese Deckungsablehnung ist nicht gerechtfertigt, da der Versicherungsfall die unberechtigte Leistungsverweigerung des Lebensversicherers ist, auch wenn dieser die Leistungsverweigerung damit begründet, dass der Versicherungsnehmer bei Abschluss des Versicherungsvertrages seine Anzeigepflicht verletzt habe.

Es kann dahinstehen, ob die vermeintlich falschen Angaben bereits einen Versicherungsfall ausgelöst haben. Gegenstand des beabsichtigten Rechtsstreits ist der (weitere) Rechtsschutzfall, der in der unberechtigten Weigerung des Lebensversicherers liegt, Leistungen aus der Berufsunfähigkeits-Zusatzversicherung zu erbringen (OLG Karlsruhe – 12 U 122/11, VersR 2012, 987 ff.).

Rechtsanwalt

▲

3. Außergerichtlicher Vergleich

a) Rechtslage

Gemäß § 5 Abs. 3 b ARB 2010 trägt der Rechtsschutzversicherer die bei einer einver- 70
ständlichen Erledigung entstandenen Kosten nicht, *„soweit sie nicht dem Verhältnis des vom Versicherungsnehmer angestrebten Ergebnisses zum erzielten Ergebnis entsprechen."*

Bei **gerichtlichen Verfahren** ergeben sich keine Besonderheiten, da bei einem Vergleich im Regelfall die Kosten **entsprechend dem Verhältnis zwischen Obsiegen und Unterliegen** gequotelt werden. Für einen derartigen Vergleich bedarf es nicht der Zustimmung des Rechtsschutzversicherers. Wenn jedoch von dieser Quote abgewichen wird, muss dies mit dem Rechtsschutzversicherer abgestimmt werden. § 5 Abs. 3 b ARB 2010 gilt auch für den **außergerichtlichen Vergleich**, allerdings nur für solche Fälle, bei denen die dem Versicherungsnehmer anfallenden Kosten *„Verhandlungsmasse"* sind. Regelungsinhalt sind die Kosten, die der Rechtsschutzversicherer ohnehin zu tragen hat. Wenn daher der anwaltlich vertretene Versicherungsnehmer mit dem nicht anwaltlich vertretenen Gegner einen Vergleich schließt, ist der Versicherungsnehmer zunächst von den Kostenansprüchen des ihn vertretenden Rechtsanwalts **freizustellen**.[18]

b) Sachverhalt

Der Mandant beauftragt den Rechtsanwalt mit der Geltendmachung von Wandlungsan- 71
sprüchen aus einem Gebrauchtwagenkauf. Es kommt zu einem Vergleich mit dem Inhalt, dass der Verkäufer das Fahrzeug zurücknimmt und den Kaufpreis zurückzahlt, allerdings unter Abzug von 2.000 EUR für die mehrmonatige Nutzung des Fahrzeuges durch den Mandanten. Der Rechtsanwalt macht die seinem Mandanten entstandenen Kosten beim Rechtsschutzversicherer wie folgt geltend:

18 *Van Bühren/Plote*, § 5 ARB 2010 Rn 163.

Gegenstandswert: 20.000 EUR

1,3-Geschäftsgebühr §§ 13, 14 RVG, Nr. 2300 VV RVG		1.068,60 EUR
1,5-Einigungsgebühr § 13 RVG, Nr. 1000 VV RVG		1.233,00 EUR
Zwischensumme der Gebührenpositionen	2.301,60 EUR	
Pauschale für Post und Telekommunikation Nr. 7002 VV RVG		20,00 EUR
Zwischensumme netto	2.321,60 EUR	
19 % Umsatzsteuer Nr. 7008 VV RVG		441,10 EUR
Gesamtbetrag		**2.762,70 EUR**

72 Die Rechtsschutzversicherung lehnt eine Erstattung der Kosten ab, weil der Mandant praktisch voll obsiegt habe, so dass allenfalls 10 % der geltend gemachten Kosten zu erstatten seien.

c) Klageentwurf

73 ▼

Muster 7.7: Deckungsschutz für außergerichtlichen Vergleich

7.7 Klage an das Amtsgericht Köln

(*Adresse*)

Klage

des (*Name, Adresse*)

– Kläger –

Prozessbevollmächtigter: RA (*Name, Adresse*)

gegen

die Rechtsschutzversicherung AG, vertr.d.d. Vorstand, dieser vertr.d.d. Vorsitzenden (*Name, Adresse*)

– Beklagte –

wegen: Deckungsschutz.

Anträge:

I. Die Beklagte wird verurteilt, den Kläger von Rechtsanwaltskosten in Höhe von EUR 2.762,70 freizustellen.
II. Im schriftlichen Vorverfahren ergeht Versäumnisurteil gemäß § 331 Abs. 3 ZPO.

Gründe:

Gegenstand der Klage sind Leistungsansprüche des Klägers aus einer bei der Beklagten bestehenden Rechtsschutzversicherung.

1. Die Zuständigkeit des angerufenen Gerichts ergibt sich aus § 215 ZPO.

2. Zugunsten des Klägers besteht bei der Beklagten eine Rechtsschutzversicherung, die im Rahmen des Verkehrsrechtsschutzes auch Versicherungsschutz für den Kauf von Kraftfahrzeugen beinhaltet.

> **Beweis:**
> Vorlage des Versicherungsscheins Nr.   vom   , von dem eine Fotokopie als **Anlage K 1** zu den Gerichtsakten gereicht wird.

3. Der Prozessbevollmächtigte des Klägers hat diesen bei der Geltendmachung von Wandlungsansprüchen aus einem Wandlungskauf vertreten. Der Verkäufer hat nach längeren Verhandlungen dem Wandlungsbegehren stattgegeben und sich verpflichtet, das verkaufte Fahrzeug Zug um Zug gegen Rückzahlung des Kaufpreises zurückzunehmen. Da der Kläger das Fahrzeug mehrere Monate genutzt hat, kamen die Parteien überein, dass insoweit für die Nutzung des Fahrzeuges ein Betrag in Höhe von 2.000 EUR auf den Kaufpreis anzurechnen ist.

4. Der Prozessbevollmächtigte des Klägers hat seine Kosten wie folgt berechnet:

Gegenstandswert: 20.000 EUR

1,3-Geschäftsgebühr §§ 13, 14 RVG, Nr. 2300 VV RVG		1.068,60 EUR
1,5-Einigungsgebühr § 13 RVG, Nr. 1000 VV RVG		1.233,00 EUR
Zwischensumme der Gebührenpositionen	2.301,60 EUR	
Pauschale für Post und Telekommunikation Nr. 7002 VV RVG		20,00 EUR
Zwischensumme netto	2.321,60 EUR	
19 % Umsatzsteuer Nr. 7008 VV RVG		441,10 EUR
Gesamtbetrag		**2.762,70 EUR**

5. Die Beklagte weigert sich, diese Kosten zu erstatten, da sie der Auffassung ist, dass der Kläger voll obsiegt habe, so dass gemäß § 5 Abs. 3 b ARB 2010 eine Kostenübernahme nicht erfolgen könne.

6. Die Argumentation der Beklagten ist in rechtlicher Hinsicht unzutreffend.

6.1 Die Beklagte ist verpflichtet, den Kläger von den Kosten freizustellen, die diesem ordnungsgemäß in Rechnung gestellt worden sind. Wenn die Beklagte der Auffassung ist, der Verkäufer des Gebrauchtwagens habe sich an diesen Kosten zu beteiligen, so mag sie diesen vermeintlichen Anspruch selbst geltend machen, da insoweit eventuelle Ansprüche des Klägers gemäß § 86 VVG auf die Beklagte übergehen. Eine Kostenregelung ist in dem außergerichtlichen Vergleich nicht erfolgt.

6.2 Aber selbst, wenn in dem Vergleich Kostenaufhebung vereinbart worden wäre, läge kein Kostenzugeständnis i.S.v. § 5 Abs. 3 b ARB 2010 vor, da ein materiellrechtlicher Kostenerstattungsanspruch gegen den Gegner nicht bestand (BGH – IV ZR 213/11, r+s

2013, 71). Ein materieller Kostenerstattungsanspruch besteht nur in Ausnahmefällen, nicht jedoch bei Wandlung eines Kaufvertrages.

Rechtsanwalt

▲

4. Kostenminderungspflicht

a) Sachverhalt

74 Der Mandant hat wegen seiner Ansprüche aus einem Unfallereignis Schadenersatzansprüche gegen die eintrittspflichtige Haftpflichtversicherung und den versicherten Fahrer erhoben. Seine mitversicherte Ehefrau möchte nunmehr gesondert Klage erheben und ihre eigenen Ansprüche ebenfalls klageweise geltend machen. Der Rechtsschutzversicherer hat wegen der gesonderten Klage seine Eintrittspflicht verneint und darauf verwiesen, dass die Ehefrau des Versicherungsnehmers in dessen Rechtsstreit ihre eigenen Ansprüche im Wege der Klageerweiterung geltend machen könne.

b) Klageentwurf

75 ▼

Muster 7.8: Deckungsschutz für zwei gesonderte Klagen

Klage an das Amtsgericht:

(*Adresse*)

Klage

des (*Name, Adresse*)

– Kläger –

Prozessbevollmächtigter: RA (*Name, Adresse*)

gegen

die Rechtsschutzversicherung AG, vertr.d.d. Vorstand, dieser vertr.d.d. Vorsitzenden (*Name, Adresse*)

– Beklagte –

wegen: Deckungsschutz.

Anträge:

I. Die Beklagte wird verurteilt, der Ehefrau des Klägers für die beabsichtigte Klage gegen die Versicherung AG Versicherungsschutz zu gewähren.
II. Im schriftlichen Vorverfahren ergeht Versäumnisurteil gemäß § 331 Abs. 3 ZPO.

Gründe:

Gegenstand der Klage sind Deckungsansprüche der Ehefrau des Klägers aus einer bei der Beklagten bestehenden Rechtsschutzversicherung für ein Klageverfahren gegen die Allgemeine Versicherung AG.

1. Die Zuständigkeit des angerufenen Gerichts ergibt sich aus § 215 ZPO.

2. Zugunsten des Klägers besteht bei der Beklagten seit dem 1.8.2010 eine Rechtsschutzversicherung. Mitversichert in diesem Vertrag ist auch die Ehefrau des Klägers.

> **Beweis:**
> Vorlage des Versicherungsscheins Nr. vom , von dem eine Fotokopie als **Anlage K 1** zu den Gerichtsakten gereicht wird.

3. Der Prozessbevollmächtigte des Klägers hat der Beklagten einen Klageentwurf übersandt, in dem die Ehefrau des Klägers Schadenersatzansprüche aus einem Verkehrsunfall geltend macht.

> **Beweis:**
> Vorlage des Klageentwurfs vom , von dem eine Fotokopie als **Anlage K 2** zu den Gerichtsakten gereicht wird.

Die Beklagte hat ihre Eintrittspflicht für das Klageverfahren mit der Begründung verneint, dass die Ehefrau des Klägers in dem bereits anhängigen Rechtsstreit des Klägers aus demselben Unfallereignis ihre eigenen Ansprüche im Wege der Klageerweiterung geltend machen könne und müsse, da hierdurch die Prozesskosten erheblich niedriger sein würden.

4. Diese Deckungsablehnung ist nicht gerechtfertigt, da die Ehefrau des Klägers ein eigenes Interesse daran hat, ihre Ansprüche in einem gesonderten Verfahren geltend zu machen. Dieses Interesse ergibt sich bereits daraus, dass die Ehefrau des Klägers in dessen Verfahren als Zeugin vernommen werden soll, während umgekehrt im Verfahren der Ehefrau des Klägers dieser als Zeuge zur Verfügung steht.

Letztlich ist die gesonderte Klage auch deshalb gerechtfertigt, weil unabhängig von der Haftungsquote eine gesamtschuldnerische Haftung besteht, die dazu führt, dass die Ansprüche der Ehefrau des Klägers in vollem Umfang von der gegnerischen Haftpflichtversicherung zu befriedigen sind (§ 426 BGB).

Rechtsanwalt

▲

II. Muster-Klageerwiderung

1. Verspätete Deckungszusage

▼ 76

Muster 7.9: Arbeitsrecht (verspätete Deckungszusage) 7.9

Schriftsatz an das Amtsgericht Köln:

(*Adresse*)

In Sachen

./.

bestellen wir uns zu Prozessbevollmächtigten der Beklagten.

Antrag:

Die Klage wird abgewiesen.

Gründe:

Die Klage ist unbegründet, weil der Kläger auch bei rechtzeitiger Deckungsablehnung wegen des drohenden Fristablaufs die Kündigungsschutzklage erhoben hätte. Im Übrigen ist die Beklagte wegen vorsätzlicher Herbeiführung des Versicherungsfalles leistungsfrei.

1. Es trifft zu, dass die Beklagte verpflichtet war, die Deckungsanfrage des Klägers unverzüglich zu bearbeiten. „Unverzüglich" bedeutet nach der Legaldefinition gemäß § 121 BGB „ohne schuldhaftes Zögern". Die in der Rechtsprechung statuierte 3-Wochen-Frist wurde nur unwesentlich um eine Woche verzögert. Die geringfügig verspätete Bearbeitung ist damit zu erklären, dass wegen einer Grippe-Epidemie fünf von acht Sachbearbeitern erkrankt waren.

Beweis:
Zeugnis des Personalleiters , zu laden bei der Beklagten.

Die Beklagte hat somit nicht schuldhaft gehandelt.

2. Die Beklagte ist schließlich auch deshalb leistungsfrei, weil der Kläger die am 1.3.2014 fällige Folgeprämie trotz Mahnung nicht gezahlt hatte. Die Prämienzahlung ist erst erfolgt, als der Kläger seinen Prozessbevollmächtigten beauftragt hatte.

Beweis:
Vorlage des Zahlungsbelegs, von dem eine Kopie als **Anlage B 1** zu den Gerichtsakten gereicht wird.

Rechtsanwalt

▲

2. Versicherungsfall

77 ▼

Muster 7.10: Versicherungsrecht

An das Landgericht

In Sachen

./.

bestellen wir uns zu Prozessbevollmächtigten der Beklagten.

Antrag:

Die Klage wird abgewiesen.

Gründe:

Eine Eintrittspflicht der Beklagten besteht nicht, da der Versicherungsfall bereits durch die vorsätzlich falschen Angaben bei Vertragsschluss ausgelöst worden ist.

1. § 4 Abs. 2 S. 2 ARB 2010 dient dazu, den Rechtsschutzversicherer vor Versicherungsfällen zu schützen, die bereits bei Vertragsbeginn „vorprogrammiert" waren. Wie sich aus dieser Vorschrift ergibt, müssen die Voraussetzungen für den Eintritt des Versicherungsfalles nach Beginn des Versicherungsschutzes und vor dessen Beendigung eingetreten sein.

2. Schließlich ergibt sich aus § 4 Abs. 3 ARB 2010, dass kein Rechtsschutz für Willenserklärungen oder Rechtshandlungen besteht, die vor Beginn des Versicherungsschutzes vorgenommen wurden. Gegenstand der beabsichtigten Klage sind die Angaben des Klägers zu seinem Gesundheitszustand bei Abschluss des Vertrages.

Rechtsanwalt

▲

3. Außergerichtlicher Vergleich

▼ 78

Muster 7.11: Außergerichtlicher Vergleich

An das Amtsgericht

In Sachen

./.

bestellen wir uns zu Prozessbevollmächtigten der Beklagten.

Antrag:

Die Klage wird abgewiesen.

Gründe:

Der Kläger hat sein Wandlungsbegehren in vollem Umfang durchgesetzt und hat obsiegt, sodass die Beklagte gemäß § 5 Abs. 3b ARB 2010 leistungsfrei ist.

1. Gemäß § 5 Abs. 3 b ARB 2010 ist der Rechtsschutzversicherer bei einer einverständlichen Erledigung nur zur Erstattung der Kosten verpflichtet, die dem Verhältnis zwischen dem Obsiegen und Unterliegen entsprechen. Hier hat der Kläger voll obsiegt.

2. Die Regelung in § 5 Abs. 3 b ARB 2010 gilt nicht nur für gerichtliche, sondern auch für außergerichtliche Vergleiche (BGH, IV ZR 207/04, VersR 2006, 404). Die an § 92 Abs. 2 ZPO angelehnte Klausel hat den Zweck, Kostenzugeständnisse des Versicherungsnehmers zu verhindern, die bei einer gütlichen Erledigung nicht dem Erfolg in der Hauptsache entsprechen. § 5 Abs. 3 b ARB 2010 ist auch dann anwendbar, wenn ein außergerichtlicher Vergleich keine ausdrückliche Regelung über die abzurechnenden Kosten enthält (BGH a.a.O.).

3. Der Kläger hat bei der Geltendmachung seiner Wandlungsansprüche obsiegt und lediglich bezüglich eines Betrages von 2.000 EUR ein Zugeständnis gemacht. Die Beklagte wäre daher allenfalls bereit und verpflichtet, 10 % der dem Kläger entstandenen Rechtsanwaltskosten zu erstatten.

Rechtsanwalt

▲

4. Kostenminderungspflicht

79 ▼

Muster 7.12: Außergerichtlicher Vergleich (Kostenminderungspflicht)

7.12 An das Amtsgericht

In Sachen

./.

bestellen wir uns zu Prozessbevollmächtigten der Beklagten.

Antrag:

Die Klage wird abgewiesen.

Gründe:

Eine gesonderte Klage würde erhebliche Mehrkosten verursachen, eine Klageerweiterung in dem Verfahren des Versicherungsnehmers ist der Ehefrau des Klägers durchaus zuzumuten und in keiner Weise nachteilig.

Gemäß § 17 Abs. 5 c ARB 2010 ist der Versicherungsnehmer – dies gilt auch für mitversicherte Personen – verpflichtet, die Rechtsverfolgungskosten so gering wie möglich zu halten und von mehreren Vorgehensweisen die kostengünstigste zu wählen.

Es kann dahinstehen, ob diese Klausel wirksam ist, da sie inhaltlich der gesetzlichen Regelung in § 82 VVG entspricht.

Allein der Umstand, dass die Eheleute einander in einem jeweils anderen Rechtsstreit als Zeugen zur Verfügung stehen, rechtfertigt die gesonderte Klageerhebung nicht. Hier handelt es sich nur um einen scheinbaren Vorteil, da die formale Stellung als Zeuge oder Partei keine grundlegenden Unterschiede im Beweiswert der jeweiligen Angaben begründet (OLG Hamm – 20 W 6/01, r+s 2002, 20).

Rechtsanwalt

▲

D. Checkliste: Rechtsschutzversicherung

80 **Checkliste: Rechtsschutzversicherung**

I. Versicherungsvertrag

- Welche ARB sind vereinbart?
- Ist der Versicherungsfall während der Laufzeit des Vertrages eingetreten?
- Ist die fällige Prämie gezahlt?
- Welche Selbstbeteiligung ist vereinbart worden?

II. Versicherte Risiken

- Besteht für das betroffene Risiko Versicherungsschutz?
- Ist ein Versicherungsfall eingetreten?

III. Versicherungsfall

- Ist im Schadenersatzrechtsschutz das erste Ereignis während der Laufzeit des Vertrages eingetreten?
- Hat im Vertragsrechtsschutz der Versicherungsnehmer oder der Vertragspartner gegen Rechtspflichten aus dem Versicherungsvertrag verstoßen?
- Hat im Beratungsrechtsschutz im Familien- und Erbrecht eine Änderung der Rechtslage stattgefunden?
- Ist der Versicherungsfall im Vertragsrechtsschutz oder Beratungsrechtsschutz nach Ablauf der Wartezeit von drei Monaten eingetreten?

IV. Deckungszusage

- Liegt eine schriftliche Deckungszusage vor?
- Ist die Einholung einer Deckungszusage bereits jetzt erforderlich?

V. Vorschuss/Abtretung

- Ist es sinnvoll, einen Vorschuss gemäß § 9 RVG anzufordern?
- Soll mit dem Mandanten eine Abtretungsvereinbarung über den Freistellungsanspruch getroffen werden, die dem Versicherer zur Genehmigung übersandt wird?

Stichwortverzeichnis

Fette Zahlen = §§, magere Zahlen = Randnummern, M = Muster

Benutzerhinweise für den Download

Zur Nutzung des PDF-Musterverzeichnisses benötigen Sie einen **lokal installierten PDF-Reader**, da die Funktionalität über das reine Anzeigen einer PDF-Seite hinausgeht.

Den Download-Link (URL) finden Sie auf der Seite 4 (IV) des Werks (Impressum). Über diesen Link stellen wir Ihnen sämtliche im Werk enthaltenen Muster und Formulierungsbeispiele zur Verfügung. Zur Nutzung der Muster/Formulierungsbeispiele gehen Sie auf den Download-Link und laden die dort abgelegte zip-Datei auf Ihr Laufwerk herunter. Um den Ordner zu entpacken, klicken Sie mit der rechten Maustaste auf die Datei, wählen „**Alle extrahieren**" und folgen dann den Anweisungen. Die Nutzung der Muster ist unabhängig vom Betriebssystem Ihres Rechners.

Durch das Extrahieren werden ein **PDF-Musterverzeichnis** sowie die **Worddateien** der jeweiligen Muster auf dem von Ihnen gewählten Laufwerk Ihres Rechners abgelegt.

Zur Nutzung des PDF-Musterverzeichnisses benötigen Sie einen kostenlosen PDF-Reader. Das Musterverzeichnis gibt Ihnen einen Überblick über die enthaltenen Muster und erleichtert Ihnen den Zugang zu den Mustertexten. Beim Anklicken des gewünschten Musters in dem PDF-Musterverzeichnis öffnet sich der Text direkt in Microsoft Word oder in dem bei Ihnen eingesetzten Textverarbeitungsprogramm. Dann können Sie die Word-Datei direkt bearbeiten und unter einem neuen Dateinamen abspeichern. Bei Nutzern von Microsoft Word können Sicherheitshinweise auf dem Bildschirm erscheinen. Dort müssten Sie die Nutzung ggf. zulassen. Dies wird in den verschiedenen Wordversionen und Textverarbeitungsprogrammen unterschiedlich gehandhabt. In den einzelnen Word-Dateien sind keine Makros o.ä. eingebunden. Damit die Navigation über das PDF-Musterverzeichnis funktioniert dürfen der Ordner „Muster-Doks" und die ursprünglich gelieferten Dateien nicht umbenannt werden. Speichern Sie die bearbeiteten Worddateien daher stets unter einem neuen Dateinamen ab.

Die in einigen Word-Mustertexten vorhandenen **Formularfelder** können Sie markieren und überschreiben. Sie können sich die Bearbeitung erleichtern, indem Sie diese Formularfelder mit dem Default-Tastaturkürzel Ihres Textbearbeitungsprogrammes ansteuern. Für Microsoft Word ist dies i.d.R. das Tastaturkürzel F11, um zum nächsten Feld zu springen und „UMSCHALT+F11", um zum vorherigen zu springen. Diese Tastaturkürzel werden von der Arbeitsumgebung Ihres Textverarbeitungsprogramms und nicht durch die bereitgestellten Word-Muster-Dateien definiert. Daher können die Tastaturkürzel in alternativen Betriebssystemen und/oder Textbearbeitungsprogrammen (z.B. LibreOffice Writer) abweichen.

Bearbeiten der Muster/Formulierungsbeispiele mit einer anderen Textverarbeitung und/oder einem anderen Betriebssystem

Wenn Sie kein Microsoft Word, sondern ein anderes Textverarbeitungsprogramm auf Ihrem Rechner installiert haben, können Sie die Dateien trotzdem aufrufen und bearbeiten. Gehen Sie dazu direkt auf das gewünschte Muster in dem abgelegten Ordner

„Muster-Doks". Über diesen Weg können Sie auch auf die Word-Dateien zugreifen, wenn Sie nicht über das mitgelieferte PDF-Musterverzeichnis navigieren möchten. Jedem Mustertext ist eine Nummer zugewiesen, die in dem Download-Symbol neben dem jeweiligen Formular/Mustertext im Buch abgedruckt ist. Über den Dateinamen (p = Paragraf und m = Muster) lässt sich die gewünschte Mustertext-Datei auffinden.